BB
LEHRBUCH

Investitions- und Finanzplanung

Eine Einführung in finanzwirtschaftliche Entscheidungen unter Sicherheit

von

Professor Dr. Hartmut Walz, Ludwigshafen
Professor Dr. habil. Dieter Gramlich, Heidenheim

6., neu bearbeitete Auflage 2004

Mit 61 Abbildungen und 13 Tabellen sowie einer CD-ROM
zur Durchführung von Investitions- und Liquiditätsrechnungen

Verlag Recht und Wirtschaft GmbH
Heidelberg

1. Auflage 1978 – ISBN 3-8005-6292-8
2. Auflage 1983 – ISBN 3-8005-6296-0
3. Auflage 1990 – ISBN 3-8005-2000-1
4. Auflage 1993 – ISBN 3-8005-2014-1
5. Auflage 1997 – ISBN 3-8005-2028-1
6. Auflage 2004 – ISBN 3-8005-2062-1

Die Deutsche Bibliothek – CIP-Einheitsaufnahme

Die Deutsche Bibliothek verzeichnet diese Publikation in der Deutschen Nationalbibliografie; detaillierte bibliografische Daten sind im Internet über http://dnb.ddb.de abrufbar.

ISBN 3-8005-2062-1

© 2004 Verlag Recht und Wirtschaft GmbH, Heidelberg

Das Werk einschließlich aller seiner Teile ist urheberrechtlich geschützt. Jede Verwertung außerhalb der engen Grenzen des Urheberrechtsgesetzes ist ohne Zustimmung des Verlages unzulässig und strafbar. Das gilt insbesondere für Vervielfältigungen, Bearbeitungen, Übersetzungen, Mikroverfilmungen und die Einspeicherung und Verarbeitung in elektronischen Systemen.

Satzkonvertierung: Lichtsatz Michael Glaese GmbH, 69502 Hemsbach

Druck und Verarbeitung: Wilhelm & Adam, Werbe- und Verlagsdruck GmbH, 63150 Heusenstamm

♾ Gedruckt auf säurefreiem, alterungsbeständigem Papier, hergestellt aus chlorfrei gebleichtem Zellstoff (TCF-Norm).

Printed in Germany

Vorwort

In einem herausfordernden ökonomischen Umfeld wächst die Bedeutung von Steuerungsinstrumenten, die an den finanziellen Grundwerten des Unternehmens ausgerichtet sind. In diesem Kontext erscheint das Lehrbuch „Investitions- und Finanzplanung" nunmehr in der sechsten Auflage. Auch mit der Neuauflage bleiben die Autoren dem Anspruch des Buchs verpflichtet, eine Einführung in die Grundlagenbereiche der Finanzwirtschaft zu sein. Auf Basis einer zahlungsorientierten Betrachtung von Unternehmen werden dynamische und statische Investitionsrechnungen zur Beurteilung der Wirtschaftlichkeit von Projekten vorgestellt. Direkte sowie auf dem Jahresabschluss beruhende indirekte Liquiditätsrechnungen (Kapitalflussrechnungen) unterstützen die Steuerung von Cashflows und die Sicherung der betrieblichen Liquidität.

Neben vielfältigen Aktualisierungen, Ergänzungen und Überarbeitungen der didaktischen Konzeption widmet sich der Bereich Investitionsplanung verstärkt dem Aspekt der Sunk Costs und stellt Bezüge zwischen klassischen Investitionsrechnungen und modernen Controllingansätzen her. Im Bereich Finanzplanung sind die Ausführungen zu indirekten Liquiditätsrechnungen vollkommen neu gestaltet. Sie beinhalten eine systematische Heranführung zu alternativen Konzepten des Cashflow als Grundlage einer Beurteilung der Liquidität und des Werts von Unternehmen. Sie integrieren die immer stärkere Verbreitung der am Jahresabschluss orientierten Kapitalflussrechnungen (Cashflow Statements) und Liquiditätskennziffern.

Der sechsten Auflage ist eine CD-ROM mit umfangreichen Excel-Programmierungen zu den zentralen dynamischen Rechenverfahren und der kurzfristigen Finanzplanung beigelegt. Die Excel-Sheets ermöglichen es, auch bei datenintensiven Projekten die relevanten finanzplanerischen Kennziffern effizient zu ermitteln. Als Zusatznutzen lassen sich damit auch praktische Entscheidungssituationen des eigenen Lebensumfelds (Geldanlage, Kredite, Versicherungen, Vermögensplanung etc.) rechnerisch vorbereiten und analysieren.

Ludwigshafen/Heidenheim, im August 2004 *Hartmut Walz*
Dieter Gramlich

Inhaltsverzeichnis

Abbildungsverzeichnis XV

Tabellenverzeichnis XVIII

Abkürzungsverzeichnis XIX

Symbolverzeichnis XXIII

I. Grundlagen der Investitions- und Finanzierungslehre ... 1

1. **Gegenstand der Finanzwirtschaft** 1
   a) Geldströme im Unternehmen als Ansatzpunkt finanzwirtschaftlicher Fragestellungen 1
   b) Ableitung spezieller finanzwirtschaftlicher Fragestellungen 3
      aa) Finanzwirtschaftliche Aufgaben im Kontext wertorientierter Unternehmensführung 3
      bb) Finanzwirtschaftliche Fragestellungen als Elemente des Finanzcontrolling 5
   c) Investitions- und Finanzplanung als Betrachtungsgegenstand 8

2. **Finanzwirtschaftliche Ziele im Zielsystem der Unternehmung** 9
   a) Ziele von Anspruchsgruppen und Zielsystem 9
   b) Monetäre Ziele als Teilmenge der Unternehmensziele 11
   c) Operationalisierung der monetären Ziele der Eigenkapitalgeber 12
   d) Begründung für die Beschränkung finanzwirtschaftlicher Analysen auf die monetären Ziele der Eigenkapitalgeber 14
   e) Implikationen für die Interpretation der Ergebnisse finanzwirtschaftlicher Analysen 14

II. Investitionsplanung und Wirtschaftlichkeitsrechnung ... 17

1. **Entscheidungssituationen der Investitions- und Finanzierungsrechnung** 17
   a) Grundlagen 17
      aa) Entscheidung und entscheidungstheoretischer Ansatz 17
      bb) Projekte in leistungswirtschaftlicher Sicht 17
      cc) Projekte in finanzwirtschaftlicher Sicht 18
         (1) Interdependenzproblem 19
            (a) Güterwirtschaftliche Interdependenzen 19
            (b) Finanzwirtschaftliche Interdependenzen 21
            (c) Risikointerdependenzen 21
         (2) Problematik der Unsicherheit 22
      dd) Definition von Investitions- und Finanzierungsprojekten 23

Inhaltsverzeichnis

	b)	Klassifikationsmöglichkeiten investitionsrechnerischer Entscheidungssituationen	24
		aa) Überblick	24
		bb) Einzelprojektentscheidungen versus Programmentscheidungen	24
		cc) Absolute und relative Vorteilhaftigkeitsentscheidungen	25
		dd) Auswahl- und Ersatzentscheidungen	25
		ee) Entscheidungen über einmalige Projekte versus Entscheidungen über Projektketten	26
2.	**Investitionsrechnungen als Entscheidungsmodelle**		27
	a)	Gründe für die Notwendigkeit finanzwirtschaftlicher Modelle	27
	b)	Formen finanzwirtschaftlicher Rechenmodelle	30
		aa) Überblick	30
		bb) Totalmodelle	31
		cc) Kombinatorische Partialmodelle	32
		dd) Klassische Partialmodelle	34
		ee) Unterscheidung dynamischer und statischer klassischer Partialmodelle	35
3.	**Dynamische Verfahren der Investitionsrechnung**		36
	a)	Grundlagen der dynamischen Verfahren	36
		aa) Gemeinsame Charakteristika dynamischer klassischer Partialmodelle	36
		bb) Berücksichtigung des zeitlichen Anfalls von Zahlungen	37
		cc) Finanzmathematische Vorgehensweise bei Anwendung dynamischer Verfahren	38
		dd) Einjährige Periodenlänge versus unterjährige Verzinsung	40
	b)	Ausgewählte dynamische Rechenverfahren zur Unterstützung absoluter und relativer Vorteilhaftigkeitsentscheidungen bei vorgegebener Nutzungsdauer	41
		aa) Kapitalwertmethode	41
		(1) Definition und Errechnung des Kapitalwerts	41
		(2) Beispiel zur Ermittlung von Kapitalwert und Ertragswert	42
		(3) Interpretation des Kapitalwerts	44
		(4) Abhängigkeit des Kapitalwerts vom Kalkulationszinssatz	45
		(5) Beziehung zwischen Kapitalwert und Einkommen des Investors	48
		(6) Vorteilhaftigkeitsentscheidungen mit der Kapitalwertmethode	50
		(a) Absolute Vorteilhaftigkeitsentscheidungen	50
		(b) Relative Vorteilhaftigkeitsentscheidungen	51
		(7) Abschließende Würdigung	54
		bb) Annuitätenmethode	54
		(1) Definition der Annuität und Grundgedanke der Annuitätenmethode	54

(2) Rechentechnische Vorgehensweise bei Anwendung
    der Annuitätenmethode 55
    (a) Vorüberlegungen 55
    (b) Anwendung des Rentenbarwertfaktors 55
    (c) Anwendung des Annuitätenfaktors 56
(3) Interpretation der äquivalenten Annuität 57
(4) Investitionsentscheidungen unter Verwendung
    der äquivalenten Annuität 59
    (a) Beurteilung eines einzelnen Investitionsprojekts .. 59
    (b) Vergleich sich ausschließender Alternativen 59
(5) Ermittlung von Teilannuitäten zur Verbesserung
    der Informationsgrundlage des Investors 60
(6) Berechnung der Laufzeit einer Annuität bekannter Höhe
    bei vorgegebenem Barwert und Zinssatz 62
(7) Abschließende Würdigung der Annuitätenmethode 63
cc) Interne-Zinsfuß-Methode 64
    (1) Definition des internen Zinsfußes 64
    (2) Berechnung des internen Zinsfußes 64
        (a) Grafische Bestimmung des internen Zinsfußes 65
        (b) Rechnerische Bestimmung des internen Zinsfußes
            (Interpolation) 66
    (3) Mehrdeutigkeit und fehlende Existenz des internen Zinsfußes 67
    (4) Interpretation des internen Zinsfußes 69
    (5) Investitionsentscheidungen anhand der internen Rendite 72
        (a) Beurteilung eines einzelnen Projekts 72
        (b) Vergleich mehrerer sich ausschließender Investitions-
            oder Finanzierungsalternativen 73
            aa) Aussagekraft der Internen Verzinsung in
                Abhängigkeit der Kapitalbindungsverläufe
                der Alternativen 73
            bb) Alternativenvergleich unter Verwendung der
                Komplementinvestition 77
            cc) Alternativenvergleich unter Verwendung der
                Differenzinvestition 79
    (6) Würdigung der Internen-Zinsfuß-Methode 82
dd) Dynamische Amortisationsrechnung 83
    (1) Grundgedanke der dynamischen Amortisationsrechnung 83
    (2) Definition und Berechnung der Amortisationsdauer 83
    (3) Investitionsentscheidungen unter Verwendung
        der dynamischen Amortisationsrechnung 84
    (4) Kritische Bewertung der dynamischen
        Amortisationsrechnung 86
        (a) Datenverlust nach Pay-off 86
        (b) Betrachtung des Risikos eines Projekts als pauschale
            Größe 86

IX

Inhaltsverzeichnis

		(c)	Mangelnde Verbindung zwischen Risikozielen und Einkommenszielen	87
		(d)	Fehlende innere Stimmigkeit der Prämissen	88
	ee)	Ermittlung der durchschnittlichen Kapitalbindungsdauer (Duration) und der Zinselastizität		89
		(1)	Grundgedanke der Duration (Zinssensibilität und mittlere Kapitalbindungsdauer)	89
			(a) Absolutes versus relatives Zinsänderungsrisiko	90
			(b) Barwertbezogenes versus endwertbezogenes Zinsänderungsrisiko	91
		(2)	Definition der Duration	94
		(3)	Ermittlung der Duration einer Zahlungsreihe	95
		(4)	Interpretation der Duration und Erstellung von Vorteilhaftigkeitsempfehlungen	95
		(5)	Zusammenhang zwischen Duration und Zinselastizitäten	98
		(6)	Interpretation und praktische Anwendung von Zinselastizitäten	100
		(7)	Kritische Würdigung der Verwendung von Duration und Zinselastizität als Maß für Zinsänderungsrisiken	101
		(8)	Weitere Arten und Varianten der Duration	103
c)	Zusammenfassende Checkliste und Anwendungshilfe für dynamische klassische Partialmodelle			104
d)	Fallbeispiel zu den klassischen Partialmodellen der dynamischen Investitionsrechnung			107

4. Statische Verfahren der Investitionsrechnung 111

- a) Gemeinsame Merkmale statischer Rechenverfahren 111
- b) Ausgewählte statische Rechenverfahren 112
  - aa) Kostenvergleichsrechnung 112
    - (1) Anwendungsbereich 112
    - (2) Aufbau 114
  - bb) Gewinnvergleichsrechnung 118
    - (1) Ansatzpunkte 118
    - (2) Gewinnformen 119
  - cc) Rentabilitätsvergleichsrechnung 122
    - (1) Zielsetzung und Formen 122
    - (2) Interpretation und Kritik 125
    - (3) Rentabilitätsziffern und Leverage-Effekt 128
  - dd) Statische Amortisationsrechnung 130
    - (1) Zielsetzung und Aufbau 130
    - (2) Aussagegehalt 132
- c) Kritische Würdigung der statischen Rechenverfahren 135
- d) Fallbeispiel zu den statischen Verfahren 137

5. Grenzen der klassischen Partialmodelle und Ansätze zu ihrer Überwindung ... 140
a) Anwendungsgrenzen ... 140
    aa) Problematik der optimalen Nutzungsdauer bzw. des optimalen Ersatzzeitpunkts ... 140
    bb) Bestimmung des adäquaten Kalkulationszinssatzes ... 141
b) Ansätze zur Weiterentwicklung der klassischen Partialmodelle ... 142
    aa) Exkurs: Sunk Costs, entscheidungsrelevante Kosten und die Bedeutung von Handlungsflexibilität ... 142
        (1) Psychologische Aspekte ... 150
        (2) Hierarchiebezogene und machtpolitische Aspekte ... 151
    bb) Bestimmung der wirtschaftlich optimalen Nutzungsdauer ... 151
        (1) Übergreifende Vorüberlegungen ... 151
        (2) Wirtschaftlich optimale Nutzungsdauer bei einmaligen Projekten ... 152
        (3) Optimale Nutzungsdauer bei Projektketten ... 154
    cc) Bestimmung des wirtschaftlich optimalen Ersatzzeitpunkts ... 156
    dd) Ermittlung eines endogenen Kalkulationszinssatzes – das Modell von *Joel Dean* ... 157
        (1) Modellaufbau ... 157
        (2) Modellkritik ... 162

III. Finanzplanung ... 163

1. Erfordernis einer Finanzplanung ... 163
a) Vollkommene Finanzmärkte als Annahme der Investitionsplanung ... 163
b) Unvollkommenheit realer Finanzmärkte als Ausgangspunkt der Finanzplanung ... 164
    aa) Prämisse 1: Unbegrenzte Verfügbarkeit über finanzielle Mittel ... 164
    bb) Prämisse 2: Jederzeitige Verfügbarkeit finanzieller Mittel ... 165
    cc) Prämisse 3: Konstanz der Zinssätze ... 165
    dd) Prämisse 4: Identität von Aktiv- und Passivzinssätzen ... 166

2. Struktur der Finanzplanung ... 167
a) Einordnung der Finanzplanung in die betriebliche Finanzwirtschaft ... 167
b) Aufgaben der Finanzplanung ... 170
    aa) Definition relevanter Zielsetzungen ... 170
    bb) Identifikation relevanter Planungselemente ... 172
    cc) Prognose planungsrelevanter Größen und Ermittlung des Handlungsbedarfs ... 173
        (1) Prognose der Planungselemente ... 173
        (2) Gegenüberstellung der prognostizierten Werte ... 175
    dd) Analyse und Auswahl von Maßnahmen ... 176
c) Liquiditätsplanung als Teil der Finanzplanung ... 178

3. Liquiditätsprobleme als eigentlicher Anlass zur Finanzplanung 179
   a) Auffassungen zum Begriff Liquidität 179
      aa) Inhaltlicher Bezug von Liquidität 179
      bb) Bezugsobjekt/-subjekt von Liquidität 181
          (1) Liquidität i. S. v. Geldnähe eines Vermögensgegenstands 181
          (2) Liquidität i. S. v. Vorhandensein von Zahlungsmitteln 182
          (3) Liquidität i. S. v. Fähigkeit zur Erfüllung
              von Zahlungsverpflichtungen 183
      cc) Liquidität und Ebene der Zahlungsmittel 184
          (1) Liquide Mittel als vorhandene und sofort beschaffbare
              Zahlungsmittel 184
          (2) Liquide Mittel und Forderungen/Verbindlichkeiten 186
          (3) Liquide Mittel und Elemente des Rechnungswesens 187
          (4) Liquide Mittel und geldnahe Aktiva (Near Money Assets) ... 187
   b) Erscheinungsformen der Liquidität 189
      aa) Perioden- und Momentanliquidität 189
      bb) Vergangene, gegenwärtige und zukünftige Liquidität 192
      cc) Unter-, Über- und optimale Liquidität 193
          (1) Liquiditätsformen und Liquiditätssaldo 193
          (2) Rentabilitätsperspektive 194
          (3) Sicherheitskalkül 195
      dd) Ungefährdete und gefährdete Liquidität 198
          (1) Liquiditätssaldo I als vorläufiges Planungsergebnis 198
          (2) Ungefährdete Liquidität 200
          (3) Gefährdete Liquidität 201
              (a) Liquiditätsengpass und definitiv gefährdete Liquidität .. 201
              (b) Maßnahmen zur Behebung eines Liquiditätsengpasses .. 203
              (c) Definitiv gefährdete Liquidität 205
   c) Betriebswirtschaftliche Bedeutung der Liquiditätssicherung 206
      aa) Direkte Ertrags- und Kosteneffekte der Liquiditätssicherung 206
      bb) Indirekte Ertrags- und Kosteneffekte der Liquiditätssicherung ... 207

4. Instrumente zur Ermittlung und Gestaltung des Finanzierungsbedarfs (Liquiditätsrechnungen) 209
   a) Ansatzpunkte einer Ausgestaltung von Liquiditätsrechnungen 210
      aa) Grundsätzliche Anforderungen 210
          (1) Anforderungsprofil 210
          (2) Kritische Betrachtung des Anforderungsprofils 212
      bb) Gestaltungselemente 214
   b) Formen von Liquiditätsrechnungen 215
      aa) Übersicht 215
      bb) Bestimmung der gegenwärtigen Liquidität 217
          (1) Liquiditätsstatus 217
              (a) Zielsetzung 217

			(b) Zeitliche Struktur	219
			(c) Inhaltliche Struktur	219
		(2)	Cash Management-Systeme als Weiterentwicklung des Liquiditätsstatus in der Praxis	221
			(a) Motive für die Entwicklung von Cash Management-Systemen	221
			(b) Leistungsmerkmale von Cash Management-Systemen	222
			(c) Struktur von Cash Management-Systemen	224
			(d) Kritische Beurteilung	225
	cc)	Bestimmung der kurzfristigen Liquidität		227
		(1)	(Kurzfristiger) Finanzplan	227
			(a) Zielsetzung	227
			(b) Zeitliche Struktur	229
			(c) Inhaltliche Struktur	231
		(2)	Anwendungsbeispiel	232
	dd)	Ermittlung der mittel- und langfristigen Liquidität		239
		(1)	Kapitalbindungsplan	239
			(a) Zielsetzung	239
			(b) Zeitliche Struktur	242
			(c) Inhaltliche Struktur	243
		(2)	Kapitalbindungsplan im Rahmen der Gesamtunternehmensplanung: ein Beispiel	247
	ee)	Vergleichende Gegenüberstellung der Liquiditätsrechnungen		253
c)	Jahresabschluss als Basis einer (indirekten) Liquiditätsplanung			254
	aa)	Eignung des Rechnungswesens für die Liquiditätsplanung		254
	bb)	Ermittlung von Cashflow und Netto-Liquidität auf Basis des Jahresabschlusses		259
		(1)	Wesen und Intention des Cashflow	259
		(2)	Zahlungsaggregate als Spielarten des Cashflow	260
		(3)	Operativer und totaler Cashflow	261
			(a) Cashflow und Geschäftstätigkeit	261
			(b) Top Down- und Bottom Up-Vorgehen	262
			(c) Differenzierung der indirekten Cashflow-Ermittlung	264
			(d) Free Cashflow, Cashflow to Equity, Cashflow Added	267
			(e) Beispiel zur Ermittlung des Cashflow	269
	cc)	Kapitalflussrechnung und Cashflow Statement		272
		(1)	Bedeutung externer Liquiditätsrechnungen	272
		(2)	Grundlegende Struktur externer Liquiditätsrechnungen	273
		(3)	Cashflow Statement nach IAS 7	275
	dd)	Liquiditätskennziffern auf Basis des Jahresabschlusses		276
		(1)	Intention	276
		(2)	Liquiditätsgrade	278
		(3)	Working Capital	279
		(4)	Cashflow-Kennziffern	281

IV. Übungsaufgaben ... 283
1. Aufgabenteil ... 283
2. Lösungsteil ... 293

Finanzmathematische Faktoren und finanzmathematisches Tabellenwerk 313

Literaturverzeichnis ... 329

Quellenverzeichnis ... 343

Sachregister ... 345

Autorenprofile ... 351

Nutzungshinweise zur beiliegenden CD-ROM mit finanzwirtschaftlichen EXCEL-Programmierungen ... 352

Abbildungsverzeichnis

Abbildung 1:	Leistungs- und Zahlungsbereich von Unternehmen	2
Abbildung 2:	Perspektiven finanzwirtschaftlicher Entscheidungen	4
Abbildung 3:	Anspruchsgruppen der Unternehmung und ihre Ziele	10
Abbildung 4:	Monetäre Ziele der Eigenkapitalgeber als Teilmenge der Unternehmensziele	12
Abbildung 5:	Darstellung möglicher Interdependenzen zwischen Projekten	20
Abbildung 6:	Auswirkungen von Wechselkursveränderungen auf zwei Projekte A und B sowie die Gesamtposition (A+B)	22
Abbildung 7:	Systematisierung der sich möglicherweise ergebenden Entscheidungssituationen bei Investitions- oder Finanzierungsprojekten	24
Abbildung 8:	Idealtypische Struktur eines Entscheidungsmodells	29
Abbildung 9:	Systematisierung der Investitionsrechenmodelle, die mit der Annahme sicherer Erwartungen arbeiten	30
Abbildung 10:	Verlauf der Kapitalwertfunktion einer Investition in Abhängigkeit vom Zinsniveau	47
Abbildung 11:	Kapitalwertkurvenverlauf einer Investition bei vergrößertem Maßstab	48
Abbildung 12:	Vergleich der Kapitaldifferenz zwischen den Projekten A und B beim Kalkulationszinssatz 10%	52
Abbildung 13:	Grafische Bestimmung der internen Verzinsung	66
Abbildung 14:	Kapitalwertkurvenverlauf eines gemischten Projekts mit internen Renditen bei 0% und 50%	68
Abbildung 15:	Kapitalwertfunktion zweier sich ausschließender Investitionsprojekte A und B	76
Abbildung 16:	Zusammenhang zwischen absoluter Vorteilhaftigkeit der Differenzinvestition und relativer Vorteilhaftigkeit der Ursprungsprojekte	81
Abbildung 17:	Verlauf der Kapitalwertfunktion zweier Investitionsprojekte mit extrem unterschiedlicher Duration, die jedoch bei einem Kalkulationszinssatz von 10% ein identisches Einkommen besitzen	92
Abbildung 18:	Verlauf der Ertragswertfunktion zweier Investitionsprojekte mit extrem unterschiedlicher Duration, jedoch identischem Einkommen bei einem Kalkulationszinssatz von 10%	93
Abbildung 19:	Kapitalwertkurvenverläufe der Investitionen A bis D in Abhängigkeit vom Marktzinssatz	97
Abbildung 20:	Zinselastizität als Steigung der Tangente an der Ertragswertkurve eines Investitionsprojekts	99
Abbildung 21:	Projekte D und E, die bei gegebenem Zinssatz i* gleichzeitig unterschiedliche Zinselastizität und unterschiedlichen Ertragswert besitzen	102
Abbildung 22:	Übersicht über den Anwendungsbereich der Kostenvergleichsrechnung	114

Abbildungsverzeichnis

Abbildung 23: Verlauf der Kapitalbindung bei regelmäßiger Abschreibung und Annahme eines Restverkaufserlöses 116
Abbildung 24: Formen des Gewinns (nach Umfang einbezogener Kosten) 120
Abbildung 25: Leverage-Effekt 130
Abbildung 26: Unterscheidung von versunkenen versus entscheidungsrelevanten Daten eines Projekts 144
Abbildung 27: Entwicklung der Sunk Costs im Verhältnis zu den Gesamtkosten im Zeitablauf 147
Abbildung 28: Anteil versunkener Kosten und Risikogehalt eines Projekts 149
Abbildung 29: Verlauf einer Kapitalwertfunktion in Abhängigkeit von der Nutzungsdauer 153
Abbildung 30: Zuordnung von Investitions- und Finanzierungsprojekten nach steigenden Zinssätzen 159
Abbildung 31: Optimales Investitions- und Finanzierungsprogramm nach *Dean* 161
Abbildung 32: Zeitlicher Ablauf von Finanzentscheidungen 169
Abbildung 33: Finanzplanung als Element von Finanzierungsentscheidungen . 170
Abbildung 34: Prognoseverfahren in der Finanzplanung 173
Abbildung 35: Finanzierungsalternativen 177
Abbildung 36: Abgrenzung von Liquiditäts- und weiterer Finanzplanung 179
Abbildung 37: Unter-, Über-, und optimale Liquidität 194
Abbildung 38: Stufen der Finanzplanung 198
Abbildung 39: Gefährdete und ungefährdete Liquidität 201
Abbildung 40: Ungefährdete Liquidität 202
Abbildung 41: Liquiditätsengpass 203
Abbildung 42: Gefährdete Liquidität und Planungshorizont 204
Abbildung 43: Ertrag und Aufwand des Mitteleinsatzes in Unternehmen 207
Abbildung 44: Voraussetzungen, Struktur und Prozess der Finanzplanung 213
Abbildung 45: Staffel- und Kontoform als formale Aufbaumöglichkeiten von Liquiditätsrechnungen 214
Abbildung 46: Formen von Liquiditätsrechnungen 216
Abbildung 47: Zeitlicher Bezug der Liquiditätsrechnungen 218
Abbildung 48: Netting als Leistungsbestandteil von Cash Management-Systemen 224
Abbildung 49: Struktur von Cash Management-Systemen 225
Abbildung 50: Eignungs-Checkliste für Cash Management-Systeme 227
Abbildung 51: Erneuerung von Finanzplänen 230
Abbildung 52: Maßnahmen zur Sicherung der Liquidität 238
Abbildung 53: Formen des Cashflow 260
Abbildung 54: Grundstruktur der GuV-Rechnung 263
Abbildung 55: Grundschema der indirekten Cashflow-Ermittlung (Bottom Up) 263
Abbildung 56: Ermittlungsstufen des Cashflow 265
Abbildung 57: Ermittlung des Cashflow aus gewöhnlicher Geschäftstätigkeit .. 266
Abbildung 58: Cashflow-Formen und Veränderungen des Finanzmittelfonds .. 274

Abbildung 59: Cashflow Statement nach IAS 7 – Indirekte Methode 276
Abbildung 60: Grundstruktur der Bilanz 277
Abbildung 61: Working Capital im Aktiv-/Passivzusammenhang 280

Tabellenverzeichnis

Tabelle 1:	Einordnung der Finanzplanung in der Literatur	167
Tabelle 2:	Momentan- und Periodenliquidität	191
Tabelle 3:	Reserven im Rahmen der Finanzplanung	197
Tabelle 4:	Grundstruktur des Liquiditätsstatus	220
Tabelle 5:	Inhaltliche und zeitliche Grundstruktur des Finanzplans	232
Tabelle 6:	Kurzfristiger Finanzplan – beispielhafter Aufbau	233
Tabelle 7:	Finanzplan – Planungsstufe I	237
Tabelle 8:	Finanzplan – Planungsstufe II	239
Tabelle 9:	Kapitalbindungsplan – Grundstruktur	244
Tabelle 10:	Kapitalbindungsplan – erweiterte inhaltliche Struktur	245
Tabelle 11:	Gegenüberstellung der Instrumente der Finanzplanung	255
Tabelle 12:	Cashflow-Größe, Diskontierung und Unternehmenswert	268
Tabelle 13:	Retrograde Ermittlung des EBITDA aus dem Jahresüberschuss nach Steuern	282

Abkürzungsverzeichnis

Abb.	Abbildung
ABlEG	Amtsblatt der Europäischen Gemeinschaft
ABS	Asset Backed Securities
AG	Aktiengesellschaft
a. M.	am Main
Aufl.	Auflage
BB	Betriebs-Berater (Zeitschrift)
Bd.	Band
BFuP	Betriebswirtschaftliche Forschung und Praxis (Zeitschrift)
BGB	Bürgerliches Gesetzbuch
BGBl.	Bundesgesetzblatt
BI	BankInformation (Zeitschrift)
bspw.	beispielsweise
bum	Bank und Markt (Zeitschrift)
bzw.	beziehungsweise
CD	Certificate of Deposit; Compact Disk
CFA	Cashflow Added
CFE	Cashflow to Equity
CFROI	Cashflow Return on Investment
CP	Commercial Paper
DB	Der Betrieb (Zeitschrift)
DBW	Die Betriebswirtschaft (Zeitschrift)
DCF	Discounted Cashflow
d. h.	das heißt
DRS	Deutscher Rechnungslegungs Standard
DVFA/SG	Deutsche Vereinigung für Finanzanalyse der Schmalenbach-Gesellschaft für Betriebswirtschaft e. V.
EBIT	Earnings before Interest and Taxes
EBITDA	Earnings before Interest, Taxes, Depreciation and Amortization
ed.	edition
EDV	elektronische Datenverarbeitung
e. G.	eingetragene Genossenschaft
EG	Europäische Gemeinschaft
et al.	et alii
etc.	et cetera
EVA	Economic Value Added
f.	folgende
FB	FinanzBetrieb (Zeitschrift)
FCF	Free Cashflow
ff.	fortfolgende
Fn.	Fußnote

Abkürzungsverzeichnis

ggf.	gegebenenfalls
gi	geldinstitute (Zeitschrift)
GmbH	Gesellschaft mit beschränkter Haftung
GuV	Gewinn- und Verlustrechnung(en)
HFA/IDW	Hauptfachausschuss des Instituts der Wirtschaftsprüfer e. V.
HGB	Handelsgesetzbuch
Hrsg.	Herausgeber
IAS	International Accounting Standard(s)
IASB	International Accounting Standards Board
i. d. R.	in der Regel
IFRS	International Financial Reporting Standard(s)
insbes.	insbesondere
InsO	Insolvenzordnung
i. S. (v.)	im Sinne (von)
i. w. S.	im weiteren Sinn
JFQA	Journal of Financial and Quantitative Analysis
Jg.	Jahrgang
JoFE	Journal of Financial Economics
JoPE	Journal of Political Economy
KG	Kommanditgesellschaft
km	Kilometer
krp	Kostenrechnungspraxis (Zeitschrift)
KWG	Gesetz über das Kreditwesen
LKW	Lastkraftwagen
MAK	Mindestanforderungen für das Kreditgeschäft
MBLM	Mindestbestand an liquiden Mitteln
Mio.	Million
Nr.	Nummer
Nrn.	Nummern
o. a.	oben angegebene(n)
ÖBA	Österreichisches Bank Archiv (Zeitschrift)
OHG	Offene Handelsgesellschaft
OND	Optimale Nutzungsdauer
p. a.	pro anno
PC	Personal Computer
PKW	Personenkraftwagen
RGBl.	Reichsgesetzblatt
RHB	Roh-, Hilfs- und Betriebsstoffe
RoES	Review of Economic Studies

S.	Seite
SFAS	Statement of Financial Accounting Standards
Sp.	Spalte
SPV	Special Purpose Vehicle
ST	Der Schweizer Treuhänder (Zeitschrift)
Tkm	tausend Kilometer
TLI	Transferable Loan Instrument(s)
u. a.	und andere; unter anderem
Univ.	Universität
USA	United States of America
US-GAAP	US-Generally Accepted Accounting Principles
u. U.	unter Umständen
vgl.	vergleiche
Vol.	Volume
WACC	Weighted Average Cost of Capital
WiSt	Wirtschaftswissenschaftliches Studium (Zeitschrift)
wisu	Das Wirtschaftsstudium (Zeitschrift)
WPg	Die Wirtschaftsprüfung (Zeitschrift)
z. B.	zum Beispiel
ZfB	Zeitschrift für Betriebswirtschaft
ZfbF	Zeitschrift für betriebswirtschaftliche Forschung
ZfgK	Zeitschrift für das gesamte Kreditwesen
ZfhF	Zeitschrift für handelswissenschaftliche Forschung
z. T.	zum Teil
zugl.	zugleich

Symbolverzeichnis

a	(erwartete) Auszahlung
a_{EK}	Anteil Eigenkapital
a_{FK}	Anteil Fremdkapital
A	Abschreibung
ABLM	Anfangsbestand an liquiden Mitteln
AV	Anlagevermögen
AZÜ	Auszahlungsüberschuss
BG	Bilanzgewinn
BW	Barwert
c	Höhe der äquivalenten Annuität
C_0	Kapitalwert
d	(minimale bzw. marginale) Veränderung
D	Duration
e	(erwartete) Einzahlung
E	Zinselastizität
EBLM	Endbestand an liquiden Mitteln
EK	Eigenkapital
EW	Ertragswert
EZÜ	Einzahlungsüberschuss
FK	Fremdkapital
G	Gewinn
GK	Gesamtkapital
i	(Kalkulations-)Zinssatz, (Vergleichs-)Zinssatz
i_0	interner Zinsfuß
i_{EK}	Eigenkapitalzins (gefordert, Hurdle Rate)
i_F	risikofreier Zins
i_{FK}	Fremdkapitalzins
i_{GK}	Gesamtkapitalzins
i_R	Risikoprämie
I	Investition
I_0	Investition (Anschaffungsauszahlung)
KD	Kapitaldienst
KG	Kapitalgewinn
kVE	kurzfristige Verbindlichkeiten
lim	Limes (Grenzwert)
ln	logarithmus naturalis
lVE	langfristige Verbindlichkeiten

Symbolverzeichnis

MBLM	Mindestbestand an liquiden Mitteln
n	Index für Zeitpunkt bzw. Laufzeit ($1 < n < N$)
PÜA	Periodenüberschussannuität
q	Zinsfaktor (Auf- oder Abzinsungsfaktor)
r	interner Zinsfuß, Rendite
r_{EK}	Eigenkapitalrendite
r_{GK}	Gesamtkapitalrendite
r_M	Marktrendite
$r_{ÜB}$	Überrendite
R	Rückfluss
ROE	Return-on-Equity
ROI	Return-on-Investment
RW	Restwert
s	Steuersatz
t	Zeit, Zeitpunkt
t_n	Zeitpunkt $t = n$
TWE	Tausend Währungseinheiten
UV	Umlaufvermögen
VE	Verbindlichkeiten
w	Wiedergewinnungsfaktor
WACC	Weighted Average Cost of Capital
WC	Working Capital
x	Amortisationsdauer, Pay-off-Periode
z	Zinssatz
β	Beta-Faktor
Δ	endliche, aber kleine Veränderung
Σ	Summe

I. Grundlagen der Investitions- und Finanzierungslehre

1. Gegenstand der Finanzwirtschaft

a) Geldströme im Unternehmen als Ansatzpunkt finanzwirtschaftlicher Fragestellungen

Aus leistungswirtschaftlicher Perspektive kann das Unternehmen als eine Folge von Beschaffungs-, Produktions- und Absatzprozessen charakterisiert werden.[1] Parallel zu den güterwirtschaftlichen Strömen vollziehen sich Geldprozesse.[2] Aus finanzieller Perspektive betrachtet, präsentiert sich das Unternehmen als Zyklus von Geld- bzw. Kapitalbeschaffung, Kapitaleinsatz, Kapitalbindung, Kapitalfreisetzung und Kapitalrückzahlung. Geldströme ergeben sich dabei in Abhängigkeit von Güterströmen, und die Finanzsphäre gewährleistet insbesondere, dass die mit den Beschaffungs-, Produktions- und Absatzprozessen verbundenen Zahlungsbewegungen (*derivative Zahlungen*) im Gleichgewicht gehalten werden können.[3]

Jedoch stellen sich nicht alle Zahlungsströme als ein bloßes Spiegelbild der Güterströme dar. Bspw. führen Geldaufnahmen und Geldrückzahlungen sowie Zins- und Dividendenzahlungen nur zu Geldbewegungen, ihnen steht keine spezielle Gütertransaktion gegenüber (*originäre Zahlungen*). Analog entsteht bei einem Verkauf auf Ziel nur eine Forderung gegenüber dem Abnehmer. Erst mit dem Erreichen des Zahlungstermins erfolgt die Übergabe von Geld. Originäre Entscheidungen der Finanzsphäre und die häufig gegebene Separation von Güter- und Geldbewegungen schaffen die Notwendigkeit, die finanziellen Ströme eines Unternehmens bewusst zu koordinieren und eigenständig zu gestalten. Dies ist die Aufgabe der *betrieblichen Finanzwirtschaft*, die auch *betriebliches Finanzmanagement* genannt wird.[4] Die betriebliche Finanzwirtschaft umfasst alle Maßnahmen im Zusammenhang mit der Steuerung der Geldsphäre eines Unternehmens. Sie unterstützt die betriebliche Wertschöpfung durch geeignete geldwirtschaftliche Dispositionen und Informationen.

---

1 Vgl. *Bea/Schweitzer*, in: Bea/Dichtl/Schweitzer (Hrsg.), Allgemeine Betriebswirtschaftslehre, Bd. 3, 8. Aufl. 2002, S. 1–4; *Wöhe/Döring*, Einführung in die Allgemeine Betriebswirtschaftslehre, 21. Aufl. 2002, S. 9–11.

2 Demgegenüber spielt der Tausch „Ware gegen Ware" (Realtausch, Bartergeschäft oder Countertrade) in entwickelten, arbeitsteiligen Ländern kaum eine Rolle. Er ist jedoch für den Handel mit devisenarmen Ländern, wie etwa den Staaten Osteuropas, von Bedeutung, vgl. *Madura*, International Financial Management, 7. Aufl., Mason 2003, S. 573 f. Vgl. zu Formen ökonomischer Transaktionen *Stobbe*, Volkswirtschaftliches Rechnungswesen, 8. Aufl. 1994, S. 15 f.

3 *Gutenberg* spricht generell von der „Aufrechterhaltung des finanziellen Gleichgewichts", *Gutenberg*, Einführung in die Betriebswirtschaftslehre, 1990 (Nachdruck der Aufl. von 1958), S. 44. Vgl. hierzu auch den Begriff der „*Service-Funktionen*" der Finanzwirtschaft bei *Hauschildt/Heldt*, in: Gerke/Steiner (Hrsg.), Handwörterbuch des Bank- und Finanzwesens, 3. Aufl. 2001, Sp. 872. *Heldt* übernimmt den Begriff der „Gleichgewichtssteuerung", *Heldt*, Organisation der finanziellen Führung, 2002, S. 47.

4 Vgl. statt aller *Gramlich*, DB 1998, 377.

I. Grundlagen der Investitions- und Finanzierungslehre

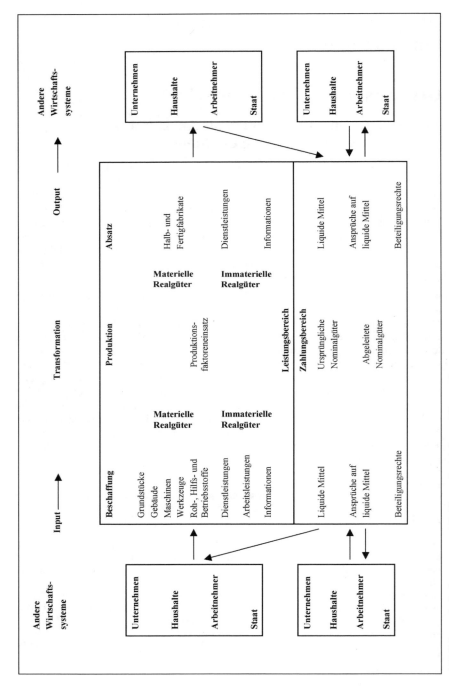

Abbildung 1: Leistungs- und Zahlungsbereich von Unternehmen

Geld i. S. v. Zahlungsmittel und Ansprüche auf Geld bzw. in Geld zu leistende Verpflichtungen werden auch als *Finanzgüter*, *Nominalgüter* oder *monetäre Güter* bezeichnet.[5] Diese liegen üblicherweise in verschiedener Qualität – etwa in Bezug auf Währungs-, Zins- oder Tilgungsmerkmale – vor. Veränderungen im Bestand an Geld erfolgen durch *Zahlungsströme* bzw. *Cashflows*, bei denen sich Ein- und Auszahlungen sowie analog Cashinflows und Cashoutflows unterscheiden lassen.[6] Der Bereich innerhalb eines Unternehmens, der sich mit der Steuerung dieser Finanzgüter befasst, ist der *Finanz-*, *Zahlungs-*, *Liquiditäts-* oder *monetäre Bereich* eines Unternehmens. Er lässt sich vereinfacht in den Bereich der Investition mit den Aspekten Kapitaleinsatz, -bindung und -freisetzung sowie den Bereich Finanzierung mit den Aspekten Kapitalbeschaffung und -rückzahlung gliedern. Der Finanzbereich steht dem Leistungsbereich zum Teil unterstützend-verknüpft und zum Teil selbstständig gegenüber.[7] Dies ist in Abbildung 1 ausgedrückt.

b) Ableitung spezieller finanzwirtschaftlicher Fragestellungen

aa) Finanzwirtschaftliche Aufgaben im Kontext wertorientierter Unternehmensführung

Die Finanzwirtschaft unterstützt die mit der Unternehmenstätigkeit verknüpften Zielsetzungen. Diese lassen sich dahin gehend zusammenfassen, dass Beiträge zur *Wertschöpfung* geleistet werden sollen.[8] Soweit im Rahmen des *Value Based Management* die monetäre Wertschöpfung im Vordergrund steht, betrifft dies primär die Aspekte der Rentabilität, Liquidität und Solvabilität.[9] Die Finanzwirtschaft begleitet das Management in den verschiedenen Phasen des Führungsprozesses. Sie kann selbst in die Phasen der Planung, Realisation und Kontrolle von Entscheidungen (vgl. Abbildung 2) untergliedert werden.

Die im Unternehmen eingesetzten Gelder sollen im Verlauf des Beschaffungs-, Produktions- und Absatzprozesses mindestens wiedergewonnen, üblicherweise aber vermehrt werden.[10] Das Management unterliegt der Anforderung, die beim Aufbau von Geschäftsaktivitäten gebundenen Gelder durch den Absatz marktfähiger Produkte wieder freizusetzen und zu steigern. Die Finanzwirtschaft unterstützt das hiermit angesprochene Erfolgs- bzw. *Rentabilitätsziel* mehrfach. Sie bildet das unternehmerische Geschehen in monetären und damit vergleichbaren Größen ab und ermöglicht zu erkennen, ob

---

5 Vgl. *Bea/Schweitzer* (Fn. 1), S. 2.
6 Diese sind alternativ auch als positive oder negative Cashflows bezeichnet, vgl. *Luenberger*, Investment Science, New York/Oxford 1998, S. 1 f.
7 Vgl. vertiefend auch die Darstellung bei *Eilenberger*, Betriebliche Finanzwirtschaft, 7. Aufl. 2003, S. 5–7.
8 Vgl. *Coenenberg/Schultze*, DBW 2002, 600; *Copeland/Koller/Murrin*, Valuation, 3. Aufl., New York et al. 2000, insbes. S. 3, 89; *Pfaff*, in: Gerke/Steiner (Hrsg.), Handwörterbuch des Bank- und Finanzwesens, 3. Aufl. 2001, Sp. 731, 733. Vgl. ähnlich *Spremann*, Finanzanalyse und Unternehmensbewertung, 2002, S. 12.
9 Vgl. *Peemöller*, Controlling, 4. Aufl. 2002, S. 307 f.; *Schmidt/Terberger*, Grundzüge der Investitions- und Finanztheorie, 4. Aufl. 1997, S. 53 f.
10 Vgl. *Luenberger* (Fn. 6), S. 1.

I. Grundlagen der Investitions- und Finanzierungslehre

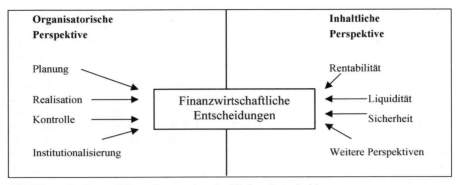

Abbildung 2: Perspektiven finanzwirtschaftlicher Entscheidungen

der Geldrückfluss aus einem Projekt mindestens dem Geldeinsatz gleich ist. Sie gewährleistet, dass nur solche Projekte realisiert werden, deren erwarteter Ertrag größer oder gleich den Kosten des eingesetzten Kapitals (Vergleichszinssatz i. S. einer Hurdle Rate[11]) ist, und sie ordnet verschiedene Projekte nach ihrer Renditekraft.

Die Analyse der Mittelanlage unter dem Gesichtspunkt der Rentabilität setzt nicht notwendigerweise voraus, dass solche Mittel auch tatsächlich bereits verfügbar sind oder beschafft werden können. Allerdings ist der Nachweis ausreichender Rentabilität eine unabdingbare Voraussetzung dafür, Gelder akquirieren zu können.[12] Daneben gilt es speziell, das während des Investitionsprozesses unterschiedliche Zahlungsprofil – Mittelbindung zu Beginn, Mittelfreisetzung am Ende – auszugleichen. Die Frage nach der ausreichenden Verfügbarkeit über Zahlungsmittel stellt sich aus Perspektive der Zahlungsfähigkeit, d. h. der *Liquidität*. Hier geht es grundsätzlich darum, den tatsächlich gegebenen Bestand an Zahlungsmitteln dem gewünschten Bestand anzugleichen. Kann das Unternehmen eine ausgewogene Zahlungsbereitschaft gewährleisten, so sichert dies nicht nur die operative Tätigkeit, sondern beeinflusst positiv das dem Unternehmen von anderen Marktteilnehmern entgegengebrachte Vertrauen. Das Liquiditätsziel entfaltet damit im Rahmen der Wertschöpfung eine eigenständige Bedeutung und muss zugleich als eine zwingende Nebenbedingung für rentabilitätsbezogene Strategien der Wertsteigerung gesehen werden.[13]

Finanzwirtschaftliche Entscheidungen hängen von Ereignissen ab, die dem Entscheidungsträger (noch) nicht oder nur unzureichend bekannt sind. Finanzwirtschaftliche Projekte unterscheiden sich im Grad der Sicherheit, mit dem ihre Zahlungsreihen vorhergesehen werden können. Die Darstellung ihrer Effekte auf die Wertschöpfung muss dann unter Beachtung möglicher Streuungen ihrer Ergebnisse oder unter Einbezug spezieller Risikomaße erfolgen. Die Entscheidung für oder gegen ein solches Projekt hängt

---

11 Vgl. *Damodaran*, Corporate Finance, 2. Aufl., New York et al. 2001, S. 186–197; *Mandl/Rabel*, Unternehmensbewertung, 1997, S. 138 f. Vgl. zur Hurdle Rate auch die Ausführungen unter Gliederungspunkt II. 4. b) cc).

12 Vgl. zum Verhältnis von Rentabilität und Liquidität in Abhängigkeit vom Betrachtungshorizont *Hauschildt/Heldt* (Fn. 3), Sp. 872.

13 Die Finanzlage ist damit von „existenzieller Bedeutung für Unternehmen", *Lachnit*, in: Gerke/Steiner (Hrsg.), Handwörterbuch des Bank- und Finanzwesens, 3. Aufl. 2001, Sp. 887.

zugleich noch von einem weiteren Kriterium ab: Es muss die individuelle Einstellung des Entscheidungsträgers zur Sicherheit der erwarteten Zahlungen, d.h. seine Risikopräferenz,[14] bekannt sein. Gleichzeitig sind Regeln zur Entscheidungsfindung unter Risiko zu beachten. Können finanzwirtschaftliche Risiken vermieden werden, bedeutet dies auch, dass die mit ihnen verbundenen Risikokosten nicht anfallen. *Solvabilität* i. S. der Sicherung von Vermögenswerten steht damit in enger Verbindung zum Aspekt der Rentabilität.[15]

Soweit der Betrachtung finanzwirtschaftlicher Entscheidungen eine *organisatorische Perspektive* zugrunde liegt, bezieht sich diese einerseits auf die *Ablauforganisation* mit den einzelnen Planungs-, Realisations- und Kontrollphasen, in denen sich solche Entscheidungen vollziehen.[16] Andererseits ist die Analyse der institutionellen Voraussetzungen finanzwirtschaftlicher Entscheidungsprozesse, nämlich die Finanzorganisation i. S. v. *Aufbauorganisation*, wichtig.[17] Dies betrifft beispielsweise die Frage nach dem Aufbau von Finanzabteilungen, dem ihnen zur Verfügung stehenden Instrumentarium und den Beziehungen der Finanzabteilung zu anderen Unternehmensbereichen, aber auch die Untersuchung der verschiedenen Teilbereiche des Geld- und Kapitalmarktes.

bb) Finanzwirtschaftliche Fragestellungen als Elemente des Finanzcontrolling

Der Stellenwert finanzwirtschaftlicher Aufgaben ist in der Vergangenheit mehrfach gestiegen. Der zunehmende Wettbewerb, auch begründet durch begrenzte Wachstumschancen auf den Absatzmärkten, führt dazu, dass Unternehmen immer stärker unter Rentabilitäts-, Liquiditäts- und Risikoaspekten zu führen sind. Unter der Konzeption des *Finanzcontrolling* wurden solche Steuerungssysteme aufgebaut, die die Unternehmenstätigkeit konsequent unter monetären Aspekten abbilden.[18] Hierbei wird meist ein *rekursives Vorgehen* gewählt, das die Unternehmensführung „von den Finanzmärkten her" als eine eigene *Führungsphilosophie* kennzeichnet: Ausgehend von den Renditeerwartungen der Geldgeber auf den Kapitalmärkten werden Erfolgsgrößen für das Gesamtunternehmen und aus diesen wiederum Vorgaben für einzelne Projekte, Abteilungen und Mitarbeiter abgeleitet.[19]

Ein wesentlicher Impuls für die zunehmende Bedeutung einer finanzwirtschaftlichen Steuerung ist auch damit verbunden, dass die Geldbeschaffung immer stärker an die Bonität von Unternehmen geknüpft wird. Spezielle Verfahren der Kreditwürdigkeits-

---

14 Vgl. zum Begriff der Risikopräferenz auch *Oehler/Unser*, Finanzwirtschaftliches Risikomanagement, 2. Aufl. 2002, S. 27–29. Vgl. auch die Ausführungen unter Gliederungspunkt II. 1. a) cc).
15 Alternativ lässt sich formulieren, dass Rentabilität erst dort beginnt, wo die Risikokosten gedeckt sind. Vgl. *Lachnit/Müller*, DB 2002, 2553; ähnlich *Burger/Buchhart*, DB 2002, 594. Vgl. zur Finanzplanung als „Frühwarnsystem" *Zunk*, FB 2000, 557–562.
16 Vgl. *Hauschildt/Heldt* (Fn. 3), Sp. 874 f.; *Lachnit* (Fn. 13), Sp. 897–899. Vgl. näher die Ausführungen unter Gliederungspunkt III. 2. a) bb).
17 Vgl. grundsätzlich zur Finanzorganisation *Hauschildt/Heldt* (Fn. 3), Sp. 872–887; *Heldt* (Fn. 3).
18 Vgl. *Eichholz*, Finanzwirtschaft, 5. Aufl. 2004, S. 8 f.; *Pfaff* (Fn. 8), Sp. 729–742.
19 Vgl. analog *Coenenberg/Schultze* (Fn. 8), 600.

I. Grundlagen der Investitions- und Finanzierungslehre

analyse, so genannte *Ratingverfahren*,[20] entscheiden über die Finanzierung an sich wie auch über die Finanzierungskonditionen. Insbesondere die Banken als traditionelle Kreditgeber von Unternehmen sind aufgrund von Vorgaben der Bankenaufsicht („Basel II") zum Einsatz solcher Ratingverfahren verpflichtet.[21] Das Rating basiert dabei primär auf finanzwirtschaftlichen Kennzahlen,[22] darüber hinaus jedoch auch auf nicht quantifizierbaren Gesichtspunkten wie Managementqualität, Wettbewerbsumfeld, Branchensituation und strategische Positionierung.

Es lässt sich generell formulieren, dass die Aktivitäten im monetären Steuerungssystem des Finanzcontrolling darauf abzielen, den Wert des Unternehmens unter Beachtung von Risikoaspekten (Verlustgefahren) und von Liquiditätserfordernissen zu steigern. Die erste Hauptfrage der Finanzwirtschaft lautet:

Wie lässt sich die Vorteilhaftigkeit von Investitions- und Finanzierungsprojekten bestimmen?

Diese Fragestellung resultiert aus dem Rentabilitätsgedanken: Die Vorteilhaftigkeit des Mitteleinsatzes hängt davon ab, ob die geplante Investition an sich einen wirtschaftlichen Vorteil verspricht. Soweit das Unternehmen Gelder einsetzt, die es zuvor noch beschaffen muss, resultiert der Unternehmenserfolg auch daraus, dass die benötigten Mittel mit möglichst geringem Aufwand beschafft werden. Das Unternehmen kann – in Abhängigkeit insbesondere von dem gewählten Finanzierungsinstrument – i.d.R. die erforderlichen Mittel von unterschiedlichen Geldgebern (z.B. Banken, Lieferanten, Private) zu unterschiedlichen Konditionen aufnehmen (z.B. fixe/variable Verzinsung, Gewinnbeteiligung, Agio, Laufzeit). Um aus gegebenen Finanzierungsalternativen die geeignete zu wählen, muss die Finanzwirtschaft *Vorteilhaftigkeitskriterien* und *Methoden* zu deren Ermittlung bereithalten.

Die Bedeutung einer an den Finanzmärkten orientierten Unternehmensführung ist zusätzlich dadurch gestiegen, dass die Finanzierung sich unter Volumenaspekten immer mehr als ein *Engpass* erweist, die Finanzmärkte zugleich aber auch *verbesserte Möglichkeiten der Kapitalbeschaffung* eröffnen. Gestiegene Investitionsbeträge und -risiken erfordern zum einen ein höheres Eigenkapital. In einem Umfeld der zunehmenden Börsennotierung, Dominanz institutioneller Anleger und Internet-Transparenz von Unternehmen steigt aber der Wettbewerb um Eigenkapital. Zum anderen legen die Kreditinstitute als typische Fremdkapitalgeber von Unternehmen – speziell mit Blick auf die gestiegenen Ratingerfordernisse – *strengere Kriterien bei der Kreditvergabe* an, und es löst sich die traditionelle Hausbankverbindung auf. Aus Sicht der Finanzwirtschaft rückt dies eine zweite Anforderung in den Mittelpunkt. Es geht darum, die Unternehmenstätigkeit konsequent unter Beachtung der Liquiditätssituation zu steuern:

---

20 Vgl. die Übersicht zu angewandten Ratingverfahren bei *Eigermann*, in: Krimphove/Tytko (Hrsg.), Praktiker-Handbuch Unternehmensfinanzierung, 2002, S. 743–762; *Lüdicke*, in: Reichling (Hrsg.), Risikomanagement und Rating, 2003, S. 63–87; vgl. auch *Gramlich*, in: Kredit&Rating 2/2004, S. 19–22.

21 Vgl. Deutsche Bundesbank, Monatsbericht 4/2001, 15–44; Deutsche Bundesbank, Monatsbericht 1/2003, 45–58; Deutsche Bundesbank, Monatsbericht 9/2003, 61–74. Die Bezeichnung Basel II rührt daher, dass in Basel von den Vertretern der Bankenaufsicht und Banken weltweit die Novelle der Kreditvergabevorschriften beschlossen wurde.

22 Dies erklärt sich insbes. daraus, dass – wie oben ausgeführt – die Finanzsphäre als Spiegelbild der Leistungssphäre von Unternehmen gesehen werden kann, vgl. *Vorsteher*, Kredit&Rating 2003, 14.

Wie kann der Ausgleich von Ein- und Auszahlungen gewährleistet werden?

Zentrale Aufgabe der Finanzwirtschaft in dieser Hinsicht ist es, ein Gleichgewicht zwischen Ein- und Auszahlungen zu schaffen (Liquiditätssicherung). Dies heißt zum einen, dass die Einzahlungen (zuzüglich eines eventuell gegebenen Mittelbestands) ausreichend sein sollen, um die Auszahlungen zu decken. Andererseits sollen die Einzahlungen auch wiederum die für Auszahlungen benötigten Mittel nicht in zu hohem Maß übersteigen.[23]

Die konsequente Beachtung von Ein-/Auszahlungen führt auch dazu, dass zunehmend eine eigenständige Konzeption für die zahlungsstrom- bzw. cashflow-orientierte Steuerung von Unternehmen aufgebaut wird.[24] Das *Cashflow-Management* tritt mit eigenen Liquiditäts- und Erfolgskennziffern[25] (z. B. Cashflow Added, Cashflow Return) ergänzend zu der primär an der Finanzbuchhaltung, d. h. an Bilanz sowie Gewinn- und Verlustrechnung, orientierten Unternehmensführung. Hierbei sind die entsprechenden Ein- und Auszahlungen als *Grundelemente eines Cashflow-Controlling* zunächst einmal zu identifizieren und in geeigneter Form einander gegenüberzustellen. Soweit sich ein Überschuss an Einzahlungen ergibt, führt dies zur Prüfung von Möglichkeiten der Mittelanlage und somit zurück zur ersten Fragestellung. Wenn sich dagegen ein Überschuss von Auszahlungen ergibt, muss nach Wegen der Geldbeschaffung gesucht werden, und es resultiert daraus eine dritte Hauptfrage der Finanzwirtschaft:

Welche Alternativen zur Mittelbeschaffung sind verfügbar?

Finanzwirtschaftliche Analysen beinhalten hierbei folgende Einzelaspekte:[26]

– *Formale Finanzwirtschaft*: Welche Grundformen und Strukturen der Finanzierung lassen sich unterscheiden? Hierzu zählen z. B. die Beschäftigung mit Eigen-/Fremdfinanzierung, mit Innen-/Außenfinanzierung oder generelle Analysen zur Kapitalstruktur von Unternehmen.[27]

– *Institutionelle Finanzwirtschaft*: Welche Institutionen (z. B. Kreditinstitute, Versicherungen, Kapitalbeteiligungsgesellschaften)[28] und Personen sind in der Lage und dazu bereit, dem Unternehmen finanzielle Mittel zu überlassen? Welche Märkte (im In- und Ausland) kann das Unternehmen zur Mittelbeschaffung in Anspruch nehmen?

---

23 Vgl. zum angestrebten Verhältnis die Ausführungen unter Gliederungspunkt III. 3. b) cc).
24 Das Cashflow-Management befindet sich allerdings erst im Anfangsstadium, vgl. *Bitz/Terstege*, WiSt 2003, 5.
25 Vgl. zu Cashflow-Kennziffern die Ausführungen unter Gliederungspunkt III. 4. c). Vgl. auch *Behringer*, Cash-flow und Unternehmensbeurteilung, 8. Aufl. 2003, S. 116–164; *Coenenberg/Alvarez/Meyer*, in: Gerke/Steiner (Hrsg.), Handwörterbuch des Bank- und Finanzwesens, 3. Aufl. 2001, Sp. 479–496.
26 Vgl. grundsätzlich *Betsch/Groh/Lohmann*, Corporate Finance, 2. Aufl. 2000, S. 137–279; *Däumler*, Betriebliche Finanzwirtschaft, 8. Aufl. 2002; *Damodaran* (Fn. 11), S. 481–655; *Perridon/Steiner*, Finanzwirtschaft der Unternehmung, 12. Aufl. 2003; *Süchting*, Finanzmanagement, 6. Aufl. 1995, insbes. S. 80–246; *Wöhe/Bilstein*, Grundzüge der Unternehmensfinanzierung, 9. Aufl. 2002. Vgl. auch die Übersicht in Gliederungspunkt III. 2. b) dd).
27 Vgl. hierzu *Däumler* (Fn. 26), S. 23–31; *Drukarczyk*, Finanzierung, 9. Aufl. 2003; *Gerke/Philipp*, Finanzierung, 1985, S. 80–98; *Perridon/Steiner* (Fn. 26), S. 353–357; *Wöhe/Bilstein* (Fn. 26), S. 11–21. Vgl. auch die Übersicht in Gliederungspunkt III. 2. b) dd).
28 Vgl. zu Institutionen des deutschen Finanzmarkts *Gerke/Philipp* (Fn. 27), S. 32–35.

I. Grundlagen der Investitions- und Finanzierungslehre

– *Instrumentelle Finanzwirtschaft*: Über welche konkreten Finanzierungsinstrumente (z. B. Aktie, Obligation, Kredit) bzw. über welche vertraglichen Gestaltungen kann das Unternehmen bei der Mittelbeschaffung verfügen?

c) Investitions- und Finanzplanung als Betrachtungsgegenstand

Das vorliegende Lehrbuch beschäftigt sich mit der Planung finanzwirtschaftlicher Maßnahmen. Finanzwirtschaftliche Planung[29] umfasst all die Aspekte, die die praktische *Umsetzung finanzbereichsbezogener Maßnahmen* vorbereiten. Die eigentliche Durchführung dieser Maßnahmen (finanzwirtschaftliche Disposition)[30] sowie die Kontrolle (finanzwirtschaftliche Kontrolle)[31] der durchgeführten Maßnahmen zählen nicht mehr zu ihrem Aufgabenbereich.[32]

Die *Problematik des* in finanzwirtschaftlichen Sachverhalten begründeten *Risikos* (Sicherheitsaspektes) wird *weitgehend ausgeklammert*. Dadurch finden auch Fragen der Risiko-/Nutzen-Funktion finanzwirtschaftlicher Entscheidungsträger keine Beachtung.[33] Diese Eingrenzungen erfolgen mit dem Ziel, die vorliegende Einführung überschaubar zu halten. Es wird damit auch erreicht, dass die Ergebnisse der finanzwirtschaftlichen Planung als Basis für weiterführende, komplexere Ansätze möglichst sorgfältig aufbereitet werden können.

Finanzwirtschaftliche Maßnahmen beziehen sich auf den Zahlungsbereich von Unternehmen. Dieser wird durch die Beschaffung und die Verwendung finanzieller Mittel beeinflusst. Ein *umfassender Planungsansatz* müsste *Aspekte der Mittelbeschaffung und -verwendung zugleich* einbeziehen.[34] Ein solcher „verbindender" Ansatz ist im Folgenden nicht gewählt. Vielmehr wird aus Gründen der Übersichtlichkeit die finanzwirtschaftliche Planung in Investitions- und Finanzplanung getrennt.[35]

---

29 Vgl. näher zur Finanzplanung die Ausführungen unter Gliederungspunkten III. 2. a) bb) und III. 2. b).

30 Vgl. *Witte*, Finanzplanung der Unternehmung, Prognose und Disposition, 3. Aufl. 1983, S. 120–138. Vgl. in diesem Zusammenhang auch *Hauschildt/Sachs/Witte*, Finanzplanung und Finanzkontrolle, 1981, S. 1–52.

31 Vgl. grundlegend hierzu *Hahn*, in: Ulrich (Hrsg.), Unternehmensplanung, 1975, S. 49–81; *Hauschildt/Sachs/Witte* (Fn. 30), S. 129–162; *Peemöller* (Fn. 9), S. 42 f.; *Witte* (Fn. 30), S. 139–154.

32 Die Planung hat allerdings „indirekt" diese Schritte insofern zu beachten, als diese auch zu planen sind. Vgl. zu Finanzdisposition und Finanzkontrolle auch die Ausführungen unter Gliederungspunkt III. 2. a) bb).

33 Vgl. zur Thematik „Finanzwirtschaft und Unsicherheit" *Gerke/Philipp* (Fn. 27); *Kruschwitz*, Finanzierung und Investition, 3. Aufl. 2002, S. 81–131; *Oehler/Unser* (Fn. 14); *Schäfer*, Unternehmensinvestitionen, 1999, S. 245–344; *Schmidt/Terberger* (Fn. 9), S. 53–55; *Schneider*, Investition, Finanzierung und Besteuerung, 7. Aufl. 1992, S. 427–664; *Spellmann*, Gesamtrisiko-Messung von Banken und Unternehmen, 2002; *Stocker*, Internationales Finanzrisikomanagement, 1997.

34 Vgl. ähnlich *Heinen*, Einführung in die Betriebswirtschaftslehre, 9. Aufl. 1992 (Nachdruck v. 1985), S. 141.

35 Vgl. zu Simultanansätzen die Ausführungen unter Gliederungspunkt II. Vgl. auch *Ottersbach/Behringer*, wisu 2000, 928–931.

Hierbei ist der Bereich *Investitionsplanung* (Kapitel II) mit der vorstehend als erste Frage bezeichneten Problemstellung nach der Vorteilhaftigkeit von Investitions- und Finanzierungsprojekten befasst. Wie noch zu zeigen ist, kann diese Fragestellung für beide Projekttypen weitgehend mit dem gleichen Instrumentarium bewältigt werden. Nicht verfolgt wird das Problem, wie entsprechende Projekte überhaupt gefunden werden können.

Finanzplanung (Kapitel III) hat die zweite Fragestellung zum Inhalt. Es geht überwiegend darum zu analysieren,

- wie die (zukünftigen) Ein- und Auszahlungen eines Unternehmens erfasst und einander gegenübergestellt werden können, und
- welche Maßnahmen in Abhängigkeit vom Ergebnis dieser Gegenüberstellung zu treffen sind.

Auf einzelne Finanzierungsinstrumente, -institutionen und -märkte kann jedoch – wiederum mit Blick auf die angestrebte Grundlagendarstellung – nicht vertieft eingegangen werden.[36]

2. Finanzwirtschaftliche Ziele im Zielsystem der Unternehmung

a) Ziele von Anspruchsgruppen und Zielsystem

Unter Zielen versteht man als erstrebenswert anzusehende zukünftige Zustände, die als Ergebnis von bestimmten Verhaltensweisen eintreten sollen.[37] Während die Betriebswirtschaftslehre früher annahm, dass Unternehmen ein oberstes Ziel (meist wurde das Gewinnziel genannt) verfolgen, geht man heute davon aus, dass regelmäßig simultan mehrere unterschiedliche Ziele auf oberster Ebene verfolgt werden.[38]

Unter Berücksichtigung der bestehenden Beziehungen[39] können die Ziele zu einem *Zielsystem*, d.h. einer Ordnung von Zielelementen, zwischen denen komplementäre, neutrale oder konkurrierende Beziehungen auf horizontaler Ebene und Mittel-Zweck-Beziehungen auf vertikaler Ebene bestehen, zusammengefasst werden.[40] Zielsysteme[41] werden in der Literatur auch häufig als *Zielpyramiden* oder *Zielhierarchien* bezeichnet.[42]

---

36 Vgl. hierzu vorstehend die Literaturangaben in Gliederungspunkt I. 1. b) bb).
37 Zur Differenzierung von Zielen im Kontext investitionsrechnerischer Entscheidungen vgl. *Goetze/Bloech*, Investitionsrechnung, 4. Aufl. 2003, S. 19–25.
38 Vgl. statt aller *Adam*, Investitionscontrolling, 3. Aufl. 2000, S. 37–49; zur Auswahl bei Mehrzielsituationen *Goetze/Bloech* (Fn. 37), S. 173 ff.
39 Vgl. *Schmid/Kutscher,* wisu 2002, 1238 f.
40 Vgl. *Betge*, Investitionsplanung, 4. Aufl. 2000, S. 17, 36; *Schweitzer*, in: Bea/Dichtl/Schweitzer (Hrsg.), Allgemeine Betriebswirtschaftslehre, Bd. 1, 8. Aufl. 2000, S. 52 f., sowie *Zimmermann*, Investitionsrechnung, 2. Aufl. 2003, S. 2 f.
41 Vgl. zu Beispielen für finanzwirtschaftliche Zielsysteme *Jahrmann*, Finanzierung, 5. Aufl. 2003, S. 408 f.
42 Vgl. *Götze/Bloech* (Fn. 37), S. 37, sowie *Eilenberger* (Fn. 7), S. 45, 48.

I. Grundlagen der Investitions- und Finanzierungslehre

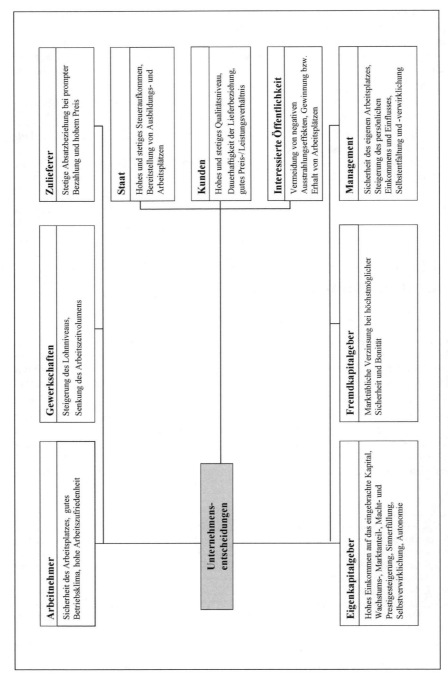

Abbildung 3: Anspruchsgruppen der Unternehmung und ihre Ziele

Unternehmen als abstrakte wirtschaftliche oder rechtliche Einheiten verfolgen selbst keine Ziele. Die Ziele von Unternehmen können auch keineswegs mit den Zielen der Unternehmer gleichgesetzt werden. Zum einen ist es bspw. ein wesentliches Kennzeichen der modernen Kapitalgesellschaften, dass sie einer Vielzahl von Eigentümern (z.B. Aktionären) mit u.U. unterschiedlichsten Zielvorstellungen gehören. Zum anderen sieht die Rechtskonstruktion von Kapitalgesellschaften die Möglichkeit einer Trennung von Eigentümer- und Geschäftsführerfunktionen vor, so dass es durchaus zu Interessenabweichungen zwischen den beiden Parteien kommen kann. Dieser Aspekt wird insbesondere im Principal-Agent-Ansatz[43] wie auch im Shareholder-Value-Konzept thematisiert.[44]

Es ist auch zu berücksichtigen, dass sich Unternehmen immer weniger in einem gesellschaftlich und politisch passiven Umfeld bewegen, sondern verstärkt einer Vielzahl unterschiedlicher Einflüsse ausgesetzt sind. Folglich ergibt sich das Verhalten der Unternehmung als Ergebnis eines unternehmenspolitischen Zielbildungs- bzw. *Zielaushandlungsprozesses*. Da in diesen Prozess viele unterschiedliche Interessengruppen eingreifen, wird er auch als kollektiver unternehmenspolitischer Zielbildungsprozess („*policy making*") bezeichnet. Abbildung 3 verdeutlicht wichtige Anspruchsgruppen gegenüber Unternehmen sowie deren Motive.

b) Monetäre Ziele als Teilmenge der Unternehmensziele

Wie aus Abbildung 3 erkennbar wird, sieht sich das Unternehmen in Entscheidungsprozessen einer Vielzahl unterschiedlicher und möglicherweise sich gegenseitig beeinträchtigender Ziele seitens der verschiedenen *Anspruchsgruppen* gegenüber. Folglich können die oftmals als hauptsächliche *Unternehmensziele* genannten Kriterien, wie bspw. „Umsatz- und Gewinnstreben", „Gewinnmaximierung", „Ertragserzielung", das von Unternehmen als Koalition unterschiedlicher Anspruchsgruppen tatsächlich verfolgte Zielbündel nur sehr unvollständig beschreiben. Reduziert man die Ziele eines Unternehmens auf die monetären Wünsche der Eigenkapitalgeber, so vernachlässigt man zwangsläufig

– die *nicht monetären Zielvorstellungen* der Eigenkapitalgeber wie Machtstreben, langfristige Unternehmenssicherung, strategische Marktanteilskalküle, Selbstständigkeits- und Unabhängigkeitsstreben, Prestige- und Selbstverwirklichungsziele, Umweltaspekte;

---

[43] Der Principal-Agent-Ansatz beschäftigt sich mit den Besonderheiten, die aus dem Auseinanderfallen von Eigentum an einem Objekt und dessen Verwaltung bzw. Nutzung entstehen (etwa: Anreiz- und Kontrolleffekte). Er wird u. a. auf das Verhältnis von Aktionär und Vorstand einer Kapitalgesellschaft angewandt wie auch auf die Beziehungen zwischen Fremdkapitalgeber und -nehmer. Vgl. grundlegend zur Agency-Problematik *Fama*, JoPE 1980, 288–307; *Jensen/Meckling*, JoFE 1976, 305–360. Vgl. auch *Niederöcker*, Finanzierungsalternativen in kleinen und mittleren Unternehmen, 2002, S. 43–54; *Perridon/Steiner* (Fn. 26), S. 527–536; *Schanz*, in: Bea/Dichtl/Schweitzer (Hrsg.), Allgemeine Betriebswirtschaftslehre, Bd. 1, 8. Aufl. 2000, S. 139 f.; *Schmidt-Mohr*, in: Gabler Wirtschaftslexikon, 15. Aufl. 2000 (Nachdruck 2001), S. 65–68.

[44] Das Shareholder-Value-Konzept steht für eine Form der Unternehmensführung, die vorrangig an den Interessen der Eigenkapitalgeber ausgerichtet ist. Vgl. *Kusterer*, Investitionsmanagement, 2001, S. 112–116.

I. Grundlagen der Investitions- und Finanzierungslehre

- die *Zielvorstellungen aller sonstigen Anspruchsgruppen (Stakeholder)*,[45] insbesondere aller Anspruchsgruppen, die nicht Eigenkapitalgeber sind, auf die eine Unternehmung jedoch trotzdem angewiesen ist, um lebensfähig und erfolgreich zu sein, und deren Interessen und Wünsche daher nicht ignoriert werden können.

Die allen finanzwirtschaftlichen Analysen zugrunde gelegten monetären Ziele stellen somit lediglich eine Untermenge der in dem Entscheidungsprozess über Investitions- oder Finanzierungsmaßnahmen zur Diskussion stehenden Zielkriterien dar, wie Abbildung 4 veranschaulicht.

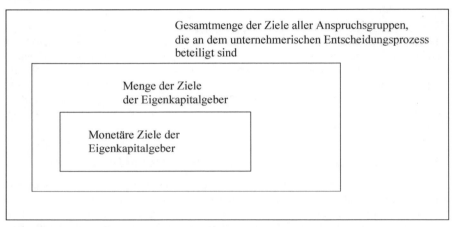

Abbildung 4: Monetäre Ziele der Eigenkapitalgeber als Teilmenge der Unternehmensziele

c) Operationalisierung der monetären Ziele der Eigenkapitalgeber

Als zentrales Zielelement dient i. d. R. der *Gewinn*, verstanden als der nach handels- oder steuerrechtlichen Vorschriften ermittelte Saldo zwischen Ertrag und Aufwand einer Periode. Es ist zugleich aber kritisch zu hinterfragen, ob Eigenkapitalgeber der Unternehmung eine derartige Gewinngröße als direkt zu verfolgende Zielgröße verwenden sollten. Denn eine Zunahme des handels- oder steuerrechtlichen Gewinns entspricht nicht unbedingt einer Steigerung des konsumfähigen Einkommens für den Eigentümer.[46] Ein Eigenkapitalgeber, der durch die Bereitstellung von Geldern heute auf Konsum verzichtet, will i. d. R. zu einem späteren Zeitpunkt mehr konsumieren. Dies ist dem Kapitalgeber aber nur in dem Maße möglich, in dem er zusätzliche Einkommenszahlungen aus der Unternehmung erhält.

---

45 Vgl. zum Begriff der Anspruchsgruppe sowie dem Stakeholder-Ansatz *Behringer* (Fn. 25), S. 44 f.; *Schmidt*, wisu 1997, 633–635.

46 Beispiele hierfür bilden alle Steigerungen von Ertragspositionen, die nicht mit zusätzlichen Einzahlungen verbunden sind, sowie alle Senkungen von Aufwendungen, die nicht auszahlungswirksam sind. In diesen Fällen wird zwar der buchmäßige Gewinn, nicht jedoch der Zahlungsmittelbestand der Unternehmung erhöht.

2. Finanzwirtschaftliche Ziele im Zielsystem der Unternehmung

Es ist zwar festzuhalten, dass *Totalgewinn* und *Totalentnahmen* über die gesamte Lebensdauer der Unternehmung einander entsprechen. Nach dem *Lücke-Theorem* gilt dies unter bestimmten Annahmen auch für den auf Basis von Gewinn- oder Zahlungsgrößen diskontierten Gesamtwert eines Unternehmens.[47] In Bezug auf einzelne Perioden werden Gewinne und Zahlungssalden aber nur im Ausnahmefall identisch sein. Aber nur mit dem Erhalt von Zahlungsmitteln werden die Kapitalgeber in die Lage versetzt, ihren Lebensunterhalt zu bestreiten, d. h. sich Konsumwünsche zu erfüllen.

In finanzwirtschaftlichen Analysen wird daher überwiegend die *Maximierung des Geldeinkommensstroms aus der Unternehmung*[48] als Kriterium für die Verfolgung monetärer Ziele der Eigenkapitalgeber verwendet. Aus Sicht der Anteilseigner ist dies gleichbedeutend mit der Steigerung des Unternehmenswerts.[49] Das Einkommensstreben der Eigentümer kann hierbei – je nach dem Wunsch des Entscheidungsträgers über den Zeitpunkt/die Zeitpunkte der Entnahme – in unterschiedlichen Formen konkretisiert werden.

Grundsätzlich spielt der Zeitpunkt, zu dem eine Zahlung anfällt, für die Bewertung dieser Zahlung eine Rolle. Dieses Phänomen nennt man „*ökonomische Zeitpräferenz*" oder „*Liquiditätspräferenz*".[50] Die *Zeitpräferenzrate* ist meist positiv, was bedeutet, dass Zahlungen zum gegenwärtigen Zeitpunkt im Vergleich zu betragsgleichen Zahlungen in der Zukunft als höherwertig beurteilt werden. In bestimmten Situationen (z. B. große Zukunftsangst) ist jedoch auch eine negative Zeitpräferenzrate denkbar.[51] Die Zeitpräferenzraten mehrerer Wirtschaftssubjekte werden meist unterschiedlich sein. Ihr Ausmaß kann sich bspw. aus der Höhe des jeweils erhältlichen Einkommensstroms sowie der subjektiv empfundenen Dringlichkeit von Konsumbedürfnissen (Konsumdruck) ergeben.[52]

Die für alle möglichen Ausgestaltungsformen gültige Zielformulierung lautet demnach: „Maximierung der Einkommenszahlungen unter Zugrundelegung der jeweiligen individuellen Zeitpräferenz des Entscheidungsträgers".

---

47 Vgl. *Lücke*, ZfhF 1955, 310–324. Zu den Annahmen zählt speziell, dass die Periodenergebnisse um Zinsen auf Zahlungssalden korrigiert werden. Vgl. auch *Götze/Bloech* (Fn. 37), S. 87.
48 Hiervon gibt es jedoch auch Ausnahmen. So werden beispielsweise bei den statischen klassischen Partialmodellen die monetären Ziele der Eigenkapitalgeber durch Rechenelemente auf der Gewinn-/Verlust- bzw. Kosten-/Leistungsebene abgebildet und nicht durch Zahlungsmittelgrößen. Vgl. vertiefend *Süchting* (Fn. 26), S. 297–299.
49 Vgl. *Coenenberg/Schultze* (Fn. 8), 600. Die Verfasser stellen analog eine Identität von Wertsteigerung und langfristiger Gewinnmaximierung fest.
50 Vgl. *Tobin*, RoES 1958, 65–86. Vgl. auch *Kruschwitz* (Fn. 33), S. 4–7, 23–27. Die Gestaltung der Zahlungsströme lässt sich auch ausdrücken als „to tailor the pattern of the cash flows over time", *Luenberger* (Fn. 6), S. 1.
51 In diesem Fall sind Wirtschaftssubjekte teilweise sogar bei negativer Verzinsung (also Wertverlust) bereit, Konsumverzicht zu üben, nur um Kaufkraft in die Zukunft verlagern zu können. Vgl. zur Erklärung der damit verbundenen inversen Zinsstruktur auf Basis der Erwartungstheorie *Mayer*, FB 2003, 292 f.
52 Vgl. *Süchting* (Fn. 26), S. 300.

d) Begründung für die Beschränkung finanzwirtschaftlicher Analysen auf die monetären Ziele der Eigenkapitalgeber

Die im Rahmen finanzwirtschaftlicher Analysen zu untersuchenden Investitions- und Finanzierungsentscheidungen können die Erreichung der Ziele aller angeführten Anspruchsgruppen in starkem Maße beeinflussen. Würde man dementsprechend *auch alle nicht monetären Ziele* der Eigenkapitalgeber sowie die *Zielvorstellungen der sonstigen Anspruchsgruppen* in Investitions- und Finanzierungsrechnungen berücksichtigen, so ergäben sich jedoch u. a. folgende Probleme:

- Bei vielen Zielen (z. B. Arbeitszufriedenheit, Umweltschutz, Macht und Ansehen) ist das Problem der Operationalisierung und Messung der Zielerreichung bisher nicht gelöst. Somit lässt sich keine Entscheidungsregel für die Abwägung zwischen diesen Zielen definieren und folglich keine wissenschaftlich fundierte Entscheidungsempfehlung aussprechen.
- Eine allgemeine Regel für die Gewichtung der einzelnen Ziele im Verhältnis zueinander kann es nicht geben. Aus diesem Grunde ist die Aufstellung einer einheitlichen, allgemein akzeptierten Zielfunktion für Unternehmen prinzipiell unmöglich.
- Die Fülle der Daten und die Komplexität der Modelle, die zur Berücksichtigung aller möglichen Ziele notwendig wären, spricht für ein mehrstufiges Vorgehen, wobei Entscheidungen jeweils nur im Hinblick auf ein Ziel untersucht werden.

Grundsätzlich kann angenommen werden, dass hinsichtlich des Ziels, den Fortbestand des Unternehmens zu sichern, ein weitgehender *Konsens zwischen den verschiedenen Interessengruppen* besteht. Keine Anspruchsgruppe kann ihre Ziele gegenüber der Unternehmung weiterverfolgen, wenn diese am Markt ausgeschieden ist. Folglich darf unterstellt werden, dass alle Anspruchsgruppen ein Interesse daran haben, dass die *Wirtschaftlichkeit* der Unternehmung erhalten bleibt.

Da sich *finanzwirtschaftliche Analysen* auf den Zahlungsmittelbereich der Unternehmung beziehen, lässt sich das *Wirtschaftlichkeitsziel* auch durch die *Relation der Auszahlungen zu den Einzahlungen* darstellen. Soweit bei Investitionsprojekten die Einzahlungen die entsprechenden Auszahlungen möglichst stark übersteigen, ist damit auch dem Wirtschaftlichkeitsprinzip Rechnung getragen und die Voraussetzung für einen positiven Beitrag zur Erhaltung der Unternehmung erfüllt.

Insoweit ist ein starker Bezug der finanzwirtschaftlichen Zielsetzung zu den Zielsetzungen aller Organisationsteilnehmer gewährleistet. Das Ziel, nur solche Projekte zu realisieren, deren Einzahlungen die mit dem Projekt verbundenen Auszahlungen übersteigen, ist allerdings nur eine *Mindestanforderung*. Da i. d. R. eine größere Anzahl von Alternativen gegeben ist, die dieses Kriterium erfüllt, muss eine weitergehende Entscheidungsregel *(z. B. „Maximierung der Einzahlungsüberschüsse")* definiert werden.

e) Implikationen für die Interpretation der Ergebnisse finanzwirtschaftlicher Analysen

Das Kalkül der Investitions- und Finanzplanung, alle Entscheidungen nur im Hinblick auf das Ziel *„Maximierung der Einzahlungsüberschüsse"* zu untersuchen, berücksichtigt letztlich nur *ein spezielles Ziel einer speziellen Gruppe* von Organisationsteilneh-

2. Finanzwirtschaftliche Ziele im Zielsystem der Unternehmung

mern. Die Finanzwirtschaft als Teilbereich der Betriebswirtschaftslehre wird in diesem Zusammenhang durchaus zu Recht mit dem Adjektiv „*kapitalorientiert*" versehen. Dies ist jedoch nicht problematisch, solange man sich die gesetzten Prämissen klar macht und die Ergebnisse nicht als allgemein gültig für die gesamte Unternehmung betrachtet. Investitions- und Finanzierungsalternativen, die nach einer finanzwirtschaftlichen Analyse mit dem Ziel „Maximierung der Einzahlungsüberschüsse" verwirklicht werden sollen, können im Hinblick auf andere Zielsetzungen (z. B. Unabhängigkeit, Sicherheit, Umweltschutz, Arbeitszufriedenheit, Verbraucherfreundlichkeit) so unerwünscht sein, dass ein Abwägen zum Unterlassen der Maßnahmen führt. Es kann also sein, dass *die finanzwirtschaftliche Analyse allein keineswegs ausreichend für die Investitions- und Finanzplanung ist*. Finanzwirtschaftliche Rechenmodelle ermitteln vielmehr lediglich ein vorläufiges Ergebnis, das die monetären Auswirkungen der zur Diskussion stehenden Alternativen übersichtlich aufzeigt. Sie sind selbst wiederum in einen noch weiteren Entscheidungszusammenhang einzuordnen. In einem gesamtheitlichen *unternehmenspolitischen Aushandlungsprozess* kann dann durchaus eine Alternative ausgewählt werden, die unter rein finanzwirtschaftlichen Gesichtspunkten als suboptimal zu bezeichnen wäre.

II. Investitionsplanung und Wirtschaftlichkeitsrechnung

1. Entscheidungssituationen der Investitions- und Finanzierungsrechnung

a) Grundlagen

aa) Entscheidung und entscheidungstheoretischer Ansatz

Die Analyse von Investitions- und Finanzierungsprojekten erfolgt meist vor dem Hintergrund einer konkret vorgegebenen Entscheidungssituation; d. h., es geht stets um die Wahl zwischen einer begrenzten Anzahl von Alternativen. Daher ist es für ein Lehrbuch, das sich mit Fragestellungen der Investitions- und Finanzierungslehre beschäftigt, nahe liegend, auf dem *entscheidungsorientierten Ansatz* aufzubauen.[53]

Hierbei ist es einerseits möglich, reale Entscheidungsprozesse zu beschreiben, um das Zustandekommen von Entscheidungen nachzuvollziehen (*deskriptive Entscheidungstheorie*), oder aber darzulegen, wie Individuen oder Gruppen idealer Weise entscheiden sollten (*normative Entscheidungstheorie*).[54] Sofern man im letztgenannten Fall von den als gegeben vorausgesetzten Zielen der Entscheidungsträger ausgeht, spricht man von praktisch-normativer Entscheidungstheorie.

Dem Bereich *praktisch-normativer Entscheidungstheorie* ist dieses Lehrbuch zuzurechnen. In Form von vereinfachenden Modellrechnungen werden Instrumente zur Bewältigung realer Entscheidungsprobleme vorgestellt. Sie erlauben es, den Entscheidungsträgern – unter Annahme bestimmter Zielsetzungen – die Auswahl einer oder mehrerer Alternativen zu empfehlen bzw. alle Alternativen als unvorteilhaft zu verwerfen.

bb) Projekte in leistungswirtschaftlicher Sicht

Von einem Investitionsprojekt in leistungswirtschaftlicher Sicht soll nur dann gesprochen werden, wenn sich aus der Kombination der betriebswirtschaftlichen Produktionsfaktoren Arbeit, Kapital, Betriebsmittel und Werkstoffe Leistungen ergeben, die selbstständig bewertbar sind. Dies setzt meist die Marktfähigkeit derartiger Leistungen voraus. Die kleinstmögliche Kombination von Produktionsfaktoren, die marktfähige Leistungen erstellen kann, wird auch als *Kapazitätseinheit* bezeichnet. Ein *Investitionsprojekt* ist entweder mit einer Kapazitätseinheit identisch oder besteht aus mehreren Kapazitätseinheiten.

---

[53] Der entscheidungsorientierte Ansatz der Betriebswirtschaftslehre wird auf *Edmund Heinen* zurückgeführt. Zur Vertiefung dieses Ansatzes vgl. *Heinen* (Fn. 34). Zu jüngeren Entwicklungen vgl. *Rommelfanger/Eikemeier*, Entscheidungstheorie, 2002, sowie *Wiese*, Entscheidungs- und Spieltheorie, 2002.

[54] Vgl. *Heinen* (Fn. 34), S. 24–28.

II. Investitionsplanung und Wirtschaftlichkeitsrechnung

Die Eigenschaft *"Marktfähigkeit"* wird gefordert, da hieraus erst die Möglichkeit der Zurechnung von Einzahlungen zu einem Projekt resultiert und auch Auszahlungen leichter zuordenbar werden, da der Entscheidungsträger einen Eindruck über die Art und den Umfang der zur Leistungserstellung notwendigen Auszahlungen erhält. Die Vorteilhaftigkeitsanalyse eines Aggregats, das keine marktfähigen Leistungen erstellt und somit keine unmittelbar zurechenbaren Zahlungsmittelbewegungen auslöst, macht eine vom Markt losgelöste Bewertung des Output erforderlich, wodurch Bewertungsspielräume, Manipulationsmöglichkeiten, Unsicherheiten und Fehlerquellen entstehen. Bei *marktfähigen Leistungen* hingegen erfolgt eine objektivierbare und durch den Entscheidungsträger nicht so leicht manipulierbare Bewertung durch die Preisbildung auf dem externen Markt (wenngleich die Realität und die jüngere Forschungsrichtung *"Behavioral Economics"* bzw. *"Behavioral Finance"* überzeugend zeigen, dass Märkte keineswegs immer Garanten für eine rationale Bewertung darstellen).[55]

> *Beispiel zur Definition eines Investitionsprojekts:*
>
> Ein Transportunternehmen erwägt den Kauf eines zusätzlichen Lastkraftwagens. Kann dieser LKW allein als Investitionsprojekt im leistungswirtschaftlichen Sinne betrachtet werden?

Nach der oben dargestellten und erläuterten Definition wäre dies nicht korrekt, da mit dem LKW allein keine marktfähige Leistung erzeugt wird. Vielmehr werden neben der Anschaffungsauszahlung für den LKW noch Auszahlungserfordernisse für Benzin, Öl, Zulassungsgebühren, Steuern sowie für einen Fahrer zu erfüllen sein, bis eine marktgängige Leistung (z. B. Erbringung von Speditionsdiensten) erstellt werden kann. Erst die Kombination der Gesamtheit an Produktionsfaktoren stellt ein Investitionsprojekt (in diesem Falle identisch mit einer Kapazitätseinheit) dar.

cc) Projekte in finanzwirtschaftlicher Sicht

Die *finanzwirtschaftliche Bewertung* von Investitions- und Finanzierungsprojekten setzt im Normalfall auf der Zahlungsmittelebene an. Regelmäßig liegen Ein- und Auszahlungsdaten nicht isoliert für einzelne Projekte vor, sondern fließen in die gesamten Zahlungsmittelbewegungen eines Unternehmens ein. Folglich ist es zunächst erforderlich, aus der Gesamtmenge aller Ein- und Auszahlungen einer Unternehmung diejenigen zu isolieren, die auf ein bestimmtes zu analysierendes Projekt zurückzuführen sind.

Ein Investitions- oder Finanzierungsprojekt wird somit in finanzwirtschaftlicher Sicht vollständig und abschließend[56] durch die *Darstellung der Struktur der von ihm ausgelösten Zahlungsströme* abgebildet.[57] Die eindeutige Zuordnung von Zahlungsbewegungen zu bestimmten Projekten wird jedoch durch zwischen ihnen bestehende *gegenseiti-*

---

55 Vgl. exemplarisch die Ursachen für Bewertungsfehler auf Aktienmärkten *Goldberg/Nitzsch*, Behavioral Finance, 2. Aufl. 2000.
56 Hieran wird bereits erkennbar, dass nicht monetäre Dimensionen wie bspw. Umweltverträglichkeit, Ästhetik, Moral etc. bei der finanzwirtschaftlichen Abbildung nicht darstellbar sind. Zur weitergehenden Systematisierung von Investitionsprojekten vgl. *Kusterer* (Fn. 44), S. 9–11, sowie *Seiler*, Financial Management, 3. Aufl., Zürich 2003, S. 375–378.
57 Wird bspw. bei finanzwirtschaftlichen Vorteilhaftigkeitsrechnungen von einer Wiederanlage in ein identisches Projekt gesprochen, so ist damit nicht gemeint, dass dieses Projekt in jedem Detail dem Ursprungsprojekt entspricht, sondern lediglich, dass es identische Zahlungsreihen bewirkt.

ge Abhängigkeiten (Interdependenzen) sowie die *Unsicherheit der erstellten Prognosen* erschwert. Daher soll auf diese beiden Problembereiche nachfolgend kurz eingegangen werden:

(1) Interdependenzproblem

Interdependenzen,[58] d. h. gegenseitige Beeinflussungen zwischen zwei oder mehr Projekten, können in drei unterschiedlichen Formen auftreten. Eine Übersicht dieser verschiedenen Formen und der Art der möglichen Beeinflussung gibt Abbildung 5.

(a) Güterwirtschaftliche Interdependenzen

Sie bezeichnen die gegenseitigen leistungsmäßigen und absatzbezogenen Einflüsse zwischen verschiedenen Projekten. Diese können im Falle der *gegenseitigen Begünstigung*, bspw. durch gemeinsame Nutzung von Ressourcen wie Verwaltungseinrichtungen und Vertriebswegen, eines bereits vorhandenen Markennamens sowie Werbeerfolgs („Spill-over-" bzw. „Carry-over-Effekt")[59] oder der Übertragung von Know-how entstehen.[60] Schwieriger wird es bei Fällen, in denen ein Projekt vom zweiten profitiert, diesem jedoch schadet.[61] Sehr häufig behindern oder schaden sich zwei oder mehrere Projekte jedoch auch gegenseitig.[62] Es ist durchaus möglich, dass die Projekte trotz der gegenseitigen Beeinträchtigung noch vorteilhaft sind. Der einfachste Fall ist gegeben, wenn die Projekte sich gegenseitig neutral verhalten, d. h. keine gegenseitige Beeinflussung vorliegt.[63]

Obwohl sich aus dem Vorliegen der o. a. Interdependenzen massive *Auswirkungen auf die Zahlungsströme* ergeben, werden sie als güterwirtschaftlich und nicht als finanzwirtschaftlich bezeichnet, da die Verursachung im güterwirtschaftlichen Bereich liegt. Die Berücksichtigung güterwirtschaftlicher Interdependenzen könnte nur dann entfallen, wenn man das gesamte Unternehmen als ein einziges Investitionsprojekt betrachten würde, da nur diesem alle Zahlungsbewegungen zweifelsfrei zurechenbar sind. Entscheidungen über Einzelprojekte innerhalb der Unternehmung erfordern jedoch eine

---

58 Zur Interdependenzproblematik und grundsätzlichen Handhabungsansätzen vgl. weiterführend *Perridon/Steiner* (Fn. 26), S. 143–145, sowie *Braunschweig*, Investitionsrechnung mit Unternehmensbewertung, 1998, S. 32 f.
59 Vgl. *Nieschlag/Dichtl/Hörschgen*, Marketing, 19. Aufl. 2002, S. 334, 625, 1060, 1111, 1189. Vgl. zur Methodik der Interdependenzanalyse ebenda S. 477.
60 Dieser Fall wird auch als Synergie bezeichnet und ist ein wesentlicher Treiber für Reorganisationen, Unternehmensakquisitionen und Fusionen. Im Idealfall profitieren beide Projekte, Einheiten oder Unternehmen von der Existenz des jeweils anderen.
61 Ein häufiges Beispiel ist der Fall, in dem ein Produkt oder Projekt vom Image eines anderen profitiert, jedoch dabei gleichzeitig dessen Image „verwässert".
62 Ein typisches Beispiel ist, dass die Projekte gegenseitig um Kunden rivalisieren, weil sie z. B. funktionsgleiche oder bedürfnisgleiche Leistungen erstellen. Diese Behinderung kann bis zu einer völligen Verhinderung gehen.
63 Obwohl dieser Extremfall der vollständigen Abwesenheit von Interdependenzen häufig nicht gegeben ist, wird in investitionsrechnerischen Gutachten oftmals die Annahme der gegenseitigen Neutralität getroffen. Die liegt zum einen daran, dass sich die Interdependenzen schlecht vorhersagen und quantifizieren lassen und zum anderen daran, dass man die Kosten ihrer Erfassung und Bewertung scheut und sich somit mit einem Ergebnis unter Vernachlässigung von Interdependenzen begnügt.

II. Investitionsplanung und Wirtschaftlichkeitsrechnung

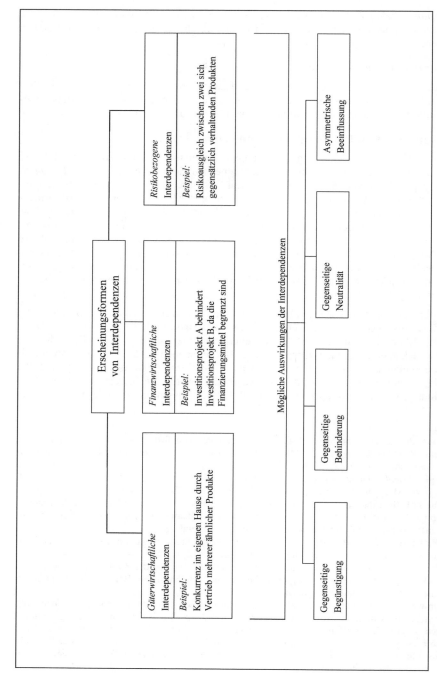

Abbildung 5: Darstellung möglicher Interdependenzen zwischen Projekten

weitergehende Abgrenzung der Aus- und Einzahlungen. Aus diesem Erfordernis heraus wurde eine spezielle Vorgehensweise zur Abschätzung der Zahlungsreihe von Einzelprojekten entwickelt. Grundidee ist hierbei jeweils, dass die gesuchte Zahlungsreihe des Projekts identisch mit den *Änderungen der Zahlungsreihe der Gesamtunternehmung* ist, die durch dieses Projekt verursacht werden. Dies kann auch als eine *Differenzbetrachtung* im Vergleich der Situationen vor und nach Durchführung des zur Diskussion stehenden Projekts gesehen werden *("with-and-without-principle")*. Bei der Wahl zwischen zwei einander ausschließenden Investitionsalternativen gilt entsprechend, dass die Situation der Unternehmung bei Durchführung der Investitionsalternative A mit der Situation der Unternehmung bei Durchführung der Investitionsalternative B verglichen wird.

(b) Finanzwirtschaftliche Interdependenzen

Hierbei geht es um die positiven oder negativen Einflüsse, die sich aus der Durchführung oder Nichtdurchführung eines Projekts auf die finanzielle Realisierbarkeit eines anderen Projekts ergeben. Die Durchführung einer Sachinvestition kann bspw. die Finanzierbarkeit anderer Projekte negativ beeinflussen, wenn die dem Unternehmen zur Verfügung stehenden finanziellen Mittel nicht für alle Projekte ausreichend sind.

(c) Risikointerdependenzen

Unter Risikointerdependenzen versteht man den Beitrag der Einzelrisiken verschiedener Investitions- und Finanzierungsprojekte zur Gesamtrisikoposition der Unternehmung. Es ist nämlich keineswegs so, dass sich die Einzelrisiken mehrerer Projekte einfach kumulieren. So können die Einzelrisiken verschiedener Projekte – je nach Grad ihres Zusammenwirkens (Korrelation) – den Gesamtrisikogehalt der Unternehmung positiv oder negativ beeinflussen. Dies soll anhand eines kleinen Beispiels erläutert werden (vgl. hierzu auch Abbildung 6).

> *Beispiel:*
>
> Ein Unternehmen mit Sitz in Euroland führt ein Investitionsprojekt A durch. Die hiermit erzeugten Leistungen Produkte werden zu einem festen, auf US-$ lautenden Preis nach Übersee veräußert. Der US-$-Erlös wird anschließend in Euro umgetauscht. Die Umrechnung erfolgt zum Wechselkurs US-$/Euro. Das Projekt enthält also ein US-$-Risiko, d.h., die Einzahlungen in Euro sinken, wenn der Wechselkurs US-$/Euro steigt oder – mit anderen Worten – der Euro gegenüber dem US-$ aufwertet bzw. der US-$ gegenüber dem Euro abwertet (= Bewegung nach rechts auf der Wechselkursachse).

Die Unternehmung führt gleichzeitig ein weiteres Investitionsprojekt B durch. Die hiermit erstellten Leistungen werden ausschließlich in Euroland oder auf Euro-Basis veräußert. Zur Herstellung sind jedoch Komponenten erforderlich, die in Nordamerika erworben und folglich in US-$ abgerechnet werden. Wie in der Abbildung erkennbar, profitiert dieses Projekt von einem starken Euro, da für den Erwerb der Vorleistungen zu einem fixen Dollar-Betrag bei steigendem US-$/Euro-Kurs immer weniger Euro benötigt werden.

Nimmt man beide Projekte zusammen, so ergibt sich nun keineswegs eine Kumulation der jeweiligen Wechselkursrisiken, sondern vielmehr eine teilweise (im Idealfall, d.h. bei identischen Beträgen der Steigung, vollständige) *Risikokompensation*. Das Wäh-

II. Investitionsplanung und Wirtschaftlichkeitsrechnung

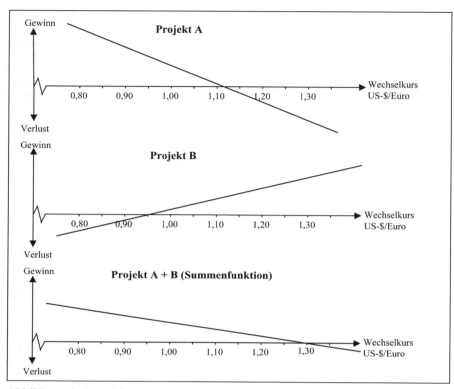

Abbildung 6: Auswirkungen von Wechselkursveränderungen auf zwei Projekte A und B sowie die Gesamtposition (A+B)

rungsmanagement muss nicht zwei Geschäfte separat absichern, sondern nur deren Saldo.

(2) Problematik der Unsicherheit

Bei der Planung von Investitions- und Finanzierungsprojekten kann nicht von sicheren Prognosen über künftige Zahlungsgrößen ausgegangen werden. Der Grad der Unsicherheit zukünftiger Daten und die geschätzten bzw. wahrgenommenen Eintrittswahrscheinlichkeiten ihrer Realisation bestimmen jedoch – zusammen mit der individuellen *Risikoneigung* des Entscheidungsträgers – die Auswahl oder Nichtauswahl eines Projekts.

Die am häufigsten vorkommenden *Gründe*, welche bei einer Sachinvestition zu einer *Abweichung der tatsächlich realisierbaren Zahlungsströme von den aufgestellten Prognosen* führen können, werden nachstehend aufgezählt:

– Verteuerung von Inputfaktoren (Einsatzstoffe, Fremdleistungen, Komponenten, Löhne und Gehälter etc.),

– Preisverfall des Absatzprodukts (zunehmende Wettbewerbsintensität, Auftauchen von substitutiven Gütern oder Leistungen auf den Absatzmärkten),
– Unverkäuflichkeit des Absatzprodukts (modische oder technischer Veralterung, Veränderungen des Käuferverhaltens etc.),
– Verteuerung der Finanzierungsmittel durch Zinssteigerungen,
– Schwankungen der Wechselkurse,
– Inflation (Achtung: problematisch ist nicht die Inflation selbst, sondern die Abweichung zwischen erwarteter bzw. geplanter Inflationsrate einerseits und der tatsächlichen Inflationsrate andererseits),
– Änderungen der gesetzlichen Grundlage (mit Folge der Produktionsverteuerung oder Produktionseinstellung),
– technische Probleme (unerwartet hohe Reparaturanfälligkeit von Aggregaten, Produktionsausfälle, teurer Ersatzteilbedarf).

Bei Investitionsentscheidungen in der Praxis kommt es häufig vor, dass ein Investor ein Projekt trotz geplanter finanzwirtschaftlicher Vorteilhaftigkeit nicht realisiert, da er das Risiko einer ungünstigen Abweichung der tatsächlich erzielbaren Ergebnisse von den Prognosedaten scheut.

dd) Definition von Investitions- und Finanzierungsprojekten

Nachdem gleichermaßen die güterwirtschaftliche wie auch die finanzwirtschaftliche Sichtweise von Investitions- und Finanzierungsprojekten dargestellt wurden, steht noch eine grundlegende Abgrenzung beider Projektarten aus, die über das Alltagsverständnis der Begriffe[64] hinausgeht.

Für finanzwirtschaftliche Analysen hat es sich als zweckmäßig erwiesen, die Unterscheidung zwischen Investitionsprojekten einerseits und Finanzierungsprojekten andererseits anhand des Vorzeichens der ersten anfallenden Zahlung vorzunehmen.

Folglich soll gelten:

Ein *Investitionsprojekt* liegt immer dann vor, wenn eine Zahlungsreihe prognostiziert wird, die aus Sicht des Entscheidungsträgers mit einer Auszahlung beginnt[65] und der Einzahlungen folgen.[66]

Ein *Finanzierungsprojekt* ist – invers zur Definition eines Investitionsprojets – stets dann gegeben, wenn eine Zahlungsreihe vorliegt, die aus Sicht des Entscheidungsträgers mit einer Einzahlung beginnt und der Auszahlungen folgen.

---

64 Die Ungenauigkeit des allgemeinen Sprachgebrauchs wird bspw. dann erkennbar, wenn der Fall „Abschluss eines Bausparvertrages" zugeordnet werden soll, da der Kunde zunächst spart, d. h. investiert, dies jedoch nur, um anschließend in den Genuss einer Finanzierung zu kommen.
65 Vgl. *Spremann*, Wirtschaft, Investition und Finanzierung, 5. Aufl. 1996, S. 364 f. Zur Systematisierung von Investitionsarten vgl. *Braunschweig* (Fn. 58), S. 18–20, und *Däumler*, Grundlagen der Investitions- und Wirtschaftlichkeitsrechnung, 11. Aufl. 2003, S. 16–18.
66 Unter ökonomischen Gesichtspunkten wird der Entscheidungsträger diese Auszahlung nur dann leisten, wenn er spätere Einzahlungen erwarten darf; gleichwohl sind die Vorzeichen der in den Folgejahren anfallenden Zahlungen für das Vorliegen eines Investitionsprojekts unerheblich. Vgl. zu weiteren relevanten Merkmalen von Investitionsprojekten *Spremann* (Fn. 65), S. 363–367.

b) Klassifikationsmöglichkeiten investitionsrechnerischer Entscheidungssituationen

aa) Überblick

Im Folgenden sollen verschiedenartige Entscheidungssituationen, denen sich eine Unternehmung bei der Analyse von Investitions- oder Finanzierungsprojekten gegenübersieht, unterschieden werden. Es wird erkennbar, dass – je nach vorliegender Situation – völlig unterschiedliche Problemstellungen zu bearbeiten sind, für welche die Investitionsrechnungstheorie auch eine Vielzahl verschiedenartiger Lösungsansätze entwickelt hat. Die nachstehenden Ausführungen erläutern den in Abbildung 7 dargestellten Überblick.

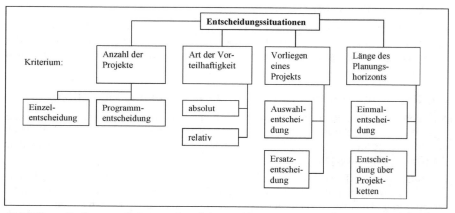

Abbildung 7: Systematisierung der sich möglicherweise ergebenden Entscheidungssituationen bei Investitions- oder Finanzierungsprojekten

bb) Einzelprojektentscheidungen versus Programmentscheidungen

Einem Unternehmen können sich zwei Arten von Investitions- und Finanzierungsentscheidungen stellen:

- die Beurteilung isolierter Einzelprojekte und
- die Beurteilung von Kombinationen unterschiedlicher Investitions- und Finanzierungsprojekte zu einem Gesamtprogramm.

Kann der Entscheidungsträger von unbegrenzten[67] Anlage- und Finanzierungsmöglichkeiten zu einem bestimmten Zinssatz ausgehen *(Vollkommener Kapitalmarkt)*[68] und gelingt es ihm, eventuell bestehende Wechselwirkungen der Projekte untereinander (gü-

---

[67] Als „unbegrenzt" ist nicht unbedingt „unendlich" zu verstehen. Vielmehr ist hiermit gemeint, dass im Rahmen der relevanten Größenordnungen ausreichend Finanzierungsmittel zum definierten Zinssatz zur Verfügung stehen.

[68] Zum Vollkommenen Kapitalmarkt vgl. Gliederungspunkt II. 2. dd).

ter- und finanzwirtschaftliche Interdependenzen)[69] zu berücksichtigen, so kann das Problem der Programmentscheidungen unberücksichtigt bleiben. Dies bedeutet, dass anstelle der Berechnung eines Investitions- oder Finanzierungsprogramms ebenso gut auch die Einzelprojekte jeweils isoliert beurteilt werden können. In der Praxis wird (unter Missachtung des gerade Gesagten) aus Vereinfachungsgründen jedoch sehr häufig auf Basis von Einzelprojekten entschieden, obwohl die oben genannten Voraussetzungen nicht oder nicht vollständig erfüllt sind.

cc) Absolute und relative Vorteilhaftigkeitsentscheidungen

Ein *absoluter Vorteilhaftigkeitsvergleich* stellt auf ein betrachtetes Projekt allein ab. Bei der Analyse der absoluten Vorteilhaftigkeit wird folglich geprüft, ob die finanzwirtschaftlichen Mindestanforderungen erfüllt werden. Was unter finanzwirtschaftlichen Mindestanforderungen genau zu verstehen ist, hängt von der Art des Rechenmodells ab. Bei einem *Totalmodell*[70] bspw. lautet die finanzwirtschaftliche Mindestanforderung für ein Investitionsprojekt, dass dieses in der Lage sein muss, alle erforderlichen Auszahlungen (inklusive Zinsen) durch Einzahlungen abzudecken.

Wird hingegen durch das *Rechenmodell* unterstellt, dass zu einem festgelegten Kalkulationszinsfuß Kredit in beliebiger Höhe erhältlich sei, so kann sich die Analyse darauf beschränken, die Verzinsung des im Projekt gebundenen Kapitals zu ermitteln, um sie dem Kalkulationszinssatz gegenüberzustellen. Dies führt zu folgender Entscheidungsregel:

Ein Projekt ist dann absolut vorteilhaft, wenn seine Realisation dem Entscheidungsträger einen Einkommens- oder Vermögensvorteil gegenüber der Nichtrealisation verschafft.

Relative Vorteilhaftigkeitsentscheidungen beziehen sich auf den Vergleich zwischen mehreren Investitions- oder Finanzierungsprojekten. Ziel des relativen Vorteilhaftigkeitsvergleichs ist es, dasjenige Projekt unter mehreren herauszusuchen, welches im *Hinblick auf die Einkommens- oder Vermögensziele des Entscheidungsträgers den höchsten Zielerreichungsgrad* verspricht. Ökonomisch sinnvoll ist die Frage nach der relativen Vorteilhaftigkeit zwischen unterschiedlichen Vergleichsprojekten nur dann, wenn die absolute Vorteilhaftigkeit der Einzelprojekte vorliegt.

dd) Auswahl- und Ersatzentscheidungen

Auswahlentscheidungen sind gegeben, wenn keine der zur Diskussion stehenden Alternativen beim Entscheidungsträger bereits realisiert ist. Bspw. benötigt ein Unternehmen erstmals einen Generator zur Stromerzeugung und prüft nun verschiedene Angebote geeigneter Aggregate.

Ersatzentscheidungen liegen vor, wenn zur Diskussion steht, ein bereits installiertes und in Betrieb befindliches Aggregat durch ein anderes (vielleicht moderneres, technisch verändertes, energiesparenderes etc.) zu substituieren. Es wird also geprüft, ob ein in

---

69 Zur Definition und Systematisierung von Interdependenzen vgl. die Ausführungen unter Gliederungspunkt II. 1. cc).
70 Ein Totalmodell zeichnet sich dadurch aus, dass alle existierenden Alternativen sowie die sich aus der Realisation einer dieser Alternativen ergebenden Folgeprojekte in die Vorteilhaftigkeitsanalyse einbezogen werden. Vgl. hierzu die Ausführungen unter Gliederungspunkt II. 2. bb). Vgl. ergänzend *Schäfer* (Fn. 33), S. 22–24.

Nutzung befindliches, technisch durchaus weiterverwendbares Investitionsprojekt durch ein neues funktionsgleiches verdrängt werden soll. Die hier aufgeworfene Fragestellung unterscheidet sich von der einer Auswahlentscheidung grundlegend, da für das bereits vorhandene Projekt bestimmte Auszahlungen (wie z. B. für die Anschaffung und Installation) nicht mehr anfallen. In Anlehnung an das obige Beispiel läge eine Ersatzentscheidung also vor, wenn die Unternehmung bereits über einen funktionsfähigen Generator verfügt und jetzt prüft, ob es ökonomisch sinnvoll wäre, die Stromerzeugung stattdessen durch ein neu zu beschaffendes Alternativaggregat vornehmen zu lassen.

ee) Entscheidungen über einmalige Projekte versus Entscheidungen über Projektketten

Da sowohl Investitions- als auch Finanzierungsprojekte regelmäßig nur eine begrenzte Nutzungsdauer bzw. Laufzeit besitzen, stellt sich die Frage, ob die finanziellen Ziele des Entscheidungsträgers nach Ablauf des Projekts noch weiterverfolgt werden müssen. Folgende zwei Vorgehensweisen sind denkbar:

- Die Vorteilhaftigkeitsanalyse wird auf die *Projektnutzungsdauer begrenzt*. Dies bedeutet, dass der Planhorizont des Entscheidungsträgers mit der Projektnutzungsdauer übereinstimmt. Was nach dem Projektende geschieht, bleibt unberücksichtigt.
- Die Vorteilhaftigkeitsanalyse wird über die *Projektnutzungsdauer hinweg fortgesetzt*, d. h., der Planhorizont des Entscheidungsträgers übersteigt die Nutzungsdauer der im Planhorizont explizit betrachteten Anlagen oder Finanzierungen.

Für die Vorgehensweise nach dem erstgenannten Punkt sprechen insbesondere Praktikabilitätsüberlegungen: Die Beschränkung der Analyse auf die finanziellen Auswirkungen der im Planungszeitpunkt erkennbaren Alternativen erscheint sinnvoll, da über die sich möglicherweise später ergebenden Folgeinvestitionen oder -finanzierungen jetzt noch keine hinreichend sichere Information vorliegt.

Für die Vorgehensweise nach dem zweitgenannten Punkt spricht jedoch die Tatsache, dass es unbefriedigend und außerdem rein willkürlich ist, den Planungshorizont des Investors auf das Projektende zu legen und somit die finanziellen Auswirkungen von Folgeprojekten zu vernachlässigen. Dies wird besonders deutlich, wenn man bedenkt, dass verschiedene Projekte auch voneinander abweichende Laufzeiten aufweisen können.

Will man nun die Länge des festgelegten Planungshorizonts von der Wahl des Projekts unabhängig gestalten, so ergeben sich zwei Möglichkeiten: Bei vielen Rechenverfahren, die auf der Annahme eines Vollkommenen Restkapitalmarkts aufbauen, wird die *Arbeitshypothese* aufgestellt, dass nach Abschluss des Projekts eine *Anlage/Kreditaufnahme zum Kapitalmarktzinssatz* möglich sei. Folglich kann das Projektergebnis mit dem Kapitalmarktzinssatz bis zum Ende des festgelegten Planhorizonts hochgerechnet oder auch durch Abdiskontieren auf den vorab definierten *Entscheidungszeitpunkt* bezogen werden.

Alternativ hierzu kann auch angenommen werden, dass nach Abschluss des Projekts eine *Reinvestition/Refinanzierung in ein hinsichtlich der Zahlungsreihen identisches Folgeprojekt* vorgenommen wird. In diesem Fall werden somit Projektketten gebildet und einander gegenübergestellt.[71] Dies bedeutet, dass nicht mehr Projekt I und Pro-

---

71 Vgl. weiterführend *Franke/Hax*, Finanzwirtschaft des Unternehmens und Kapitalmarkt, 5. Aufl. 2004, S. 150–155.

jekt II verglichen werden, sondern endliche oder unendliche[72] Projektketten der Art I bzw. II.

2. Investitionsrechnungen als Entscheidungsmodelle

a) Gründe für die Notwendigkeit finanzwirtschaftlicher Modelle

Vorteilhaftigkeitsanalysen werden durchgeführt, um dem Entscheidungsträger eine Empfehlung für reale Investitions- oder Finanzierungsentscheidungen zu geben. Folglich könnte man annehmen, dass man bei der Durchführung dieser Analysen *stets exakt von den tatsächlich vorgegebenen Daten ausgeht*, um ein realitätsbezogenes Ergebnis zu erzielen. Das Streben nach möglichst großer Realitätsnähe ist zwar grundsätzlich richtig, jedoch kann eine Vorteilhaftigkeitsanalyse nur in den wenigsten Fällen ohne vereinfachende Annahmen (Prämissen) auskommen.

Hierfür sind insbesondere folgende Gründe verantwortlich:

- Die Erhebung von Daten über alle grundsätzlich in Frage kommenden Investitions- und Finanzierungsprojekte ist nicht durchführbar. Insofern ist man gezwungen, früher oder später die Alternativensuche abzubrechen und die Vorteilhaftigkeitsanalyse somit auf einen Alternativenraum einzugrenzen, der stets subjektiv und damit willkürlich sein muss. Es besteht also ein *Datenerhebungs- und -verarbeitungsproblem* unter Berücksichtigung der Informationsverarbeitungskapazität des Entscheidungsträgers sowie Einbeziehung von Kostenüberlegungen hinsichtlich des Auswahlprozesses selbst.

  Konsequenz: Finanzwirtschaftliche Rechenmodelle beschäftigen sich meist nur mit einem begrenzten Alternativenraum. Es findet sozusagen eine *Vorselektion* der näher zu analysierenden Alternativen statt.

- Die monetären Konsequenzen der Entscheidungen können aufgrund der Unsicherheit künftiger Ereignisse prinzipiell nicht garantiert werden. Aufgrund vielfältiger Einflüsse technischer, organisatorischer und wirtschaftlicher Art (Imponderabilien) ist die Prognose der Vorteilhaftigkeit stets in ihrer Richtigkeit gefährdet *(Prognoserisiko)*.

  Konsequenz: Finanzwirtschaftliche Rechenmodelle versuchen, die erwarteten monetären Auswirkungen einer Investitionsentscheidung bestmöglich in der Zahlungsreihe abzubilden und gehen dann entweder von der Richtigkeit der einmal getroffenen Prognose aus *(Annahme sicherer Erwartungen)* oder versuchen, mit unterschiedlichsten Verfahren die Auswirkungen von Datenänderungen auf die Zielsphäre des Entscheidungsträgers sichtbar zu machen.[73]

---

[72] Die Bewertung unendlicher Projektketten ist in dem seltenen Fall sinnvoll, in dem ein unbegrenzter Planhorizont vorliegt.

[73] Zur Einführung in Verfahren zur Erfassung und Bewertung von Unsicherheit vgl. (nach Beschäftigung mit den hier vorgestellten Rechenmodellen) *Perridon/Steiner* (Fn. 26), S. 98–138.

II. Investitionsplanung und Wirtschaftlichkeitsrechnung

- Die Entscheidung für oder gegen Investitions- und Finanzierungsprojekte bedingt künftige *Folgewirkungen und gegenseitige Abhängigkeiten* (Interdependenzen),[74] die aufgrund ihres Zukunftsbezugs stets unsicher und außerdem im Planungszeitpunkt teilweise noch überhaupt nicht bekannt sind. Die Zurechnung positiver und negativer Folgewirkungen auf die verantwortlichen Projekte ist oftmals nicht exakt möglich.
  Konsequenz: Finanzwirtschaftliche Rechenmodelle berücksichtigen die Folgewirkungen und gegenseitigen Abhängigkeiten (zwischen den einzelnen Projekten) nicht, bzw. sie setzen voraus, dass eine Abschätzung dieser Wirkungen bereits erfolgt und in den Prognosedaten enthalten ist.
- Die Zielvorstellungen von Entscheidungsträgern sind häufig nicht hinreichend exakt formuliert bzw. operationalisiert, um als Ausgangsbasis für eine Analyse zu dienen. Handelt es sich um einen kollektiven Entscheidungsprozess, sind also mehrere Entscheidungsträger gemeinsam beteiligt, kann es zudem vorkommen, dass diese unabgestimmte und voneinander abweichende Zielvorstellungen benennen. Außerdem können neben den monetären Zielen noch vielfältige nicht monetäre Motive (z. B. Machtstreben, Marktanteilsdenken, Qualitätsorientierung, Prestige, Imagegesichtspunkte) mit unterschiedlichster Gewichtung bestehen. Hierbei kommt es regelmäßig zu *Zielkonflikten*.
  Konsequenz: Finanzwirtschaftliche Rechenmodelle treffen vereinfachende Annahmen über die einer Auswahlentscheidung zugrunde liegenden Ziele. Hierbei werden ausschließlich monetäre Ziele berücksichtigt. Der Entscheider erkennt in diesem Fall jedoch klar, welches Mindereinkommen durch die Verfolgung nichtmonetärer Ziele bewirkt wird.

Abbildung 8 soll die Vorgehensweise bei der Anwendung finanzmathematischer Rechenmodelle erläutern: Die linke Hälfte der Abbildung stellt die reale Sphäre, die rechte die Modellsphäre dar. Ideal wäre es, wenn man das reale Entscheidungsproblem P unverändert einer direkten Lösung L (P) zuführen könnte. Aufgrund der oben genannten Probleme wie Unsicherheit, Datenvielfalt, Imponderabilien, unklare Zielvorstellungen etc. ist die unmittelbare Lösung des realen Entscheidungsproblems jedoch meist unmöglich. Folglich beschreitet man einen „Umweg", indem man das reale Entscheidungsproblem durch Vereinfachungen sowie durch Zuhilfenahme von Prämissen in ein leichter zu bearbeitendes „Modellproblem" P′ umformt. Somit wird ein Entscheidungsmodell,[75] d. h. eine vereinfachte Rechnung erstellt, die zur Unterstützung einer Entscheidung beitragen soll.[76]

Um den Rückschluss von der Modelllösung auf die Lösung des realen Problems zu gewährleisten, strebt man an, dass das Modell isomorph zur Wirklichkeit ist, wobei unter Isomorphie Gleichgestaltigkeit zwischen Abbild (Modell) und Abzubildendem (Gegenstandsbereich) verstanden wird.[77] Die Gestalt des Modellproblems erlaubt es nun,

---

74 Vgl. oben die Ausführungen unter Gliederungspunkt II. 1. cc).
75 Der Begriff „Entscheidungsmodell" kennzeichnet den Zweck der Vereinfachung. Im Gegensatz zur Entscheidungsunterstützung könnte die Aufgabe der Modellbildung nämlich auch in der Erklärung oder Verdeutlichung eines Sachverhalts bestehen (Erklärungsmodell, heuristisches Modell). Vgl. *Kruschwitz*, Investionsrechnung, 9. Aufl. 2003, S. 21 f.
76 Zur Bedeutung und weiteren Funktionen von Entscheidungsmodellen in der Investitionsrechnung vgl. *Schäfer* (Fn. 33), S. 20 f.
77 Vgl. *Kruschwitz* (Fn. 75), S. 21.

2. Investitionsrechnungen als Entscheidungsmodelle

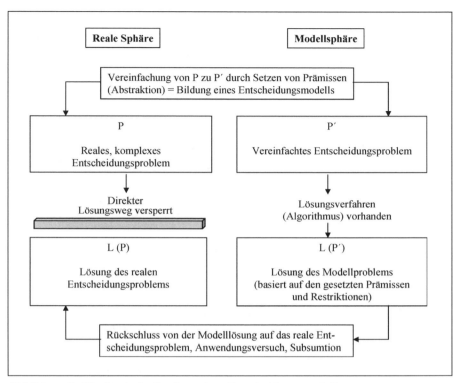

Abbildung 8: Idealtypische Struktur eines Entscheidungsmodells

mit dem vorhandenen Lösungsinstrumentarium eine Lösung zu ermitteln. Somit erhält man L (P'). Dieses Ergebnis darf nun aber nicht vergröbernd als Lösung des Ursprungsproblems interpretiert werden, da die Problemstellung ja vereinfachende Annahmen enthält. Hierfür ist ein interpretierender und die getroffenen Vereinfachungen berücksichtigender *Rückschluss* von der Modelllösung auf die Lösung des ursprünglichen Problems (Subsumtion) erforderlich.

Entspricht das Rechenmodell weitgehend der Realität, d. h. enthält es nur unwesentliche Einschränkungen und Vereinfachungen, so ist der Rückschluss von der ermittelten Modelllösung auf die Lösung des realen Problemes relativ gut möglich. Aufgrund der Realitätsnähe wird das Modell jedoch sehr komplex sein. Folglich ist die Lösung L (P') – wenn überhaupt – nur mit großem Aufwand ermittelbar. Komplexe Rechenmodelle stoßen daher – trotz ihres starken Realitätsbezugs – gerade bei Praktikern auf wenig Akzeptanz.

Wurde hingegen das Modellproblem sehr stark vereinfacht und weist nur noch in kleinen Teilbereichen Strukturgleichheit mit dem Gegenstandsbereich auf *(partielle Isomorphie)*, so ist die Modelllösung zwar vergleichsweise leicht ermittelbar. Es besteht jedoch die Gefahr, dass keine befriedigenden Rückschlüsse auf das reale Ursprungsproblem mehr möglich sind, weil das Modellbild sich vom realen Entscheidungsgegen-

II. Investitionsplanung und Wirtschaftlichkeitsrechnung

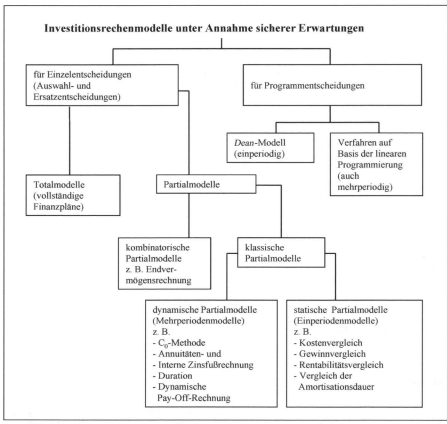

Abbildung 9: Systematisierung der Investitionsrechenmodelle, die mit der Annahme sicherer Erwartungen arbeiten

stand zu stark unterscheidet. Die nachfolgend vorgestellten Arten finanzwirtschaftlicher Rechenmodelle können somit als unterschiedliche Kompromissformeln im Hinblick auf das Dilemma zwischen Anwenderfreundlichkeit, Verständlichkeit und leichter Rechenbarkeit einerseits sowie Realitätsnähe andererseits verstanden werden.

b) Formen finanzwirtschaftlicher Rechenmodelle

aa) Überblick

Vor der Erklärung einzelner Rechenmodelle zur Analyse der Vorteilhaftigkeit von Investitions- und Finanzierungsprojekten soll ein kurzer Überblick über die unterschiedlichen Arten von Investitionsrechenmodellen gegeben werden, die auf der Annahme sicherer Erwartungen hinsichtlich der prognostizierten Zahlungsreihe aufbauen.[78] Teil II

---

[78] Zur Annahme sicherer Erwartungen vgl. die Ausführungen unter Gliederungspunkt I. 2. a).

des vorliegenden Lehrbuchs beschäftigt sich insbesondere mit Rechenverfahren, die als klassische Partialmodelle zu charakterisieren sind, da diese Verfahren gleichermaßen in Theorie und Praxis die größte Bedeutung besitzen. Demgegenüber werden Totalmodelle nur kurz erläutert und kombinatorische Partialmodelle lediglich exemplarisch vorgestellt.

bb) Totalmodelle

Der Grundgedanke entscheidungsunterstützender Rechnungen in Form von Totalmodellen besteht darin, die Wirkung der Realisation eines Investitions- oder Finanzierungsprojekts auf die finanzielle Zielgröße *ohne Vornahme von Vereinfachungen* zu ermitteln. Die Anwendung eines finanzwirtschaftlichen Totalmodells wird daher auch als Erstellung eines vollständigen Finanzplans oder Durchführung eines *vollständigen Vorteilhaftigkeitsvergleichs* bezeichnet. Die finanzielle Vorteilhaftigkeit wird hierbei entweder anhand der entnahmefähigen Einzahlungen zu bestimmten Zeitpunkten (= Einkommensstreben) oder aber anhand des erzielbaren Endvermögensbestands zum Ende des Planungshorizonts (= Vermögensstreben) sichtbar gemacht. Ein *vollständiger Finanzplan*,[79] der meist in tabellarischer Form aufgestellt wird, berücksichtigt also die individuellen Entnahmewünsche des Entscheidungsträgers.[80]

Die Aufgabenstellung finanzwirtschaftlicher Totalmodelle besteht darin, alle Investitions- und Finanzierungsalternativen mit ihren kompletten Zahlungsströmen zu erfassen und zu Kombinationen zu verbinden, welche der vom Entscheidungsträger gewünschten Ausprägung der Zahlungsreihe entsprechen.

Aufgrund der Tatsache, dass der reale Alternativenraum für Mittelanlagen bzw. Finanzierungen prinzipiell unendlich sein kann, sowie des Problems, dass die gegenseitige Beeinflussung verschiedener Projekte nur bedingt lösbar ist, ist die Erstellung eines finanzwirtschaftlichen Totalmodells im strengen Sinn nicht möglich.[81]

Aber selbst wenn man eine *Beschränkung des Alternativenraums*, d.h. willkürlichen Abbruch der Suche nach Investitions- und Finanzierungsmöglichkeiten, akzeptiert, bringt die Erstellung vollständiger Finanzpläne enorme rechentechnische Probleme mit sich. Bspw. sind ökonomisch sinnvolle Lösungen auf ganze Investitionsprojekte beschränkt. Ein halbes Aggregat oder ein Viertel eines Lastwagens zu realisieren, ist un-

---

79 Der Begriff „vollständiger Finanzplan", der in der Literatur häufig verwendet wird, ist nicht zu verwechseln mit dem Ausdruck „Finanzplan", wie er in der Liquiditätsplanung (vgl. Teil III dieses Lehrbuchs) benutzt wird. Als „vollständiger Finanzplan" wird die Aufzeichnung sämtlicher Zahlungsströme, die mit dem Projekt verbunden sind, verstanden. Vgl. weiterführend *Grob*, Einführung in die Investitionsrechnung, 4. Aufl. 2001, S. 119 ff.
80 Da die analysierten Investitions- und Finanzierungsprojekte jedoch nur in Ausnahmefällen Zahlungsüberschüsse in exakt der Höhe und zu exakt den Zeitpunkten aufweisen, die den Einkommenswünschen des Entscheidungsträgers entsprechen, werden erforderliche Zwischenanlagen bzw. Zwischenfinanzierungen durchgeführt. Die Höhe der hierbei in die Rechnung einbezogenen Zinssätze richtet sich nach den tatsächlich jeweils erzielbaren Anlageerträgen oder Kosten bzw. den Prognosen für diese Größen. Besteht bspw. für einen kurzfristig verfügbaren Mittelbestand keine Anlagemöglichkeit, so wird für die zinslose Kassenhaltung eine Rendite von null angenommen. Die Anwendung eines vollständigen Finanzplans dient somit gleichzeitig der Durchführung von Wirtschaftlichkeits- wie auch der Berücksichtigung von Liquiditätszielen des Entscheidungsträgers.
81 Vgl. *Schneider* (Fn. 33), S. 71.

möglich. Hierdurch ergibt sich die Frage nach der *Handhabung von Rest- bzw. Überschussbeträgen.* Folglich kann die Veränderung eines einzigen Datums die erneute Berechnung des gesamten Plans erforderlich machen.[82]

Aufgrund dieser Anwendungsprobleme finden vollständige Finanzpläne in der Praxis wenig Anwendung und sollen auch in diesem Buch nicht weiterverfolgt werden.

cc) Kombinatorische Partialmodelle

Von finanzwirtschaftlichen Partialmodellen wird immer dann gesprochen, wenn die Untersuchung auf einen bestimmten *Planungszeitraum,* der *kürzer als die Lebensdauer der Unternehmung* ist, beschränkt wird, und auch innerhalb dieses Planungszeitraums *Pauschalannahmen* an die Stelle der vollständigen Erfassung aller Investitions- und Finanzierungsalternativen mit ihren Zahlungsströmen treten.[83]

Partialmodelle betrachten somit im Vergleich zu Totalmodellen einen verkleinerten Problemausschnitt.

Solange trotz der vorgenommenen Vereinfachungen der Zahlungsströme die Vorteilhaftigkeit von Projekten noch direkt an errechneten Einzahlungsüberschüssen (und nicht etwa einer Ersatzzielgröße, wie bspw. der Rendite) abgelesen werden kann, spricht man von kombinatorischen Partialmodellen. Hier wird also ein Finanzplan aufgestellt, der gewährleistet, dass nach der Entnahme der ausgewiesenen Zielgröße noch alle fälligen Auszahlungen geleistet werden können.

Folglich werden bei den kombinatorischen Partialmodellen die *individuellen Liquiditätsziele* des Entscheidungsträgers *gleichzeitig mit den Einkommens- bzw. Wirtschaftlichkeitszielen verfolgt.* Es findet quasi eine projektspezifische Planung der Zahlungsmittelbewegungen statt. Kombinatorische Partialmodelle garantieren jedoch trotz ihres vergleichsweise komplexen Aufbaus keine optimale Lösung realer Entscheidungsprobleme, da auch bei ihnen die Realität durch Prämissen vereinfacht abgebildet wurde, um mit vertretbarem Aufwand zu einer Modelllösung zu gelangen. Derartige *Vereinfachungen* liegen bspw. vor,

– wenn nur noch eine begrenzte Anzahl heuristisch ausgewählter Alternativen in die Untersuchung einbezogen wird,
– wenn die Zahlungen nicht tagesgenau erfasst, sondern oft auf einen Zeitpunkt am Ende einer Periode (Woche, Monat, Jahr) bezogen werden.

Die für kombinatorische Partialmodelle notwendige vollständige Formulierung der Zahlungsmittelbeschaffung und -verwendung sowie der Ausweis von Einzahlungsüberschüssen entsprechend den Entnahmewünschen des Investors ist aber sehr arbeitsaufwändig. Insbesondere ist eine schrittweise von Periode zu Periode fortschreitende Rechentechnik erforderlich, wohingegen bei den klassischen Partialmodellen die Daten in einem einzigen Rechengang auf den jeweiligen Bezugszeitpunkt umgerechnet werden können. Das nachstehende *Rechenbeispiel* verdeutlicht die typische Vorgehensweise:

> Herr E. hat 5000 Euro geerbt. Da er im Planungszeitpunkt t_0 keine Konsumwünsche hat, sucht er nach einer vorteilhaften Anlagemöglichkeit. Sein Planungszeitraum beträgt vier Jahre, und sein Ziel ist die Maximierung der Entnahmen (Einkommens-

---

82 Vgl. *Schneider* (Fn. 33), S. 70–74.
83 Vgl. *Schneider* (Fn. 33), S. 70–74.

zahlungen) in t_1, t_2 und t_3. Er will am Ende eines Jahres jeweils einen gleich hohen Betrag erhalten und am Ende des Planungszeitraums in t_4 noch über 1000 Euro verfügen.

Diese Zielformulierung ist eine typische „*Einkommensmaximierung*", da größtmögliche Einkommenszahlungen unter Zugrundelegung einer vordefinierten zeitlichen Struktur des Entnahmestroms bei ebenfalls vorgegebenem Endvermögen am Planungshorizont (hier 1000 Euro) gewünscht werden.

Herr E. findet folgende Investitionsalternativen A und B:

	t_0	t_1	t_2	t_3	t_4
A:	−5000	+2000	+1000	0	+4000
B:	−5000	+ 500	+ 500	+500	+6000

Da der zeitliche Anfall der Zahlungen nicht mit seiner Zielvorstellung übereinstimmt, muss Herr E. die Zahlungsströme durch Wiederanlage, also Investition (I) zu hoher Einzahlungsüberschüsse und durch Kreditaufnahme (K) zur Erhöhung zu geringer Einzahlungsüberschüsse, an den einzelnen Zahlungszeitpunkten umformen. Da Herr E. keine weiteren Investitionsalternativen in die Rechnung einbezieht, bleibt für die Anlage nur Kassenhaltung (Habenzinssatz = 0%). Für die Kreditaufnahme unterstellt Herr E., dass diese im Rahmen der von ihm benötigten Größenordnung zum Sollzinssatz von 10% möglich sei.

Zur Umformung der Zahlungsströme ist die Größe $E = E_1 = E_2 = E_3$ zu errechnen. Dies ist für das Projekt A durch Auflösung folgender Gleichungen möglich:

$2000 - I_1 \qquad = E$
$1000 + I_1 + K_2 \qquad = E$
$-1,1 K_2 + K_3 \qquad = E$
$4000 - 1,1 K_3 \qquad = 1000.$

Das entsprechende Gleichungssystem für Projekt B lautet:

$500 + K_1 \qquad = E$
$500 - 1,1 K_1 + K_2 \qquad = E$
$500 - 1,1 K_2 + K_3 \qquad = E$
$6000 - 1,1 K_3 \qquad = 1000.$

	t_0	t_1	t_2	t_3	t_4
Anfangs- bestand A:	+5000 −5000 0	+2000 − 117 (I_1) +1883 (E_1)	+1000 + 117 (I_1) + 766 (K_2) +1883 (E_2)	0 − 843 (1,1 K_2) +2726 (K_3) +1883 (E_3)	+4000 −2999 (1,1 K_3) +1001

II. Investitionsplanung und Wirtschaftlichkeitsrechnung

	t_0	t_1	t_2	t_3	t_4
Anfangs-bestand B:	+5000 −5000	+ 500	+ 500	+ 500	+6000
	0	+ 1373 (K_1)	−1510 (1,1 K_1)		
		+ 1873 (E_1)	+2883 (K_2)	−3171 (1,1 K_2)	
			1873 (E_2)	+4544 (K_3)	−4999 (1,1 K_3)
				+1873 (E_3)	+1001

Aus diesen entsprechend der gegebenen Zielvorschrift umformulierten Zahlungsströmen der beiden Alternativen kann Herr E. erkennen, dass er mit der Investitionsalternative A sein Ziel „Einkommensmaximierung" besser erreicht als mit der Alternative B. Bei identischer zeitlicher Struktur ist der Entnahmestrom (E) bei Alternative A größer als bei B. Die errechneten Werte für I_1, K_2, K_3 und E wurden zur Vereinfachung der Darstellung auf volle Euro auf- bzw. abgerundet.

dd) Klassische Partialmodelle

Klassische Partialmodelle verzichten darauf, die eigentliche Zielgröße „Einkommenszahlungen mit gegebener zeitlicher Struktur" zur Entscheidungsfindung zu verwenden, da die Umformung der Zahlungsströme entsprechend der individuellen Zielvorstellung des jeweiligen Entscheidungsträgers sehr aufwändig ist. An die Stelle der eigentlichen Zahlungsgrößen treten bei allen klassischen Partialmodellen *Ersatzzielkriterien* wie Kapitalwert, Rendite oder Annuität.

Zudem wird der Alternativenraum bei klassischen Partialmodellen durch die *Prämisse des „Vollkommenen Kapitalmarkts"*[84] beschränkt, der eine vereinfachende Pauschalannahme über alle alternativen Investitions- und Finanzierungsprojekte darstellt, die nicht explizit untersucht werden sollen. Es wird folglich angenommen, dass zu einem bestimmten *Zinsfuß „i"*, der als *Kalkulationszinsfuß* bezeichnet wird, beliebige Beträge angelegt und auch beschafft werden können. Dieser Kalkulationszinsfuß stellt somit eine Pauschalannahme über die Rendite alternativer, jedoch nicht explizit berücksichtigter Investitions- und Finanzierungsprojekte dar.[85] Die Annahme des Vollkommenen Restkapitalmarkts hat weit reichende Folgen für die Handhabbarkeit der klassischen Partialmodelle. So muss bspw. für die Entscheidung über die absolute Vorteilhaftigkeit eines bestimmten Investitionsprojekts nicht eine konkrete Finanzierungsalternative (also z.B. ein von einem Kreditinstitut angebotener Kredit) ermittelt und gegenübergestellt werden. Vielmehr kann die Vorteilhaftigkeitsentscheidung allein durch den Vergleich mit der Kapitalmarktrate gefällt werden, da diese die Finanzierungskosten in

---

84 Der Vollkommene Kapitalmarkt wird auch als Vollkommener Restkapitalmarkt bezeichnet, da die zu untersuchenden Investitions- oder Finanzierungsalternativen durchaus eine vom Kalkulationszinsfuß „i" abweichende Verzinsung aufweisen können, was bei einem wirklich Vollkommenen Kapitalmarkt nicht möglich wäre. In diesem Lehrbuch werden folglich die Begriffe „Vollkommener Kapitalmarkt" und „Vollkommener Restkapitalmarkt" synonym verwendet. Vgl. *Schneider* (Fn. 33), S. 102; *Adam* (Fn. 38), S. 82–85 und 132–135.
85 Zu den Voraussetzungen für einen Vollkommenen (Rest-)Kapitalmarkt vgl. die Ausführungen unter Gliederungspunkt III. 1. a).

pauschalisierter Form widerspiegelt. Die Vorteilhaftigkeit des *explizit*[86] dargestellten Investitionsprojekts wird somit nicht anhand eines ebenfalls explizit vorliegenden Finanzierungsprojekts geprüft. Vielmehr werden die Finanzierungskosten *implizit* durch die Kapitalmarktrendite angegeben. In gleicher Weise kann auch ein isoliert vorliegendes explizites Finanzierungsprojekt auf seine absolute Vorteilhaftigkeit hin überprüft werden, ohne dass parallel eine explizite Anlagemöglichkeit berücksichtigt wird. In diesem Fall würde über die Kapitalmarktrate implizit eine Information über die aus der Anlage erzielbaren Einkünfte zur Verfügung gestellt.

Wurden verschiedene Alternativen im Hinblick auf Ersatzzielgrößen (z. B. die Rendite) untersucht, so ist hiermit jedoch nur der Rentabilitätseffekt (und nicht die Liquiditätswirkung) finanzwirtschaftlicher Entscheidungen berücksichtigt. Man kann mit diesen Verfahren mit vertretbarem Aufwand zuverlässige Aussagen zur relativen Vorteilhaftigkeit oder Rentabilität der einzelnen Projekte machen, sofern die Annahme über die Verzinsung alternativer Investitions- und Finanzierungsmaßnahmen durch den Kalkulationszinsfuß „i" annähernd der Realität entspricht. Dennoch kann durchaus der Fall eintreten, dass eine Unternehmung, die nur in rentable (vorteilhafte) Projekte investiert, in *Zahlungsschwierigkeiten* gerät, d. h. dass sie zwingend fällige Auszahlungen nicht leisten kann, weil die Annahme einer unbeschränkten Möglichkeit zur Beschaffung von Finanzierungsmitteln realitätsfern ist.[87] Die Fähigkeit einer Unternehmung, ihren fälligen Zahlungsverpflichtungen termingerecht nachzukommen, ist aber eine Voraussetzung für ihr Weiterbestehen am Markt. Bei Anwendung klassischer Partialmodelle zum Vorteilhaftigkeitsvergleich muss deshalb ergänzend in einem getrennten Arbeitsgang untersucht werden, ob die Wahrung der Zahlungsfähigkeit (Liquidität) zu jedem Zeitpunkt gesichert ist.

ee) Unterscheidung dynamischer und statischer klassischer Partialmodelle

Innerhalb der klassischen Partialmodelle können dynamische und statische Verfahren der Investitionsrechnung unterschieden werden. Die wichtigsten Unterschiede zwischen diesen lassen sich anhand folgender Fragen erkennen:

– *Rechenelemente:* Gehen Daten des Rechnungswesens (statisch) oder Daten der Zahlungsmittelebene (dynamisch) in die Rechnung ein?
– *Datenerfassung- und -verarbeitung:* Werden die Daten unter Berücksichtigung des prognostizierten zeitlichen Anfalls ermittelt und bewertet (dynamisch), oder werden vom zeitlichen Eintreten der Daten unabhängige Durchschnittsergebnisse gebildet (statisch), von denen das Rechenverfahren ausgeht?
– *Berücksichtigung der Kapitalbindung:* Wird die Änderung der Kapitalbindung des Projekts im Zeitablauf berücksichtigt (dynamisch), oder wird auch hier von einem Durchschnittswert (statisch) ausgegangen?

Als Konsequenz aus diesen grundlegenden Unterschieden im Aufbau statischer und dynamischer Verfahren der Investitionsrechnung ergibt sich ein erhebliches Auseinander-

---

86 Ein Investitions- oder Finanzierungsprojekt ist stets dann explizit dargestellt, wenn es durch seine vollständige Zahlungsreihe beschrieben wird.
87 Vgl. kritisch zu der Annahme einer unbegrenzten Finanzierbarkeit und der aus dieser Kritik folgenden Notwendigkeit einer speziellen Liquiditätsplanung auch die Ausführungen unter Gliederungspunkt III. 1.

klaffen im Modellaufbau beider Gruppen. *Die Attribute „statisch" und „dynamisch" hängen dabei damit zusammen, ob die Daten der zu bewertenden Projekte im Zeitablauf berücksichtigt werden oder nicht.* Während statische Investitionsrechenverfahren stets Einperiodenrechnungen darstellen, handelt es sich bei dynamischen Investitionsrechenverfahren um Mehrperiodenmodelle. Die unterschiedliche Modellstruktur bei statischen und dynamischen Rechenverfahren hat beachtenswerte Auswirkungen auf die Genauigkeit und Interpretierbarkeit der erzielbaren Lösungen. Auf diesen Aspekt wird noch bei den jeweiligen Verfahren detailliert eingegangen.

3. Dynamische Verfahren der Investitionsrechnung

a) Grundlagen der dynamischen Verfahren

aa) Gemeinsame Charakteristika dynamischer klassischer Partialmodelle

Während die später angesprochenen statischen Verfahren der Investitionsrechnung als Ausgangsdaten Größen des internen oder externen Rechnungswesens, d. h. Kosten-/Leistungs- bzw. Aufwands-/Ertragsdaten, verwenden, wird bei den dynamischen Methoden der Investitionsrechnung mit den Ein- und Auszahlungen eines Investitionsprojekts gerechnet. Eine exakte Erfassung und Darstellung der täglichen Ein- und Auszahlungen würde bei größeren Investitionsprojekten aber zu kaum mehr überschaubaren Zahlungsreihen führen. In der Investitionsplanung ist es daher üblich, zu folgenden Vereinfachungen zu greifen:

- Der gesamte *Planungszeitraum* wird in *Perioden* unterteilt. Die Länge einer Periode kann je nach Dauer des Projekts sowie Anspruch an die Genauigkeit beliebig definiert werden.
- Zahlungen, die während einer Periode anfallen, werden so behandelt, als ob sie am Periodenende anfallen würden. Folglich müssen Zinsen stets erst ab dem Ende der Periode berücksichtigt werden, in der die Zahlung aufgetreten ist *(„nachschüssige Verzinsung")* bezeichnet.[88] Daher beziehen sich auch alle Formeln und das gesamte finanzmathematische Tabellenwerk dieses Lehrbuchs auf die nachschüssige Verzinsung.

Einzahlungen werden durch positive, Auszahlungen durch negative Werte dargestellt. Es genügt folglich, pro Periode (1, 2, . . ., n) nur einen Zahlungszeitpunkt (t_1, t_2, . . ., t_n) zu berücksichtigen.

- Abweichend hiervon wird nur die *Anschaffungsauszahlung* einer Investition oder die Anfangseinzahlung einer Finanzierung behandelt. Diese Daten werden nicht – wie die übrigen Zahlungen der ersten Periode – auf „t_1" bezogen, sondern getrennt zu Beginn der ersten Periode im Planungszeitpunkt „t_0" ausgewiesen. Dies sei an einem einfachen *Beispiel* verdeutlicht:

---

[88] Es gibt auch Verfahren, die Zinsen jeweils vom Anfang einer Periode an berechnen, d. h. eine „vorschüssige Verzinsung" durchführen, allerdings ist diese Vorgehensweise mittlerweile sehr ungebräuchlich. Vgl. zu Anwendungsbeispielen vor- und nachschüssiger Verzinsung *Kobelt/Schulte*, Finanzmathematik, 7. Aufl. 1999, S. 33–36 und 113–116.

3. Dynamische Verfahren der Investitionsrechnung

Die Pacht für einen Tennisplatz während einer ganzen Saison (16. 4. bis 15. 10.) soll 6000 Euro betragen, zahlbar am 15. 4. Ein Sportgeschäft rechnet damit, dass durch Vermietung des Platzes pro Tag 50 Euro Einzahlungen zu erzielen sind. Für die Pflege des Platzes fallen pro Tag fünf Euro Auszahlungen an. Gesucht wird die Zahlungsreihe des Investitionsprojekts „Pachtung eines Tennisplatzes".

Wollte man die Zahlungsreihe des Projekts exakt abbilden, würde man über 180 Zahlungszeitpunkte (nämlich für jeden Tag einen) benötigen. Teilt man hingegen den Planungszeitraum in sechs (Monats)Perioden à 30 bzw. 31 Tage ein, wobei jeweils der 15. des Monats der Zahlungszeitpunkt sein soll, so ergibt sich:

15. 4.	15. 5.	15. 6.	15. 7.	15. 8.	15. 9.	15. 10.
t_0	t_1	t_2	t_3	t_4	t_5	t_6
− 6000	+1500	+1550	+1500	+1550	+1550	+1500
− 150	− 155	− 150	− 155	− 155	− 150	

Eine noch stärkere Abstraktion von der Realität liegt vor, wenn man den gesamten Planungszeitraum von sechs Monaten als eine Periode betrachtet. Die Zahlungsreihe hat dann folgendes Aussehen:

15. 4.	15. 10.
t_0	t_1
− 6000	+9150
	− 915

Die nun durchgeführte Vereinfachung der Realität ist charakteristisch für finanzwirtschaftliche Partialmodelle und bewirkt *keine unverhältnismäßig großen Ungenauigkeiten*. Die geringen Ungenauigkeiten erscheinen insbesondere vertretbar, wenn man sie vor dem Hintergrund der erheblich größeren Unsicherheit der Planungsdaten sieht. Üblich ist es, als Periodendauer den Zeitraum von einem Jahr zu wählen, wenngleich in Abhängigkeit vom Untersuchungsziel und der Länge des gesamten Planungszeitraums auch Periodendauern von einer Woche, einem Monat oder einem Quartal sinnvoll sein können.

bb) Berücksichtigung des zeitlichen Anfalls von Zahlungen

Ein durchgängiges Grundproblem aller Investitionsrechenverfahren ist es, die *zu verschiedenen Zeitpunkten anfallenden Zahlungen verschiedener Projekte vergleichbar zu machen*. Dynamische Verfahren der Investitionsrechnung erreichen dies, indem sie alle Ein- und Auszahlungen auf einen einheitlichen Bezugszeitpunkt aufzinsen (sofern sie bereits vor dem Bezugszeitpunkt anfallen) oder abzinsen (sofern sie erst nach dem Bezugszeitpunkt anfallen). Dieses Vorgehen lässt sich wie folgt erläutern:

− Verzichtet ein Wirtschaftssubjekt in einem Zeitpunkt t_x auf die Verwendung der Einkommenszahlungen für den Konsum, dann lassen sich diese Zahlungsmittel anle-

gen, so dass zu einem späteren Zeitpunkt $t_{(x+y)}$ eine höhere Einkommenszahlung anfällt und damit höherer Konsum möglich wird.[89]
- Will ein Wirtschaftssubjekt bereits im Zeitpunkt t_x konsumieren, obwohl die dafür notwendigen Einkommenszahlungen erst in $t_{(x+y)}$ anfallen, so kann das durch Kreditaufnahme erreicht werden. Im Zeitpunkt t_x kann allerdings nur der Teil der späteren Einkommenszahlung entnommen werden, der um die auf den Kredit entfallenden Zinsen gemindert wurde.[90]

Die *Höhe des Kalkulationszinssatzes* „i", mit dem die Zahlungen auf einen Zeitpunkt auf- oder abgezinst werden müssen, kann in der Realität nicht allgemein und für alle Entscheidungsträger gültig angegeben werden. Im Folgenden soll jedoch in Anlehnung an die bereits dargestellte Prämisse vom Vollkommenen Restkapitalmarkt[91] unterstellt werden, dass ein einheitlicher Marktzins existiert, zu dem beliebige Beträge angelegt oder aufgenommen werden können. Bei Investitionsentscheidungen in der Praxis ist dann einer konkreten Rechnung der spezifische „richtige", d.h. der situationsadäquate, Zinssatz des Entscheidungsträgers zu Grunde zu legen. Insbesondere Großunternehmen kommunizieren ihren Mitarbeiter den firmenindividuell adäquaten und somit anzuwendenden Zinssatz (z.B. im Rahmen einer Konzernrichtlinie).

cc) Finanzmathematische Vorgehensweise bei Anwendung dynamischer Verfahren

Wird eine Auszahlung a_0, die im Betrachtungszeitpunkt t_0 anfällt, auf einen beliebigen Zeitpunkt in der Zukunft t_n mit dem Zinsfuß i (in % pro Jahr, nachschüssige Verzinsung) aufgezinst, so spricht man auch von der *Ermittlung des Endwerts* dieser Auszahlung. Der Ausdruck „Endwert" rührt daher, dass die Zahlung auf den Endzeitpunkt des Planungshorizonts (meist identisch mit der letzten Periode eines analysierten Investitions- oder Finanzierungsprojektes) bezogen wird. Die allgemeine Formel zur Bestimmung des Endwerts einer Zahlung lautet:

$$a_n = a_0 \times (1 + i)^n = a_0 \times q^n.$$

Der für unterschiedliche Kalkulationszinssätze und Endzeitpunkte nötige *Aufzinsungsfaktor* $q^n = (1 + i)^n$ kann einer finanzmathematischen Tabelle entnommen werden.[92]

Beispiel:

Es ist der Endwert einer Auszahlung in t_0 von $-10\,000$ Euro für den Bezugszeitpunkt t_5 gesucht; der Kalkulationszinssatz sei mit 10% p.a. gegeben:

$$a_5 = -10\,000 \text{ Euro } (1 + 0{,}1)^5 = -10\,000 \text{ Euro} \times 1{,}6105 = -16\,105 \text{ Euro}.$$

---

[89] Zur finanzmathematischen Berechnung vgl. die Ausführungen unter den Gliederungspunkten II. 3. a) aa) sowie II. 3. a) bb) dieses Kapitels.

[90] Zur finanzmathematischen Berechnung vgl. die Ausführungen unter den Gliederungspunkten II. 3. a) aa) sowie II. 3. a) bb) dieses Kapitels.

[91] Vgl. oben die Ausführungen unter Gliederungspunkt II. 2. b) dd). Eine differenzierte Betrachtung des Kalkulations- bzw. Vergleichszins findet sich in Gliederungspunkt II. 4. b) cc) (2) und II. 5. a) bb).

[92] Vgl. Tabellenwerk im Anhang. Vgl. zum Hintergrund weiterführend *Adam* (Fn. 38), S. 122–126 sowie 144 f.

Wird die Auszahlung von 10 000 Euro vom Zeitpunkt t_0 auf den Zeitpunkt t_5 verschoben, dann beläuft sich also die dort zu leistende Auszahlung a_5 inklusive Zins und Zinseszins auf 16 105 Euro.

Die umgekehrte Problemstellung – Abzinsung einer Zahlung – ergibt sich, wenn man den Wert einer in t_n anfallenden Zahlung für den Betrachtungszeitpunkt t_0 ermitteln will. Man bezeichnet den auf t_0 abgezinsten Wert auch als Gegenwartswert oder Barwert der Zahlung. Die allgemeine Formel zur Bestimmung des Gegenwartswerts e_0 einer Zahlung e_n lautet:

$$e_0 = e_n \times \frac{1}{(1+i)^n} = e_n \times q^{-n}.$$

Den Wert des Abzinsungsfaktors $q^{-n} = (1+i)^{-n}$ kann man wiederum einer finanzmathematischen Tabelle entnehmen (vgl. Tabellenwerk im Anhang).

Beispiel:

Gegeben sei eine Zahlung von 10 000 Euro im Zeitpunkt t_3; der Kalkulationszinssatz sei $i = 0,1$. Gesucht ist der Gegenwartswert e_0 der Einzahlung e_3:

$e_0 = 10\,000$ Euro $\times\ 1,1^{-3} = 10\,000$ Euro $\times\ 0,75131 = 7\,513,1$ Euro.

Der auf t_0 abgezinste Wert der Einzahlung e_3 beträgt 7 513,1 Euro, d.h., wenn man bei einer Verzinsung von 10 % eine Zahlung über 10 000 Euro bereits drei Jahre früher entnehmen wollte, dann dürfte man unter Berücksichtigung von Zins und Zinseszins lediglich 7 513,1 Euro entnehmen.

Der Wert einer Zahlung, die im Zeitpunkt t_m anfällt, kann nicht nur auf den Bezugszeitpunkt t_0 oder t_n umgerechnet werden, sondern auf jeden beliebigen Zeitpunkt t_x. Dies soll allgemein als Ermittlung des Werts e_x bzw. a_x bezeichnet werden. Die allgemeine Formel zur Berechnung des Werts e_x bzw. a_x einer Zahlung e_m bzw. a_m ermöglicht sowohl ein Abzinsen ($x < m$) als auch ein Aufzinsen ($m < x$) der Zahlung auf den gewünschten beliebigen Zeitpunkt t_x:

$e_x = e_m \times q^{x-m}$ bzw. $a_x = a_m \times q^{x-m}$.

Die Ermittlung des *Gegenwartswerts* e_0 bzw. a_0 und des *Endwerts* e_n bzw. a_n stellt lediglich einen Spezialfall der obigen allgemeinen Formel dar.

Beispiel:

Abzinsen einer Zahlung: $a_5 = -10\,000$; $i = 0,1$; gesucht wird a_2.

$a_2 = a_5 \times q^{2-5} = -10\,000 \times (1+0,1)^{-3} = -7\,513,1$.

Die auf t_2 vorgezogene Auszahlung beträgt $-7\,513,1$.

Beispiel:

Aufzinsen einer Zahlung: $e_1 = 10\,000$; $i = 0,1$; gesucht wird e_6.

$e_6 = e_1 \cdot q^{6-1} = 10\,000 \times (1+0,1)^5 = 16\,105$.

II. Investitionsplanung und Wirtschaftlichkeitsrechnung

Der Endwert der Einzahlung e_1, bezogen auf den Zeitpunkt t_6, beträgt 16 105.

Ausgehend von der oben vorgestellten Technik der Ermittlung von Gegenwarts- oder Endwerten einzelner Zahlungen ergeben sich die entsprechenden Werte für ganze *Zahlungsreihen*, indem man die auf einen einheitlichen Bezugspunkt auf- oder abgezinsten Zahlungen einfach saldiert.

dd) Einjährige Periodenlänge versus unterjährige Verzinsung

Die bislang vorgestellte Vorgehensweise zur Aufzinsung oder Abzinsung von Zahlungen geht von einem exogen gegebenen Periodenzins und einer ebenfalls exogenen Periodenlänge aus. Je nach der zu bearbeitenden Problemstellung ist es dabei zweckmäßig, unterschiedliche Zeiträume als Periodenlänge zu definieren. Bei Sachinvestitionen wählt man üblicherweise als Periodenlänge ein Jahr, d.h., man versucht, die Ein- und Auszahlungen lediglich jahresgenau zu unterscheiden. Die Beschränkung auf Jahresgenauigkeit wird vor allem dadurch motiviert, dass man sich bei Sachinvestitionsprojekten ohnehin nicht zutraut, die Daten schärfer – d.h. in kürzeren Zyklen – zu prognostizieren.

Bei bestimmten Finanzanlagen (z.B. Festgeldern) und bei den meisten Krediten erfolgt jedoch die Zinsberechnung und -kapitalisierung in kürzeren Zeitabständen als einem Jahr. Diesen Fall nennt man unterjährige Zinsberechnung.

Prinzipiell führt eine Verkürzung des Zinsabrechnungszeitraumes bei nominell konstantem Zins zu einer Erhöhung der Zinswirkung, da der Zinseszinseffekt während der Anlagedauer häufiger auftritt.

Beispiel:

Eine Festgeldanlage erbringt 8% Nominalverzinsung pro Jahr.

Bei jährlicher Zinskapitalisierung bedeutet dies, dass ein Kapital von 100 Euro binnen Jahresfrist auf 108 Euro anwächst. Werden die Zinsen jedoch halbjährlich gutgeschrieben, so wächst das Kapital bereits nach sechs Monaten von 100 Euro auf 104 Euro an. Für die zweite Jahreshälfte müssen somit 104 Euro verzinst werden, was schließlich zu einem Endkapital i. H. v. 108,16 Euro führt. Die Differenz gegenüber dem Ergebnis bei jährlicher Zinsgutschrift i. H. v. + 0,16 Euro ist auf den Zinseszinseffekt – hier konkret 8% Zinsen für 1/2 Jahr auf die vier Euro Zinsen der ersten Jahreshälfte – zurückzuführen.

Wird das Festgeld vierteljährlich abgerechnet, so wächst das Kapital wie folgt:

Ende 1. Quartal: 100,00 Euro $\times$ 8% $\times$ 1/4 Jahr = 102,00 Euro
Ende 2. Quartal: 102,00 Euro $\times$ 8% $\times$ 1/4 Jahr = 104,04 Euro
Ende 3. Quartal: 104,04 Euro $\times$ 8% $\times$ 1/4 Jahr = 106,12 Euro
Ende 4. Quartal: 106,12 Euro $\times$ 8% $\times$ 1/4 Jahr = 108,24 Euro.

Mit anderen Worten: Der nominelle Zinssatz von 8% entspricht bei vierteljährlicher Zinskapitalisierung einem Effektivzinssatz (= effektivem Jahreszins) von 8,24%, denn bei jährlicher Zinsgutschrift wäre das Endkapital von 108,24 Euro genau bei diesem Zinsfuß erreicht.

Es ist möglich, die Auswirkung unterjähriger Zinskapitalisierung auf den effektiven Jahreszins (und umgekehrt) umzurechnen. Der Zusammenhang kann in folgender Formel allgemein dargestellt werden. Ausgangspunkt ist die Aufzinsungsformel für ganzjährige Perioden:[93]

$a_n = a_0 \times (1 + p/100)^n$.

Die Anzahl der unterjährigen Zinskapitalisierungsperioden wird nun mit „m" bezeichnet. Die Aufzinsungsformel für unterjährige Perioden lautet dann:

$a_n = a_0 \times (1 + (p/(100 \times m)))^{n \times m}$.

Am obigen Beispiel mit 8 % Jahreszins und vierteljährlicher Zinskapitalisierung ergibt sich für die einjährige Anlagedauer:

$a_n = 100 \times (1 + (8/(100 \times 4)))^{1 \times 4} = 100 \times 1{,}0824 = 108{,}24$.

Der effektive Jahreszins beträgt also 8,24 %.

Mithilfe der obigen Umrechnung lässt sich somit die Wirkung unterjähriger Kapitalverzinsung auf den Effektivzinssatz abbilden. Aus Bequemlichkeitsgründen kann daher anstatt der aufwändigen Berechnung über viele unterjährige Perioden hinweg einfach mit dem entsprechenden Zinssatz für ganzjährige Perioden gerechnet werden.

b) Ausgewählte dynamische Rechenverfahren zur Unterstützung absoluter und relativer Vorteilhaftigkeitsentscheidungen bei vorgegebener Nutzungsdauer

aa) Kapitalwertmethode

(1) Definition und Errechnung des Kapitalwerts

Vorüberlegung:

Die Klassifikation der Kapitalwertmethode als Partialrechnung ergibt sich aus der Tatsache, dass zwar die Zahlungsreihen der analysierten Investitionsalternative (Finanzierungsalternative) explizit in die Rechnung eingehen, jedoch die Höhe der Kapitalkosten (Anlageerträge) lediglich pauschal durch Abzinsung zum Ausdruck kommt. Anstatt dem Investitionsprojekt konkret anfallende Finanzierungsauszahlungen (oder einer Finanzierung konkret erzielbare Anlageeinkünfte) zuzurechnen, fingiert man über den gegebenen Kalkulationszinssatz eine Kapitalmarkttransaktion zum Zinssatz i und prüft, ob das zu untersuchende Projekt unter Berücksichtigung dieser Transaktion vorteilhaft ist.

Definition:

Unter dem Kapitalwert einer Zahlungsreihe wird derjenige Betrag verstanden, der sich ergibt, wenn man alle Ein- und Auszahlungen mit einem exogen vorgegebenen Kalkulationszins auf den Anfangszeitpunkt t_0 abzinst. Bildet man also ein Investitions- oder Finanzierungsprojekt – wie bei allen dynamischen Rechenmodellen üblich – durch eine Zahlungsreihe ab, so stellt der Kapitalwert die mit dem Kalkulationszinssatz i auf t_0 abgezinste Summe aller durch das Projekt ausgelösten Zahlungsmittelbewegungen (Bar-

---

93 Vgl. statt aller *Hoffmeister*, Wirtschaftsmathematik, 2. Aufl. 2004, S. 190 f.

II. Investitionsplanung und Wirtschaftlichkeitsrechnung

werte) dar. Somit ist der *Kapitalwert der Saldo der Barwerte*[94] *aller Zahlungen eines Investitions- oder Finanzierungsprojekts* (von t_0 bis t_n).

Da Ein- und Auszahlungen eines Zahlungszeitpunkts t_x mit dem gleichen Faktor abgezinst werden müssen, kann man sie vor der Abzinsung saldieren und nur noch die Ein- bzw. Auszahlungsüberschüsse der einzelnen Zahlungszeitpunkte abzinsen. Die *mathematische Schreibweise für die Errechnung des Kapitalwerts* einer Investition lautet:

$$C_0 = \frac{-a_0}{q^0} + \frac{e_1 - a_1}{q^1} + \frac{e_2 - a_2}{q^2} + \ldots + \frac{e_n - a_n}{q^n}$$

oder unter Verwendung des Summenzeichens:

$$C_0 = \sum_{t=0}^{n} (e_t - a_t) \times q^{-t},$$

wobei C_0 = Kapitalwert,
a_0 = Anschaffungsauszahlung,
$a_1, \ldots, a_n$ = laufende Auszahlungen,
$e_1, \ldots, e_n$ = laufende Einzahlungen,
n = Anzahl der Perioden,
$q = (1 + i)$,
i = Kalkulationszinssatz.

Bei manchen Problemstellungen ist es sinnvoll, lediglich die Barwerte aller laufenden Zahlungen von Projekten zu saldieren, d. h. die Anfangsauszahlung von t_0 zu vernachlässigen. Folglich werden in einem solchen Fall nur die Werte der Zahlungsreihe von t_1 bis t_n auf den Planungszeitpunkt t_0 abdiskontiert und anschließend zusammengefasst. Den so ermittelten Saldo bezeichnet man als *Ertragswert*.[95] Er ist der *Saldo der Barwerte aller Zahlungen eines Investitionsprojekts von t_1 bis t_n.*

Ertragswert und Kapitalwert einer Zahlungsreihe unterscheiden sich bei gegebenem Kalkulationszinssatz „i" immer genau um den Betrag der Anfangsaus- oder -einzahlung in t_0. Es gilt also stets:

Ertragswert eines bestimmten Projektes saldiert mit Anfangsaus- oder -einzahlung in t_0
= Kapitalwert des Projekts

$$C_0 = -a_0 + \sum_{t=1}^{n} (e_t - a_t) \times (1 + i)^{-t}.$$

(2) Beispiel zur Ermittlung von Kapitalwert und Ertragswert

Die Zahlungsreihe eines Investitionsprojekts wurde wie folgt prognostiziert:

t_0	t_1	t_2	t_3
–250	+100	+100	+100

---

[94] Als Barwert wird der Gegenwartswert einer Zahlungsausprägung im Planungszeitpunkt unter Anwendung eines vorgegebenen Kalkulationszinssatzes verstanden.
[95] Vgl. z. B. *Schmidt/Terberger* (Fn. 9), S. 134.

3. Dynamische Verfahren der Investitionsrechnung

Unter der Annahme eines Kalkulationszinsfußes von i = 10% ergibt sich folgende Rechnung:

Periode	Zahlungsreihe	Abzinsungsfaktor	Barwert
t_0	−250	$(1,1)^{-0} = 1,0$	−250,00
t_1	+100	$(1,1)^{-1} = 0,90909$	+ 90,91
t_2	+100	$(1,1)^{-2} = 0,82645$	+ 82,65
t_3	+100	$(1,1)^{-3} = 0,75131$	+ 75,13

Bei einem Kalkulationszinsfuß von i = 10%
ergibt sich somit ein Kapitalwert von   − 1,31.

Der entsprechende Ertragswert beträgt + 248,69 Euro, d.h., die summierten abdiskontierten Einzahlungsüberschüsse sind gerade um 1,31 niedriger als die Anfangsauszahlung in t_0.

Um Kapitalwerte bzw. Ertragswerte errechnen zu können, *ist es nicht zwingend* erforderlich, dass über die gesamte Planungsperiode hinweg *ein konstanter Zinssatz* (also eine flache Zinsstrukturkurve)[96] besteht. Variieren die Kalkulationszinssätze in den einzelnen Perioden, so ist es erforderlich, die Variable i durch Indizes in i_1, i_2, bis i_n zu spezifizieren. Hierdurch wird lediglich das *Rechenverfahren etwas komplizierter*, an der Interpretation des Kapitalwerts ändert dies jedoch nichts.[97]

Um ganz exakt zu sein und die Verhältnisse an den Kapitalmärkten möglichst realistisch abzubilden, empfiehlt es sich sogar bei vielen praktischen Fragestellungen, die Zahlungsdaten unterschiedlicher Jahre mit *verschieden hohen Zinssätzen* abzuzinsen. Bspw. herrscht an den Finanzmärkten ganz überwiegend eine *positive Zinsstruktur*, d.h., die Zinssätze für langfristige Ausleihungen sind höher als die Zinssätze für kurzfristige Mittel. Bspw. kann der Entscheidungsträger einen einjährigen Kredit für 4%, einen zweijährigen für 4,8%, einen dreijährigen für 5,2% und einen vierjährigen lediglich für 5,5% erhalten. Vor diesem Hintergrund wäre es zur Ermittlung eines exakten Kapitalwerts durchaus sinnvoll, die Zahlungen des ersten Jahres mit 4,0% und diejenigen des vierten Jahres mit 5,5% abzuzinsen. Berücksichtigt eine Kapitalwertrechnung die spezifischen Zinssätze der Finanzmärkte zur Bewertung, so wird auch häufig von der *„Marktzinsmethode"* gesprochen.[98] In der vorliegenden Arbeit soll jedoch aus Vereinfachungsgründen auf die Verwendung jahresbezogen unterschiedlicher Zinssätze verzichtet werden, d.h., alle Projekte werden im Folgenden mit einem konstanten und laufzeitunabhängigen Kalkulationszinssatz „i" bewertet.

---

96 Die Zinsstruktur bezeichnet das Verhältnis der Zinssätze von Kapitalüberlassungsverhältnissen definierter Bonität in Abhängigkeit von der Laufzeit. Durch Anwendung der Regressionsmethode lässt sich aus den entsprechenden Kapitalmarktdaten eine Zinsstrukturkurve ableiten, die Auskunft darüber gibt, welche Konditionenunterschiede aus unterschiedlichen Laufzeiten erklärbar sind. Vgl. weiterführend *Gallati*, Verzinsliche Wertpapiere, 2. Aufl. 2004, S. 43 f., *Franke/Hax* (Fn. 71), S. 198, und *Steiner/Uhlir*, Wertpapieranalyse, 4. Aufl. 2001, S. 7–21.
97 Vgl. *Hax*, Investitionstheorie, 1993, S. 33–35.
98 Vgl. *Kruschwitz*, in: *Gerke/Steiner* (Hrsg.), Handwörterbuch des Bank- und Finanzwesens, 3. Aufl. 2001, Sp. 1117–1121.

(3) Interpretation des Kapitalwerts

Es stellt sich die Frage, welche Schlüsse aus einem errechneten Kapitalwert gezogen werden können. Der in obigem Beispiel errechnete Betrag von –1,31 zeigt offensichtlich an, dass der Gegenwartswert (Barwert) der Einzahlungsüberschüsse in den Jahren t_1 bis t_3 geringer ist als die bereits als Barwert vorliegende Anfangsauszahlung von –250 Euro.

Der Kapitalwert von –1,31 beinhaltet die Information, dass das betrachtete Investitionsprojekt bezogen auf t_0 einen Einkommensnachteil von –1,31 Euro erwirtschaftet, wenn man das in jeder Periode gebundene Kapital mit einem Kalkulationszinsfuß von i = 10% belastet. Die durch Ansatz des Kalkulationszinssatzes unterstellte Anlagemöglichkeit auf dem Vollkommenen Restkapitalmarkt mit einer Verzinsung von 10% erbringt dem Investor – bezogen auf t_0 – genau 1,31 Euro mehr als das explizit untersuchte Investitionsobjekt. Das durch obige Zahlungsreihe abgebildete Investitionsprojekt ist somit absolut unvorteilhaft.

Verallgemeinert man diese Erkenntnis, so ergibt sich folgende Interpretation des Kapitalwerts:

Der Kapitalwert eines Investitions- oder Finanzierungsprojekts stellt eine *auf Euro lautende absolute Größe*[99] dar und gibt Auskunft über den Grad der absoluten *Vorteilhaftigkeit des Projekts* (d. h. die Vorteilhaftigkeit im Vergleich zum Restkapitalmarkt). Dabei zeigt ein Kapitalwert von größer null stets die absolute Vorteilhaftigkeit, ein Kapitalwert von kleiner null stets die absolute Unvorteilhaftigkeit des betrachteten Projekts an.[100] Der Kapitalwert gibt an, wie groß die Einkommensdifferenz des betrachteten Projekts bezogen auf t_0 im Vergleich zu einer Kapitalmarkttransaktion ist.

Der positive Kapitalwert eines Projekts zeigt somit, wie viel Euro der Investor – bezogen auf den Planungszeitpunkt t_0 – über die Tilgung des eingesetzten Kapitals und die Verzinsung des in jeder Periode gebundenen Kapitals zu i% hinaus erwirtschaftet. Ein positiver Kapitalwert könnte folglich – sichere Erwartungen vorausgesetzt – vom Investor bereits im Planungszeitpunkt zu Konsumzwecken entnommen werden, *ohne die Verzinsung des gebundenen Kapitals und die Rückzahlung des eingesetzten Kapitals zu gefährden*.

Ein negativer Kapitalwert gibt entsprechend an, um wie viel Euro sich der Entscheidungsträger bezogen auf t_0 schlechter stellt, als wenn er die vergleichbare Kapitalmarkttransaktion durchführen würde.

---

99 Vgl. *Altrogge*, Investition, 4. Aufl. 1996, S. 353–355.
100 Zum Beweis vgl. *Hax* (Fn. 97), S. 33 f.

3. Dynamische Verfahren der Investitionsrechnung

Folgendes Rechenbeispiel verdeutlicht nochmals den erwähnten Zusammenhang:

Periode	Zahlungsreihe	Zinsen i = 10 %	Veränderung der Kapitalbindung	Restkapitalbindung
t_0	−250	entfällt*	entfällt**	−250
t_1	+100	−25	+75	−175
t_2	+100	−17,5	+82,5	− 92,5
t_3	+100	− 9,25	+90,75	− 1,75

* Keine Zinslast, da die Anfangsauszahlung definitionsgemäß erst am Ende der Bezugsperiode t_0 anfällt.
** Keine Änderung der Kapitalbindung, da in der Planungsperiode definitionsgemäß neben der Anfangsauszahlung keine weiteren Zahlungen anfallen.

Damit ist anhand des Beispiels gezeigt, dass *der Kapitalwert genau dem Betrag entspricht, den der Investor im Planungszeitpunkt als Einzahlungsüberschuss oder Einzahlungsdefizit* im Vergleich zur Restkapitalmarkttransaktion realisiert.

(4) Abhängigkeit des Kapitalwerts vom Kalkulationszinssatz

Bei der Ermittlung des Kapitalwerts werden die abgezinsten Ein- und Auszahlungen der Perioden t_1 bis t_n mit der Anfangszahlung von t_0 saldiert. Während die Anfangszahlung von der Höhe des Kalkulationszinssatzes unabhängig ist, da sie ja bereits als Barwert vorliegt, sinkt der Gegenwartswert der in t_1 bis t_n anfallenden Zahlungen mit steigendem Zinssatz. Folglich stellt der Kapitalwert einer Zahlungsreihe eine Funktion des Kalkulationszinssatzes dar.

Dieser Zusammenhang lässt sich gleichermaßen mathematisch wie auch ökonomisch verdeutlichen:

Mathematische Erklärung:

Bei der Abzinsung einer Zahlung auf t_0 wird diese mit dem Faktor $q^{-n} = (1 + i)^{-n}$ multipliziert bzw. durch den Faktor $(1+i)^n$ dividiert. Folglich müssen die Barwerte einer gegebenen Zahlung bei fixem n mit steigendem i abnehmen.

Ökonomische Erklärung:

Je höher der Zinssatz i, umso größer ist der aus einer Anlage am Kapitalmarkt resultierende Zinsgewinn bzw. die für eine Verschuldung am Kapitalmarkt zu zahlende Zinslast. Um einen bestimmten Betrag zu einem festgelegten Zeitpunkt t_n zu erhalten, muss folglich in t_0 umso weniger Kapital bereitgestellt werden, je höher der Zinssatz ist, da bei steigendem i die kumulierten Zinsen und Zinseszinsen stärker anwachsen.

Im Folgenden soll die Veränderung des Kapitalwerts bei variierendem Zinssatz am Beispiel des obigen Investitionsprojekts errechnet werden. Die Beziehung zwischen Kapitalwert und alternativen Kalkulationszinssätzen wird durch die Kapitalwertfunktion wiedergegeben.

II. Investitionsplanung und Wirtschaftlichkeitsrechnung

Zahlungsreihe:

t_0	t_1	t_2	t_3
−250	+100	+100	+100

Ermittelt man die Kapitalwerte für obiges Investitionsprojekt für unterschiedliche Kalkulationszinssätze, so ergeben sich folgende Zahlen:

Errechnung verschiedener Werte der Kapitalwertfunktion

t	i: 0%	2,5%	5%	7,5%	10%	12,5%
0	−250	−250	−250	−250	−250	−250
1	+100	+ 97,56	+ 95,24	+ 93,02	+ 90,91	+ 88,89
2	+100	+ 95,18	+ 90,70	+ 86,53	+ 82,65	+ 79,01
3	+100	+ 92,86	+ 86,38	+ 80,50	+ 75,13	+ 70,23
C_{0A}:	+ 50	+ 35,60	+ 22,32	+ 10,05	− 1,31	− 11,87

Die Kapitalwertfunktion eines Investitionsprojekts weist zwangsläufig einen fallenden Verlauf auf.[101] Dies lässt sich damit erklären, dass die Anschaffungsauszahlung zum Zeitpunkt t_0 von der Höhe des Zinssatzes unabhängig ist, während die in den Jahren t_1 bis t_n anfallenden Einzahlungsüberschüsse mit wachsendem i eine immer stärkere Abzinsung erfahren.

Alternativ könnte man auch argumentieren, dass jede Investition ja eine Mittelhingabe bedeutet und dass diese Mittelhingabe umso unvorteilhafter wird, je höhere *Opportunitätskosten* in Form von entgangenen Zinserträgen bei Verzicht auf die Alternativanlage am Restkapitalmarkt auftreten. Bei wachsenden Zinssätzen wird also unser explizit betrachtetes Investitionsprojekt im Vergleich zum Vollkommenen Restkapitalmarkt immer unattraktiver.

Beträgt das Kapitalmarktzinsniveau 0%, so bedeutet dies, dass für die Kapitalbindung des Investitionsprojekts keinerlei Zinsaufwendungen in Form von Zinszahlungen oder Opportunitätskosten für entgangene Alternativanlagen entstehen. Die Zahlungsausprägungen der Perioden t_1 bis t_n gehen unabgezinst, d.h. in voller Höhe, in den Saldo ein. Folglich entspricht der Kapitalwert einer Investition bei i = 0 stets dem Saldo der gesamten Zahlungsreihe. Für die Zahlungsreihe des obigen Beispiels ergibt sich somit ein positiver Kapitalwert von 50.

---

[101] Die Kapitalwertfunktion muss jedoch nicht unbedingt monoton fallend sein. Ein monotoner Verlauf ist lediglich dann gewährleistet, wenn die Zahlungsreihe des Investitionsprojekts lediglich *einen* Vorzeichenwechsel aufweist, d.h. der Anfangsauszahlung in t_0 nur noch Einzahlungsüberschüsse folgen. Vgl. hierzu die Ausführungen zur Internen-Zinsfuß-Methode unter Gliederungspunkt II. 3. b) cc).

3. Dynamische Verfahren der Investitionsrechnung

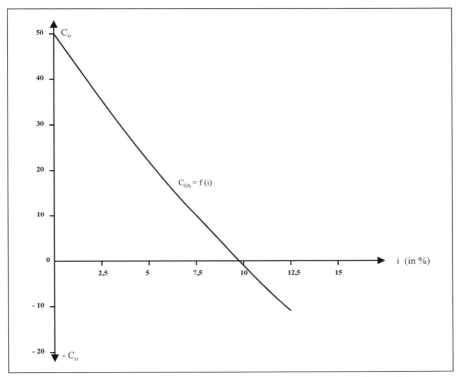

Abbildung 10: Verlauf der Kapitalwertfunktion einer Investition in Abhängigkeit vom Zinsniveau

Bei steigendem Kalkulationszinssatz nimmt also die Vorteilhaftigkeit des Investitionsprojekts im Vergleich zum Restkapitalmarkt (= *absolute Vorteilhaftigkeit*) immer stärker ab, was in sinkenden Kapitalwerten zum Ausdruck kommt.

Dabei wird ein *kritischer Zinssatz* erreicht, an welchem das Projekt im Vergleich zur Kapitalmarktalternative indifferent wird, d.h., der Investor kann – bei Vergleich mit der Anlage am Restkapitalmarkt – kein zusätzliches Einkommen aus dem Projekt entnehmen, erleidet jedoch auch keinen Einkommensverlust. Der Kapitalwert ist in diesem Punkt genau null. Für obiges Rechenbeispiel beträgt dieser Wert etwa 10%.[102]

Steigen die Zinssätze über diesen Wert an, so ergeben sich negative Kapitalwerte, welche die absolute Unvorteilhaftigkeit des Projektes anzeigen. Für extrem hohe Kalkulationszinssätze (lim i → ∞) ergeben sich Kapitalwerte, die sich asymptotisch dem Wert der Anfangsauszahlung annähern, da die Gegenwartswerte der Zahlungen von t_1 bis t_n gegen 0 streben. Bestehen sichere Erwartungen hinsichtlich der Zahlungsreihe einer Investition, so kann der Investor maximal einen Einkommensverlust in Höhe der Anschaffungsauszahlung erleiden; die Kapitalwertkurve fällt daher nicht ins Unendliche.

---
102 Die exakte Bestimmung der Nullstelle erfolgt im Kapitel II. 3. cc) „Interne-Zinsfuß-Methode".

II. Investitionsplanung und Wirtschaftlichkeitsrechnung

Im vorliegenden Beispiel strebt der Kapitalwert für $i \to \infty$ daher gegen den Wert -250. Dieser Sachverhalt wird erkennbar, wenn man einen gröberen Maßstab zur Darstellung der Kapitalwertkurve wählt, wie Abbildung 11 zeigt.

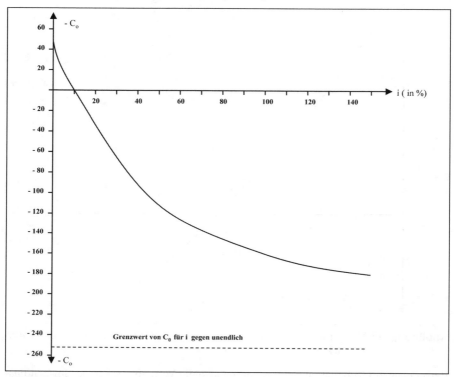

Abbildung 11: Kapitalwertkurvenverlauf einer Investition bei vergrößertem Maßstab

Der Kapitalwertkurvenverlauf eines Finanzierungsprojekts verhält sich im Vergleich zum Verlauf bei Investitionen gerade spiegelsymmetrisch zur Abszisse (Achse des Kapitalmarktzinssatzes), da die Anfangseinzahlung von der Zinshöhe unabhängig ist, während die Gegenwartswerte späterer Auszahlungen mit wachsendem i sinken.

(5) Beziehung zwischen Kapitalwert und Einkommen des Investors

Der Kapitalwert als Entscheidungskriterium der Kapitalwertmethode stellt eine *Ersatzzielgröße* für die Einkommenswirkung von Investitions- oder Finanzierungsprojekten dar. Folglich ergibt sich die Frage, wie man von der ermittelten Ersatzzielgröße „Kapitalwert" auf die originär gewünschte Zielgröße „Einkommen" rückschließen kann und ob Kapitalwertmaximierung eine hinreichende Bedingung für Einkommensmaximierung darstellt. Im Folgenden soll daher der Zusammenhang zwischen Kapitalwert und Einkommen am Beispiel eines Investitionsprojekts untersucht werden.

3. Dynamische Verfahren der Investitionsrechnung

Unterschiede zwischen dem Kapitalwert und der Einkommensleistung eines Investitionsprojekts können aus folgenden Ursachen resultieren:
– Das Einkommen soll nicht im Planungszeitpunkt entnommen werden.
– Die Zinslast führt nicht oder nicht in voller Höhe zu Zinsauszahlungen, sondern ganz oder teilweise zu nicht zahlungswirksamen Opportunitätskosten.

Folglich muss bei vollständiger Eigenfinanzierung eines Investitionsprojekts der vom Entscheidungsträger in t_0 entnehmbare Betrag genau um den Barwert der ersparten Fremdkapitalzinsen größer sein als bei vollständiger Fremdfinanzierung. Das Kapitalwertkriterium ist daher von der Art der Finanzierung (gemeint ist das Verhältnis von Fremd- zu Eigenkapital (= Kapitalstruktur) des Projekts unabhängig, da die Methode unabhängig von der tatsächlichen Finanzierungsstruktur stets die Zinslast vom gesamten Restkapital berechnet.

Es gilt somit folgender Zusammenhang zwischen Kapitalwert als Ersatzzielgröße und Einkommen als eigentlicher Zielgröße:

Der Kapitalwert eines Investitionsprojekts entspricht dem Einkommen, das der Investor in t_0 bei vollständiger Fremdfinanzierung entnehmen kann.

Die Unabhängigkeit des Kapitalwertkriteriums von der Finanzierungsstruktur eines Investitionsprojekts ist als Stärke des Verfahrens zu sehen, da bei Gültigkeit der Annahme des Vollkommenen Kapitalmarkts die Vorteilhaftigkeit einer Investition nicht von der Art ihrer Finanzierung abhängen darf.[103]

Dies soll am *Beispiel* des obigen Investitionsprojekts nochmals veranschaulicht werden:

Folgende Zahlungsreihe war gegeben:

t_0	t_1	t_2	t_3
–250	+100	+100	+100

Es wird ein Kalkulationszinssatz von 10 % angenommen.

Die periodengenaue Betrachtung des Projektverlaufs führte zu folgendem Ergebnis:

Periode	Zahlungsreihe	Zinsen $i = 10\%$	Veränderung der Kapitalbindung	Restkapitalbindung
t_0	–250	entfällt	entfällt	250
t_1	+100	–25	+75	175
t_2	+100	–17,5	+82,5	92,5
t_3	+100	– 9,25	+90,75	1,75

---

103 Bei unvollkommenem Kapitalmarkt kann die Vorteilhaftigkeit eines Investitionsprojekts dann von der Finanzierungsstruktur abhängen, wenn für Eigen- und Fremdkapital verschieden hohe Kapitalkosten bestehen.

II. Investitionsplanung und Wirtschaftlichkeitsrechnung

Zinst man nun die Beträge der Spalte „Zinsen" mit $i = 10\%$ auf t_0 ab, so ergibt sich eine Barwertsumme in Höhe von:

$25{,}00 \times 0{,}90909 = 22{,}73$
$17{,}50 \times 0{,}82645 = 14{,}46$
$\underline{9{,}25 \times 0{,}75131 = 6{,}95}$
$ = 44{,}14 \text{ Euro.}$

Somit kann ein Investor, der das obige Projekt vollständig mit Eigenkapital finanziert und folglich lediglich Zinskosten im Sinne von Opportunitätsverlusten hat, jedoch keine tatsächlichen Zinsauszahlungen an einen Dritten (z. B. ein Kreditinstitut) vornehmen muss – zusätzlich zur Erhaltung des ursprünglich eingesetzten Eigenkapitals – ein entnahmefähiges Einkommen erzielen, obwohl der Kapitalwert mit $-1{,}31$ negativ war. Die Höhe des entnahmefähigen Einkommens beträgt $44{,}14 - 1{,}31 = 42{,}83$ Euro, d. h., es ist gerade um den Kapitalwert geringer als der Betrag, den der Investor auf dem Vollkommenen Restkapitalmarkt erlösen könnte. Hingegen kommt es für den Investor, der obiges Projekt vollständig fremdfinanzierte, im Zeitpunkt t_0 zu einem *Einkommensverlust* in Höhe des Kapitalwerts.

Es wäre jedoch falsch, von der Abweichung zwischen Einkommen des Investors in t_0 und Höhe des Kapitalwerts bei (teilweiser) Eigenfinanzierung auf die Unzuverlässigkeit des Kapitalwertkriteriums zu schließen.

Würde ein Investor, der das für die obige Investition erforderliche Eigenkapital besitzt, nämlich auf die Durchführung des Projekts verzichten, so könnte er stattdessen eine Anlage zum Zins i vornehmen. Hierdurch würden ihm – für das ansonsten vom Projekt gebundene Kapital – Zinseinnahmen zufließen.[104] Dieser Zinsertrag entfällt für einen Investor ohne Eigenmittel.

Durch die Verwendung von Eigenmitteln steigt also nicht die tatsächliche Vorteilhaftigkeit eines gegebenen Projekts, sondern lediglich das in t_0 entnahmefähige Einkommen. Dieses hängt jedoch hier nicht vom Projekt, sondern von der Höhe der vorhandenen Eigenmittel ab. Aufgrund der Fiktion der Kapitalwertmethode, eine kalkulatorische Zinslast vom gesamten gebundenen Kapital zu berechnen, ist das Vorteilhaftigkeitskriterium gegenüber Variationen der Finanzierungsstruktur stabil, da die kapitalstrukturbedingten Einkommenseffekte neutralisiert werden.

(6) Vorteilhaftigkeitsentscheidungen mit der Kapitalwertmethode
(a) Absolute Vorteilhaftigkeitsentscheidungen

Die *absolute Vorteilhaftigkeit* eines Investitions- oder Finanzierungsprojekts wird durch den Vergleich mit der Anlage oder Kreditaufnahme am Vollkommenen Restkapitalmarkt erzielt. Der Vollkommene Restkapitalmarkt dient somit als Bewertungsmaßstab für den Grad der Vorteilhaftigkeit eines Projekts. Da eine Kapitalmarktanlage oder -finanzierung stets Zinsen in Höhe von i auf die aktuelle Restkapitalbindung erzeugt, führt die Abzinsung von Kapitalmarktprojekten stets zu einem Kapitalwert von null. Die Anlage oder Finanzierung am Vollkommenen Restkapitalmarkt wird daher auch als *Nullalternative* bezeichnet.

---

104 Die Höhe dieses Zinsertrags ergibt sich aus dem Verlauf der Kapitalbindung des obigen Investitionsprojekts gemäß der o. a. Rechnung.

3. Dynamische Verfahren der Investitionsrechnung

Hieraus ergibt sich, dass sowohl Investitions- als auch Finanzierungsprojekte stets dann absolut vorteilhaft sind, wenn ihr Kapitalwert größer als derjenige der Restkapitalmarkttransaktion ist. Die Entscheidungsregel für den absoluten Vorteilhaftigkeitsvergleich lautet somit:

Es sind alle Projekte auszuwählen, bei denen der Kapitalwert größer null ist![105]

Ist der Kapitalwert eines Projekts negativ, so bedeutet dies, dass es im Vergleich zur Kapitalmarkttransaktion schlechtere Einkommenswirkungen erzielt. Folglich wird es als absolut unvorteilhaft bezeichnet und seine Realisierung abgelehnt.

Bei einem *Finanzierungsprojekt* mit negativem Kapitalwert ist der Barwert der geleisteten Zins- und Tilgungszahlungen größer als die in t_0 erhaltene Kreditsumme. Hieraus kann der Entscheidungsträger ableiten, dass es besser wäre, einen Kredit zum Zinssatz i am Restkapitalmarkt aufzunehmen. Die Höhe des negativen Kapitalwerts entspricht hierbei der *Summe der abgezinsten Mehrzahlungen*, die der Entscheidungsträger in Kauf nehmen müsste, würde er den Mittelbedarf über das explizit betrachtete Finanzierungsprojekt anstatt über den Kapitalmarkt decken.

(b) Relative Vorteilhaftigkeitsentscheidungen

Bei der relativen Vorteilhaftigkeitsentscheidung geht es um die Auswahl des Projekts mit der höchsten Einkommensleistung aus mindestens zwei Alternativen, die jeweils absolut vorteilhaft sind, d. h. die jeweils die Nullalternative übertreffen. Die Entscheidungsregel zum relativen Vorteilhaftigkeitsvergleich lautet also:

Es ist stets das Projekt mit dem maximalen Kapitalwert auszuwählen!

Im Folgenden soll untersucht werden, ob die Auswahl des Projekts mit dem größten Kapitalwert tatsächlich auch zur Bestimmung der einkommensmaximalen Alternative führt, wenn der zeitliche Anfall der Zahlungsströme sehr unterschiedlich ist. Das folgende *Beispiel* soll diese Problematik verdeutlichen.

Für zwei sich gegenseitig ausschließende Investitionsalternativen seien folgende Zahlungsreihen gegeben:

	t_0	t_1	t_2	t_3
A	−100	+60	+40	+20
B	−100	+30	+50	+60

Unter Verwendung der im Anhang dieses Lehrbuchs abgedruckten Abzinsungstabellen lassen sich folgende Kapitalwerte für unterschiedliche Kalkulationszinssätze ermitteln.

Kalkulationszinssatz	$i=0\%$	$i=5\%$	$i=10\%$	$i=15\%$	$i=20\%$
C_0 Projekt A:	+20	+10,70	+2,64	−4,43	−10,65
C_0 Projekt B:	+40	+25,75	+13,67	+3,35	−5,56

---

105 Vgl. *Schmidt/Terberger* (Fn. 9), S. 155–156; *Altrogge* (Fn. 99), S. 355–357.

II. Investitionsplanung und Wirtschaftlichkeitsrechnung

Ist ein relativer Vorteilhaftigkeitsvergleich für einen Restkapitalmarktzinssatz von $i = 10\%$ zu treffen, so wird das Projekt B bevorzugt, da es dem Entscheidungsträger einen Mehrkapitalwert von 13,67 minus 2,64, also 11,03 Euro verschafft (vgl. Abbildung 12).

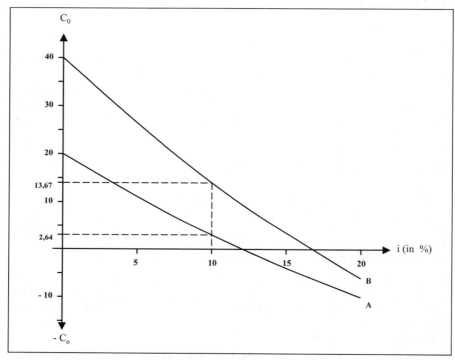

Abbildung 12: Vergleich der Kapitaldifferenz zwischen den Projekten A und B beim Kalkulationszinssatz 10%

An dieser Stelle ergibt sich nun die Frage, ob die errechnete Kapitalwertdifferenz von 11,03 Euro auch tatsächlich zu einer gleich großen Einkommensdifferenz für den Investor führt. Insbesondere ist folgende *Scheinargumentation* zu überprüfen:

Aufgrund der vergleichsweise höheren Rückflüsse des Projekts A während des ersten Jahres stünden dem Investor bereits zu einem früheren Zeitpunkt zusätzliche Mittel zur Verfügung, die er wiederum zinsbringend anlegen könnte. Die aus dieser Neuanlage resultierenden Einkommenseffekte des Projekts A würden in der Kapitalwertrechnung nicht berücksichtigt. Folglich sei die Kapitalwertmethode nicht dazu geeignet, Projekte mit unterschiedlichen Kapitalbindungsverläufen abschließend zu vergleichen.

Würde dieser Vorwurf gelten, so wäre der Nutzen von Kapitalwertrechnungen in der Tat gering, da alternative Investitionsprojekte nur dann die gleichen Kapitalbindungsverläufe aufweisen, wenn sie in allen Perioden die gleichen Zahlungsausprägungen besitzen. Dieser Fall ist jedoch trivial, da es sich ja um Projekte mit identischen Zahlungsströmen handeln müsste, welchen der Investor stets indifferent gegenüberstehen würde.

3. Dynamische Verfahren der Investitionsrechnung

Im Folgenden soll der obige Einwand exemplarisch widerlegt werden.[106] Hierfür wird errechnet, ob durch die Anlage der unterschiedlichen Kapitalrückflüsse zwischen den beiden Investitionsprojekten Veränderungen in der Einkommensdifferenz entstehen. Besitzt Projekt A in einer Periode höhere Rückflüsse, so werden diese bis zum Ende des betrachteten Zeithorizonts am Restkapitalmarkt angelegt. Sind die Rückflüsse des Projektes A geringer, so erfolgt eine entsprechende Kreditaufnahme. Diese Vorgehensweise wird auch als Bildung einer „Komplementinvestition" für das Projekt A bezeichnet.

	t_0	t_1	t_2	t_3
Projekt A:	−100	+60	+40	+20
Projekt B:	−100	+30	+50	+60
Komplement-investition A':	−	−30 ↓ · 1,21	+10 · 1,1	−11 +36,3 +25,3

Durch Anlage der Mehrrückflüsse des Projekts A in Höhe von 30 in t_1 sowie Kreditaufnahme in Höhe von 10 in t_2 erreicht man, dass die Kapitalbindungsverläufe beider Projekte in allen Perioden mit Ausnahme der letzten ausgeglichen sind. Hierbei ist zu beachten, dass die Kapitalmarktanlage von t_1 zu einer Einzahlung in t_3 führt und die Kreditaufnahme von t_2 zu einer entsprechenden Auszahlung in t_3 (Vorzeichenumkehr). Man kann nun die Projekte (A+Komplementinvestition) also kurz (A+A') einerseits sowie B andererseits vergleichen, um die Einkommensdifferenz in der Periode t_3 festzustellen.

Das Endergebnis in t_3 beläuft sich auf +20 + 25,3 = 45,3 Euro für (A+A') und auf 60 Euro für das Projekt B. Die Einkommensdifferenz zwischen den beiden Projekten beläuft sich somit auf 60 − 45,3 = 14,7 Euro.

Bezogen auf die Periode t_3 erbringt das Projekt B also bei einem Kalkulationszinsfuß von i = 10% ein Mehreinkommen von 14,7 Euro. Durch einfaches Abzinsen auf die Periode t_0 kann hieraus die Einkommensdifferenz im Planungszeitpunkt bestimmt werden.

Es ergibt sich ein Unterschiedsbetrag von 14,7 : 1,331 = 11,04 Euro, der exakt der oben ermittelten Kapitalwertdifferenz entspricht.

Der Ausgleich von Kapitalbindungsunterschieden am Vollkommenen Restkapitalmarkt bewirkt also keine Veränderung der Einkommensdifferenz zwischen den betrachteten Projekten.[107] Der oben vorgetragene Einwand, die Kapitalwertmethode trage den unterschiedlichen Kapitalbindungsverläufen der Projekte nicht Rechnung, hat sich somit als *Scheinargumentation* erwiesen.

---

106 Hierzu ausführlicher *Blohm/Lüder*, Investition, 8. Aufl. (unveränderter Nachdruck) 2001, S. 61–64.
107 Eine alternative Vorgehensweise, die zum gleichen Ergebnis führt, findet sich bei *Hax* (Fn. 97), S. 39–41.

(7) Abschließende Würdigung

Die Kapitalwertmethode berücksichtigt *implizit durch die Abdiskontierung der Zahlungsausprägungen der Projekte* deren Kapitalbindung. Daher wird die auf t_0 bezogene Einkommensdifferenz zwischen unterschiedlichen Alternativen durch das Rechenverfahren stets korrekt abgebildet. Die zusätzliche Durchführung einer Komplementinvestition verändert das Ergebnis nicht und ist somit überflüssig. Etwas anderes würde lediglich gelten, wenn man annimmt, dass die Rückflüsse des Projekts A zu einem Zinssatz angelegt werden, der nicht dem Kalkulationszinssatz entspricht.

Abschließend lässt sich somit zusammenfassen, dass die Kapitalwertmethode ein äußerst robustes, einfach anwendbares und gut interpretierbares Bewertungsverfahren darstellt, das dem Entscheidungsträger ein auf Absolutwerte (d. h. Euro) lautendes Entscheidungskriterium für den absoluten und relativen Vorteilhaftigkeitsvergleich liefert und in einer Vielzahl unterschiedlichster Anwendungssituationen gute Dienste leistet. Dies erklärt auch, warum sich die Kapitalwertmethode in der Praxis einer hohen Beliebtheit erfreut.

bb) Annuitätenmethode

(1) Definition der Annuität und Grundgedanke der Annuitätenmethode

Unter einer *Annuität* oder *Rente im finanzmathematischen Sinn* versteht man Zahlungen in konstanter Höhe, die – in zeitlich gleichem Abstand – über eine bestimmte Laufzeit zu Beginn (vorschüssige Rente) oder am Ende (nachschüssige Rente) einer Periode erfolgen.[108] Die nachschüssige Rente eines Investitionsprojekts wird auch „äquivalente Annuität" genannt. Die äquivalente Annuität eines Projekts besitzt somit – ausgehend von einem gegebenen Kalkulationszinssatz – die gleiche Einkommenswirkung für den Entscheidungsträger wie die unregelmäßige Ursprungszahlungsreihe. Annuitäten können dabei gleichermaßen aus der Anfangsauszahlung, dem Kapitalwert oder dem Ertragswert gebildet werden, je nachdem, welche Fragestellung konkret vorliegt. Es kann zwischen endlichen und unendlichen Annuitäten unterschieden werden, wobei das Hauptaugenmerk auf endlichen Annuitäten liegt.

Die *Annuitätenmethode* bezeichnet folglich ein Verfahren, bei deren Anwendung der Investor seine *Entscheidung an der Höhe konstanter Entnahmemöglichkeiten* über eine vordefinierte Anzahl von Perioden *orientiert*. Sie kann als spezielle Umformung bzw. Variante der Kapitalwertrechnung betrachtet werden.[109]

Bei manchen Entscheidungssituationen in der Investitionsplanung ist es wichtig zu wissen, welcher konstante Überschuss während der Nutzungsdauer eines Projekts entnommen werden kann oder welche Annuität bereitgestellt werden muss. Außerdem bietet sich die Annuitätenmethode an, sofern Liquiditätsüberlegungen im Vordergrund stehen. So möchte bspw. ein Anleger wissen, mit welcher konstanten Zahlungsreihe er als *Entnahmemöglichkeit* aus einem Projekt während der erwarteten Laufzeit rechnen kann. Ein Kreditnehmer erfährt durch die Annuität, welcher laufende Betrag für den *Kapitaldienst* eines Darlehens pro Periode zur Verfügung zu stellen

---

[108] Vgl. *Jaspersen*, Investition, 1997, S. 57; *Schmidt/Terberger* (Fn. 9), S. 140–142; *Renger*, Finanzmathematik mit Excel, 2003, S. 27–39.
[109] Vgl. *Kruschwitz* (Fn. 75), S. 83, 85.

ist.[110] Schließlich ist noch der Fall zu nennen, in dem das Datenmaterial ohnehin bereits in Form von periodischen Zahlungen konstanter Höhe (Renten) vorliegt (z. B. Leasing, Miete, Pacht, Lohnzahlungen, Schuldendienst etc.).

(2) Rechentechnische Vorgehensweise bei der Anwendung der Annuitätenmethode

(a) Vorüberlegungen

Vor der eigentlichen Erläuterung der Annuitätenmethode werden die zu ihrer Anwendung erforderlichen Rechenschritte isoliert vorgestellt. Mithilfe des *Rentenbarwertfaktors* kann der Gegenwartswert jeder endlichen regelmäßigen Zahlungsreihe festgestellt werden, und zwar ohne eine umständliche Berechnung jeder einzelnen Zahlung. Der *Annuitätenfaktor als Kehrwert des Rentenbarwertfaktors* ermöglicht es, mit geringem Rechenaufwand jedem Einkommenswert von t_0 eine – unter Berücksichtigung des Zinsniveaus und der zeitlichen Erstreckung – entsprechende Rente zuzuweisen.

Mithilfe dieser beiden Faktoren ist die Bearbeitung aller Aufgabenstellungen, die im Zusammenhang mit der Annuitätenrechnung auftreten können, unkompliziert möglich.

(b) Anwendung des Rentenbarwertfaktors

Ist eine Zahlungsreihe bereits in der Form einer endlichen, d. h. zeitlich begrenzten, Annuität[111] gegeben, so kann der Ertragswert[112] dieser Reihe durch das übliche Abdiskontieren der einzelnen Zahlungen auf t_0 mithilfe der Abzinsungsfaktoren ermittelt werden. Da die einzelnen Zahlungen die gleiche Höhe aufweisen, ist jedoch auch eine vereinfachte Art der Ertragswertberechnung unter Verwendung der Summenformel für endliche geometrische Reihen möglich:

$$EW = c \times \frac{(1+i)^n - 1}{i} \times \frac{1}{(1+i)^n} = c \times \frac{(1+i)^n - 1}{i(1+i)^n}$$

mit   EW = Ertragswert der Rente,
       c = Höhe der äquivalenten Annuität (nachschüssige Rente),
       i = Kalkulationszinsfuß,
       n = Laufzeit der Rente.

Der Faktor $\frac{(1+i)^n - 1}{i(1+i)^n}$ wird als nachschüssiger Rentenbarwertfaktor bezeichnet und ist aus Tabellenwerken entnehmbar.[113] Vereinfacht ausgedrückt kann man sagen, dass der konstante Ein- bzw. Auszahlungsbetrag ausgeklammert und nur *ein Mal* mit der

---

110 So ist bspw. einem Bauwilligen, der in Sorge um die Tragbarkeit seiner Kreditverpflichtung ist, mit der Berechnung des Kapitalwerts der Rückzahlungsbeträge seiner Finanzierung nicht geholfen, während er anhand der monatlichen Annuität abschätzen kann, ob die Liquiditätsbelastung für ihn tragbar ist. Vgl. auch *Jaspersen* (Fn. 108), S. 57.

111 Den Barwert einer unendlichen, d. h. zeitlich unbegrenzten, Annuität kann man sehr einfach ermitteln, indem man den Betrag einer Rentenzahlung durch den Kalkulationszinsfuß in Dezimalschreibweise dividiert. Vgl. vertiefend *Schmidt/Terberger* (Fn. 9), S. 139; *Kruschwitz* (Fn. 75), S. 75.

112 Es handelt sich um den Ertragswert, da die Rente in der Periode t_1 beginnt. Der entsprechende Kapitalwert kann einfach durch Saldieren des Ertragswerts mit der Anfangsauszahlung ermittelt werden.

II. Investitionsplanung und Wirtschaftlichkeitsrechnung

Summe der entsprechenden Abzinsungsfaktoren multipliziert wird. Dagegen muss beim gewöhnlichen Abzinsen jede Zahlung mit dem ihr zugehörigen Abzinsungsfaktor vervielfältigt werden, und erst anschließend kann eine Summenbildung erfolgen. Die Anwendung des Rentenbarwertfaktors erleichtert somit den Rechenvorgang erheblich.

Beispiel:

Eine Investition mit der Nutzungsdauer von fünf Jahren weist gleich bleibende Zahlungen von 1000 Euro pro Jahr auf. Gesucht ist der Ertragswert des Projekts bei einem Kalkulationszinsfuß von 8%.

Die Zahlungsreihe des Projekts hat folgendes Aussehen:

t_0	t_1	t_2	t_3	t_4	t_5
−3000	+1000	+1000	+1000	+1000	+1000.

Der Ertragswert des Projekts ergibt sich durch die Multiplikation einer einzelnen Zahlung (der Höhe der äquivalenten Annuität) mit dem Rentenbarwertfaktor für i = 8% und n = 5 Jahre:

$$EW = +1000 \times \frac{1{,}08^5 - 1}{0{,}08 \times 1{,}08^5} = 1000 \times 3{,}9927 = 3992{,}70.$$

Der Ertragswert des Projekts beträgt 3992,70.

Der entsprechende Kapitalwert beträgt 3992,70 − 3000 = 992,70.

(c) Anwendung des Annuitätenfaktors

Die Zahlungsreihe einer Investition ist jedoch meist in der Form gegeben, dass einer Auszahlung eine Reihe von Ein- oder Auszahlungsüberschüssen in unterschiedlicher Höhe folgt. Soll diese Zahlungsreihe zu einer Reihe, die am Ende jeder Periode einen gleich hohen Zahlungsüberschuss aufweist, umgeformt werden, so ist folgendermaßen vorzugehen:

Man berechnet den Ertrags- bzw. Kapitalwert[114] der gegebenen Zahlungsreihe durch Abzinsung aller Zahlungen auf t_0. Dieser Ertragswert/Kapitalwert der Ursprungsreihe entspricht auch dem Ertragswert/Kapitalwert der umgeformten Reihe (der äquivalenten Annuität).

Durch einfaches Einsetzen in die Formel zur Berechnung des Rentenbarwerts und Auflösen der Formel nach der gesuchten Größe c kann man die Höhe der äquivalenten Annuität ermitteln:

$$c = EW \times \frac{i(1+i)^n}{(1+i)^n - 1}$$

---

113 Eine Tabelle mit Rentenbarwertfaktoren findet sich im Anhang dieses Buchs. Der Rentenbarwertfaktor lässt sich hierbei stets als Kehrwert des Annuitätenfaktors errechnen, vgl. *Franke/Hax* (Fn. 71), S. 171.

114 Je nach Fragestellung kann es gleichermaßen sinnvoll sein, die Rente aus dem Ertragswert (= Periodenüberschussannuität) oder die Rente aus dem Kapitalwert (= Überschussannuität) zu ermitteln.

3. Dynamische Verfahren der Investitionsrechnung

Die Höhe der äquivalenten Annuität einer Zahlungsreihe ergibt sich somit durch Multiplikation des Ertragswerts/Kapitalwerts der Reihe mit dem Kehrwert des entsprechenden Rentenbarwertfaktors. Der Kehrwert des Rentenbarwertfaktors $\frac{i(1+i)^n}{(1+i)^n - 1}$ wird auch *Annuitäten- oder Wiedergewinnungsfaktor* (w) genannt und ist ebenso wie der Abzinsungs- und der Rentenbarwertfaktor aus Tabellenwerken entnehmbar.[115]

Beispiel:
Gegeben sei ein Investitionsprojekt A mit der folgenden Zahlungsreihe:

t_0	t_1	t_2	t_3
−100,	+10,	+10,	+110.

Gesucht sei die äquivalente Annuität der aus dem Kapitalwert des Projekts ermittelten gesamten Zahlungsreihe bei i = 6 %, die auch als Überschussannuität bezeichnet wird.

Berechnung des Kapitalwertes der Reihe A:

t	$e_t - a_t$	$(1+i)^{-t}$	$(e_t - a_t)(1+i)^{-t}$
0	−100	1,0	−100
1	+ 10	0,94340	+ 9,43
2	+ 10	0,89000	+ 8,90
3	+110	0,83962	+ 92,36
Kapitalwert = $(e_t - a_t)(1+i)^{-t}$ =			+ 10,69.

Berechnung der Höhe der äquivalenten Überschussannuität:

$$10{,}69 \times \frac{0{,}06 \times 1{,}06^3}{1{,}06^3 - 1} = 10{,}69 \times 0{,}37411 = 4.$$

Die aus dem Projekt am Ende jeder Periode ableitbare Zahlung (= Überschussannuität) erreicht die Höhe von vier Euro. Die umgeformte uniforme Zahlungsreihe A′, die auch als äquivalente Überschussannuität bezeichnet wird, hat somit folgendes Aussehen:

	t_0	t_1	t_2	t_3
A′:	0	+4	+4	+4.

(3) Interpretation der äquivalenten Annuität

Bei der Annuitätenmethode werden die Anfangszahlung, der Kapitalwert oder der Ertragswert eines Investitions- oder Finanzierungsprojekts *auf die verschiedenen Perio-*

---

[115] Eine Tabelle mit Wiedergewinnungsfaktoren befindet sich im Anhang dieses Lehrbuchs.

II. Investitionsplanung und Wirtschaftlichkeitsrechnung

den der geplanten Nutzungsdauer gleichmäßig verteilt. Die aus dem Kapitalwert errechnete Überschussannuität einer Investition gibt somit an, welchen konstanten Betrag der Investor am Ende einer jeden Periode während der Projektlaufzeit entnehmen kann, *ohne die Verzinsung des gebundenen Kapitals zum Zinssatz i und die Rückgewinnung des ursprünglich eingesetzten Kapitals* zu beeinträchtigen.[116]

Entsprechend ist die aus dem Ertragswert errechnete Periodenüberschussannuität als derjenige Betrag zu verstehen, der als durchschnittlicher laufender Überschuss in jedem Jahr entnommen werden kann, wenn das ursprünglich eingesetzte Kapital nicht wiedergewonnen werden soll.

Beispiel:

Einem Investor, dessen Kalkulationszinsfuß 6% beträgt, bietet sich die Anlagemöglichkeit A mit folgender Zahlungsreihe an:

t_0	t_1	t_2	t_3
−100	+10	+10	+110.

Formuliert man die Zahlungsreihe, die sich bei einer Finanzierung zu 6% ergibt, und saldiert man sie mit der Zahlungsreihe der Investition A, so verbleibt als Saldo jener Betrag, der nach Verzinsung des jeweils gebundenen und Rückgewinnung des ursprünglich eingesetzten Kapitals zur Verfügung steht:

Investition A:	−100	+10	+10	+110
Finanzierung zu 6%:	+100	− 6	− 6	−106
Saldo:	0	+ 4	+ 4	+ 4

Man erhält aus dieser Saldierung die Überschussannuität des Investitionsprojekts A. Zins und Tilgung sind von den Einzahlungsüberschüssen des Projekts bereits abgezogen, und es wird erkennbar, dass der Betrag von vier Euro auch bei voller Fremdfinanzierung am Ende jeder Periode entnommen werden kann.

In diesem Zusammenhang wird die im Bankwesen häufig benutzte Formulierung „Annuität eines Darlehens" verständlich. Sie bezeichnet den konstanten Betrag, den ein Schuldner in jeder Periode der Kreditlaufzeit an den Kreditgeber entrichtet und wird auch als *Kapitaldienst* bezeichnet. Der konstante Betrag kann gedanklich aufgespalten werden in einen Teil für die Verzinsung und einen Teil für die Rückzahlung (Tilgung) des Darlehens, wobei mit dem Zeitablauf der Anteil der Zinsen ständig abnimmt, während der Tilgungsbetrag ständig wächst. Ein Projekt ist somit absolut vorteilhaft, wenn die Periodenüberschussannuität (d.h. die Rente aus den laufenden Überschüssen) den Kapitaldienst (d.h. die Annuität einer laufzeitentsprechenden Finanzierung der Kapitalbindung) übersteigt.

---

116 Vgl. ergänzend *Schmidt/Terberger* (Fn. 9), S. 141–142.

(4) Investitionsentscheidungen unter Verwendung der äquivalenten Annuität

(a) Beurteilung eines einzelnen Investitionsprojekts

Soll ein einzelnes Investitionsprojekt daraufhin untersucht werden, ob bei ihm die Mindestanforderung an die Wirtschaftlichkeit – Verzinsung des jeweils gebundenen und Rückgewinnung des ursprünglich eingesetzten Kapitals – erfüllt ist, so führt die Verwendung der Annuitäten- und der Kapitalwertmethode stets unproblematisch zum gleichen Ergebnis, da sich die Verfahren rechentechnisch entsprechen. Die *„Verrentung"* eines positiven Kapitalwerts muss daher auch stets eine Überschussannuität (c) größer null ergeben.

Wenn $c > 0$, dann ist $C_0 > 0$: Das Projekt ist vorteilhaft.

Wenn $c = 0$, dann ist $C_0 = 0$: Die Mindestanforderung wird gerade noch erreicht; der Investor ist indifferent.

Wenn $c < 0$, dann ist $C_0 < 0$: Die Investition wird abgelehnt.

(b) Vergleich sich ausschließender Alternativen

Bei der Kapitalwertmethode führt die Entscheidung im Alternativenvergleich zur Auswahl des Projekts mit dem höheren Kapitalwert. Überträgt man diese Entscheidungsregel auf die Annuitätenmethode, so können hieraus Fehlentscheidungen resultieren, sofern die Alternativen *eine unterschiedliche Nutzungsdauer* aufweisen. Die Höhe der Annuitäten von Investitionsprojekten ist deshalb nur bei gleicher Nutzungsdauer vergleichbar. Ist dies gewährleistet, so wird die Alternative mit der höchsten Annuitätenzahlung ausgewählt. Ist die Nutzungsdauer unterschiedlich, so müssen die Annuitäten auf eine einheitliche Laufzeit bezogen werden.

Zahlenmäßige Veranschaulichung:

Die Zahlungsreihen der sich ausschließenden Investitionsprojekte A, B und C seien in Form von Annuitätenreihen gegeben. Ein Investor (Kalkulationszinsfuß i = 10 %) soll die vorteilhafteste Alternative auswählen.

	t_0	t_1	t_2	t_3	t_4	t_5
A:	0	+10	+10	+10	+10	
B:	0	+ 8	+ 8	+ 8	+ 8	+8
C:	0	+ 9	+ 9	+ 9	+ 9	+9

Da die Projekte B und C eine identische Nutzungsdauer aufweisen, kann sofort festgestellt werden, dass Projekt C mit der höheren Annuität dem Projekt B vorgezogen wird. In diesem Beispiel lässt sich auch beim Vergleich von A und B trotz unterschiedlicher Nutzungsdauer eine Entscheidung treffen. Die Summe der Annuitätenzahlungen ist bei beiden Projekten gleich. Da der Gesamtbetrag bei B über einen größeren Zeitraum verteilt ist, also im Durchschnitt erst später zur Verfügung steht, ist A bei jedem Zinssatz relativ vorteilhafter. Der Vergleich kann somit auf die Wahl zwischen den Projekten A und C beschränkt werden. Da die Höhe der äquivalenten Annuität wegen der unterschiedlichen Nutzungsdauer nicht direkt vergleichbar ist, sind folgende alternative Vorgehensweisen zur Entscheidungsfindung möglich:

II. Investitionsplanung und Wirtschaftlichkeitsrechnung

Berechnung und Vergleich der Kapitalwerte der Projekte A und C:

$$C_{0A} = 10 \times \frac{1{,}1^4 - 1}{1{,}1^4(1{,}1 - 1)} = 10 \times 3{,}17 = 31{,}7$$

$$C_{0C} = 9 \times \frac{1{,}1^5 - 1}{1{,}1^5(1{,}1 - 1)} = 9 \times 3{,}791 = 34{,}12.$$

Projekt C weist den größeren Kapitalwert auf und ist somit relativ vorteilhafter als Projekt A.

Umformung der Zahlungsreihen A und C zu Annuitäten mit gleichen Laufzeiten:

Hierzu muss entweder die Annuität des Projekts A so umgeformt werden, dass sie eine Laufzeit von fünf Perioden aufweist, oder die Annuität des Projekts C muss auf eine Laufzeit von vier Perioden bezogen werden. Hier wird Projekt A dem Projekt C angepasst.

1. Schritt: Berechnung des Kapitalwerts von Projekt A:

$C_{0A} = 10 \times 3{,}17 = 31{,}7.$

2. Schritt: Berechnung der Höhe der Annuität von Projekt A bei fünf Perioden Laufzeit:

$$c = \frac{1{,}1^5(1{,}1 - 1)}{(1{,}1)^5 - 1} \times C_{0A} = 0{,}2638 \times 31{,}7 = 8{,}36.$$

3. Schritt: Vergleich der äquivalenten Annuitäten:

A:	0	+8,36	+8,36	+8,36	+8,36	+8,36
C:	0	+9	+9	+9	+9	+9

Beide Annuitäten weisen die gleiche Laufzeit auf. Projekt C ist vorzuziehen, da die Höhe der Annuitätenzahlung größer ist.

(5) Ermittlung von Teilannuitäten zur Verbesserung der Informationsgrundlage des Investors

Die Annuitätenmethode lässt sich – wie oben dargestellt – als Spezialfall der Kapitalwertrechnung verstehen. Folglich besteht die einfachste Möglichkeit zur Ermittlung einer Annuität in der *Errechnung des entsprechenden Kapitalwerts und anschließender Multiplikation mit dem Wiedergewinnungsfaktor*. Bei dieser Berechnungsweise wird jedoch aufgrund der starken Zusammenfassung (Aggregation) der Daten bei der Kapitalwertbildung die Informationsmöglichkeit der Annuitätenmethode nicht vollständig genützt. Dem Entscheidungsträger kann eine umfassendere Entscheidungshilfe gegeben werden, wenn man die Annuität nicht über den Kapitalwert ermittelt, sondern durch eine rechenaufwändigere Gegenüberstellung verschiedener Ein- und Auszahlungsrenten, wodurch das Verhältnis zwischen der Belastung durch Zins- und Tilgungsleistungen einerseits sowie den laufenden Einzahlungen und Zahlungsverpflichtungen andererseits ersichtlich wird.

3. Dynamische Verfahren der Investitionsrechnung

Dies soll am *Beispiel* eines Investitionsprojekts mit folgender Zahlungsreihe präsentiert werden:

Zeitpunkte	t_0	t_1	t_2	t_3	t_4
Anfangsauszahlung:	−1000				
laufende Einzahlungen:		+500	+800	+900	+700
laufende Auszahlungen:		−200	−200	−250	−280

Der Kalkulationszinssatz des Investors beträgt 6 %.

Vorgehensweise:

1. Schritt: Ermittlung des Kapitaldienstes

Der Kapitaldienst – auch Annuität der Investitionsauszahlung genannt[117] – ist derjenige Betrag, den der Investor jährlich bei vollständiger Fremdfinanzierung am Periodenende als Summe von Zins und Tilgung bezahlen müsste, um das eingesetzte Kapital von 1000 in der Projektlaufzeit von vier Jahren zu tilgen und die jeweilige Restkapitalbindung mit 6 % zu verzinsen.

Der Kapitaldienst ergibt sich durch Multiplikation der Anschaffungsauszahlung mit dem Wiedergewinnungsfaktor:

$1000 \times 0{,}2886 = 288{,}60.$

Interpretation:

Der Investor muss während der vierjährigen Nutzungsdauer des Projekts im Durchschnitt jährlich jeweils mindestens 288,60 Euro als Überschuss erwirtschaften, damit die absolute Vorteilhaftigkeit des Projekts gewährleistet ist. Würde der Entscheidungsträger nämlich zur Finanzierung der Investition einen sechsprozentigen Annuitätenkredit über 1000 Euro aufnehmen, der innerhalb von vier Jahren zu tilgen wäre, so müsste er genau die 288,60 Euro pro Jahr leisten.

2. Schritt: Ermittlung der Annuität der laufenden Einzahlungen

Hierzu muss zunächst die Summe der Barwerte der laufenden Einzahlungen ermittelt werden, die anschließend mit dem Wiedergewinnungsfaktor multipliziert wird.

Barwertsumme der laufenden Einzahlungen: 2493,82.
Einzahlungsannuität: 719,72.

Interpretation:

Glättet man die unregelmäßig anfallenden laufenden Einzahlungen des Projekts finanzmathematisch korrekt unter Ansatz von 6 % Zinsen, so ergibt sich eine vierjährige Rente von 719,72 p. a.

3. Schritt: Ermittlung der Annuität der laufenden Auszahlungen

Mit der gleichen Vorgehensweise wie beim 2. Schritt ergeben sich folgende Größen:

Barwert der laufenden Auszahlungen: − 798,38.
Auszahlungsannuität: − 230,41.

---

117 Vgl. *Jahrmann* (Fn. 41), S. 154–156.

II. Investitionsplanung und Wirtschaftlichkeitsrechnung

Die Interpretation entspricht derjenigen der Einzahlungsannuität.

4. Schritt: Ermittlung der Periodenüberschussannuität

Die Periodenüberschussannuität ist als die Rente aus den laufenden Einzahlungsüberschüssen definiert. Sie ergibt sich somit durch einfaches Saldieren der Einzahlungsannuität mit der Auszahlungsannuität:

Periodenüberschussannuität = 719,72 − 230,41 = 489,31.

Die absolute Vorteilhaftigkeit des Projekts kann nun durch Gegenüberstellung von Kapitaldienst und Periodenüberschussannuität ermittelt werden. Meist wird hierzu noch eine saldierte Größe berechnet, nämlich die Überschussannuität.

5. Schritt: Ermittlung der Überschussannuität

Überschussannuität = Saldo von Periodenüberschussannuität und Kapitaldienst = 489,31 − 288,60 = 200,71.

Interpretation:

Der Investor kann – bei Eintritt der prognostizierten Zahlungsreihe – am Ende von jeder der vier Perioden die Überschussannuität in Höhe von 200,71 Euro entnehmen, ohne die Rückgewinnung der Anfangsauszahlung sowie die Verzinsung des jeweils gebundenen Kapitals mit 6 % zu gefährden.

Es ist zwar richtig, dass dieses Ergebnis auch rechentechnisch weniger kompliziert aus dem Kapitalwert hätte ermittelt werden können:

Kapitalwert: 695,45 × 0,2886 = 200,71.

Der Vorteil der oben dargestellten – auf den ersten Blick aufwändiger anmutenden Rechenweise – liegt jedoch darin, dass der Investor nicht nur eine saldierte Größe als Entscheidungshilfe hat, sondern aus der Gegenüberstellung verschiedener Ein- und Auszahlungsrenten auch eine Information darüber erhält, welche Relation zwischen Kapitaldienst und den laufenden Annuitäten vorliegt. Diese Daten werden insbesondere dann benötigt, wenn aufgrund der in der Realität meist gegebenen Unsicherheit das Bedürfnis besteht festzustellen, ob die letztendlich *entnehmbare Überschussannuität in einem angemessenen Verhältnis zum Gesamtvolumen des zu realisierenden Projekts steht*. Besonders wertvoll ist das Konzept der Annuität, wenn Projektketten miteinander verglichen werden sollen.[118]

(6) Berechnung der Laufzeit einer Annuität bekannter Höhe bei vorgegebenem Barwert und Zinssatz

Sehr häufig tritt das Bedürfnis auf herauszufinden, wie lange eine Annuität definierter Höhe laufen müsste, um einen bekannten Barwert bei vorgegebenem Zinssatz zurückzugewinnen.

Beispiel 1:

Ein Unternehmen könnte mit einer Rationalisierungsinvestition von drei Mio. Euro bei einem Kapitalkostensatz von 10 % (entspricht i = 0,1) für die absehbare Zukunft eine Kostenersparnis von jährlich 700 000 Euro bei einem bereits etablierten

---

118 Vgl. *Adam* (Fn. 38), S. 208–211.

Leistungserstellungsprozess erzielen. Wie viele Jahre müsste diese Kostenersparnis mindestens eintreten, damit sich das Investment lohnt?

Beispiel 2:

Ein Paar möchte eine Immobilie mit 200 000 Euro zu einem Zinssatz von 6,5 % restfinanzieren und kann eine jährliche Annuität von 24 000 Euro verkraften. Nach welcher Laufzeit wäre das Annuitätendarlehen getilgt?

Beispiel 3:

Ein Frührentner erhält eine Abfindung von 100 000 Euro, die er zum Festzins von 6 % anlegen könnte. Die Kosten für den täglichen Lebensunterhalt sind durch anderweitige Vorsorgeinstrumente gedeckt, so dass er es sich erlauben kann, das Geld für Urlaubsreisen zu verbrauchen. Der Rentner strebt an, für diesen Zweck in den nächsten Jahren jährlich 9 000 Euro zu entnehmen. Für wie viele Urlaubsjahre reicht sein Kapital?

Alle drei Beispiele lassen sich mit der nachstehenden Berechnungsformel für die Laufzeit lösen:[119]

$n = (\ln c / (c - Bw \times i)) / \ln (1+i)$

wobei:
ln = Logarithmus naturalis,
c = jährliche Annuität,
Bw = Barwert, Anfangskapital, Darlehenssumme in t_0,
i = Dezimalzinssatz.

Die obige Formel soll exemplarisch für das *Beispiel 1* demonstriert werden:

BW = 3 000 000 Euro
i = 10 % = 0,1
c = 700 000 Euro

Eingesetzt ergibt sich:

$\ln (700\,000 / (700\,000 - (3\,000\,000 \times 0,1))) / \ln (1+i)$
$= \ln (700\,000 / 400\,000) / \ln 1,1$
$= \ln 1,75 / \ln 1,1$
$= 0,559615787 / 0,095310179$
$= 5,87$ (Jahre), aufgerundet auf volle Jahre, also sechs Jahre.

Interpretation: Die Rationalisierungsinvestition müsste die prognostizierten Ersparnisse für mindestens sechs Jahre erbringen, um sich zu amortisieren.

(7) Abschließende Würdigung der Annuitätenmethode

Die Annuitätenmethode kann als Sonderfall der Kapitalwertrechnung verstanden werden. *Kapitalwerte und Annuitäten* lassen sich – wie oben gezeigt – gegenseitig durch Anwendung von Rentenbarwertfaktor bzw. Annuitätenfaktor *ineinander überführen*. Sowohl bei absoluten als auch bei relativen Vorteilhaftigkeitsentscheidungen stimmen die Empfehlungen beider Methoden immer überein. *Ein Konflikt zwischen den beiden Methoden ist somit ausgeschlossen.* Vom erforderlichen *Rechenaufwand* her erscheint

---

[119] Vgl. vertiefend *Hoffmeister* (Fn. 93), S. 220–222. Dort finden sich auch die finanzmathematische Herleitung, weiterführende Beispiele sowie benachbarte Problemstellungen.

II. Investitionsplanung und Wirtschaftlichkeitsrechnung

die Kapitalwertmethode der Annuitätenrechnung etwas *überlegen*. Im Gegenzug bietet die Annuitätenmethode jedoch in manchen Fragestellungen einen *Zusatznutzen*, indem sie z. B. die Frage nach der *Belastbarkeit* oder dem Kapitaldienst beantworten kann, während die Kapitalwertmethode aufgrund ihrer vollständigen Aggregation aller Informationen auf den Entscheidungszeitpunkt diese Information nicht mehr zu geben vermag. Insbesondere bei Fragestellungen, bei denen Liquiditätsüberlegungen Relevanz besitzen, bietet sich somit die Annuitätenmethode als Problemlösungshilfe an.[120]

cc) Interne-Zinsfuß-Methode

(1) Definition des internen Zinsfußes

Als internen Zinsfuß „r", „Rendite", „Effektivzinssatz" oder „internen Zinssatz" bezeichnet man denjenigen Zinsfuß, der die *Rentabilität des im Projekt gebundenen Kapitals* angibt.[121] Das bedeutet, *dass bei diesem Zinssatz die Einzahlungen des Projekts genau dazu ausreichen, um die Wiedergewinnung des ursprünglichen Kapitaleinsatzes und die Verzinsung des in jeder Periode gebundenen Kapitals zu gewährleisten*. Stimmen Kalkulationszinssatz und interne Rendite eines Projekts überein, so beträgt der Kapitalwert folglich stets Null. Der Investor steht einem solchen Projekt vor dem Hintergrund identisch attraktiver Kapitalmarktalternativen also indifferent gegenüber, da er aus dem explizit betrachteten Projekt kein *Mehreinkommen* gegenüber der Anlage am Kapitalmarkt entnehmen kann. Die interne Verzinsung gibt somit „ ... die über die gesamte Investitionsdauer als gleichhoch unterstellte Verzinsung bzw. Wachstumsrate ..."[122] des in einem Projekt gebundenen Kapitals an.

(2) Berechnung des internen Zinsfußes

Der Zusammenhang, dass der Kapitalwert bei Identität zwischen interner Rendite und Kalkulationszins stets Null sein muss, lässt sich zur Berechnung des internen Zinsfußes von Investitions- und Finanzierungsprojekten verwenden.

$$C_0 = \sum_{t=0}^{n}(e_t - a_t)(1 + i)^{-t}.$$

Setzt man den Kapitalwert gleich Null und löst die Gleichung nach i auf, so erhält man genau den kritischen Zins, bei dem das Projekt an der Grenze zwischen Vorteilhaftigkeit und Unvorteilhaftigkeit steht. Dieser kritische Zins wird zur Unterscheidung vom Kalkulationszinssatz i im Folgenden als „r" bezeichnet.

$$0 = \sum_{t=0}^{n}(e_t - a_t)(1 + r)^{-t}.$$

---

120 Vgl. *Franke/Hax* (Fn. 71), S. 170f., 183.
121 Vgl. *Altrogge* (Fn. 99), S. 311. Eine umfassende Aufstellung der gebräuchlichen Synonyme für die interne Verzinsung findet sich ebenfalls bei *Altrogge* (Fn. 99), S. 313. Vgl. grundsätzlich auch *Goetze/Bloech* (Fn. 37), S. 96–107; *Schäfer* (Fn. 33), S. 153–170; *Seelbach*, in: Bea/Dichtl/Schweitzer (Hrsg.), Allgemeine Betriebswirtschaftslehre, Bd. 3, 8. Aufl. 2002, S. 300–305.
122 *Altrogge* (Fn. 99), S. 311–315.

Diese Gleichung muss noch nach der gesuchten Größe r aufgelöst werden. Dass die rechnerische Ermittlung der Rendite unter Umständen problematisch werden kann, wird jedoch erst bei der ausführlicheren Darstellungsform der Gleichung deutlich:

$$0 = -a_0 + \frac{(e_1 - a_1)}{(1 + r)} + \frac{(e_2 - a_2)}{(1 + r)^2} + \frac{(e_3 - a_3)}{(1 + r)^3} + \ldots + \frac{(e_n - a_n)}{(1 + r)^n}.$$

Je mehr Perioden die Nutzungsdauer umfasst, desto komplexer wird das mathematische Problem. Mathematisch gesehen handelt es sich nämlich um die *Nullstellenanalyse eines Polynoms n-ten Grads*, wobei n die Anzahl der Nutzungsdauerjahre darstellt. Da exakte analytische Lösungen sehr aufwändig sind, bietet es sich bei Projekten mit mehr als zweijähriger Nutzungsdauer an, ein grafisches Näherungsverfahren auf Basis des Strahlensatzes anzuwenden.

(a) Grafische Bestimmung des internen Zinsfußes

Zur grafischen Bestimmung des internen Zinsfußes eines Investitionsprojekts ist zunächst dessen *Kapitalwertkurve* darzustellen. Der Schnittpunkt der Kurve mit der Abszisse gibt den Zinssatz an, bei dem der Kapitalwert des Projekts Null beträgt. Dieser Zinssatz entspricht der gesuchten internen Rendite des Projekts. Für das Finden einer Näherungslösung ist es nicht erforderlich, den gesamten Verlauf der Kapitalwertkurve abzubilden. Es genügt, lediglich den Bereich der Kurve in der Nähe des Achsenschnittpunkts festzustellen. Im günstigsten Fall reicht es aus, zwei Werte der Kapitalwertfunktion (C_{01} und C_{02}) – von denen einer positiv und einer negativ ist – durch Einsetzen von Kalkulationszinssätzen i_1 und i_2 zu ermitteln. Verbindet man die beiden Punkte (C_{01} und C_{02}) durch eine Gerade, welche die Abszisse schneidet, dann ist mit dem Schnittpunkt zur Abszisse ein Näherungswert für die interne Verzinsung gefunden.

Es handelt sich nur um einen *Näherungswert* und nicht um den exakten Wert, da die Kapitalwertfunktion keinen linearen Verlauf besitzt. Die durch lineare Approximation in Kauf zu nehmende Ungenauigkeit wird folglich um so größer, je größer der Abstand zwischen den als Bezugsgrößen gewählten Punkten (C_{01} und C_{02}) ist. Aus diesem Grund darf das Intervall *zwischen dem niedrigeren und dem höheren Referenzzins* – also i_1 und i_2 – nicht zu groß gewählt werden. Bei den meisten Problemstellungen führt eine Intervallgröße von ein bis zwei Prozentpunkten zu einem für kaufmännische Fragestellungen hinreichend genauen Ergebnis. Auf eine Vielzahl sehr interessanter – aber auch komplexer – Sonderprobleme, wie z. B unterschiedlich lange Zinsabrechnungsperioden, gebrochene Zinsperioden sowie unterschiedliche Berechnungsmethoden der Internen Rendite bei unterschiedlichen Wertpapierarten und an unterschiedlichen Kapitalmärkten, soll an dieser Stelle nicht eingegangen werden.[123]

Eine *Prüfung der Abweichung* der näherungsweise ermittelten Rendite vom exakten Wert kann durch Abzinsen der Zahlungsreihe mit dem geschätzten r erfolgen. Je größer die Abweichung des Kapitalwerts von Null, desto schlechter ist der Näherungswert der internen Rendite. Nachfolgende Tabelle mit Abbildung 13 verdeutlicht die Vorgehensweise am Beispiel eines Investitionsprojekts.

---

[123] Vgl. vertiefend *Eller*, Modernes Bondmanagement, 2. Aufl. 2001, S. 4–27; *Renger* (Fn. 108), S. 3–15; *Steiner/Uhlir* (Fn. 96), S. 24–29.

II. Investitionsplanung und Wirtschaftlichkeitsrechnung

t_0	t_1	t_2	t_3	t_4
–5000	+2000	+2000	+2000	+2000

Gesucht ist die interne Verzinsung des Projekts.

t	$e_t - a_t$	i = 15% q^{-t}	$(e_t - a_t) q^{-t}$	i = 20% q^{-t}	$(e_t - a_t) q^{-t}$	i = 22% q^{-t}	$(e_t - a_t) q^{-t}$
0	–5000	1	–5000	1	–5000	1	–5000
1	+2000	0,86957	+1739	0,83333	+1667	0,81967	+1639
2	+2000	0,75614	+1512	0,69444	+1389	0,67186	+1344
3	+2000	0,65752	+1315	0,57870	+1157	0,55071	+1101
4	+2000	0,57175	+1144	0,48225	+ 964	0,45140	+ 903
Kapitalwert:		$C_{0_{15}} =$	+ 710	$C_{0_{20}} =$	+ 177	$C_{0_{22}} =$	– 13

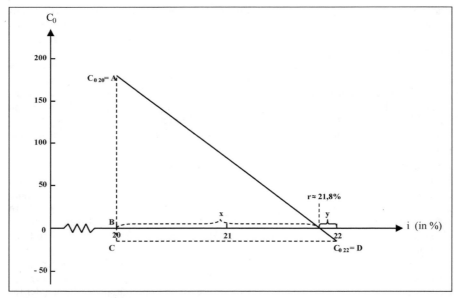

Abbildung 13: Grafische Bestimmung der internen Verzinsung

(b) Rechnerische Bestimmung des internen Zinsfußes (Interpolation)

Die oben dargestellte lineare Interpolation kann auch rechnerisch erfolgen. Aus Abbildung 13 lässt sich folgender Ansatz zur Bestimmung der internen Rendite r des Projekts aus vorstehend genanntem Beispiel ableiten:[124]

(I): r = 20 + x

(II): AB / x = AC / CD

---

124 Vgl. *Jaspersen* (Fn. 108), S. 54 f.

$$x = \frac{AB \times CD}{AC} = \frac{177 \times 2}{189} = 1,87.$$

(II) eingesetzt in (I):

r = 20 + 1,87 = 21,87 %.

Die interne Rendite des Projekts beträgt 21,87 %.

Zinst man zur Kontrolle die Zahlungen des Projekts mit 21,87 % auf den Zeitpunkt t_0 ab, so ergibt sich:

$C_0 = +0,72$

Somit liegt der interne Zinsfuß geringfügig über dem errechneten Satz von 21,87 %.

Durch mehrfaches Wiederholen der oben beschriebenen Vorgehensweise, d.h. Einsetzen des errechneten Ergebnisses als Schätzwert und Durchführung einer erneuten Interpolation, kann eine beliebige Genauigkeit der Näherungslösung erzielt werden.

(3) Mehrdeutigkeit und fehlende Existenz des internen Zinsfußes

Die interne Rendite eines Investitions- oder Finanzierungsprojekts muss weder eindeutig noch überhaupt existent sein.[125] Die Möglichkeit, dass ein *Investitions- oder Finanzierungsprojekt* beispielsweise *zwei oder mehr unterschiedliche Renditen* aufweisen kann, überrascht häufig. Macht man sich jedoch bewusst, dass die Problemstellung der Internen- Zinsfuß-Rechnung darin besteht, die Nullstellen eines Polynoms n-ten Grads zu ermitteln,[126] so wird der Sachverhalt leichter verständlich. Ein Polynom n-ten Grads kann nämlich (muss aber nicht) bis zu n Nullstellen aufweisen.[127] Umgekehrt ist es jedoch auch möglich, dass keine reelle Zahl als Lösung existiert.

Beispiel 1:

Gegeben sei die Zahlungsreihe A: +4; –10; +6,25. Die Bestimmungsgleichung für die interne Rendite des Projekts lautet dann:

$4 - 10(1+r)^{-1} + 6,25(1+r)^{-2} = 0.$

Daraus ergibt sich durch Umformung:

$4(1+r)^2 - 10(1+r) + 6,25 = 0$
$[2(1+r) - 2,5]^2 = 0$
$r = 0,25.$

Die Zahlungsreihe A weist somit nur eine interne Rendite von 25 % auf und ist eindeutig.

Beispiel 2:

– Gegeben sei die Zahlungsreihe B: +16; –40; +24. Es ist folgende Gleichung nach r aufzulösen:

---

125 Vgl. *Hax* (Fn. 97), S. 16–17.
126 Vgl. *Schäfer* (Fn. 33), S. 156.
127 Vgl. *Adam* (Fn. 38), S. 153–155; *Jaspersen* (Fn. 108), S. 54; *Kruschwitz* (Fn. 75), S. 110.

II. Investitionsplanung und Wirtschaftlichkeitsrechnung

$$16 - 40(1+r)^{-1} + 24(1+r)^{-2} = 0$$
$$[4(1+r) - 5]^2 = 1$$
$$4(1+r) - 5 = 1\pm$$
$$r_1 = 0{,}5$$
$$r_2 = 0.$$

Die Gleichung hat zwei reelle Lösungen, und die Zahlungsreihe B weist zwei verschiedene interne Renditen auf, nämlich $r_1 = 50\%$ und $r_2 = 0\%$.

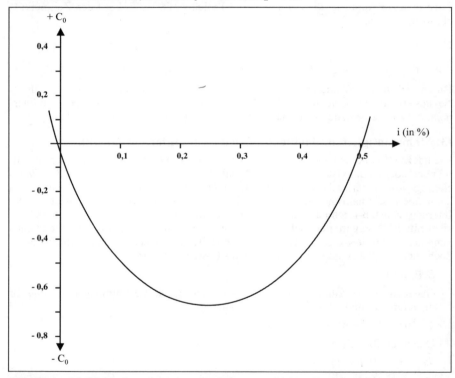

Abbildung 14: Kapitalwertkurvenverlauf eines gemischten Projekts mit internen Renditen bei 0% und 50%

Beispiel 3:

Gegeben sei die Zahlungsreihe C: +4; –8; +6. Daraus ergibt sich folgende Bestimmungsgleichung für die interne Rendite:

$$4 - 8(1+r)^{-1} + 6(1+r)^{-2} = 0$$
$$4 + 8r + 4r^2 - 8 - 8r + 6 = 0$$
$$4r^2 = -2$$
$$r = \sqrt{-\frac{2}{4}}.$$

Die Gleichung hat keine reelle Lösung und Zahlungsreihe C somit auch keinen internen Zinsfuß. Probleme der fehlenden Existenz oder Mehrdeutigkeit[128] sind zwar prinzipiell gesehen sehr interessant, haben jedoch für die praktische Anwendung der Internen-Zinsfuß-Methode eine relativ geringe Bedeutung.[129]

Betrachtet man Projekte mit nur einem Vorzeichenwechsel, so sind Existenz und Eindeutigkeit des Ergebnisses stets gewährleistet,[130] und die Rendite liegt im ökonomisch sinnvollen Bereich[131] von $> -100\%$. Projekte mit nur einem Vorzeichenwechsel werden als *„reine Projekte"* bezeichnet. Im Folgenden werden die Probleme, die sich aus der Berechnung interner Zinsfüße *gemischter Projekte – das sind Projekte mit mehr als einem Vorzeichenwechsel* – ergeben können, nicht weiter verfolgt.

(4) Interpretation des internen Zinsfußes

Der interne Zinsfuß eines Projekts bietet gegenüber Kapitalwert oder Endwertinformationen eine verdichtete Aussage, da er den finanzwirtschaftlichen Erfolg zu dem hierfür erforderlichen Kapitaleinsatz in Relation setzt.[132] Die interne Rendite eines Projekts gibt an, in welcher Höhe sich das gebundene Kapital verzinst. Man könnte sie deshalb auch als Gesamtkapitalrendite bezeichnen. Dieses Verständnis bereitet kaum Schwierigkeiten, solange man ein Projekt mit einperiodiger Nutzungsdauer betrachtet. Hier lässt sich die interne Rendite auch auf folgende einfache Art ermitteln:

$$\text{interne Rendite } r = \frac{\text{entnahmefähiger Betrag bei Nominalkapitalerhaltung}}{\text{gebundenes Kapital}} = \frac{(e_1 - a_1) - a_0}{a_0}.$$

Die interne Rendite gibt somit an, wie viel Prozent des gebundenen Kapitals in dieser einen Periode hinzugewonnen wird. Um den Betrag „gebundenes Kapital $\times$ r%" wachsen in dieser Periode die Konsummöglichkeiten des Investors, falls das Projekt vollständig mit Eigenkapital finanziert wurde.

Beispiel:

Gegeben sei ein Investitionsprojekt A: -100; $+120$; gesucht ist die interne Rendite:

$$r = \frac{120 - 100}{100} = 0{,}20.$$

Die interne Rendite von Projekt A beträgt 20%. Bei Durchführung dieses Projekts wachsen die Konsummöglichkeiten des eigenfinanzierenden Anlegers in dieser einen Periode um den Betrag $100 \times 0{,}20 = 20$.

---

128 Vgl. vertiefend *Schäfer* (Fn. 33), S. 156 f.
129 Vgl. *Hax* (Fn. 97), S. 16–18. Ein studierenswertes praktisches Beispiel für Mehrdeutigkeit des internen Zinssatzes stellen *Franke/Hax* mit dem klassischen Bausparvertrag vor. Vgl. *Franke/Hax* (Fn. 71), S. 174.
130 Vgl. zum Nachweis *Hax* (Fn. 97), S. 17–19.
131 Eine Rendite von minus 100% ist als Totalverlust zu verstehen, allerdings kann es – je nach der Haftungssituation – vorkommen, dass der Investor mehr als das investierte Kapital verliert. In diesen Fällen kann der prozentuale Verlust also durchaus die Grenze von 100% überschreiten. Vgl. abweichend *Schäfer* (Fn. 33), S. 157.
132 Vgl. *Adam* (Fn. 38), S. 148.

II. Investitionsplanung und Wirtschaftlichkeitsrechnung

Im *Mehrperiodenfall*[133] ist die Verwendung dieser Einperiodenrendite jedoch nur möglich, wenn der Betrag der Kapitalbindung über alle Perioden konstant bleibt. Dies würde bedeuten, dass die Höhe der Kapitalbindung auf dem Niveau der Anfangsauszahlung bleibt. Um dies zu erreichen müssen die Einzahlungsüberschüsse ($e_t - a_t$) von t_1 bis t_{n-1} stets die gleiche Höhe aufweisen und am jeweiligen Periodenende entnommen werden. Schließlich müssen am Ende der Nutzungsdauer der Einzahlungsüberschuss der letzten Periode sowie die gesamte Anschaffungsauszahlung vollständig desinvestiert werden.

Dieser Spezialfall – eine *konstante Kapitalbindung über die gesamte Projektlaufzeit* – ist nicht unbedingt realitätsfremd. Eine derartige Zahlungsreihe eines realen Investitionsprojekts kann bei Finanzinvestitionen[134] – z. B. bei einer Festgeldanlage oder bei einer klassischen Kuponanleihe – durchaus gegeben sein. Bei Finanzierungsprojekten liegt die konstante Kapitalbindung stets dann vor, wenn der Schuldner in einem Betrag am Ende der Laufzeit tilgt und die anfallenden Zinszahlungen in voller Höhe am Ende jeder Periode leistet.

Der aus einem Investitionsprojekt mit konstanter Kapitalbindung entnehmbare Betrag wird in diesen Fällen am Ende jeder Periode gleich hoch sein; die interne Rendite ergibt sich somit auf folgende Art:

$$\text{interne Rendite } r = \frac{\text{konstanter entnahmefähiger Betrag}^{135}}{\text{gebundenes Kapital } (= a_0)}.$$

Beispiel:

Gegeben sei die Investitionsalternative „Bundesschatzbrief" mit: Ausgabekurs 100%, Nominalzins 7%, Laufzeit fünf Jahre, Rückzahlung am Ende der Laufzeit zu 100%. Für einen Anlagebetrag von Euro 10 000 ergibt sich folgende Zahlungsreihe:

t_0	t_1	t_2	t_3	t_4	t_5
−10 000	+700	+700	+700	+700	+10 700

Die interne Rendite dieser Zahlungsreihe beträgt

$$r = \frac{700}{10\,000} = 0{,}07.$$

Der Betrag „konstantes gebundenes Kapital × r%" ist am Ende jeder Periode entnahmefähig und steht bei voller Eigenfinanzierung für Konsumzwecke zur Verfügung. Bei Fremdfinanzierung sind die Zinszahlungen auf das gebundene Fremdkapital zu berücksichtigen, und nur der verbleibende Rest kann konsumiert werden.

---

133 Eine weitergehende Differenzierung findet sich bei *Kruschwitz* (Fn. 75), S. 108–113.

134 Als Finanzinvestition oder Finanzanlage bezeichnet man eine Mittelbindung, bei welcher der Investor sein Kapital einem Dritten gegen Überlassung von Eigentümer- oder Gläubigerrechten zur Verfügung stellt. Kennzeichnend für Finanzanlagen ist somit gerade der Umstand, dass die Mittelbindung nicht unmittelbar mit der Anschaffung von Sachvermögenspositionen verbunden ist. Vgl. weiterführend *Altrogge* (Fn. 99), S. 87–97.

135 Die Zahlungsreihe der Rückflüsse weist in der letzten Periode ein erheblich höheres Gesamtvolumen auf, da hier das eingesetzte Anfangskapital zurückfließt.

3. Dynamische Verfahren der Investitionsrechnung

Die bisher an die Struktur der Zahlungsreihe geknüpften Forderungen, welche zum Spezialfall einer über die gesamte Nutzungsdauer des Projekts *konstanten Kapitalbindung* führen, sind bei Sachinvestitionen jedoch in der Regel nicht gegeben.

Die interne Rendite kann man somit als Gesamtkapitalrendite interpretieren, die angibt, wie viel Prozent des in einer Periode jeweils gebundenen Kapitals am Ende dieser Periode aus dem Projekt entnommen werden können, ohne die Rückgewinnung der Anschaffungsauszahlung zu gefährden. Aus dieser Entnahme sind Fremdkapitalzinsen (in Höhe von i% des in t_{x-1} gebundenen Fremdkapitals) zu zahlen, soweit das Projekt mit Fremdkapital finanziert wird. Der Restbetrag steht dem Investor zur Verfügung.

Beispiel:
Die Einzahlungsüberschüsse der Zahlungsreihe D sollen in das Produkt aus aktueller Restkapitalbindung × interner Rendite und die jeweilige Änderung der Kapitalbindung aufgespalten werden; die interne Rendite des Investitionsprojekts D beträgt 30%.

	t_0	t_1	t_2	t_3	t_4	t_5
D:	−100	+70	+48	+29	+8	+6,5
Produkt aus Rendite und Betrag der Restkapitalbindung des Vorjahrs	0	+30	+18	+9	+3	+1,5
Änderung der Kapitalbindung in t_x gegenüber t_{x-1}	0	+40	+30	+20	+5	+5
Restliche Kapitalbindung in t_x	−100	−60	−30	−10	−5	0

Hier gilt:

$$\text{Interne Rendite eines Projekts} = \frac{\text{Investitionsgewinn in } t_x}{\text{gebundenes Kapital in } t_{x-1}},$$

wobei t_x = Ende der x-ten Periode der Nutzungsdauer des Investitionsprojekts,

t_{x-1} = Beginn der x-ten Periode der Nutzungsdauer,

$x = 1, 2, 3 \ldots, n$,

n = Nutzungsdauer des Projekts.

Weiteres Praxisbeispiel:
Gegeben sei die Zahlungsreihe C, deren interne Rendite 25% beträgt. Die Einzahlungsüberschüsse dieser Reihe sollen in das Produkt aus aktueller Restkapitalbindung × interner Rendite und die jeweilige Änderung der Kapitalbindung aufgespalten werden.

II. Investitionsplanung und Wirtschaftlichkeitsrechnung

	t_0	t_1	t_2	t_3	t_4	t_5
C:	−100	+ 5	+ 10	+ 35	+ 75	+125
Produkt aus Rendite und Betrag der Restkapitalbindung des Vorjahrs	0	+ 25	+ 30	+ 35	+ 35	+ 25
Änderung der Kapitalbindung in t_x	0	− 20	− 20	0	+ 40	+100
Restliche Kapitalbindung in t_x	−100	−120	−140	−140	−100	0

In beiden Beispielen bestätigt sich:

- Die interne Verzinsung eines Investitionsprojekts *bezieht sich immer nur auf das in den verschiedenen Perioden jeweils gebundene Kapital*.
- Eine interne Verzinsung von r% bedeutet für den Investor, dass das untersuchte Projekt im Zeitpunkt t_x eine *Entnahme* in Höhe des Produkts zwischen interner Rendite des Projekts (r%) und Kapitalbindung der Vorperiode ermöglicht.
- Die interne Rendite eines Projekts ist *unabhängig davon, welcher weiteren Verwendung* die Einzahlungsüberschüsse zugeführt werden.

(5) Investitionsentscheidungen anhand der internen Rendite
(a) Beurteilung eines einzelnen Projekts

Zur Prüfung der absoluten Vorteilhaftigkeit von Investitions- oder Finanzierungsprojekten ist der Vergleich der ermittelten internen Verzinsung mit einer *geforderten Mindestverzinsung* (bei Anlagen) oder einer gerade *noch tolerierten Höchstverzinsung* (bei Krediten) erforderlich. Unter der Annahme eines *Vollkommenen Restkapitalmarkts* kann hierfür die Kapitalmarktrendite dienen. Ansonsten können marktübliche Werte oder unternehmensspezifisch relevante Vergleichsdaten – aus denen dann ein Vergleichs- bzw. Kalkulationszins[136] ermittelt wird – herangezogen werden. Die Bewertung der absoluten Vorteilhaftigkeit erfolgt durch Gegenüberstellung von interner Rendite und Kalkulationszinsfuß, wobei für Investitionsprojekte folgende Entscheidungsregel gilt:

Für die Beurteilung einer Investition gilt:

- *r ist größer als i:*
  Die gewünschte Mindestverzinsung wird im untersuchten Projekt übertroffen. Das Projekt ist vorteilhaft.
- *r ist identisch mit i*:
  Die gewünschte Mindestverzinsung wird im untersuchten Projekt gerade erreicht. Das Projekt kann als gleichgut wie eine Anlage/Finanzierung am Kapitalmarkt betrachtet werden.

---

[136] Eine sehr plastische Bezeichnung hierfür ist der englische Ausdruck „Hurdle Rate", der in bildhafter Weise die zu überpringende Hürde wiedergibt. Vgl. hierzu auch Fn. 11 sowie die Ausführungen in Gliederungspunkt II. 4. b) cc).

– *r ist geringer als i:*
Die gewünschte Mindestverzinsung wird im untersuchten Projekt nicht erreicht. Das Projekt wird abgelehnt.

Bei der Kapitalwertmethode (vgl. Gliederungspunkt 3. b) (6)) konnten Investitions- und Finanzierungsalternativen mit dem identischen *Vorteilhaftigkeitskriterium* (der Kapitalwert musste größer als Null sein) beurteilt werden. Bei der Internen-Zinsfuß-Methode unterscheiden sich hingegen die Vorteilhaftigkeitskriterien für Investitions- und Finanzierungsmaßnahmen. Während der Kalkulationszinsfuß für die Beurteilung einer Investition eine *Mindestrendite* kennzeichnet, die von der internen Rendite eines Projekts möglichst übertroffen werden sollte, stellt dieser für eine Finanzierungsmaßnahme die *maximal tragbare Effektivverzinsung* dar. Für die Beurteilung einer Finanzierung gilt folglich:

– *r ist größer als i:*
Die Effektivverzinsung der Finanzierung ist höher als die maximal tragbare Verzinsung. Das Projekt wird abgelehnt.
– *r entspricht i:*
Die Effektivverzinsung der Finanzierungsalternative entspricht dem Kalkulationszinsfuß. Das Projekt ist gegenüber den Kapitalmarktalternativen neutral.
– *r ist kleiner als i:*
Die Finanzierung mit dieser Alternative ist günstiger als die Finanzierung zum Kalkulationszinsfuß i. Das Projekt ist vorteilhaft.

Bei der Entscheidung über ein einziges Projekt *(absoluter Vorteilhaftigkeitsvergleich)* ist der interne Zinsfuß als Entscheidungskriterium ebenso gut geeignet wie der Kapitalwert. Beide Methoden führen immer zum gleichen Ergebnis. Voraussetzung für die Anwendbarkeit der Internen-Zinsfuß-Methode ist jedoch, dass Zahlungsreihen untersucht werden, die einen *existenten und eindeutigen positiven internen Zinsfuß* aufweisen (reine Projekte).

(b) Vergleich mehrerer sich ausschließender Investitions- oder Finanzierungsalternativen

aa) Aussagekraft der Internen Verzinsung in Abhängigkeit der Kapitalbindungsverläufe der Alternativen

Der Vergleich der relativen Vorteilhaftigkeit unter Verwendung der *Internen-Zinsfuß-Methode* bringt einige Zusatzprobleme mit sich. Bei oberflächlicher Betrachtung erscheint es zunächst logisch, dass die Alternative mit der höheren Rendite auch stets die relativ vorteilhaftere sei. Dabei wird jedoch übersehen, dass die Rendite *lediglich eine Relation zwischen den Einzahlungsüberschüssen eines Projekts und dessen Kapitalbindung* – also eine reine Verhältniszahl ohne unmittelbaren Bezug zu Einkommensgrößen – darstellt.[137] Strebt der Investor nach Einkommen, wählt jedoch aufgrund der Orientierung am Renditekriterium das Projekt mit der größten internen Verzinsung aus, so können bei unterschiedlicher Höhe und Dauer der Kapitalbindung verschiedener Alternativen Schwierigkeiten entstehen *(Basiseffekt).*[138] Diese Problematik soll mit Hilfe eines Beispiels erläutert werden.

---

137 Vgl. *Adam* (Fn. 38), S. 148 f.
138 Vgl. *Altrogge* (Fn. 99), S. 335–337.

II. Investitionsplanung und Wirtschaftlichkeitsrechnung

Beispiel:

Es seien die Projekte A und B gegeben, die durch folgende Zahlungsreihen gekennzeichnet sind:

A: $-100; +120$

B: $-150; +177$.

Beide Projekte sollen unter Verwendung eines Kalkulationszinsfußes von 10 % mit der Kapitalwert- und der Internen-Zinsfuß-Methode verglichen werden:

$C_{oA/10\%} = -100 + 120 \times 0{,}90909 = +9{,}1$

$C_{oB/10\%} = -150 + 177 \times 0{,}90909 = +10{,}9$.

Mit der Kapitalwertmethode trifft der Investor seine Entscheidung zugunsten des Projekts B.

Es zeigt sich jedoch, dass Projekt A die größere interne Rendite aufweist.

$$r_A = \frac{20}{100} = 20\%$$

$$r_B = \frac{27}{150} = 18\%$$

Wählt ein Investor den höchsten internen Zinsfuß als Vorteilhaftigkeitskriterium, dann entscheidet er sich in diesem Beispiel anders als bei Verwendung der Kapitalwertmethode. Da der *Vergleich der Projekte anhand der Kapitalwerte stets zur Auswahl des Projekts mit der höheren Einkommensleistung* führt, kann der Vergleich der internen Zinsfüße in diesem Fall nicht korrekt sein. Aus diesem Grund bezeichnet *Kruschwitz* den internen Zinsfuß als „... *für die Bewertung alternativer Investitionsprojekte in der Regel unbrauchbar*"[139]. Der gleiche Sachverhalt – Widerspruch zwischen Empfehlung der Kapitalwertmethode und der Internen-Zinsfuß-Methode – sei an den Zahlungsreihen C und D nochmals demonstriert.

Beispiel:

C:	-100	$+5$	$+10$	$+35$	$+75$	$+125$
D:	-100	$+70$	$+48$	$+29$	$+8$	$+6{,}5$

Kapitalwert bei i = 10 %:

$C_{0C} = 67{,}97;$ $\quad C_{0D} = 34{,}60;$ $\quad C_{0C} > C_{0D}$

interner Zinsfuß:

$r_C = 25\%;$ $\quad r_D = 30\%;$ $\quad r_C < r_D$

Unterschiedliche *Kapitalbindungsverläufe* der Projekte sind eine notwendige, aber nicht hinreichende Voraussetzung dafür, dass der Vergleich der Kapitalwerte und der internen Zinsfüße zweier Alternativen wie hier zu unterschiedlicher Reihenfolge der Vorteilhaftigkeit führt. Der unterschiedliche Verlauf der Kapitalbindung kann hierbei aus unterschiedlichem Kapitaleinsatz, abweichendem Verlauf der Kapitalfreisetzung und/oder divergierender Nutzungsdauer der Projekte resultieren.

---

139 *Kruschwitz* (Fn. 75), S. 106.

3. Dynamische Verfahren der Investitionsrechnung

Für die Kapitalwertmethode lässt sich nachweisen, dass die unterschiedliche Kapitalbindung bei den zugrunde liegenden Prämissen keinen Einfluss auf die Entscheidung ausübt. Der Ausgleich der unterschiedlichen Kapitalbindung durch Anlagen zum Kalkulationszinsfuß lässt die ursprünglichen *Kapitalwerte* der Projekte unverändert, da die durchgeführten *Ausgleichsinvestitionen* zum Kalkulationszinsfuß stets einen zusätzlichen Kapitalwert von Null aufweisen.

Hingegen kann man unterschiedliche Kapitalbindungsverläufe von Projekten nur dann ohne Auswirkung auf die interne Rendite ausgleichen, *wenn man eine Investition oder Finanzierung der Unterschiedsbeträge zum Satz der „internen Rendite" des Ursprungsprojekts unterstellt* (Wiederanlageprämisse[140]). Die Wiederanlageprämisse ist jedoch sehr unrealistisch und widerspricht zudem der Vorgehensweise der Kapitalwertmethode,[141] da diese den Ausgleich der Kapitalbindungsunterschiede ja implizit zum Kapitalmarktzins durchführt. Bei Gültigkeit der Wiederanlageprämisse wären somit die ermittelten Kapitalwerte falsch. Jeder Entscheidungsträger ist zwar grundsätzlich in der Auswahl seiner Prämissen frei, doch sollte er trotzdem versuchen, eine möglichst weitgehende Übereinstimmung *(Isomorphie)* zwischen den Annahmen und den in der Wirklichkeit vorfindbaren Bedingungen herzustellen. Warum aber sollte gerade im Zeitpunkt, in dem eine Minderkapitalbindung auftritt, ein Investitionsprojekt mit genau dem benötigten Volumen und exakt der Rendite des Ursprungsprojekts existieren?

Die *Wiederanlageprämisse* wird daher in diesem Lehrbuch aufgrund mangelnden Realitätsbezugs *verworfen* und eine andere, realistischere Lösung des Problems gesucht.

Hierzu soll zunächst anhand der einfachen Zahlungsreihen A und B des obigen Beispiels ein Ausgleich der Kapitalbindungsverläufe zu i% durchgeführt werden.

A:	−100	+120;	$r_A = 20\%$;	$C_{0A} = +\ 9{,}1$
B:	−150	+177;	$r_B = 18\%$;	$C_{0B} = +10{,}9$

Projekt A zeigt eine um 50 Einheiten geringere Kapitalbindung als Projekt B. Ergänzt man Alternative A durch die Anlage A′ zum Kalkulationszinsfuß i = 10%, so ergibt sich:

A:	−100	+120;	$r_A = i = 20\%$;	$C_{0A} = +9{,}1$
+A′:	− 50	+ 55;	$r_{A'} = i = 10\%$;	$C_{0A'} = 0$
(A + A′):	−150	+175;		$C_{0(A+A')} = +9{,}1$

Nach der Ergänzung eines Projekts um die Kapitalmarktanlage kann somit an den Reihen selbst abgelesen werden, dass Alternative B mit einem Einzahlungsüberschuss in t_1 von +177 bei Kapitaleinsatz von −150 vorteilhafter ist als Alternative (A+A′), die lediglich einen Einzahlungsüberschuss in t_1 von + 175 bei identischem

---

[140] Die Wiederanlageprämisse ist eine Arbeitshypothese, welche unterstellt, dass Kapitalbindungsdifferenzen, die aufgrund unterschiedlicher Anfangsauszahlungen oder verschieden hoher Rückflüsse der betrachteten Projekte auftreten, stets wieder zur Rendite des ursprünglichen Projekts angelegt werden können. Vgl. *Braunschweig* (Fn. 58), S. 60; *Zimmermann* (Fn. 40), S. 167.
[141] Vgl. *Blohm/Lüder* (Fn. 106), S. 100.

II. Investitionsplanung und Wirtschaftlichkeitsrechnung

Kapitaleinsatz erzielt. Die relative Vorteilhaftigkeit von Projekt B wurde hier anhand des *Endvermögensunterschieds* von zwei Geldeinheiten bewiesen. Da man bei Anwendung der Internen-Zinsfuß-Methode jedoch davon ausgeht, dass der Entscheidungsträger ein Ergebnis auf Renditebasis wünscht, werden nachfolgend[142] zwei Ergänzungsrechnungen *(Komplement- und Differenzinvestition)* vorgestellt, welche die korrekte Entscheidung anhand von *Renditekennziffern* ermöglichen.

Am obigen Beispiel ist auch zu sehen, dass das Ergebnis des relativen Vorteilhaftigkeitsvergleichs entscheidend von der Höhe des Kalkulationszinsfußes abhängt. Bei i = 14% sind die Alternativen B und (A+A′) gleichwertig, während es bei i > 14% vorteilhafter ist, Projekt A zu wählen und die 50 Einheiten (A′) zum Kalkulationszinsfuß anzulegen. Die Skizze der beiden Kapitalwertkurven in Abbildung 15 zeigt, dass der „*kritische Zinssatz*" (i_K = 14%) dem Schnittpunkt der beiden Kurven (C_{0A} = C_{0B}) entspricht.

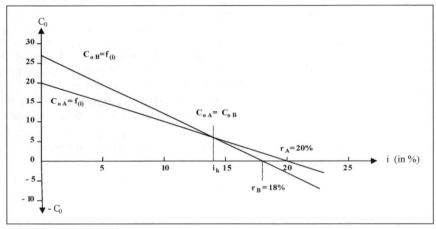

Abbildung 15: Kapitalwertfunktion zweier sich ausschließender Investitionsprojekte A und B

Aus den bisherigen Überlegungen lässt sich auch allgemein ableiten, in welchen Situationen ein Vergleich der internen Zinsfüße zweier absolut vorteilhafter Alternativen zu *Fehlentscheidungen* hinsichtlich der relativen Vorteilhaftigkeit führt. Diese Gegebenheiten sind:

- Die Alternativen weisen einen *unterschiedlichen Verlauf der Kapitalbindung* auf.
- Das Projekt mit der *höheren bzw. länger andauernden Kapitalbindung weist eine geringere interne Rendite* auf als das Konkurrenzprojekt mit der geringeren oder kürzer andauernden Kapitalbindung. Nur dann schneiden sich die Kapitalwertkurven bei positiven Zinssätzen und positiven Kapitalwerten.[143]
- Der Kalkulationszinsfuß, bei dem der Investor den C_0 misst, muss *geringer* sein als der „kritische Zinsfuß i_K".

---

142 Vgl. hierzu die folgenden Ausführungen in diesem Gliederungspunkt.
143 Kommt es bei negativen Renditen oder im Bereich negativer Kapitalwerte zu Schnittpunkten zwischen den Kapitalwertfunktionen, so ist dies ökonomisch irrelevant, da in diesen Fällen die Projekte ohnehin absolut unvorteilhaft wären.

Eine derartige Datenkonstellation war in den beiden obigen Beispielen gegeben. In diesen Fällen kann die Entscheidung zwischen Investitionsprojekten nicht unmittelbar durch einen Vergleich der internen Zinsfüße getroffen werden. Wenn man die Interne-Zinsfuß-Methode anwendet und die oben genannten Bedingungen vorliegen, so muss die Interne-Zinsfuß-Rechnung durch ein *Ausgleichsverfahren* ergänzt werden, welches die *Kapitalbindungsdifferenzen* berücksichtigt und das Entscheidungskriterium „interne Rendite" somit korrigiert.

bb) Alternativenvergleich unter Verwendung der Komplementinvestition

Will man zwei sich gegenseitig ausschließende Investitionsprojekte anhand der Internen-Zinsfuß-Methode bewerten und befürchtet, dass das renditestärkere Projekt *nicht* zur Maximierung des Einkommens des Investors führt, so kann über den Ausgleich der Kapitalbindungen durch Vornahme einer so genannten *Komplementinvestition (auch Ergänzungsinvestition, Supplementinvestition oder Komplementärinvestition*[144] genannt) ein verlässliches Renditeergebnis erzielt werden. Diese Rechnung wird auch als *„vollständiger Renditevergleich"* bezeichnet.

Der Grundgedanke der Komplementinvestition besteht in der Überlegung, dass die Problematik der Internen-Zinsfuß-Methode auf *unterschiedliche Kapitalbindungsverläufe* zurückgeht. Bestehen im Falle mehrerer zu bewertender Projekte bis auf die letzte Periode identische Kapitalbindungsverläufe, so würde die Auswahl des renditestärksten Projekts stets mit der Kapitalwertmaximierung und deshalb mit der Einkommensmaximierung zusammenfallen. Dieser Zustand wird durch die Komplementinvestition sozusagen „künstlich" hergestellt. Durch Anlage oder Aufnahme der (in betragsmäßiger oder zeitlicher Hinsicht) unterschiedlich gebundenen Mittel eines Projekts zum Kalkulationszins am Restkapitalmarkt wird dieses in der Kapitalbindung dem Vergleichsprojekt angeglichen. Der vollständige Renditevergleich *stellt somit das um eine Kapitalmarkttransaktion ergänzte Projekt renditemäßig seinem Vergleichsprojekt gegenüber* und garantiert aufgrund der nun identischen Kapitalbindungen der Alternativen stets einen korrekten Vorteilhaftigkeitsindikator.

Beispiel:

		t_0	t_1	t_2	t_3	t_4	t_5
Projekt	I	−100	+ 5	+10	+35	+75	+125
Projekt	II	−100	+70	+48	+29	+ 8	+ 6,5
Komplementanlage	II_K	0	−65	−38	+ 6	+67	(bleibt frei!)

Nimmt man nun Projekt II und Projekt II_K zusammen, so weisen diese in allen Perioden bis auf die letzte exakt eine zum Vergleichsprojekt I identische Kapitalbindung auf. Der Ausgleich der unterschiedlichen Zahlungsausprägungen in t_5 unterbleibt, da die Differenzen dieser Periode später implizit in die Renditen eingehen.

---

144 Vgl. *Götze/Bloech* (Fn. 37), S. 77–79.

II. Investitionsplanung und Wirtschaftlichkeitsrechnung

Im nächsten Schritt wird ermittelt, welchen auf t_5 bezogenen Saldo die Anlage bzw. Finanzierung der in der Komplementinvestition durchgeführten Kapitalmarkttransaktionen bei $i = 10\%$ ergeben:

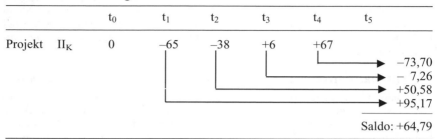

	t_0	t_1	t_2	t_3	t_4	t_5
Projekt II_K	0	–65	–38	+6	+67	

$$-73{,}70$$
$$-7{,}26$$
$$+50{,}58$$
$$+95{,}17$$

Saldo: +64,79

Dieses Zwischenergebnis lässt sich wie folgt interpretieren: Gleicht man die Kapitalbindungsunterschiede zwischen den betrachteten Projekten I und II derart aus, dass man höhere Rückzahlungen von Projekt II durch Kapitalmarktanlagen und geringere Rückzahlungen durch Kapitalmarktfinanzierungen zu jeweils 10% neutralisiert, so erhält man aus den Kapitalmarkttransaktionen in t_5 einen Saldo in Höhe von +64,79.

Somit kann Projekt II und die Komplementinvestition II_K zu folgender Zahlungsreihe zusammengefasst werden:

	t_0	t_1	t_2	t_3	t_4	t_5
$II + II_K$:	–100	+5	+10	+35	+75	+71,29

In einem letzten Schritt muss nun lediglich noch die Rendite der ergänzten Alternative ($II+II_K$) ausgerechnet und der internen Verzinsung des Vergleichsprojekts A gegenübergestellt werden. Unter Verwendung des o.a. Verfahrens ergibt sich für ($II+II_K$) eine interne Verzinsung von 18,8%.

Ergebnis: *Projekt II ist relativ unvorteilhaft*, da nach Ausgleich der Kapitalbindung durch Restkapitalmarkttransaktionen zum Kalkulationszinssatz die Rendite von 30% auf nur noch 18,8% und damit unter die 25%ige Verzinsung des Projekts I fiel.[145]

Grundsätzlich gilt immer, dass im Rahmen des relativen Vorteilhaftigkeitsvergleichs die Rendite eines Investitionsprojekts durch Kapitalmarktanlagen zu i% absinkt: *Die Mischverzinsung nach Einschluss der Komplementinvestition muss also stets unter der Rendite des Ursprungsprojekts liegen*. Das lässt sich bereits dadurch erklären, dass sich die Problematik des relativen Vorteilhaftigkeitsvergleichs erst dann stellt, wenn die rivalisierenden Projekte jeweils absolut vorteilhaft sind. Dies wiederum bedeutet, dass die Rendite der Projekte über dem Kapitalmarktzins i liegt, wodurch eine *„Renditeverwässerung"* aufgrund der Komplementbildung unumgänglich ist.

---

[145] Dieses Ergebnis wäre bereits anhand der Zahlungsreihe von ($II+II_K$) ersichtlich gewesen, da in den Perioden t_0 bis t_4 alle Ausprägungen mit denen von Projekt I übereinstimmten, während in t_5 das Projekt I eine höhere Einzahlung aufwies. Die Ermittlung der internen Rendite des um die Komplementinvestition ergänzten Projekts ist jedoch trotzdem sinnvoll, da dem Entscheidungsträger ein Ergebnis auf Renditebasis zur Verfügung gestellt werden soll.

3. Dynamische Verfahren der Investitionsrechnung

Die für die relative Vorteilhaftigkeitsentscheidung zentrale Frage ist, ob der „Renditeverwässerungseffekt" der Komplementinvestition so stark wirkt, dass das ursprünglich renditestärkere Projekt unter die interne Verzinsung des Vergleichsprojekts fällt. Dies war im obigen Beispiel der Fall.

Grundsätzlich hängt das Ausmaß der Renditeverschlechterung von zwei Daten ab: Erstens von der Höhe der Kapitalbindungsunterschiede zwischen den Projekten und zweitens von der Höhe des Kalkulationszinssatzes. Da das Ausmaß der Kapitalbindungsunterschiede zwischen den zu bewertenden Projekten bereits durch deren Ursprungszahlungsreihen determiniert wird, ist die relative Vorteilhaftigkeit bei gegebenen Projekten letztlich nur noch von der Höhe des Kalkulationszinssatzes abhängig.

Würde im obigen Fall etwa der Kalkulationszinssatz auf 20 % ansteigen, so ergäbe sich folgende Rechnung:

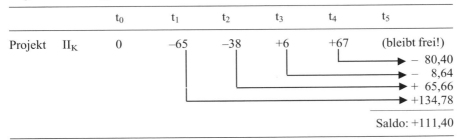

Die Zahlungsreihe (II+II$_K$) hätte somit folgendes Aussehen:

		t_0	t_1	t_2	t_3	t_4	t_5
Projekt	II	−100	+70	+48	+29	+ 8	+ 6,5
Projekt	II$_K$	0	−65	−38	+ 6	+67	+111,40
Projekt (II+II$_K$)		−100	+ 5	+10	+35	+75	+117,90

Die Rendite von (II+II$_K$) würde bei i = 20 % somit auf 24,26 % ansteigen, d. h. Projekt (II+II$_K$) ist bei dem gestiegenen Kalkulationszinssatz nunmehr nahezu gleich vorteilhaft wie Projekt I.[146]

cc) Alternativenvergleich unter Verwendung der Differenzinvestition

Der Grundgedanke der *Differenzinvestition* besteht in folgender Überlegung: Von zwei absolut vorteilhaften Investitionsprojekten unterschiedlicher Kapitalbindung kann das relativ überlegene dadurch herausgefunden werden, dass man feststellt, *welche Rentabilität auf die Unterschiedsbeträge der Kapitalbindungen entfällt*. Dabei wird auf die Erkenntnis zurückgegriffen, dass das Projekt mit der größeren oder länger andauernden Kapitalbindung dann relativ vorteilhaft sein muss, wenn die zusätzlich oder länger eingegangene Kapitalbindung besser als bei einer Restkapitalmarktanlage verzinst wird.

---

146 Der Kalkulationszins, bei dem die beiden Projekte gleich vorteilhaft sind, lässt sich durch eine Differenzinvestition bestimmen.

II. Investitionsplanung und Wirtschaftlichkeitsrechnung

Folglich wird also der „Sprung" *(= Grenzübergang)* vom Projekt mit der kleineren bzw. kürzer dauernden Kapitalbindung auf das Projekt mit der größeren bzw. länger andauernden Kapitalbindung analysiert und anschließend festgestellt, ob die bei diesem Übergang erzielte Rendite besser oder schlechter ist als die Rendite des Kapitalmarktes.

Hieraus lassen sich folgende grundsätzliche Entscheidungsregeln *für die Bestimmung zweier jeweils absolut vorteilhafter Projekte A und B ableiten:*

- Aus $r_{(B-A)} > i$ folgt:

  Die Differenzinvestition (B – A) ist vorteilhaft. Es lohnt sich, zusätzlich zu Projekt A die Differenzinvestition (B – A) zu verwirklichen. Demnach wird Projekt B ausgewählt, denn:

  $A + (B - A) = B$.

- Aus $r_{(B-A)} < i$ folgt:

  Die Differenzinvestition (B – A) wird abgelehnt. Es lohnt sich nicht, zusätzlich zu Projekt A die Differenzinvestition (B – A) zu realisieren, da die Anlage zum Kalkulationszinsfuß vorteilhafter ist. Es wird Projekt A ausgewählt.

Existiert *keine positive Rendite der Differenzinvestition*, so bedeutet dies, dass das Projekt mit der kleineren Kapitalbindung eine erheblich größere Rendite als das Projekt mit der größeren Kapitalbindung besitzt, so dass es bei allen Zinssätzen größer Null höhere Kapitalwerte bewirkt.[147] Die *Kapitalwertfunktionen* der beiden Projekte schneiden sich daher nicht im Bereich positiver Kalkulationszinssätze und positiver Kapitalwerte. Folglich führt die Auswahl des Projekts mit der höheren Rendite auch stets zur Entscheidung für das einkommensstärkere Projekt.

Die *Anwendung der Differenzinvestition* führt bei den Projekten des obigen Falls zu folgender Rechnung:

	t_0	t_1	t_2	t_3	t_4	t_5
Projekt 1	–100	+ 5	+10	+35	+75	+125
Projekt 2	–100	+70	+48	+29	+ 8	+ 6,5
Differenzinvestition: (1 minus 2)	0	–65	–38	+ 6	+67	+118,5

Die *Differenzzahlungsreihe* gibt also alle Kapitalbindungsunterschiede zwischen den analysierten Projekten wieder (inklusive derjenigen der letzten Periode). Damit die Differenzzahlungsreihe als Investition interpretiert werden kann, muss man darauf achten, dass sie – wie jede Investition – mit einer Auszahlung beginnt. Somit wird das Projekt mit der kleineren Anfangsauszahlung oder den höheren Rückzahlungen in der ersten auf t_0 folgenden Periode von dem anderen Projekt abgezogen, so dass sich stets als erstes Vorzeichen der Differenz ein Minuszeichen ergibt.

---

147 Vgl. *Blohm/Lüder* (Fn. 106), S. 99–101.

3. Dynamische Verfahren der Investitionsrechnung

Probleme mit der Differenzinvestition können sich dann ergeben, wenn sich aufgrund der Kapitalbindungsverläufe der Ursprungsprojekte ein *mehrfacher Vorzeichenwechsel der Differenzinvestition* und damit ein gemischtes Projekt ergibt. Lässt sich keine eindeutige Lösung ermitteln, so muss auf die Durchführung einer *Komplementinvestition* ausgewichen werden. Diese Problematik kommt in der praktischen Investitionsrechnung durchaus häufig vor.

Die *ökonomische Interpretation* der Differenzzahlungsreihe ergibt sich wie folgt: Es handelt sich nicht um ein neues Investitionsprojekt, sondern um genau die Ein- oder Auszahlungen, die sich ergeben, wenn man anstelle des Projekts 2 das Projekt 1 durchführt. Durch den Übergang von 2 auf 1 würden sich für den Investor in den Jahren t_1 und t_2 zusätzliche Auszahlungen ergeben, denen jedoch in den Jahren t_3, t_4 und t_5 zusätzliche Einzahlungen entsprechen. Folglich ist Projekt 1 gegenüber Projekt 2 genau dann überlegen, wenn die Rendite, die sich aus der mit dem Grenzübergang verbundenen Differenzanlage ergibt, größer ist als die Rendite alternativer Anlagen, d. h. der Investition am Kapitalmarkt zu i %.

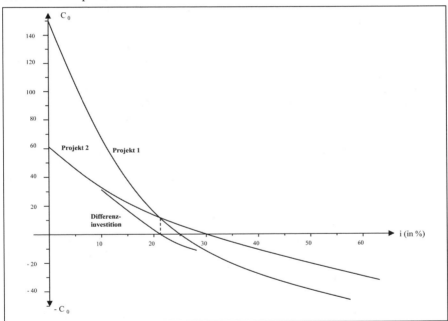

Abbildung 16: Zusammenhang zwischen absoluter Vorteilhaftigkeit der Differenzinvestition und relativer Vorteilhaftigkeit der Ursprungsprojekte

Zur Lösung des Entscheidungsproblems muss nunmehr lediglich die *interne Rendite* der Differenzinvestition (1 minus 2) ermittelt werden. Bei einem i von 21 % ergibt sich ein Kapitalwert der Differenzinvestition von + 0,67, bei einem i von 22 % beträgt der entsprechende Wert – 1,42. Anhand der gemischt grafisch-mathematischen Vorgehensweise ergibt sich somit eine interne Verzinsung der Differenzinvestition in Höhe von

$r_{(1 \text{ minus } 2)} = 21,32\%$.

II. Investitionsplanung und Wirtschaftlichkeitsrechnung

Dieses Ergebnis ist wie folgt zu interpretieren:
Wählt der Investor das Projekt mit der größeren bzw. längerdauernden Kapitalbindung, nämlich Projekt 1 anstelle des ebenfalls absolut vorteilhaften Projekts 2, so erzielt er neben dem Einkommen, das ihm Projekt 2 gewährt hätte, ein Mehreinkommen auf das *zusätzlich eingesetzte Kapital*, welches einer Rendite von 21,32 % entspricht. Würde er diese Mehrkapitalbindung am Restkapitalmarkt anlegen, so würde er lediglich den Kalkulationszinssatz in Höhe von 10 % erhalten. Folglich ist *die Differenzinvestition, d.h. das Eingehen der Mehrkapitalbindung durch Entscheidung für das größere Projekt*, absolut vorteilhaft, und das Projekt 1, welches diese Mehrkapitalbindung implizit enthält, relativ besser als das Vergleichsprojekt 2 mit der geringeren bzw. kürzer dauernden Kapitalbindung. Abbildung 16 zeigt diesen Zusammenhang nochmals grafisch.

(6) Würdigung der Internen-Zinsfuß-Methode

Die interne Verzinsung stellt nach wie vor das in der Praxis am häufigsten verwendete Vorteilhaftigkeitskriterium bei Investitions- und Finanzierungsentscheidungen dar. Die Rendite als Maßgröße ist weithin bekannt, und sie kann aufgrund der *leichten Verständlichkeit* auch von ökonomischen Laien interpretiert werden. Allerdings ist *aus wissenschaftlicher Sicht* festzustellen, dass die (scheinbar) leichte Verständlichkeit in der praktischen Anwendung oftmals *ein Trugschluss* ist, da die oben erläuterte *Problematik unterschiedlicher Kapitalbindungsverläufe* und eines hieraus resultierenden Widerspruchs zwischen Renditeziel und Einkommensziel nicht gesehen wird. Die – zweifellos feststellbare – Beliebtheit der Internen-Zinsfuß-Methode in der Praxis hat daher wahrscheinlich damit zu tun, dass tatsächliche Anwendungsprobleme nicht verstanden werden, und die Aussagekraft des Renditekriteriums überinterpretiert wird.

Als Vorteil der Internen-Zinsfuß-Methode ist die Tatsache zu nennen, dass die Ermittlung des Vorteilhaftigkeitskriteriums „Rendite" zunächst ohne eine Information über den Kapitalmarktzins auskommt. Erst zur Durchführung einer Vorteilhaftigkeitsentscheidung wird eine Information über den adäquaten Kalkulationszins benötigt. Die Kennziffer „interne Rendite" ist somit auch – im Gegensatz zum *Kapitalwert – von Änderungen des Kalkulationszinssatzes unabhängig*.

Außerdem kann die interne Rendite als *„kritischer Wert"* im Hinblick auf das *Zinsänderungsrisiko* verstanden und weitergehend interpretiert werden, d.h. sie gibt an, ab welcher Zinssteigerung die absolute Vorteilhaftigkeit eines Investitionsprojekts und ab welcher Zinssenkung die absolute Vorteilhaftigkeit eines Finanzierungsprojekts gefährdet ist.[148] Dies ermöglicht dem Entscheidungsträger eine *erste Abschätzung der Zinsempfindlichkeit* eines Projekts und somit des *Zinsänderungsrisikos*.

Es bestehen einige ernstzunehmende Probleme bei der Ermittlung und Interpretation interner Renditen.[149] Diese *konzeptionellen Grenzen* der Internen-Zinsfuß-Methode erweisen sich in der Praxis jedoch *oftmals* als *irrelevant*, da die *kritischen Datenkonstellationen*, welche z.B. zu Mehrdeutigkeit der Renditeergebnisse bzw. fehlender Existenz einer Lösung führen, bei praktischen Anwendungen nur *selten vorkommen*. Ebenfalls hat der im Vergleich zu anderen Methoden höhere Rechenaufwand zur Ermittlung interner Renditen vor dem Hintergrund der heute üblichen EDV-Unterstützung keine entscheidende Bedeutung.

---

148 Vgl. *Blohm/Lüder* (Fn. 106), S. 1 1.
149 Vgl. *Adam* (Fn. 38), S. 156 f.

dd) Dynamische Amortisationsrechnung

(1) Grundgedanke der dynamischen Amortisationsrechnung

Die *dynamische Amortisationsrechnung*[150] – auch *Pay-off-Methode, Pay-out-Methode* oder *Wiedergewinnungsrechnung* genannt – geht nicht von Rentabilitätsüberlegungen, sondern von Sicherheits- und Liquiditätserwägungen des Entscheidungsträgers aus. Dem Verfahren liegt die Überlegung zugrunde, dass das mit einer Investition verbundene Risiko umso größer sei, je länger der Investor auf die Rückgewinnung des von ihm zur Verfügung gestellten Kapitals warten müsse. Je schneller das investierte Kapital zurückfließe, umso früher könne der Investor auf Datenänderungen des ökonomischen Umfelds reagieren, d. h. eine kurze Wiedergewinnungszeit bedeute größere Flexibilität.

Diese Überlegung berücksichtigt, dass die Annahme sicherer Erwartungen nicht der Realität entspricht. Das Verfahren verwendet folglich den Zeitraum, der verstreicht, bis der Investitionsbetrag wieder zum Unternehmen zurückgeflossen ist, als *Vorteilhaftigkeitsindikator*[151] und versucht, über die Auswahl von Projekten mit möglichst kurzer Rückgewinnungsdauer eine Begrenzung von Investitionsrisiken zu erreichen. Die Amortisationsdauer hat zudem als liquiditätsrelevante Information Bedeutung. Der Investor kann auf Basis des Wiedergewinnungszeitpunkts die ungefähre Laufzeit von Finanzierungen festlegen oder den Starttermin neuer Projekte. Es versteht sich von selbst, dass für eine exakte Finanzplanung eine periodengenaue Verfolgung der Kapitalbindungsverläufe erforderlich ist. Insofern ist die Information über die Amortisationszeit zwar notwendig, aber keinesfalls hinreichend.

(2) Definition und Berechnung der Amortisationsdauer

Als *Amortisationsdauer* wird bei der dynamischen Pay-off-Rechnung derjenige Zeitraum verstanden, in dem sich ein Projekt unter Berücksichtigung von Zinsen und Zinseszinsen amortisiert.[152] Die Amortisationsdauer stellt somit die kritische Nutzungsdauer dar, welche mindestens erreicht werden muss, damit sich ein nicht-negatives Einkommen für ein Investitionsprojekt ergibt.

Man kann dies auch folgendermaßen ausdrücken: Gesucht ist der Zeitraum t_1 bis t_x, für den der Barwert der Einzahlungsüberschüsse der Anschaffungsauszahlung a_0 entspricht. Mathematisch formuliert ergibt das:

$$\sum_{t=1}^{x}(e_t - a_t)\, q^{-t} = |\,a_0\,|,$$

wobei x = gesuchte Pay-off-Periode in Jahren.

Eine *Näherungslösung* dieser Gleichung kann durch einfaches Probieren gefunden werden, indem man für x verschiedene Werte einsetzt. Eine systematischere Vorgehensweise besteht darin, die Barwerte der Einzahlungsüberschüsse so lange zu addieren, bis die Summe die Anschaffungsauszahlung erreicht oder übertrifft. Da die Höhe der kumulierten Barwerte vom zugrunde gelegten Kalkulationszinssatz abhängt, ist die Existenz

---

150 Vgl. grundlegend *Götze/Bloech* (Fn. 37), S. 107–115, *Schäfer* (Fn. 33), S. 149–152.
151 Vgl. *Kruschwitz* (Fn. 75), S. 37.
152 Vgl. *Zimmermann* (Fn. 40), S. 173.

II. Investitionsplanung und Wirtschaftlichkeitsrechnung

bzw. Nichtexistenz der Lösung ebenfalls ein Resultat, das von der Höhe des Kalkulationszinssatzes abhängt. Dies gilt jedoch lediglich, sofern die *Summe der Nominalbeträge der Einzahlungsüberschüsse den Wert der Anfangsauszahlungen übersteigt*, da ansonsten keine Lösung existieren kann.[153] Erreicht ein Projekt während seiner ganzen Nutzungsdauer die dynamisch errechnete Wiedergewinnung nicht, so lässt dies den zwingenden Schluss zu, dass die Rendite des Projekts unter dem der Rechnung zugrunde gelegten Kalkulationszins liegt.

Setzt man die ermittelte absolute Amortisationsdauer in Relation zur gesamten Nutzungsdauer eines Projekts, dann ergibt sich die *prozentuale* oder *relative Pay-off-Periode*:

$$\text{Relative Pay-off-Dauer (in\%)} = \frac{\text{Absolute Pay-off-Dauer in Jahren} \times 100}{\text{Erwartete technische Lebensdauer in Jahren}}.$$

Mit der Kennziffer der relativen Pay-off-Dauer wird der Tatsache Rechnung getragen, dass bestimmte Risiken (z. B. die Gefahr des Ausfalls einer Anlage) auch vom Zeitraum der technischen Lebenserwartung abhängen. Die Ermittlung dieser Kennziffer ist jedoch problematisch, da die zu erwartende *technische Lebensdauer* im Planungszeitpunkt oftmals nicht eindeutig bestimmt werden kann, zumal ihre Verlängerung durch verstärkte *Instandhaltungsmaßnahmen* (die ihrerseits wieder Zahlungserfordernisse auslösen) meist möglich ist.

(3) Investitionsentscheidungen unter Verwendung der dynamischen Amortisationsrechnung

In die Berechnung der Amortisationsdauer gehen alle Zahlungen ein, die bis zum Ende der Pay-off-Periode anfallen. Ein Projekt gilt als absolut vorteilhaft, wenn sichergestellt sein kann, dass die Amortisationsdauer kleiner gleich der Nutzungsdauer oder aber – das ist eine „härtere" Variante – einer kürzeren vorgegebenen Soll-Zeitspanne[154] ist.

In beiden Fällen ist es möglich, die Anschaffungsauszahlung sowie eine Verzinsung des gebundenen Kapitals aus den Einzahlungsüberschüssen zu decken. Der Kapitalwert eines derartigen Projekts ist größer/gleich Null, sofern nach dem Ende der Pay-off-Periode keine Auszahlungsüberschüsse anfallen. Da das Auftreten von Auszahlungsüberschüssen nach dem Pay-off durchaus auftreten kann (man denke nur an Kosten für Abbruch oder Dekontamination) ist der *Kapitalwert der gesamten Zahlungsreihe des Projekts stets parallel zu überprüfen*.

Soweit erbringt die Anwendung der Amortisationsrechnung also keinen Vorteil gegenüber der Kapitalwertmethode, die zudem einfacher anzuwenden ist. In der Praxis werden deshalb häufig Maximalwerte (im Sinne von Vorgaben) für die absolute und relative Pay-off-Periode festgelegt, die bei einer Investition nicht überschritten werden dürfen. Es handelt sich hierbei meist um *Erfahrungswerte* der jeweiligen Branche, die auch stark von der individuellen Risikopräferenz des Investors beeinflusst werden. Für die Festlegung dieser Maximalwerte gibt es keine objektiven Ansatzpunkte.

---

153 Vgl. *Altrogge* (Fn. 99), S. 295–297.
154 Vgl. *Zimmermann* (Fn. 40) S. 174. Vgl. auch die Ausführungen zur statischen Amortisationsrechnung unter Gliederungspunkt II. 4. b) dd).

3. Dynamische Verfahren der Investitionsrechnung

Beispiel:

Gegeben seien die sich ausschließenden Projekte A und B. Ein Investor, dessen Kalkulationszinsfuß i = 6% beträgt, vergleicht beide Projekte mit Hilfe der Amortisationsrechnung. Die im Planungszeitpunkt t_0 erwarteten Zahlungsreihen haben folgendes Aussehen:

A: −100 +20 +20 +20 +20 +20 +120
B: −100 +60 +50 + 5,5

Berechnung der Amortisationsdauer und des Kapitalwerts bei Projekt A

t	$e_t - a_t$	q^{-t}	$(e_t - a_t)\,q^{-t}$	$\sum_{t=0}^{n}(e_t - a_t)\,q^{-t}$
0	−100	1,0	−100	n = 0: C_0 = −100
1	+ 20	0,94339	+ 18,87	n = 1: C_0 = − 81,13
2	+ 20	0,88999	+ 17,80	n = 2: C_0 = − 63,33
3	+ 20	0,83961	+ 16,79	n = 3: C_0 = − 46,54
4	+ 20	0,79209	+ 15,84	n = 4: C_0 = − 30,70
5	+ 20	0,74725	+ 14,94	n = 5: C_0 = − 15,76
6	+ 20	0,70495	+ 14,10	n = 6: C_0 = − 1,66
7	+ 20	0,66505	+ 13,30	*n = 7: C_0= + 11,64* ←
8	+120	0,62741	+ 75,29	n = 8: C_0 = + 86,93
Kapitalwert =			+ 86,93	

Projekt A amortisiert sich am Ende der siebten Periode oder nach 87,5% der geplanten Nutzungsdauer. Der hohe Einzahlungsüberschuss am Ende der achten Periode hat auf die Amortisationsdauer keinen Einfluss, während er in die Berechnung des Kapitalwerts eingeht. Der hohe Kapitalwert von 86,93 zeigt, dass es sich um eine sehr vorteilhafte Investition – bezogen auf das Ziel „Erhalt von Einkommenszahlungen" – handelt.

Berechnung der Amortisationsdauer und des Kapitalwerts von Projekt B

t	$e_t - a_t$	q^{-t}	$(e_t - a_t)\,q^{-t}$	$\sum_{t=1}^{n}(e_t - a_t)\,q^{-t}$
0	−100	1,0	−100	
1	+ 60	0,94339	+ 56,60	n = 1: 56,60 < a_0
2	+ 50	0,88999	+ 44,50	*n = 2: 101,10 > a_0* ←
3	+ 5,5	0,83961	+ 4,62	n = 3: 105,72 > a_0
Kapitalwert =			+ 5,72	

Projekt B amortisiert sich am Ende der zweiten Periode oder nach 66,67% der geplanten Nutzungsdauer; der Kapitalwert beträgt 5,72.

Obwohl sowohl die absolute als auch die relative Amortisationsdauer zugunsten von Projekt B sprechen, ergibt ein Vergleich der Kapitalwerte, dass Projekt A im Hinblick auf das Einkommensziel deutlich überlegen ist. Dieses Beispiel zeigt, dass die Verwendung der Amortisationsrechnung zu ganz anderen Ergebnissen führen kann als die Verwendung der Kapitalwert-, der Internen-Zinsfuß- oder der Annuitäten-Methode.

(4) Kritische Bewertung der dynamischen Amortisationsrechnung

Die dynamisch ermittelte Amortisationsdauer erfreut sich – insbesondere wegen ihrer im Vergleich zu anderen auf Risikobegrenzung abzielenden Investitionsrechenverfahren relativ einfachen Anwendung – in der Praxis einer großen Beliebtheit, obwohl sie erhebliche konzeptionelle und technische Mängel aufweist. Im Folgenden sollen daher die Schwächen dieses Verfahrens explizit dargestellt werden.

(a) Datenverlust nach Pay-off

Während bei der *statischen Amortisationsrechnung* aufgrund der Durchschnittsbildung alle innerhalb der Nutzungsdauer anfallenden Daten in die Rechnung einbezogen werden, führt die *dynamische Pay-off-Rechnung* in ihrer traditionellen Anwendungsweise zur Vernachlässigung von Zahlungen, die nach dem Ende der Pay-off-Periode anfallen. Es wird nicht untersucht, ob *nach dem Wiedergewinnungszeitpunkt Ein- oder Auszahlungsüberschüsse auftreten*. Dies führt dazu, dass bestimmte Projekte, welche regelmäßig am Ende der Nutzungsdauer hohe Abbruch-, Dekontaminations- oder Wiederinstandsetzungsauszahlungen bewirken (z. B. Kiesgruben, Atomreaktoren etc.) bei ausschließlicher Anwendung der dynamischen Pay-off-Rechnung *systematisch falsch* (nämlich zu gut) eingeschätzt werden.

Dieser Mangel der dynamischen Amortisationsrechnung lässt sich jedoch leicht dadurch ausräumen, dass die Gegenüberstellung der kumulierten und abgezinsten Ein-/Auszahlungsüberschüsse über den Pay-off-Zeitpunkt hinaus bis zum Ende der geplanten Nutzungsdauer durchgeführt wird, um somit das *Auftreten erneuter Kapitalbindung* zu erkennen.

(b) Betrachtung des Risikos eines Projekts als pauschale Größe

Die Amortisationsrechnung geht von der Annahme aus, der *Risikogehalt* eines Projekts steige mit zunehmender Wiedergewinnungsdauer an. Der Zeitablauf selbst stellt jedoch keine eigenständige Risikodeterminante dar. Nicht das Phänomen der Wiedergewinnungszeit an sich bewirkt *Investitionsrisiken*. Risiken entstehen vielmehr aus einer Vielzahl von unterschiedlichen Ursachen, welche manchmal, jedoch nicht zwangsläufig, eine Beziehung zur Zeit aufweisen. Ein *Beispiel* soll diese Überlegung verdeutlichen:

> Der Risikogehalt einer achtjährigen Anlage in Bundesschuldverschreibungen (Pay-off-Dauer = acht Jahre) soll dem einer fünfjährigen *Direktinvestition* in einem politisch unsicheren und in kriegerische Auseinandersetzungen verwickelten Land (Pay-off-Dauer = fünf Jahre) gegenübergestellt werden. Würde man sich an den *Wiedergewinnungszeiträumen* orientieren, so wäre eine Empfehlung für die ausländische Direktinvestition die Folge.

Der einfache und pauschale Versuch, *Investitionsrisiken* über die Minimierung der Wiedergewinnungszeiträume zu begrenzen, scheitert somit an der Problematik, dass verschiedene Anlagealternativen *unterschiedlichen Risikoquellen in verschieden großer Intensität* ausgesetzt sein können. Mit dieser Problematik hängen auch mögliche Widersprüche beim Vergleich *von absoluter und relativer Wiedergewinnungszeit* der betrachteten Investitionsalternativen zusammen: Während sich das Kriterium der absoluten Pay-off-Dauer nämlich implizit auf Risikoursachen bezieht, welche *außerhalb* des Projekts liegen (z.B. das Zinsänderungsrisiko) und damit von der technischen Nutzungsdauer unabhängig sind, stellt die relative Pay-off-Dauer einen auf *projektimmanente Risiken* abzielenden Parameter dar, der von den Determinanten der technischen Lebenserwartung der Investition abhängt.

Beispiel:
Eine Unternehmung benötigt ein Botenfahrzeug. Alternativ kann ein Mittelklassefahrzeug mit Benzinmotor oder mit Dieselmotor angeschafft werden, wobei die Alternative mit Dieselmotor zwar einerseits um 15% teurer ist, jedoch aufgrund der erheblich höheren Robustheit auch eine um 40% größere technische Lebenserwartung besitzt. Die geplante Nutzungsintensität sei für beide Alternativen identisch.

Exogene Risikoursachen, d.h. solche, die von der technischen Nutzungsdauer unabhängig sind, wären beispielsweise Diebstahl des Autos, unverschuldeter Zusammenstoß mit einem nicht ermittelbaren Unfallflüchtigen oder Untergang des Autos infolge einer Naturkatastrophe. Bei beiden Fahrzeugen ist der Eintritt dieser Risiken pro Zeiteinheit (z.B. pro Nutzungsjahr) gleich wahrscheinlich. Der Risikogehalt ist jedoch insgesamt bei dem Projekt höher, bei dem die absolute Pay-off-Periode länger ist. *Betrachtet man exogene Risikoursachen, so sollten also absolute Wiedergewinnungszeiträume (in Jahren) gegenübergestellt werden.*

Hingegen ist beispielsweise das Risiko eines Funktionsversagens ins Verhältnis zur *technischen Lebenserwartung* der unterschiedlichen Aggregate zu setzen, d.h. die Wahrscheinlichkeit eines solchen Defekts ist beim Dieselmotor pro Nutzungsperiode geringer, da er eine durchschnittlich höhere technische Lebenserwartung besitzt. Als *Indikator für die im Projekt selbst angelegten (endogenen) Risikoarten* kann also lediglich die *relative Wiedergewinnungsdauer* herangezogen werden.

(c) Mangelnde Verbindung zwischen Risikozielen und Einkommenszielen

Das Ziel der Pay-off-Methode besteht darin, den Investor bei der Auswahl von Investitionsprojekten unter Risikogesichtspunkten zu unterstützen. Problematisch hierbei ist jedoch schon allein die Tatsache, dass es keine objektiv gültigen Kriterien im Sinne von *Soll-Amortisationsdauern* gibt. Es wäre in solchen Fällen erforderlich, eine Abwägung *(Trade-off)* zwischen dem *Mehreinkommen und dem zusätzlichen Risiko des einkommensstärkeren Projekts* durchzuführen, d.h. Risikoziele und Einkommensziele des Investors müssten verbunden werden.

Auch durch *kombinierte Anwendung* der Pay-off-Methode mit Investitionsrechenverfahren, welche das Einkommensziel des Investors abbilden, lässt sich diese Problematik nicht vollständig lösen. Um konkrete Investitionsentscheidungen unter Unsicherheit fällen zu können, müsste nämlich die für jeden Entscheidungsträger spezifische Risikoeinstellung festgestellt werden. Hierfür ist ein erheblich größerer Aufwand erforderlich.[155]

---

155 Zur Einführung in die Investitionsrechnung unter Unsicherheit vgl. z.B. *Götze/Bloech* (Fn. 37), S. 390–465, *Jaspersen* (Fn. 108), S. 62–78, oder *Adam* (Fn. 38), S. 334–371.

(d) Fehlende innere Stimmigkeit der Prämissen

Hinterfragt man die *Annahmen* der *dynamischen Amortisationsrechnung* kritisch, so stößt man auf eine überraschende Prämissenkonstellation: Einerseits ist es das erklärte Ziel des Verfahrens, einen *Risikoindikator* zu ermitteln. Andererseits wird jedoch die *Annahme sicherer Erwartungen* für die prognostizierte Zahlungsreihe aufrechterhalten, da man ja mit diesen Größen rechnet. Die Kombination dieser Annahmen ist widersprüchlich.

Lediglich das Risiko einer Verkürzung der Zahlungsreihe, d.h. die Frage nach den *finanziellen Folgen eines vorzeitigen Abbruchs bzw. einer vorzeitigen Stilllegung des Projekts*, wird berücksichtigt. Hingegen bleibt das Risiko unbeachtet, dass sich die prognostizierten Daten der Zahlungsreihe im nachhinein als falsch herausstellen können. Geht man etwa von einem durch folgende Zahlungsreihe abgebildeten Investitionsprojekt aus, so erweckt die Pay-off-Methode den Eindruck, das größtmögliche Risiko bestünde im Verlust der Anfangsauszahlung in Höhe von 1000 Euro in t_0. Dieser Verlust würde bei Abbruch des Projekts direkt nach dem Planungszeitpunkt eintreten.

Beispiel:

Prognostizierte Zahlungsreihe eines geplanten Projekts

t_0	t_1	t_2	t_3	t_4	t_5
−1000	+200	+250	+300	+450	+250

Tatsächlich kann der Investor jedoch bei den meisten Investitionsprojekten erheblich mehr als lediglich die Anfangsauszahlung verlieren.

Es ist beispielsweise denkbar, dass sich wegen veränderter Wettbewerbsbedingungen, unerwarteter Kostensteigerungen, technischer Probleme oder Veränderung der Einstandskosten tatsächlich eine Zahlungsreihe ergibt, die in den Perioden t_1, t_2 und t_3 anstelle der prognostizierten Einzahlungsüberschüsse stets Auszahlungsüberschüsse bewirkt. Der Investor realisiert also Jahr für Jahr einen Zahlungstrom, der *erheblich schlechter als die Erwartung* ist. Will der Investor das Projekt dann im Versuch einer *Schadensbegrenzung* abbrechen, so ist es sehr wahrscheinlich, dass aufgrund bestehender vertraglicher Verpflichtungen (z. B. Arbeitsverträge, langfristige Miet-, Pacht-, Leasing- oder Lieferverträge) noch zusätzliche Auszahlungen entstehen. Das *Risiko des Entscheidungsträgers ist folglich keineswegs auf das eingesetzte Anfangskapital begrenzt*, wie die nachfolgende tatsächliche Zahlungsreihe des obigen Projekts zeigt.

Beispiel:

Tatsächliche Zahlungsreihe des obigen Projekts, wie sie sich bei ungünstigem Verlauf des obigen Projekts am Ende von t_3, d. h. nach dreijähriger Laufzeit darstellt:

t_0	t_1	t_2	t_3	t_4	t_5
−1000	−300	−450	−950	evtl. noch Auszahlungen für Abbruch, Sozialplan, Konventionalstrafen	

Fasst man die Kritik an der dynamischen Amortisationsrechnung zusammen, so kann man sagen, dass die Verwendung der Wiedergewinnungszeit als alleiniges Entscheidungskriterium zum Alternativenvergleich ebenso fragwürdig ist wie zur Beurteilung eines einzelnen Projekts.[156] Insgesamt verwundert es daher nicht, dass die dynamische Amortisationsrechnung in der Fachliteratur ein sehr kritisches Urteil erhält.[157] Die dynamisch ermittelte Wiedergewinnungsdauer sollte daher – wenn überhaupt – bestenfalls ergänzend zu den Ergebnissen anderer *Investitionsrechenverfahren* ermittelt und nur äußerst vorsichtig interpretiert werden.

Die hohe Beliebtheit der *Wiedergewinnungsrechnung* in der Praxis könnte jedoch einen anderen Hintergrund haben. Man kann auf Zeit verpflichteten Managern von Unternehmen, die nicht Eigentümer sind (z. B. Vorständen von Aktiengesellschaften oder GmbH-Geschäftsführern), ein starkes Interesse daran unterstellen, dass sich die von ihnen initiierten Projekte möglichst kurzfristig auf die Umsatz- und Gewinnentwicklung des Unternehmens positiv auswirken. Wenn ein Projekt bereits nach wenigen Jahren hohe Überschüsse erwirtschaftet, so kann der Initiator dies nach außen als Erfolg darstellen und somit seine Position sichern. Die Anreizwirkung zur Bevorzugung von Projekten mit kurzer Rückgewinnungsdauer kann auch von *umsatz- oder ertragsabhängigen Vergütungskomponenten für Führungskräfte* ausgehen, wenn diese Regelungen nicht langfristig orientiert sind.

Wenngleich eine am Shareholder Value orientierte Politik der Unternehmensführung grundsätzlich langfristig ausgerichtet sein sollte, ist unverkennbar, dass durch die Fokussierung des Shareholder Value die o. a. Kurzfristorientierung vielerorts noch weiter zugenommen hat. Der in diesen Überlegungen angesprochene mögliche *Zielkonflikt* zwischen Kapitaleigentümern und Auftragsmanagement wird in der Literatur durch die *„Neo-institutionalistische Finanzierungstheorie"* bzw. die so genannte *„Agency-Theorie"*[158] erklärt.

ee) Ermittlung der durchschnittlichen Kapitalbindungsdauer (Duration) und der Zinselastizität

(1) Grundgedanke der Duration (Zinssensibilität und mittlere Kapitalbindungsdauer)

Nachdem anhand der Kritik an der dynamischen Amortisationsrechnung deutlich wurde, dass eine einfache pauschale Messung des Risikogehalts von Investitions- oder Finanzierungsprojekten nicht möglich ist, soll mit der *Duration*[159] im Folgenden ein unkompliziertes Konzept vorgestellt werden, mit dessen Hilfe man eine besonders wichtige Risikoart, nämlich das *Zinsänderungsrisiko*[160] – exakter gesagt, das *barwertbezogene Zinsänderungsrisiko*[161] – abschätzen und darstellen kann.

---

156 Vgl. *Altrogge* (Fn. 99), S. 303–305.
157 Vgl. *Schäfer* (Fn. 33), S. 151; *Braunschweig* (Fn. 58), S. 65 f.
158 Für eine weitere Beschäftigung mit der Agency-Theorie vgl. *Eilenberger* (Fn. 7), S. 374–378; *Bank*, Finanzierung, 2. Aufl. 2003, S. 34–40, sowie die in Fn. 42 aufgeführten Literaturstellen.
159 Die folgenden Ausführungen beziehen sich auf den Grundtypus des Durationskonzepts (auch Macaulay-Duration genannt). Zur chronologischen Übersicht der Weiterentwicklungen und zentraler Variationen vgl. *Eller* (Fn. 123), S. 43 f.
160 Zu den Erscheinungsformen des Zinsänderungsrisikos vgl. *Jahrmann* (Fn. 41), S. 71.
161 Das barwertbezogene Zinsänderungsrisiko wird auch als Barwertsensitivität bezeichnet. Vgl. *Gerke/Bank* (Fn. 158), S. 111.

II. Investitionsplanung und Wirtschaftlichkeitsrechnung

Die Duration ist eine Maßzahl, die geeignet ist, das barwertbezogene Zinsänderungsrisiko exakt zu beschreiben und planbar zu machen. Auf Basis der Duration lässt sich weiter die *Zinselastizität* ermitteln, die als praktisches und anwendungsfreundliches *Risikomaß* gilt. Auch dieses Verfahren baut auf der Analyse der zeitlichen Struktur der Zahlungsströme eines Projekts auf[162] und geht von sicheren Erwartungen hinsichtlich der Zahlungsreihe aus.

Hierzu soll zunächst der Begriff des Zinsänderungsrisikos sowie dessen Ursache und Wirkung geklärt werden. Als Zinsänderungsrisiko i. w. S. wird die Möglichkeit bezeichnet, dass ein Investor oder Schuldner aufgrund einer Variation des Marktzinssatzes eine im Hinblick auf seine Ziele als negativ zu bewertende Vermögens- oder Einkommensveränderung erzielt.

Die verschiedenen Facetten des Zinsänderungsrisikos i. w. S. werden in folgender Unterscheidung deutlich:

(a) Absolutes versus relatives Zinsänderungsrisiko

Als *absolutes* Zinsänderungsrisiko bezeichnet man die Folgen einer Veränderung des Anlage- oder Schuldzinssatzes in die aus Sicht des Betroffenen ungünstige Richtung, d. h. eine Zinssenkung bei einer Anlage oder eine Zinsanhebung bei einem Kredit. In diesen Fällen werden die *absoluten Erträge des Betroffenen sinken* oder aber *die absoluten Kreditkosten* ansteigen. Das absolute Zinsänderungsrisiko wird oftmals auch *Zinsänderungsrisiko im engeren Sinne* genannt.

Als *relatives Zinsänderungsrisiko* bezeichnet man den Nachteil im Sinne von *Opportunitätskosten*, der dadurch entsteht, dass sich die Marktzinssätze zwar zugunsten eines Anlegers oder Schuldners ändern, dieser jedoch *an der Veränderung nicht teilhaben kann*, da er bereits zuvor einen Festzinsvertrag geschlossen hat.

Beispiel:

Ein Anleger hat einen zehnjährigen Sparvertrag zu 6% abgeschlossen. Wenige Monate nach Abschluss ist der Anlagezins für zehnjähriges Kapital auf 7,5% gestiegen. Der Anleger hat keinen absoluten Schaden (denn er erhält ja die versprochenen 6% p. a.), aber es entgeht ihm der Mehrertrag von jährlich 1,5 Prozentpunkten.

In gleicher Weise unterliegt ein Kreditnehmer dem relativen Zinsänderungsrisiko, wenn er einen Festzinskredit vereinbart hat, und nach Abschluss des Kreditvertrags die Zinssätze sinken. Während nämlich im gegebenen Fall die Konkurrenz nun zu günstigeren Kreditkosten finanzieren kann, ist der o. a. Kreditnehmer für die Restlaufzeit der Vereinbarung an die Erfüllung seines (vergleichsweise teuren) Kreditvertrags gebunden.

Das *relative Zinsänderungsrisiko – auch Barwertsensitivität genannt*[163] – bewirkt Wertänderungen von Anlage- oder Kreditverträgen, wie z.B. traditionellen Kuponanleihen, in denen marktunabhängige Festzinssätze vereinbart sind. Beispielsweise wird eine langfristige Festzinsanleihe durch eine Steigerung des Marktzinses unattraktiver, was im Fall einer Börsennotierung durch einen entsprechenden *Kursverlust* zum Ausdruck

---

162 Vgl. *Bodie/Kane/Marcus,* Investments, 3rd ed., Boston 1996, S. 452f., sowie *Brealey/Meyers,* Principles of Corporate Finance, 7th ed., New York 2003, S. 674–676.
163 Vgl. *Gerke/Bank* (Fn. 158), S. 112.

kommt. Aus diesem Grunde wird die Auswirkung relativer Zinsänderungen auch als *Wertänderungsrisiko* (oder *Kursrisiko*) bezeichnet. Bemerkenswert ist, dass das Risiko der Barwertsensitivität auch dann besteht, wenn ein Finanzkontrakt nicht *börsennotiert* ist. In diesem Falle werden lediglich die entstandenen Opportunitätskosten oder die entgangenen Opportunitätsgewinne nicht explizit deutlich gemacht.

Abgesehen von spezifischen Kapitalanlage- bzw. Finanzierungsvereinbarungen, bei denen der Investor bzw. Schuldner gegen Gebühr ein *Konditionenwahlrecht* (*Optionsrecht* auf den Wechsel zwischen garantiertem Festzins oder variablem Marktzins) eingeräumt erhält, muss sich der Entscheidungsträger bei jeder Investition oder Mittelaufnahme dem *Dilemma zwischen absolutem oder relativem Zinsänderungsrisiko* stellen. Der Ausschluss des absoluten Zinsänderungsrisikos bewirkt dabei zwangsläufig die Übernahme des relativen Zinsänderungsrisikos und umgekehrt.[164]

(b) Barwertbezogenes versus endwertbezogenes Zinsänderungsrisiko

Will ein Investor ein in Geldeinheiten definiertes Anlageziel an einem bestimmten zukünftigen Anlagehorizont erreichen, so muss sich die Analyse des Zinsänderungsrisikos auf den entsprechenden Zeitpunkt richten. Von Interesse ist hier also das *endwertbezogene Zinsänderungsrisiko*.

Eine völlig andere Fragestellung ergibt sich, wenn die Auswirkungen von Marktzinsänderungen auf den *Gegenwartswert (Barwert, ggf. Kurswert)* einer Anlageposition sichtbar gemacht werden sollen. Oftmals wollen beispielsweise bilanzierungspflichtige Investoren die Gefahr von (durch Steigerungen des Marktzinssatzes ausgelösten) Sonderabschreibungen auf festverzinsliche Wertpapiere minimieren. Sie werden sich folglich für das gegenwartsbezogene (barwertbezogene) Zinsänderungsrisiko interessieren.

Auch hier steht der Entscheidungsträger wiederum in einem *Dilemma zwischen endwertorientiertem und barwertorientiertem Zinsänderungsrisiko*. Er muss entscheiden, welche Risikoart seine konkreten Ziele stärker gefährdet, da er nicht beide Risiken simultan ausschließen kann. Das Konzept der Duration bietet gleichermaßen für das Management des barwertorientierten als auch des endwertorientierten Zinsänderungsrisikos sehr interessante Lösungsansätze.[165] Im Folgenden soll lediglich auf die Möglichkeit zur Abschätzung des relativen Zinsänderungsrisikos in Form von Barwertveränderungen *(Barwertsensitivität)* eingegangen werden.

Bereits im Zusammenhang mit der Kapitalwertmethode sowie der Errechnung interner Zinsfüße wurde angesprochen, dass das *Ausmaß der Vorteilhaftigkeit* von Projekten bei gegebener Zahlungsreihe eine *Funktion des Kalkulationszinssatzes* darstellt. Aus der Angabe eines Kapitalwerts oder einer internen Verzinsung allein lassen sich daher hinsichtlich der Entwicklung der Einkommenswirkung des Projekts in Abhängigkeit vom Kalkulationszinsfuß keine Schlüsse ziehen. Dies wird an folgendem (extremen) *Beispiel* zweier Investitionsprojekte deutlich:

---

164 Vgl. *Jahrmann* (Fn. 41), S. 71.
165 Vgl. *Walz/Gramlich,* Die Bank 1991, 208–213; *Walz/Gramlich,* Anlagepraxis 1991, Nr. 3, 28–31, Nr. 4, 22–26.

II. Investitionsplanung und Wirtschaftlichkeitsrechnung

	t_0	t_1	t_2	$t_3 \ldots$	t_{10}
Projekt A:	–100	+121	–	–	–
Projekt B:	–100	–	–	…	+285,31

Beide Projekte erzielen bei einem Kalkulationszinsfuß von 10% einen Kapitalwert von +10, d.h. sind im Hinblick auf das Einkommensziel gleich vorteilhaft.

Durch Ermittlung von Kapitalwerten, die auf unterschiedlichen Zinssätzen basieren, kann der *Grad der Zinsempfindlichkeit von Projekten*, d.h. das Ausmaß der Einkommensveränderung in Abhängigkeit vom Kalkulationszinssatz, festgestellt werden. Bei Anwendung dieser Vorgehensweise ergibt sich:

$i =$	0%	2,5%	5%	7,5%	10%
$C_0 (A) =$	+ 21	+ 18,05	+15,24	+12,56	+10
$C_0 (B) =$	+185,31	+122,88	+75,16	+38,43	+10

$i =$	15%	20%	25%	30%	50%	$\to \infty$ [166]
$C_0 (A) =$	+ 5,22	± 0,83	– 3,20	– 6,92	–19,33	–100
$C_0 (B) =$	–29,48	–53,92	–69,37	–79,30	–95,05	–100

Die *extrem abweichende Barwertsensitivität* der Projekte wird anhand des unterschiedlich steilen Verlaufs der Kapitalwertkurven in Abbildung 17 deutlich, wäre jedoch für

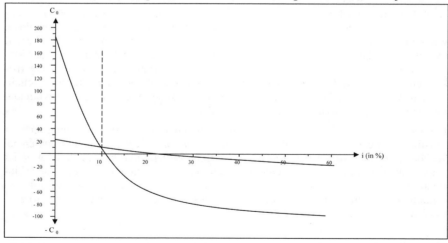

Abbildung 17: Verlauf der Kapitalwertfunktion zweier Investitionsprojekte mit extrem unterschiedlicher Duration, die jedoch bei einem Kalkulationszinssatz von 10% ein identisches Einkommen besitzen

---

166 Theoretischer Grenzwert, den der Kapitalwert erreicht, wenn das Zinsniveau gegen unendlich strebt.

3. Dynamische Verfahren der Investitionsrechnung

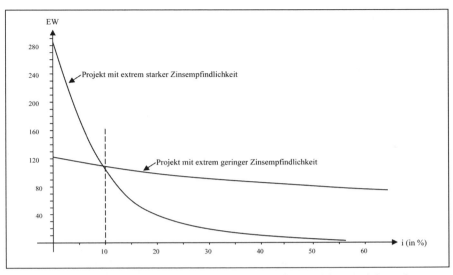

Abbildung 18: Verlauf der Ertragswertfunktion zweier Investitionsprojekte mit extrem unterschiedlicher Duration, jedoch identischem Einkommen bei einem Kalkulationszinssatz von 10 %

den Entscheidungsträger, der lediglich die Vorteilhaftigkeit bei i = 10 % prüft, nicht erkennbar gewesen.

Trägt man bei der Darstellung der beiden Projekte nicht den Kapitalwert, sondern den Ertragswert auf der Ordinate ab, so ergibt sich jeweils eine Parallelverschiebung der beiden Funktionen um den Betrag der Anfangsauszahlungen nach oben; die entsprechenden Ertragswerte streben bei steigenden Kalkulationszinssätzen – jedoch unterschiedlich schnell – gegen den Wert Null.[167] Somit erhält man die modifizierte Abbildung 18. Einen rechentechnisch einfacheren Indikator für die Zinsempfindlichkeit von Projekten, welcher die Ermittlung einer Vielzahl von Barwerten überflüssig macht, bietet das nachfolgend vorgestellte Konzept der Duration.

Der Errechnung der *Duration* liegt die zuerst von *Macaulay*[168] gewonnene Erkenntnis zugrunde, dass die Zinsempfindlichkeit von Investitions- und Finanzierungsalternativen davon abhängt, wie lange die vom Projekt ausgelösten Zahlungen im Durchschnitt bis zu ihrem Zufluss benötigen. Die folgenden Ausführungen beziehen sich auf die *Macaulay*-Duration, d. h. wenn von Duration gesprochen wird, ist stets die *Macaulay*-Duration gemeint. Erst im letzten Unterpunkt (Punkt (8)) werden Varianten und Weiterentwicklungen der *Macaulay*-Duration vorgestellt.

---

167 Die Überführung von Kapitalwertfunktionen in Ertragswertfunktionen erfolgt, weil das Durationskonzept sowie die Ermittlung der Zinselastizität am Steigungsmaß der Ertragswertkurve anknüpfen. Die Höhe der Zahlung in t_0 ist für die Duration irrelevant.

168 Vgl. *Macaulay,* Some Theoretical Problems Suggested by the Movements of Interest Rates, Bond Yields and Stock Prices in the United States since 1856, New York 1938.

II. Investitionsplanung und Wirtschaftlichkeitsrechnung

(2) Definition der Duration

Als Duration, auch „*durchschnittliche Bindungsdauer*",[169] „*durchschnittliche Fälligkeit eines Zahlungsstromes*",[170] „*ökonomische Laufzeit*", „*mittlere Selbstliquidationsperiode*"[171] oder „*mittlere Restbindungsdauer*"[172] einer Investition genannt, bezeichnet man denjenigen Zeitraum, den der Investor im Mittel bis zum Erhalt der Rückflüsse aus der Anlage warten muss. Bei einem Finanzierungsprojekt kann man die Duration als *durchschnittliche Kapitalüberlassungsdauer*, d. h. diejenige Frist verstehen, für welche man das Kapital im Mittel zur Verfügung bekommen hat. Dies bedeutet: Die Duration ist die *betragsmäßig gewichtete durchschnittliche Laufzeit* aller *zukünftigen* Zahlungen eines Projekts.

Beispiel:

Eine Investition bewirkt folgende Zahlungsreihe:

t_0	t_1	t_2	t_3
−800	+500	−	+500

Die Höhe des *Kapitaleinsatzes* in t_0 bleibt bei der Ermittlung der Duration unbeachtet. Es geht lediglich darum festzustellen, wie lange die *künftigen Zahlungsausprägungen*, d. h. die Werte von t_1 bis t_3 *im gewogenen Mittel* auf sich warten lassen. Bereits ohne genau zu rechnen, kann man im obigen einfachen Beispiel abschätzen, dass die durchschnittliche Kapitalbindungsdauer bei zirka zwei Jahren liegt, da die in t_1 sowie in t_3 anfallenden Zahlungen nominell gleich groß sind. Bei exakter Rechenweise müsste ein etwas unter zwei Jahren liegendes Ergebnis erzielt werden, da der Barwert der in t_3 eintretenden Zahlung aufgrund der Abzinsung unter dem Barwert der in t_1 anfallenden Zahlungen liegt.

Somit werden bereits einige wichtige Eigenschaften der *Duration* erkennbar:[173]

− *Die Duration hängt vom Kapitalmarktzins ab*, weil die Höhe der Abzinsungsfaktoren das relative Gewicht bestimmt, mit dem die Zahlungsausprägungen in die Kennziffer eingehen. Da das Ausmaß der Abzinsung mit steigendem Zinsniveau zu- und folglich der Barwert der Zahlungsreihe abnimmt, muss die Duration einer Zahlungsreihe zu einem bestimmten Zeitpunkt umso kleiner sein, je höher der Kalkulationszinsfuß ist, da der mit der Laufzeit gewichtete Zähler relativ stärker abnimmt als der ungewichtete Nenner der *Durationsformel*.[174]
− Die *Duration sinkt bei sonst konstanten Daten allein durch den Zeitablauf*, da der Zeitpunkt des Erhalts der Zahlungen mit jedem Tag näherrückt. Berechnet man die Duration eines bestimmten Projekts nach einer gewissen Zeit erneut, so hat sie sich verringert. Die Duration ist somit *keine zeitstabile Größe*.

---
169 *Eller* (Fn. 123), S. 33; *Jahrmann* (Fn. 41), S. 108.
170 *Eller* (Fn. 123), S. 33.
171 *Steiner/Bruns,* Wertpapiermanagement, 8. Aufl. 2002, S. 157.
172 Vgl. *Bodie/Kane/Marcus* (Fn. 162), S. 452; *Gerke/Bank* (Fn. 158), S. 115.
173 Vgl. *Eller* (Fn. 123), S. 32–34.
174 Vgl. zur Durationsformel die anschließend unter (3) folgenden Ausführungen. Eine Ausnahme bildet lediglich der Sonderfall, bei dem die Zahlungsreihe neben der Anfangszahlung nur aus einer einzigen Ausprägung besteht.

– *Die Duration ist immer kürzer als die Restlaufzeit eines Projekts*, sofern dieses neben der Zahlung in t_0 mindestens zwei Zahlungsausprägungen besitzt. Enthält ein *Projekt (beispielsweise ein Zero-Bond)* nur eine Zahlungsausprägung, so entspricht die Duration stets der Restlaufzeit und ist unabhängig vom Zinsniveau.

(3) Ermittlung der Duration einer Zahlungsreihe

Um die durchschnittliche betragsmäßig und zeitlich gewichtete Bindungsdauer einer Investition zu erhalten,[175] werden zunächst – ausgehend von einem situationsadäquaten Zinssatz – die Barwerte der einzelnen Zahlungsausprägungen ermittelt.[176] Dann wird jeder Barwert mit der Anzahl von Perioden (z. B. Tagen, Monaten, Jahren) gewichtet, die noch ausstehen, bis die Zahlung eintritt. Beispielsweise wird eine in drei Jahren eintretende Zahlung mit dem Faktor „drei" multipliziert, wenn die Duration in der Einheit „Jahre" bestimmt werden soll. Das Zwischenergebnis ist ein *zeitlich gewichteter Barwert*, der auf die Einheit „Währung mal Jahre" (also z. B. Euro mal Jahre) lautet. Dieser Arbeitsgang wird für alle Ausprägungen einer Zahlungsreihe wiederholt. Anschließend bildet man die Summe der multiplizierten Barwerte und erhält somit den mit den Wartezeiten gewichteten Ertragswert der Zahlungsreihe. Teilt man diese Größe durch den einfachen Ertragswert der Zahlungsreihe (Summe aller Barwerte), so ergibt sich die durchschnittliche Kapitalbindungsdauer, die auf das der Rechnung zugrunde gelegte Zeitmaß (z. B. Jahre) lautet.[177]

Entsprechend kann man folgende *Formel zur Errechnung der Macaulay-Duration* verwenden, in deren Zähler der mit der jeweiligen Zeit gewichtete Ertragswert und in deren Nenner der konventionelle Ertragswert der Zahlungsreihe ermittelt wird:

$$D = \frac{\sum_{t=1}^{n} \times t \times R_t \times (1+i)^{-t}}{\sum_{t=1}^{n} \times R_t \times (1+i)^{-t}},$$

wobei R_t = Rückfluss im Zeitpunkt t,
   t = Zeitindex ($1 \leq t \leq n$),
   n = letztes Jahr, in dem das Projekt Zahlungen verursacht,
   i = Kalkulationszins / Marktzins,
   D = Duration (nach Macaulay).

(4) Interpretation der Duration und Erstellung von Vorteilhaftigkeitsempfehlungen

Um die Anschaulichkeit der *durchschnittlichen Kapitalbindungsdauer* zu erhöhen, soll auf ein konkretes Zahlenbeispiel zurückgegriffen werden:

---

[175] Die Ermittlung der Duration ist nur bei reinen Projekten sinnvoll, da es unlogisch wäre, die durchschnittliche Wartefrist auf Auszahlungen und auf Einzahlungen zu saldieren.
[176] Für Projekte, die regelmäßige Zahlungsreihen bewirken, wie z. B. Kuponanleihen, ergeben sich vereinfachte Berechnungsmöglichkeiten. Gleiches gilt für Spezialfälle, wie beispielsweise Projekte unendlicher Laufzeit.
[177] Vgl. *Bodie/Kane/Marcus* (Fn. 162), S. 453; *Brealey/Meyers* (Fn. 162), S. 675.

II. Investitionsplanung und Wirtschaftlichkeitsrechnung

	t_0	t_1	t_2	t_3	t_4	t_5
A	−10000	−	−	+8000	+8000	−
B	−10000	+3620	+3620	+3620	+3620	−
C	−10000	+7000	+6183	−	−	−
D	−10000	−	−	−	−	+18479

Bei einem Kalkulationszinssatz von i = 10 % gilt:

$C_{0A} = C_{0B} = C_{0C} = C_{0D} = +1474.$

Die nach obiger Formel ermittelten Werte für die *Macaulay*-Duration lauten wie folgt:[178]

$$D_A = \frac{39887{,}76}{11474} = 3{,}476 \text{ Jahre,}$$

$$D_B = \frac{27323{,}62}{11474} = 2{,}381 \text{ Jahre,}$$

$$D_C = \frac{16583{,}51}{11474} = 1{,}445 \text{ Jahre,}$$

$$D_D = \frac{57370{,}-}{11474} = 5{,}000 \text{ Jahre.}$$

Anhand des Projekts D lässt sich der bereits angesprochene *Sonderfall* zeigen: Bewirkt ein Projekt nur eine einzige Zahlung *(beispielsweise ein Zerobond)*, so entspricht die Duration stets der Zeit bis zum Zufluss dieser Zahlung (also der Zeit bis zur Endfälligkeit) und ist vom Kalkulationszinsfuß unabhängig.

Je größer die Duration eines Projekts ist, desto steiler verläuft seine Ertragswertfunktion. Es besteht somit ein *positiver Zusammenhang zwischen durchschnittlicher Kapitalbindungsdauer und dem Zinsänderungsrisiko* eines Projekts. Dieser Zusammenhang ist für kleine Zinsänderungen proportional.[179] Aus dieser Erkenntnis lassen sich – ausgehend vom gegebenen Einkommen eines Investitionsprojekts auf Basis des aktuellen Zinsniveaus – folgende einfache Entscheidungsregeln ableiten:

– Das Investitionsprojekt mit der *größten Duration* ist auszuwählen, wenn man erwartet, dass das *Zinsniveau fallen* wird und eine möglichst *effiziente Spekulation*[180] auf den Zinstrend gewünscht ist.

---

178 Zur Ermittlung wurden die im Anhang befindlichen Abzinsungstabellen verwendet.
179 Vgl. *Ingersoll/Skelton/Weil,* Journal of Financial and Quantitative Analysis 1978, 631.
180 Unter effizienter Spekulation versteht man, dass mit gegebenem Kapitalbetrag eine möglichst große Wertänderung realisiert werden soll.

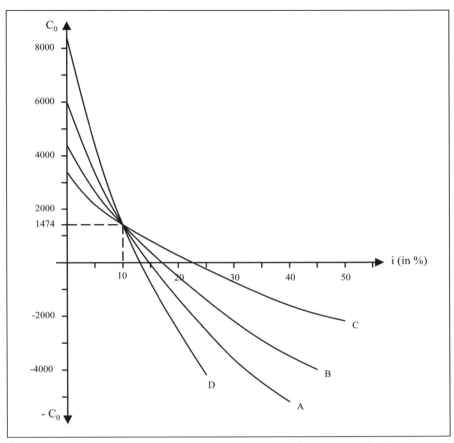

Abbildung 19: Kapitalwertkurvenverläufe der Investitionen A bis D in Abhängigkeit vom Marktzinssatz

- Das Investitionsprojekt mit der geringsten Duration ist auszuwählen, wenn man erwartet, dass das Zinsniveau steigen wird oder die Wirkung möglicher Zinsänderungen auf den Ertragswert des Projekts begrenzt werden soll.

Bei einem *Finanzierungsprojekt* ergeben sich gerade entgegengesetzte Vorteilhaftigkeitsempfehlungen, nämlich:

- Maximierung der Duration bei Erwartung steigender Zinssätze,
- Minimierung der Duration bei Erwartung fallender Zinssätze oder bei dem Bestreben, den Ertragswert möglichst zinsstabil zu halten.

Die vorstehende Abbildung 19 verdeutlicht den positiven Zusammenhang zwischen Duration und Zinsempfindlichkeit nochmals grafisch anhand der oben dargestellten Projekte A bis D. Hierbei lässt sich auch das häufig unter Praktikern anzutreffende *Missverständnis* ausräumen, dass die Zinsempfindlichkeit von Projekten auf deren Gesamtlaufzeit oder Restlaufzeit zurückzuführen sei, da Projekt A eine erheblich höhere Duration aufweist als Projekt B, obwohl die Gesamtlaufzeit beider Anlagen identisch ist.

(5) Zusammenhang zwischen Duration und Zinselastizitäten

Das Ausmaß der Zinsempfindlichkeit eines Projekts lässt sich – wie oben gezeigt – anhand des Steigungsverlaufs der Kapitalwertkurve beziehungsweise der entsprechenden Ertragswertkurve feststellen. Geht man von endlichen (aber trotzdem kleinen) Veränderungen des Zinsniveaus aus, so kann man die *Steigung der Ertragswertfunktion* durch das Verhältnis aus *der relativen* Ertragswertänderung des Projektes in Abhängigkeit von der *relativen Zinsänderung* (Elastizität) darstellen. Dies entspricht dem *Bilden einer Sekante* zwischen zwei Punkten auf der Ertragswertfunktion eines Projekts (vgl. Sekante B auf Ertragswertfunktion A der Abbildung 20). Formelmäßig sieht dieser Zusammenhang so aus:

$$E = \frac{\frac{\Delta EW}{EW}}{\frac{\Delta i}{i}}$$

oder: $E = \dfrac{\Delta EW}{\Delta i} \times \dfrac{i}{EW}$,

wobei: EW = Ertragswert,
  Δ = endliche (aber kleine) Veränderung,
  i = Kalkulationszins/Marktzins,
  E = Zinselastizität des Ertragswerts.

Eine exakte Angabe der Elastizität ist jedoch lediglich bei infinitesimal kleinen Änderungen des Zinsniveaus möglich, da es sich regelmäßig nicht um *isoelastische Funktionen* handelt, sondern die Elastizität in jedem Punkt der Funktion unterschiedlich groß ist. Es liegen also *Punktelastizitäten* vor. Um von einem bestimmten i ausgehend eine Punktelastizität zu ermitteln, muss man folglich die obige Formel auf marginale Änderungen beziehen. Grafisch entspricht dies dem Anlegen einer Gerade an die Ertragswertkurvenfunktion beim Zinssatz i (vgl. Funktion C bei Abbildung 20). Man lässt also die Zinsänderung gegen Null streben und erhält folgenden Ausdruck:

$$E = \frac{\frac{dEW}{EW}}{\frac{di}{i}}$$

oder: $E = \dfrac{dEW}{EW} \times \dfrac{i}{EW}$,

wobei: EW = Ertragswert,
  i = Kalkulationszins/Marktzins,
  d = marginale Änderung.

3. Dynamische Verfahren der Investitionsrechnung

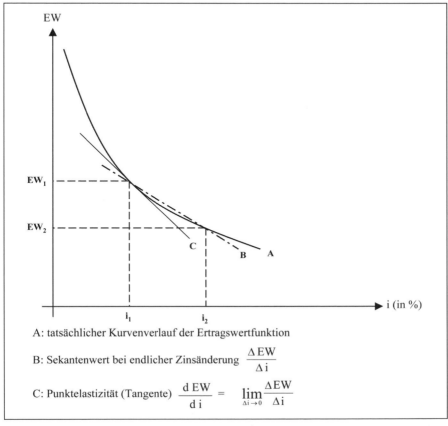

Abbildung 20: Zinselastizität als Steigung der Tangente an der Ertragswertkurve eines Investitionsprojekts

Um das Steigungsmaß der Ertragswertfunktion zu ermitteln, bildet man die *erste Ableitung* des Ertragswerts nach dem Zinssatz i. Ersetzt man EW durch die dahinter stehende Ertragswertformel, so ergibt sich:

Schritt A) $E = \dfrac{\dfrac{dEW}{EW}}{\dfrac{di}{i}}$ oder B) $E = \dfrac{dEW}{di} \times \dfrac{i}{EW}$.

Ausgehend von der bereits oben mehrfach verwendeten Ertragswertformel

Schritt C) $EW = \sum_{t=1}^{n} \times R_t \times (1+i)^{-t}$

99

II. Investitionsplanung und Wirtschaftlichkeitsrechnung

ergibt sich folgende 1. Ableitung nach dem Zins:

Schritt D) $\dfrac{d\,EW}{d\,i} = -\sum_{t=1}^{n} \times t \times R_t \times (1+i)^{-t-1}$.

Setzt man die Ableitung D) in den Ausdruck B) ein, so ergibt dies:

Schritt E) $E = \dfrac{-\sum_{t=1}^{n} \times t \times R_t \times (1+i)^{-t-1}}{1} \times \dfrac{i}{\sum_{t=1}^{n} \times R_t (1+i)^{-t}}$.

Stellt man den Ausdruck E) leicht um, so erhält man:

Schritt F) $E = \dfrac{-\sum_{t=1}^{n} \times t \times R_t \times (1+i)^{-t}}{(1+i)} \times \dfrac{i}{\sum_{t=1}^{n} \times R_t (1+i)^{-t}}$

oder, indem man die Nenner austauscht:

Schritt G) $E = \dfrac{-\sum_{t=1}^{n} \times t \times R_t \times (1+i)^{-t}}{\sum_{t=1}^{n} \times R_t (1+i)^{-t}} \times \dfrac{i}{(1+i)}$.

Der linke Teil des letzten Terms ist mit der Formel zur Ermittlung der Duration identisch, während der rechte Teil den Faktor i/(1+i) darstellt.

In der Literatur wird meist die Duration lediglich als Betragsgröße festgestellt und interpretiert, da der *gegenläufige Effekt* zwischen Zinsveränderung einerseits und Kursveränderung andererseits als bekannt vorausgesetzt wird. Die Zinselastizität und die Duration sind also stets durch den exogen bestimmten Faktor[181] i/(1+i) miteinander verbunden. Die Zinselastizität eines Projekts lässt sich somit aus der Duration einfach herleiten, indem diese mit dem Faktor i/(1+i) multipliziert wird.

(6) Interpretation und praktische Anwendung von Zinselastizitäten

Für die Projekte A, B, C und D aus obigem Beispiel ergeben sich somit bei einem Kalkulationszinssatz von i = 10 % folgende Zinselastizitäten:[182]

---

181 Der Faktor ist exogen bestimmt, da der Entscheidungsträger keinen Einfluss auf die Höhe des Kapitalmarktzinses hat, sondern dessen Höhe – und damit auch die Größe des Faktors – als Anpasser hinnehmen muss.

182 Die Zinselastizität ist wie alle Elastizitätsgrößen einheitslos, da sie das Verhältnis von zwei auf jeweils gleiche Maßeinheiten lautende Größen (Euro/Euro : %/%) angibt, so dass sich die Maßeinheiten herauskürzen.

Projekt A: E = 3,476 × (0,1/1,1) = 0,316
Projekt B: E = 2,381 × (0,1/1,1) = 0,217
Projekt C: E = 1,445 × (0,1/1,1) = 0,131
Projekt D: E = 5,000 × (0,1/1,1) = 0,455.

Wie ist nun die Zinselastizität zu interpretieren? Sie gibt für marginale Änderungen von i die Stärke der zugehörigen Ertragswertänderung an.[183] Die Elastizität von 0,316 bei Projekt A besagt somit, dass die Stärke der relativen Ertragswertänderung zirka ein Drittel der relativen Stärke der zugrunde liegenden Zinsänderung beträgt (siehe unten).

Grundsätzlich gilt für ein *Investitionsprojekt* folgender Zusammenhang: Je größer die Zinselastizität, um so stärker der Einkommensgewinn bei Zinssenkungen und umso stärker der Einkommensverlust bei Zinssteigerungen. Bei einem *Finanzierungsprojekt* gilt: Je größer die Zinselastizität, um so stärker der Einkommensgewinn bei Steigerungen des Marktzinssatzes und um so stärker der Einkommensverlust bei Marktzinssenkungen.

Kennt man den Ertragswert eines Projekts auf Basis eines bestimmten Kalkulationszinssatzes, so kann man mit Hilfe der Elastizitätskennziffer die durch eine angenommene Zinsvariation verursachte Ertragswertänderung abschätzen.

Diese Rechnung wird im Folgenden für die Projekte C und D aus obigem Beispiel dargestellt. Es soll ermittelt werden, wie stark sich eine angenommene Zinssteigerung von 10% auf 10,25%, d.h. um 0,25 Prozentpunkte auf den Ertragswert der Investitionen auswirkt:

– Für das Projekt C mit einer Elastizität von 0,131 ergibt sich eine Senkung des ökonomischen Werts in Höhe von –37,58.[184]
– Das Projekt D mit der vergleichsweise höheren Elastizität erleidet eine rechnerische Werteinbusse in Höhe von –130,52.[185]

(7) Kritische Würdigung der Verwendung von Duration und Zinselastizität als Maß für Zinsänderungsrisiken

Mit Hilfe der Duration bzw. der aus ihr ableitbaren Zinselastizität ist es möglich, die Zinsempfindlichkeit von Projekten darzustellen. Darüber hinaus kann für kleine Änderungen des Marktzinssatzes eine hinreichend genaue Abschätzung des auf den Pla-

---

183 Da es sich bei den Projekten A bis D jeweils um Investitionen handelt, weisen die Kapitalwertkurven einen mit steigendem Zins fallenden Verlauf auf, d. h. die Steigungsmaße sind negativ. Trotzdem ist es üblich, lediglich die Betragswerte der Elastizitäten anzugeben, da der Anwender weiß, dass steigende Zinssätze zu fallenden Ertragswerten und umgekehrt führen.
184 Hier ist es wichtig, exakt zwischen Angaben in Prozent und in Prozentpunkten zu unterscheiden. Die Elastizität von 0,131 bedeutet: Wenn der Zins um ein Prozent steigt, fällt der Ertragswert um 0,131 Prozent. Bezieht man diese Angabe auf den alten Ertragswert von 11 474 Euro, so ergibt sich ein Betrag von 15,03 Euro. Im vorliegenden Beispiel erhöht sich jedoch der Zins um 0,25 Prozentpunkte von 10% auf 10,25%. Drückt man diese Steigerung in Prozent des alten Zinsniveaus aus, so bedeutet die Anhebung um 0,25 Prozentpunkte eine Veränderung um 2,5%. Folglich ist die zu erwartende Wertsenkung zweieinhalbmal stärker als oben angegeben, d.h. sie beträgt 2,5 × 15,03 Euro = 37,58 Euro. Kurz kann man dies errechnen, indem man folgende Gleichung nach dEW auflöst:
(dEW × 10%) : 11474 × 0,25% = 0,131.
185 Errechnet aus: (dEW × 10%) : 11474 × 0,25% = 0,455.

II. Investitionsplanung und Wirtschaftlichkeitsrechnung

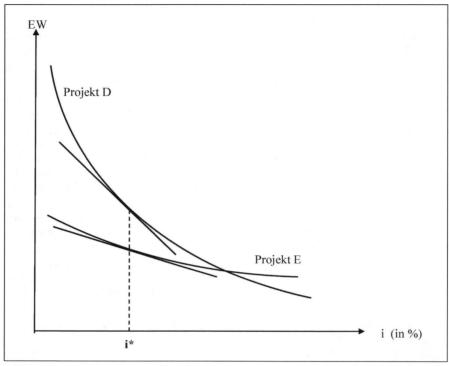

Abbildung 21: Projekte D und E, die bei gegebenem Zinssatz i* gleichzeitig unterschiedliche Zinselastizität und unterschiedlichen Ertragswert besitzen

nungszeitpunkt bezogenen zinsinduzierten Einkommenszuwachses oder -verlustes vorgenommen werden. Mit der Ermittlung der durchschnittlichen Kapitalbindungsdauer wird also ein einfaches und in einer Vielzahl unterschiedlichster Fälle gleichermaßen anwendbares *Risikomaß* für die Zinsempfindlichkeit von Investitions- und Finanzierungsprojekten gebildet, welches gleichermaßen zur Verringerung bis hin zur vollständigen Vermeidung[186] von *zinsinduzierten* Risiken wie auch zur ganz bewussten Spekulation auf Zinsänderungen dienen kann.

Die *praktische Anwendbarkeit* dieses Konzepts wird durch folgende Probleme *eingegrenzt*:

---

[186] Mit Hilfe der Duration kann man Investitionen derart zu einem Portefeuille zusammenfassen, dass dieses unabhängig von der Zinsentwicklung am Ende des festgelegten Planhorizonts einen geplanten Wert erreicht. Dieser Vorgang, der insbesondere bei festverzinslichen Finanzanlagen Anwendung findet, wird auch Zinsimmunisierung genannt. Allerdings ist eine vollständige Zinsimmunisierung unter realistischen Bedingungen – insbesondere bei Berücksichtigung von Transaktionskosten – kaum möglich. Vgl. weiterführend *Walz/Gramlich* (Fn. 165), 208–213; *Steiner/Bruns* (Fn. 171), S. 158–160.

– Die *Genauigkeit der Schätzung* sinkt mit wachsender Stärke der Zinsvariation, da es sich bei den Kapitalwertkurven nur um Punktelastizitäten handelt.
– Da die Duration jeder Finanzierung oder Investition ständig durch Zeitablauf sinkt, muss in bestimmten Intervallen – je nach gewünschter Genauigkeit – eine *Neuberechnung* dieser Kennzahl und eine hierauf aufbauende Neubewertung der Projekte erfolgen.
– Die Kennziffern Duration und Zinselastizität sind *relative Größen*, d.h. sie berücksichtigen das Volumen des Projekts nicht. Die absolute Höhe des Zinsänderungsrisikos kann erst bestimmt werden, wenn eine Multiplikation der Elastizitätsgröße mit dem Ertragswert des Projekts erfolgt. – Der direkte Schluss, eine höhere Duration bedinge ein betragsmäßig absolut höheres Zinsänderungsrisiko, ist daher nur bei Projekten mit in der Ursprungssituation gleicher Einkommenswirkung möglich.[187]

Bei Auswahlentscheidungen über Finanzanlagen kann man unproblematisch davon ausgehen, dass die letztgenannte Prämisse gegeben ist, da der Investor meist ein vorab definiertes Kapitalvolumen anlegen möchte. Gleiches gilt für Finanzierungsprojekte, da die Höhe der benötigten Mittel bekannt ist. Bei *Auswahlentscheidungen über Sachinvestitionen* kann es jedoch durchaus vorkommen, dass die Alternative mit der höheren Duration – ausgehend vom aktuell gültigen Kalkulationszinssatz – auch das höhere Einkommen verspricht. In diesem Fall kann *auf Basis der Duration keine eindeutige Entscheidung getroffen werden*, da man nicht ohne zusätzliche Hintergrundberechnungen feststellen kann, bis zu welcher Zinssteigerung der Einkommensvorsprung eines Projekts das höhere Zinsänderungsrisiko abpuffert. In diesem Fall muss folglich zur Abschätzung des Zinsänderungsrisikos mit Hilfe der Abzinsung der Zahlungsreihe bei alternativen Kalkulationszinssätzen eine *Analyse des Ertragswertkurvenverlaufs* (oder Kapitalwertkurvenverlaufs) erfolgen. Die vorstehende Abbildung 21 bringt diesen Zusammenhang zum Ausdruck.

(8) Weitere Arten und Varianten der Duration

Als Weiterentwicklung der oben ausführlich vorgestellten Duration nach *Macaulay* wurden in der Fachliteratur in der jüngeren Vergangenheit einige ausgewählte Varianten und Verfeinerungen vorgestellt, von denen die wichtigsten hier kurz erläutert werden sollen.

Die *Macaulay*-Duration verwendet in ihrer Berechnungsformel zur Abzinsung aller Zahlungen einen *einheitlichen Zinsfuß*. Dies entspricht der Annahme einer flachen Zinsstrukturkurve und stellt in den meisten Fällen eine hinreichend exakte Annäherung an die Realität dar. Eine exaktere Berechnung der Duration ist nach *Fischer* und *Weil*[188] (auch als „*Effective Duration*"[189] bezeichnet) im Falle des Vorliegens einer nicht-flachen Zinsstrukturkurve dadurch möglich, dass man für die Abzinsung der Zahlungen jeweils laufzeitspezifische Zinssätze wählt, also für die Abzinsung der nach einem Jahr eintreffenden Zahlung den einjährigen Zinssatz, für die nach zwei Jahren eintreffende Zahlung den zweijährigen Zinssatz usw. Die Abweichung zwischen der Duration nach *Macaulay* und der Duration nach *Fischer* und *Weil* ist jedoch recht gering,[190] so dass

---
187 Diese Bedingung war bei den oben verwendeten Beispielen stets erfüllt.
188 Vgl. *Fisher/Weil*, Journal of Business 1981, 408–431.
189 Vgl. *Steiner/Bruns* (Fn. 171), S. 166.
190 Vgl. *Gerke/Bank* (Fn. 158), S. 564.

II. Investitionsplanung und Wirtschaftlichkeitsrechnung

die Sinnhaftigkeit der exakten Berechnung auf wenige Anwendungsbereiche begrenzt ist.

Eine weitere Variante zur *Macaulay*-Duration stellt die *Modified* Duration dar. Die *Modified* Duration kann wie folgt aus der *Macaulay*-Duration abgeleitet werden:

Modified Duration = (Duration nach *Macaulay*)/(1+i).

Durch diese Umformung ist es möglich, die *prozentuale Kursauswirkung* einer Investition in Abhängigkeit einer Zinsänderung einfach abzuschätzen. Dies ist insbesondere bei der Bewertung von Anleihen nützlich. Die Modified Duration gibt dem Entscheidungsträger somit eine Kennzahl, mit der er sehr einfach und bequem die Barwertsensitivitäten (also z.B. zinsinduzierte Kursveränderungen bei börsennotierten Anleihen) überschauen kann.[191]

Wünscht der Entscheidungsträger statt prozentualer Angaben eine Information über den Absolutbetrag seines Zinsänderungsrisikos, so kann er alternativ auch mit der Kennziffer Euro-Duration arbeiten. Sie ergibt sich durch Multiplikation der *Modified* Duration mit dem Absolutbetrag (= Ertragswert) der im Zinsrisiko stehenden Position. Formelmäßig ergibt sich also:[192]

Euro Duration = *Modified* Duration × EW.

Es wird erkennbar, dass die Weiterentwicklungen und Varianten[193] zur *Macaulay*-Duration nur geringen zusätzlichen Nutzen erbringen, der auf spezifische Anwendungen beschränkt ist.

c) Zusammenfassende Checkliste und Anwendungshilfe für dynamische klassische Partialmodelle

Schritt 1: Dateninput: Geplante Nutzungsdauer des Projekts
Auszahlungen für das Projekt während der Nutzungsdauer
Einzahlungen aus dem Projekt während der Nutzungsdauer
Kalkulationszinsfuß des Investors „i"

Schritt 2: Kapitalwertmethode

Kapitalwert (C_0) = Summe aller auf den Betrachtungszeitpunkt t_0 abgezinsten Ein- und Auszahlungen eines Investitionsprojekts

Errechnung: $C_0 = \sum_{t=0}^{n}(e_t - a_t)(1+i)^{-t}$;

mit i = Kalkulationszinssatz
$e_t - a_t$ = Saldo der Ein- und Auszahlungen im Zeitpunkt t

Entscheidungsregel: $C_0 > 0$: Projekt ist absolut vorteilhaft
$C_0 < 0$: Projekt ist nicht absolut vorteilhaft
$C_{0A} > C_{0B} > 0$: Projekt A ist Projekt B vorzuziehen

---

191 Vgl. *Eller* (Fn. 123), S. 39.
192 Vgl. *Gerke/Bank* (Fn. 158), S. 563.
193 Zu weiteren Erscheinungsformen der Duration wie z.B. der Key Rate Duration vgl. *Steiner/Bruns* (Fn. 171), S. 167–170.

3. Dynamische Verfahren der Investitionsrechnung

Schwächen:
– Zur Ermittlung eines Kapitalwerts ist Kenntnis eines Kalkulationszinssatzes zwingend erforderlich.
– Bei Änderungen des Zinssatzes muss stets eine neue Rechnung erfolgen.

Schritt 3: Interne-Zinsfuß-Methode

Interne Rendite (r) = die effektive Verzinsung des in einem Investitionsprojekt gebundenen Kapitals; entspricht dem Zinssatz, bei dem der Kapitalwert „Null" wird.

Exakte Berechung: Auflösung der Gleichung

$$0 = \sum_{t=0}^{n}(e_t - a_t)(1 + i)^{-t} \quad \text{nach} \quad \text{„r"}$$

Näherungslösung: Lineare Interpolation zwischen zwei Zinssätzen, wobei der Kapitalwert des Projekts beim ersten gerade noch positiv, beim zweiten bereits negativ ist.

Entscheidungsregeln bei Investitionsprojekten:

$r > i$ Projekt ist absolut vorteilhaft.
$r < i$ Projekt ist nicht absolut vorteilhaft. Bei Finanzierungsprojekten kehren sich die Entscheidungsregeln gerade um.

Zum relativen Vorteilhaftigkeitsvergleich ist die Durchführung einer Komplement- oder einer Differenzinvestition erforderlich, sofern nicht offensichtlich erkennbar ist, dass das renditestärkere Projekt aufgrund höherer Kapitalbindung und längerer Kapitalbindungsdauer ein größeres Einkommen erzielt.

Schwächen:
– Vergleichsweise höherer Rechenaufwand als bei der Kapitalwertmethode,
– gegebenenfalls Korrekturrechnung (= Komplement/Differenzinvestition) erforderlich,
– Problematik der Mehrdeutigkeit bzw. fehlender Existenz interner Zinsfüße bei gemischten Projekten.

Schritt 4: Annuitätenmethode

Annuität (c) = Betrag, den der Investor am Ende jeder Periode (in gleichbleibender Höhe) entnehmen kann, ohne die Verzinsung (mit i%) und die Rückgewinnung des gebundenen Kapitals zu beeinträchtigen; entspricht dem Durchschnittseinkommen pro Periode.

Errechnung: Annuität = Kapitalwert × Annuitätenfaktor

$$c = C_0 \times \frac{i(1+i)^n}{(1+i)^n - 1}$$

Entscheidungsregel:
$c > 0$ Projekt ist absolut vorteilhaft
$c < 0$ Projekt ist nicht absolut vorteilhaft
$c_A > c_B > 0$ nur vergleichbar bei gleicher Laufzeit der Annuitätenzahlungen; Projekt mit höherer Rente ist vorzuziehen.

Schwächen: wie bei Kapitalwertmethode

II. Investitionsplanung und Wirtschaftlichkeitsrechnung

Schritt 5: Dynamische Amortisationsrechnung

Amortisationsdauer = Zeitraum „x", in dem der Barwert anfallender Einzahlungs-
oder Pay-off-Periode überschüsse die Höhe der Anschaffungsauszahlung „a_0"
erreicht.

Exakte Berechnung: Auflösung der Gleichung

$$\sum_{t=1}^{x}(e_t - a_t)(1+i)^{-t} = a_0 \quad \text{nach} \quad \text{„x"}$$

Entscheidungsregel: Amortisationsdauer „x" ≤ Nutzungsdauer → Projekt ist absolut vorteilhaft

Schwächen:

– Aufgrund der erheblichen Mängel dieser Methode wird von der alleinigen Orientierung von Investitionsentscheidungen an Pay-off-Zeiträumen dringend abgeraten.

Schritt 6: Methode zur Ermittlung der Duration

Duration (D) = Zeitraum, der im Durchschnitt verstreicht, bis die aus einem Projekt zu erhaltenden (Investition) oder zu zahlenden (Finanzierung), Zahlungsausprägungen der Perioden t_1 bis t_n erfolgen = mittlere Fälligkeit einer Zahlungsreihe.

Errechnung: Division des zeitlich gewichteten Ertragswerts eines Projekts durch den einfachen Ertragswert. Dies ergibt ein Ergebnis, welches auf Zeiteinheiten lautet.

$$D = \frac{\sum_{t=1}^{n} \times R_t \times t \times (1+i)^{-t}}{\sum_{t=1}^{n} \times R_t \times (1+i)^{-t}}$$

Interpretation: Die Höhe der Duration kann als Indikator für die Zinsempfindlichkeit eines Projekts verstanden werden.

Entscheidungsregeln: Zur Minimierung (Maximierung) der Auswirkungen von Zinsänderungen auf den Ertragswert ist das Projekt mit der geringsten (größten) Duration auszuwählen.

Schwächen:

– Die ausschließliche Orientierung an der durchschnittlichen Kapitalbindungsdauer ist nur bei Alternativen zulässig, die in der Ausgangssituation vergleichbare Ertragswerte (Einkommensleistungen) versprechen.

d) Fallbeispiel zu den klassischen Partialmodellen der dynamischen Investitionsrechnung

Dateninput:

Eine Druckerei-GmbH, die auf Grund der sehr guten Auftragslage und der Vollauslastung der bisherigen Kapazität expandieren will, prüft folgende Angebote „A" (Kauf einer Anlage) und „B" (Leasing einer Anlage) und erstellt dazu folgende Zahlungsreihen für die vorgesehene Nutzungsdauer von fünf Jahren:

Projekt A

Zahlungszeitpunkt	t_0	t_1	t_2	t_3	t_4	t_5
Zahlungen für Anschaffung	−180					
Löhne/Sozialbeiträge		− 70	− 74	− 78	− 83	− 88
Roh-, Hilfs-, Betriebsstoffe		− 30	− 31	− 32	− 34	− 36
Gewerbe-/Vermögensteuer		− 5	− 5	− 6	− 6	− 7
Einzahlungen aus Umsatzerlösen		+140	+150	+160	+170	+180
Restverkaufserlös am Ende der geplanten Nutzungsdauer						+ 50
Saldo der Zahlungen	−180	+ 35	+ 40	+ 44	+ 47	+ 99

Projekt B

Zahlungszeitpunkt	t_0	t_1	t_2	t_3	t_4	t_5
Zahlungen für Anzahlungen	− 30					
Leasingrate		− 45	− 45	− 45	− 45	− 45
Löhne/Sozialbeiträge		− 70	− 74	− 78	− 83	− 88
Roh-, Hilfs-, Betriebsstoffe		− 28	− 29	− 30	− 32	− 34
Gewerbe-/Vermögensteuer		−	− 1	− 1	− 2	− 2
Einzahlungen aus Umsatzerlösen		+140	+150	+160	+170	+180
Operationspreis für Erwerb der Anlage nach fünf Jahren						− 10
Restverkaufserlös (Marktwert der Anlage)						+ 50
Saldo der Zahlungen	− 30	− 3	+ 1	+ 6	+ 8	+ 51

Beide Projekte wurden hälftig mit Eigenkapital und hälftig mit einem langfristigen Kredit finanziert. Während der Kredit einen Effektivzins von 9% kostet, entgehen bei den Eigenmitteln Anlagemöglichkeiten (= Existenz von Opportunitätskosten) mit einer Rendite von 7%. Diese Finanzierungsstruktur soll während der gesamten Laufzeit aufrechterhalten werden. Folglich wird von einer Kalkulationsbasis in Höhe von 8% ausgegangen.

II. Investitionsplanung und Wirtschaftlichkeitsrechnung

Schritt 1: Kapitalwertmethode

Der Kapitalwert ist auf Basis eines Kalkulationszinssatzes von 8% zu ermitteln.

	A	B
Kapitalwert C_0:	23,55	13,43

Beide Projekte sind für sich gesehen vorteilhaft, Projekt A ist vorzuziehen.

Schritt 2: Interne-Zinsfuß-Methode

Die Berechnung der Kapitalwerte bei unterschiedlichem Kalkulationszinsfuß ergibt:

$i =$	8%	12%	13%	16%	17%
$C_0(A) =$	23,55	0,50	−4,65	−18,82	−23,16
$C_0(B) =$	13,43	6,41	4,87	+ 0,70	− 0,56

Mit linearer Interpolation lassen sich folgende Näherungswerte ermitteln:

$r_A = 12,1\%$ $r_B = 16,56\%$.

Projekt A weist zwar eine geringere Rendite auf als Projekt B, jedoch ist bei A ein wesentlich höheres Kapital für eine durchschnittlich längere Dauer gebunden. Eine Entscheidung für das Projekt mit der höheren Rendite (B) wäre für einen Investor mit einem Kalkulationszinsfuß i = 8% – wie aus dem Ergebnis der vorstehenden Berechnung auf Basis der Kapitalwertmethode erkennbar – eine Fehlentscheidung.

Dies lässt sich alternativ mit Hilfe einer Differenz- oder einer Komplementinvestition belegen. Der Vollständigkeit halber werden hier beide Ergänzungsrechnungen durchgeführt.

Differenzinvestition:

	t_0	t_1	t_2	t_3	t_4	t_5
(A–B)	−150	+38	+39	+38	+39	+48

Ermittlung der internen Rendite der Differenzinvestition:

Kalkulationszinsfuß	8%	10%	12%
$C_0 (A–B) =$	+10,12	+1,77	−5,91

Hieraus ergibt sich als interne Rendite

$r_{(A-B)} = 10,46\%$.

Da die interne Rendite der Differenzinvestition über dem Kalkulationszinsfuß liegt, ist die Differenzinvestition zu realisieren, d. h. Projekt A, das die Differenzinvestition ja enthält, ist Projekt B vorzuziehen, womit sich das gleiche Ergebnis wie bei der Kapitalwertmethode ergibt. Die über dem Kalkulationszinssatz liegende Rendite zeigt nämlich an, dass sich die Mehrbindung von Kapital beim Übergang von Projekt B zu Projekt A besser verzinst als bei Anlage der Mittel am Restkapitalmarkt. Die interne Rendite der

Differenzinvestition gibt gleichzeitig den kritischen Wert für den Kalkulationszinsfuß an, bei dem die Vorteilhaftigkeit von Projekt A nach Projekt B umschlägt. Übersteigt die Restkapitalmarktrendite also 10,45 %, so ist der Entscheidungsträger mit Projekt B besser beraten.

Komplementinvestition:

	t_0	t_1	t_2	t_3	t_4	t_5
Zahlungsreihe A	−180	+35	+40	+44	+47	+99
Zahlungsreihe B	− 30	− 3	+ 1	+ 6	+ 8	+51
Zahlungsreihe B_k	−150	+38	+39	+38	+39	bleibt offen

Ermittlung des durch B_k erzielten Anlageerfolgs in t_5:

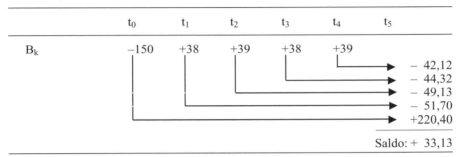

Saldo: + 33,13

Zusammengefasste Zahlungsreihe von B + B_k:

t_0	t_1	t_2	t_3	t_4	t_5
−180	+35	+40	+44	+47	+84,13

Ermittlung der internen Verzinsung von B + B_k

C_0 von B + B_k / 11 % = − 2,94
C_0 von B + B_k / 10 % = + 2,27

Durch die lineare Approximation ergibt sich eine interne Verzinsung von B + B_k in Höhe von 10,44 %. Da Projekt A bei einem identischen Kapitalbindungsverlauf 12,1 % Rendite erwirtschaftet, wird auch beim vollständigen Renditevergleich das Projekt A bevorzugt.

Obwohl in dem hier gewählten Beispiel beim Leasing eine höhere Rendite als beim Kauf zu erzielen ist, verspricht der Kauf infolge des höheren Kapitaleinsatzes höhere Entnahmemöglichkeiten als das Anlagenleasing. Dieses Ergebnis gilt allerdings nur bei isolierter Betrachtung der hier diskutierten Investitionsentscheidung. Sieht der Unternehmer weitere interessante Investitionsmöglichkeiten (Rendite über dem Kalkulationszinssatz von 8 %), und bedeutet die Entscheidung zum Anlagenkauf infolge des be-

II. Investitionsplanung und Wirtschaftlichkeitsrechnung

grenzten Kapitals und der begrenzten Kreditaufnahmemöglichkeiten einen Verzicht auf diese anderen Investitionen, so erfordert der dann durchzuführende Wirtschaftlichkeitsvergleich eine Einbeziehung weiterer in Frage kommender Investitionen. Es sind in diesem Fall alle möglichen Kombinationen der einzelnen Investitionsvorhaben zu bilden und zu vergleichen, wobei der Vergleich selbst wiederum mit der Kapitalwertmethode oder der internen Zinsfußmethode durchgeführt werden kann.

Schritt 3: Annuitätenmethode

Annuität $c = C_0 \times w$; wobei w den Wiedergewinnungsfaktor darstellt.

Die Überschussannuitäten der Projekte betragen:

A = 23,55 × 0,2505 = 5,9
B = 13,43 × 0,2505 = 3,36

Aufgrund der identischen Nutzungsdauer der beiden Projekte sind die Annuitäten direkt vergleichbar. Das Ergebnis der Annuitätenmethode bestätigt somit das Ergebnis der Kapitalwertmethode, nämlich die relative Überlegenheit des Projekts A gegenüber der Alternative B.

Macht man sich jedoch die Mühe, die Überschussannuität nicht direkt aus dem Kapitalwert der Projekte, sondern aus den verrenteten Ursprungszahlungsreihen herzuleiten, so ergibt sich aufgrund der schwächer aggregierten Daten eine weitergehende und detailliertere Information über die Unterschiede zwischen den Projekten. Daher werden im Folgenden noch die Werte für Kapitaldienst und Periodenüberschussannuität gegenübergestellt.

Kapitaldienst Projekt A = − 180 × 0,2505 = − 45,09

Kapitaldienst Projekt B = − 30 × 0,2505 = − 7,52

Periodenüberschussannuität:

1. Schritt: Ermittlung des Ertragswerts der laufenden EZÜ/AZÜ
Projekt A: Ertragswert 8 % = +203,55
Projekt B: Ertragswert 8 % = + 43,43

2. Schritt: Umformung des EW in eine Rente fünfjähriger Laufzeit bei 8 % Zins
Projekt A: 203,55 × 0,2505 = +50,99
Projekt B: 43,43 × 0,2505 = +10,88

3. Schritt: Ermittlung der Überschussannuität durch Gegenüberstellung von Kapitaldienst und Periodenüberschussannuität

```
        PÜA               KD
A: =    +50,99   minus    45,09 = 5,9
B: =    +10,88   minus     7,52 = 3,36
```

Die rechenaufwendigere Ermittlung der Überschussannuität gibt dem Entscheidungsträger eine zusätzliche Information über das Verhältnis zwischen durchschnittlichen laufenden Ein- und Auszahlungen einerseits sowie dem Kapitaldienst andererseits. Die Analyse dieser Relationen liefert dem Investor zusätzliche Informationen über den Risikogehalt eines Projekts, indem sie die entnahmefähige Rente in ein Verhältnis zum Gesamtvolumen setzt.

Schritt 4: Dynamische Amortisationsrechnung

Die Kumulation der abgezinsten Einzahlungsüberschüsse erreicht bei beiden Projekten erst im fünften Jahr die Höhe der Anschaffungsauszahlung. Aus der Amortisationsdauer lässt sich, wie sich an diesem Ergebnis zeigen lässt, in vielen Fällen keine Entscheidung zwischen verschiedenen Projekten ableiten und auch keine zusätzliche Information gewinnen.

Das vorliegende Beispiel macht außerdem deutlich, wie heikel die isolierte Interpretation von Wiedergewinnungszeiträumen ist. Bei realistischer Betrachtung muss man davon ausgehen, dass die Unternehmung sich bei der Entscheidung für Alternative B nicht ohne finanzielle Nachteile vorzeitig aus dem Leasingvertrag lösen kann, da sie sich vertraglich für eine bestimmte Nutzungszeit gebunden hat. Die bei der Alternative B verringerten Anfangsauszahlungen sind somit lediglich auf die Nutzungsdauerperioden umverteilt. Selbst wenn Projekt B also eine kürzere Nutzungsdauer haben würde, wäre dies kein Beweis dafür, dass das Risiko dieser Alternative im Vergleich zu Projekt A geringer ist, da bei vorzeitigem Abbruch noch Auszahlungen für die Leasingraten oder eine Konventionalstrafe anfallen würden.

Schritt 5: Duration

Die Ermittlung der durchschnittlichen Kapitalbindungsdauer zur Abschätzung von Zinsänderungsrisiken ist im vorliegenden Fall ganz offensichtlich nicht angebracht, da es sich um Projekte handelt, deren Einkommenswerte bereits beim Ursprungszins von i = 8% erheblich voneinander abweichen. Die Anwendung des Durationskonzepts zur Messung von Zinsänderungsrisiken ist aufgrund des Fehlens der hierzu erforderlichen Voraussetzungen also nicht sachgerecht.

4. Statische Verfahren der Investitionsrechnung

a) Gemeinsame Merkmale statischer Rechenverfahren

Die statischen Rechenverfahren (genauer: statische Partialmodelle)[194] setzen einschränkende Annahmen voraus, die deutlich über die der dynamischen Modelle hinausgehen. Dies bedeutet eine weitere Entfernung von der Realität. In Entscheidungssituationen, in denen der Verlust an Exaktheit jedoch noch akzeptabel erscheint, spricht die leichtere Anwendbarkeit hingegen für die statischen Verfahren:

– Der zeitliche Anfall der Rechenelemente nimmt keinen speziellen Einfluss auf das Ergebnis der Rechnung. Durch die für statische Verfahren typische *Durchschnittsbildung* (Werte pro Periode) fließen die Projektdaten in gleicher absoluter Höhe in die Rechnung ein, gleichgültig ob sie zu Beginn oder am Ende der Nutzungsdauer einer Investition anfallen. Die zu bewertenden Alternativen werden somit nicht suk-

---

194 Vgl. grundsätzlich *Blohm/Lüder* (Fn. 106), S. 157–175; *Eichholz* (Fn. 18), S. 32–37; *Matschke*, in: Gerke/Steiner, Handwörterbuch des Bank- und Finanzwesens, 3. Aufl. 2001, Sp. 1126–1140; *Meffle/Heyd/Weber*, Das Rechnungswesen der Unternehmung als Entscheidungsinstrument, Bd. 1, 4. Aufl. 2003, S. 362–380; *Perridon/Steiner* (Fn. 26), S. 39–58; *Rolfes*, wisu 1986, 411–417; *Schäfer* (Fn. 33), S. 29–66.

zessiv für alle Perioden durchgerechnet. Vielmehr wird die Analyse auf eine Durchschnittsperiode beschränkt.[195]
– Statische Verfahren arbeiten mit *Größen, die im Rechnungswesen erfasst werden*, d.h. mit Kosten und Erlösen bzw. mit Aufwendungen und Erträgen. Sie basieren nicht auf Ein- und Auszahlungen, obwohl sich die finanziellen Ziele des Investors auf die Zahlungsmittelebene richten. Sie sind jedoch wiederum kompatibel mit dem periodenbezogenen Denken im Rahmen von Bilanz sowie GuV wie auch mit modernen Steuerungs- und Bewertungsverfahren von Unternehmen auf Basis des Rechnungswesens.[196]
– Zweckmäßigerweise werden *Daten des internen Rechnungswesens, d.h. der Kosten- und Leistungsrechnung, benutzt*. Damit kann dem Einwand begegnet werden, dass bilanzpolitische Überlegungen die Erfolgsgrößen beeinflussen, wie dies bei Orientierung am externen Rechnungswesen eventuell der Fall ist. Orientiert man sich dennoch – etwa aus Sicht externer Analysten – an Bilanz sowie GuV, so sind entsprechende Korrekturen (Conversions) erforderlich.[197]

Die gebräuchlichsten statischen Verfahren werden nach dem zugrunde gelegten Vorteilhaftigkeitskriterium unterschieden in:

– Kostenvergleichsrechnung,
– Gewinnvergleichsrechnung,
– Rentabilitätsvergleichsrechnung,
– (statische) Amortisationsrechnung.

b) Ausgewählte statische Rechenverfahren

aa) Kostenvergleichsrechnung

(1) Anwendungsbereich

Das einfachste Verfahren der Investitionsplanung[198] stellt die Kosten der einzelnen zur Diskussion stehenden Alternativen einander gegenüber und empfiehlt die *Auswahl des kostengünstigsten Projekts*. Die Kostenvergleichsrechnung unterstützt somit grundsätzlich nur *relative Vorteilhaftigkeitsentscheidungen*.[199] Ein absoluter Vorteilhaftigkeitsvergleich ist nicht möglich, da die Information fehlt, ob die ermittelten Kosten durch die (im Rahmen der Investition) erzielbaren Erlöse übertroffen werden.

---

195 Vgl. *Peemöller* (Fn. 9), S. 303; *Schäfer* (Fn. 33), S. 29–31. Es entfällt somit die für dynamische Verfahren typische Barwertbildung durch Diskontierung.
196 Dazu zählt speziell der Ansatz des Economic Value Added (EVA), vgl. *Eidel*, Moderne Verfahren der Unternehmensbewertung und Performancemessung, 2. Aufl. 2000, insbes. S. 69–79; *Langguth/Marks*, FB 2003, 615–624.
197 Diese können allerdings sehr vielfältig sein. So werden etwa im Rahmen des Economic Value Added (vgl. auch die nachfolgenden Ausführungen in Gliederungspunkt II. 4. b) bb) zum Gewinnvergleich) über 100 Conversions vorgegeben. Sie sind in Operating, Funding, Tax und Shareholder Conversions gruppiert, vgl. *Spremann* (Fn. 8), S. 117.
198 Vgl. zur Kostenvergleichsrechnung *Blohm/Lüder* (Fn. 106), S. 157–166; *Matschke* (Fn. 194), Sp. 1127–1129; *Perridon/Steiner* (Fn. 26), S. 40–49.
199 Vgl. *Kruschwitz* (Fn. 75), S. 36.

4. Statische Verfahren der Investitionsrechnung

Beim Vergleich mehrerer Projekte können mit dem Auswahl- und Ersatzproblem zwei Arten von Problemstellungen gegeben sein.[200] Beim *Auswahlproblem* geht es darum, die Kosten alternativer neuer Projekte zu vergleichen, um ein kostenminimales Investitionsprojekt zu errichten oder zu erwerben. Kennzeichnend für diese Entscheidungssituation ist, dass zum Zeitpunkt der Vorteilhaftigkeitsanalyse noch keine der zur Diskussion stehenden Alternativen beim Entscheidungsträger installiert ist. Hingegen stellt sich beim *Ersatzproblem* die Frage, ob und gegebenenfalls zu welchem Zeitpunkt eine bereits vorhandene und in Betrieb befindliche Anlage durch eine Neuinvestition unter Kostengesichtspunkten zu substituieren ist.[201]

Der Kostenvergleich kann als Vergleich der Gesamtkosten und/oder der Stückkosten vorgenommen werden und setzt dabei unterschiedliche Prämissen voraus:

Sofern bei der Kostenvergleichsrechnung nur eine *Gegenüberstellung der Gesamtkosten* verschiedener Investitionsprojekte pro Periode vorgenommen wird, muss gewährleistet sein, dass die Investitionsalternativen die *gleiche quantitative und qualitative Leistung* abgeben.

Ist die Qualität bei den zur Auswahl stehenden Projekten zwar identisch, aber die geplante *Leistungsmenge unterschiedlich*, so ist ein Vergleich der Gesamtkosten pro Periode unzureichend und muss durch eine *Gegenüberstellung der Stückkosten* ersetzt werden.

Treten lediglich quantitative Leistungsunterschiede auf, so ist die Minimierung der Stückkosten dann korrekt, wenn die Alternative mit den *geringeren Stückkosten auch die höhere Auslastung* aufweist. Besitzt dagegen die Alternative mit den *höheren Stückkosten den größeren Output*, so kann die Wahl des Projekts mit den niedrigeren Stückkosten eine Fehlentscheidung darstellen. In Abhängigkeit von der Höhe des Verkaufspreises und der Outputmenge kann sich nämlich die relative Vorteilhaftigkeit der Alternativen umkehren. Allerdings kann man die „richtige" Alternative in dieser Fallkonstellation erst durch einen Gewinnvergleich erkennen.

Beispiel:

Projekt A: Stückkosten 13,50 Euro; jährlicher Output 20 000 Stück,
Projekt B: Stückkosten 13,75 Euro; jährlicher Output 23 000 Stück.

Bei einem Verkaufspreis von 15 Euro erbringt Projekt A mit 30 000 Euro (1,50 Euro/Stück × 20 000 Stück) gegenüber Projekt B mit 28 750 Euro (1,25 Euro/Stück × 23 000 Stück) den höheren Gesamtgewinn und ist somit relativ vorteilhaft. Steigt der Verkaufspreis jedoch auf 15,50 Euro, so erbringt Projekt B mit 40 250 Euro (1,75 Euro/Stück × 23 000 Stück) einen höheren Gesamtgewinn als Projekt A mit 40 000 Euro (2 Euro/Stück 20 000 Stück).

Außerdem muss berücksichtigt werden, dass die *Stückkosten* beim Vorliegen fixer Kostenbestandteile (dies ist die Regel) zwangsläufig in *Abhängigkeit von der Kapazitätsauslastung variieren*, so dass in diesem Fall der Wechsel der relativen Vorteilhaftigkeit in Abhängigkeit vom Auslastungsgrad festgestellt werden müsste.[202] Weisen die Leistungen der zu vergleichenden Investitionsprojekte *qualitative Leistungsunterschiede*

---

200 Vgl. *Däumler* (Fn. 65), S. 163 ff.; *Schäfer* (Fn. 33), S. 39–41.
201 Zur weiterführenden Darstellung des Auswahl- und Ersatzproblems vgl. *Matschke* (Fn. 194), Sp. 1129; *Perridon/Steiner* (Fn. 26), S. 42–48.
202 Vgl. *Blohm/Lüder* (Fn. 106), S. 159 f., S. 164.

II. Investitionsplanung und Wirtschaftlichkeitsrechnung

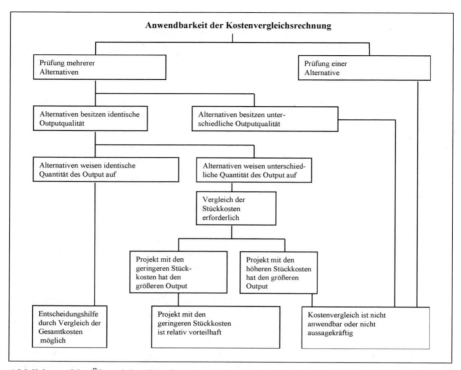

Abbildung 22: Übersicht über den Anwendungsbereich der Kostenvergleichsrechnung

auf, so ist die *Anwendung einer reinen Kostenvergleichsrechnung grundsätzlich nicht sachgerecht*, da man den ermittelten Kostengrößen erst noch positive Rechenelemente (Erträge, Erlöse) gegenüberstellen muss, die in Abhängigkeit von der unterschiedlichen Qualität des Output verschieden hoch sind.

Der Anwendungsbereich der Kostenvergleichsrechnung ist also stark eingeschränkt. Diese Tatsache verdeutlicht Abbildung 22 nochmals im Überblick.

(2) Aufbau

In den Kostenvergleich sollen möglichst alle auftretenden Kostenarten einbezogen werden. Von wesentlicher Bedeutung sind[203]

– die (einmaligen) *Kosten der Beschaffung von Investitionsanlagen* bzw. die Wertminderung der Anlagen pro Periode,
– die (laufenden) *Kosten der Investitionsdurchführung*, d. h. Betriebskosten wie Löhne und Gehälter inklusive entsprechender Nebenkosten, Energie-, Raum-, Material-, Werkzeug- und Instandhaltungs-/Reparaturkosten,

---

[203] Vgl. zu Kostenarten und -planung *Meffle/Heyd/Weber* (Fn. 194), S. 34–62; *Peemöller* (Fn. 9), S. 238–240, 257–299.

- die *Finanzierungskosten* des eingesetzten Kapitals,
- die *Kosten der Beendigung* der Investition[204] bzw. des Abbaus von Anlagen.

Da es sich in der Regel um *Investitionsprojekte mit mehrperiodiger Nutzungsdauer* handelt, werden der Entscheidungsfindung die *Durchschnittskosten pro Periode* zugrunde gelegt. Die Ermittlung dieser Durchschnittskosten soll für Abschreibungen und Zinsen kurz erläutert werden. Als Periode wird dabei jeweils ein Jahr zugrunde gelegt, es handelt sich bei den folgenden Durchschnittsgrößen jeweils um Werte p. a. Die durchschnittliche *Abschreibung pro Periode* entspricht der durchschnittlichen jährlichen Wertminderung und ergibt sich als:

$$\varnothing \text{ Abschreibung pro Periode} = \varnothing A = \frac{I_0 - RW}{n},$$

mit I_0 = Anschaffungspreis der Investition,
RW = Restwert bzw. Restverkaufserlös,
n = Nutzungsdauer.

Der Restverkaufserlös wird vom Anschaffungspreis in Abzug gebracht, da er der Unternehmung nach Nutzung des Projekts wieder zufließt und somit keinen Werteverzehr darstellt. Von ihm darf somit nicht abgeschrieben werden.

Die *durchschnittlichen Zinskosten pro Periode* werden als Zinsen pro Jahr auf das *im Mittel durch das Projekt gebundene Kapital* mit folgendem Ansatz berechnet:[205]

$$\varnothing \text{ Zinsen pro Periode} = \frac{I_0 + (RW + \varnothing A)}{2} \times i$$

mit i = Kalkulationszinsfuß (als Prozentsatz).

Der Aufbau der Formel wird dann verständlich, wenn man bedenkt, dass die *durchschnittliche Kapitalbindung* als einfaches arithmetisches Mittel aus der Kapitalbindung am Anfang der ersten Periode und der Kapitalbindung am Anfang der letzten Periode gebildet wird. Wie aus Abbildung 23 ersichtlich ist, entspricht die Kapitalbindung zu Beginn der ersten Periode exakt der Anschaffungsauszahlung, während sich die Kapitalbindung zu Beginn der letzten Periode aus dem Restverkaufserlös *und* der durchschnittlichen Abschreibung zusammensetzt. Dem liegt die Annahme zugrunde, dass kapitalrückführende Einzahlungen in Form von Abschreibungsgegenwerten jeweils erst am Periodenende anfallen. In der Literatur findet sich jedoch auch die Annahme, dass sich die Amortisation des gebundenen Kapitals kontinuierlich über die gesamte Periode verteilt,[206] wodurch die durchschnittliche Kapitalbindung um eine halbe jährliche Abschreibung geringer angesetzt wird.[207]

---

204 Beispielsweise können die beim Abbau eines Kraftwerks oder die für die Dekontamination von Standorten eines chemischen Betriebes erforderlichen Kosten immens sein.

205 Der Ansatz von Zinskosten ist unabhängig davon, ob das Projekt mit Eigen- oder mit Fremdkapital finanziert wird. Bei der Finanzierung mit Eigenkapital werden kalkulatorische Zinsen i. S. v. Opportunitätskosten angesetzt. Vgl. zu entsprechenden „Hurdle Rates" auch Gliederungspunkt II. 4. b) cc) (2).

206 Vgl. *Perridon/Steiner* (Fn. 26), S. 40.

207 Die Formel zur Ermittlung der durchschnittlichen Zinsen lautet dann:

$$\varnothing \text{Zinsen} = \frac{\text{Anschaffungspreis} + \text{Restverkaufserlös}}{2} \times i.$$

II. Investitionsplanung und Wirtschaftlichkeitsrechnung

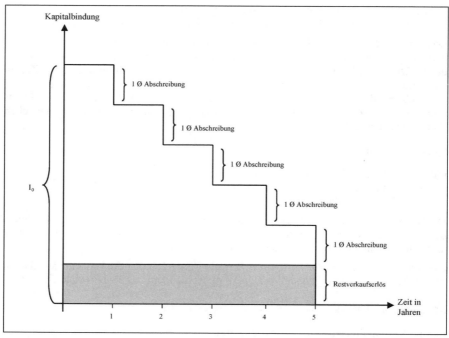

Abbildung 23: Verlauf der Kapitalbindung bei regelmäßiger Abschreibung und Annahme eines Restverkaufserlöses

Das nachfolgende Beispiel verdeutlicht die Anwendung der Kostenvergleichsrechnung.

Beispiel:

Ein neugegründetes Taxiunternehmen plant den Kauf eines Personenwagens. Es stehen Typ A und Typ B zur Auswahl, die sich gegenseitig ausschließen. Unter Verwendung folgender Daten soll ein Kostenvergleich die Entscheidung zwischen Typ A und Typ B erleichtern.

	Typ A	Typ B
Anschaffungspreis des PKW	20 000 Euro	25 000 Euro
Fixe Betriebskosten pro Jahr ohne Abschreibung und Zinsen	14 000 Euro	14 000 Euro
Variable Betriebskosten pro km	0,20 Euro	0,25 Euro
Voraussichtliche Fahrleistung pro Jahr	30 000 km	32 000 km
Geplante Nutzungsdauer	zwei Jahre	drei Jahre
Restverkaufserlös am Ende der geplanten Nutzungsdauer	6 000 Euro	5 500 Euro

Beide Projekte werden zu 60 % mit Fremdkapital und zu 40 % mit Eigenkapital finanziert. Für beide Kapitalarten wird ein Zinssatz von 10 % kalkuliert.

Ermittlung der durchschnittlichen Gesamtkosten pro Periode:

Typ A	Euro
Fixe Kosten:	
Fixe Betriebskosten =	14 000
$\varnothing$ Abschreibung p. a. $=\dfrac{(20\,000 - 6\,000)}{2}=$	7 000
$\varnothing$ Zinsen p. a. $=\dfrac{(20\,000 + 7\,000 + 6\,000) \times 10}{2 \times 100}=$	1 650
Variable Kosten:	
Variable Betriebskosten p. a. = 30 000 km × 0,20 Euro =	6 000
$\varnothing$ Gesamtkosten Typ A p. a.	28 650

Typ B	Euro
Fixe Kosten:	
Fixe Betriebskosten =	14 000
$\varnothing$ Abschreibung p. a. $=\dfrac{(25\,000 - 5\,500)}{3}=$	6 500
$\varnothing$ Zinsen p. a. $=\dfrac{(25\,000 + 6\,500 + 5\,500) \times 10}{2 \times 100}=$	1 850
Variable Kosten:	
Variable Betriebskosten p. a. = 32 000 km × 0,25 Euro =	8 000
$\varnothing$ Gesamtkosten Typ B p. a.	30 350

Aus diesem Ergebnis könnte geschlossen werden, dass nach der Methode des Kostenvergleichs Typ A vorzuziehen ist. Dies ist aber nicht sachgerecht, denn der obigen Vergleichsrechnung liegt eine *unterschiedliche quantitative Leistungsabgabe* zugrunde. Die Gesamtkosten pro Periode sind so nicht vergleichbar. Berechnet man die Kosten pro Leistungseinheit (km), so ergibt sich:

Typ A: 28 650 Euro : 30 000 km = 0,955 Euro/km
Typ B: 30 350 Euro : 32 000 km = 0,948 Euro/km.

Demnach ist gemäß der Kostenvergleichsmethode Typ B vorzuziehen. Die Bedingung *„niedrigere Stückkosten und höhere Auslastung"* ist bei Typ B erfüllt, so dass eine Entscheidung mit Hilfe der Kostenvergleichsmethode zum gleichen Ergebnis führen muss wie bei der Verwendung der Gewinnvergleichsmethode. Außerdem muss sichergestellt sein, dass der Erlös pro Kilometer bei beiden Taxen identisch ist, d. h. keine qualitativen Unterschiede des Output bestehen, da ansonsten der Stückkostenvergleich nicht zulässig wäre.

bb) Gewinnvergleichsrechnung

(1) Ansatzpunkte

Das Entscheidungskriterium der Gewinnvergleichsrechnung[208] bildet der *„durchschnittliche Gewinn pro Periode"*. Dieser ist definiert als Saldo zwischen den durchschnittlichen Erlösen pro Periode und den durchschnittlichen Kosten pro Periode. Allerdings bestehen vielfältige Formen der *Gewinnermittlung*: Diese unterscheiden sich u. a. dadurch, in welchem Umfang Kosten einbezogen werden. Die gewinnrelevanten Daten können aus dem internen Rechnungswesen (Kosten- und Leistungsrechnung) direkt oder aber unter Berücksichtigung von Korrekturen (*Conversions*) aus dem externen Rechnungswesen in das interne übernommen werden.[209]

Ausgewählt wird die *Alternative mit dem maximalen durchschnittlichen Gewinn* (pro Periode). Bei diesem Verfahren wird der Entscheidung eine breitere Informationsbasis als bei der Kostenvergleichsrechnung zugrunde gelegt. Unter anderem müssen zu bewertende Projekte weder qualitativ noch quantitativ eine identische Leistung haben, da entsprechende Unterschiede in den Erlösen und Kosten bereits enthalten sind. Das Entscheidungskriterium „Gewinn" weist zudem eine engere Beziehung zum eigentlichen Ziel des Entscheidungsträgers „Maximierung der Einkommenszahlungen" auf als das zuvor verwendete Kriterium der Gesamt- oder Stückkosten. Es ist zudem möglich, die *absolute Vorteilhaftigkeitsentscheidung* bei Vorliegen nur eines *Projekts* zu fällen und dieses isoliert zu überprüfen.

Da die Entscheidungsregel aber am *Gewinn pro Periode* (und nicht dem Gewinn über die gesamte Projektdauer) ansetzt, können *Fehlentscheidungen* dann bewirkt werden, wenn *Unterschiede in der Nutzungsdauer* der zu vergleichenden Projekte bestehen.[210] Dieses Problem tritt allerdings nicht auf, wenn nach Ablauf der Nutzungsdauer die Reinvestition in ein identisches Projekt gewährleistet ist. Zu einer sinnvollen Interpretation des Ergebnisses ist also eine Annahme darüber erforderlich, wie gewinnbringend das Kapital nach Ablauf des Projekts eingesetzt werden kann. Unter praktischen Gesichtspunkten (Dynamik der Märkte, technischer Fortschritt, schnelle Veralterung von Produkten und Prozessen) ist die obige Annahme der Reinvestition in ein identisches Projekt sehr kritisch zu bewerten.

Nachstehend wird die Gewinnvergleichsrechnung auf das obige Beispiel angewandt, wobei angenommen werden soll, dass der *erzielbare Erlös* pro km Fahrleistung bei beiden Alternativen ein Euro beträgt. Somit ergibt sich folgender kalkulatorischer Gewinn pro Jahr:

---

208 Vgl. grundsätzlich *Meffle/Heyd/Weber* (Fn. 194), S. 369–372; *Schäfer* (Fn. 33), S. 50–56.
209 Bekannte Vorgehensweisen zur Umrechnung des Gewinns aus der Handelsbilanz in einen kalkulatorischen bzw. ökonomisch sachgerechteren Gewinn bieten etwa die Berechnung des normalisierten Jahresüberschusses nach dem Schema der DVFA sowie die Ermittlung des Economic Value Added (eine Form des Übergewinns) nach der Konzeption von *Stern/Steward*. Vgl. DVFA, WPg 1993, 599–602; *Steward*, The Quest for Value, New York 1991. Vgl. zu den Conversions auch *Eidel* (Fn. 196), S. 229–235.
210 Vgl. *Kruschwitz* (Fn. 75), S. 35.

Typ A		Euro
	⌀ Erlös pro Periode = 30 000 km × 1,00 Euro/km =	30 000
./.	⌀ Gesamtkosten p. a. =	28 650
=	⌀ Gewinn p. a.	1 350

Typ B		Euro
	⌀ Erlös pro Periode = 32 000 km × 1,00 Euro/km	32 000
./.	⌀ Gesamtkosten p. a. =	30 350
=	⌀ Gewinn p. a.	1 650

Mit Typ B wird also pro Periode ein um 300 Euro höherer kalkulatorischer Durchschnittsgewinn erzielt als mit Typ A. Typ B ist daher nach der Gewinnvergleichsmethode vorzuziehen.[211]

(2) Gewinnformen

Bei den im Beispiel ermittelten Vergleichsgrößen handelt es sich jeweils um den durchschnittlichen *kalkulatorischen Gewinn*. Der kalkulatorische Gewinn ist der Überschuss, der von den Erlösen nach Subtraktion aller Kostenarten verbleibt (vgl. auch Abbildung 24). Dies bedeutet insbesondere, dass auch rein kalkulatorische Kosten gewinnschmälernd einbezogen sind. Ihre *wichtigste Komponente* stellen die *kalkulatorischen Zinsen auf das gebundene Eigenkapital* dar. Damit kann der kalkulatorische Gewinn als diejenige Größe interpretiert werden, die dem Entscheidungsträger pro Jahr über die von ihm geforderte Mindestverzinsung aus dem Projekt hinaus zur Verfügung steht (*Übergewinn* oder *Residual Profit*). Werden die einzelnen Komponenten der Gewinnrechnung streng nach vorgegebenen kostenrechnerischen Prinzipien ermittelt – bzw. findet die Korrektur der handelsrechtlichen Gewinnermittlung nach definierten Vorgaben statt (*Conversions*)[212] –, so entspricht der kalkulatorische Gewinn dem *Economic Value Added (EVA)*.[213] Diese Bezeichnung erklärt sich daraus, dass nur bei einem positiven EVA ein Mehrwert geschaffen wird[214] – bei einem EVA = 0 ist lediglich die Kostendeckung (allerdings unter Einschluss aller Kapitalkosten) gewährleistet.

---

211 Somit ergibt sich das gleiche Ergebnis wie bei der Kostenvergleichsmethode.
212 Vgl. *Eidel* (Fn. 196), S. 69–79, 228–318, vgl. auch *Langguth/Marks* (Fn. 196), 616–618.
213 Vgl. *Coenenberg/Mattner/Schultze*, in: Rathgeber/Tebroke/Wallmeier (Hrsg.), Finanzwirtschaft, Kapitalmarkt und Banken, 2003, S. 7–10; *Damodaran* (Fn. 11), S. 812–822; *Eidel* (Fn. 196), S. 69–79; *Steward* (Fn. 209); *Peemöller* (Fn. 9), S. 173–175.
214 Vgl. *Eidel* (Fn. 196), S. 69; *Langguth/Marks* (Fn. 194), S. 616. *Spremann* (Fn. 8), S. 115, spricht von einer „*Outperformance*".

II. Investitionsplanung und Wirtschaftlichkeitsrechnung

Produktions-bezug	Erlöse (Erträge, Leistungen)
	− Kosten der Produktion (operative Kosten)
	= *Kapitalgewinn (Operating Profit)*
Finanzierungs-/ Kalkulations-bezug	− Fremdkapital-Zinsen
	= *Pagatorischer Gewinn (Accounting Profit, Bilanzgewinn)*
	− Eigenkapital-Zinsen
	− Übrige kalkulatorische Kosten (z. B. Unternehmer Lohn, Wagniskosten)
	= *Kalkulatorischer Gewinn (Residual Profit, Übergewinn, Economic Value Added)*

Abbildung 24: Formen des Gewinns (nach Umfang einbezogener Kosten)

Auf den *kalkulatorischen Gewinn* bezogen lautet *die Entscheidungsregel für den absoluten Vorteilhaftigkeitsvergleich*, dass ein Projekt dann realisiert werden sollte, wenn gilt:[215]

Kalkulatorischer Gewinn ≥ 0.

Sofern das Investitionsprojekt Eigenkapital enthält und somit bei der Ermittlung des kalkulatorischen Gewinns Eigenkapitalzinsen (i. S. v. *Opportunitätskosten*) berücksichtigt werden, übersteigt der pagatorische Gewinn den kalkulatorischen um den Betrag dieser kalkulatorischen Kapitalkosten.[216] Der *pagatorische Gewinn* – oft auch als bilanzieller Gewinn bezeichnet – stellt somit auch die Größe dar, die vom Fiskus als Besteuerungsgrundlage gewählt wird, denn der Unternehmer kann zwar die an Dritte geleisteten Schuldzinsen, nicht jedoch kalkulatorische Eigenkapitalzinsen gewinnmindernd geltend machen.

Für das obige Beispiel bezogen ergibt sich folgender pagatorischer Gewinn, wenn man die zehnprozentigen kalkulatorischen Zinskosten auf den vierzigprozentigen Eigenka-

---

215 Wenn der Kapitalgewinn bzw. der Economic Value Added gleich null sind, dann werden zwar die geforderten Eigenkapitalzinsen erwirtschaftet. Es wird aber kein zusätzlicher Wert für das Unternehmen geschaffen, dies ist nur bei positivem Kapitalgewinn der Fall, vgl. *Coenenberg/ Mattner/Schultze* (Fn. 213), S. 8 f.

216 Um ganz exakt zu sein, müssten beim Übergang zwischen kalkulatorischem zu pagatorischem Gewinn nicht nur die kalkulatorischen Zinsen, sondern auch alle übrigen kalkulatorischen Kosten berücksichtigt werden (z. B. kalkulatorischer Unternehmerlohn, Wagniskosten). Die übrigen kalkulatorischen Kosten werden bei den statischen Verfahren jedoch üblicherweise vernachlässigt.

pitalanteil wieder addiert (es wird „von unten her", d.h. *retrograd* korrigiert, *Bottom Up-Ansatz*):[217]

(in Euro)		Typ A	Typ B
	⌀ kalkulatorischer Gewinn	1 350	1 650
+	⌀ kalkulatorische Zinsen		
	(40 % der errechneten Gesamtzinskosten)	660	740
=	⌀ pagatorischer Gewinn	2 010	2 390

Setzt die Gewinnvergleichsrechnung am *pagatorischen Gewinn* als Entscheidungskriterium an, so ist für die *absolute Vorteilhaftigkeit* zu fordern, dass die Höhe des pagatorischen Gewinns den Betrag der kalkulatorischen Eigenkapitalverzinsung[218] – also diejenigen Erträge, die der Investor bei anderweitiger Anlage hätte erzielen können – übersteigt:

Pagatorischer Gewinn ≥ Kalkulatorische Eigenkapitalzinsen.

Oftmals wird noch eine dritte Gewinngröße – der *Kapitalgewinn* – errechnet. Der Kapitalgewinn (im Wesentlichen gleichzusetzen mit dem EBIT = Earnings before Interest and Taxes[219]) stellt denjenigen Betrag dar, den ein Projekt *vor Abzug aller Kapitalkosten* pro Jahr als Überschuss erbringt. Er ist damit weitgehend gleichbedeutend mit dem aus rein *produktionswirtschaftlicher* Sicht erzielten Überschuss bzw. dem *operativen Gewinn*. Aus Sicht eines Entscheidungsträgers, der noch nicht weiß, wie groß die Eigen- und Fremdfinanzierungsanteile und wie hoch die jeweiligen Kapitalkostensätze sind, kann es nämlich sinnvoll sein, die Kapitalgewinne unterschiedlicher Projekte zu vergleichen. Die Nützlichkeit dieser Gewinngröße wird beispielsweise daran deutlich, dass zwei *identische Investitionsprojekte* allein aufgrund *unterschiedlicher Finanzierungsstruktur* und/oder *abweichender Kapitalkostensätze* verschieden hohe kalkulatorische und pagatorische Gewinnsätze erbringen können, während der Kapitalgewinn dieser Alternativen gleich ist.

Ausgehend vom oben ermittelten pagatorischen Gewinn lässt sich der *Kapitalgewinn* errechnen, indem man die bereits als negatives Rechenelement berücksichtigten Fremdkapitalzinsen jetzt wieder addiert. Somit ergibt sich:

(in Euro)		Typ A	Typ B
	⌀ pagatorischer Gewinn	2 010	2 390
+	⌀ Fremdkapitalzinsen		
	(60 % der errechneten Gesamtzinskosten)	990	1 110
=	⌀ Kapitalgewinn	3 000	3 500

---

217 Bei der Kostenvergleichsrechnung wurden Zinskosten in identischer Höhe von 10 % auf Eigen- und Fremdkapital berechnet. Um vom kalkulatorischen auf den pagatorischen Gewinn zu kommen, müssen nunmehr die auf den Eigenkapitalanteil entfallenden Kosten, die bereits gewinnmindernd berücksichtigt worden waren, wieder addiert werden.
218 Vgl. zur Ermittlung von Eigen- und Fremdkapitalkosten im Folgenden Gliederungspunkt II. 4. b) cc) (2).
219 Vgl. zu den Besonderheiten bei der Ermittlung des EBIT *Damodaran* (Fn. 11), S. 752. Vgl. hierzu auch die Ausführungen unter Gliederungspunkt III. 4. c) dd) (4).

II. Investitionsplanung und Wirtschaftlichkeitsrechnung

Absolute Vorteilhaftigkeit ist für ein Projekt dann gegeben, wenn der Kapitalgewinn die Summe der geforderten Eigen- und Fremdkapitalzinsen deckt bzw. übersteigt:

Kapitalgewinn ≥ Eigen- und Fremdkapitalzinsen.

cc) Rentabilitätsvergleichsrechnung
(1) Zielsetzung und Formen

Vorteilhaftigkeitskriterium bei diesem Rechenverfahren[220] ist die *Rentabilität der analysierten Projekte*. Die Rentabilität oder Rendite kann als *Zinssatz auf das investierte Kapital* begriffen werden und ergibt sich im Rahmen der statischen Verfahren aus dem Verhältnis von durchschnittlichem Gewinn zu durchschnittlich eingesetztem Kapital:

$$\varnothing \text{ Rentabilität } (\%) = \frac{\varnothing \text{ Periodengewinn}}{\varnothing \text{ Kapitaleinsatz}}.$$

Von Bedeutung ist zunächst, dass nicht die ursprüngliche Investitionsausgabe I_0 im Nenner steht, sondern das *während der Laufzeit im Mittel gebundene Kapital*. Dies ist deshalb sachgerecht, da es ja während der Nutzungsdauer des Projekts zu einem Abbau der Kapitalbindung kommt, und somit das ursprüngliche Kapital nicht durchgehend investiert ist. Bei Verwendung des *durchschnittlich gebundenen* Kapitals kommt die statisch errechnete Rentabilität auch der dynamischen „internen Rendite" näher als bei Verwendung des ursprünglichen Kapitaleinsatzes.[221]

Die obige Formel erlaubt es, unterschiedliche Formen des Gewinns und des Kapitals miteinander in Bezug zu setzen. Da es somit keine einheitliche Rentabilitätskennziffer[222] gibt, muss sich der Verwender jeweils darüber im Klaren sein, *welche Art von Rendite* er errechnet, wie diese zu interpretieren ist, und wie das entsprechende Vorteilhaftigkeitskriterium lautet.

Folgende Bedingungen müssten idealer Weise erfüllt sein, wenn die Renditeformel für *Projekte mit mehrperiodiger Nutzungsdauer* verwendet wird:

– gleichbleibender Gewinn pro Periode über die gesamte Laufzeit,
– gleichbleibende Kapitalbindung über die gesamte Laufzeit,
– Desinvestition in Höhe des ursprünglichen Kapitaleinsatzes am Ende der letzten Periode.

Diese Bedingungen sind regelmäßig bei bestimmten *Finanzanlagen*, z. B. festverzinslichen Wertpapieren oder Bankeinlagen, gegeben. Für mehrperiodige *Realinvestitionen*

---

[220] Vgl. grundsätzlich zur statischen Rentabilitätsrechnung *Matschke* (Fn. 194), Sp. 1130–1135; *Schäfer* (Fn. 33), S. 56–60.
[221] Gleichwohl basiert das durchschnittliche Kapital auf der Annahme einer konstanten Rückführung des ursprünglichen Kapitals, erfasst aber nicht eine variierende Kapitalbindung, wie dies die dynamische Rentabilität tut.
[222] *Blohm/Lüder* illustrieren das mit einer Feststellung von *Terborgh*: „Auf einer Arbeitstagung, an der sachverständige Mitarbeiter aus 14 Unternehmungen teilnahmen, ergab sich, dass von allen 14 Unternehmungen eine andere Variante der statischen Rentabilität zur Beurteilung von Investitionsprojekten verwendet wurde", vgl. *Terborgh*, in: Blohm/Lüder (Fn. 106), S. 167.

in Unternehmungen sind diese Annahmen jedoch meist realitätsfremd. Arbeitet man dennoch mit durchschnittlichen Gewinn- und Kapitalgrößen pro Periode, so ist dies wiederum mit der beschriebenen *Ungenauigkeit der statischen Verfahren* verbunden. Diese Ungenauigkeit wird in der Praxis aufgrund der Abwägung zwischen Präzision und Aufwand teilweise bewusst hingenommen.

Setzt man in der Renditeformel den „durchschnittlichen kalkulatorischen Gewinn" in den Zähler und das „durchschnittliche Gesamtkapital" in den Nenner, dann lässt sich ermitteln, welche Rendite das durchschnittlich gebundene Gesamtkapital über die Verzinsung des Fremdkapitals *und* die kalkulatorische Verzinsung des Eigenkapitals hinaus erzielt. Diese Kennziffer wird als „*durchschnittliche Überrendite*" ($r_{ÜB}$) bezeichnet. Ein Investitionsprojekt ist dann *vorteilhaft*, wenn die *durchschnittliche Überrendite gleich oder größer als null* ist. Beim Vergleich mehrerer Projekte wird dasjenige mit der höchsten Überrendite ausgewählt. Diese Beurteilung korrespondiert mit der oben dargestellten Bewertung des der Überrendite entsprechenden absoluten Überschusses,[223] hier also des kalkulatorischen Gewinns (Übergewinns) bzw. dem EVA. Beide verbindet die folgende Beziehung:

$$r_{ÜB} = \frac{\text{Übergewinn}}{\text{Gesamtkapital}} \text{ und damit Übergewinn} = r_{ÜB} \times \text{Gesamtkapital}.$$

Auf Basis der Daten des bisherigen Beispiels ergeben sich die folgenden Überrenditen, wobei das jeweils gebundene durchschnittliche Gesamtkapital sich als ((I_0 + RW + $\varnothing$A)/2) errechnet.

$$\text{Typ A: } \frac{1\,350}{16\,500} = 8{,}18\,\%; \qquad \text{Typ B: } \frac{1\,650}{18\,500} = 8{,}92\,\%.$$

Neben der Überrendite werden in der Praxis häufig Kennziffern für die *Eigenkapitalverzinsung (Eigenkapitalrendite bzw. Return-on-Equity, ROE) und Gesamtkapitalverzinsung* sowie der *Return-on-Investment* (ROI) ermittelt:

$$\varnothing \text{ Eigenkapitalrendite } r_{EK} = \frac{\varnothing \text{ pagatorischer Gewinn}}{\varnothing \text{ gebundenes Eigenkapital}},$$

$$\varnothing \text{ Gesamtkapitalrendite } r_{GK} = \frac{\varnothing \text{ Kapitalgewinn}}{\varnothing \text{ gebundenes Gesamtkapital}},$$

$$\varnothing \text{ Return-on-Investment} = \text{ROI} = \frac{\varnothing \text{ pagatorischer Gewinn}}{\varnothing \text{ gebundenes Gesamtkapital}}.$$

Hierbei wird das *durchschnittlich gebundene Gesamtkapital* nach der oben angegebenen Formel als arithmetisches Mittel zwischen Kapitalbindung am Anfang der ersten und Kapitalbindung am Anfang der letzten Nutzungsperiode ermittelt. Das *durchschnittlich gebundene Eigen- oder Fremdkapital* ist als prozentualer Anteil am Gesamtkapital definiert, wobei aus Vereinfachungsgründen die *Annahme* getroffen wird, dass die *Finanzierungsstruktur* des betrachteten Projekts *über die Nutzungsdauer gleich*

---

[223] Vgl. hierzu vorstehend die Ausführungen unter Gliederungspunkt II. 4. b) bb) (2).

II. Investitionsplanung und Wirtschaftlichkeitsrechnung

bleibt. Diese Annahme *ist nicht unbedingt realistisch.* So ist bspw. zu erwarten, dass der Entscheidungsträger zunächst das Fremdkapital zurückführt, um dadurch weniger abhängig zu sein, oder um die fixe Belastung durch Fremdkapitalzinsen gegenüber den eher erfolgsabhängig gestaltbaren Kosten des Eigenkapitals zu reduzieren.

Die Eigen- und Gesamtkapitalrenditen der Projekte werden nun – auf den Daten des oben genannten Beispiels aufbauend – errechnet. Es ist auch weiterhin unterstellt, dass die Projekte jeweils zu 40 % mit Eigen- und zu 60 % mit Fremdkapital finanziert werden (wäre ein Projekt vollständig mit Eigenkapital finanziert, so würden Eigenkapitalrentabilität und Gesamtkapitalrentabilität zusammenfallen). Unter den gesetzten Prämissen ergibt sich folgende Rechnung:

Typ A	Euro/p.a.
⌀ kalkulatorischer Gewinn	1 350
⌀ Fremdkapitalzinsen	990
⌀ kalkulatorische Eigenkapitalzinsen	660
⌀ Gesamtkapitalbindung	16 500
⌀ Eigenkapitalbindung (40 % von 16 500)	6 600

$$\varnothing \text{ Eigenkapitalrendite} = \frac{(1\,350 + 660)}{6\,600} = 30{,}45\,\%,$$

$$\varnothing \text{ Gesamtkapitalrendite} = \frac{(1\,350 + 660 + 990)}{16\,500} = 18{,}18\,\%,$$

$$\varnothing \text{ Return-on-Investment} = \frac{(1\,350 + 660)}{16\,500} = 12{,}18\,\%.$$

Typ B	Euro/p.a.
⌀ kalkulatorischer Gewinn	1 650
⌀ Fremdkapitalzinsen	1 110
⌀ kalkulatorische Eigenkapitalzinsen	740
⌀ Gesamtkapitalbindung	18 500
⌀ Eigenkapitalbindung	7 400

$$\varnothing \text{ Eigenkapitalrendite} = \frac{(1\,650 + 740)}{7\,400} = 32{,}29\,\%,$$

$$\varnothing \text{ Gesamtkapitalrendite} = \frac{(1\,650 + 740 + 1\,110)}{18\,500} = 18{,}92\,\%,$$

$$\varnothing \text{ Return-on-Investment} = \frac{(1\,650 + 740)}{18\,500} = 12{,}92\,\%.$$

Die Verwendung sowohl der Eigenkapital- als auch der Gesamtkapitalrendite und des ROI führt im vorliegenden Beispiel zur gleichen Entscheidung wie die Verwendung der „Überrendite": Der PKW vom Typ B wird vorgezogen.

(2) Interpretation und Kritik

Im Unterschied zur bereits ausgeführten Darstellung des Internen Zinsfußes,[224] d. h. einer Art „*dynamischer Gesamtkapitalrentabilität*", differenzieren die statischen Rentabilitätskennziffern unterschiedliche Relationen von Überschuss und eingesetztem Kapital. Diese müssen dann auch *den jeweils adäquaten Vergleichszinssätzen* (*Hurdle Rates*) gegenübergestellt werden.[225] Geht man hierbei allerdings – wie bei der Annahme sicherer Investitionsprojekte unterstellt – von der Identität von Eigen- und Fremdkapitalzinsen aus, so ist eine solche Differenzierung wenig gehaltvoll. Deshalb soll im Folgenden – im Vorgriff auf die Kritik der Prämissen „Vollkommener Restkapitalmarkt" und „Sicherheit"[226] – die *unterschiedliche Qualität der Finanzierungsformen* berücksichtigt werden.

Während beim Kriterium *Überrendite* ein Projekt dann als absolut vorteilhaft betrachtet wird, wenn

$r_{ÜB} \geq 0$,

gilt bei der *Eigenkapitalrendite bzw. dem ROE* als Vorteilskriterium:

$r_{EK} \geq$ Zinssatz für eine alternative Anlage eigener Gelder $= i_{EK}$.

Der Zins i_{EK}, den ein Investor für den *Einsatz eigener Gelder* im Projekt beansprucht,[227] orientiert sich zum einen am Zinssatz, den er allgemein bei einer (risikofreien) *Anlage* auf dem Kapitalmarkt erhalten könnte (i_F). Hebt man die Prämisse der Sicherheit von Investitionsprojekten auf, so fordert der Investor darüber hinaus einen *Zuschlag*, der ihn für das mit der Investition eingegangene *Risiko* entlohnt (i_R). Ein solcher Zuschlag kann sich an der Rendite vergleichbarer riskanter Projekte orientieren oder wird – wie etwa im Rahmen der kapitalmarkttheoretischen Ansätze[228] – aus einer Bewertungsgleichung für das Risiko[229] abgeleitet. Als Hurdle Rate i_{EK} für die *Eigenkapitalrendite* r_{EK} würde sich damit ergeben:

$r_{EK} \geq i_{EK} = i_F + i_R$.

Dies ist aber zunächst nur eine vordergründige Betrachtung. Die eigentlich relevante Hurdle Rate ergibt sich nicht durch Addition der Zinsbestandteile (z. B. würde aus $i_F = 4\%$ und $i_R = 3\%$ eine Hurdle Rate von 7% folgen), sondern aus deren multiplikativer bzw. divisionaler Verknüpfung. Dies lässt sich wie folgt erläutern: Der um die Risikoprämie modifizierte Vergleichszins soll gewährleisten, dass der Investor zum Ende einer risikobehafteten Investition den gleichen Ertrag erzielt wie bei einer risikolosen Anlage. Dabei ist aber nicht nur der Anlagebetrag I_0 der Investition gefährdet, sondern auch deren erwartete Rendite. Die Hurdle Rate i_{EK} muss neben Verlusten beim Investitionsbetrag auch Verluste beim Zinssatz auffangen. Interpretiert man den Risikosatz i_R

---

224 Vgl. Gliederungspunkt II. 3. b) cc). Dabei lag die Annahme zugrunde, dass mit einheitlichem Kapital bzw. mit einheitlichen Kapitalkosten finanziert wurde.
225 Vgl. zu Finanzierungsarten und (kalkulatorischen) Zinsen *Schäfer* (Fn. 33), S. 34–39.
226 Vgl. nachfolgend Gliederungspunkt II. 5. a) bb).
227 Vgl. hierzu auch die Ausführungen unter Gliederungspunkt II. 5. a) bb).
228 Vgl. *Damodaran* (Fn. 11), S. 187 f., 190–202; *Eidel* (Fn. 196), S. 287–299; *Hachmeister*, Der Discounted Cash Flow als Maß der Unternehmenswertsteigerung, 4. Aufl. 2000, S. 160–164.
229 Dabei wird das Risiko eines Projekts über dessen Betafaktor (β) im Verhältnis zum Risiko des Gesamtmarkts ausgedrückt. Die geforderte Rendite ergibt sich dann als: $i_{EK} = i_F + \beta(r_M - i_F)$ mit $r_M =$ Rendite des Gesamtmarkts.

II. Investitionsplanung und Wirtschaftlichkeitsrechnung

als die mögliche Verlustquote aus einer Investition, so muss am Ende einer einperiodigen Investition mit dem Anlagebetrag I_0 gelten: Endwert risikofreie Investition = Endwert risikobehaftete Investition und damit:

$$I_0 \times (1 + i_F) = I_0 \times (1 + i_{EK}) \times (1 - i_R).$$

Es folgt: $\dfrac{(1 + i_F)}{(1 - i_R)} = 1 + i_{EK}$ und somit $\dfrac{(1 + i_F)}{(1 - i_R)} - 1 = i_{EK}$.

Bei $i_F = 4\%$ und $i_R = 3\%$ folgt nun eine Hurdle Rate von $(1{,}04 / 0{,}97) - 1 = 7{,}2165\%$.[230]

Wird die *Gesamtkapitalrendite* als Entscheidungskriterium herangezogen, so muss diese nun den *kombinierten Kosten des Eigen- und Fremdkapitals* gegenübergestellt werden (i_{GK}). Diese werden u.a. als gewichtete Kapitalkosten, Weighted Average Cost of Capital (WACC) oder einfach als Mischzins bezeichnet.[231] Das Gewicht von Eigen- und Fremdkapitalzins ergibt sich dabei aus dem Anteil von Eigenkapital (a_{EK}) und Fremdkapital (a_{FK}) am Gesamtkapital:

$$r_{GK} \geq i_{GK} = a_{EK} \times i_{EK} + a_{FK} \times i_{FK} = a_{EK} \times (i_F + i_R) + a_{FK} \times i_{FK}.$$

Der *Return-on-Investment* verdeutlicht das Verhältnis von Bilanzgewinn (dem Investor zustehend) und Gesamtkapital (von allen Geldgebern bereitgestellt).[232] Er drückt damit aus, welcher *Gesamteinsatz an Kapital* erforderlich war, um Überschüsse für den Investor zu generieren. Der ROI besitzt keine unmittelbare Vergleichsgröße am Kapitalmarkt und dient primär dem *Vergleich der relativen Ertragskraft* unterschiedlicher Projekte.[233]

Bei *Rationalisierungsinvestitionen* findet die Gesamtkapitalrendite in der Praxis häufig in abgewandelter Form Anwendung. Hier ist die Zurechnung von Erträgen bzw. die Ermittlung von Gewinnen oftmals schwer möglich. Insbesondere bei der Überlegung, ob eine bestehende Anlage weiterhin betrieben werden soll oder ob sich der Ersatz durch ein kostengünstigeres Verfahren lohnt, wird folgende Rentabilitätsziffer errechnet:

$\varnothing$ Gesamtkapitalrendite der Ersatzinvestition =

$$\dfrac{\varnothing \text{ Kostenersparnis}^{234} \text{ des neuen Verfahrens p.a.}}{\varnothing \text{ zusätzliche Kapitalbindung des neuen Verfahrens}}.$$

---

[230] Verzinst sich eine Investition mit Anlagebetrag 100 zu einer Hurdle Rate i_{EK} von 7,2165%, so beträgt der Wert nach Ausfallrisiko $i_R = 3\%$ am Ende der ersten Periode: $100 \times (1 + 7{,}2165\%) \times (1 - 3\%) = 104$. Dies entspricht der gewünschten (risikofreien) Mindestrendite von 4%.

[231] Vgl. *Eidel* (Fn. 196), S. 280–304; *Spremann* (Fn. 8), S. 255–276, vgl. auch Gliederungspunkt II. 5. a) bb).

[232] Der Bilanzgewinn wird hierbei meist dem Jahresüberschuss gleichgesetzt, vgl. *Behringer* (Fn. 25), S. 154 f.; *Peemöller* (Fn. 9), S. 333 f.; *Perridon/Steiner* (Fn. 26), S. 569–572.

[233] Eine weitere Interpretation erhält der ROI dadurch, dass er als Produkt aus Umsatzrendite (Bilanzgewinn/Umsatz) und Kapitalumschlag (Umsatz/Gesamtkapital) aufgefasst werden kann, vgl. *Peemöller* (Fn. 9), S. 334.

[234] Wenn Zinskosten auf die beim neuen Verfahren zusätzlich benötigte Kapitalbindung bereits bei der Berechnung der Kostenersparnis mindernd berücksichtigt wurden, ist eine Kostenersparnis größer Null und eine Rendite größer Null bereits vorteilhaft. Werden die Zinskosten auf die zusätzliche Kapitalbindung jedoch nicht berücksichtigt, so muss die Rendite größer oder gleich der Mindestverzinsung sein, die für das zusätzlich benötigte Kapital gefordert wird.

Die *hier errechnete Gesamtkapitalrendite* ist inhaltlich *anders definiert* als die vorstehend beschriebene. Die Kombination unterschiedlich definierter Gewinnbegriffe bzw. unterschiedlich definierter Kostenersparnisgrößen[235] mit voneinander abweichenden Kapitalbindungsversionen erhöht die Vielfalt der Rentabilitätskennziffern weiter.

Sieht man von den grundsätzlichen Mängeln der statischen Methoden ab, welche die statische Rentabilität nur als grobe Schätzung für die interne Verzinsung eines Projekts erscheinen lassen,[236] so rührt die Problematik von Investitionsentscheidungen unter Verwendung der Renditevergleichsrechnung daher, dass die *Rendite nur die Relation zweier Größen* wiedergibt. Die *absolute Höhe der Beträge* bleibt unberücksichtigt. Es ist somit möglich, dass die Renditemaximierung den Entscheidungsträger zur falschen Wahl führt, wenn nämlich das renditestärkere Projekt bei gleichzeitig geringerem Volumen *den geringeren absoluten Gewinn* (bzw. exakter: das geringere entnahmefähige Einkommen) erbringt.[237] Gelegentlich ist sogar die bewusste Täuschung ökonomischer Laien dadurch beobachtbar, dass Renditesteigerungen bei sinkendem Gewinn einfach dadurch erfolgen, dass der Nenner stärker als der Zähler gesenkt wird. Dieser Fall wird auch als „*rentables Schrumpfen*", „*Nenner-Management*" oder „*Denominator-Management*" bezeichnet.[238]

Beispiel:
Es ist eine Investitionsentscheidung über die Anlage von 200 000 Euro Eigenkapital zu treffen. Gegeben seien drei Investitionsalternativen C, D und E mit folgenden Daten:

	Typ C	*Typ D*	*Typ E*
⌀ pagatorischer Gewinn p. a. (Euro)	3 600	4 000	36 000
⌀ EK-Bindung p. a. (Euro)	20 000	20 000	200 000
⌀ Eigenkapitalrendite p. a.	18 %	20 %	18 %

Außerdem sei eine Anlage in festverzinslichen Wertpapieren mit einem Effektivzins von 8 % p. a. in beliebiger Höhe möglich.

Die *Alternativen* sollen nun *bewertet werden*. Typ C und Typ E weisen zwar die gleiche Eigenkapitalrendite von 18 % auf, sie besitzen jedoch stark abweichende durchschnittliche Kapitalbindungen. Es ist fraglich, ob man beide Alternativen wirklich als gleich-

---

235 In der Praxis wird die Kostenersparnis sowohl für die kalkulatorische Nutzungsdauer als auch für die technisch-wirtschaftliche Nutzungsdauer errechnet. Bei beiden Versionen ist gleichermaßen die Einbeziehung und auch die Nichtberücksichtigung von Zinskosten auf die zusätzlich erforderliche Kapitalbindung üblich.
236 Vgl. *Blohm/Lüder* (Fn.106), S. 170.
237 Insofern kann nicht pauschal behauptet werden, dass die Rentabilitätsrechnung eine verbesserte Form der Gewinnvergleichsrechnung darstellt.
238 Oftmals ist dies in der Unternehmenspraxis anhand der Kennziffer „Umsatzrentabilität" beobachtbar. Durch Aufgabe von Umsätzen, die zwar eine positive, jedoch geringe Rendite erbringen, steigt die durchschnittliche Rentabilität der verbliebenen Umsätze. Beispiel: Ein Unternehmen erzielt mit Umsätzen von 100 einen EBIT von 10, was einer EBIT-Umsatzrendite von 10 % entspricht. Nach Aufgabe von bestimmten Umsatzbereichen sinkt der Umsatz auf 70 bei einem EBIT von 8. Trotz sinkendem EBIT ist die EBIT-Umsatzrendite auf 11,43 % gestiegen.

wertig betrachten kann. Dies würde nur dann uneingeschränkt gelten, wenn eine weitere Anlagemöglichkeit „X" existierte, die bei einer durchschnittlichen Kapitalbindung von 180 000 Euro eine Rendite von 18% aufwiese. Dann wäre es gleichgültig, ob man sich für Typ C + X oder für Typ E entscheidet, da in beiden Fällen ein durchschnittlicher Gewinn von 36 000 p. a. erzielbar wäre.

Nach dem bisher angewandten Entscheidungskriterium – maximale Rentabilität – müsste man sich im obigen Beispiel für Typ D entscheiden, da dieser die höchste Rendite aufweist. Allerdings könnte dies eine Fehlentscheidung sein, wie sich am vorliegenden Beispiel leicht nachweisen lässt. Hierzu werden die Alternativen durch Einbeziehung der Effektenanlage ergänzt (*Differenzinvestition*):

	$\varnothing$ EK-Bindung	$\varnothing$ pag. Gewinn	$\varnothing$ EK-Rendite
1. Effektenanlage zu 8% p. a.	200 000	16 000	8%
2. Typ C	20 000	3 600	18%
+ Effektenanlage	180 000	14 400	8%
= Typ C'	200 000	18 000	9%
3. Typ D	20 000	4 000	20%
+ Effektenanlage	180 000	14 400	8%
= Typ D'	200 000	18 400	9,2%
4. Typ E	200 000	36 000	18%

D ist somit nach wie vor besser ist als Typ C. Dies konnte von Anfang an richtig beurteilt werden, da C und D die gleiche Kapitalbindung aufweisen. Typ E erweist sich jedoch als die bei weitem günstigste Alternative. Hieraus wird deutlich, dass ein *Vergleich der Vorteilhaftigkeit* von Investitions- oder Finanzierungsprojekten mit Hilfe der Renditevergleichsrechnung *nur bei gleicher Kapitalbindung* der Alternativen *korrekt* ist. Sich ausschließende Alternativen mit unterschiedlicher Kapitalbindung müssten vor Anwendung dieses Verfahrens so vervollständigt werden, dass sie diese Bedingung erfüllen.

(3) Rentabilitätsziffern und Leverage-Effekt

Der Vergleich der für Investitionsprojekte ermittelten Renditeziffern (r) mit den Zinssätzen für die Anlage oder Aufnahme von Geld an den Finanzmärkten (i) erlaubt generell Rückschlüsse auf die Vorteilhaftigkeit der Projekte. Eine differenziertere Gegenüberstellung der Rendite- bzw. Zinssätze ermöglicht darüber hinaus auch Folgerungen dahingehend,

- das Verhältnis von Eigen- und Fremdkapital bei einem gegebenen Investitionsprojekt zu bestimmen (*Substitutionsentscheidung*),
- die Erweiterung von Investitionen durch die zusätzliche Aufnahme von Fremdkapital zu begründen (*Expansionsentscheidung*).

4. Statische Verfahren der Investitionsrechnung

Solche Entscheidungen sind dann zu reflektieren, wenn das Investitionsprojekt an sich vorteilhaft ist, wenn folglich gilt, dass:

$r_{ÜB}$ bzw. Übergewinn ≥ 0 oder

$r_{EK} \geq i_{EK}$ bzw. Bilanzgewinn $\geq$ Zinsforderungen Eigenkapitalgeber $= i_{EK} \times EK$.

Zugleich ergibt sich der Bilanzgewinn (BG) bzw. pagatorische Gewinn als Differenz von Kapitalgewinn (KG) und Zinskosten des Fremdkapitals (FK):

$BG = KG - i_{FK} \times FK$.

Unter Nutzung von $BG = r_{EK} \times EK$ und $KG = r_{GK} \times GK$ lässt sich formulieren:

$r_{EK} \times EK = r_{GK} \times (EK + FK) - i_{FK} \times FK$,

$r_{EK} \times EK = r_{GK} \times EK + (r_{GK} - i_{FK}) \times FK$,

$r_{EK} \quad\quad = r_{GK} + (r_{GK} - i_{FK}) \times FK/EK$.

Ist der Ausdruck $(r_{GK} - i_{FK}) > 0$, so spiegelt dies den *Mehrertrag* wider, *den das eingesetzte Fremdkapital über die Kosten des Fremdkapitals hinaus erwirtschaftet.* Dieser Mehrertrag kommt den Investoren zugute und erhöht deren Eigenkapitalrendite. Unter der getroffenen Voraussetzung, dass r_{EK} an sich die Renditeerwartungen der Eigenkapitalgeber (i_{EK}) erfüllt, bewirkt die Fremdfinanzierung einen Vorteil für den Investor. Dieser Zusammenhang, die Steigerung der Eigenkapitalrendite durch Fremdfinanzierung, wird als *Leverage-Effekt* bezeichnet.[239] Der *Vorteil könnte dadurch vergrößert* werden, dass der *Umfang der Fremdfinanzierung* bzw. der *Verschuldungsgrad FK/EK* erhöht wird, und damit die Eigenkapitalrendite weiter ansteigt.

Bei $(r_{GK} - i_{FK}) > 0$ kann dies dadurch erreicht werden, dass

– bei gegebenem Projektvolumen Eigenkapital *durch Fremdkapital ersetzt* wird,
– eine Erweiterung des Investitionsvolumens durch Finanzierung *mit weiterem Fremdkapital* angestrebt wird.

Unter der Annahme, dass r_{GK} und i_{FK} bei steigendem Verschuldungsgrad FK/EK konstant bleiben, und bei $r_{GK} = 8\%$ und $i_{FK} = 6\%$ ist der Leverage-Effekt in Abbildung 25 wiedergegeben.

In der Realität kann allerdings *nicht von einer Konstanz der jeweiligen Parameter* ausgegangen werden – dies würde letztlich ja zu unendlich hoher Fremdkapitalfinanzierung und Eigenkapitalrendite führen. Vielmehr muss beachtet werden, dass aus Risikoaspekten heraus ein zunehmender Verschuldungsgrad auch *zu erhöhten Kapitalkosten* der Fremdkapitalgeber führt. Zudem wächst dadurch der *Einflussbereich* von Gläubigern auf das Unternehmen sowie dessen Abhängigkeit von *Änderungen des Zinsniveaus* (*Financial Leverage Risk*). Außerdem muss beachtet werden, dass die zugrunde liegende Investition nicht beliebig erweiterbar ist: Steigende Produktionszahlen führen eventuell zu einem *Preisverfall*, oder aber es sind die zur Expansion erforderlichen Mitarbeiter und Betriebsflächen *nicht vorhanden* (*Operate Leverage Risk*).[240]

---

[239] Vgl. *Schmidt/Terberger* (Fn. 9), S. 243–245; *Süchting* (Fn. 26), S. 446–448.
[240] Vgl. differenzierter *Süchting* (Fn. 26), S. 456–466.

II. Investitionsplanung und Wirtschaftlichkeitsrechnung

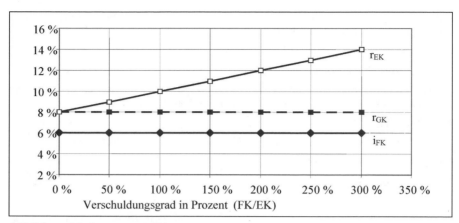

Abbildung 25: Leverage-Effekt

dd) Statische Amortisationsrechnung

(1) Zielsetzung und Aufbau

Aus Liquiditäts- und Sicherheitsüberlegungen heraus interessiert den Investor, *wann die bei der Investition eingesetzten Gelder wieder zurückgewonnen* werden.[241] Dieser Zeitraum wird auch als *Amortisationsdauer* oder *Pay-back* bezeichnet. Die statische Amortisationsrechnung[242] (auch Pay-off-, Pay-out-, Pay-back-Methode oder Wiedergewinnungsrechnung genannt) ermittelt den Pay-back dadurch, dass sie der Anschaffungsauszahlung einer Investition die *Einzahlungsüberschüsse des Projekts gegenüberstellt*. Die statische Amortisationsrechnung ist das am häufigsten verwendete Verfahren der statischen Investitionsrechnungen.[243]

Als zentrale Anforderung stellt sich die Frage nach der Ermittlung der Höhe und Zusammensetzung der *Einzahlungsüberschüsse*, die zur Rückgewinnung des eingesetzten Kapitals verwendet werden können. Es ist dabei zu beachten, dass die statische Amortisationsrechnung auf Werten des Rechnungswesens aufbaut. Diese müssen in Zahlungsgrößen überführt werden. Meist werden hierzu die Einnahmeüberschüsse als *Summe aus pagatorischem Gewinn und den kalkulatorischen Abschreibungen* des Projekts errechnet.[244] Dem liegt die Überlegung zugrunde, dass sowohl

– der pagatorische Gewinn (bei dessen Ermittlung die an die Fremdkapitalgeber zu leistenden Zinsen bereits mindernd berücksichtigt sind) wie auch
– die Abschreibungsgegenwerte bei Verkauf der Güter als Teil der Umsatzerlöse

---

241 Daraus ergibt sich z. B., wann er die Gelder für neue Zwecke einsetzen kann, oder – bei Fremdfinanzierung – wann Kredite zurückgezahlt werden können.
242 Vgl. grundlegend *Blohm/Lüder* (Fn. 106), S. 172–175; *Meffle/Heyd/Weber* (Fn. 194), S. 376–379.
243 Eine Studie für die Schweiz aus dem Jahr 2000 führt zum Ergebnis, dass etwa 68 % der befragten 110 Unternehmen die statische Amortisationsrechnung nutzen, vgl. *Mondello/Odermatt*, ST 2001, S. 615–620.
244 *Kruschwitz* (Fn. 75), S. 51; *Blohm/Lüder* (Fn. 106), S. 173.

zur Unternehmung zurückfließen.[245] Diese Größen können somit zum Abbau der Kapitalbindung bzw. des eingesetzten Kapitals verwendet werden.

Bei der nach herrschender Meinung üblichen Verwendung des pagatorischen Gewinns als Bestandteil der Einzahlungsüberschüsse wird aber das *gebundene Eigenkapital bis zum Pay-off-Zeitpunkt nicht verzinst*, da kalkulatorische Eigenkapitalzinsen nicht abgesetzt sind. Geht man jedoch davon aus, dass die kalkulatorischen Eigenkapitalzinsen dem Projekt jährlich entnommen werden („Ausschüttungen"), so stehen diese nicht mehr zur Rückgewinnung des eingesetzten Kapitals zur Verfügung und dürfen dann auch nicht in die Einnahmeüberschüsse einbezogen werden. Im Ergebnis müßte bei dieser Betrachtung anstelle des pagatorischen lediglich der *kalkulatorische Gewinn zu den Abschreibungen addiert* werden, da nur er zur Rückgewinnung des eingesetzten Kapitals verwendet werden kann.[246] Zum gleichen Resultat – nämlich Ansatz des kalkulatorischen Gewinns – führt auch die Überlegung, dass der Investor nach Ablauf der statischen Amortisationszeit nicht schlechter gestellt werden soll, als er dies c. p. ohne Durchführung der Investition sein würde.[247]

Bezieht man die kalkulatorischen Eigenkapitalzinsen im Sinne von zu berücksichtigenden Opportunitätskosten in die Pay-off-Rechnung ein, so ergibt sich eine *längere Wiedergewinnungszeit* als bei Zugrundelegung des pagatorischen Gewinns. Geht man dagegen vom pagatorischen Gewinn aus, so muss außerdem bedacht werden, dass die *Art der Finanzierung* – mit Eigen- oder Fremdkapital – die Höhe des Einzahlungsüberschusses beeinflusst, da nur die Fremdkapitalzinsen, nicht dagegen die Eigenkapitalzinsen den pagatorischen Gewinn mindern.

Handelt es sich bei dem Projekt um eine *Rationalisierungsinvestition*, der keine zusätzlichen Einnahmen zugerechnet werden können, so tritt an die Stelle des pagatorischen Gewinns die *Kostenersparnis*, die mit der Investition erzielt wird. Die Amortisationsdauer ist dann als diejenige Zeit zu verstehen, die benötigt wird, um den zusätzlichen Kapitaleinsatz durch die *Kostenersparnis der Rationalisierungsmaßnahme wiederzugewinnen*.[248]

Zur Ermittlung der Wiedergewinnungszeit sind grundsätzlich zwei Vorgehensweisen möglich:

– *Erste Vorgehensweise*: Für jede Periode werden pagatorischer (oder kalkulatorischer) Gewinn und kalkulatorische Abschreibungen periodenweise ermittelt und addiert, bis die Summe der Einnahmeüberschüsse die Anschaffungsausgabe erreicht. Diese Vorgehensweise wird auch als *Kumulationsrechnung* bezeichnet.[249]

---

245 Die Kalkulation der Unternehmen enthält darüber hinaus noch weitere nicht auszahlungswirksame Kosten (z. B. Rückstellungen). Vgl. detaillierter zu indirekten Liquiditätsrechnungen Gliederungspunkt III. 4.
246 In der Literatur zur statischen Amortisationsrechnung wird vielfach auch eine Cashflow-Kennziffer der Anschaffungsauszahlung gegenübergestellt, so z. B. der projektbezogene Cashflow. Vgl. zu Cashflow-Kennziffern auch Gliederungspunkt III. 4.
247 Vgl. *Blohm/Lüder* (Fn. 106), S. 172.
248 Führt man aus Kostenersparnisbestrebungen eine Rationalisierungsinvestition ohne Auswirkungen auf die Produktqualität durch, so wäre es verfehlt, kalkulatorische Abschreibungen auf die Verbesserungsinvestition in die Rechnung einzubeziehen, da durch die Änderung des Fertigungsablaufs keine höheren Abschreibungsgegenwerte am Markt erzielt werden können.
249 Vgl. *Matschke* (Fn. 194), Sp. 1139; *Schäfer* (Fn. 33), S. 63 f.

II. Investitionsplanung und Wirtschaftlichkeitsrechnung

$$I_0 = \sum_{t=1}^{x}(G_t + A_t)$$

I_0 = Anschaffungsausgabe im Zeitpunkt t = 0,
G_t = Gewinn der Periode t, t = 1 bis x,
A_t = Abschreibung der Periode t, t = 1 bis x.

Die Zeitspanne „t = 0 bis x" stellt die *Wiedergewinnungszeit* dar, die sich durch Auflösung der Gleichung nach x ermitteln lässt. Allerdings widerspricht diese iterative Vorgehensweise der Systematik statischer Verfahren, da diese stets von Durchschnittswerten ausgehen und nicht periodenindividuell rechnen.

– *Zweite Vorgehensweise:* Sind Gewinn und Abschreibungen für jede Periode der Nutzungsdauer gleich oder berechnet man ohnehin Durchschnittswerte, so kann man die Amortisationsdauer mit folgender Formel ermitteln *(Divisionsrechnung)*:

$$\text{Wiedergewinnungszeit in Jahren} = \frac{I_0}{\varnothing G + \varnothing A}.$$

Die folgenden Ausführungen beschränken sich auf die unter b) vorgestellte Divisionsrechnung.

(2) Aussagegehalt

Die Beurteilung eines *einzelnen Projekts* mit der Pay-off-Methode zeigt auf, ob die Anschaffungsausgabe *innerhalb der geplanten Nutzungsdauer* zurückgewonnen werden kann. Dabei ist ein Projekt grundsätzlich dann absolut vorteilhaft, wenn gilt:

Amortisationsdauer ≤ Nutzungsdauer.

In der Praxis haben sich aber oft branchenspezifische *Erfahrungsregeln* herausgebildet, welche die maximale Amortisationsdauer vorteilhafter Projekte erheblich strenger definieren. So wird teilweise eine Pay-off-Periode von 50 % der geplanten Nutzungsdauer, aber auch eine absolute Pay-off-Periode z. B. von vier Jahren als maximal tragbar bezeichnet.

Stellt sich heraus, dass die Amortisationsdauer länger wäre als die Nutzungsdauer, so lässt sich hieraus noch nicht ableiten, dass das Projekt unwirtschaftlich ist: Zusätzlich zu beachten ist der *Restverkaufserlös* am Ende der geplanten Nutzungsdauer, der in die Berechnung bisher nicht direkt einbezogen ist. Dieser trägt ebenfalls zur Wiedergewinnung des eingesetzten Kapitals bei. Allerdings spielen Restverkaufserlöse in der Praxis meist eine untergeordnete Rolle. Zudem sind sie häufig um Abbruch- und Dekontaminationskosten zu verringern. Schließlich sind Investoren – von Sonderfällen wie Investitionen in Wohnimmobilien abgesehen – auch meist unter Risikokosten nicht bereit, die Vorteilhaftigkeit ihres Projekts erst durch die Realisation des Restverkaufserlöses zu erreichen.

Beim *Vergleich von Alternativen* wird das Projekt mit der kürzesten Wiedergewinnungszeit als das vorteilhafteste betrachtet. Hinter dieser Entscheidungsregel steht zum einen ein *Liquiditäts-/Rentabilitätsaspekt*: Eine schnellere Amortisation schafft Flexibilität und kann auch im Sinne einer „Effizienz" der Investition interpretiert werden.

4. Statische Verfahren der Investitionsrechnung

Zum anderen spielt – wie bei der dynamischen Amortisationsdauer – die Vorstellung eine Rolle, dass der *Risikogehalt* eines Projekts mit der Wiedergewinnungsdauer anwachse.[250] Doch erfasst diese Interpretation nur den Umstand, *wie lange* sich Risiken auf eine Investition auswirken können, aber nicht, von *welchem Ausmaß und welcher Intensität* diese sind. Im Wesentlichen können hier die bereits bei der dynamischen Amortisationsrechnung dargestellten Kritikpunkte übernommen werden.[251]

Hinzu kommen die Schwächen, die aus der spezifischen Vorgehensweise der statischen Verfahren resultieren:

- Es ist problematisch, zur Berechnung einer „*Wiedergewinnungszeit*" Größen der Erfolgsrechnung wie Gewinn oder Abschreibungen heranzuziehen, da eine Wiedergewinnung der Anschaffungsauszahlung nur aus Einzahlungsüberschüssen erfolgen kann und Gewinne sowie Abschreibungen nicht unbedingt zeitgleich und in identischer Höhe als Einzahlungsüberschüsse vorliegen.
- Bei Verwendung von Durchschnittswerten pro Periode zur Ermittlung der Pay-off-Dauer wird zwar der gesamte Nutzungszeitraum in den Vergleich einbezogen. Damit entfällt der bei der dynamischen Amortisationsrechnung aufgeführte Kritikpunkt, dass die Daten nach dem Erreichen der Wiedergewinnung unzulässigerweise keine Berücksichtigung finden. Bei der hier gewählten Vorgehensweise ist jedoch *keine Aussage zum zeitlichen Anfall* der Daten mehr möglich. Aufgrund der *Durchschnittsbildung* kann der Fall eintreten, dass für ein Projekt eine sehr kurze Pay-off-Dauer errechnet wird, obwohl alle Einzahlungsüberschüsse *erst* am Ende der Nutzungsdauer anfallen. Die Bildung von Durchschnittsgrößen widerspricht somit gerade dem erklärten Ziel des Verfahrens, weil sie genau das Kriterium ignoriert, auf welches die Entscheidungsregel abhebt, nämlich den zeitlichen Anfall der Zahlungen.

Beispiel:

Zwei Investitionen I1 und I2 mit einer Anschaffungsauszahlung von je 2 000 Euro sollen nach der statischen Amortisationsrechnung beurteilt werden. Folgende Schätzungen über die Entwicklung der pagatorischen Gewinne sowie der Abschreibungen liegen vor:

	t_1	t_2	t_3	t_4
I1: pagatorischer Gewinn:	600	500	400	100
Abschreibung:	250	250	250	250
Summe:	850	750	650	350
I2: pagatorischer Gewinn:	100	100	600	800
Abschreibung:	250	250	250	250
Summe:	350	350	850	1 050

---

250 Vgl. *Eichholz* (Fn. 18), S. 35; *Matschke* (Fn. 194), Sp. 1138. Geht man von der Annahme sicherer Erwartungen aus, so ist diese Aussage irrelevant.
251 Vgl. Gliederungspunkt II. 3. b) dd) (4).

II. Investitionsplanung und Wirtschaftlichkeitsrechnung

Es ist bereits ohne Rechnung erkennbar, dass Projekt I1 das investierte Kapital erheblich schneller zurückführt als Projekt I2. Wendet man jedoch die statische Amortisationsrechnung an, so erhält man für beide Projekte gleichermaßen einen durchschnittlichen pagatorischen Gewinn von 400 Euro/Jahr sowie kalkulatorische Abschreibungen in Höhe von 250 Euro/Jahr, so dass jeweils eine Wiedergewinnungsdauer in Höhe von 2000 Euro : 650 Euro/Jahr = 3,077 Jahre ermittelt wird.

Abschließend sollen die Wiedergewinnungszeiträume der Investitionsprojekte A und B aus dem obigen Hauptbeispiel ermittelt werden, wobei der pagatorische Gewinn und die Abschreibungen der Anfangsauszahlung gegenübergestellt werden. Auf folgende bereits errechnete Daten wird zurückgegriffen:

Projekt	A	B
Nutzungsdauer	2 Jahre	3 Jahre
Anschaffungsauszahlung	20 000	25 000
$\varnothing$ pagatorischer Gewinn	2 010	2 390
$\varnothing$ Abschreibung	7 000	6 500

Absolute Pay-off-Dauer in Jahren:

$$\text{Typ A}: \frac{20\,000 \text{ Euro}}{7\,000 \text{ Euro/Jahr} + 2\,010 \text{ Euro/Jahr}} = 2,219 \text{ Jahre,}$$

$$\text{Typ B}: \frac{25\,000 \text{ Euro}}{6\,500 \text{ Euro/Jahr} + 2\,390 \text{ Euro/Jahr}} = 2,812 \text{ Jahre.}$$

Da die Bewertung der Rückgewinnungsdauer nicht nur von der absoluten Zeit in Jahren, sondern auch von ihrem Verhältnis zur technischen Lebenserwartung oder der geplanten Nutzungsdauer des Projekts abhängt, müssen ergänzend noch die *relativen Pay-off-Zeiträume* ermittelt werden. Anhand der obigen Daten wird beispielsweise deutlich, dass das Projekt A zwar eine kürzere Amortisationsdauer als B besitzt. Die Rückgewinnung des Kapitals innerhalb der geplanten Nutzungsdauer ist jedoch nur bei Projekt B, nicht aber bei A möglich.[252]

$$\text{Relative (oder prozentuale) Pay-off-Dauer} = \frac{\text{Pay-off-Zeitraum in Jahren} \times 100}{\text{geplante Nutzungsdauer in Jahren}}.$$

Für obige Daten ergeben sich somit folgende Ergebnisse:

$$\text{Typ A}: \frac{2,219 \text{ Jahre}}{2 \text{ Jahre}} = 111\%,$$

$$\text{Typ B}: \frac{2,812 \text{ Jahre}}{3 \text{ Jahre}} = 93,7\%.$$

---

[252] Dieses Ergebnis macht exemplarisch deutlich, wie fragwürdig die statische Pay-off-Methode in dieser einfachen Form ist, da Projekt A aufgrund der Nichtberücksichtigung des Restverkaufserlöses als absolut unvorteilhaft eingeschätzt würde, obwohl in der Gewinnvergleichs- und Rentabilitätsrechnung die Vorteilhaftigkeit der Alternative festgestellt worden war.

Die *Aussagekraft statisch ermittelter Pay-off-Kennziffern* ist – insbesondere wegen der Durchschnittsbildung bei den verwendeten Daten[253] – noch *problematischer* als die der dynamischen Amortisationswerte. Daher dürfen Investitionsentscheidungen nicht allein auf diese Methode gestützt werden.

c) Kritische Würdigung der statischen Rechenverfahren

Die Kritikpunkte, die sich auf die *statischen Verfahren insgesamt* beziehen, lassen sich folgendermaßen resümieren:[254]

- Die Rechenelemente, mit denen Investitions- und Finanzierungsprojekte dargestellt werden, befinden sich nicht auf der Zahlungsmittelebene. Vielmehr handelt es sich um *Daten der Kostenrechnung oder der Finanzbuchhaltung*. Aufgrund möglicher Abweichungen zwischen den verwendeten Rechenelementen und den entsprechenden Zahlungsausprägungen kann es sein, dass das Projekt mit der besten Ersatzzielgröße nicht unbedingt auch das beste im Hinblick auf das Einkommensziel des Investors ist.
- Die *Verdichtung der Daten* zu Durchschnittswerten führt im Vergleich zur periodengenauen Vorgehensweise der dynamischen Verfahren zu einem *Verlust an Genauigkeit*. Hierdurch kann im Extremfall der Sinn der gesamten Rechnung in Frage gestellt werden, wie am Beispiel der statischen Amortisationsrechnung gezeigt wurde.[255] Analog führt der Ansatz einer durchschnittlichen Kapitalbindung anstelle der in jeder Periode tatsächlich vorliegenden Mittelbindung dann zu einer *Überschätzung der tatsächlichen Zinskosten*, wenn ein Projekt in den ersten Jahren überdurchschnittlich hohe Einzahlungsrückflüsse erzielt, während es im umgekehrten Fall zu einer Unterschätzung der Zinskosten kommt. Der Genauigkeitsverlust ist umso größer
  - je unregelmäßiger der tatsächliche Datenanfall ist, d. h. je stärker die Daten von ihren Durchschnittswerten abweichen,
  - je höher der Kalkulationszinssatz ist,
  - je länger die Laufzeit des Projekts ist.
- Die Bildung von Durchschnittswerten führt außerdem dazu, dass *Zinseszinseffekte nicht berücksichtigt* werden. Zwar sind kalkulatorische Zinskosten pro Periode in die Rechnung einbezogen. Aufgrund der Beschränkung der Betrachtung auf eine einzige Periode ist jedoch die *Zinseszinswirkung von in der Vorperiode der Kapitalbindung zugeschlagenen Zinsen nicht erfasst*. Diese Ungenauigkeit führt – isoliert gesehen – dazu, dass die bewerteten Projekte durchgängig etwas zu gut eingeschätzt werden. Folgende Beispielrechnung soll dies anhand der Gegenüberstellung der Ergebnisse von Kapitalwertmethode und Gewinnvergleichsrechnung verdeutlichen:

---

253 Vgl. *Altrogge* (Fn. 99), S. 286–295.
254 Vgl. *Matschke* (Fn. 194), Sp. 1135–1138; *Müller-Hedrich,* Betriebliche Informationswirtschaft, 9. Aufl. 1998, S. 118 f.; *Schäfer* (Fn. 33), S. 65 f.
255 Vgl. Gliederungspunkt II. 4. b) dd).

II. Investitionsplanung und Wirtschaftlichkeitsrechnung

Daten des Beispielprojekts (in Euro):

Nutzungsdauer:	7 Jahre
Anschaffungspreis:	100 000
Restverkaufserlös:	0
Zinshöhe:	10 %
⌀ jährliche Umsatzerlöse:	110 000
⌀ jährliche laufende Kosten (ohne Abschreibungen und Zinsen):	89 500

Sowohl die Umsatzerlöse als auch die laufenden Kosten sollen jeweils in der Periode ihres Anfalls zahlungswirksam werden.[256]

Um das Projekt anhand der Kapitalwertmethode zu bewerten, wird zunächst folgende Zahlungsreihe aufgestellt (in Tausend Euro):

	t_0	t_1	t_2	t_3	t_4	t_5	t_6	t_7
e_t	−100	+110	+110	+110	+110	+110	+110	+110
a_t		−89,5	−89,5	−89,5	−89,5	−89,5	−89,5	−89,5
$(e_t - a_t)$	−100	+20,5	+20,5	+20,5	+20,5	+20,5	+20,5	+20,5

Der Kapitalwert des Projekts lässt sich nun durch Anwendung des Rentenbarwertfaktors ermitteln. Dieser beträgt für 10 % und sieben Jahre: 4,8684.

Der Gegenwartswert der erzielbaren Einzahlungsüberschüsse beläuft sich somit auf 20 500,− × 4,8684 = 99 802,20. Der Kapitalwert folgt hieraus als

− 100 000 + 99 802,20 = − 197,80.

Das Projekt wird bei Anwendung der Kapitalwertmethode somit als absolut unvorteilhaft bewertet und abgelehnt.

Wendet man hingegen die Gewinnvergleichsrechnung an, so ergibt sich folgendes Bild:

Jährliche Umsatzerlöse:	110 000

Jährliche Kosten:	
⌀ laufende Kosten p. a.:	89 500
⌀ Abschreibung p. a.: (100 000 − 0) / 7 =	14 285,71
⌀ Zinskosten p. a.: $\frac{100\,000 + 0 + 14\,285,71}{2} \times 10\,\% =$	5 714,29
Summe der ⌀ Kosten p. a.:	109 500

⌀ jährlicher Gewinn	500

---

[256] Aufgrund dieser Annahme ist ausgeschlossen, dass Unterschiede in den Rechenergebnissen auf zeitliche Verschiebungen zwischen Kosten und Erlösen einerseits sowie Ein- und Auszahlungen andererseits zurückzuführen sind.

Nach der Gewinnvergleichsrechnung wird das Projekt als absolut vorteilhaft eingeschätzt.

Die Abweichung vom Ergebnis der Kapitalwertrechnung kann mit dem *Zinseszinseffekt* plausibel gemacht werden. Aufgrund der Durchschnittsbetrachtung wird in den ersten Perioden die Kapitalbindung unter- und in den letzten Perioden überschätzt. Folglich fallen tatsächlich anfangs höhere Zinsbelastungen an, als in der Gewinnvergleichsrechnung berücksichtigt. Aufgrund der in Wirklichkeit höheren Zinslast der ersten Jahre kann entsprechend weniger getilgt werden, als es der Durchschnittsbetrachtung entspräche, weshalb die Kapitalbindung nur unterdurchschnittlich schnell abgebaut werden kann.

Zusammenfassend kann man daher feststellen, dass die statischen Verfahren der Investitionsrechnung nur *sehr eingeschränkt* dazu geeignet sind, dem Entscheidungsträger bei der Bewertung von Investitions- und Finanzierungsalternativen *zuverlässige Unterstützung* zu gewähren. Ihr hauptsächlicher Vorteil und der Grund für ihre große Beliebtheit in der Praxis[257] liegt in der *leichteren Verständlichkeit und einfacheren Anwendung*. Das Denken in periodischen Erlösen und Kosten entspricht zudem der *bilanzorientierten Betrachtung* von Unternehmen. Zum Teil bestehen geringere Anforderungen bei der Beschaffung des erforderlichen Datenmaterials, das oftmals aus der *meist vorhandenen Plankostenrechnung* entnommen werden kann. Bei den dynamischen Verfahren muss hingegen zunächst eine spezielle Prognose von Ein- und Auszahlungen geleistet werden.

d) Fallbeispiel zu den statischen Verfahren

Die einzelnen statischen Verfahren werden im Folgenden jeweils auf ein Investitionsprojekt angewandt. Es handelt sich um die Investition in einen Speditionsbetrieb für den zwei alternative Lkw X und Y mit unterschiedlichen Merkmalen eingesetzt werden können.

Dateninput für die Alternativen	*Alternative X*	*Alternative Y*
Produktqualität	X = Y	
Geplante Produktionskapazität km/Jahr	200 000	220 000
Investitionsauszahlung (I_0) in Euro	200 000	220 000
Geplante Nutzungsdauer (n)	3 Jahre	2,5 Jahre
Lohnkosten p. a. in Euro	80 000	90 000
Kosten für Roh-, Hilfs- und Betriebsstoffe p. a. in Euro	50 000	55 000
Sonstige Kosten p. a. in Euro	60 000	50 000
Mindestkapitalverzinsung	8 %	8 %
Restverkaufserlös am Ende der geplanten Nutzungsdauer (RW)	20 000	40 000
Eigenkapitalanteil (am ⌀-gebundenen Kapital)	30 %	30 %
Erlös (Euro/km)	1,40	1,40

---

[257] Vgl. *Kruschwitz* (Fn. 75), S. 31. *Kruschwitz* merkt allerdings an, dass diese Beliebtheit keineswegs etwas über die Qualität dieser Verfahren aussage.

II. Investitionsplanung und Wirtschaftlichkeitsrechnung

Verfahren 1: Kostenvergleich

Kostenvergleich *zulässig*? Ja, da Produktqualität X = Y.

Kostenelemente (in Tausend Euro)	Alternative X	Alternative Y
(a) ⌀ Abschreibung $\frac{I_0 - RW}{n}$	$\frac{200 - 20}{3} = 60$	$\frac{220 - 40}{2,5} = 72$
(b) ⌀ Zinsen Ermittlung der ⌀ Kapitalbindung	$\frac{200 + 20 + 60}{2} = 140$	$\frac{220 + 40 + 72}{2} = 166$
davon: 30 % EK-Bindung	42	49,8
70 % FK-Bindung	98	116,2
Gesamtkapitalzins	140 × 8 % = 11,20	166 × 8 % = 13,28
davon: EK-Zins	42 × 8 % = 3,36	49,8 × 8 % = 3,984
FK-Zins	98 × 8 % = 7,84	116,2 × 8 % = 9,296
(c) ⌀ weitere Kosten = Löhne + Roh-, Hilfs-, Betriebsstoffe + Sonstige	80 + 50 + 60 = 190	90 + 55 + 50 = 195
Gesamtkosten (a + b + c)	261,20	280,28

Gesamtkostenvergleich aussagekräftig? Nein, da Produktionskapazität X ≠ Y. Ein Stückkostenvergleich ist erforderlich.

Ermittlung der ⌀ Stückkosten (Euro/km) =	Alternative X	Alternative Y
$\frac{⌀ \text{ Gesamtkosten}}{⌀ \text{ produzierte Menge}}$	$\frac{261,20}{200} = 1,306$	$\frac{280,28}{220} = 1,274$

Alternative Y weist die niedrigeren Stückkosten auf. Da sie gleichzeitig die höhere Kapazität besitzt, ist sie nicht nur kostengünstiger, sondern erbringt auch den höheren Gewinn, solange der Erlös pro km über 1,27 Euro liegt.

Verfahren 2: Gewinnvergleich

	Alternative X	Alternative Y
(a) Ermittlung des ⌀ Erlöses (Tausend Euro) = Erlös/Stück (Euro/km) × Menge (Tkm)	1,40 × 200 = 280	1,40 × 220 = 308
(b) ⌀ Übergewinn (Tausend Euro) = ⌀ Erlös − ⌀ Gesamtkosten	280 − 261,20 = 18,80	308 − 280,28 = 27,72
(c) ⌀ pagatorischer Gewinn (Tausend Euro) = ⌀ Übergewinn + ⌀ kalkulatorische Kosten	18,80 + 3,36 = 22,16	27,72 + 3,984 = 31,70
(d) Kapitalgewinn (Tausend Euro) = ⌀ pagatorischer Gewinn + ⌀ Fremdkapitalzins	22,16 + 7,84 = 30	31,704 + 9,296 = 41

4. Statische Verfahren der Investitionsrechnung

Die Alternative Y verspricht den größeren Gewinn p. a. (gleich welcher Definition) und ist demnach vorzuziehen. Da der Eigenkapitaleinsatz der beiden Alternativen nahezu gleich ist, lässt sich bereits hier erkennen, dass wohl auch die Eigenkapitalrendite von Y größer als die von X sein muss. Bezüglich der Gesamtkapitalrendite ist diese Rangfolge ebenfalls zu vermuten, da sich der Gesamtkapitaleinsatz der Alternativen nicht wesentlich unterscheidet.

Verfahren 3: Renditevergleich

	Alternative X	*Alternative Y*
(a) Ermittlung der $\varnothing$ Überrendite =		
$\dfrac{\varnothing \text{ kalkulatorischer Gewinn}}{\varnothing \text{ Gesamtkapital}}$	$\dfrac{18{,}80}{140} = 13{,}43\,\%$	$\dfrac{27{,}72}{166} = 16{,}70\,\%$
(b) $\varnothing$ Eigenkapitalrendite =		
$\dfrac{\varnothing \text{ pagatorischer Gewinn}}{\varnothing \text{ Eigenkapital}}$	$\dfrac{22{,}16}{42} = 52{,}76\,\%$	$\dfrac{31{,}704}{49{,}8} = 63{,}66\,\%$
(c) $\varnothing$ Gesamtkapitalrendite =		
$\dfrac{\varnothing \text{ Kapitalgewinn}}{\varnothing \text{ Gesamtkapital}}$	$\dfrac{30}{140} = 21{,}43\,\%$	$\dfrac{41}{166} = 24{,}70\,\%$
(d) $\varnothing$ Return-on-Investment =		
$\dfrac{\varnothing \text{ pagatorischer Gewinn}}{\varnothing \text{ Gesamtkapital}}$	$\dfrac{22{,}16}{140} = 15{,}83\,\%$	$\dfrac{31{,}704}{166} = 19{,}10\,\%$

Das Resultat des Renditevergleichs bestätigt die Ergebnisse der Kosten- und Gewinnvergleichsrechnung. Die Alternative Y weist die größere Rendite nach allen drei Kennziffern auf und wird demnach vorgezogen:

Verfahren 4: Amortisationsrechnung

	Alternative X	*Alternative Y*
(a) Absolute Amortisationsdauer (Jahre) =		
$\dfrac{\text{Anschaffungskosten } (I_0)}{\varnothing \text{ pagatorischer Gewinn} + \varnothing \text{ Abschreibung}}$	$\dfrac{200}{22{,}16 + 60} = 2{,}43$	$\dfrac{220}{31{,}704 + 72} = 2{,}12$
(b) Relative Amortisationsdauer (%) =		
$\dfrac{\text{Absolute Amortisationsdauer}}{\text{Nutzungsdauer (n)}}$	$\dfrac{2{,}43}{3} = 81{,}0\,\%$	$\dfrac{2{,}12}{2{,}5} = 84{,}8\,\%$

Während die absolute Amortisationsdauer für Projekt Y spricht, ist bei der Orientierung an der relativen Amortisationsdauer Projekt X vorzuziehen. Dieses widersprüchliche Ergebnis ist ein Indikator für die zweifelhafte Aussagekraft der statisch ermittelten Amortisationsdauer als Risikokennziffer.

5. Grenzen der klassischen Partialmodelle und Ansätze zu ihrer Überwindung

In der vorgestellten Form weisen die klassischen Partialmodelle Schwachpunkte auf. Diese schränken ihre Anwendbarkeit deutlich ein. Im Folgenden sollen zwei wesentliche Problemaspekte exemplarisch herausgegriffen werden – nämlich die Problematik der Bestimmung der optimalen Nutzungsdauer beziehungsweise des optimalen Ersatzzeitpunkts einerseits und die Schwierigkeit der Festlegung des situativ adäquaten Kalkulationszinssatzes andererseits. Es werden dabei die Grenzen der klassischen Partialmodelle bewusst verdeutlicht und zugleich Ansätze zur Handhabung der beiden Problembereiche vorgestellt.

a) Anwendungsgrenzen

aa) Problematik der optimalen Nutzungsdauer bzw. des optimalen Ersatzzeitpunkts

Die vorgestellten Vorteilhaftigkeitskriterien *Kapitalwert, interner Zinsfuß und Annuität* eines Projekts können nur berechnet werden, wenn die *wirtschaftliche Nutzungsdauer* bekannt ist.[258] Diese bestimmt den zeitlichen Umfang der betrachteten Daten und – via Barwerte – deren Gewicht.[259] Die Anwendung der vorgestellten Verfahren ist bspw. dann unproblematisch, wenn eine Finanzierung oder eine *Finanzinvestition* mit fester Laufzeit vorliegt, d.h. wenn zwingend feststeht, über welche Anzahl von Perioden das zu bewertende Projekt läuft. Handelt es sich jedoch bei dem zu analysierenden Projekt um eine *Sachinvestition*, so kann man regelmäßig nicht ohne weiteres von einer fest vorgegebenen Nutzungsdauer ausgehen.

Unterstellt man eine bestimmte Nutzungsdauer als fix bzw. vorgegeben, so schreibt man damit eine wesentliche Einflussgröße für die Vorteilhaftigkeit des Projekts fest und verkürzt unter Umständen die wirkliche Problemstellung in unzulässiger Weise. Dies sei am Beispiel der *Kapitalwertmethode* erläutert: Der Kapitalwert beziffert die Einkommenswirkung eines Projekts unter Annahme einer bestimmten Nutzungszeit. Bei der Verlängerung oder Verkürzung der Nutzungszeit würden sich jedoch andere Kapitalwerte ergeben, so dass die Ausprägung des Vorteilhaftigkeitskriteriums „Kapitalwert" eine Funktion der Nutzungsdauer darstellt. Bei Projekten, die *keine konkrete Endfälligkeit* im Sinne einer „Lebenserwartung" besitzen (z. B. Ablauf einer Lizenz), wird es somit erforderlich, die im *Hinblick auf die Einkommensziele* des Entscheidungsträgers *vorteilhafteste Nutzungsdauer* zu bestimmen.[260] Diese Problematik verschärft sich zusätzlich, wenn die Fortführung des Projekts mit der Initiierung eines möglichen Folgeprojekts konkurriert (Ersatzproblematik).

---

258 Zur Berechnung der Pay-off-Periode ist das nicht notwendig.
259 Dies entfällt bei den statischen Verfahren weitgehend, da der Fokus auf durchschnittliche Perioden die Projektlaufzeit offen lässt.
260 So beweist die Existenz von uralten Liebhaberautos (Oldtimern), dass die Lebenserwartung eines Automobils faktisch unbegrenzt ist, wenn man nur bereit ist – finanzwirtschaftlich unvorteilhafte – Erhaltungsaufwendungen zu betreiben. Eine faktisch zwingende Lebenserwartung existiert daher bei den meisten Projekten nicht.

bb) Bestimmung des adäquaten Kalkulationszinssatzes

Die *klassischen Partialmodelle* der Investitionsrechnung gehen von *einem exogen gegebenen Kalkulationszinsfuß* aus.[261] Exogen vorgegeben bedeutet, dass die Hurdle Rate aus den Verhältnissen der Finanzmärkte abgeleitet wird und sich nicht aus dem konkreten Investitions- und Finanzierungsprogramm des Entscheidungsträgers ergibt.[262] Durch die Unterstellung eines solchen *ex ante-Zinsfußes* werden die klassischen Partialmodelle zu „*Quasi-Totalmodellen*": Ihre zeitliche Erstreckung wird mit dem Planungszeitraum des Investors identisch, und sie erfassen alle Alternativen – einige wenige explizit, alle anderen durch die Pauschalannahme des *Vollkommenen Kapitalmarkts*:[263]

– Die Rechnung mit extern vorgegebenen Zinssätzen impliziert, dass *die Projekte jeweils mit den Verhältnissen bzw. Möglichkeiten des (restlichen) Finanzmarkts verglichen* werden und dass dieser vollkommen ist.
– Beim Vergleich von Projekten mit unterschiedlicher Kapitalbindung wird unterstellt, dass die *Bindungsdifferenzen* dadurch ausgleichbar sind, dass Kapital zum Referenzzins aufgenommen oder angelegt werden kann. In der Regel entfällt hierbei die Unterscheidung zwischen Soll- und Habenzinssätzen.[264]
– Durch die Möglichkeit der flexiblen Geldanlage und -aufnahme am Restkapitalmarkt können zugleich *Unterschiede in der zeitlichen Bindung von Investitionskapital ausgeglichen* werden.

Unter diesen Bedingungen ist es möglich, mit den klassischen Partialmodellen Alternativen mit unterschiedlicher Kapitalbindung isoliert auf ihre Vorteilhaftigkeit hin zu beurteilen.

Da es einen *Vollkommenen Restkapitalmarkt* in der Realität nicht gibt, existiert auch kein grundsätzlich „richtiger" bzw. „universeller" Kalkulationszinsfuß. Dies bedeutet jedoch nicht, dass die dynamischen Verfahren der Investitionsrechnung generell für praktische Problemstellungen ungeeignet sind. So kann trotz unvollkommener Kapitalmärkte regelmäßig ein enges Intervall bestimmt werden, in welchem sich die Finanzierungskosten bewegen. Der Investor wird jeweils nach demjenigen *Kalkulationszinsfuß* suchen müssen, der den aktuellen und prognostizierbaren Finanzierungsverhältnissen der Unternehmung entspricht.[265]

Hierbei ist in der Regel die *eindeutige Zurechnung einer bestimmten* Finanzierungsart zu einem Investitionsprojekt *kaum möglich*, da die Unternehmung überwiegend nicht projektgebunden finanziert, sondern im Rahmen der Finanzplanung den gesamten prognostizierten Mittelbedarf durch Desinvestitions- und Finanzierungsvorgänge abdeckt. Meist wird folglich unterstellt, dass die zu untersuchende Investition in genau

---

261 Vgl. vertiefend *Schäfer* (Fn. 33), S. 77–85.
262 Vgl. zur Ermittlung eines endogenen Kalkulationszinses nach dem Modell von *Joel Dean* auch Gliederungspunkt II. 5. b) cc).
263 Vgl. *Adam* (Fn. 38), S. 82–85.
264 Vgl. *Kruschwitz* (Fn. 75), S. 65.
265 Er muss sich mit einer „näherungsweisen Bestimmung des Kalkulationszinssatzes" begnügen, *Blohm/Lüder* (Fn. 106), S. 148. Vgl. grundsätzlich zur Bestimmung des Kalkulationszinses *Blohm/Lüder* (Fn. 106), S. 147–149; *Eidel* (Fn. 196), S. 280–304; *Hachmeister* (Fn. 228), insbesondere S. 153–171.

II. Investitionsplanung und Wirtschaftlichkeitsrechnung

dem Verhältnis mit Eigen- und Fremdkapital finanziert wird, das der *Kapitalstruktur der ganzen Unternehmung* entspricht.[266]

Auf unterschiedliche Vorschläge, der Existenz von *Steuern, Inflation und Investitionsrisiken* durch die Erhöhung oder Senkung des Kalkulationszinsfußes Rechnung zu tragen, soll hier nur verwiesen werden.[267] Der in der Praxis weit verbreitete Ansatz eines *pauschalen Zuschlags oder Abschlags* ist grundsätzlich aber nicht adäquat, da dies weder dem unterschiedlichen Risikogehalt verschiedener Alternativen noch dem Einfluss diverser Steuerarten auf verschiedenartige Projekte gerecht wird. Im Hinblick auf die Berücksichtigung von Steuern und Inflation in der Investitionsrechnung ist zu beachten, dass *bei der Schätzung der Zahlungsreihe und der Höhe des Kalkulationszinssatzes* entweder jeweils von *Daten vor Steuern und Inflation* oder aber jeweils von *Daten nach Steuern und Inflation* ausgegangen werden muss. Verfehlt wäre es, wenn man ein Projekt anhand der Zahlungsströme nach Steuern und Inflation bewertet, jedoch einen Kalkulationszinssatz verwendet, der den Finanzierungskosten beziehungsweise Opportunitätsverlusten vor Steuern und Inflation entspricht.

b) Ansätze zur Weiterentwicklung der klassischen Partialmodelle

aa) Exkurs: Sunk Costs, entscheidungsrelevante Kosten und die Bedeutung von Handlungsflexibilität

Die meisten Investitionen (zumindest Sachinvestitionen) zeichnen sich dadurch aus, dass sie nach ihrer Durchführung überwiegend nicht mehr umkehrbar – mit anderen Worten *irreversibel* – sind. Stellt man nach Durchführung der Investition fest, dass Annahmen oder Planungsgrundlagen falsch waren, so führt der Abbruch oder die Aufgabe der Investition meist dazu, dass ein Teil (oftmals sogar der überwiegende Teil) der Investitionskosten als verloren gelten muss, d. h. nicht mehr zurückgewonnen werden kann. Die auf alle Fälle verlorenen Mittel werden auch als *versunkene Kosten, irreversible Kosten* oder – noch gebräuchlicher – als *Sunk Costs* bezeichnet.[268] Gut verständliche Beispiele für Sunk Costs sind Zahlungen für ein Werbekonzept eines Trendprodukts, die Kosten für einen speziell angefertigten Maßanzug oder Entwicklungskosten für ein hochspezifisches Arzneimittel. Wird der Zweck der eigentlichen Investition aus irgendeinem Grund nicht erreicht, so steht den erlittenen Kosten kein Gegenwert in Form eines weiterverwertbaren oder veräußerbaren Aktivums gegenüber.[269]

---

266 Die Problematik der Bestimmung des „richtigen" Kalkulationszinssatzes wird noch komplizierter, wenn der Investor berücksichtigen will, dass die Kreditaufnahmemöglichkeiten in der Realität keineswegs unbegrenzt und die Finanzierungskosten eine Funktion des Verschuldungsgrades sind. Eine Berücksichtigung der dann auftretenden finanzwirtschaftlichen Interdependenzen ist bei Beurteilung einzelner Investitionen unmöglich und verlangt eine simultane Planung von Investitions- und Finanzierungsprogrammen, vgl. weiterführend *Hax* (Fn. 97), S. 71–85.
267 Vgl. weiterführend *Blohm/Lüder* (Fn. 106), S. 120–143; *Adam* (Fn. 38), S. 177 f.; *Kruschwitz* (Fn. 75), S. 135–138.
268 Zum Begriff der Sunk Costs vgl. *Schäfer* (Fn. 33), S. 15 f.; *Helfert,* Financial Analysis, 10th ed., Boston et al. 2000, S. 261; *Spremann* (Fn. 65), S. 375 f.; *Gerke/Bank* (Fn. 158), S. 256; *Seiler* (Fn. 56), S. 453 f.
269 Vgl. *Helfert* (Fn. 268), S. 261; *Gerke/Bank* (Fn. 158), S. 256.

5. Grenzen der klassischen Partialmodelle und Ansätze zu ihrer Überwindung

Der Begriff der Sunk Costs bezeichnet also die mit der Umsetzung einer Investitionsentscheidung eintretenden und nicht mehr rückgängig zu machenden Kosten. Man kann eine Investitionsentscheidung zwar zu einem späteren Zeitpunkt noch kritisch reflektieren und nachprüfen, aber regelmäßig nicht ungeschehen machen. Daher wird man zwangsläufig einen erheblichen Teil der Investitionssumme verlieren. Man kann es damit vergleichen, eine Mineralwasserflasche auf sandigem Untergrund umzuwerfen. Es macht keinen Sinn mehr, den feuchten Sand in die Mineralwasserflasche zurückzufüllen. Das Mineralwasser muss als „verloren" betrachtet werden, selbst wenn es noch im feuchten Sand enthalten ist. Ebenso muss das in einer Investition gebundene Kapital als „untergegangen" gelten, soweit es sich nicht durch Verkauf der zum Investitionsprojekt gehörenden Aktiva zurückgewinnen lässt. *Die irreversibel verausgabten Mittel* bzw. die nicht mehr rückgängig zu machenden Kosten dürfen folglich im Zeitpunkt einer bereits (teilweise) umgesetzten Investition für aktuelle Entscheidungen *nicht mehr entscheidungserheblich sein*, da sie ohnehin nicht mehr gestaltbar sind.[270] Versunkene Kosten stellen somit exakt das *Gegenteil von entscheidungsrelevanten Kosten* dar.[271] Es ist daher wichtig, den jeweils gültigen Zeitpunkt der Bewertung einer Investition zu kennen, da typischerweise im *Laufe der Realisation* von Sachinvestitionsprojekten der *Anteil der versunkenen Kosten ansteigt* und zwangsläufig der Anteil der noch entscheidungsrelevanten Kosten abnimmt.

Sunk Costs sind jedoch nicht unbedingt und in jedem Fall *historische Kosten bzw. Auszahlungen*. Entscheidend ist vielmehr, dass die Zahlungs*verpflichtung* in der Vergangenheit erfolgte und *nicht mehr rückgängig gemacht werden kann* (so z. B. weil der Entscheidungsträger eine feste vertragliche Verpflichtung eingegangen ist). Bei einem Wirtschaftsgut, das nach dem Erwerb bereits genutzt wurde, bestehen *Sunk Costs* zudem regelmäßig nicht in den gesamten Anschaffungsausgaben, sondern nur in demjenigen Teil, der nicht durch Weiterveräußerung am Sekundärmarkt zurückgewonnen werden kann.

Beispiel:

Im Zusammenhang mit einem Fertigungsprozess wurde eine Maschine für 1 Mio. Euro erworben und für 200 000 Euro umgebaut, installiert und in Betrieb genommen. Diese Maschine steht in einer fest auf zehn Jahre gemieteten Fertigungshalle, für die eine Jahresmiete von 50 000 Euro zu zahlen ist.

Die historischen Installations-, Umbau- und Inbetriebnahmekosten sind zweifellos in voller Höhe „verloren", also Sunk Costs.

Die – ebenfalls historischen – Anschaffungskosten von 1 Mio. Euro sind jedoch nur teilweise Sunk Costs. Lässt sich die Maschine mit Abbaukosten von 50 000 Euro für einen Gebrauchtpreis von 450 000 Euro weiterveräußern, so ist der Nettoerlös von 400 000 Euro nicht als Sunk Costs zu sehen und in zukunftsgerichteten Entscheidungen (z. B. über den Weiterbetrieb) einzubeziehen.

Die auf die verbleibende Vertragsdauer zu bezahlenden, auszahlungswirksamen Mietkosten sind zwar nicht historisch, aber gleichwohl *Sunk Costs*, sofern die Halle nicht zwischenzeitlich untervermietbar ist oder diese Kosten in anderer Weise weitergegeben oder verhindert (z. B. durch eine Kündigungsoption) werden können.

---

270 Vgl. *Seiler* (Fn. 56), S. 453; *Spremann* (Fn. 65), S. 375 f.
271 Vgl. *Spremann* (Fn. 65), S. 376.

II. Investitionsplanung und Wirtschaftlichkeitsrechnung

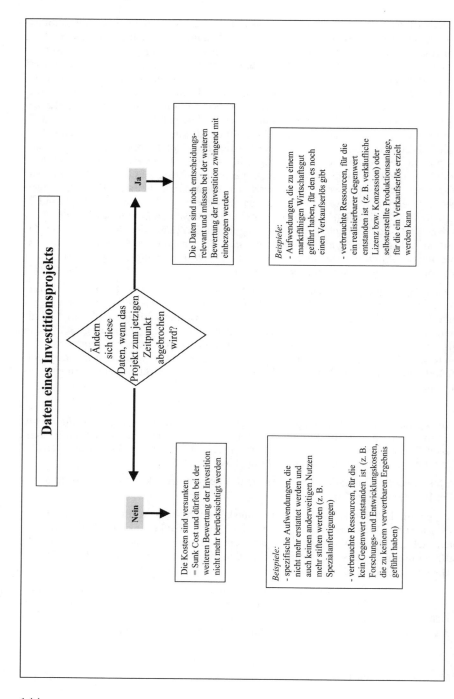

Abbildung 26: Unterscheidung von versunkenen versus entscheidungsrelevanten Daten eines Projekts

5. Grenzen der klassischen Partialmodelle und Ansätze zu ihrer Überwindung

Abbildung 26 zeigt die für korrekte Investitionsentscheidungen erforderliche Aufspaltung von Investitionskosten bzw. Investitionszahlungen in Sunk Costs einerseits und entscheidungsrelevante Kosten andererseits im Überblick.

Das nachfolgende Beispiel dient der vertiefenden Verdeutlichung des Sachverhalts.

Beispiel:

Eine Unternehmung entscheidet im Jahr 0, ein neues Produkt bis zum Jahr 4 auf den Markt zu bringen.

Im Jahr 1 wird eine Vorentwicklung vorgenommen, für die spezifische Kosten von 0,5 Mio. Euro anfallen.

Im Jahr 2 wird ein Grundstück für 2,5 Mio. Euro erworben und mit einer Fertigungshalle für 1 Mio. Euro bebaut. Das Grundstück liegt in einem florierenden Industriegebiet und sei annahmegemäß jederzeit zum gleichen Preis weiterveräußerbar. Die Halle sei annahmegemäß zu 80 % der angefallenen Kosten weiterveräußerbar. Die Nebenkosten (Notar, Makler, Grunderwerbssteuer, Architekt, etc.) betragen zusätzlich 100 000 Euro und müssen als verloren gelten.

Im Jahr 3 werden für 1,5 Mio. Euro Standardmaschinen (jederzeit für ca. 80 % der Anschaffungskosten wieder weiterveräußerbar) sowie Spezialmaschinen für zusätzliche 2 Mio. Euro angeschafft und neue Mitarbeiter eingestellt und geschult. Für letztere fallen spezifische Kosten i. H. v. zusätzlich 0,7 Mio. Euro an.

Im Jahr 4 wird planmäßig die Produktion und Vermarktung des Produkts aufgenommen, wobei Anlaufkosten von 0,4 Mio. Euro sowie Marketingkosten von 0,6 Mio. Euro anfallen.

Die folgende Zahlendarstellung zeigt die Entwicklung der versunkenen Kosten im Zeitablauf (ohne Berücksichtigung von Zinsen und Zinseszinsen). Dabei wurden zur Vereinfachung alle Investitionszahlungen mit Kosten gleichgesetzt, d. h. es wurde z. B. darauf verzichtet, Investitionszahlungen durch *Periodisierung* in Abschreibungskosten zu transformieren. Der bei den meisten Sachinvestitionen typische Anstieg der versunkenen Kosten im Zeitablauf wird ersichtlich.

II. Investitionsplanung und Wirtschaftlichkeitsrechnung

Zeitpunkt/ Jahr	Bezeichnung der Position	Neu auftretende Kosten in diesem Jahr	Kumulierte Gesamtkosten	Sunk Costs dieses Jahres	Entscheidungsrelevant in diesem Jahr	Kumulierte Sunk Costs	Kumulierte Entscheidungsrelevante Kosten
0	–	0	0	0	0	0	0
1	Vorentwicklungskosten	0,5 Mio.	0,5 Mio.	0,5 Mio.	0	0,5 Mio.	0
2	Grundstück	2,5 Mio.	3,0 Mio.	0 Mio.	2,5 Mio.	0,5 Mio.	2,5 Mio.
2	Halle	1,0 Mio.	4,0 Mio.	0,2 Mio.	0,8 Mio.	0,7 Mio.	3,3 Mio.
2	Nebenkosten	0,1 Mio.	4,1 Mio.	0,1 Mio.	0,0 Mio.	0,8 Mio.	3,3 Mio.
3	Standardmaschinen	1,5 Mio.	5,6 Mio.	0,3 Mio.	1,2 Mio.	1,1 Mio.	4,5 Mio.
3	Spezialmaschinen	2,0 Mio.	7,6 Mio.	2,0 Mio.	0,0 Mio.	3,1 Mio.	4,5 Mio.
3	Neue Mitarbeiter	0,7 Mio.	8,3 Mio.	0,7 Mio.	0,0 Mio.	3,8 Mio.	4,5 Mio.
4	Anlaufkosten	0,4 Mio.	8,7 Mio.	0,4 Mio.	0,0 Mio.	4,2 Mio.	4,5 Mio.
4	Marketingkosten	0,6 Mio.	9,3 Mio.	0,6 Mio.	0,0 Mio.	4,8 Mio.	4,5 Mio.

Abbildung 27 zeigt diesen Zusammenhang nochmals übersichtlich grafisch.

Die dunkelgrauen Säulen stellen die kumulierten Sunk Costs dar. Die hellgrauen Säulen repräsentieren die noch entscheidungsrelevanten Kosten. Die Gesamtsäulen entsprechen folglich den angefallenen Gesamtkosten zu dem jeweiligen Zeitpunkt t_x.

Ein paar wichtige Schlussfolgerungen:

Erstens: Bei Investitionsentscheidungen ist *stets zwischen entscheidungsrelevanten und nicht entscheidungsrelevanten Kosten zu unterscheiden,* wobei als nicht entscheidungsrelevant diejenigen Kosten betrachtet werden, die – unabhängig vom Handeln des Entscheidungsträgers – ohnehin nicht mehr zurückgewonnen werden können, d. h., die auf alle Fälle als verloren gelten müssen. Wird diese Unterscheidung versäumt, besteht eine hohe Wahrscheinlichkeit von Fehlentscheidungen.

Zweitens: Sunk Costs spielen insbesondere bei Sachinvestitionen eine große Rolle. Dies gilt umso mehr, je höher der Anteil von spezifischen Aufwendungen ist, d. h. Aufwendungen, die keiner anderen Nutzung zugänglich gemacht werden können. Insofern ist *Spezifität stets als kritisch zu betrachten* und – unter Abwägung anderer Gesichtspunkte – möglichst zu vermeiden.

5. Grenzen der klassischen Partialmodelle und Ansätze zu ihrer Überwindung

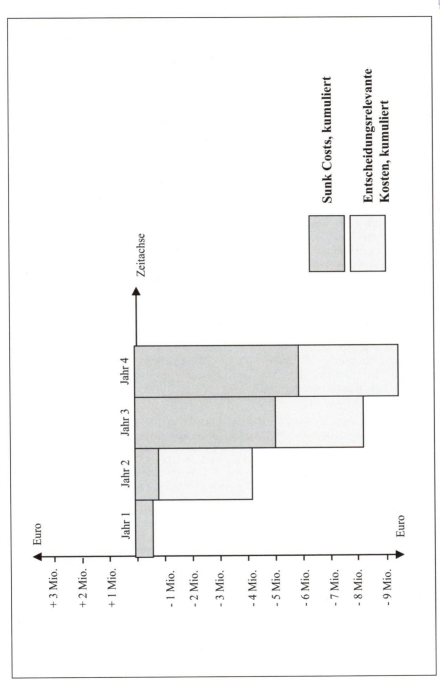

Abbildung 27: Entwicklung der Sunk Costs im Verhältnis zu den Gesamtkosten im Zeitablauf

II. Investitionsplanung und Wirtschaftlichkeitsrechnung

Drittens: Die Betrachtung von Sunk Costs steht immer in einem Bezug zur Zeitachse. *Vor* Beginn einer Investition sind stets alle Kosten noch entscheidungsrelevant, d. h. nicht versunken. *Nach* Abschluss der Investition weisen (zumindest bei Sachinvestitionen) *regelmäßig erhebliche Teile* der Kosten den Charakter von Sunk Costs auf.

Viertens: Vor dem Hintergrund der Vermeidung unnötiger Investitionsrisiken ist ein intensives *Controlling und Management der Sunk Costs*[272] besonders relevant. Wo immer möglich, sind Sunk Costs zu vermeiden (z. B. durch noch entscheidungsrelevante Kosten zu ersetzen) oder über die Zeitachse hinauszuschieben. Je später Kosten „versinken", desto besser. In diesem Zusammenhang kommt der Bewahrung von Handlungsoptionen große Bedeutung zu.

Die oben genannten Punkte drei und vier kommen in der Abbildung 28 zum Ausdruck. Lässt sich ein Investitionsprojekt A mit einem definierten Output durch ökonomisch intelligentes Verändern von Investitionskomponenten, der Investitionsstruktur und rechtlichen Beziehungen und der daraus folgenden Schaffung von *Realoptionen*[273] zu dem Investitionsprojekt A′ transformieren, so gelingt es dem Kapitalgeber hierdurch c. p. das Investitionsrisiko zu senken und/oder die zu erwartende Investitionsrentabilität[274] zu steigern. Er gewinnt an Handlungsflexibilität und kann die Ausgabe weiterer Mittel auf spätere Zeitpunkte (zu denen er über einen besseren/aktuelleren Informationsstand verfügt) verschieben. Konkrete Maßnahmen, mit denen der Übergang von A zu A′ erreicht werden kann, sind möglicherweise Leasing statt Kreditkauf, Verringerung der Fertigungstiefe (z. B. durch Outsourcing), Mieten von Produktionskapazitäten statt Erwerb,[275] Schließen von kurzfristigen statt langfristigen Verträgen, Vorbehalt von Ausstiegsklauseln oder Beendigungsoptionen, Vereinbarung von Kündigungsrechten, etc.[276] Im Zusammenhang mit Investitionsentscheidungen werden als die wichtigsten Klassen von Realoptionen die Möglichkeiten „Verschieben", „Modularisieren", „Ändern", „Ausstieg", „Umtausch", „Wachsen/Erhöhen" sowie eine Kombination der genannten Erscheinungsformen genannt.[277]

---

272 Vgl. *Helfert* (Fn. 268), S. 261; *Seiler* (Fn. 56), S. 455.
273 Als Realoption sind Auswahl- und Handlungsmöglichkeiten des Investors zu verstehen, mit denen das Projekt zu künftigen Zeitpunkten noch auf die dann besser erkennbaren Umweltentwicklungen angepasst werden kann. Zum Realoptionsansatz vgl. vertiefend *Vollrath*, in: Hommel/Scholich/Vollrath (Hrsg.) Realoptionen in der Unternehmenspraxis, 2001, S. 45–77; *Copeland*, Real Options – A Practitioner's Guide, New York et al., 2001, S. 5 f.; *Gerke/Bank* (Fn. 158) S. 257–261.
274 Als die zu erwartende Investitionsrentabilität ist hier der Erwartungswert der Verteilungsfunktion der in unterschiedlichen Konstellationen/Szenarien auftretenden Projektrenditen zu verstehen.
275 Die Summe dieser Aktivitäten wird mit dem Schlagwort „Benutzen statt Besitzen" zusammengefasst. Seit Ende der neunziger Jahre ist ein – sich derzeit noch verstärkender – Trend der „Eigentumsvermeidung" festzustellen. Dieser ist insbesondere bei Unternehmen, jedoch auch bei den privaten Haushalten nachweisbar. Vgl. vertiefend *Rifkin*, Access. Das Verschwinden des Eigentums, 2002, S. 9–21.
276 Bei transparenten und funktionierenden Märkten werden Vereinbarungen, die die Flexibilität des Investitionsprojekts erhöhen, jedoch nicht kostenlos zu erhalten sein, sondern z. B. durch Mehrkosten („Prämien") vergütet werden müssen. Gleichwohl ist es in vielen Fällen ökonomisch sinnvoll, auch entgeltliche Handlungsoptionen in Anspruch zu nehmen, da der zu erwartende Nutzen die zu zahlende Prämie übersteigt.
277 Vgl. *Trigeorgis*, Real Options, 5th ed., Hong Kong 2000, S. 5–6.

5. Grenzen der klassischen Partialmodelle und Ansätze zu ihrer Überwindung

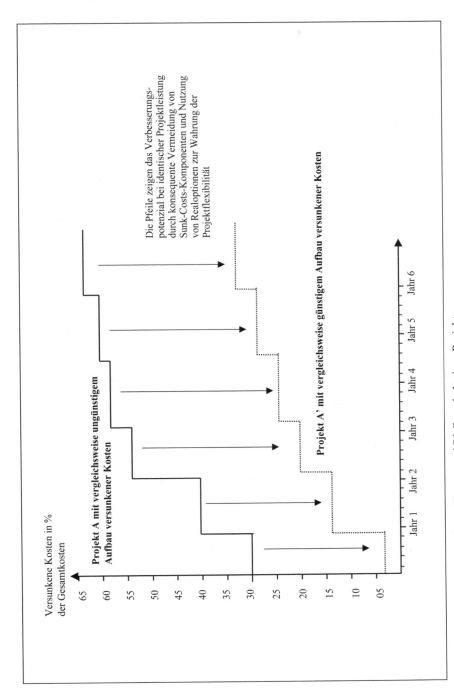

Abbildung 28: Anteil versunkener Kosten und Risikogehalt eines Projekts

II. Investitionsplanung und Wirtschaftlichkeitsrechnung

In der täglichen betrieblichen Praxis wird gegen den Grundsatz der Unterscheidung von Sunk Costs und entscheidungsrelevanten Kosten jedoch regelmäßig verstoßen. Dies mag zum einen daran liegen, dass es in vielen Situationen schwierig ist festzustellen, welcher Teil der Investition zu einem bestimmten Zeitpunkt schon „versunken" ist. Zum anderen widerspricht die oben erläuterte und betriebswirtschaftlich richtige Vorgehensweise *grundlegenden psychologischen Aspekten*[278] sowie *innerbetrieblichen Hierarchie- und Machtkalkülen*.

(1) Psychologische Aspekte

Es fällt naturgemäß Menschen sehr schwer, sich selbst und auch Dritten gegenüber historische Fehlentscheidungen einzugestehen. Sowohl die empirische Sozialforschung als auch die tägliche Lebenserfahrung beweisen folgenden Zusammenhang: Je höher die in der Vergangenheit bereits investierte Summe, d. h. je höher die Sunk Costs, desto größer ist die Gefahr, dass in der Praxis – auch entgegen der ökonomischen Logik – weitere Mittel nachinvestiert werden.[279] Dies nennt man auch den *Eskalationseffekt*. Beispiele für den Eskalationseffekt sind:

– Kreditsachbearbeiter vergeben tendenziell umso bereitwilliger weitere Kredite an einen Schuldner, je höher das bereits vergebene Volumen der bisherigen (ggf. sogar notleidenden) Kredite der Bank an diesen Schuldner ist (*Der erste Kredit ist immer am schwersten zu bekommen.*).
– Außendienstmitarbeiter sind umso leichter zu Preiszugeständnissen bei zur Disposition stehenden Aufträgen bereit, je mehr Mühe sie sich bisher schon mit der Akquisition dieses Auftrags gemacht haben („*Zu viel investiert, um aufzugeben*").
– Konzert- oder Opernbesucher harren umso länger in einer außergewöhnlich schlechten Abendvorstellung aus, je teurer die Karte war, die sie gekauft haben.

Neben dem Eskalationseffekt ist auch ein „De-Eskalationseffekt" zu beobachten. Dieses Phänomen tritt auf, wenn der Entscheidungsträger sich z. B. ein festes Budget oder einen Maximalbetrag vorgegeben hat, den er für eine Investition oder ein Projekt auszugeben bereit ist. Das Setzen eines solchen Limits ist eine wirkungsvolle Möglichkeit, um dem Eskalationseffekt zu entgehen. Jedoch besteht nun die Gefahr, dass ein Projekt aufgrund des gesetzten Limits gerade unmittelbar vor dem Durchbruch aufgegeben wird.

Bildlich gesprochen besteht die Problematik des De-Eskalationseffektes darin, dass ein durch die Wüste wandernder Durstiger (= Investor) sich – durch eine Fata Morgana (= Hoffnung auf den Investitionserfolg) mehrfach getäuscht sieht. Schließlich legt er sich angesichts der direkt vor ihm liegenden Oase (= tatsächlicher Investitionserfolg, Projektdurchbruch) zum Sterben (= Aufgabe des Projekts) hin, weil er weitere Mühe (= Sunk Costs) nicht mehr einzugehen bereit ist bzw. die Oase als Fata Morgana interpretiert. Die Kunst des erfolgreichen Managements besteht also offenbar in der „richtigen" Balance zwischen den beiden Effekten „Eskalation" und „De-Eskalation".

---

278 So zeigen Forschungsergebnisse der Behavioral Finance, dass Entscheidungsträger nach Fehlentscheidungen bzw. generell nach der Abgabe von Urteilen regelmäßig zu einer stark verzerrten Wahrnehmung von Informationen neigen (= selektive Wahrnehmung), Informationen verzerren, schönen und fehlgewichten und dazu tendieren, nicht die Urteile der Realität anzupassen, sondern eher umgekehrt die Realität den Urteilen. Vgl. vertiefend *Stephan*, in: Fischer/Kutsch/Stephan (Hrsg.), Finanzpsychologie, 1999, S. 101–130.
279 Vgl. hierzu vertiefend *Goldberg/Nitzsch*, Behavioral Finance, 2. Aufl. 2000, S. 94–98.

(2) Hierarchiebezogene und machtpolitische Aspekte

Innerhalb großer Organisationen handeln Entscheidungsträger oftmals in krassem Gegensatz zum Prinzip der Minimierung von Sunk Costs, indem sie verfügbare Budgets möglichst früh und weitgehend in möglichst spezifischen Investments „versenken". Dies wird verständlich – wenn man die egoistischen Ziele der Entscheidungsträger berücksichtigt. Denn die Gefahr eines Ressourcenentzugs und damit auch des Stoppen eines laufenden Projekts wird dadurch minimiert, dass aus entscheidungsrelevanten Kosten (die ja noch rückgewinnbar sind) möglichst schnell versunkene Kosten gemacht werden.

Hinzu kommt, dass das Eingestehen bzw. Aufzeigen historischer Fehlentscheidungen die Machtbasis des Entscheidungsträgers schwächt. Folglich wird er ein Eigeninteresse daran haben, lieber ein Projekt mit hohen Sunk Costs auch im Falle seiner – zwischenzeitlich erkannten – Unwirtschaftlichkeit weiterzuführen oder zumindest unauffällig am Leben zu erhalten.[280] Dies wird vielleicht auch von der Hoffnung des Entscheidungsträgers getragen, dass die Unwirtschaftlichkeit entweder nicht erkannt wird oder er das Projekt wie einen „schwarzen Peter" beim nächsten Karriereschritt weitergeben kann. Betrachtet man bekannte Großprojekte wie z. B. *„Eurotunnel"* oder die *„Internationale Raumstation (ISS)"* unter diesem Aspekt, so wird ihre historische Entwicklung und das Verhalten der Beteiligten plötzlich gut verständlich.

bb) Bestimmung der wirtschaftlich optimalen Nutzungsdauer

(1) Übergreifende Vorüberlegungen

Die Frage nach der optimalen Nutzungsdauer ist eine *ex-ante-Frage*, d.h. eine Frage, die *vor* Realisation des Projekts gestellt wird. Die Frage lautet also: „Wie lange soll ein noch nicht realisiertes Projekt sinnvollerweise genutzt werden?"[281] Mit Bezug auf die unter aa) gemachten Ausführungen kann man also sagen: Es geht um eine Betrachtung, bei der Sunk Costs keine Rolle spielen, d.h. alle Kosten sind entscheidungsrelevante Kosten.

Um der Fragestellung nach der wirtschaftlich optimalen Nutzungsdauer vertieft nachzugehen, ist es zweckmäßig, zunächst zwischen technischer und wirtschaftlicher Nutzungsdauer zu unterscheiden. Bei *Sachinvestitionen* wird oftmals eine technische Nutzungsdauer im Sinne der „Lebenserwartung" des Projekts angegeben. Die technische Nutzungsdauer beziffert somit das auf Zeiteinheiten lautende Leistungspotenzial eines Aggregats, welches maximal ausgeschöpft werden kann. Dieses ermittelt sich meist aus der *geplanten Nutzungsintensität* sowie der *mengenmäßigen Totalkapazität*. Zwar ist die Vorstellung von einer begrenzten technischen „Lebenserwartung" unmittelbar einleuchtend, wenn man an bestimmte verschleißende Gegenstände wie Glühbirnen, Autoreifen oder Motoren denkt. Solche Gegenstände stellen jedoch regelmäßig für sich genommen noch keine Investitionsprojekte dar. Ob bei ganzen Investitionsprojekten von

---

[280] Beispielsweise haben es schon mehrere Regierungen vermieden, das Forschungsprojekt „Transrapid" zu beenden und lassen es mit verminderter Ressourcenausstattung „weiter laufen".
[281] Vgl. *Jacob/Klein/Nick*, Basiswissen Investition und Finanzierung, 1994, S. 76.

II. Investitionsplanung und Wirtschaftlichkeitsrechnung

einer begrenzten technischen Lebenserwartung ausgegangen werden kann, ist umstritten.[282]

Die *wirtschaftliche Nutzungsdauer* beziffert hingegen den Zeitraum, während dem der Investor das Aggregat im Hinblick auf sein Einkommensziel tatsächlich nutzt. Die wirtschaftliche *Nutzungsdauer* kann maximal der technischen entsprechen, wird jedoch häufig kleiner sein als diese, denn es ist durchaus möglich, dass ein Investitionsprojekt in den letzten Perioden der technischen Nutzungsdauer nur noch Auszahlungsüberschüsse bewirkt. Die wirtschaftliche Nutzungsdauer endet bspw. dann, wenn die Reparatur einer Maschine zwar technisch problemlos, wirtschaftlich aber nicht mehr vertretbar ist. Das Datum „wirtschaftlich optimale Nutzungsdauer" gibt dem Entscheidungsträger also eine Information darüber, ob und wann ein technisch noch betriebsfähiges Projekt vor dem Hintergrund gegebener Einkommensziele abzubrechen ist.

Im Folgenden wird dargestellt, wie die wirtschaftlich optimale Nutzungsdauer bei einmaligen Investitionen sowie bei wiederholten Anlagen (Investitionsketten) ermittelt werden kann.[283]

(2) Wirtschaftlich optimale Nutzungsdauer bei einmaligen Projekten

Zu einer nur einmaligen Durchführung von Investitionsprojekten kommt es wohl lediglich in Sonderfällen. Trotzdem ist diese Fragestellung auch für die Praxis sehr relevant, da häufig keine konkreten Vorstellungen darüber bestehen, welche (Ersatz-)Investitionen das heute zur Diskussion stehende Projekt einmal ablösen sollen. Man geht deshalb vereinfachend von der Arbeitshypothese aus, dass *nach der Desinvestition eine Anlage zum Kapitalmarktzins* erfolgt.

Eine eindeutige Lösung der genannten Aufgabenstellung wird dadurch ermöglicht, dass man sich an der Veränderung der Höhe des Kapitalwerts des Projekts in Abhängigkeit von der Laufzeit orientiert. Jede Verzinsung des im Projekt gebundenen Kapitals über den Kalkulationszinsfuß hinaus erhöht den Kapitalwert zusätzlich, jede Verzinsung darunter vermindert ihn. Es können sich hierbei zwar mehrere relative Maxima des Kapitalwerts ergeben, die wirtschaftliche Nutzungsdauer wird jedoch eindeutig durch das absolute Maximum angezeigt (vgl. Abbildung 29).

Aus den bisherigen Überlegungen wird deutlich, dass der Kapitalwert eines Projekts bei festgelegtem Kalkulationszinsfuß eine Funktion der geplanten Nutzungsdauer n ist: $C_0 = f_{(n)}$. Da sowohl der *maximale Kapitalwert* als auch die wirtschaftliche Nutzungsdauer eines Projekts unbekannt sind, müssen beide Größen simultan in ein und demselben Rechengang bestimmt werden. Hierzu wird der Kapitalwert einer Investition für

---

[282] In der Literatur wird auch die Ansicht vertreten, dass es keine vorbestimmte technische Nutzungsdauer, sondern nur eine ökonomische Nutzungsdauer gäbe, da beinahe alle Aggregate durch entsprechend hohe Instandhaltungsaufwendungen unbeschränkt nutzbar seien. Müssen zur Erhaltung der Leistungsfähigkeit eines Aggregats jedoch wesentliche Teile ersetzt werden, so stellt sich die Frage, ob noch von einer Reparatur der alten Anlage gesprochen werden kann oder ob nicht vielmehr eine Verwendung von Gebrauchtteilen bei Installation einer neuen Anlage vorliegt. Der Streit um die Existenz einer technischen Nutzungsdauer ist also müßig.

[283] Eine vertiefende Darstellung der Fragestellungen, die sich aus unterschiedlichen Annahmen über das Ursprungsprojekt und mögliche Ersatzprojekte ergeben, findet sich bei *Hax* (Fn. 97), S. 44–61.

5. Grenzen der klassischen Partialmodelle und Ansätze zu ihrer Überwindung

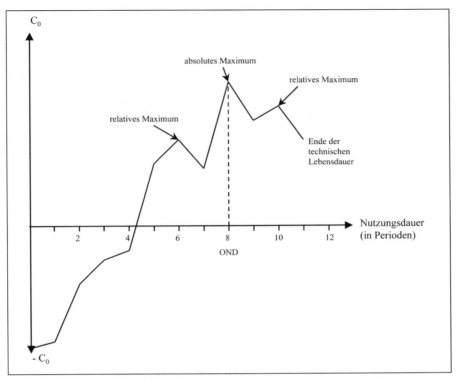

Abbildung 29: Verlauf einer Kapitalwertfunktion in Abhängigkeit von der Nutzungsdauer

die Nutzungsdauer von einer, zwei, drei bis zu n Perioden berechnet. Der *Kapitalwert* ergibt sich jeweils als Summe der abgezinsten Ein- und Auszahlungsüberschüsse des Projekts plus dem Barwert des jeweils entsprechenden Restverkaufserlöses R_n am Ende der zugrunde gelegten Nutzungsdauer.

Kapitalwert für eine geplante Nutzungsdauer von n Perioden:

$$C_{0_n} = \sum_{t=0}^{n} (e_t - a_t)\, q^{-t} + R_n \times q^{-n}.$$

Wird die Errechnung des Kapitalwerts bei wachsender Nutzungsdauer bis zum Ende der technischen Lebenserwartung der Anlage durchgeführt, so ergibt das absolute Maximum des Kapitalwerts die einkommensmaximale und damit auch die wirtschaftlich optimale Nutzungsdauer bei einmaliger Investition.

Beispiel:

Eine Maschine, deren technische Nutzungsdauer mit zehn Jahren angenommen wird, sei durch folgende prognostizierte Netto-Zahlungsreihe ($e_t - a_t$) sowie folgenden Verlauf der Restverkaufserlöse (R_t) gekennzeichnet:

II. Investitionsplanung und Wirtschaftlichkeitsrechnung

	t_0	t_1	t_2	t_3	t_4	t_5	t_6	t_7	t_8	t_9	t_{10}
$(e_t - a_t)$:	−40	+10	+9	+8	+7	+6	+5	+4	+3	+1	−1
R_t:	+40	+34	+29	+24	+20	+16	+12	+8,5	+6	+4	+3

Ein Investor sucht die wirtschaftlich optimale Nutzungsdauer und den Kapitalwert bei einmaliger Investition auf Basis eines Kalkulationszinssatzes von i = 8 %.

t	$e_t - a_t$	R_t	q^{-t}	$(e_t - a_t)q^{-t}$	$R_t q^{-t}$	$\sum_{t=0}^{n}(e_t - a_t)q^{-t} + R_n q^{-n}$
0	−40	+40	1,00000	−40	+40	0
1	+10	+34	0,92593	+9,26	+31,48	+0,74
2	+9	+29	0,85734	+7,72	+24,86	+1,84
3	+8	+24	0,79383	+6,35	+19,05	+2,38
4	+7	+20	0,73503	+5,15	+14,70	+3,18
5	+6	+16	0,68058	+4,08	+10,89	+3,45
6	+5	+12	0,63017	+3,15	+7,56	+3,27
7	+4	+8,5	0,58349	+2,33	+4,96	+3,00
8	+3	+6	0,54027	+1,62	+3,24	+2,90
9	+1	+4	0,50025	+0,50	+2,00	+2,16
10	−1	+3	0,46319	−0,46	+1,39	+1,09

Die schrittweise Berechnung der Kapitalwerte bei unterschiedlichen Nutzungsdauern ergibt, dass der Kapitalwert des Projekts bei einer Nutzung über fünf Perioden (n = 5) ein absolutes Maximum erreicht. Die wirtschaftlich optimale Nutzungsdauer beträgt somit bei einmaliger Investition und einem Kalkulationszinsfuß von 8 % auch fünf Perioden mit einem erwirtschafteten Kapitalwert von +3,45 Geldeinheiten.

(3) Optimale Nutzungsdauer bei Projektketten

Bei Berechnung der wirtschaftlichen Nutzungsdauer einer einmaligen Investition wurde durch das Rechenverfahren implizit unterstellt, dass der Unternehmer nach Ablauf der untersuchten Investition entweder seine Investitionstätigkeit beendet oder nur noch Anlagen zum Kalkulationszinsfuß vornimmt. Der Hintergrund für diese Annahme liegt in der Tatsache, dass sich der Investor zum Planungszeitpunkt *noch nicht in der Lage* sieht, eine *Prognose für eine konkrete Anschlussinvestition* zu erstellen.

Etwas anderes gilt, wenn der Investor bereits im Planungszeitpunkt der Anlage explizite *Vorstellungen über die Anschlussinvestition* hat. Plant der Unternehmer bspw., eine Anlage wiederholt durch eine neue Investition gleicher Art zu ersetzen, so kann die so ermittelte optimale Nutzungsdauer von der oben errechneten wirtschaftlichen Nutzungsdauer abweichen. Die *optimale Nutzungsdauer* für eine wiederholte Investition liegt dabei nie hinter dem Ende der wirtschaftlichen Nutzungsdauer bei einmaliger Investition. Das lässt sich folgendermaßen erklären:

Bei einmaliger Investition wird eine Anlage so lange genutzt, wie ihr Kapitalwert steigt. Wird ein Projekt nach Ende seiner wirtschaftlichen Nutzungsdauer durch ein neues Pro-

5. Grenzen der klassischen Partialmodelle und Ansätze zu ihrer Überwindung

jekt gleicher Art[284] ersetzt, so muss dieses jeweils einen Einkommensvorteil im Vergleich zur Anlage zum Kalkulationszinsfuß versprechen. Die optimale Nutzungsdauer ist in dieser Entscheidungssituation bereits dann gegeben, wenn der Einkommenszuwachs pro Periode der alten Anlage G_t unter den Einkommenszuwachs sinkt, den die Reinvestition durchschnittlich pro Periode über die Verzinsung zum Kalkulationszinsfuß hinaus verspricht. Dieser durchschnittliche Einkommenszuwachs pro Periode bei Reinvestition kann durch die *Höhe der Annuität* des Investitionsprojekts wiedergegeben werden, die sich als Produkt aus Wiedergewinnungsfaktor (w) und Kapitalwert des Projekts ermitteln lässt.[285] Da eine Reinvestition unter ökonomischen Gesichtspunkten stets nur dann vorgenommen wird, wenn sie im Vergleich *zum Vollkommenen Restkapitalmarkt* ein Mehreinkommen erbringt, wird der Abbruch des alten Projekts bereits zu einem Zeitpunkt vorgenommen, an dem das alte Projekt gegenüber der Restkapitalmarktanlage eventuell noch absolut vorteilhaft, verglichen mit der Reinvestition jedoch bereits relativ unvorteilhaft ist.

Im Folgenden soll lediglich der Fall untersucht werden, in dem der Entscheidungsträger die Reinvestition in ein von den Zahlungsströmen her identisches Projekt plant.[286] In diesem Fall gilt die einmal errechnete optimale Nutzungsdauer auch für die später folgenden Ersatzprojekte, so dass sich das Bild einer *unendlichen Investitionskette* ergibt.[287] Eine unter der Annahme sicherer Erwartungen eindeutige Entscheidung ermöglicht die Orientierung am absoluten Maximum der *Annuitätenzahlung*. Die Nutzungsdauer, bei der die Annuität einer Investition das absolute Maximum erreicht, entspricht der optimalen Nutzungsdauer bei wiederholter Investition.

---

[284] Wenn von „identischer Reinvestition" gesprochen wird, so bedeutet dies nicht, dass die Aggregate technisch identisch sein müssen. Es wird lediglich unterstellt, dass die aus der Investition resultierenden Zahlungsströme gleich sind, was eine erheblich schwächere Annahme darstellt.

[285] Zur Berechnung und Interpretation der äquivalenten Annuität vgl. Gliederungspunkt II. 3. b) bb) (3).

[286] Die Annahme einer Reinvestition in ein identisches Projekt stellt eine reine Arbeitshypothese dar. Sie wird oftmals getroffen, da man die konkreten Daten eines Ersatzprojekts noch nicht kennt.

[287] Vgl. *Hax* (Fn. 97), S. 45.

II. Investitionsplanung und Wirtschaftlichkeitsrechnung

Beispiel:

Für die Maschine aus obigem Beispiel sei die optimale Nutzungsdauer bei wiederholter Investition gesucht. Der Kalkulationszinsfuß i des Investors beträgt 8%.

Geplante Nutzungsdauer der einzelnen Investition	Kapitalwert der *einmaligen* Investition bei Nutzungsdauer von n Perioden	Annuitätenfaktor	Höhe der Annuität bei einer geplanten Nutzungsdauer von n Perioden
n	C_{0_n}	w_n	c_n
1	0,74	1,0800	0,80
2	1,84	0,5608	*1,03* ←
3	2,38	0,3880	0,92
4	3,18	0,3019	0,96
5	3,45	0,2505	0,86
6	3,27	0,2163	0,71
7	3,00	0,1921	0,58
8	2,90	0,1740	0,50
9	2,16	0,1601	0,35
10	1,09	0,1490	0,16

Die *Annuität der Investition* erreicht das absolute Maximum von 1,03 bei einer Nutzungsdauer von zwei Perioden.[288] Während die wirtschaftliche Nutzungsdauer der Maschine bei einmaliger Investition fünf Perioden betrug, ist der *optimale Ersatzzeitpunkt* bei wiederholter Investition bereits am Ende der zweiten Periode erreicht.

cc) Bestimmung des wirtschaftlich optimalen Ersatzzeitpunkts

Die im obigen Gliederungspunkt vorgestellte Fragestellung der optimalen Nutzungsdauer war durch die so genannte „ex-ante"-Perspektive gekennzeichnet, d. h. sie ging davon aus, dass das Projekt noch nicht realisiert war. Folglich lagen auch noch keine Sunk Costs vor. In diesem Fall lassen sich Auszahlungen für Investitionen noch vermeiden, sofern die Investition als unvorteilhaft eingeschätzt wird. Es ist also der Extremfall denkbar, in dem eine optimale Nutzungsdauer von null Perioden, d. h. der völlige Verzicht auf das Projekt, als opportun erscheint. Die im Folgenden dargestellte Problemstellung des *optimalen Ersatzzeitpunkts* ist hingegen dadurch gekennzeichnet, dass eine Investition *bereits zu einem früheren Zeitpunkt realisiert* war und lediglich noch über ihre weitere *Inbetriebhaltung* und die damit verbundenen Kosten zu entscheiden ist.[289]

---

288 Ebenso erreicht der Kapitalwert der unendlichen Investitionskette bei einem Ersatz der Anlage nach jeweils zwei Perioden sein absolutes Maximum in Höhe von 12,88 Geldeinheiten. Dieses Ergebnis lässt sich errechnen, indem man die unbegrenzte Rente nach der Formel für unendliche geometrische Reihen durch den angenommenen Kalkulationszinssatz (in Dezimalschreibweise) teilt. $C_0 = c : i$.

289 Vgl. *Jacob/Klein/Nick* (Fn. 281), S. 76f.

5. Grenzen der klassischen Partialmodelle und Ansätze zu ihrer Überwindung

Somit lässt sich die Unterscheidung zwischen der Frage der optimalen Nutzungsdauer und dem optimalen Ersatzzeitpunkt wie folgt zusammenfassen:
- Optimale Nutzungsdauer = ex-ante-Betrachtung = alle Daten sind noch gestaltbar und damit entscheidungserheblich, denn es gibt keine Sunk Costs.
- Optimaler Ersatzzeitpunkt = ex-post-Betrachtung = ein Teil der Daten – nämlich die historisch bereits irreversibel erfolgten Auszahlungen bzw. festgelegten Kosten (Sunk Costs) – sind nicht mehr gestaltbar, folglich nicht mehr entscheidungserheblich.

Die Frage nach dem optimalen Ersatzzeitpunkt läuft somit auf *die ausschließliche Gegenüberstellung entscheidungsrelevanter Größen* hinaus. Konkret heißt dies, dass zwischen den *noch gestaltbaren Auszahlungen für das Altprojekt* einerseits (Betrieb, Instandhaltung etc.) und den *Anschaffungsauszahlungen plus laufenden Auszahlungen für die zur Diskussion stehende Ersatzanlage* andererseits das Optimum zu suchen ist. Der geeignete Lösungsansatz kann je nach konkreter Entscheidungssituation (identische oder andersartige Ersatzinvestition, einmaliger Ersatz oder Unterstellung einer unendlichen Reinvestitionskette) sehr unterschiedlich aussehen.[290]

dd) Ermittlung eines endogenen Kalkulationszinssatzes – das Modell von *Joel Dean*

(1) Modellaufbau

Bei *Vorteilhaftigkeitsentscheidungen* über Investitions- oder Finanzierungsprojekte in der Praxis, d.h. bei Fehlen eines Vollkommenen Kapitalmarkts, kann meist *nicht von einem ex ante bzw. exogen gegebenen Kalkulationszinssatz ausgegangen werden*. Dies führte zur Entwicklung von Rechenverfahren, welche versuchen, das *optimale Investitions- und Finanzierungsprogramm* über einen *endogenen Kalkulationszinssatz* zu ermitteln. Da in diesem Fall alle in Frage kommenden Investitions- und Finanzierungsprojekte explizit berücksichtigt werden können, handelt es sich um ein *Totalmodell*.

Eine einfache Entscheidungsregel in der Situation eines unvollkommenen Kapitalmarkts bestünde darin, Investitionsprojekte stets dann zu realisieren, wenn sie mit Mitteln finanziert werden können, deren Effektivverzinsung unter der internen Verzinsung des entsprechenden Investitionsprojekts liegt. Die Zusammenstellung des Investitions- und Finanzierungsprogramms könnte dann in der Weise erfolgen, dass man alle Anlagen durchführt, für die man gerade noch eine Finanzierung mit etwas geringerer Rendite erhalten kann. Diese Überlegung führt zu der *heuristischen Zuordnungsregel*, dass renditestarke Investitionsprojekte aufgrund ihrer besseren Belastbarkeit mit „teuren" und renditeschwache Projekte mit entsprechend „billigeren" Finanzierungen gekoppelt werden, um für möglichst viele Projekte eine positive Marge zu erhalten und somit das Vorteilhaftigkeitskriterium zu erfüllen.

Folgendes *Beispiel* soll diese Zusammenstellung verdeutlichen:

---

290 Vgl. weiterführend *Jacob/Klein/Nick* (Fn. 281), S. 76–90; *Götze/Bloch* (Fn. 37), S. 207–235.

II. Investitionsplanung und Wirtschaftlichkeitsrechnung

Dem Entscheidungsträger liegen folgende Investitions- und Finanzierungsprojekte vor:

Investitionsprojekte:		Finanzierungsprojekte:	
I_1 : 800	r = 13,5 %	F_1 : 600	r = 5 %
I_2 : 500	r = 7 %	F_2 : 400	r = 9 %
I_3 : 200	r = 9,5 %	F_3 : 1100	r = 14 %
I_4 : 400	r = 10,5 %	F_4 : 400	r = 7 %
I_5 : 400	r = 8 %	F_5 : 200	r = 6,5 %
I_6 : 1200	r = 9 %	F_6 : 1400	r = 8,5 %
I_7 : 1600	r = 10 %	F_7 : 800	r = 6 %
I_8 : 1000	r = 6 %	F_8 : 1200	r = 12 %
I_9 : 200	r = 6,5 %	F_9 : 400	r = 4,5 %

Ordnet man – gemäß der obigen Regel – den Investitionen gemäß ihrer Belastbarkeit Finanzierungsprojekte zu, so ergibt sich folgendes Gesamtprogramm:

Investitionen	Finanzierungen	Marge	Einkommen
$I_8 = 6,0\% = 1000$	$F_9 = 4,5\% = 400$ $F_1 = 5,0\% = 600$	1,5 % 1,0 %	6,0 6,0
$I_9 = 6,5\% = 200$	$F_7 = 6,0\% = 200$	0,5 %	1,0
$I_2 = 7,0\% = 500$	$F_7 = 6,0\% = 500$	1,0 %	5,0
$I_5 = 8,0\% = 400$	$F_7 = 6,0\% = 100$ $F_5 = 6,5\% = 200$ $F_4 = 7,0\% = 100$	2,0 % 1,5 % 1,0 %	2,0 3,0 1,0
$I_6 = 9,0\% = 1200$	$F_4 = 7,0\% = 300$ $F_6 = 8,5\% = 900$	2,0 % 0,5 %	6,0 4,5
$I_3 = 9,5\% = 200$	$F_6 = 8,5\% = 200$	1,0 %	2,0

Abbruch![291]

Eine Ausdehnung des Programms erbringt keinen zusätzlichen Vorteil, sondern bewirkt ein *negatives Grenzeinkommen*.

Ordnet man die Investitions- und Finanzierungsprojekte gemäß der oben erläuterten Zuweisungsregel jeweils nach steigenden Zinssätzen, so ergibt sich ein Gesamtpro-

---

[291] Um sicher feststellen zu können, dass die Vornahme der nächsten Investition nicht mehr vorteilhaft ist, muss die Rendite der Investition mit den durchschnittlichen Finanzierungskosten verglichen werden. Da die gewogenen durchschnittlichen Finanzierungskosten über der Investitionsrendite von 10 % liegen, ist der Abbruch gerechtfertigt.

5. Grenzen der klassischen Partialmodelle und Ansätze zu ihrer Überwindung

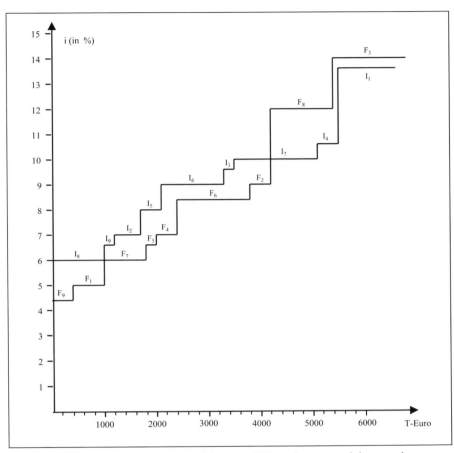

Abbildung 30: Zuordnung von Investitions- und Finanzierungsprojekten nach steigenden Zinssätzen

gramm mit einem Volumen von 3500 Euro und ein Periodeneinkommen von 36,50 Euro.

Die Abbildung 30 stellt das gebildete Investitions- und Finanzierungsprogramm grafisch dar.

Eine genau gegenteilige Vorgehensweise – nämlich Zuordnung des renditestärksten Investitionsprojekts zum günstigsten Finanzierungsprojekt – schlug erstmals *Dean* 1951 vor.[292] Die Investitionen werden folglich nach fallender, die Finanzierungsprojekte nach steigender Rendite angeordnet. Der Schnittpunkt der beiden Funktionen von Mittelanlage und -beschaffung bezeichnet den Übergang zwischen vorteilhaften und unvorteilhaften Transaktionen, wobei alle Projekte links des Schnittpunkts durchzuführen

---

292 Vgl. *Dean*, Capital Budgeting, 9. Aufl., New York 1978.

II. Investitionsplanung und Wirtschaftlichkeitsrechnung

und die übrigen abzulehnen sind.[293] Gemäß der *Zuordnungsregel von Dean* ergibt sich somit folgendes Gesamtprogramm:

Investitionen	Finanzierungen	Marge	Einkommen
$I_1 = 13{,}5\% = 800$	$F_9 = 4{,}5\% = 400$	$9{,}0\%$	$36{,}0$
	$F_1 = 5{,}0\% = 400$	$8{,}5\%$	$34{,}0$
$I_4 = 10{,}5\% = 400$	$F_1 = 5{,}0\% = 200$	$5{,}5\%$	$11{,}0$
	$F_7 = 6{,}0\% = 200$	$4{,}5\%$	$9{,}0$
$I_7 = 10{,}0\% = 1600$	$F_7 = 6{,}0\% = 600$	$4{,}0\%$	$24{,}0$
	$F_5 = 6{,}5\% = 200$	$3{,}5\%$	$7{,}0$
	$F_4 = 7{,}0\% = 400$	$3{,}0\%$	$12{,}0$
	$F_6 = 8{,}5\% = 400$	$1{,}5\%$	$6{,}0$
$I_3 = 9{,}5\% = 200$	$F_6 = 8{,}5\% = 200$	$1{,}0\%$	$2{,}0$
$I_6 = 9{,}0\% = 1200$	$F_6 = 8{,}5\% = 800$	$0{,}5\%$	$4{,}0$
	$F_2 = 9{,}0\% = 400$	$0{,}0\%$[294]	

Abbruch!

Alle weiteren Investitionen könnten nur mit Finanzierungsprojekten abgedeckt werden, deren Kostensatz über der Rendite der Anlagen liegen würde und sind somit abzulehnen. Dies wird erkennbar, wenn man die negativen Margen sowie die Einkommensverluste dieser Projekte betrachtet.

		Marge	Einkommen
$I_5 = 8{,}0\% = 400$	$F_8 = 12{,}0\% = 400$	$-4{,}0\%$	$-16{,}0$
$I_2 = 7{,}0\% = 500$	$F_8 = 12{,}0\% = 500$	$-5{,}0\%$	$-25{,}0$
$I_9 = 6{,}5\% = 200$	$F_8 = 12{,}0\% = 200$	$-5{,}5\%$	$-11{,}0$
$I_8 = 6{,}0\% = 1000$	$F_8 = 12{,}0\% = 100$	$-6{,}0\%$	$-6{,}0$
	$F_3 = 14{,}0\% = 900$	$-8{,}0\%$	$-72{,}0$
	$F_3 = 14{,}0\% = 200$		

---

293 Vgl. *Spremann* (Fn. 65), S. 437–439.
294 Die Durchführung der Finanzierung F_2 erbringt zwar kein zusätzliches Einkommen, ist jedoch erforderlich, um den Kapitalbedarf des Projekts I_6 abzudecken.

5. Grenzen der klassischen Partialmodelle und Ansätze zu ihrer Überwindung

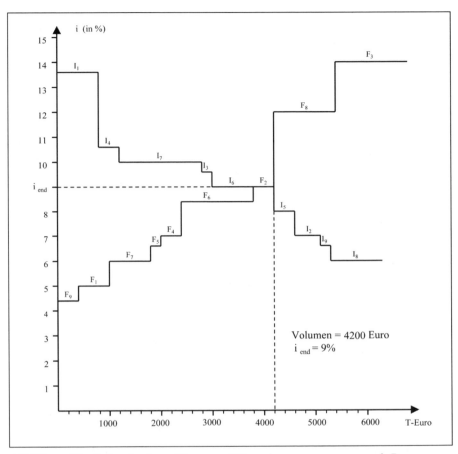

Abbildung 31: Optimales Investitions- und Finanzierungsprogramm nach *Dean*

Das optimale Finanzierungs- und Investitionsvolumen nach *Dean* (vgl. auch Abbildung 31) beträgt im vorliegenden Beispiel 4200 Euro. Das entsprechende Periodeneinkommen summiert sich auf 145 Euro.

Im Vergleich zu der *klassischen Zuordnungsregel* bewirkt die Vorgehensweise nach *Dean* also eine Veränderung des Investitions- und Finanzierungsbudgets, durch die der entnahmefähige Überschuss ansteigt. Außerdem wird – gleichsam als Nebenprodukt – eine Auskunft über den „richtigen" Kalkulationszinsfuß gegeben.

Vor dem Hintergrund der gegebenen Investitions- und Finanzierungsalternativen ist nämlich genau der Zinsfuß adäquat, zu dem die letzte Projektzuordnung erfolgt,[295] d.h. die Rendite des „schlechtesten" noch realisierten Investitions- bzw. die Verzinsung des

---

[295] Daher findet sich in der Literatur auch die Bezeichnung „Grenzrendite" bzw. „cut-off-rate" für den endogenen Zinsfuß.

161

II. Investitionsplanung und Wirtschaftlichkeitsrechnung

„teuersten" noch realisierten Finanzierungsprojektes. Diese Größe – im vorliegenden Beispiel wäre es der Zinssatz von 9% – wird auch als *„endogener Zinsfuß"*[296] bezeichnet, da dieser nicht der Rechnung vorgegeben, sondern erst in Abhängigkeit von den vorliegenden Alternativen ermittelt wurde. Der endogene Zinsfuß ist somit erst ex post, d.h. *nach* Ermittlung des optimalen Investitions- und Finanzierungsprogramms bekannt.

(2) Modellkritik

Bei flüchtiger Betrachtung mag der Eindruck entstehen, das Modell zur simultanen Erstellung eines Investitions- und Finanzierungsmodells nach *Joel Dean* sei sehr praxisfreundlich und realitätsnah, da es ohne einen exogenen Kalkulationszinsfuß auskommt und damit *ohne die Annahme eines Vollkommenen Kapitalmarkts* eine Lösung erzielt. Tatsächlich beinhaltet das in Grundzügen vorgestellte Modell jedoch einige nicht unmittelbar erkennbare, stark von der Realität abstrahierende Annahmen und kann – selbst in verfeinerten Varianten – kaum zur Lösung praktisch relevanter Entscheidungsprobleme herangezogen werden. Hierfür sind insbesondere folgende Merkmale verantwortlich:

- *Dean* geht von sicheren Erwartungen aus.
- Das Grundmodell geht von beliebig *teilbaren Investitions- und Finanzierungsprojekten* aus.[297] Diese *Prämisse* ist zumindest für die Investitionsprojekte *unrealistisch*. Die Behebung dieses Kritikpunkts ist jedoch unschwer möglich (Gegenüberstellung der Situation mit oder ohne das letzte Projekt (Grenzprojekt)).
- Das Modell besitzt lediglich einen *einperiodigen Planungshorizont*, d.h. alle betrachteten Projekte müssen nicht nur eine identische Laufzeit besitzen, sondern noch zudem im gleichen Zeitpunkt realisiert werden, wodurch zeitliche Überlappungen ausgeschlossen sind. Liquiditätsprobleme werden also schon durch die Problemdefinition eliminiert. Die Möglichkeit einer Kündigung von Finanzierungsmitteln ist ebenfalls ausgeschlossen.
- Gegenseitige Abhängigkeiten und Beeinflussungen zwischen den einzelnen *Projekten (= Interdependenzen)* werden im Modell nicht berücksichtigt. Tatsächlich sind jedoch drei Arten von *Interdependenzen* wahrscheinlich, nämlich (a) zwischen zwei oder mehreren Investitionsprojekten, (b) zwischen zwei oder mehreren Finanzierungsprojekten und (c) zwischen Investitions- und Finanzierungsprojekten.

Zusammenfassend kann man folglich sagen, dass das Modell zur simultanen Bestimmung des optimalen Investitions- und Finanzierungsprojektes nach *Joel Dean* ein bemerkenswertes *Erklärungsmodell* darstellt, jedoch als Hilfe zur Unterstützung praktisch relevanter Programmentscheidungen aufgrund der restriktiven Modellannahmen als kaum einsetzbar erscheint. Eine schrittweise Aufgabe der restriktiven Modellannahmen führt zu komplexeren Modellen, meist auf Basis der *linearen Programmierung*.[298]

---

296 *Spremann* (Fn. 65), S. 437.
297 Das obige Rechenbeispiel wurde so gewählt, dass die Investitions- und Finanzierungsfunktionen sich gerade an einer Stelle schneiden, an der die entsprechenden Grenzprojekte vollständig einbezogen sind; die Lösung geht also „zufällig" auf.
298 Vgl. zu Rechenmodellen auf Basis der linearen Programmierung *Schmidt/Terberger* (Fn. 9), S. 175–183.

III. Finanzplanung

Das vorangehende Kapitel II war der Analyse von Verfahren gewidmet, mit deren Hilfe die monetäre Vorteilhaftigkeit finanzwirtschaftlicher Projekte beurteilt werden kann. Um ausgewählte, wirtschaftlich sinnvolle Projekte aber tatsächlich realisieren zu können, muss das Unternehmen auch über ausreichende Zahlungsmittel verfügen oder diese beschaffen können: Eine Investition ist eine „Zahlungsreihe, die mit einer Auszahlung beginnt".

Das geschilderte Finanzierungsproblem lässt sich generell als ein Problem der Ausgewogenheit von Mittelbedarf und Mittelverfügbarkeit betrachten. Es stellt sich nicht nur zu Beginn eines Investitionsprojekts, sondern während dessen gesamter Ablaufphase: Z. B. kann die Entwicklung eines neuen Produkts in einer sich eventuell über Jahre erstreckenden Aufbauphase nur mit Auszahlungen verbunden sein. Bei der Vermarktung des ausgereiften Produkts fallen dagegen zeitlich konzentriert hohe Einzahlungen an: Die mit dem gewöhnlichen Unternehmensprozess verbundenen vielfältigen Ein- und Auszahlungen befinden sich nur ausnahmsweise in einem Gleichgewicht. Das Problem wird dadurch verschärft, dass die einzelnen Zahlungen in unterschiedlicher Währung und mit unterschiedlichen Zinsmerkmalen vorliegen können.

Mit dieser grundlegenden Problemsituation befasst sich das Kapitel III. Ihm liegen die Fragen zugrunde, wie ein Unternehmen seine zukünftige finanzielle Situation vorausschauend erkennen und ggf. erforderliche Maßnahmen zur Gestaltung der Finanzlage gedanklich vorwegnehmen kann (Finanzplanung). Kapitel III ist wie folgt gegliedert:

— In Gliederungspunkt III. 1 wird gefragt, wieso Finanzplanung – zusätzlich zu einer Investitionsplanung – überhaupt notwendig ist.
— Gliederungspunkt III. 2 charakterisiert die Finanzplanung als solche. Hierbei stellt sich die Frage, welche Spannweite der Begriff Finanzplanung besitzt. Wie vollzieht sich der Ablauf von Finanzplanung?
— In Gliederungspunkt III. 3 wird die zuvor umfassend vorgenommene Analyse der Finanzplanung auf die Perspektive „Liquiditätsplanung" reduziert. Zentrale Fragestellungen hierbei sind: Was ist als betriebliche Liquidität zu verstehen, in welchen Formen tritt sie auf, und welche Bedeutung hat sie?
— Schließlich beschäftigt sich Gliederungspunkt III. 4 mit der (verfahrens-)technischen Seite der Liquiditätsplanung. Welche Verfahren bzw. Instrumente stehen zur Verfügung, um die Liquidität eines Unternehmens festzustellen? Welche Ansatzpunkte ergeben sich hieraus, um Maßnahmen zur Gestaltung der Liquidität vorzubereiten?

1. Erfordernis einer Finanzplanung

a) Vollkommene Finanzmärkte als Annahme der Investitionsplanung

Der in Kapitel II durchgeführten Betrachtung zur Vorteilhaftigkeit von Investitionsprojekten lagen bestimmte *Annahmen* zugrunde.[299] Insbesondere sollten die zur Abwicklung des Investitionsprojekts benötigten finanziellen Mittel

---

299 Vgl. zu diesen Prämissen insbes. Gliederungspunkt II. 2. b) dd).

III. Finanzplanung

- in vollem Umfang,
- jederzeit und
- zu einem im Voraus definierten Zinssatz

beschaffbar sein. Diese Annahmen wurden entsprechend für den Fall getroffen, dass Investitionsprojekte mit Einzahlungen verknüpft waren und überschüssige Mittel angelegt werden konnten. Zudem gilt

- die Identität von Soll- und Habenzins. D.h., dass der Zinssatz bei der Anlage überschüssiger Mittel gleich dem Zinssatz ist, der auch bei der Aufnahme benötigter finanzieller Mittel zu entrichten ist.

Diese Annahmen lassen sich vor *dem gedanklichen Hintergrund „Vollkommener Kapitalmärkte"* rechtfertigen.[300] Als theoretische Konstrukte zeichnen sich solche vollkommenen Märkte u.a. dadurch aus, dass keine Restriktionen bei der Beschaffung und Anlage finanzieller Mittel bestehen. Sie ermöglichen es, die Entscheidung pro oder contra ein Investitionsprojekt allein aufgrund von dessen wirtschaftlicher Vorteilhaftigkeit zu treffen. In der *Realität* sind die genannten Annahmen jedoch nicht zutreffend.[301] Die *Auflösung der bisher gültigen Prämissen* erfordert dann aber eine spezielle Betrachtung unternehmerischer Aktivitäten unter dem *finanzplanerischen* Gesichtspunkt.

b) Unvollkommenheit realer Finanzmärkte als Ausgangspunkt der Finanzplanung

aa) Prämisse 1: Unbegrenzte Verfügbarkeit über finanzielle Mittel

Ein Nachfrager nach finanziellen Mitteln muss grundsätzlich davon ausgehen, dass sein Bedarf nur bis zu einem bestimmten Volumen gedeckt werden kann.

- Die Kreditvergabe an Kunden ist für Kreditinstitute prinzipiell dadurch begrenzt, dass sie selbst nicht uneingeschränkt Kapital beschaffen oder Buchgeld schöpfen können.[302] Auch bedingen administrative Bestimmungen[303] eine Beschränkung und Streuung des gesamten Kreditengagements auf mehrere Kreditnehmer. Speziell sind es jedoch *risikopolitische Aspekte*, die die Banken zu einer Begrenzung des Kreditvolumens verpflichten: Dieses ist z.B. abhängig von der persönlichen Vertrauenswürdigkeit des Kreditbeantragenden, vom erwarteten Erfolg der Mittelverwendung sowie von Sicherheiten.
- Soweit Gelder außerhalb des Bankensektors auf den weiteren Finanzmärkten beschafft werden – wie z.B. über die Emission von Wertpapieren –, ist ebenfalls fest-

---

[300] Vgl. zu den Merkmalen Vollkommener Kapitalmärkte auch *Drukarczyk* (Fn. 27), S. 14–20.

[301] In Gliederungspunkt II. wurden diese Annahmen allerdings als Arbeitshypothese zugrunde gelegt. So wurde eine vereinfachte Anwendbarkeit der erörterten Verfahren ermöglicht. Vgl. etwa zu den Konsequenzen einheitlicher Kredit- und Anlagezinsen für die Investitionsentscheidung *Kruschwitz* (Fn. 33), S. 23.

[302] Vgl. zu Formen und Grenzen der Geldschöpfung *Jarchow*, Theorie und Politik des Geldes I, 9. Aufl. 1993, S. 26–35, 104–123.

[303] Dazu zählt insbes. die Großkreditregelung nach § 13 KWG, die den Umfang der Kredite an einen einzelnen Kreditnehmer begrenzt und Konzentrationsrisiken vorbeugen will. Vgl. auch *Schulte/Horsch*, Wertorientierte Banksteuerung II: Risikomanagement, 3. Aufl. 2004, S. 112 f.

zustellen, dass diese *Märkte nur eine beschränkte Finanzierungskapazität* besitzen. So kann es vorkommen, dass das Volumen der Märkte nicht ausreicht, um große Emissionen aufnehmen zu können.

bb) Prämisse 2: Jederzeitige Verfügbarkeit finanzieller Mittel

Ist eine Finanzierungszusage gegeben, so kann die Überweisung dieser Mittel relativ kurzfristig erfolgen. Die Zeitdauer, die für den reinen Transfer finanzieller Mittel benötigt wird, ist jedoch nicht der hier allein maßgebliche Aspekt. Einzubeziehen ist vielmehr die gesamte Zeitspanne, die von der Feststellung eines Finanzbedarfs bis hin zu dessen tatsächlicher Deckung vergeht. Diese Zeitspanne umfasst u.a.

— vor der Mittelbeschaffung die *Feststellung des benötigten Finanzbedarfs* durch die Unternehmung (über Vergleiche, Befragungen, Prognosen),
— die *Analyse alternativer Wege zur Beschaffung* der benötigten finanziellen Mittel (z.B. Beteiligungskapital, Bankkredit oder Anleihe),
— *Maßnahmen des Geldgebers in Zusammenhang mit der Überlassung finanzieller Mittel*. Hierzu zählen auch Untersuchungen zur Prüfung der Kreditwürdigkeit des Antragstellers (es besteht eben keine vollkommene Information über dessen Bonität), die Einigung über und die Bestellung von Sicherheiten sowie Verhandlungen über die Konditionen der Krediteinräumung.

cc) Prämisse 3: Konstanz der Zinssätze

Nimmt ein Kreditnehmer zusätzlich zu einer bereits bestehenden Verschuldung finanzielle Mittel am Markt auf, so ist diese zusätzliche Mittelaufnahme gegenüber der Erstverschuldung i.d.R. nur zu relativ ungünstigeren Konditionen möglich.[304] Die *Erhöhung der Finanzierungskosten* lässt sich aus dem erhöhten Risiko heraus erklären, das die Geldgeber bei der Kreditvergabe an nur einen einzigen Kreditnehmer eingehen. Als Konsequenz dessen sind die Kreditgeber nur gegen eine höhere *Risikoprämie*[305] bereit, auf die Vorteile einer Diversifikation – hier zu verstehen als Verteilung der Kreditmittel auf mehrere Kreditnehmer[306] – zu verzichten.

Generell gestalten sich Zinssätze nicht konstant über die Zeit hinweg. Die Nachfrage nach Geld und das Angebot an Geld unterliegen Schwankungen, die den Zinssatz als Preis für die Überlassung von Geld variieren lassen. Auch nehmen die Zentralbanken *aus geldpolitischen Motiven* heraus in unterschiedlicher Weise *Einfluss auf die Zinsentwicklung*. Je nach konkretem Zeitpunkt der Mittelaufnahme ist somit die Höhe der Zinskosten unterschiedlich. Soweit außerdem die Mittelbeschaffung auch auf *ausländi-*

---

304 Vgl. zur Diskussion von Finanzierungskosten und Verschuldungsgrad *Damodaran* (Fn. 11), S. 574–587.
305 Die Risikoprämie stellt ein Entgelt für das übernommene Risiko dar. Sie kann prinzipiell als die Differenz zwischen der Verzinsung eines risikobehafteten (Kredit-)Titels gegenüber der Verzinsung einer risikolosen Anlage ermittelt werden. Vgl. ähnlich *Gerke/Philipp* (Fn. 27), S. 59 f.
306 Eine solche Streuung ist dann sinnvoll, wenn die Einzelrisiken nicht vollständig miteinander korreliert sind. D.h., der Ausfall eines Kreditnehmers zieht nicht notwendigerweise auch den Ausfall weiterer Kreditnehmer nach sich. Vgl. zu Korrelationsansätzen im Kreditgeschäft *Bröker*, Quantifizierung von Kreditportfoliorisiken, 2000; *Niethen*, Korrelationskonzepte zur Quantifizierung von Kreditausfallrisiken, 2001; *Oehler/Unser* (Fn. 14), S. 298–305.

III. Finanzplanung

schen Märkten durchgeführt wird, kann durch den Einsatz spezieller Um- und Rücktauschtechniken die Zinsbelastung unterschiedlich gestaltet werden.[307] Denkbar ist auch die Geldaufnahme zu *variablem, d. h. sich anpassendem Zinssatz*.

dd) Prämisse 4: Identität von Aktiv- und Passivzinssätzen

Soll- und Habenzinssätze sind auf unvollkommenen Finanzmärkten nicht identisch.[308] Im Regelfall liegt der Zinssatz für die von Unternehmen aufgenommenen Gelder höher als der Zinssatz, zu dem diese überschüssige Mittel anlegen können.[309] Unterschiede in der Höhe der Zinssätze sind weiter im Hinblick auf die *Laufzeit* aufgenommener und angelegter Gelder festzustellen. Üblicherweise liegen die Zinssätze für langfristig überlassene Gelder höher als für kurzfristige Mittel („normale" Zinsstruktur). Nach der *Liquiditätspräferenztheorie*[310] von *Tobin* leihen Geldgeber finanzielle Mittel mit umso geringerer Bereitschaft aus, je länger der Zeitraum der Überlassung ist. Dies ist u. a. mit der steigenden Unsicherheit bei längerfristigen Engagements verknüpft.[311] Dagegen zeichnet sich die gelegentlich auftretende Situation einer „inversen" Zinsstruktur dadurch aus, dass die Zinssätze für kurzfristige Gelder über denen für langfristige Gelder liegen.

Die Ausführungen verdeutlichen, dass die bisher zugrunde gelegten idealtypischen Annahmen über Finanzmärkte nicht mehr aufrechterhalten werden können. Damit kann aber auch die Beurteilung unternehmerischer Aktivitäten allein auf Basis der Investitionsplanung nicht genügen: Die Einhaltung des Einkommens- bzw. Rentabilitätsziels gewährleistet nicht notwendigerweise die Bewältigung zahlungswirtschaftlicher Erfordernisse.[312] Es ist damit Aufgabe der Finanzplanung, die Anforderungen der Zahlungssphäre zu bewältigen: Neben das Rentabilitäts- tritt das Liquiditätsziel, und es ist eine spezielle Steuerung der Zahlungsströme des Unternehmens erforderlich.[313]

---

307 Zu solchen Techniken zählt insbes. die Vereinbarung von Währungsswaps beziehungsweise von Zins-/Währungsswaps. Vgl. hierzu *Gondring/Albrecht*, ÖBA 1986, 327–339; *Lerbinger*, Die Bank 1985, 245–249; *Lerbinger*, Zins- und Währungsswaps, 1988; *Shapiro*, Multinational Financial Management, 7th ed., New York 2003, S. 302–317; *Sperber/Sprink*, Finanzmanagement internationaler Unternehmen, 1999, S. 233–235, 247–252.
308 Vgl. *Schneider* (Fn. 33), S. 118.
309 Neben der Einrechnung einer Risikoprämie lässt sich dies vor allem damit erklären, dass die Beschaffung finanzieller Mittel mit Kosten verbunden ist. Diese Kosten werden durch den Finanzintermediär, z. B. ein Kreditinstitut, bei der Mittelausleihe eingerechnet. Dagegen existieren auf vollkommenen Märkten keine Transaktionskosten.
310 Vgl. *Tobin* (Fn. 50), 65–86, vgl. grundlegend auch Gliederungspunkt I. 2. a).
311 Vgl. zu weiteren Erklärungsfaktoren *Süchting* (Fn. 26), S. 423–428.
312 Vgl. *Steiner/Kölsch*, DBW 1987, 750.
313 Vgl. ähnlich *Schneider* (Fn. 33), S. 9, 153. Vgl. zu den Grundlagen einer Steuerung des Zahlungssaldos von Unternehmen, d. h. zu einem Cashflow Management, *Bitz/Terstege*, in: Krimphove/Tytko (Hrsg.), Praktiker-Handbuch Unternehmensfinanzierung, 2002, S. 287–330.

2. Struktur der Finanzplanung

a) Einordnung der Finanzplanung in die betriebliche Finanzwirtschaft

Die in der Literatur geäußerten Auffassungen zur Finanzplanung sind nicht einheitlich.[314] Sie stimmen zwar darin überein, dass die Finanzplanung vorrangig dem Liquiditätsziel verpflichtet ist. Die Ansätze differieren jedoch, wenn es um die Einordnung der Finanzplanung in das Unternehmen sowie um deren konkrete Aufgaben geht. Eine Übersicht zu alternativen Sichtweisen der Finanzplanung vermittelt Tabelle 1.

Tabelle 1: Einordnung der Finanzplanung in der Literatur[315]

Aspekt / Autor	Einordnung der Finanzplanung	Generelle Ziele der Finanzplanung	Spezielle Aufgaben der Finanzplanung
K. Chmielewicz (1976)	Als zukunftsbezogene Finanzrechnung Instrument der Finanzlenkung	Liquiditätsziel	Analyse zukünftiger Zahlungsströme
L. Größl (1988)	Neben Finanzierung, Investition, Finanzkontrolle Teil der Finanzwirtschaft	Liquiditätsziel	Ordnung erwarteter Zahlungsströme und Ausgleich von Ein-/Auszahlungen
J. Süchting (1995)	Teil einer umfassenden Unternehmenssteuerung (Managerial Budgeting)	Liquiditätsziel (Rentabilitätsziel, Kapitalstrukturziel)	Finanzprognose, Aufzeigen und Auswahl von Handlungsalternativen
L. Lachnit (2001)	Steuerungsinstrument für finanzielle Sachverhalte und Rahmengegebenheiten	Liquidität, Rentabilität	Liquiditätssicherung, Bemessung Reserven, Erfolgsoptimierung, Finanzkontrolle

Im Hinblick auf die festzustellenden Unterschiede erscheint es angebracht, für die Zwecke der vorliegenden Arbeit eine noch prägnantere Charakterisierung vorzunehmen. Fi-

---

314 Vgl. grundsätzlich zur Finanzplanung *Däumler* (Fn. 26), S. 34–65; *Glaser*, Liquiditätsreserven und Zielfunktionen in der kurzfristigen Finanzplanung, 1982; *Hauschildt/Sachs/Witte* (Fn. 30); *Lachnit* (Fn. 13), Sp. 887–900; *Matschke/Hering/Klingelhöfer*, Finanzanalyse und Finanzplanung, 2002, S. 95–228; *Wöhe/Bilstein* (Fn. 26), S. 399–417.

315 Vgl. *Chmielewicz*, Betriebliche Finanzwirtschaft I, 1976, insbes. S. 17–20; *Größl*, Betriebliche Finanzwirtschaft, 1988, insbes. S. 15–17; *Lachnit* (Fn. 13); *Süchting* (Fn. 26), insbes. S. 275–280.

III. Finanzplanung

nanzplanung wird dabei als Teil von Finanzierungsentscheidungen gesehen.[316] Diese haben als generelles Ziel, das finanzielle Gleichgewicht zu sichern.[317] Wie für jeden Entscheidungsablauf typisch, lassen sich auch Finanzierungsentscheidungen in die gedanklichen Schritte

– Planung (Finanzplanung),
– Durchführung (Finanzrealisation, Finanzdisposition),
– Kontrolle (Finanzkontrolle)

trennen.[318]

Planung beinhaltet hierbei die „gedankliche Vorwegnahme zukünftiger Aktivitäten".[319] Es geht darum, potenzielle, für die Entscheidungsfindung relevante Größen bereits heute zu reflektieren. Im Fall der Finanzplanung bedeutet dies u. a.,[320] dass

– die mit der Finanzierungsentscheidung bezweckten Zielsetzungen,
– die für die Planung bedeutsamen Planungselemente,
– die zukünftige Entwicklung dieser Elemente und damit das Ausmaß des Handlungsbedarfs,
– mögliche Alternativen zur Zielerreichung,
– eventuelle Einflüsse auf die Durchsetzung der Entscheidung sowie
– die Konsequenzen der Entscheidungsdurchsetzung

reflektierend vorwegzunehmen sind. Unter Abwägung all dieser Faktoren hat die Finanzplanung schließlich als Abschluss der Entscheidungsvorbereitung die konkret durchzuführende Maßnahme anzugeben.

Das Ergebnis der Finanzplanung, d. h. die nach finanzwirtschaftlichen Zielsetzungen bewertete und ausgewählte „Beschaffungs-, Gestaltungs- oder Vermeidungsmaßnahme", ist anschließend in die Praxis umzusetzen. Konkrete Schritte zur realen Durchführung der Alternative sind zu unternehmen. Die Tätigkeiten innerhalb der *Realisationsphase* vollziehen sich nicht mehr auf dem Reißbrett, sondern bewirken erkennbare Veränderungen.

Schließlich hat die *Finanzkontrolle*[321] zum Inhalt, die konkreten Auswirkungen der durchgeführten Maßnahmen zu erfassen und zu analysieren. Es geht darum festzustel-

---

316 Vgl. ähnlich *Hauschildt/Sachs/Witte* (Fn. 30), S. 15 f. Vgl. grundsätzlich zum entscheidungstheoretischen Ansatz *Raffée*, Grundprobleme der Betriebswirtschaftslehre, 9. Aufl. 1995, S. 94–106; *Schanz* (Fn. 43), S. 110–116.
317 Vgl. hierzu auch Gliederungspunkt I. 1. b); ähnlich *Heinen* (Fn. 34), S. 139; *Süchting* (Fn. 26), S. 18.
318 Vgl. auch *Chmielewicz* (Fn. 315), S. 21; *Hauschildt/Sachs/Witte* (Fn. 30), S. 15; *Lachnit* (Fn. 13), Sp. 897–899; *Steiner*, in: Gerke/Steiner (Hrsg.), Handwörterbuch des Bank- und Finanzwesens, 3. Aufl. 2001, Sp. 476.
319 *Raffée* (Fn. 316), S. 97. Vgl. auch die Begriffsübersicht bei *Schweitzer*, in: Bea/Dichtl/Schweitzer (Hrsg.), Allgemeine Betriebswirtschaftslehre, Bd. 2, 8. Aufl. 2001, S. 17 f.
320 Vgl. zu Aufgaben und Elementen der Finanzplanung auch *Lachnit* (Fn. 13), Sp. 888 f., 897; *Matschke/Hering/Klingelhöfer* (Fn. 314), S. 95; *Perridon/Steiner* (Fn. 26), S. 620 f.; *Ulrich*, in: Ulrich, Unternehmensplanung, 1975, S. 17–20; alternativ *Steiner/Kölsch* (Fn. 312), 750 f. Vgl. grundsätzlich zu Elementen der Planung *Schweitzer* (Fn. 319), S. 25.
321 Vgl. zu Finanzdisposition und -kontrolle die Literaturangaben in Gliederungspunkt I. 1. Finanzkontrolle darf dabei nicht mit dem weiter gefassten Finanzcontrolling gleichgesetzt werden.

2. Struktur der Finanzplanung

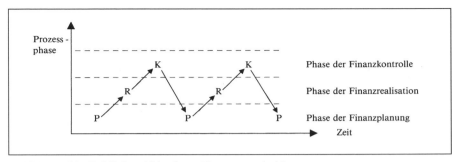

Abbildung 32: Zeitlicher Ablauf von Finanzentscheidungen

len, ob die Maßnahmen wie geplant umgesetzt wurden und zu den gewünschten Ergebnissen führten. Die Finanzkontrolle registriert hierzu die aufgrund der Durchführung der Entscheidung bewirkten Veränderungen (realisierte Werte). Sie verfügt weiter über Angaben hinsichtlich der mit der Entscheidungsrealisation verfolgten Zielsetzungen (Zielwerte). Beide Größen – realisierter Wert und Zielwert – werden miteinander verglichen. Soweit sich Abweichungen ergeben, ist die *Ursache hierfür* festzustellen. Dies wiederum bildet den Ausgangspunkt für weitere („Korrektur-")Planungstätigkeiten (vgl. Abbildung 32).

Als Ergebnis der bisherigen Betrachtung soll im Weiteren folgendes Verständnis von Finanzplanung zugrunde liegen: *Finanzplanung ist Teil solcher Entscheidungen, die auf die Beschaffung, Gestaltung und Erhaltung finanzieller Mittel gerichtet sind* (Finanzierungsentscheidungen). Sie stellt einen *gedanklichen Prozess zur Vorbereitung der zukünftigen Realisation* dieser Entscheidungen dar. Ihre spezielle Aufgabe besteht darin,[322] *durch die Vorausschau auf die Zukunft Handlungen festzulegen, die das finanzielle Gleichgewicht gewährleisten*.

Abbildung 33 trennt Investition und Finanzierung voneinander und verweist zugleich auf eine Wechselwirkung. Dies ist wie folgt zu verstehen: Aufgrund spezieller Zielsetzungen und Gestaltungselementen können beide Bereiche getrennt voneinander gesehen werden. Zugleich definieren die durchzuführenden Investitionen jedoch den *Geldbedarf* und setzen ein Datum für die Finanzierung. Umgekehrt legen die (beschränkten) Finanzierungsmöglichkeiten eine *Grenze für die Investitionstätigkeit* fest. Ergeben sich im Rahmen des Investitionsverlaufs Einzahlungen, so sind diese eventuell für eine Geldanlage bzw. eine Sachinvestition frei und wirken auf die Investitionsplanung zurück.

Der Begriff Finanzplanung wird z. T. im Sinne einer Planung zukünftiger Bilanzen und Erfolgsrechnungen, d.h. einer Planung von Daten der Finanzbuchhaltung, verstanden.[323] Über diese kann ein Rückschluss auf die zukünftige Liquiditätslage erfolgen. Dagegen steht im Folgenden die direkte Bestimmung der Liquidität im Mittelpunkt. Allerdings werden im Rahmen des Kapitalbindungsplans sowie der Kapitalflussrechnung und der Cashflow Statements die Bezüge einer Liquiditätsrechnung zu Bilanz und GuV hergestellt.

---

322 Vgl. alternativ *Glaser* (Fn. 314), S. 1.
323 Vgl. die Darstellung bei *Gramlich/Walz*, wisu 1994, 322.

III. Finanzplanung

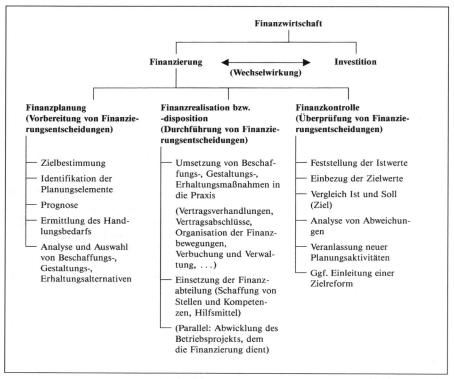

Abbildung 33: Finanzplanung als Element von Finanzierungsentscheidungen

b) Aufgaben der Finanzplanung
aa) Definition relevanter Zielsetzungen

Betriebswirtschaftliche Maßnahmen werden nach dem Beitrag beurteilt und ausgewählt, den sie zur Erreichung unternehmerischer Ziele i. S. v. „anzustrebenden zukünftigen Zuständen"[324] leisten. Die zentrale Zielsetzung von Finanzierungsentscheidungen besteht darin, das *finanzielle Gleichgewicht* des Unternehmens zu gewährleisten. Dieses Gleichgewicht ist zweifach zu verstehen: Zum einen soll eine Unternehmung erforderliche Auszahlungen leisten können. Dies ist auch in der Forderung ausgedrückt, die betriebliche *Liquidität* zu sichern.[325]

Zum anderen ist ein Gleichgewicht in der Zahlungssphäre dadurch definiert, dass das Unternehmen nicht mehr Zahlungsmittel bereithält, als es zur Aufrechterhaltung der Liquidität benötigt. Überschüssige Gelder können dazu benutzt werden, Kredite zu-

---

324 *Hauschildt*, Entscheidungsziele, 1977, S. 9. Vgl. zur Diskussion finanzwirtschaftlicher Ziele grundlegend Gliederungspunkt I. 2.
325 Vgl. ähnlich *Däumler* (Fn. 26), S. 37; *Hauschildt/Sachs/Witte* (Fn. 30), S. 5. Vgl. zur Präzisierung des Liquiditätsbegriffs Gliederungspunkt III. 3.

rückzuzahlen oder neue Anlagen zu tätigen. Dadurch wird jedoch ein weiteres Ziel berührt: Durch die Reduzierung von Finanzierungskosten und die Erzielung von Anlageerträgen ist die betriebliche *Rentabilität* direkt tangiert.[326]

Die Finanzplanung hat auch dafür Sorge zu tragen, dass die verfügbaren Mittel in ihrer Qualität (Zins-, Laufzeit-, Währungsmerkmale) adäquat an die Mittelverwendung im Unternehmen angepasst sind (*Synchronisierung finanzieller Mittel*). Dies kann insbesondere bedeuten, dass

– beschaffte und investierte finanzielle Mittel *zeitliche Kongruenz* aufweisen: Die jeweiligen Laufzeiten sollen einander entsprechen; die zu beschaffenden Mittel sollen in dem Moment verfügbar sein, zu dem auch die Mittelverwendung erfolgt,
– die *Zinscharakteristika* beider Seiten einander entsprechen (z. B. Kreditaufnahme zu festem Zinssatz bei erwarteter konstanter Investitionsrendite auf der Anlageseite),
– die *Währungsstruktur* von Mittelbeschaffung und -verwendung gleich gestaltet wird.

Bspw. kann das Währungsmanagement so disponieren, dass die benötigten Mittel in der entsprechenden Währung beschafft werden[327] (z. B. wird zur Finanzierung eines Unternehmenskaufs in den USA ein USD-Kredit aufgenommen). Soweit die Finanzierung in einer von der Mittelverwendung abweichenden Währung erfolgt, müssen eventuell entsprechende Tausch- oder Sicherungsgeschäfte abgeschlossen werden. Damit stehen die *Finanzderivate*[328] im Mittelpunkt.

Bei der Ableitung von Finanzierungsentscheidungen sollen vor diesem Hintergrund *Finanzstrukturrisiken* vermieden werden. Zu solchen Finanz- oder Kapitalstrukturrisiken zählen insbesondere *Zinsänderungs- und Währungsrisiken*. Eine völlig homogene Mittelstruktur ist jedoch nicht in jedem Fall zwingend: Bei entsprechender Zins- und Kursentwicklung kann von offenen, d.h. nicht abgesicherten, Positionen profitiert werden.[329]

Mögliche weitere Zielsetzungen bei der Planung von Finanzierungsentscheidungen zielen darauf ab, den *Einfluss von Mittelgebern* auf die Unternehmenspolitik möglichst gering zu halten. Es wird dann z. B. die Möglichkeit, zusätzliches Eigenkapital aufzunehmen, deshalb verworfen, weil dies nur über die Aufnahme eines neuen, aber unerwünschten Gesellschafters möglich wäre. Oder die Alternative, bei der Hausbank einen weiteren Kredit aufzunehmen, ist deshalb ungeeignet, weil dadurch die Autonomie der Unternehmensführung gefährdet erscheint.

---

326 Neben der Minimierung von Finanzierungskosten und der Renditeoptimierung von Geldanlagen nennt *Lachnit* weiter „Schaffung finanzieller Flexibilität", *Lachnit* (Fn. 13), Sp. 888 f.
327 Vgl. *Shapiro* (Fn. 307), S. 355–357; *Sperber/Sprink* (Fn. 307), S. 223 f.
328 Finanzderivate können vereinfacht als Termingeschäfte über finanzielle Werte (z. B. Anleihen, Zinsen, Währungen) verstanden werden. Sie führen im Moment des Vertragsabschlusses i. d. R. zu keiner Konsequenz, sondern sind erst zu einem zukünftigen Erfüllungszeitpunkt mit Geld- bzw. Finanzbewegungen verknüpft. Entscheidend ist, dass die Konditionen für die zukünftigen Finanzgeschäfte bereits im aktuellen Zeitpunkt des Vertragsabschlusses festgelegt werden. Vgl. zu Derivaten *Eller/Deutsch*, Derivate und interne Modelle, 1998; *Glaum/Förschle*, DB 2000, 581 f.
329 So profitiert etwa die kurzfristige Finanzierung langlaufender Investitionen von Zinssenkungen.

III. Finanzplanung

Die Struktur der von einem Unternehmen beschafften und eingesetzten finanziellen Mittel wird von unternehmensexterner Seite z. T. dazu herangezogen, *Beurteilungen über die Solidität* des Unternehmens abzuleiten. Solche Beurteilungen, die sich insbesondere auf aus dem Jahresabschluss erkennbare Angaben über die finanzielle Situation des Unternehmens stützen (*Finanzanalyse*[330]), spielen z. B. für die bankbetriebliche Kreditwürdigkeitsprüfung oder – soweit es sich etwa bei dem Unternehmen um eine börsennotierte Gesellschaft handelt – für Anlageempfehlungen eine Rolle. In diesem Zusammenhang werden insbesondere so genannte *Liquiditätskennziffern*[331] herangezogen. Finanzentscheidungen des Unternehmens können somit auch durch Überlegungen beeinflusst werden, solche Liquiditätskennziffern nicht unvorteilhaft erscheinen zu lassen.

Die Finanzplanung verfolgt also ein breites Spektrum an Zielsetzungen. Ohne an dieser Stelle eine Analyse möglicher Konflikte bei der Erreichung dieser Zielsetzungen vornehmen zu wollen,[332] muss doch festgestellt werden, dass das *Liquiditätsziel Priorität* besitzt: Sofern die Liquidität des Unternehmens gefährdet ist, steht die Vermeidung einer Zahlungsunfähigkeit an erster Stelle.[333] Alternative Zielsetzungen bleiben hier zweitrangig.

bb) Identifikation relevanter Planungselemente

Falls das *Liquiditätsziel* im Vordergrund steht, sind die *planungsrelevanten Elemente*

- Bestände an liquiden Mitteln,[334]
- Zugänge an liquiden Mitteln (Einzahlungen),
- Abgänge an liquiden Mitteln (Auszahlungen).

Soweit die Finanzplanung auch die *Zins- und Währungssteuerung* umfasst, kann sie sich nicht allein auf liquide Mittel beziehen. Um z. B. ein Währungsrisiko erkennen zu können, müssen alle Forderungen und alle Verbindlichkeiten in fremder Währung einander gegenübergestellt werden.[335] Nur die Differenz zwischen aktivischen und passivischen Fremdwährungspositionen ist durch die Wechselkursentwicklung gefährdet. Im Rahmen des Zinsmanagements prognostiziert der Finanzplaner zinsfixe und zinsvariable Positionen auf der Aktiv- und Passivseite. Aus einer Saldierung dieser Größen kann er dann die Effekte von Zinsänderungen ableiten.

---

330 Vgl. *Busse von Colbe*, in: Gerke/Steiner (Hrsg.), Handwörterbuch des Bank- und Finanzwesens, 3. Aufl. 2001, Sp. 715–729. Die Finanzanalyse ist auch ein wesentlicher Teil von Ratingverfahren. Vgl. zu Problemen einer zu sehr standardisierten Bonitätsanalyse *Gramlich* (Fn. 20), S. 20 f.
331 Vgl. hierzu Gliederungspunkt III. 4. d). Vgl. auch *Gerke/Philipp* (Fn. 27), S. 137 f.; *Grill/Perczynski*, Wirtschaftslehre des Kreditwesens, 38. Aufl. 2004, S. 385 f.; *von Stein/Kirschner*, in: Obst/Hintner (Hrsg.), Geld-, Bank- und Börsenwesen, 40. Aufl. 2000, S. 315–324.
332 Vgl. hierzu die Ausführungen unter Gliederungspunkt III. 3. c).
333 Dies wird auch durch folgende Feststellung offensichtlich: „Illiquidität bedeutet das Ende der Unternehmens-Existenz", *Hauschildt/Sachs/Witte* (Fn. 30), S. 5.
334 Liquide Mittel umfassen Bargeld, Buchgeld und freie Kreditlinien. Vgl. grundlegend zu deren Abgrenzung die Ausführungen unter Gliederungspunkt III. 3. a). Vgl. auch *Chmielewicz* (Fn. 315), S. 44.
335 Vgl. *Zunk*, FB 2002, 93–95.

cc) Prognose planungsrelevanter Größen und Ermittlung des Handlungsbedarfs

(1) Prognose der Planungselemente

Finanzplanung ist zukunftsbezogen. Die zukünftigen Ausprägungen der Planungselemente (z. B. Ein-/Auszahlungen im nächsten Monat) sollen heute, d. h. im Augenblick der Planungsdurchführung, vorhergesagt (prognostiziert) werden. Die Qualität der Finanzplanung ist entscheidend davon abhängig, wie präzise die Zukunft vorweggenommen werden kann. Dabei stellt sich das Prognoseproblem in mehrfacher Hinsicht. Der eigentlichen Prognose vorgelagert ist das

— *Identifikationsproblem*: Sind alle planungsrelevanten Elemente erfasst? Nur für solche Größen, die als planungsrelevant bestimmt wurden,[336] kann eine Prognose erfolgen.

Die Prognose selbst begegnet dem

— *Größenproblem*: Das Volumen bzw. die Höhe des planungsrelevanten Elements ist vorauszusehen. Welche Absatzmengen und Absatzpreise lassen sich erzielen? Sofern es sich um Auslandserlöse handelt: Zu welchem Wechselkurs können diese umgetauscht werden?

— *Zeitproblem*: Die Entstehung bzw. Ausprägung relevanter Elemente soll möglichst exakt in Bezug auf einen Zeitpunkt oder Zeitraum vorhergesagt werden. An welchem Tag ist mit dem Eingang von Verkaufserlösen zu rechnen? Wann werden Lieferantenrechnungen fällig?

Zur Durchführung der Prognose stehen dem Finanzmanagement unterschiedliche Möglichkeiten zur Verfügung. Es kann sich

— subjektiv-pragmatischer Methoden und
— statistisch-formalisierter Methoden

bedienen (Abbildung 34).[337]

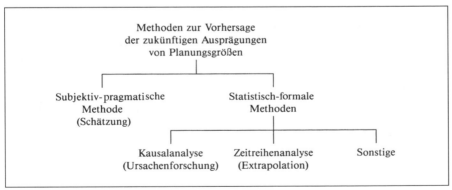

Abbildung 34: Prognoseverfahren in der Finanzplanung

---

336 Vgl. zu diesem Aspekt die Ausführungen unter Gliederungspunkt III. 2. b) bb).
337 Vgl. zu Prognosemethoden in der Finanzplanung *Gerke/Philipp* (Fn. 27), S. 147–150; *Hauschildt/Sachs/Witte* (Fn. 30), S. 113–119; *Matschke/Hering/Klingelhöfer* (Fn. 314), S. 100–124, 144–149; *Perridon/Steiner* (Fn. 26), S. 623–638; *Witte* (Fn. 30), S. 70–97.

III. Finanzplanung

Die *subjektiv-pragmatische Methode* basiert auf persönlichen Einschätzungen des Finanzmanagers oder der von ihm befragten Personen. Diese Einschätzungen über die Zukunft resultieren i. d. R. aus Erfahrungen der Mitarbeiter und sind durch persönliche, z. T. intuitive Beurteilungen gekennzeichnet. Die dadurch gewonnenen Angaben sind insofern prinzipiell nicht aus einer logisch überprüfbaren, funktionalen Beziehung abgeleitet.

Beispiel a:

In die Prognose sollen die zu erwartenden Auszahlungen für Maschinenwartung und -reparaturen aufgenommen werden. Der Maschinenführer schätzt aufgrund des zunehmenden Verschleißes die im nächsten Monat fällig werdenden Auszahlungen auf 20 % höher als im Vormonat ein. Diese Schätzung wird übernommen.

Solche subjektiv-pragmatischen Verfahren liefern meist keine exakten, eindeutigen Ergebnisse. Sofern mehrere Personen auf diese Weise eine Prognose hinsichtlich des gleichen Sachverhalts anstellen, resultieren daraus i. d. R. unterschiedliche Angaben. Die Bedeutung dieser Prognosen liegt allerdings darin, dass sie als Vergleichsgrößen für auf andere Weise ermittelte Prognosewerte herangezogen werden können. Insofern sind mit ihrer Hilfe *Plausibilitätseinschätzungen* möglich. Die Finanzplanung hat ggf. keine andere Möglichkeit, als auf solche Prognosewerte zurückzugreifen, wenn sie von anderen Unternehmensbereichen Meldungen über zahlungsrelevante Vorgänge erhält oder von diesen erfragt.[338] Denkbar ist in diesem Zusammenhang, dass das Unternehmen keine speziellen Lagerhaltungsmodelle besitzt oder auf eine Absatzforschung verzichtet, so dass zahlungsrelevante Bestellungen oder Verkäufe nur geschätzt werden können.

Statistisch-formale Methoden versuchen, unter Zugrundelegung funktionaler Kalküle Aussagen über die Zukunft abzuleiten. Sie beziehen sich auf eine Referenzgröße – z. B. die Entwicklung der zu prognostizierenden Größe in der Vergangenheit – und gehen von einem Einfluss dieser Referenzgröße auf die zu prognostizierende Größe – hier: Zukunftswert – aus. Diese Überlegung wird insbesondere im Rahmen der *Extrapolation* als Erscheinungsform einer Zeitreihenanalyse deutlich.[339] Bei Anwendung dieses Verfahrens werden Daten der Vergangenheit daraufhin überprüft, ob in ihrer Entwicklung eine Regelmäßigkeit oder ein Trend zu erkennen ist. Es wird dann angenommen, dass sich dieser Trend auch in der Zukunft fortsetzt. Der ermittelte Trend kann konstanten, steigenden, fallenden oder zyklischen Charakter aufweisen.[340]

Beispiel b:

Die Verkaufserlöse der vergangenen fünf Jahre werden analysiert. Es ist feststellbar, dass sich die Erlöse pro Jahr jeweils um 5 % erhöht haben. Folglich wird die Annahme getroffen, dass sich auch im folgenden Jahr eine Erlössteigerung in gleicher Höhe realisieren lässt.

Reine Trendextrapolationen resultieren nur aus einer Fortschreibung der Vergangenheitswerte. Sie berücksichtigen nicht mögliche Veränderungen von Zeitreihen, die sich

---

338 Vgl. *Hauschildt/Sachs/Witte* (Fn. 30), S. 114.
339 Vgl. zur Extrapolation *Bleymüller/Gehlert/Gülicher*, Statistik für Wirtschaftswissenschaftler, 13. Aufl. 2002, S. 139–179.
340 Nach der Intensität lassen sich bspw. exponentielle, logistische und lineare Trends unterscheiden, vgl. *Matschke/Hering/Klingelhöfer* (Fn. 314), S. 117–122.

durch *neu auftretende Ereignisse* ergeben. Damit gründen sie auf der Vorstellung, dass die relevante Umwelt im Wesentlichen gleich bleibt. Diesem Mangel begegnen *kausale Analysen*. Sie versuchen, solche Faktoren explizit zu isolieren, die auf die zukünftige Entwicklung der Prognosegröße Einfluss haben. Diese Einflussfaktoren werden hinsichtlich ihrer speziellen Wirkung auf die Prognosegröße untersucht. Aus der Ausprägung bzw. der Veränderung solcher Einflussfaktoren werden anschließend Schlüsse auf die Prognosegröße als solche abgeleitet. Da oft sehr vielfältige Ursachen und komplexe Ursachenverbindungen vorliegen, stützt sich die Kausalanalyse z. T. auf Neuronale Netze.[341]

Beispiel c:

Der Finanzplanung liegt das Ergebnis der Trendextrapolation – wie im vorhergehenden Beispiel – vor. Zusätzlich werden jedoch die Aktivitäten der Marketing-Abteilung in die Prognose einbezogen. Bekannt ist hierbei, dass die Werbung in der kommenden Periode auf eine weitere Zeitschrift ausgedehnt werden soll. Die Marketing-Abteilung vermutet aufgrund vorangegangener Absatzforschungen, dass damit das Käuferpotenzial um 5 % ausgeweitet werden kann. Insgesamt kann damit die Finanzabteilung von einer Steigerung der Umsatzerlöse um cirka 10 % ausgehen.

(2) Gegenüberstellung der prognostizierten Werte

Ist die Prognose der in die Planung einfließenden Elemente abgeschlossen, so sind die prognostizierten Werte für die Zwecke der Finanzplanung noch *weiterzuverarbeiten*. Bspw. sind für die Zielsetzung, die *Zahlungsfähigkeit* des Unternehmens zu ermitteln, die prognostizierten Ein- und Auszahlungen einander gegenüberzustellen und ein Saldo zu ermitteln.[342]

Beispiel d:

Der Finanzplaner besitzt zum einen die Information, dass die Umsatzerlöse voraussichtlich um 10 % zunehmen. Er erfährt zugleich, dass auch die Auszahlungen für Werbung sich um 50 000 Euro erhöhen. Beide Entwicklungen sind miteinander zu verrechnen.

Soll etwa das zukünftige *Zinsänderungsrisiko* ermittelt werden, so sind in einer Zinsänderungsbilanz[343] die prognostizierten

– Festzinsaktiva und Festzinspassiva,
– zinsvariable Aktiva und Passiva,
– betragsgenau sowie
– zeitraum- oder zeitpunktgenau

---

341 Neuronale Netze versuchen, durch den Vergleich der Entwicklungen verschiedener Faktoren im Zeitablauf auf Verbindungen rückzuschließen. Im betrachteten Kontext helfen sie dabei, die wesentlichen Einflussfaktoren auf Zahlungen und deren Gewichtung zu erkennen. Sie basieren auf Rechneralgorithmen und sind daher in Bezug auf die verarbeiteten Daten sehr leistungsfähig. Vgl. *Dietz/Füser/Schmidtmeier*, DB 1996, 1296–1299; *Füser,* Neuronale Netze in der Finanzwirtschaft, 1996; *Gramlich* (Fn. 4), 380.
342 Vgl. näher zu Gestaltungsmöglichkeiten von Liquiditätsrechnungen Gliederungspunkt III. 4. a. bb).
343 Vgl. zu Formen von Zinsänderungsbilanzen *Kugler,* Konzeptionelle Ansätze zur Analyse und Gestaltung von Zinsänderungsrisiken in Kreditinstituten, 1985, S. 220–236; *Schulte/Horsch* (Fn. 303), S. 176–199.

III. Finanzplanung

einander gegenüberzustellen. Aus der Saldierung dieser Positionen lässt sich dann ein zu erwartendes Ungleichgewicht zwischen den einzelnen Aktiva- und Passivagruppen ermitteln. Bezieht man weiter die geschätzte zukünftige Zinsentwicklung ein, so lässt sich erkennen, ob ein Zinsrisiko besteht oder nicht.

Analog hierzu müssen die prognostizierten *Fremdwährungspositionen* daraufhin miteinander verglichen werden,

– ob ein Überhang der Fremdwährungsaktiva über Fremdwährungspassiva oder umgekehrt,
– differenziert nach einzelnen Währungen und
– in Abhängigkeit von den jeweiligen Laufzeiten,

besteht. Falls wiederum ein Ungleichgewicht zwischen Fremdwährungsforderungen und -verbindlichkeiten konstatiert und eine entsprechende Kursentwicklung erwartet wird, erwächst dem Unternehmen hieraus ein Währungsrisiko.

dd) Analyse und Auswahl von Maßnahmen

Soweit die Prognosewerte erkennen lassen, dass das finanzielle Gleichgewicht des Unternehmens in der Zukunft gefährdet ist, entsteht ein Handlungsbedarf für das Finanzmanagement. Die Finanzplanung muss dann Maßnahmen erwägen und auswählen, mit deren Hilfe die Gefahr vermieden und das angestrebte Gleichgewicht erreicht werden kann. Besteht die Gefährdung in einer drohenden Illiquidität, so sind Maßnahmen zur Beschaffung von liquiden Mitteln oder zur Vermeidung von Auszahlungen[344] (Erhaltung liquider Mittel) zu treffen. Bei drohenden Gefahren aus der Wechselkurs- oder Zinsentwicklung müssen Maßnahmen zur Abwendung oder zum Ausgleich des erwarteten Schadens gefunden werden.

Wie einführend bereits abgegrenzt, vertieft die vorliegende Arbeit Überlegungen zu Finanzinstrumenten, -märkten und -gebern sowie auch Ansätze zum Risikomanagement nicht weiter.[345] Im Mittelpunkt soll primär die Bestimmung des Bedarfs an liquiden Mitteln stehen. Abbildung 35 enthält jedoch eine Übersicht zu den Alternativen der Mittelbeschaffung. Die Abbildung differenziert insbesondere die beiden Grundtypen der Finanzierung, Gelder von unternehmensexternen Stellen zu akquirieren (*Außenfinanzierung*) oder auf Basis unternehmensinterner Maßnahmen freizusetzen (*Innenfinanzierung*).[346]

---

344 Dazu zählt z. B. der Verzicht auf oder die Verschiebung von Rohstoffbeschaffungen und Investitionen. Vgl. *Glaser* (Fn. 314), S. 56–58; *Mandéry*, in: Grünewald/Kilger/Seiff (Hrsg.), agplan-Handbuch zur Unternehmensplanung, 1983, S. 13 f.; *Witte* (Fn. 30), S. 128–131. Vgl. auch die Beispiele unter: Gliederungspunkt III. 4. b) cc).
345 Vgl. hierzu Gliederungspunkt I. 1. b) bb), insbes. die Quellenhinweise in Fn. 24 und Fn. 31. Vgl. speziell zum Management von Zinsänderungsrisiken *Kugler* (Fn. 343); *Schulte/Horsch* (Fn. 303), S. 237–279; zum Management von Währungsrisiken *Büschgen,* Internationales Finanzmanagement, 3. Aufl. 1997, S. 307–358; *Shapiro* (Fn. 307), S. 327–413; *Zunk* (Fn. 335), 90–97.
346 Vgl. näher *Däumler* (Fn. 26), S. 89–154, 190–225, 334–398; *Eilenberger* (Fn. 7); *Gerke/Philipp* (Fn. 27), S. 80–95; *Glogowski/Münch*, Neue Finanzdienstleistungen, 2. Aufl. 1990; *Süchting* (Fn. 26), insbes. S. 80–246; *Wöhe/Bilstein* (Fn. 26). Vgl. auch die Angaben unter Gliederungspunkt I. 1. c).

2. Struktur der Finanzplanung

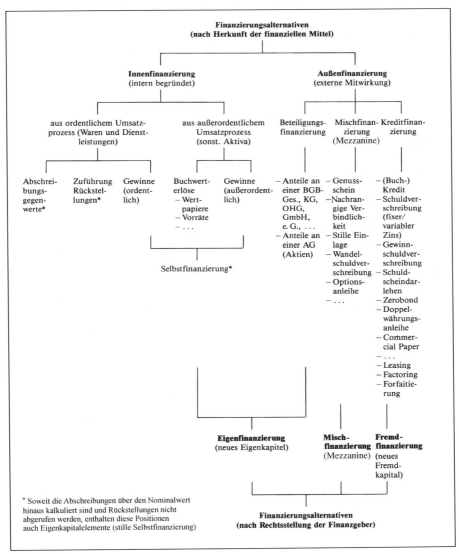

Abbildung 35: Finanzierungsalternativen

Dabei kann eine zentrale Maßnahme bei Liquiditätsanspannungen auch darin bestehen, zu einem späteren Zeitpunkt erwartete *Einzahlungen vorzuziehen*. Dies ist z. B. möglich durch den Verkauf nicht zwingend benötigter Betriebsgüter wie etwa Wertpapiere und Forderungen (etwa via Forfaitierung, Factoring oder Verbriefung, speziell durch Asset Backed Securities; vgl. Abbildung 35) oder die Beschleunigung des Absatzes durch

III. Finanzplanung

Gewährung zusätzlicher Skonti.[347] Alternativ kann versucht werden, den Mittelbedarf für ansonsten anfallende Auszahlungen durch eher organisatorische Überlegungen zu reduzieren. Als Beispiel soll stellvertretend das in Abbildung 35 einbezogene Leasing[348] dienen: Die Leasingraten lassen sich als Mietraten interpretieren, über die die ansonsten anfallende (hohe) Anschaffungsauszahlung über die Leasingperioden verteilt wird.

c) Liquiditätsplanung als Teil der Finanzplanung

Finanzplanung im *bisher zugrunde gelegten Verständnis* kann als ein umfassender Ansatz bezeichnet werden:

– Ziele der Finanzplanung stellen Liquiditäts-, Rentabilitäts-, Solvabilitäts-, Kapitalstruktur- und weitere Ziele dar,
– die von der Finanzplanung einbezogenen Planungselemente erfassen das Spektrum der Vermögens- und Schuldenpositionen eines Unternehmens insgesamt,
– finanzplanerische Maßnahmen beziehen Mittelbeschaffungs-, Gestaltungs- und Erhaltungsmaßnahmen ein.

Dieses umfassende Verständnis von Finanzplanung wird *im Folgenden eingeschränkt*. Damit ist insbesondere die Überlegung verbunden, die vorliegende Einführung in die Finanzplanung überschaubar zu gestalten. Zu diesem Zweck konzentriert sich die weitere Betrachtung auf die Erreichung des *Liquiditätsziels* als wichtigste Zielsetzung der Finanzplanung. Dies ist gleichbedeutend mit der Forderung, das Unternehmen zahlungsfähig zu halten. Es ist weiter zu beachten, dass der – die Zahlungsfähigkeit beeinflussende – Bestand an liquiden Mitteln aufgrund von Rentabilitätsüberlegungen nicht zu umfangreich sein darf. Beide Forderungen lassen sich dahin gehend verbinden, dass das Liquiditätsziel i. S. e. Liquiditätsgleichgewichts anzustreben ist.

Die Dominanz des Liquiditätsziels für die weiteren Ausführungen erfordert zunächst eine Auseinandersetzung mit dem Begriff und den Erscheinungsformen der Liquidität. Dies findet im folgenden Kapitel III. 3. statt. In Kapitel III. 4. werden Instrumente vorgestellt, mit deren Hilfe der zukünftige Saldo (Bedarf, Gleichgewicht oder Überschuss) an liquiden Mitteln eines Unternehmens festgestellt werden kann (Liquiditätsrechnungen).

Der Bezug von Finanzplanung und Liquiditätsplanung[349] wird in Abbildung 36 illustriert. Die fett gedruckten Elemente der Liquiditätsplanung geben die ausgewählten weiteren Schwerpunkte der vorliegenden Arbeit wieder.

---

347 Vgl. hierzu *Glaser* (Fn. 314), S. 57 f.; *Witte* (Fn. 30), S. 131–133. Vgl. auch Gliederungspunkt III. 4. b) bb) (2).
348 Vgl. *Wöhe/Bilstein* (Fn. 26), S. 279–297.
349 Alternativ wird die Finanzplanung auch in eine Kapitalbedarfsplanung (langfristige Grobplanung) und Liquiditätsplanung (kurzfristige Feinplanung) unterteilt, vgl. *Matschke/Hering/Klingelhöfer* (Fn. 314), S. 127.

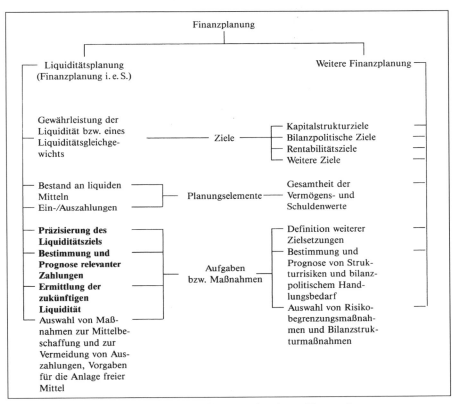

Abbildung 36: Abgrenzung von Liquiditäts- und weiterer Finanzplanung

3. Liquiditätsprobleme als eigentlicher Anlass zur Finanzplanung

a) Auffassungen zum Begriff Liquidität

aa) Inhaltlicher Bezug von Liquidität

Der Begriff Liquidität findet in der betriebswirtschaftlichen Literatur und Praxis für unterschiedliche Sachverhalte und mit unterschiedlichen Bezügen Verwendung.[350] Hebt man zunächst auf die *inhaltliche Spannweite* des Begriffs Liquidität ab, so kann diese anhand zweier Definitionen verdeutlicht werden. So versteht *Witte* Liquidität als

---

[350] Vgl. *Däumler* (Fn. 26), S. 34–38; *Drukarczyk* (Fn. 27), S. 23–31; *Drukarczyk*, in: Bea/Dichtl/Schweitzer (Hrsg.), Allgemeine Betriebswirtschaftslehre, Bd. 3, 8. Aufl. 2002, S. 364–368; *Hahn*, Finanzwirtschaft, 2. Aufl. 1983, S. 34 f.; *Perridon/Steiner* (Fn. 26), S. 10–12; *Orth*, Die kurzfristige Finanzplanung industrieller Unternehmen, 1961, S. 30–33; *Schäfer*, Unternehmensfinanzen, 2. Aufl. 2002, S. 32–35; *Witte* (Fn. 30), S. 8 f.

III. Finanzplanung

„die Fähigkeit einer Unternehmung, die zu einem Zeitpunkt zwingend fälligen Zahlungsverpflichtungen uneingeschränkt erfüllen zu können; sie muss während des Bestehens einer Unternehmung zu jedem Zeitpunkt gegeben sein".[351]

Differenziert hierzu geht die *Insolvenzordnung* davon aus, dass

„Zahlungsunfähigkeit ... in der Regel anzunehmen [ist], wenn der Schuldner seine Zahlungen eingestellt hat",[352]

sowie ergänzend:

„Der Schuldner droht zahlungsunfähig zu werden, wenn er voraussichtlich nicht in der Lage sein wird, die bestehenden Zahlungspflichten im Zeitpunkt der Fälligkeit zu erfüllen".[353]

Der Interpretationsspielraum von „Liquidität" wird insbesondere durch zwei Merkmale geprägt:

- *Zeitbezug*: Muss Zahlungsfähigkeit zu *jedem Zeitpunkt definitiv* gegeben sein, oder muss sie in einem Zeitraum *nur überwiegend vorhanden* oder *plausibel* sein?
- *Umfang*: Sind die zwingend fälligen *Zahlungsverpflichtungen uneingeschränkt* oder nur *im Wesentlichen* zu erfüllen?

Die relativ dehnbare Begriffsverwendung durch die Insolvenzordnung ist primär von juristischen Überlegungen bestimmt: Sie gewährt demjenigen Entscheidungsspielraum, der aufgrund der festzustellenden „Zahlungsunfähigkeit" oder einer „drohenden Zahlungsunfähigkeit" über die Eröffnung des *Insolvenzverfahrens* zu entscheiden hat. Dieser Entscheidungsspielraum kann insbesondere im Hinblick auf die mit dem Verfahren verbundenen gravierenden Folgen (Reputation, Arbeitsplätze, Auflösungsverluste) gerechtfertigt werden.

Wie im Folgenden unter Gliederungspunkt III. 3. c) noch zu erläutern ist, erweist sich ein solches Verständnis von Liquidität jedoch aus unternehmenspolitischer Perspektive als nicht haltbar. Die Konsequenzen, die sich für ein Unternehmen daraus ergeben, dass es Zahlungsverpflichtungen nicht jederzeit oder nicht in vollem Umfang erfüllen kann, können hier zu existenziellen Problemen führen. Der mit der Zahlungsfähigkeit einhergehende *Vertrauensschwund* stört die betriebliche Leistungserstellung und -verwertung nachhaltig.

An dieser Stelle ist anzumerken, dass nicht nur rechtlich fällige Zahlungen zwingenden Charakter haben. Sofern die Produktionstätigkeit des Unternehmens nur dadurch aufrechterhalten werden kann, dass notwendige Investitionen, z. B. in Maschinen oder Vorräte, getätigt werden, sind die damit verbundenen Auszahlungen ebenfalls dringend.[354] Dies gilt ebenfalls für den Fall, dass sich aufgrund besonderer Entwicklungen auf den Märkten die Chance zu rentablen Investitionen oder zur günstigen Beschaffung von Produktionsfaktoren bietet. Kann das Unternehmen die erforderlichen Gelder nicht aufbringen, so wird es zwar im juristischen Sinn nicht zahlungsunfähig. Es kann jedoch die gewünschte betriebswirtschaftliche Aktivität nicht entfalten.

---

351 *Witte*, Die Liquiditätspolitik der Unternehmung, 1963, S. 15.
352 § 17 Abs. 2 Insolvenzordnung vom 14. 3. 2003.
353 § 18 Abs. 2 Insolvenzordnung vom 14. 3. 2003.
354 Es geht damit um finanzielle Flexibilität im umfassenden Sinn, vgl. *Lachnit* (Fn. 13), Sp. 889.

3. Liquiditätsprobleme als eigentlicher Anlass zur Finanzplanung

Damit ist Folgendes festzuhalten:
- Liquidität ist gleichbedeutend mit *„Zahlungsfähigkeit"*,
- Zahlungsfähigkeit bedeutet, *zwingende Zahlungsverpflichtungen erfüllen zu können,*
- Zahlungsverpflichtungen können *aus juristischer und ökonomischer Sicht zwingend sein,*
- Liquidität ist in einem strengen Sinn zu verwenden, d. h. *im Sinne einer Zahlungsfähigkeit, die*
- *jederzeit* und
- *in vollem Umfang*

gegeben ist.

Dies lässt sich auch in folgender Definition ausdrücken:

„Liquidität ist die jederzeitige und vollständige Zahlungsfähigkeit eines Unternehmens".

bb) Bezugsobjekt/-subjekt von Liquidität

Präzisiert man den Begriff der Liquidität danach, worauf (Bezugsobjekt) bzw. auf wen (Bezugssubjekt) sich Liquidität bezieht, so bestehen in der Literatur folgende Auffassungen:[355]

(1) Liquidität als Eigenschaft eines Vermögensgegenstands drückt sich darin aus, dass dieser Gegenstand schnell zu liquidieren, d. h. in *Zahlungsmittel umzusetzen,* ist.

(2) Liquidität als Eigenschaft einer Person oder einer Organisation (Unternehmen, Abteilung, Investitionsprojekt) ist dann gegeben, wenn die Person oder die Organisation über einen *positiven Bestand an liquiden Mitteln* verfügt.

(3) Liquidität als Eigenschaft einer Person oder Organisation besteht darin, die an die Person oder Organisation gerichteten *Zahlungsverpflichtungen erfüllen* zu können.

Mit Blick auf das hier zugrunde gelegte Verständnis von Liquidität sowie auf das Ziel der Finanzplanung, die Zahlungsfähigkeit des Unternehmens zu gewährleisten, erweist sich letztlich nur das unter (3) dargestellte Verständnis als sachgerecht: Es hebt nicht isoliert nur auf den Umfang verfügbarer Gelder ab, sondern stellt diesem das Ausmaß der Zahlungsverpflichtungen gegenüber. Jedoch stehen die Auffassungen (1) und (2) mit diesem in Beziehung und sollen in ihrem Zusammenhang aufgezeigt werden.[356]

(1) Liquidität i. S. v. Geldnähe eines Vermögensgegenstands

Diese Sichtweise zielt auf die Leichtigkeit ab, mit der ein Vermögensgegenstand in Bar- oder Giralgeld umgewandelt werden kann. Je schneller ein Vermögensgegenstand

---

[355] Vgl. *Eichholz* (Fn. 18), S. 18–20. Als vierte Möglichkeit wird auch das Verhältnis von „Vermögensteilen zu Verbindlichkeiten" genannt, vgl. *Däumler* (Fn. 26), S. 36; *Perridon/Steiner* (Fn. 26), S. 10.

[356] Vgl. auch *Matschke/Hering/Klingelhöfer* (Fn. 314), S. 11.

III. Finanzplanung

zu Geld gemacht werden kann, umso liquider ist er in diesem Sprachgebrauch.[357] Dieser Begriffsverwendung soll aber hier nicht gefolgt werden. Für die Eigenschaft von Vermögensgegenständen, am Markt leicht verflüssigbar zu sein, finden vielmehr die Begriffe *„Liquidierbarkeit"* oder *„Monetisierbarkeit"* Verwendung.

Die Liquidierbarkeit ist bei den Vermögensteilen, die marktgängig sind, sehr hoch. Es handelt sich dabei insbesondere um die im folgenden Abschnitt vorgestellten *Near Money Assets*.[358] Schwerer monetisierbar sind dagegen die Gegenstände des Anlagevermögens wie etwa Maschinen, Anlagen, Gebäude und Grundstücke. Liquidierbarkeit kann unter den Gesichtspunkten der Liquidierungsdauer und des Liquidierungsbetrags beurteilt werden.[359]

Die *Liquidierungsdauer* gibt den Zeitraum an, der zwischen der Entscheidung über die marktliche Verwertung und dem daraus resultierenden Eingang an liquiden Mitteln liegt. Im Unterschied dazu sagt der *Liquidierungsbetrag* etwas über die Menge an liquiden Mitteln aus, die durch die marktliche Verwertung zu erzielen ist. Zu beachten ist jedoch, dass es meist nicht möglich ist, einem Vermögensgegenstand Liquidierungsbetrag und -dauer eindeutig zuzuordnen. Beide Faktoren sind von einer Reihe von Einflüssen abhängig.[360] So müssen z. B. Wirtschaftssubjekte unter dem Druck einer drohenden Zahlungsunfähigkeit Preise akzeptieren, die sie in anderen Situationen ablehnen würden.[361] Von den Buchwerten ist der Liquidierungsbetrag i. d. R. nicht abhängig. Ist der Buchwert höher als der Liquidierungsbetrag, stellt die Differenz ein *Liquidierungsdisagio* dar.[362]

(2) Liquidität i. S. v. Vorhandensein von Zahlungsmitteln

Liquidität kann hier gleichgesetzt werden mit „Guthaben an Zahlungsmitteln". Eine solche Betrachtung führt jedoch aus finanzplanerischer Perspektive nicht zu befriedigenden Ergebnissen: Allein der Einbezug des absoluten Betrags an liquiden Mitteln lässt nicht erkennen, inwiefern es vorteilhaft oder betriebswirtschaftlich sachgerecht ist, einen solchen Bestand zu halten. Insbesondere lässt sich daraus nicht ableiten, ob das Unternehmen auch dann noch über liquide Mittel verfügt, wenn dem Bestand an

---

357 *Größl* spricht in diesem Zusammenhang von der „absoluten Liquidität" eines Gutes, *Größl* (Fn. 315), S. 28. Alternativ wird als absolute Liquidität auch der Betrag an liquiden Mitteln bezeichnet, vgl. *Wöhe/Bilstein* (Fn. 26), S. 22.
358 Vgl. Gliederungspunkt III. 3. a) cc).
359 Vgl. zu diesen Begriffen *Eichholz* (Fn. 18), S. 18; *Krümmel*, in: Fuchs (Hrsg.), Unbewältigte Probleme der Planungsrechnung, 1964, S. 65 f.; *Witte* (Fn. 30), S. 137. Um den Nettoerfolg einer Liquidierung zu ermitteln, sind weiter deren Kosten einzubeziehen, vgl. *Peppmeier/Graw*, Kredit&Rating 2003, S. 15–17.
360 Zu diesen Einflüssen zählen der Selbstliquidationswert, die Marktgegebenheiten und die Dringlichkeit der marktlichen Verwertung, vgl. *Hahn* (Fn. 350), S. 49–51. Solche Einflüsse und deren Effekte lassen sich in einem Liquidierungsstatus darstellen, vgl. *Peppmeier/Graw* (Fn. 359), S. 15.
361 *Krümmel* weist auf das Problem der „Gläubigerpsyche" hin und betont, dass die Unternehmensleitung in eigenem Interesse alles zu unterlassen habe, was bei den Gläubigern zum Verdacht von Zahlungsschwierigkeiten führen könnte, vgl. *Krümmel* (Fn. 359), S. 66.
362 Zur Ermittlung von Buchwerten in der Handels- und Steuerbilanz vgl. *Oestreicher*, Handels- und Steuerbilanzen, 6. Aufl. 2003, S. 92–124. Zum Begriff des Liquidierungsdisagio vgl. *Harms*, Die Steuerung der Auszahlungen in der betrieblichen Finanzplanung, 1973, S. 30 f.

Liquidität die Summe der zu diesem Zeitpunkt fälligen Zahlungsverpflichtungen gegenübergestellt wird.[363]

Nicht zuletzt lassen sich aus der vorgestellten Begriffsverwendung keine Empfehlungen zur Gestaltung des Umfangs an liquiden Mitteln ableiten. Die Frage, ob liquide Mittel in Höhe von z. B. 1 Mio. Euro bei einem Umsatzvolumen von 100 Mio. Euro ebenso zweckmäßig sind wie bei einem Volumen von 50 Mio. Euro, bleibt unbeantwortet. Ist der Kassenbestand von 1 Mio. Euro bei einem Handwerksbetrieb genauso zu beurteilen wie bei einem Großhandelsunternehmen?

(3) Liquidität i. S. v. Fähigkeit zur Erfüllung von Zahlungsverpflichtungen

Liquidität i. S. v. Zahlungsfähigkeit ist hier auf die Eigenschaft einer Person oder Organisation bezogen. Fokussiert man auf Unternehmen, so lassen sich verschiedene Bezugsebenen für die Zahlungsfähigkeit unterscheiden. Das Ziel der Liquidität kann als Vorgabe z. B. auf der Ebene *einzelner Investitionsprojekte* eingefordert werden, sich auf das *Unternehmen insgesamt* oder sogar auf die *Verflechtung von Unternehmen* in einem Konzern beziehen.[364]

Zunächst ist festzuhalten, dass sich Zahlungsansprüche und -verbindlichkeiten auf rechtlich *selbstständige natürliche oder juristische Personen* richten. Sie sind nur gegenüber rechtlichen Einheiten einzufordern oder gegenüber diesen einklagbar. Hieraus ergibt sich als juristisch zwingende Bedingung, dass das Gesamtunternehmen[365] (als rechtlich-organisatorische Einheit) über genügend finanzielle Mittel verfügen muss, um fällige Zahlungsverpflichtungen erfüllen zu können.

Aus ökonomischer Perspektive kann dagegen – analog zum Postulat der Rentabilität – die Anforderung der Liquidität *auf einzelne Investitionen oder Geschäftsbereiche* bezogen werden. Doch wird in diesem Fall nicht beachtet, dass die Gelder für neue Investitionen oder Produktbereiche idealerweise durch solche Geschäftsbereiche bereitgestellt werden sollen, die bereits etabliert und mit Umsatzerlösen verbunden sind.[366] Es mindert sich auch der Grad an Flexibilität und Autonomie, mit dem das Unternehmen auf Ungleichgewichte in den Zahlungsströmen einzelner Projekte reagieren kann: Sofern ein Auszahlungsüberhang aus einem Projekt besteht, hätten die Projektverantwortlichen eigene Ausgleichsmaßnahmen, z. B. Kreditaufnahmen, hierfür einzuleiten.

Der Aspekt des Liquiditätsausgleichs sowie die juristische Dimension der Liquidität richten sich prinzipiell auch gegen die Überlegung, Zahlungsfähigkeit *auf Teilbereiche von Unternehmen* zu beziehen. Am Beispiel großer, z. T. international operierender Un-

---

363 Vgl. *Witte* (Fn. 30), S. 25. *Lücke* bringt diese Relation durch einen Bruch zum Ausdruck, der sinngemäß lautet: (Bestand an liquiden Mitteln + Einzahlungen) : fällige Zahlungsverpflichtungen. Dieser Quotient stellt die Deckungsrelation dar. Bei Einhaltung der Zahlungsfähigkeit ist die Deckungsrelation A $\geq$ 1 oder A $\geq$ 100%. Vgl. *Lücke*, Finanzplanung und Finanzkontrolle, 1962, S. 18.
364 Vgl. zur Diskussion alternativer Zentralisierungskonzepte *Hauschildt/Heldt* (Fn. 3), Sp. 878–880.
365 Bei *Witte* (Fn. 30), S. 12 f., findet sich hierfür der Begriff „Finanzeinheit".
366 Das Unternehmen nutzt dadurch seine Innenfinanzierungskraft und ist weitgehend unabhängig von externen Geldgebern. Vgl. zum hiermit auch angesprochenen Konzept des Lebenszyklus *Ordelheide/Leuz*, WiSt 1998, 182.

ternehmen ist jedoch zu erkennen, dass die Koordination einzelner Unternehmensteile u. U. mit Problemen verbunden ist. Dies gilt insbesondere auch für die mit den einzelnen Unternehmensteilen – darunter sind z. B. einzelne Niederlassungen, divisional oder funktional aufgeteilte Abteilungen zu verstehen – verbundenen Finanzsphären.[367] Hier kann es aus *organisatorischen* bzw. verwaltungstechnischen Gründen heraus sinnvoll sein, diesen Bereichen eine *finanzpolitische Autonomie* zuzugestehen.[368] Dies ergibt sich konsequenterweise auch dann, wenn die einzelnen Unternehmensbereiche nach dem *Profit Center-Gedanken* als quasiselbstständige, eigenverantwortliche Unternehmensteile geführt werden. Soweit Unternehmen international über Niederlassungen im Ausland operieren, kann ggf. aus *kommunikationstechnischen* Gründen eine Abstimmung erschwert sein. Zudem ist die Niederlassung im Ausland i. d. R. in eine *eigenständige Finanzumwelt* (etwa: ausländische Währung, Bankensystem, Kapitalmarkt, Kapitalverkehrsrecht) eingebunden.[369]

Juristisch selbstständige Unternehmen sind teilweise in einen *Konzernverbund* eingebettet. Die Tatsache, dass als institutionell-organisatorische Form der Einzelunternehmen eine eigene Rechtspersönlichkeit gewählt wurde, lässt sich bspw. aus Haftungsüberlegungen, steuerlichen Aspekten[370] oder auch aus Finanzierungsmotiven heraus erklären.[371] Diese einzelnen Unternehmen ergänzen sich jedoch im Konzern zu einer wirtschaftlichen Einheit. Damit verbunden ist meist die Koordination der Finanzbereiche der Einzelgesellschaften zu einem Konzern-Finanzbereich. Im Fall von Liquiditätsengpässen bei einzelnen Konzerngesellschaften kann von anderen Gesellschaften somit ein Konzern-Finanzbeistand erfolgen.[372] Aus betriebswirtschaftlicher Perspektive wäre es in diesen Fällen zweckmäßig, Zahlungsfähigkeit auf den Konzern insgesamt zu beziehen.

cc) Liquidität und Ebene der Zahlungsmittel

(1) Liquide Mittel als vorhandene und sofort beschaffbare Zahlungsmittel

Der Begriff Liquidität lässt sich mit der Eigenschaft verknüpfen, über liquide Mittel verfügen zu können.[373] Deren Bedeutung gründet speziell darauf, dass mit ihnen Zahlungen geleistet werden können. Liquide Mittel i. S. v. „*Cash*" enthalten deshalb als eine zentrale Komponente die Zahlungsmittel eines Unternehmens.

---

367 Vgl. zu Problemen des Liquiditätsmanagements im Konzern *Boettger*, Cash-Management internationaler Konzerne, 1995; *Jetter*, Cash-Management-Systeme, 1987, S. 69–72.

368 Diese kann sich etwa auf die gewöhnlichen, betriebstypischen Zahlungen beziehen, während die außergewöhnlichen bzw. einmaligen Finanzvorgänge zentral gesteuert werden, vgl. *Hauschildt/Heldt* (Fn. 3), Sp. 879.

369 Vgl. zu Besonderheiten des Finanzmanagements internationaler Unternehmen *Büschgen* (Fn. 345), S. 1–4; *Engelhard/Eckert*, in: Gerke/Steiner (Hrsg.), Handwörterbuch des Bank- und Finanzwesens, 3. Aufl. 2001, Sp. 754–757; *Shapiro* (Fn. 307), S. 13–28.

370 Vgl. etwa *Arndt*, Die Besteuerung internationaler Geschäftstätigkeit deutscher Banken, 1986, S. 84 f.

371 Vgl. *Büschgen* (Fn. 345), S. 462 f.; *Salzberger/Theisen*, WiSt 1999, 406 f.

372 Vgl. *Jetter* (Fn. 367), S. 30; ähnlich *Pausenberger/Glaum/Johansson*, ZfB 1995, 1367. Es können „Synergiepotenziale ... durch die Bündelung der Kapitalbedarfe" realisiert werden, *Engelhard/Eckert* (Fn. 369), Sp. 754.

373 Vgl. auch *von Wysocki*, in: Gerke/Steiner (Hrsg.), Handwörterbuch des Bank- und Finanzwesens, 3. Aufl. 2001, Sp. 1259.

3. Liquiditätsprobleme als eigentlicher Anlass zur Finanzplanung

Zahlungsmittel können in der Form von[374]

- *Bargeld* (bzw. gesetzlichen Zahlungsmitteln) als Banknoten und Münzen sowie in Form von
- *Buchgeld*, d. h. als sofort fällige Forderungen wie z. B. als Sichtguthaben bei Kreditinstituten (Giralgeld),

vorliegen. Für diese Geldformen ist kennzeichnend,

- dass über sie *unmittelbar* verfügt werden kann,
- dass sie bei der *Erfüllung von Zahlungsverpflichtungen* akzeptiert werden.[375]

Zur Durchführung von Zahlungen sind für ein Unternehmen jedoch nicht allein die Zahlungsmittel von Bedeutung, die es bereits in Form von Bar- oder Buchgeld besitzt. Relevant sind auch die Zahlungsmittel, die sich das Unternehmen aus weiteren Quellen *unmittelbar neu* beschaffen kann. Dies ist insbesondere möglich durch die Inanspruchnahme von

- bereits eingeräumten, aber bisher noch nicht bzw. noch nicht in vollem Umfang beanspruchten Krediten (*freie Kreditlinien*).

Beispiel:

Die Hausbank stellt einen Kontokorrentkredit (Betriebsmittelkredit) mit einem Verfügungsrahmen von insgesamt 5 Mio. Euro bereit. Das Unternehmen hat hiervon einen Betrag von 2 Mio. Euro bisher beansprucht. In Höhe von 3 Mio. Euro kann das Unternehmen noch auf Gelder der Bank zurückgreifen. Dieser Betrag stellt die offene Kreditlinie dar.

Die drei Positionen *Bargeld, Buchgeld und freie Kreditlinien* bilden zusammen *die liquiden Mittel eines Unternehmens*.

Sofern die

- liquiden Mittel erhöht werden, liegt eine *Einzahlung* bzw. ein *Cashinflow* vor (z. B. Barverkauf, Einräumung eines Kredits),
- liquiden Mittel vermindert werden, liegt eine *Auszahlung* bzw. ein *Cashoutflow* vor (z. B. Abbuchung der Energievorauszahlung vom Girokonto).

Eine Einzahlung erhöht, eine Auszahlung vermindert den Bestand an liquiden Mitteln.

Es kann z. T. zweckmäßig sein,[376] Ein- und Auszahlungen im Hinblick darauf weiter zu präzisieren, welche Konsequenzen sie für den *Gesamtbestand der Vermögenswerte* (bzw. das *Kapital*) eines Unternehmens haben. Je nachdem, ob durch Aus- und Einzahlungen das Gesamtvermögen eines Unternehmens erhöht, vermindert oder konstant gehalten wird, ergeben sich folgende Tatbestände:[377]

---

[374] Vgl. auch *Grill/Perczynski* (Fn. 331), S. 104–106; *Stobbe* (Fn. 2), S. 159–162.

[375] Die Bedeutung von Zahlungsmitteln für die Finanz- beziehungsweise für die Liquiditätsplanung resultiert also daraus, dass nur Bar- oder Buchgeld zur (sofortigen) Durchführung von Zahlungen verwandt werden kann. Vgl. auch Gliederungspunkt III. 2. b) bb).

[376] Vgl. hierzu etwa die Ausführungen zum Kapitalbindungsplan unter Gliederungspunkt III. 4. b) dd).

[377] Die Begriffsfestlegung ist also bilanzorientiert, vgl. *Däumler* (Fn. 26), S. 16–18; *Sprink*, Finanzierung, 2000, S. 4 f.

III. Finanzplanung

- *Investition* ist eine Auszahlung zum Erwerb eines Sachguts oder Finanztitels. Der Kapitalbestand im Unternehmen ändert sich hierdurch nicht. (Es liegt ein Umtausch von Zahlungsmitteln in Sach- oder abgeleitete Finanzgüter vor.)
- *Finanzierung* (in engem, bilanzorientierten Sinn)[378] ist eine Einzahlung, die den Kapitalbestand im Unternehmen erhöht[379] (z. B. die Einzahlung aus einer Aktienemission).
- *Desinvestition* ist eine Einzahlung, die aus der Umwandlung von Betriebsgütern in Zahlungsmittel resultiert. Der Kapitalbestand in der Unternehmung bleibt unverändert (z. B. Verkauf eines Firmenwagens).
- *Definanzierung* ist eine Auszahlung, durch die der Kapitalbestand verringert wird (z. B. Rückzahlung eines Kredits).

(2) Liquide Mittel und Forderungen/Verbindlichkeiten

Von Ein- und Auszahlungen (i. S. v. *sofort wirksamen* Veränderungen des Bestands an liquiden Mitteln) zu trennen sind solche Sachverhalte, die zwar eine Erhöhung, Minderung oder einen Tausch der monetären Vermögensposition von Unternehmen darstellen, jedoch *erst zu einem späteren Zeitpunkt* zahlungswirksam werden.[380] Hierbei handelt es sich um Veränderungen bei

- *(buchmäßigen) Zahlungsforderungen,*
- *(buchmäßigen) Zahlungsverbindlichkeiten.*

Beispiel:
Bei einem *Verkauf auf Ziel* erhöht sich der Forderungsbestand eines Unternehmens. Dieser Vorgang allein ist aber nicht zahlungswirksam: Das Unternehmen erhält hierdurch kein Bar- oder Giralgeld. Sind nun bspw. für die Produktion des Guts noch Löhne zu zahlen, so kann das Unternehmen bei einem Zielverkauf zunächst nicht auf Gelder aus dem Verkauf zurückgreifen. In der Gewinn- und Verlustrechnung entsteht gleichwohl ein Ertrag.

In analoger Form kann das Unternehmen Einsatzfaktoren auf Kredit beschaffen. Dann erhöhen sich zwar seine Verbindlichkeiten gegenüber Lieferanten, aber es findet zunächst kein Abfluss von Geld statt. Von den geschilderten Sachverhalten ist allerdings zu trennen, dass die Veränderung des Bestands an Forderungen oder Verbindlichkeiten durchaus auch mit einer Zahlungsbewegung *verknüpft* sein kann.

Beispiel:
Ein Unternehmen A vergibt einen (Bar-)Kredit an ein weiteres Unternehmen B. Dadurch erhöht sich der Bestand an Forderungen beim Unternehmen A. Zugleich findet ein Abfluss liquider Mittel von Unternehmen A zu Unternehmen B statt.

Forderungen und Verbindlichkeiten sind für die Liquiditätsplanung in folgender Hinsicht relevant: Sie verweisen bereits heute auf Ein- und Auszahlungen, die sich bei Fälligkeit der Positionen ergeben. Der Finanzplaner kann hieraus einen Teil der zukünftigen Veränderung der liquiden Mittel vorhersehen.

---

378 In der vorliegenden Arbeit wird – wie erwähnt – der Begriff Finanzierung allerdings in der weiten Fassung verwendet. Er umschließt also auch die hier weiter aufgeführten Vorgänge der Desinvestition und der Definanzierung. Die Definanzierung ist als „Rückzahlung" in der Zahlungsreihe „Finanzierung" (i. w. S.) enthalten.
379 Vgl. *Hahn* (Fn. 350), S. 36.
380 Vgl. ähnlich *Stobbe* (Fn. 2), S. 13 f.

3. Liquiditätsprobleme als eigentlicher Anlass zur Finanzplanung

Veränderungen bei Forderungen und bei Verbindlichkeiten werden z. T. als *Einnahmen* bzw. als *Ausgaben* bezeichnet und mit Zahlungsvorgängen gleichgesetzt.[381] Einnahmen und Ausgaben beschreiben aber generell alle Veränderungen des monetären Reinvermögens. Dieses ergibt sich als Saldo aller monetären Vermögens- und Schuldpositionen (Bargeld, Giralgeld, Wertpapiere, Forderungen, Verbindlichkeiten). Veränderungen dieser Positionen können sowohl zahlungswirksam wie auch zahlungsunwirksam sein. Einnahmen/Ausgaben sind deshalb wie folgt von Ein-/Auszahlungen abzugrenzen:

– Einnahme = Einzahlung + Forderungszugang + Schuldenabgang;
– Ausgabe = Auszahlung + Forderungsabgang (Minderung der Ansprüche auf Zahlungsmittel) + Schuldenzugang (Erhöhung der Verbindlichkeiten in Zahlungsmitteln).

(3) Liquide Mittel und Elemente des Rechnungswesens

Soweit die Finanzplanung *Maßnahmen unter Liquiditätsgesichtspunkten* vorbereitet, beschäftigt sie sich, wie gezeigt, mit *liquiden Mitteln*. Damit ist auch offensichtlich, dass die Rechenelemente des externen und internen Rechnungswesens für die Finanzplanung nicht direkt verwendbar sind.[382] *Aufwendungen und Erträge* (aus dem externen Rechnungswesen) bzw. *Kosten und Leistungen* (aus dem internen Rechnungswesen) brauchen nicht oder nicht vollständig mit Zahlungsbewegungen einherzugehen.[383] Es handelt sich hier um erfolgsrechnerische Größen, die den periodisierten Verbrauch und die Entstehung von Gütern in Unternehmen abbilden.[384]

Beispiele:
In der Buchhaltung wird durch die *Abschreibung* der Werteverbrauch eines Betriebsmittels in einer Periode erfasst. Diesem Werteverbrauch steht jedoch keine Auszahlung gegenüber (bzw. die Auszahlung erfolgte bereits bei der Anschaffung des Betriebsmittels und wird über die Abschreibung rechnerisch auf die Nutzungsperioden verteilt). Ähnlich führt eine *Rückstellung* zu einem Aufwand in der Erfolgsrechnung, aber aktuell nicht zu einer Auszahlung. Erträge aus der Anlage in einem *Zerobond* sind erfolgswirksam,[385] jedoch nicht zahlungswirksam.

(4) Liquide Mittel und geldnahe Aktiva (Near Money Assets)

Eine weitere Abgrenzung ist erforderlich: Als Bestandteil der liquiden Mittel werden in der Literatur z. T. die Vermögensgegenstände einbezogen, die *durch Veräußerung* „unmittelbar ... in Zahlungsmittel transformiert werden können".[386] Zu solchen Positionen,

---

381 Vgl. z. B. *Kleinebeckel*, Finanz- und Liquiditätssteuerung, 1998, S. 25; *Schneider* (Fn. 33), S. 14 f.; *Witte* (Fn. 30), S. 14.
382 Vgl. *Hauschildt/Sachs/Witte* (Fn. 30), S. 6.
383 Vgl. *Scherrer*, in: Bea/Dichtl/Schweitzer (Hrsg.), Allgemeine Betriebswirtschaftslehre, Bd. 2, 8. Aufl. 2001, S. 628–633.
384 Vgl. *Behringer* (Fn. 25), S. 46 f.; *Eisele*, in: Bea/Dichtl/Schweitzer (Hrsg.), Allgemeine Betriebswirtschaftslehre, Bd. 2, 8. Aufl. 2001, S. 429–432; *Götzinger/Michael*, Kosten- und Leistungsrechnung, 6. Aufl. 1993, S. 28, 47.
385 Der Zerobond kumuliert die entstehenden Zinsen (keine laufenden Zinszahlungen) und zahlt diese in einem Gesamtbetrag am Ende der Laufzeit. Für die handelsrechtliche Gewinn- und Verlustrechnung wie auch für die steuerliche Erfolgsermittlung sind dagegen pro Periode Zinserträge anzusetzen.
386 *Glaser* (Fn. 314), S. 8. Vgl. auch *Kleinebeckel* (Fn. 381), S. 25.

III. Finanzplanung

auch *geldnahe Aktiva* oder *„Near Money Assets"* genannt,[387] zählen *Besitzwechsel, Wertpapiere mit kurzer Ursprungslaufzeit, die börsengehandelt sind oder für die ein Sekundärmarkt besteht (bestimmte Geldmarktpapiere wie Schatzanweisungen, Commercial Papers, Certificates of Deposit), Anteile an Geldmarktfonds, börsengehandelte variabel verzinsliche Anleihen*[388] sowie (ursprünglich länger laufende) *festverzinsliche börsennotierte Wertpapiere mit kurzer Restlaufzeit.*[389] Die *Geldnähe* dieser Aktiva erklärt sich zum einen daraus, dass sie *über einen Markt leicht veräußerbar* sind. Zum anderen unterliegen sie aufgrund ihrer kurzen (Rest-)Laufzeit oder ihrer Zinsanpassungsfähigkeit *kaum Wertschwankungen* und lassen sich i.d.R. ohne (zinsinduzierte) Kursverluste übertragen. Allerdings können ggf. Bonitätsprobleme des Emittenten zu Kursabschlägen führen.[390] Weiterhin bedeutsam ist, dass die Monetisierung weitgehend autonom von der Finanzabteilung verfügt werden kann und keinen Eingriff in den Produktivbereich des Unternehmens darstellt.

Die genannten *Near Money Assets* stellen eine Liquiditätsreserve dar.[391] Diese Gegenstände können relativ kurzfristig in Zahlungsmittel umgewandelt werden. Jedoch sprechen der hierfür dennoch notwendige Zeitbedarf sowie weitere Veräußerungsprobleme[392] (z.B. die Tatsache, dass die Güter aufgrund einer Marktenge nur unter Wert veräußerbar sind) dagegen, sie als unmittelbar verfügbare Zahlungsmittel zu betrachten. Insofern besteht ein Unterschied zu den freien Kreditlinien (als „anerkannte" liquide Mittel), die als solche bereits feststehen und nur abgerufen werden müssen. Die Liquiditätsreserve kann vielmehr herangezogen werden, um einen *zukünftigen Bedarf an liquiden Mitteln kurzfristig zu decken.*

Dieser Zusammenhang lässt sich etwa am Beispiel von *Wechseln* und *Schecks* illustrieren. So weist bereits *Chmielewicz* darauf hin, dass allein die Erhöhung des Bestands an Wechseln nur einen Forderungszuwachs bedeutet: Erst mit der Diskontierung der Wechsel findet eine Einzahlung statt.[393] Weiter stellt ein Scheck nur ein Instrument dar, mit dem über Geld verfügt werden soll (Zahlungsanweisung). Die eigentliche Zahlungsbewegung unter Benutzung von Bar- oder Giralgeld findet aber erst mit der Ausführung des Schecks statt. Dies wird auch daraus ersichtlich, dass nicht der Erhalt eines Schecks, sondern erst dessen Einlösung zu einer Verbuchung führt.

---

387 Vgl. *Perridon/Steiner* (Fn. 26), S. 154; *Süchting* (Fn. 26), S. 563–565, 568. Near Money Assets können im Wesentlichen gleichgesetzt werden mit Zahlungsmitteläquivalenten bzw. Cash Equivalents, die im Rahmen der Kapitalflussrechnungen mit den liquiden Mitteln zum Finanzmittelfonds zusammengefasst werden, vgl. *Scheffler*, BB 2002, 299. Vgl. auch die Ausführungen unter Gliederungspunkt III. 4. c) cc) (2).
388 Vgl. zu „Floating Rate Notes" *Büschgen* (Fn. 345), S. 206 f.; *Drukarczyk* (Fn. 27), S. 419 f.
389 Gelegentlich werden auch Teile des Vorratsvermögens einbezogen. Vgl. zu den genannten Formen auch *Wöhe/Bilstein* (Fn. 26), insbes. S. 238–251, 330–332.
390 In einzelnen Fällen kann es bei großen Transaktionsvolumina auch zu Engpässen bei der Abwicklung von Käufen und Verkäufen kommen. Es tritt dann das Problem einer unzureichenden „Marktliquidität" auf.
391 Near Money Assets sind bei *Witte* Elemente der „Vermögensreserve". Die Vermögensreserve muss in „Zahlungskraft umgesetzt werden, ehe einer Gefahr wirkungsvoll begegnet werden kann", *Witte* (Fn. 30), S. 136. Die Vermögensreserve bildet Teil der Liquiditätsreserve, d.h. der gesamten Mittel, die zur Beseitigung von Liquiditätsschwierigkeiten eingesetzt werden können, vgl. ebenda, S. 134–137.
392 Vgl. hierzu näher Gliederungspunkt III. 3. a) cc) (4).
393 Vgl. *Chmielewicz* (Fn. 315), S. 45.

3. Liquiditätsprobleme als eigentlicher Anlass zur Finanzplanung

Die *Abgrenzung* zwischen solchen Vermögenspositionen, die *keine liquiden Mittel* darstellen, und solchen, die *liquide Mittel* i. S. v. potenziell verfügbaren Zahlungsmitteln verkörpern, findet sich in der Literatur auch abweichend von der hier vertretenen Auffassung.[394] Speziell Entwicklungen auf den Finanzmärkten haben dazu beigetragen, Aktiva zunehmend handelbarer und somit leichter in Geld umwandelbar zu machen. Der Umfang an Near Money Assets ist gestiegen.

Beispiel:
Forderungen aus einer Kreditvergabe werden nicht mehr allein als Buchforderungen dokumentiert. Sie sind vielmehr in eigenständigen Urkunden verbrieft und damit übertragbar gemacht. Solche „*Transferable Loan Instruments*" (TLI)[395] können somit leichter veräußert werden und stellen geldnahe Aktiva dar.

Um solche Aktiva, die an sich schwer oder gar nicht übertragbar sind, dennoch monetisieren zu können, wählen Unternehmen z. T. die Konstruktion der *Asset Backed Securities* (ABS).[396] Hierzu gliedern sie u. a. Forderungen aus dem Produktverkauf oder ausstehende Leasingraten aus dem eigenen Betriebsvermögen aus und bringen diese in eine neue Gesellschaft ein (*Special Purpose Vehicle*, SPV). Diese Zweckgesellschaft gibt auf Basis der übertragenen Aktiva Wertpapiere aus, die wiederum von Anlegern erworben werden können und dann zu einem Geldzufluss führen.

Zusammenzufassen ist, dass in der vorliegenden Monografie *Near Money Assets* nicht als *Teil der liquiden Mittel*, sondern der *Liquiditätsreserve* berücksichtigt werden: Die durch die Veräußerung solcher Aktiva erzielbaren Zahlungsmittel stehen nicht unmittelbar, sondern erst nach einer gewissen, wenn auch kurzen Zeitspanne zur Deckung von Auszahlungserfordernissen zur Verfügung.[397] Die weitere Bedeutung von Near Money Assets besteht darin, dass sie neben ihrer Funktion als Liquiditätsreserve über die mit ihnen verbundenen Anlageerträge einen Beitrag zur *Rentabilität* leisten.[398]

b) Erscheinungsformen der Liquidität

aa) Perioden- und Momentanliquidität

Die Definition von Liquidität enthält als einen Bezugsaspekt die „jederzeitige" Zahlungsfähigkeit eines Unternehmens. Diese ist unterschiedlich zu hinterfragen:

– Muss Liquidität auf einzelne *Zeitpunkte*, eventuell auf tages- oder stundengenaue Zeitangaben (Momentanliquidität), bezogen werden, oder kann jederzeitige Liquidität auch auf größere *Zeitabschnitte* (Periodenliquidität)[399] bezogen werden?

---

394 Dazu zählt etwa, Wechsel und Schecks als Bestandteile der liquiden Mittel anzusehen, vgl. *Kleinebeckel* (Fn. 381), S. 25.
395 Vgl. *Büschgen* (Fn. 345), S. 197 f.; *Dombret*, Die Verbriefung als innovative Finanzierungstechnik, 1987, insbes. S. 26 f.; *Kirmße*, Die Mobilisierung von Kreditgeschäften als Instrument bankpolitischer Entscheidungen, 2002, S. 85–91.
396 Vgl. *Benner*, BFuP 1988, 403–417; *Kirmße* (Fn. 395), S. 123–146; *Paul*, Bankenintermediation und Verbriefung, 1994; *Schäfer* (Fn. 350), S. 421–424; *Schneider/Droste*, in: Krimphove/Tytko (Hrsg.), Praktiker-Handbuch Unternehmensfinanzierung, 2002, S. 383–408.
397 Es handelt sich damit um einen Teil des Reservoirs, aus dem ein zukünftiger Bedarf an liquiden Mitteln gedeckt werden kann. Vgl. hierzu Gliederungspunkte III. 3. b) cc) und dd).
398 Vgl. *Perridon/Steiner* (Fn. 26), S. 154.
399 Vgl. zum Begriff der Perioden- oder Zeitraumliquidität *Chmielewicz* (Fn. 315), S. 47.

III. Finanzplanung

– Aus zeitlicher Perspektive heraus ist es weiter interessant zu klären, ob Liquidität (als Perioden- oder Momentanliquidität) sich auf *vergangene, gegenwärtige* oder *zukünftige* Zeitpunkte oder Zeiträume zu beziehen hat.[400]

Als Periode wird im Folgenden ein Zeitraum verstanden, der länger ist als ein Tag. *Periodenliquidität* eines Unternehmens ist dann gegeben, wenn die Summe der Einzahlungen der Periode zuzüglich des vorhandenen Anfangsbestands an liquiden Mitteln größer oder gleich der Summe der Auszahlungen in dieser Periode ist:[401]

$$\begin{array}{r} \text{Anfangsbestand an liquiden Mitteln} \\ +\ \Sigma\ \text{Einzahlungen der Periode} \\ \hline \geq \Sigma\ \text{Auszahlungen der Periode.} \end{array}$$

Alternativ: Bestand an liquiden Mitteln am Ende der Periode ≥ 0.

Analog etwa zur Ermittlung des handels- oder steuerrechtlichen Gewinns ist der Feststellung der Liquidität in diesem Fall also ein *Zeitraum*, z. B. ein Monat oder ein Jahr, zugrunde gelegt. Als Vorteil einer solchen Betrachtungsweise ist zu erkennen, dass durch die Aggregation zahlungsrelevanter Größen für eine Periode ein *geringerer Planungsaufwand* entsteht gegenüber einer taggenauen Feststellung von Zahlungen. Eine zeitraumbezogene Liquiditätsermittlung kann sich auch dann als zweckmäßig erweisen, wenn die Zeitpunkte, zu denen sich Ein- und Auszahlungen vollziehen, *nicht exakt festgelegt* werden können. Dies ist regelmäßig bei weit in der Zukunft liegenden Zahlungen der Fall.

Aus finanzwirtschaftlicher Perspektive ist jedoch festzustellen, dass einzelne Zahlungsansprüche oder -verpflichtungen sich üblicherweise nicht auf eine Periode beziehen oder über eine ganze Periode hinweg existieren,[402] sondern meist zu einem genau bestimmten Zeitpunkt fällig werden.[403] Hierbei ist der *einzelne Tag* als kleinste für die Liquiditätsplanung relevante Zeiteinheit maßgeblich.[404] Dies erklärt sich insbesondere daraus, dass die Abrechnung oder Verbuchung von Zahlungen tagesbezogen erfolgt unabhängig davon, zu welchem exakten Zeitpunkt innerhalb des Zahlungstags die Zahlung eintritt. Als Konsequenz hieraus ergibt sich, Liquidität höchstens *taggenau* auszuweisen. Dies wird im Folgenden als Ausweis von *Momentanliquidität* bezeichnet.

Ein zweites Problem resultiert daraus, dass aufgrund einer gewährleisteten Periodenliquidität[405] nicht darauf geschlossen werden kann, dass auch die Liquidität *zu jedem*

---

400 Vgl. hierzu Gliederungspunkt III. 3. b).
401 Vgl. *Steiner* (Fn. 318), Sp. 474.
402 Zwar werden im Geschäftsverkehr i. d. R. Zahlungsziele eingeräumt. Die hierbei zugrunde gelegten Zahlungsfristen sind jedoch üblicherweise nur auf einen relativ kurzen Zeitraum bezogen und decken nicht Perioden von drei Monaten, sechs Monaten oder noch längerer Dauer ab.
403 Dieser Zeitpunkt kann sich aus Gesetzen, Handelsusancen und speziellen Vertragsbestimmungen ergeben. Vgl. zur Leistungszeit auch *Wiefels*, Bürgerliches Recht, 1967, S. 61 f.; § 271 BGB.
404 Vgl. *Krümmel* (Fn. 359), S. 59.
405 Bei diesem Vorgehen lautet das Beurteilungskriterium für die künftige Liquidität:

$$\text{ABLM}_1 + \sum_{t=1}^{n} e_t - \sum_{t=1}^{n} a_t \geq 0.$$

3. Liquiditätsprobleme als eigentlicher Anlass zur Finanzplanung

Zeitpunkt innerhalb der Periode gegeben ist. Sofern also bei einem Unternehmen am Ende einer Periode die Zahlungsmittelbestände positiv sind, ist deshalb nicht zwingend gewährleistet, dass diese Feststellung auch für jeden Tag innerhalb der Periode, also für die Momentanliquidität, zutrifft. Aussagen über die Periodenliquidität vernachlässigen die zeitliche Verteilung sowohl der fälligen Zahlungsverpflichtungen als auch der erwarteten Einzahlungen im untersuchten Zeitraum.[406]

Tabelle 2: Momentan- und Periodenliquidität

Tag t	Unternehmen A				Unternehmen B			
	$ABLM_t$	e_t	a_t	$EBLM_t$	$ABLM_t$	e_t	a_t	$EBLM_t$
1.	+1000	+200	−100	+1100	+1000	+100	−200	+900
2.	+1100	+250	−100	+1250	+900	+100	−250	+750
3.	+1250	+250	−100	+1400	+750	+100	−250	+600
4.	+1400	+300	−100	+1600	+600	+100	−300	+400
5.	+1600	+300	−100	+1800	+400	+100	−300	+200
6.	+1800	+350	−150	+2000	+200	+150	−350	± 0
7.	+2000	+350	−150	+2200	± 0	+150	−350	−200
8.	+2200	+350	−200	+2350	−200	+200	−350	−350
9.	+2350	+300	−200	+2450	−350	+200	−300	−450
10.	+2450	+300	−250	+2500	−450	+250	−300	−500
11.	+2500	+150	−250	+2400	−500	+250	−150	−400
12.	+2400	+100	−300	+2200	−400	+300	−100	−200
13.	+2200	+100	−300	+2000	−200	+300	−100	± 0
14.	+2000	+100	−400	+1700	± 0	+400	−100	+300
15.	+1700	+ 50	−450	+1300	+300	+450	− 50	+700
16.	+1300	+ 50	−450	+900	+700	+450	− 50	+1100
17.	+900	+ 50	−350	+600	+1100	+350	− 50	+1400
18.	+600	+100	−300	+400	+1400	+300	−100	+1600
19.	+400	+150	−250	+300	+1600	+300	−150	+1700
20.	+300	+200	−200	+300	+1700	+200	−200	+1700
21.	+300	+300	−200	+400	+1700	+200	−300	+1600
	$\sum_{t=1}^{21} e_t =$	+4300			$\sum_{t=1}^{21} e_t =$	+4900		
	$\sum_{t=1}^{21} a_t =$		−4900		$\sum_{t=1}^{21} a_t =$		−4300	
	AZÜ =		600		EZÜ =		600	

Die Symbole bedeuten:

$ABLM_t/EBLM_t$: Anfangs- bzw. Endbestand an liquiden Mitteln zum Zeitpunkt t beziehungsweise am Tag t

e_t/a_t : Erwartete Einzahlungen beziehungsweise fällige Auszahlungsverpflichtungen zum Zeitpunkt t

$\sum_{t=1}^{21} e_t / \sum_{t=1}^{21} a_t$: Summe der erwarteten Einzahlungen bzw. der fälligen Auszahlungsverpflichtungen in der gesamten Planperiode

EZÜ/AZÜ : Einzahlungs- bzw. Auszahlungsüberschuss der Planperiode ohne Anfangsbestand an liquiden Mitteln.

---

406 Vgl. *Chmielewicz* (Fn. 315), S. 47; *Witte* (Fn. 30), S. 26.

Beispiel:

Aus Tabelle 2 ist ersichtlich, dass Unternehmen B innerhalb der Periode „negative Bestände" an liquiden Mitteln aufweist. Diese Information geht bei der Aggregation verloren. Da es in der Realität keinen negativen Bestand an liquiden Mitteln geben kann, ist das Unternehmen *zwischenzeitlich nicht in der Lage*, seinen fälligen Zahlungsverpflichtungen nachzukommen. Im Unterschied dazu ist Unternehmen A im untersuchten Zeitraum zu jedem Zeitpunkt zahlungsfähig. Die Tatsache, dass bei Unternehmen A der Bestand an liquiden Mitteln am Ende der Planperiode geringer ist als zu Beginn, ist für die Zahlungsfähigkeit an einzelnen Tagen ohne Belang.

bb) Vergangene, gegenwärtige und zukünftige Liquidität

Um die Zahlungsfähigkeit des Unternehmens zu gewährleisten, ist es notwendig, dass das Finanzmanagement beim Einsatz entsprechender Instrumente einen *ausreichenden Handlungsspielraum* besitzt. Solche Maßnahmen zur Liquiditätssicherung können eventuell noch unmittelbar, d. h. zur Sicherung der gegenwärtigen (heutigen) Liquidität, geplant und durchgeführt werden. Die für den heutigen Tag möglichen Maßnahmen haben aber nur begrenzten Umfang.[407] Zentrale Korrekturhandlungen beziehen sich auf Zeitpunkte in der Zukunft. Bereits realisierte Zahlungsbewegungen der *Vergangenheit* können dagegen nicht mehr geplant oder beeinflusst werden und sind somit als gegeben hinzunehmen.[408]

Für die Unternehmensführung ist es dabei wichtig, sich auf finanzpolitischen Handlungsbedarf in der Zukunft frühzeitig einstellen zu können.[409] Es ist die Prognose mittel- bis langfristiger Veränderungen an Zahlungsmittelbeständen, die es dem Management erlaubt, auf prognostizierte Liquiditäts- oder Illiquiditätssituationen sachgerecht zu reagieren. Diese Reaktionen zielen dann darauf ab, *prognostizierte Ungleichgewichte nicht tatsächlich eintreten zu lassen*. Sofern sich z. B. Finanzierungsdefizite in großem Umfang feststellen lassen, sind hierfür entsprechend umfangreiche Maßnahmen mit zeitlichem Spielraum einzuleiten (z. B. Emission einer Anleihe, Erhöhung Eigenkapital).

Relevant für die *Feststellung der zukünftigen Liquidität* sind folgende Positionen:

- Bestand an liquiden Mitteln am Planungstag (aktuelle Liquidität),
- Einzahlungen in der Zukunft, die aufgrund bereits bestehender Zahlungsansprüche zu erwarten sind (z. B. aus Eingang Forderungen),
- Einzahlungen in der Zukunft, denen Ansprüche zugrunde liegen, die im Planungszeitpunkt noch nicht bestehen, aber voraussichtlich im Planungszeitraum durch das Unternehmen neu erworben werden (z. B. erwartete Barumsätze),

---

[407] Am Planungstag bereits abgewickelte Ein- und Auszahlungen haben sich bereits in einer Veränderung des Bestands an liquiden Mitteln niedergeschlagen. Nur für die weiteren, bis zum Ende des (heutigen) Planungstags noch erwarteten Zahlungen ist eine Vorausschau denkbar.

[408] Aus den Salden der Vergangenheit können allerdings Rückschlüsse für die Zukunft gewonnen werden. Aus Sicht externer Interessenten bietet sich als Vorteil, dass diese Zahlungen tatsächlich realisiert wurden und mit den Erfolgsgrößen des Unternehmens verglichen werden können.

[409] Vgl. *Däumler* (Fn. 26), S. 45.

3. Liquiditätsprobleme als eigentlicher Anlass zur Finanzplanung

– Auszahlungen in der Zukunft, die aufgrund bereits bestehender Zahlungsverpflichtungen zu erfüllen sind (z. B. Tilgung eines Bankkredits),
– Auszahlungserfordernisse, die im Planungszeitpunkt noch nicht bestehen, aber voraussichtlich durch zukünftige betriebliche Entscheidungen neu begründet werden (z. B. Beschaffung von Rohstoffen).

Bei der Ermittlung der zukünftigen Liquidität ist auch der *Zeitpunkt* in der Zukunft festzulegen, *bis zu dem die Planung reichen soll*. Je weiter dieser Zeitpunkt vom gegenwärtigen Zeitpunkt der Planungsdurchführung entfernt ist, umso langfristiger ist die Liquiditätsplanung angelegt. Der durch die Planung abgedeckte Zeitraum wird auch als *Planungshorizont* bezeichnet.

Die Grenze zwischen kurz-, mittel- und langfristiger Planung ist nicht exakt zu definieren.[410] Es kann aber davon ausgegangen werden, dass üblicherweise die Feststellung der kurzfristigen Liquidität einen Betrachtungszeitraum von bis zu einem Jahr umfasst. Beziehen sich die Prognosen auf Zeitpunkte, die mehr als ein Jahr in die Zukunft reichen, so handelt es sich um eine mittel- oder langfristige Liquiditätsplanung. Die Wahl des Planungshorizonts ergibt sich als *Kompromiss zwischen Handlungsflexibilität und Planungspräzision*. So ist i. d. R. eine Vorhersage von Umfang und Zeitpunkt der Ein- und Auszahlungen in der Planungsperiode umso exakter, je weniger weit in der Zukunft diese Zahlungen liegen (Feinplanung). Zugleich ist die Reaktionszeit eng begrenzt. Längerfristige Planungen ermöglichen höhere Handlungsfreiräume, enthalten aber weniger exakte Planungsdaten (Grobplanung).

cc) Unter-, Über- und optimale Liquidität

(1) Liquiditätsformen und Liquiditätssaldo

Bei der Beurteilung der Liquiditätslage wurde bisher unterstellt, dass die (zukünftige) Liquidität des Unternehmens dann gesichert ist, wenn gilt:

$$\text{Bestand an liquiden Mitteln} + \Sigma \text{ erwarteter neuer Einzahlungen} - \Sigma \text{ erwarteter neuer Auszahlungen} \geq 0.$$

Aus Rentabilitäts- und Sicherheitsüberlegungen heraus kann es jedoch auch zweckmäßig sein, diese Liquiditätsbedingung noch strenger zu formulieren. Die gewünschte Liquidität ist vor diesem Hintergrund erst dann gegeben, wenn der prognostizierte Saldo aus Bestand an liquiden Mitteln zuzüglich erwarteter Einzahlungen minus Auszahlungen *(Liquiditätssaldo)* positiv ist und darüber hinaus einen definierten *Mindestbestand an liquiden Mitteln* nicht unterschreitet:

$$\text{Bestand an liquiden Mitteln} + \Sigma \text{ erwarteter neuer Einzahlungen} - \Sigma \text{ erwarteter neuer Auszahlungen} \geq \text{Mindestbestand an liquiden Mitteln (MBLM).}$$

Zusätzlich zur Nichtnegativitätsbedingung der Ausgangsgleichung (Liquiditätssaldo ≥ 0) muss jetzt also ein Mindestbestand an liquiden Mitteln eingehalten werden. Die

---

410 Vgl. zu sach- und zeitbezogenen Merkmalen einer Unterscheidung *Prätsch*, Langfristige Finanzplanung und Simulationsmodelle, 1986, S. 28–45.

III. Finanzplanung

Aufgabe der Liquiditätsplanung besteht nun darin zu gewährleisten, dass der aktuelle und zukünftige Bestand an liquiden Mitteln ein bestimmtes Volumen nicht unterschreitet. In Bezug auf das Verhältnis „gewünschter (MBLM) zu tatsächlichem Liquiditätssaldo (Saldo)" lassen sich dann folgende Liquiditätsformen unterscheiden (Abbildung 37):

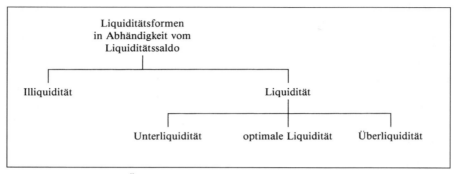

Abbildung 37: Unter-, Über-, und optimale Liquidität

Hierbei gilt:[411]

- Illiquidität: Saldo < 0
- Liquidität: Saldo ≥ 0
  - Unterliquidität: MBLM > Saldo
  - Optimale Liquidität: MBLM = Saldo
  - Überliquidität: MBLM < Saldo.

Die Überlegungen, aus denen heraus sich ein zu erreichender Mindestbestand an liquiden Mitteln begründen lässt,[412] betreffen zum einen Rentabilitätsaspekte, zum anderen Sicherheitsaspekte (vgl. unten Gliederungspunkte (2) und (3)).

(2) Rentabilitätsperspektive

Nach dem Rentabilitätskalkül ist davon auszugehen, dass ein Unternehmen – zusätzlich zur Erfüllung der fälligen Zahlungsverpflichtungen – über ausreichende liquide Mittel verfügen soll, um sich unerwartet ergebende Investitionschancen effizient nutzen zu können. Stehen solche Mittel genau im benötigten Umfang zur Verfügung, so verfügt das Unternehmen über eine optimale Liquidität.[413] Besitzt das Unternehmen keine ausreichenden Mittel, um Investitionschancen wahrnehmen zu können, so ist es unterliquide. Schließlich zeichnet sich der Fall der Überliquidität[414] dadurch aus, dass das Unter-

---

411 Vgl. zu diesen Formen auch *Schäfer* (Fn. 350), S. 32; *Wöhe/Bilstein* (Fn. 26), S. 400.
412 Vgl. grundsätzlich zum Transaktions-, Vorsichts- und Spekulationsmotiv für die Haltung von Liquiditätsreserven *Jarchow* (Fn. 302), S. 36–88; *Perridon/Steiner* (Fn. 26), S. 153 f.
413 Vgl. in diesem Zusammenhang zur optimalen Spekulationskasse *Jarchow* (Fn. 302), S. 58.
414 Dieser Begriff wird z. T. mit etwas anderem Inhalt gebraucht, vgl. z. B. *Hahn* (Fn. 350), S. 64, 190.

3. Liquiditätsprobleme als eigentlicher Anlass zur Finanzplanung

nehmen über mehr liquide Mittel verfügt, als zur Durchführung weiterer Investitionen benötigt werden.

Beispiel (unterliquides Unternehmen):

Aufgrund der auf Basis der Liquiditätsplanung veranlassten Maßnahmen wird für das Ende des nächsten Monats ein Liquiditätssaldo von null erwartet. Als relevante Information für die Planung war dabei eingeflossen, dass im nächsten Monat keine Rohstoffe beschafft werden sollen. Wird diese Vorgabe von der Einkaufsabteilung nun geändert – z. B. aufgrund eines Preisverfalls bei Rohstoffen –, so fehlen die für die vorgezogene Beschaffung notwendigen liquiden Mittel.

In Bezug auf den Rentabilitätsgedanken lässt sich der MBLM als „gewinnmaximale Zahlungsbereitschaft"[415] interpretieren. Es ist allerdings zu beachten, dass der MBLM nicht eindeutig bestimmt bzw. seine Höhe erst ex post präzisiert werden kann: Es handelt sich ja definitionsgemäß um ein Reservoir, mit dem unvorhergesehene Chancen genutzt werden sollen. Sicher erwartete oder zwingend fällige Zahlungen dagegen fließen direkt in die Planung ein.

(3) Sicherheitskalkül

Soweit ein MBLM aus risikopolitischen Überlegungen gefordert wird, entspricht dieser Bestand einer Art Liquiditätspuffer oder „Zahlungskraftreserve"[416]. Das Motiv zur Haltung dieser Reserve ist darin zu sehen, möglichen Abweichungen der geplanten von der tatsächlichen Liquidität zu begegnen. Solche Abweichungen ergeben sich z. B. aufgrund

— von Planungsfehlern oder aufgrund
— unvorhergesehener Ein- und Auszahlungsströme.

Die Reserven stellen eine Art *Sicherheitspolster* dar, das speziell nicht geplante Auszahlungen sowie den Ausfall oder die Verzögerung erwarteter Einzahlungen auffangen soll.[417] Die Höhe einer entsprechenden Zahlungskraftreserve[418] ist von unterschiedlichen Einflüssen abhängig. Dazu zählen insbesondere

— der Grad an Sicherheit über Auftreten, Umfang und Vollständigkeit der in die Liquiditätsplanung einbezogenen Zahlungsbestände und -ströme,
— die Anfälligkeit des Unternehmens gegenüber nicht planbaren Zahlungserfordernissen,
— der verfügbare Umfang weiterer Reserven, insbesondere von Near Money Assets,
— die von der Liquiditätsplanung bzw. von der Unternehmensleitung definierten Sicherheitspräferenzen.[419]

---

415 *Orth* (Fn. 350), S. 32.
416 *Witte* (Fn. 30), S. 136. Allerdings bezieht *Witte* noch andere Komponenten als die in der vorliegenden Arbeit abgegrenzten liquiden Mittel ein. Vgl. ebenda, S. 136.
417 In der Liquiditätspräferenztheorie von *Keynes* entsprechen diese Reserven der „Vorsichtskasse", d. h. der für unerwartete Auszahlungen bereitgehaltenen liquiden Mittel, vgl. *Jarchow* (Fn. 302), S. 49 f. Vgl. auch *Glaser* (Fn. 314), S. 32–37.
418 Als Indiz für Probleme bei der Quantifizierung mag z. B. die Formulierung „beträchtliche Barreserve" in Bezug auf die Überliquidität dienen, vgl. *Vieweg*, Finanzplanung und Finanzdisposition, 1971, S. 19.
419 Diese können vereinfacht als Umfang dessen definiert werden, was der Entscheidungsträger noch an Risiko zu tragen bereit ist.

III. Finanzplanung

Soweit z. B. eine Unternehmung den Vertrieb ihrer Produkte über Absatzverträge weitgehend festgelegt hat und die Bonität ihrer Abnehmer außer Zweifel steht, kann sie von relativ sicheren Erwartungen über Zahlungseingänge ausgehen. Oder es ist anzunehmen, dass Auszahlungen für Reparaturen und Instandhaltung bei Unternehmen mit relativ jungem Anlagenbestand präziser vorhersehbar sind als bei Unternehmen mit veralteter, störungsanfälliger Anlagekapazität. Die Risikoneigung des Managements schließlich ist dafür maßgeblich, inwieweit bei gegebenem festgestelltem Liquiditätsrisiko die Haltung höherer oder niedrigerer Reserven erforderlich erscheint. Hierbei sind z. T. unterschiedliche Verfahren zur Bestimmung des Umfangs der Zahlungsmittelreserven entwickelt worden.[420]

In Gliederungspunkt III. 3. a) aa) wurden Vermögenspositionen eines Unternehmens angesprochen, die i. d. R. problemlos und relativ kurzfristig in Zahlungsmittel *umwandelbar* sind (Near Money Assets). Während der MBLM im Prinzip einen Überschuss an liquiden Mitteln darstellt, zählen Near Money Assets (sowie die freien Finanzierungsreserven[421]) zur *Liquiditätsreserve* eines Unternehmens: Sie können zur Deckung eines zukünftigen Mittelbedarfs herangezogen werden, wenn dieser vorausgesehen wird und noch ausreichende, fristgerechte Reaktionsmöglichkeiten (im Sinne der Wahrnehmung von Finanzierungs- oder Veräußerungsmöglichkeiten) bestehen (Tabelle 3).

Der MBLM wird insbesondere aus Rentabilitätsgründen heraus meist relativ gering gehalten. Er kann deshalb nicht ausreichend sein, wenn sich grobe Planungsfehler oder unerwartete Investitionschancen größeren Umfangs ergeben. Die Bedingung für die optimale Liquidität ist deshalb *noch strenger zu formulieren*: Zusätzlich zum MBLM sollte das Liquiditätsmanagement auf Near Money Assets zurückgreifen können, durch deren problemlose Veräußerung im Bedarfsfall liquide Mittel beschafft werden können. Die Deckung unerwarteter Auszahlungen über den MBLM sowie über Near Money Assets stellen zudem Maßnahmen dar, die vom Finanzmanagement allein durchzuführen sind.

Beide Reservoire – MBLM und Liquiditätsreserve in Form der Near Money Assets – können sich jedoch als begrenzt erweisen. Es wäre nun daran zu denken, weitere Aktiva zu veräußern. Dies ist eventuell aber nur unter *Hinnahme von Verlusten* möglich oder würde einen *Eingriff in den operativen Bereich* bedeuten. Ein solcher Verkauf von Aktiva ist deshalb zunächst nicht zu erwägen. Vielmehr muss der Liquiditätsmanager – um noch Manövrierpotenzial zu besitzen – dafür Sorge tragen, im Bedarfsfall bei Banken weitere Kredite erhalten zu können oder durch bestehende bzw. neue Gesellschafter einen Eigenmittelzufluss zu bewirken (Spielräume bei der Außenfinanzierung).

Welche der genannten Möglichkeiten – Near Money Assets oder weitere Außenfinanzierung – im Bedarfsfall zuerst realisiert wird, bleibt offen. Aus *Kostenaspekten* heraus ist es meist sinnvoll, die im Vergleich zu einer Kreditaufnahme i. d. R. niedriger verzinslichen Aktiva zu veräußern. Dies wiederum erscheint im Hinblick auf die Transaktionskosten bedenklich, wenn die Mittel nur *kurzfristig* benötigt werden und dann wieder zur

---

420 Vgl. *Chmielewicz* (Fn. 315), S. 55; *Glaser* (Fn. 314).
421 Vgl. ausführlicher im Folgenden Gliederungspunkt III. 3. b) dd). *Witte* zählt zu den ‚Finanzierungsreserven' z. B. bereits zugesagte, aber noch nicht bereitgestellte Kredite, vgl. *Witte* (Fn. 30), S. 136 f. Vgl. differenziert zu Elementen der Liquiditätsreserve *Glaser* (Fn. 314), S. 38–52.

3. Liquiditätsprobleme als eigentlicher Anlass zur Finanzplanung

Tabelle 3: Reserven im Rahmen der Finanzplanung

Reserveform	Elemente	Bedeutung
Zahlungs-kraftreserve (MBLM)	Liquide Mittel – Kasse – Bankgiroguthaben – Postgiroguthaben – Freie Kreditlinien	Vorhandene bzw. direkt verfügbare Zahlungsmittel. Mit ihnen können Planungsfehler ausgeglichen oder neue Investitionschancen realisiert werden.
Liquiditäts-reserve	Near Money Assets – Besitzwechsel – Geldmarktpapiere (soweit börsengehandelt oder Zweitmarkt): Schatzwechsel, Schatzanweisungen, ggf. CD oder CP – börsengehandelte Festzinsanleihen mit kurzer Restlaufzeit – börsengehandelte variabel verzinsliche Anleihen (Floater)	Hohe Geldnähe. Schnelle Monetisierbarkeit aufgrund Handels auf einem Markt (Abwicklung innerhalb von zwei Geschäftstagen). Weitgehende Kursstabilität, insofern Veräußerung i. d. R. ohne Verluste möglich. Durch die Finanzabteilung eigenständig disponierbar.
Finanzie-rungsreserve	Außenfinanzierung – neue Bankkredite – Wertpapieremission – neue Einlagen durch alte oder neue Gesellschafter	Zustimmung unternehmensexterner Stellen ist erforderlich. I. d. R. ist für die Mobilisierung dieser Reserve eine längere Vorbereitungszeit erforderlich.
„Weitere" Liquiditäts-reserve	Weitere Finanzaktiva – börsennotierte Anleihen mit längerer Restlaufzeit – sonstige Anleihen – Aktien (mit Anlagecharakter) – Forderungen	Durch die Finanzabteilung zwar selbstständig disponierbar. Jedoch können die Liquidierungsdauer (z. B. beim Factoring oder privatem Anleiheverkauf) und der Liquidierungsbetrag (z. B. Kursverluste bei Anleihen) nicht exakt prognostiziert werden. Bei der Monetisierung entstehen Zeit- und Kostenprobleme.
„Notreserve"	Aktiva mit Produktionsbezug – Fertigerzeugnisse – Halbfertigerzeugnisse – Werkstoffe – Anlagen – Beteiligungen	Zugriff bedeutet ein eigentlich nicht erlaubtes Eingreifen in den Produktionsbereich. Die geplante Leistungserstellung wird tangiert. Kann nur als „letzte Rettung" verstanden werden.

III. Finanzplanung

Anlage verfügbar sind. Oft kann eine Erhöhung der Kreditlinie durch einen Telefonanruf bei der Bank geregelt werden, während der Verkauf der Near Money Assets zwei Geschäftstage in Anspruch nimmt.

dd) Ungefährdete und gefährdete Liquidität

(1) Liquiditätssaldo I als vorläufiges Planungsergebnis

Unter Einbezug der vorstehend unter Gliederungspunkt III. 3. b) cc) abgeleiteten Ergebnisse lassen sich folgende Bedingungen für die „idealtypische" Situation einer *ungefährdeten Liquidität* festlegen. Diese ist dann gegeben, wenn

- der geplante Liquiditätssaldo einen „*Mindestbestand an liquiden Mitteln*" nicht unterschreitet[422] und zusätzlich (idealerweise)
- ein Bestand an *Near Money Assets* vorhanden ist sowie
- noch *freier Spielraum* bei der Außenfinanzierung besteht.

Soweit dagegen aufgrund der Finanzplanung eine Illiquidität prognostiziert wird, gilt dieser Zustand als *gefährdete Liquidität*. Diese ist analog dadurch gekennzeichnet, dass der erwartete Bestand an liquiden Mittel den MBLM unterschreitet oder sogar negativ wird.

Zu präzisieren ist allerdings, ab welchem Zeitpunkt bzw. – im Hinblick auf den Planungsprozess – in welcher Planungsstufe von einer Gewährleistung oder von einer Gefährdung der Liquidität gesprochen werden kann. Hierbei ist – auch im Hinblick auf die Veränderbarkeit des Planungsergebnisses bzw. auf die Natur der zu treffenden Maßnahmen – zwischen *zwei grundsätzlichen Stufen* zu unterscheiden (Abbildung 38).[423]

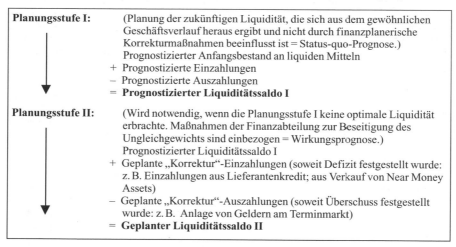

Abbildung 38: Stufen der Finanzplanung

---

422 Vgl. vorstehend Gliederungspunkt III. 2. c).
423 Vgl. grundsätzlich zu Phasen der Finanzplanung *Gramlich*, wisu 1994; *Gramlich/Walz* (Fn. 323), 325 f. Vgl. auch *Matschke/Hering/Klingelhöfer* (Fn. 314), S. 124; *Sprink* (Fn. 377), S. 42 f.

3. Liquiditätsprobleme als eigentlicher Anlass zur Finanzplanung

Im Rahmen seiner Tätigkeit verarbeitet der Finanzplaner in einem ersten Schritt die verfügbaren Informationen über Ein- und Auszahlungen, die aus dem gewöhnlichen Geschäftsverlauf erwartet werden. Der Finanzplaner fasst hierbei die Prognosen zusammen, die er aus der Absatz-, Personal-, Beschaffungsabteilung und aus weiteren Bereichen (z. B. fällige Kredittilgung) erhält.[424] Der sich hieraus ergebende Liquiditätssaldo ist dadurch charakterisiert, dass er nicht durch spezielle finanzwirtschaftliche Korrekturmaßnahmen beeinflusst ist (*Liquiditätssaldo I*).

I. d. R. wird der Liquiditätssaldo I allerdings nicht den Zielen des Finanzmanagements entsprechen – auf die Asynchronität von Ein- und Auszahlungen im gewöhnlichen Betriebsverlauf wurde bereits mehrfach hingewiesen. Anders formuliert besteht ja die Aufgabe der Finanzplanung gerade darin, den asynchronen Verlauf von Ein- und Auszahlungen im gewöhnlichen Geschäftsverlauf zu harmonisieren. Dieser Ausgleich, d. h. das Anstreben des eigentlich gewünschten Liquiditätssaldos (im Idealfall: MBLM), muss nun durch Maßnahmen des Finanzmanagements erreicht werden. Dabei ist streng zu beachten, dass das Finanzmanagement beim Einsatz der erforderlichen Maßnahmen *autonom* handeln können muss.

Um die Liquidität zu sichern bzw. im Gleichgewicht zu halten, ist es also nicht unbedingt erforderlich, dass bereits der zunächst prognostizierte Bestand an liquiden Mitteln („Liquiditätssaldo I" oder „Status-quo-Prognose") positiv bzw. gleich dem MBLM ist. Vielmehr ist auch auf die *Korrekturmöglichkeiten des Finanzmanagements* abzuheben. Soweit bspw. zunächst ein negativer Betrag an liquiden Mitteln in der Planung festgestellt wird (Liquiditätssaldo I < 0; etwa aufgrund der am Monatsanfang geplanten Lohnzahlungen), kann dieses Defizit dadurch ausgeglichen werden, dass das Unternehmen neue liquide Mittel z. B. über die Veräußerung von Near Money Assets oder durch die Aufnahme neuer Kredite beschafft. Soweit das zunächst festgestellte Defizit korrigierbar ist (und idealerweise noch weitere Near Money Assets und/oder Finanzierungsspielräume vorliegen), besteht wiederum eine Situation *ungefährdeter Liquidität*. Der durch finanzwirtschaftliche Korrekturmaßnahmen beeinflusste neue Liquiditätssaldo (*Liquiditätssaldo II*) zeichnet sich im Beispielsfall dadurch aus, dass gilt: Liquiditätssaldo II > 0 bzw. = MBLM.

Beispiel:

Der Finanzplaner erhält die Information, dass im folgenden Monat die Ersatzbeschaffung eines Lkw vorzunehmen ist. Auf Basis der bis dahin zu erwartenden Einzahlungen sowie der Bestände an liquiden Mitteln ist aber die Auszahlung für den Lkw-Kauf nicht zu decken (Liquiditätssaldo I < 0). Die Finanzplanung regt daraufhin an, einen Teil der kurzfristigen Wertpapiere zu verkaufen[425] und die Erlöse hieraus zur Lkw-Beschaffung zu verwenden (Liquiditätssaldo II bzw. korrigierter Liquiditätssaldo I).

Die zukünftige *Liquidität* eines Unternehmens ist insofern dann *ungefährdet*, wenn der *korrigierte Liquiditätssaldo größer oder gleich dem MBLM ist*. Ein zunächst prognostizierter, unter dem MBLM liegender Bestand an liquiden Mitteln kann durch finanzwirt-

---

424 Dies wird auch als „Vorplan" bezeichnet, vgl. *Steiner/Kölsch* (Fn. 312), S. 751.
425 Diese Maßnahme wird z. B. auch deshalb präferiert, weil die Erträge der Wertpapiere deutlich unter den Kosten eines sonst erforderlichen Kredits liegen.

III. Finanzplanung

schaftliche Ausgleichsmaßnahmen[426] vermieden werden. Zu solchen Maßnahmen zählt grundsätzlich auch, zunächst einmal die Umsatzeinzahlungen aus dem Normalgeschäft sicherzustellen.[427] Hat das Unternehmen jedoch bisher sehr kulant die Überschreitung von Zahlungszielen toleriert, so können die jetzt erforderlichen Mahnungen zumindest irritierend auf die Kunden wirken und so auch leistungswirtschaftliche Effekte haben.

Soweit die *Ausgleichsmaßnahmen* in der Beschaffung neuer liquider Mittel bestehen, sind sie in ihrem Volumen *abhängig* vom

– Umfang an Vermögensgegenständen, deren Veräußerung kurzfristig problemlos möglich ist, ohne dass hierdurch der leistungswirtschaftliche Bereich negativ beeinflusst wird. Dies ist bei den erwähnten *Near Money Assets*[428] gegeben;
– Umfang des im betrachteten Zeitraum beschaffbaren weiteren Fremd- und/oder Eigenkapitals (*Finanzierungsreserven*). Die Grenzen der Außenfinanzierung dürfen also noch nicht erreicht sein.

Die Situation *gefährdeter* Liquidität ist dagegen dadurch gekennzeichnet, dass die Korrekturmaßnahmen des Finanzmanagements nicht ausreichen, um den geplanten Bestand an liquiden Mitteln größer oder gleich dem MBLM zu gestalten. In diesem Fall sind weiterreichende Maßnahmen erforderlich. Diese beziehen nun auch den leistungswirtschaftlichen Unternehmensbereich ein oder stellen Maßnahmen dar, die aus anderen Gründen, z. B. aufgrund von Kostenaspekten, problematisch geraten (Abbildung 39).

(2) Ungefährdete Liquidität

Die Liquidität eines Unternehmens ist dann ungefährdet, wenn der erwartete Liquiditätssaldo ≥ MBLM (oder ≥ 0) ist. Dieser Saldo ergibt sich eventuell bereits aus der Status-quo-Prognose (Liquiditätssaldo I) oder wird durch korrigierende Maßnahmen der Finanzabteilung erreicht (Liquiditätssaldo II). Eine solche Situation ungefährdeter Liquidität ist bspw. in Abbildung 40 dargestellt. Die prognostizierten Salden am Ende der betrachteten Tage ergeben sich hier bereits aus der Status-quo-Prognose (Liquiditätssaldo I).

Für den in Abbildung 40 betrachteten Fall gilt, dass „die Zahlungskraft der Unternehmung an jedem Tag ausreicht, um die fälligen Zahlungsverpflichtungen erfüllen zu können"[429]. Es ist die *Momentanliquidität* an jedem Tag der Planungsperiode gegeben und somit auch die *Periodenliquidität*. Weiterhin ist die dargestellte Liquiditätssituation durch die Besonderheit gekennzeichnet, dass der geplante Bestand an liquiden Mitteln nicht nur positiv ist, sondern den als „Puffer" gedachten MBLM übersteigt. Aus der Darstellung kann nicht entnommen werden, ob Liquiditätsreserven vorhanden und/oder die Grenzen der Außenfinanzierung bereits erreicht sind (EBLM in TWE = vorhergesagter Endbestand an liquiden Mitteln in Tausend Währungseinheiten).

---

426 Vgl. hierzu auch das Beispiel zum kurzfristigen Finanzplan unter Gliederungspunkt III. 4. b) cc) (2).
427 Vgl. *Faulhaber/Landwehr*, Kreditpraxis 1997, 10.
428 Dies sind die genannten Besitzwechsel, bestimmte Geldmarktpapiere, Anteile an Geldmarktfonds, börsengehandelte variabel verzinsliche Schuldverschreibungen, festverzinsliche börsennotierte Wertpapiere mit kurzer Restlaufzeit. Vgl. hierzu auch Gliederungspunkt III. 3. a) aa) und Tabelle 3.
429 *Witte* (Fn. 30), S. 30.

3. Liquiditätsprobleme als eigentlicher Anlass zur Finanzplanung

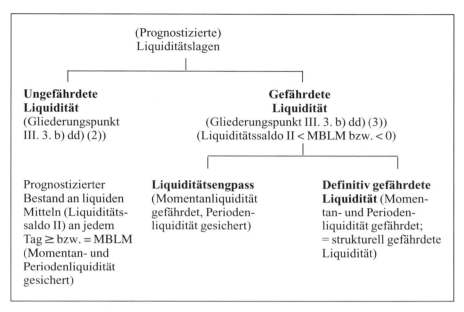

Abbildung 39: Gefährdete und ungefährdete Liquidität

Da mehr liquide Mittel als erforderlich vorhanden sind, ist jetzt zu klären, ob es für die Anlage bzw. Investition dieser liquiden Mittel geeignete Projekte gibt (z. B. Termineinlage, Wertpapier). Die Beurteilung dieser Projekte unter Rentabilitätsgesichtspunkten würde zur Investitionsplanung[430] zurückführen. Die Finanzplanung gibt hierbei jedoch vor, in welchem Umfang und für welche Zeitspanne *Mittel zur Anlage frei* sind. Fließen diese Gelder zur Anlage ab, so sollte der danach verbleibende Bestand an liquiden Mitteln (idealerweise) die Bedingung erfüllen: Liquiditätssaldo II = MBLM.

(3) Gefährdete Liquidität
(a) Liquiditätsengpass und definitiv gefährdete Liquidität

Bei einer (prognostizierten) Gefährdung der Liquidität rücken Maßnahmen zur Erhaltung der zukünftigen Zahlungsfähigkeit in den Vordergrund. Diese Maßnahmen berühren nun aber auch den operativen Bereich oder sind ggf. mit hohen Kosten verbunden: Bei einer *gefährdeten Liquidität* ist der *Liquiditätssaldo II < 0*, rein finanzwirtschaftliche und zugleich kostenneutrale Eingriffsmöglichkeiten sind aufgebraucht. Für die Suche und Auswahl weiterer Alternativen zur Vermeidung einer drohenden Illiquidität sind zunächst Informationen über das *Ausmaß der Gefährdung* erforderlich.

---

[430] Zu möglichen Maßnahmen bei ungefährdeter Liquidität vgl. *Witte* (Fn. 30), S. 120–126. Vgl. auch *Glaser* (Fn. 314), S. 91–97.

III. Finanzplanung

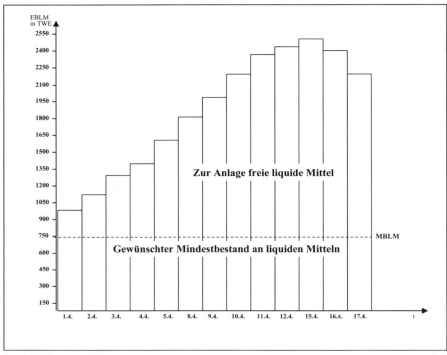

Abbildung 40: Ungefährdete Liquidität

Liegt der Zustand der gefährdeten Liquidität *nur für eine begrenzte Zeit* innerhalb der Planungsperiode vor, und ist die Liquidität am Ende der Planungsperiode wieder gesichert, so handelt es sich um einen *Liquiditätsengpass*. Dieser stellt einen *vorübergehenden zusätzlichen Bedarf an liquiden Mitteln* dar, der im Laufe der Planungsperiode durch erwartete Einzahlungen bereits wieder abgedeckt wird. Der zusätzliche Bedarf an liquiden Mitteln ist also zeitlich begrenzt. In Abbildung 41 tritt der Liquiditätsengpass[431] bereits dann auf, wenn der erwartete *Liquiditätssaldo* (= Endbestand an liquiden Mitteln) zu einem bestimmten Zeitpunkt den *gewünschten Sicherheitsbestand* an liquiden Mitteln *unterschreitet*.

Ist im betrachteten Zeitraum *auch die Periodenliquidität nicht gegeben*, dann muss festgestellt werden, bis zu welchem zukünftigen Zeitpunkt und in welcher Höhe ein nicht finanzierbarer Bedarf an liquiden Mitteln besteht. Um die Zeitdauer dieses Bedarfs zu ermitteln, muss der Planungshorizont verlängert werden. Dabei stellt sich möglicherweise heraus, dass der festgestellte Bedarf *zeitlich begrenzt* ist. Es liegt dann *wiederum ein Liquiditätsengpass* vor. Diese zeitliche Begrenzung ließ sich zuvor aufgrund des gewählten Zeitpunkts für das Ende der Planungsperiode nicht erkennen (vgl. Abbildung 42). Es kann sich jedoch auch ergeben, dass der *nicht finanzierbare Betrag an liquiden*

---

[431] *Chmielewicz* bezeichnete den Zustand einer vorübergehenden Zahlungsunfähigkeit als „Zahlungsstockung", *Chmielewicz* (Fn. 315), S. 47.

3. Liquiditätsprobleme als eigentlicher Anlass zur Finanzplanung

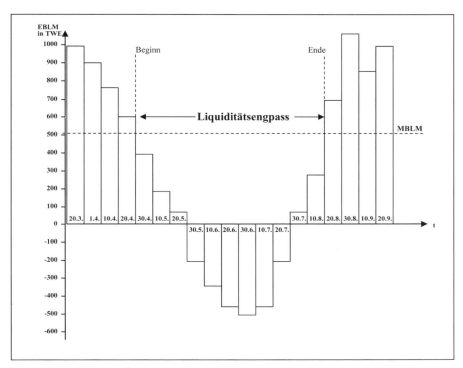

Abbildung 41: Liquiditätsengpass

Mitteln mit zunehmender Verlängerung der Planungsperiode fortbesteht (definitiv gefährdete Liquidität).

(b) Maßnahmen zur Behebung eines Liquiditätsengpasses

Soweit die Verlängerung des Planungshorizonts (vgl. Abbildung 42, Fall 1) ergibt, dass die prognostizierte Illiquidität zeitlich begrenzt ist, liegt wiederum ein Liquiditätsengpass vor. Um die bei einem Liquiditätsengpass *drohende Illiquidität zu vermeiden*, sind wiederum grundsätzlich *Maßnahmen geeignet*,[432] die

- zusätzliche Einzahlungen bewirken,
- Einzahlungen zeitlich vorziehen,
- Auszahlungen vermeiden,
- Auszahlungen zeitlich aufschieben.

---

432 Detaillierte Vorschläge wie z. B. „Neuinvestitionen stoppen", „mieten statt kaufen", „Rechnungen sofort schreiben" und „Steuerstundung beim Finanzamt" finden sich bei *Mandéry* (Fn. 344), S. 13 f. Eine generelle Übersicht zu Möglichkeiten für die Gestaltung von Zahlungsströmen (z. B. bei Zinsen, Steuern, Löhnen, Anzahlungen, Zahlungszielen) geben *Bitz/Terstege* (Fn. 313), S. 301–306. Vgl. auch *Witte* (Fn. 30), S. 127.

III. Finanzplanung

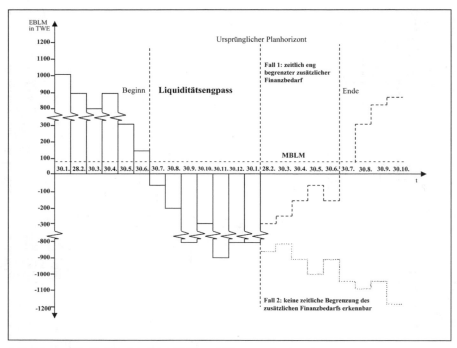

Abbildung 42: Gefährdete Liquidität und Planungshorizont

Im Hinblick auf die Deckung eines länger anhaltenden Liquiditätsengpasses durch die Gestaltung von *Einzahlungen* ist Folgendes zu beachten: Ein Liquiditätsengpass ist – wie erwähnt – dadurch gekennzeichnet, dass die Bestände an Near Money Assets allein nicht ausreichen, um die erforderlichen liquiden Mittel zu beschaffen, oder dadurch, dass diese Bestände bereits aufgebraucht und die Grenzen der Außenfinanzierung erreicht sind (es ist keine weitere Aufnahme von Fremd- oder Eigenkapital möglich). Das Management muss zur Bewältigung von Situationen gefährdeter Liquidität jetzt also *Maßnahmen* ergreifen, *die sonstige Finanzaktiva* – unter Inkaufnahme entsprechender Kosten/Verluste – *und auch den leistungswirtschaftlichen Bereich tangieren*. Zu solchen Maßnahmen zählen etwa:[433]

- Verkauf von Forderungen aus dem Umsatzprozess vor deren Fälligkeit insbesondere durch Factoring und Forfaitierung,[434]
- Verkauf und zugleich Rückmietung von Aktiva (Sale and Lease Back),

---

[433] Vgl. grundsätzlich zu Maßnahmen bei gefährdeter Liquidität *Biegert*, BankInformation 1995, 65; *Faulhaber/Landwehr* (Fn. 427), 10; *Mandéry* (Fn. 344), S. 13 f.; *Witte* (Fn. 30), S. 126–134.
[434] Der Verkauf von Forderungen entfaltet generell nur geringe Nebenwirkungen und hat auch noch ausgeprägten finanzwirtschaftlichen Charakter. Jedoch erfordert er eine längere Vorbereitungszeit und tangiert auch das Verhältnis mit den Kunden.

3. Liquiditätsprobleme als eigentlicher Anlass zur Finanzplanung

- Auflösung weiterer Finanzaktiva unter Hinnahme von Verlusten (z. B. Verkauf von Aktien und Anleihen unter Einstandskurs),
- Sonderverkäufe von Fertigprodukten,
- Veräußerung von nicht zur momentanen Produktion benötigten Roh-/Hilfs-/Betriebsstoffen,
- Liquidation von Beständen an unfertigen Erzeugnissen,
- Veräußerung weiterer, nicht zur Produktion benötigter Aktiva (z. B. unbebaute Grundstücke).

Zu den Maßnahmen, die der *Vermeidung von Auszahlungen* dienen, zählen:

- Aufschub bzw. Verzicht auf nicht zwingend notwendige Investitionen (z. B. Bau einer Kantine, neue Filiale),
- Verzögerung geplanter Wartungen und Reparaturen,
- Verzicht auf die Ersatzbeschaffung von Werkstoffen und Betriebsmitteln (sofern diese nicht für die laufende Produktion zwingend erforderlich sind).

(c) Definitiv gefährdete Liquidität

Im *Fall der prognostizierten Illiquidität*, deren Ende auch durch Verlängerung des Planungshorizonts nicht erkannt werden kann (vgl. Abbildung 42, Fall 2), ist ein wesentliches Indiz dafür gegeben, dass die Liquiditätsprobleme des Unternehmens nicht allein finanzwirtschaftlich, sondern auch durch *fundamentale Störungen des leistungswirtschaftlichen Bereichs* bedingt sind.[435] Die langfristige Unterdeckung der erforderlichen Auszahlungen durch Einzahlungen lässt stark darauf schließen, dass die geplanten Einzahlungen aus dem Absatz der Unternehmensprodukte unzureichend sind. Insofern ergibt sich die Gefährdung der Liquidität aus dem fundamentalen unternehmerischen Datengefüge (strukturelles Ungleichgewicht). Die *Unternehmenspolitik* (Produktions-, Absatz-, insbesondere die Produktpolitik) *ist grundsätzlich infrage zu stellen*. Rein finanzwirtschaftliche Maßnahmen, ergänzt um befristete leistungswirtschaftliche Eingriffe, können keine Abhilfe schaffen.

Dieser Fall langfristiger finanzieller Unterdeckung führt in der Konsequenz ggf. zu einer *Neuorientierung der strategischen Unternehmensplanung*. Er erfordert strukturelle (d. h. langfristige, grundlegende und das Gesamtunternehmen betreffende) Anpassungsmaßnahmen.[436] Wie bei der Diskussion der einzelnen Formen von Liquiditätsrechnungen noch deutlich zu machen ist,[437] muss ein solches strukturelles Ungleichgewicht bereits im Rahmen des Kapitalbindungsplans,[438] d. h. mit einem längeren zeitlichen Vorlauf, erkannt werden. Notwendige Maßnahmen können dann frühzeitig eingeleitet werden. In diesem Fall kann die Finanzplanung dazu beitragen, die Entscheidung der Unternehmensführung über zukünftige Investitionen zu unterstützen.

---

[435] Vgl. zu Liquiditätsproblemen als Folge leistungswirtschaftlicher Probleme *Köglmayr/Lingenfelder/Müller*, ZfbF 1988, 49–70; *Reuter/Schleppegrell*, Sparkasse 1989, 317–323.

[436] In ihrer Abfolge wird deshalb eine Strategie-, Erfoigs- und Liquiditätskrise unterschieden, vgl. *Köglmayr/Lingenfelder/Müller* (Fn. 435), 49 f. Dies entspricht der Differenzierung in strategische, technologische, Produkt-, Absatz-, Erfolgs- und Liquiditätskrise, vgl. *Reuter/Schleppegrell* (Fn. 435), 317 f.

[437] Vgl. hierzu Gliederungspunkt III. 4. b) aa).

[438] Vgl. zum Kapitalbindungsplan Gliederungspunkt III. 4. b) dd).

c) Betriebswirtschaftliche Bedeutung der Liquiditätssicherung

aa) Direkte Ertrags- und Kosteneffekte der Liquiditätssicherung

Eine ausreichende Zahlungsbereitschaft ist für ein Unternehmen zwingend notwendig, um die *bei der Durchführung der betrieblichen Leistungserstellung anfallenden Auszahlungen* tätigen zu können. Ohne über liquide Mittel zu verfügen, kann es bereits bei der Unternehmensgründung nicht gelingen, die zur Aufnahme der Produktion notwendigen Gebäude, Anlagen sowie die benötigten Arbeitskräfte zu beschaffen.[439] Während der Existenz des Betriebs sind zusätzlich zu den Auszahlungen aufgrund der Erfordernisse im leistungswirtschaftlichen Bereich (Beschaffung von Roh-, Hilfs- und Betriebsstoffen, Auszahlung von Löhnen und Gehältern, Vornahme von Erweiterungsinvestitionen) auch *Zins- und Tilgungszahlungen* auf das aufgenommene Fremdkapital sowie Ausschüttungen auf das Eigenkapital zu leisten.

Generell tragen liquide Mittel und Liquiditätsreserven[440] eines Unternehmens über die Unterstützung der Zahlungsfähigkeit zu einem ordnungsgemäßen Betriebsablauf bei. Dies schafft wiederum die Grundlage für die mit der Unternehmensgründung bezweckte Erzielung von Einkommen. Eine besondere Akzentuierung hat dies auch dadurch erfahren, dass die Unternehmen gesetzlich zu einer vorbeugenden Vorausschau verpflichtet sind.[441] Das erforderliche *Frühwarnsystem* besteht auch in einer sachgerechten Liquiditätsplanung.[442] Diese dient weiter als Argumentationsbasis bei der Verhandlung mit Kreditinstituten. Sie informiert über die Rückzahlungsfähigkeit und über die Laufzeit von Krediten. Durch die geschaffene Transparenz trägt sie zu einer Reduktion der Risikoprämie im Kreditzins bei.

Soweit zur Gewährleistung der Zahlungsfähigkeit statt längerfristiger, höherverzinslicher Anlagen jetzt zweckmäßigerweise kurzfristige und damit niedrigerverzinsliche Anlagen (Near Money Assets) getätigt werden, sofern die liquiden Mittel als unverzinsliche Sichtguthaben oder als Kassenbestand vorliegen, lassen sich dadurch nur *niedrige oder keine Zinserträge* erzielen.[443] Dies muss insbesondere vor dem Hintergrund als problematisch gesehen werden, als die dem Kassenbestand gegenüberstehenden Mittel auf der Passivseite Finanzierungskosten verursachen (Abbildung 43).

Durch die Einrichtung einer speziellen Finanzabteilung entstehen dem Unternehmen zudem erhöhte Aufwendungen.[444] Zusätzliche Mitarbeiter sind erforderlich, die entsprechende Infrastruktur, insbesondere ein Kommunikationssystem, ist bereitzustellen. Es ist zudem zu beachten, dass mit der Einrichtung dieser Abteilung Koordinationserfordernisse zwischen Finanzmanagement und dem Management des Gesamtunterneh-

---

439 Vgl. *Größl* (Fn. 315), S. 17.
440 Vgl. hierzu die Gliederungspunkte III. 3. b) dd) und III. 3. a) cc).
441 Zentral ergibt sich dies aus dem Gesetz zur Kontrolle und Transparenz im Unternehmen (KonTraG). Dieses hat speziell in § 91 Abs. 2 AktG seinen Niederschlag gefunden.
442 Vgl. *Zunk* (Fn. 15), 557.
443 Vgl. analog *Perridon/Steiner* (Fn. 26), S. 154; *Pfaff* (Fn. 8), Sp. 736. Die Aussage „Ein Kassenbestand an sich hat keinen ökonomischen Nutzen" muss mit Blick auf die unter Gliederungspunkt III. 3. b) cc) (3) erörterten Sicherheits- bzw. Vorsichtsaspekte gleichwohl kritisch beurteilt werden, *Däumler* (Fn. 26), S. 44.
444 Vgl. *Däumler* (Fn. 26), S. 48; *Hauschildt/Sachs/Witte* (Fn. 30), S. 63 f.

3. Liquiditätsprobleme als eigentlicher Anlass zur Finanzplanung

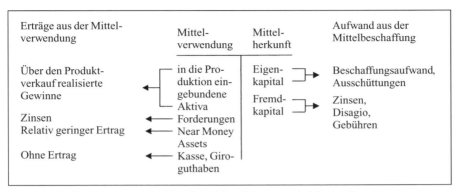

Abbildung 43: Ertrag und Aufwand des Mitteleinsatzes in Unternehmen

mens entstehen. Insofern sind höhere *Organisationskosten* zu erwarten, die ebenfalls die Ertragslage beeinträchtigen.

Führt man die Kosten der Liquiditätshaltung als negativen Einflussfaktor auf die Verfolgung des Ertragsziels an, so ist andererseits jedoch auch zu erkennen, *dass mit einem ausreichenden Bestand an Zahlungsmitteln direkte positive Effekte für die Ertragslage* verbunden sind bzw. dass hierdurch Kosten der Illiquidität vermieden werden können. Dies wird z. B. dann offensichtlich, wenn aufgrund der Liquiditätsplanung verhindert werden kann, dass

– wegen zu geringer Bestände an liquiden Mitteln Skonti aus Lieferantenrechnungen verfallen,
– Mahnkosten und Verzugszinsen aufgrund verspäteter Zahlung anfallen,
– zur Erfüllung zwingend fälliger Zahlungsverpflichtungen kurzfristig finanzielle Mittel zu einem relativ hohen Zinssatz aufgenommen werden müssen.

Geht man weiter davon aus, dass ein Unternehmen grundsätzlich liquide Mittel und Liquiditätsreserven halten muss, so kann über die Finanzplanung der Umfang dieser Positionen und damit auch deren Kosteneffekt optimiert werden. Bereits unter Gliederungspunkt III. 3. b) cc) wurde außerdem darauf hingewiesen, dass ein Bestand an liquiden Mitteln es ermöglicht, unvermittelt sich ergebende Investitionschancen zu nutzen („optimale" Liquidität).

bb) Indirekte Ertrags- und Kosteneffekte der Liquiditätssicherung

Weniger quantitativ erfassbar, aber in ihrer Bedeutung nicht weniger wichtig, sind mögliche Konsequenzen einer unzureichenden Zahlungsfähigkeit für den *Aufbau neuer und die Pflege bestehender Geschäftsbeziehungen*. Solche Geschäftsbeziehungen gründen auf das Vertrauen in die Solidität des jeweiligen Partners. Soweit Zahlungsschwierigkeiten oder auch nur Vermutungen darüber bekannt werden, leidet darunter der „gute Ruf" des Unternehmens im Geschäftsverkehr. Damit verbunden sind ggf. Konsequenzen für das Beziehungsverhältnis Betrieb-Umwelt:[445]

---

445 Es wird hierbei davon ausgegangen, dass die Schwierigkeiten des Unternehmens allein im Zahlungsbereich auftreten. Dort sind sie z. B. durch eine unzureichende Finanzplanung oder durch unerwartete Auszahlungen bedingt. Häufig ergibt sich jedoch die Liquiditätskrise als

III. Finanzplanung

- *Lieferanten* reduzieren den Umfang ihrer Lieferungen auf Kredit und fordern Barzahlung oder schränken den Umfang ihrer Lieferungen ein. Als Folge dessen wiederum kann der Produktionsbetrieb teilweise oder ganz nicht mehr aufrechterhalten werden.
- *Potenzielle Abnehmer* verlieren das Vertrauen in die generelle Leistungsfähigkeit des Unternehmens. Abnahmeverträge über Produkte des Unternehmens können nicht im erhofften Umfang abgeschlossen werden.
- *Abnehmer* verweigern bisher übliche Anzahlungen.
- Bei unvermittelt auftretenden Liquiditätsengpässen ist die Bereitschaft von *Kreditgebern* – z. B. Kreditinstituten und privaten Geldgebern –, zusätzliche Mittel zur Verfügung zu stellen, geringer, als wenn diese Situation bereits längerfristig erkannt wurde.

Unter dem Begriff „*Window Dressing*" werden solche Maßnahmen im Zusammenhang mit der Bilanzerstellung verstanden, die darauf abzielen, im Jahresabschluss einen möglichst hohen Bestand an liquiden Mitteln auszuweisen.[446] Der Ausweis dieses Bestands in der Bilanz soll den Bilanzadressaten die ausreichende Zahlungsfähigkeit des Unternehmens dokumentieren. Nicht zuletzt ist hierbei auch zu beachten, dass die Bilanz wesentlicher Ausgangspunkt für die Durchführung von Kreditwürdigkeitsprüfungen ist.[447] Die aus den Bilanzangaben gebildeten Kennziffern schließen auch so genannte Liquiditätskennziffern ein.[448]

Neben den aufgezeigten Implikationen ist aus ordnungsrechtlicher Perspektive insbesondere die Bedeutung einer Illiquidität als Grund für die Einleitung des gerichtlichen *Insolvenzverfahrens* hervorzuheben: Die amtliche Feststellung der „*Zahlungsunfähigkeit*" oder der „*drohenden Zahlungsunfähigkeit*" genügt zur Eröffnung des Insolvenzverfahrens.[449] Mit der Eröffnung eines gerichtlich angeordneten Verfahrens erlöschen die bisherigen Verfügungsrechte der Unternehmensleitung über Vermögen und Eigentum und gehen auf einen gerichtlich bestellten Insolvenzverwalter über.[450] Dabei soll zwar die wirtschaftliche Sanierung des Unternehmens Vorrang vor der Befriedigung von Gläubigeransprüchen haben. Gleichwohl muss das Insolvenzverfahren[451] als die Schlussphase einer bedrohlichen Entwicklung gesehen werden, die i. d. R. nur noch wenig Handlungsfreiraum belässt.

Folge von leistungs- beziehungsweise absatzwirtschaftlichen Schwierigkeiten. Insofern handelt es sich bei der Liquiditätskrise um eine Folgekrise.
446 Vgl. *Eilenberger* (Fn. 7), S. 239.
447 Vgl. zur Kreditwürdigkeitsprüfung *Grill/Perczynski* (Fn. 331), S. 376 f., 384–387; *von Stein/ Kirschner* (Fn. 331), S. 304–327.
448 Vgl. hierzu Gliederungspunkt III. 4. d).
449 Vgl. §§ 17, 18 InsO. Eine „drohende Zahlungsunfähigkeit" nach § 18 Abs. 2 InsO ist dann anzunehmen, wenn der Schuldner „voraussichtlich nicht in der Lage sein wird, die bestehenden Zahlungsverpflichtungen im Zeitpunkt der Fälligkeit zu erfüllen".
450 Vgl. § 80 InsO. Das geänderte Insolvenzrecht zielt im Unterschied zur früher gegebenen Zweispurigkeit von Konkurs- und Vergleichsverfahren auf ein einheitliches Abwicklungsverfahren ab.
451 Voraussetzung für die *amtliche Feststellung der Zahlungsunfähigkeit* ist entweder ein Antrag durch mindestens einen Gläubiger oder das betroffene Unternehmen selbst, da die Gerichte nicht von sich aus aktiv werden, vgl. § 13 InsO. Der Gläubiger muss dazu die Zahlungsunfähigkeit des Unternehmens vor dem zuständigen Amtsgericht glaubhaft gemacht haben.

Von einer fehlenden Zahlungsfähigkeit betroffen sind darüber hinaus noch weitere mit dem Unternehmen verbundene Personen und Institutionen. Kurz angesprochen wurde die mögliche Reaktion von *Lieferanten*. Sofern die Zahlungsunfähigkeit des Unternehmens längerfristig besteht und ggf. zur Beendigung der Unternehmenstätigkeit führt, verliert der Lieferant einen Abnehmer und muss (bei gegebener Konkurseröffnung) mit einer erheblichen Verspätung von Zahlungseingängen, u. U. sogar mit dem Totalausfall seiner Forderungen rechnen. Die Verwertung eventueller Kreditsicherheiten verursacht darüber hinaus zunächst weitere Auszahlungen (z. B. Anwalts- oder Gerichtskosten, Marketing- oder Auktionskosten, …). Zu beachten ist auch, dass der Ausfall erwarteter Einzahlungen beim Lieferanten selbst zu Zahlungsschwierigkeiten führen kann und insofern dessen eigene Liquiditätsplanung beeinträchtigt wird.

Wie gezeigt, kann die fehlende Zahlungsfähigkeit letztlich zur Produktionseinschränkung und auch zur Produktionsaufgabe führen. Betroffen hiervon sind insbesondere die *Arbeitnehmer*. Sie erleiden Einbußen an Lohn- und Gehaltszahlungen. Zudem reduziert sich die Sicherheit ihres Arbeitsplatzes. Die *Kunden* des betrachteten Unternehmens verlieren im Falle der Illiquidität einen Lieferanten. Handelt es sich um Unternehmenskunden, so haben diese nun selbst Produktionsstockungen und Probleme für die eigene Lieferbereitschaft. Gleichzeitig ist zu beachten, dass die Durchsetzung von Gewährleistungsansprüchen infrage gestellt ist und nicht mehr mit Kundendienstleistungen und Ersatzteilen gerechnet werden kann. Entsprechende Überlegungen können für die übrigen Anspruchsgruppen[452] – *Management, Kreditgeber, Staat* – durchgeführt werden. Dabei ergibt sich, dass alle Organisationsteilnehmer an der Aufrechterhaltung der Liquidität interessiert sind, weil die Zahlungsfähigkeit des Unternehmens Voraussetzung für die Realisierung der eigenen Zielsetzungen ist.

4. Instrumente zur Ermittlung und Gestaltung des Finanzierungsbedarfs (Liquiditätsrechnungen)

Im Folgenden finden solche Verfahren Beachtung, mit denen der Umfang an liquiden Mitteln in einem Unternehmen bestimmt werden kann. Durch die geeignete Schichtung der Zahlungsgrößen lassen sich zudem die Ursachen für den ermittelten Liquiditätssaldo erkennen. Diese Informationen sind sowohl für das Management wie auch für externe Kapitalgeber von Bedeutung. In die Verfahren gehen Bestände an liquiden Mitteln sowie deren Veränderungen durch Ein- und Auszahlungen ein. Aus der Gegenüberstellung dieser Größen lässt sich der Bedarf bzw. der Überschuss an liquiden Mitteln erkennen. Dieser bildet dann den Ausgangspunkt für die Planung weiterer Maßnahmen. Sofern ein Bedarf an liquiden Mitteln erkennbar ist, sind Schritte zur Beschaffung zusätzlicher Mittel zu überlegen, oder es ist zu fragen, ob geplante Auszahlungen tatsächlich durchgeführt werden müssen. Im Fall eines Überschusses an liquiden Mitteln sind Möglichkeiten zur Anlage dieser Beträge auszuwählen.

---

452 Vgl. zum Spektrum der Anspruchsgruppen auch die Ausführungen unter Gliederungspunkt I. 2. b).

III. Finanzplanung

a) Ansatzpunkte einer Ausgestaltung von Liquiditätsrechnungen

aa) Grundsätzliche Anforderungen

(1) Anforderungsprofil

Die Verfahren, die zur Ermittlung der Liquidität eines Unternehmens eingesetzt werden, sind im Folgenden als *Liquiditätsrechnungen*[453] bezeichnet.[454] Ihre generelle Aufgabe besteht darin, über die Liquiditätslage der Unternehmung zu informieren und Grundlage für an Zahlungen orientierte Entscheidungen zu sein.[455] Sie ermöglichen insbesondere dem Finanzmanagement – als internem Adressaten – Maßnahmen zur Steuerung der liquiden Mittel. Externen Adressaten bieten sie eine Basis dafür, die Zahlungsfähigkeit und das finanzielle Wertepotenzial eines Unternehmens einzuschätzen. Die Unternehmen informieren dabei einerseits freiwillig über ihre Zahlungssituation. Andererseits sind sie im Rahmen einer vertrauenswürdigen Kommunikationspolitik (als Teil der *Corporate Governance*[456]) faktisch bzw. im Rahmen bestimmter Rechnungslegungsvorschriften[457] rechtlich zu dieser Offenlegung verpflichtet.

Mögliche Aussagen, die auf Basis von Liquiditätsrechnungen abgeleitet werden sollen, betreffen bspw.

– den Bestand an liquiden Mitteln zum Ende einer Periode bzw.
– die Veränderungen im Bestand an liquiden Mitteln während einer Periode,
– die Ursachen/Quellen für die Höhe des Liquiditätssaldos,
– die Verwendungsmöglichkeiten des Liquiditätssaldos,
– den Vergleich der Salden von Jahresabschluss und Liquiditätsrechnung,
– den Unternehmenswert auf Basis diskontierter Zahlungssalden.

Erweitert man die Betrachtung über die Ebene der liquiden Mittel hinaus, so können darüber hinaus Aussagen

– zum Bestand an *Near Money Assets* und weiterer monetärer Positionen, d. h. einem *„Finanzmittelfonds"*, getroffen werden.[458]

Ergänzend zu den primär zahlungsbezogenen Liquiditätsrechnungen dienen weitere Rechenwerke der Unterstützung der Liquiditätsplanung. Hierzu zählen bspw. die Pla-

---

453 Synonym werden die Bezeichnungen „Finanzrechnung", „Finanzierungsrechnung" oder „Kapitalbedarfsrechnung" verwendet, *Chmielewicz* (Fn. 315), S. 19; *Däumler* (Fn. 26), S. 44; *von Wysocki* (Fn. 373), Sp. 1254.
454 Vgl. grundsätzlich *Chmielewicz* (Fn. 315); *Matschke/Hering/Klingelhöfer* (Fn. 314), S. 128–171; *Sprink* (Fn. 377), S. 41–57; *von Wysocki* (Fn. 373), Sp. 1253–1266.
455 Wie erwähnt, wird ein solches „Frühwarnsystem" nach dem KonTraG gefordert, vgl. *Zunk* (Fn. 442), 557.
456 Der Begriff Corporate Governance steht vereinfacht für alle Vorkehrungen, die sicherstellen, dass Unternehmen nach den Vorstellungen der Anteilseigner geführt werden. Vgl. *Schäfer* (Fn. 350), S. 89 f.; *Schmidt*, in: Berndt et al. (Hrsg.), Leadership in turbulenten Zeiten, 2003, S. 71–83.
457 Vgl. hierzu die Ausführungen zu Kapitalflussrechnungen nachfolgend im Gliederungspunkt III. 4. c) cc).
458 Vgl. näher zum Finanzmittelfonds die Ausführungen unter Gliederungspunkt III. 4. c) cc).

4. Instrumente zur Ermittlung und Gestaltung des Finanzierungsbedarfs

nung der Bank-Kontostände, Fälligkeitsübersichten zu Geldanlagen und -aufnahmen sowie finanzielle Kennzahlen.[459]

Im Hinblick auf die Bedeutung einer Feststellung der Liquidität sowie der daran anknüpfenden Entscheidungen müssen Liquiditätsrechnungen bestimmten Anforderungen genügen. Diese Anforderungen sollen insbesondere sicherstellen, dass die einzelnen Verfahrensschritte sich möglichst sachgerecht, exakt und transparent gestalten. Es handelt sich im Einzelnen um folgende Anforderungen, die zunächst in idealer Form formuliert und dann mit Blick auf ihre Praktikabilität modifiziert werden:[460]

— *Zahlungsmittelbezug*: Die in die Liquiditätsrechnung einfließenden Größen sind der Bestand an liquiden Mitteln (Kasse, Bankgiro- und Postgiroguthaben, freie Kreditlinien) sowie anfallende Ein- und Auszahlungen. Die in der Bilanzbuchhaltung sowie in der Kosten- und Leistungsrechnung verwandten Elemente Aufwand/Ertrag, Kosten/Leistung oder Forderungen/Verbindlichkeiten sind für die direkte Übernahme in die Finanzplanung nicht geeignet.

— *Zukunftsbezug*: Planung ist elementar durch eine Zukunftsbezogenheit gekennzeichnet. Insofern muss auch die Liquiditätsrechnung sich auf erwartete, prognostizierte Zahlungsgrößen stützen.

— *Vollständigkeit*: Es ist sicherzustellen, dass die relevanten Zahlungsgrößen umfassend und überschneidungsfrei vorliegen.

— *Bruttoprinzip*: Die jeweiligen Zahlungsgrößen sind isoliert, d.h. einzeln auszuweisen. Zusammenfassungen von Ein- oder Auszahlungen zu Gruppen bzw. die Aufrechnung von Ein- mit Auszahlungen führen zu einer Einschränkung der Aussagefähigkeit und Nachvollziehbarkeit der Liquiditätsrechnung.

— *Betragsgenauigkeit*: Die einbezogenen Zahlungen und Bestände an liquiden Mitteln sind so genau wie möglich anzugeben. Eine nur pauschale Betragsangabe – z.B. die Unterdeckung liegt zwischen 1000 Euro und 10 Millionen Euro – würde insbesondere die Suche nach geeigneten Handlungsalternativen erschweren.

— *Tagesausweis*: Idealerweise sollen Über- und Unterdeckungen an liquiden Mitteln für einzelne Tage und nicht für größere Zeitintervalle angegeben werden. Gefordert wird hiermit also der Ausweis von Momentan- und nicht von Periodenliquidität.

— *Aktualität*: Die in die Liquiditätsrechnung einzubeziehenden zukünftigen Größen müssen aufgrund der Informationen prognostiziert werden, die im Planungszeitpunkt vorliegen. Diese Informationen können sich aber im Zeitablauf ändern.

— *Kontrollierbarkeit*: Dieser Grundsatz[461] verlangt die schriftliche Aufzeichnung der Rechnungen und Kommentare, die das Zustandekommen einzelner Positionen erläutern. Von Bedeutung ist dieser Grundsatz, wenn das Ermittlungsergebnis bezweifelt wird oder die zugrunde gelegten Annahmen zu einem späteren Zeitpunkt überdacht werden sollen.

— *Zentralisierung*: Gefordert wird, dass für das Gesamtunternehmen eine einzige zentrale Instanz mit der Feststellung der Liquidität betraut ist.[462] Die Liquiditätsplanung

---

459 Vgl. *Zunk* (Fn. 442), 557.
460 Vgl. zu Anforderungen an Liquiditätsrechnungen: *Däumler* (Fn. 26), S. 49; *Hauschildt/Sachs/Witte* (Fn. 30), S. 76f.; *Steiner/Kölsch* (Fn. 312), 751; *von Wysocki* (Fn. 373), Sp. 1258f.; *Wöhe/Bilstein* (Fn. 26), S. 401.
461 Vgl. *Mandéry* (Fn. 344), S. 3.
462 Vgl. *Hauschildt/Sachs/Witte* (Fn. 30), S. 18f.

soll nicht in dem Sinn aufgeteilt werden, dass einzelne Abteilungen eine eigenständige isolierte Liquiditätsrechnung durchführen.[463]

Allgemein ist zu fordern, dass die in die Liquiditätsrechnung eingehenden Größen *sorgfältig* verarbeitet oder verrechnet werden. Der Aufbau bzw. die Gliederung der Rechnungsgrößen soll *systematisch* erfolgen.

(2) Kritische Betrachtung des Anforderungsprofils

Von zentraler Bedeutung für die Zuverlässigkeit der Planungsergebnisse sind die Anforderungen hinsichtlich der Vollständigkeit und Genauigkeit der in die Liquiditätsrechnung einfließenden Angaben. Dies bedeutet konsequenterweise, dass der Finanzplaner bei der Überprüfung der Fragen

- „*Welche* liquiden Mittel und Zahlungen sind einzubeziehen?",
- „In *welcher Höhe* fallen Ein- und Auszahlungen an?", und
- „Zu *welchem Zeitpunkt* ist mit diesen Zahlungen zu rechnen?"

besondere Sorgfalt anzuwenden hat. Hierin liegt zugleich aber auch eine wesentliche Bedeutung der Liquiditätsrechnung: Sie schafft beim Finanzplaner zunächst das *Bewusstsein* für diese entscheidenden Fragen. Sie erfordert vom Anwender der Liquiditätsrechnung, kritisch darüber zu reflektieren,

- in *welcher Vielfalt* die für die Liquiditätsrechnung *relevanten Rechengrößen* auftreten können (z. B. Zahlungen im Zusammenhang mit Verkäufen, Käufen, Reparaturen, Wartungen, Lohn- und Gehaltsterminen, Zinsen, Tilgungen, Steuerterminen, Ausschüttungen, ...), und
- wie die *Prognosen* hinsichtlich des Umfangs sowie des Zeitpunkts einzelner Zahlungen *sachgerecht erstellt* und hinreichend plausibel gemacht werden können.

Dazu zählen auch die sorgfältige Vorbereitung und Durchführung der für die Finanzplanung erforderlichen *Datenerhebung*. Soweit die Finanzplanung auf relevante Angaben weiterer Abteilungen (etwa: Einkaufs-, Marketing-, Personalabteilung) im Unternehmen zurückgreift, muss sichergestellt sein, dass diese Angaben auch sorgfältig und rechtzeitig erfolgen und somit verlässlich sind.[464] Dies lässt sich u. a. dadurch gewährleisten, dass der Finanzplaner den meldepflichtigen Stellen die Bedeutung dieser Angaben verdeutlicht. Außerdem sollten klare Anweisungen dahin gehend bestehen, an welche Person, zu welchen Terminen und in welcher Form entsprechende Informationen zu erbringen sind[465] (vgl. Abbildung 44).

Als schwer wiegendes Problem zeigt sich jedoch, dass das *gleichzeitige Einhalten der Anforderungen Zeitpunktgenauigkeit, Betragsgenauigkeit und Vollständigkeit zukünftiger Ein- und Auszahlungen* umso schwieriger wird, je weiter der Zeitpunkt in der Zukunft liegt, für den die Zahlungsfähigkeit ermittelt werden soll. Dies steht dem Bestreben gegenüber, möglichst früh Über- und Unterdeckungen zu erkennen und somit genü-

---

463 Vgl. zur Anwendung der Eigenschaft „Liquidität" auf einzelne Teile von Unternehmen sowie die Vor-/Nachteile dessen auch die Ausführungen unter Gliederungspunkt III. a) bb).
464 Dies wird auch als der „entscheidende Erfolgs-Faktor für eine aussagekräftige Finanzplanung" gesehen, *Zunk* (Fn. 442), 562.
465 Zum „Kommunikationsproblem" zwischen Finanzabteilung und den „zahlungsauslösenden" oder „zahlungsgenerierenden" Bereichen Beschaffung, Produktion und Absatz vgl. *Hauschildt/Sachs/Witte* (Fn. 30), S. 32–35.

4. Instrumente zur Ermittlung und Gestaltung des Finanzierungsbedarfs

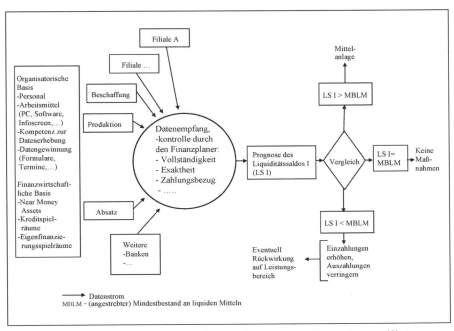

Abbildung 44: Voraussetzungen, Struktur und Prozess der Finanzplanung[466]

gend Zeit für die Suche, Beurteilung, Auswahl und Durchführung von finanzwirtschaftlichen Alternativen zu haben.

Die genaue *und* sichere Prognose ist i. d. R. nur für einen Teil der Zahlungen (z. B. für vereinbarte Tilgungsraten eines langfristigen Kredits) und nur für einen relativ kurzen Zeitraum möglich. Der Forderung nach tagesgenauem Ausweis kann mittel- und langfristig nicht entsprochen werden. Als Alternative bietet sich in diesem Fall die Ermittlung von *Periodenliquiditäten* für kurze Zeiträume (z. B. Wochen und Monate) an.

Zu beachten ist auch, dass zwar die Höhe zukünftiger Auszahlungen zum großen Teil von noch zu treffenden Entscheidungen der Unternehmensleitung abhängt (z. B. Auszahlungen für die Beschaffung von Produktionsfaktoren), dass jedoch die Höhe zukünftiger Einzahlungen nicht direkt vom Unternehmen beeinflusst werden kann (z. B. Höhe der Einzahlungen aus dem Umsatzprozess). Hier bietet sich die Aufnahme von *Toleranzgrenzen* bei der Betragsangabe an (z. B. Einzahlungen aus betrieblichen Umsätzen im folgenden Jahr = 20 Mio. Euro +/– 5 %).

Zweckmäßigerweise verlangt man nicht die Einhaltung oder Preisgabe der Anforderungen an die Rechengrößen generell, sondern lockert diese in Abhängigkeit vom Planungshorizont und von der Art der Zahlungsgröße. Die Differenzierung der Anforderungen kann dazu beitragen, Scheingenauigkeiten zu vermeiden. Der Anschein inhaltlicher und zeitlicher Präzision ist gefährlicher als der offene Ausweis ungenauer Angaben.

---

466 Vgl. umfassender hierzu auch *Gramlich* (Fn. 423), Studienblatt.

III. Finanzplanung

bb) Gestaltungselemente

Liquiditätsrechnungen können unterschiedlich aufgebaut sein. Mögliche Varianten betreffen ihre formale sowie ihre inhaltliche Gestaltung. Unter *formalen* Gesichtspunkten kann die Liquiditätsrechnung in Staffel- oder in Kontenform dargestellt sein. Bei der *Staffelform* werden die relevanten Zahlungsgrößen ähnlich wie in einer Additions- oder Subtraktionsrechnung untereinander aufgeführt. Dagegen sind bei der *Kontoform* die positiven und negativen Einflüsse auf die liquiden Mittel einander in Spalten gegenübergestellt (Abbildung 45).[467]

Staffelform	Kontoform	
1. Bestand an liquiden Mitteln + 2. Einzahlungen − 3. Auszahlungen ────────────── = 4. Überschuss/Bedarf	Bestand an liquiden Mitteln Einzahlungen Saldo (= Bedarf)	Auszahlungen Saldo (= Überschuss)

Abbildung 45: Staffel- und Kontoform als formale Aufbaumöglichkeiten von Liquiditätsrechnungen

Als weiteres formales Unterscheidungsmerkmal von Liquiditätsrechnungen lässt sich das *Prinzip* erkennen, *nach dem die einzelnen Einzahlungen oder Auszahlungen gegliedert sind* (unabhängig davon, ob die Konto- oder Staffelform gewählt ist). Dies kann z. B.

- nach der Zurechenbarkeit der Zahlungsgrößen zum Leistungs- oder zum Finanzbereich,[468]
- nach der Zurechenbarkeit von Ein- und Auszahlungen zum Beschaffungs-, Produktions- oder Absatzbereich,
- nach der Natur der einzelnen Zahlungen[469] oder
- nach dem Grad der Sicherheit der Zahlungen

geschehen.

Der *Inhalt* der Liquiditätsrechnung wird durch folgende Überlegungen bestimmt:

- Sollen grundsätzlich *alle* in Betracht kommenden *Zahlungen* einbezogen werden? Oder genügt es ggf., *nur solche Zahlungen* einzubeziehen, die ein bestimmtes Volumen aufweisen? Hintergrund ist hier, dass die Liquiditätsrechnung nicht zu stark aufgebläht und der Aufwand ihrer Durchführung in Grenzen gehalten werden soll. Ebenfalls ist zu beachten, dass bei der Vorausschau auf zukünftige Zahlungen vor allem solche Ungleichgewichte aufgedeckt werden sollen, die ausgeprägt sind und denen mit langfristig angelegten Maßnahmen begegnet werden muss. Alternativ

---

467 Vgl. *Eilenberger* (Fn. 7), S. 351–356.
468 Vgl. etwa das Beispiel unter Gliederungspunkt III. 4. b) bb) (2). Vgl. auch *Eilenberger* (Fn. 7), S. 354.
469 Etwa Zahlungen für Personal, Miete, Heizung. Vgl. *Däumler* (Fn. 26), S. 51.

liegt dem auch der Gedanke zugrunde, dass die vernachlässigten Ein- und Auszahlungen sich bis zu einem bestimmten Grad kompensieren.[470]
- Es ist festzulegen, für welchen Zeitraum die Planung erfolgen soll (*Planungshorizont*). Wird für einen Tag im Voraus geplant oder für einen Monat oder für ein Jahr?
- Bezieht die Planung sich auf größere Zeiträume, so ist anzugeben, für welches *Zeitintervall* der Liquiditätssaldo zu berechnen ist. Eventuell bietet es sich an, zu Beginn des Planungszeitraums (wenn also die einzelnen Zahlungen noch relativ exakt vorhergesehen werden können) einen taggenauen Ausweis vorzusehen, danach auf einen wochengenauen und letztlich auf einen monatsgenauen Ausweis zu wechseln.[471]
- Schließlich ist festzulegen, zu welchem Zeitpunkt die Planung erneut durchzuführen oder mit aktuellen Informationen zu ergänzen ist (*Wiederholungszeitpunkt*). Bspw. kann es bei einer Liquiditätsrechnung, die auf ein Jahr angelegt ist, nicht genügen, erst nach Ablauf dieses Jahres eine weitere Planung durchzuführen: Am Ende des Jahres, d.h. am letzten Tag der Planungsperiode, enthält die Liquiditätsrechnung keine Angaben mehr über die weitere Zukunft. Es ist deshalb erforderlich, bereits zu einem früheren Zeitpunkt, z.B. nach Ablauf eines Monats, eine erneute Planung durchzuführen. Durch dieses Prinzip der sich jeweils erneuernden, vor Ablauf des Planungshorizonts vollständig wiederholten Planung ist immer wieder neu eine angemessene zeitliche Vorausschau möglich (*revolvierende, rollierende oder gleitende Planung*).[472]

b) Formen von Liquiditätsrechnungen

aa) Übersicht

Liquiditätsrechnungen lassen sich nach unterschiedlichen Kriterien ordnen.[473] Sie unterscheiden sich insbesondere nach

- der Datenbasis, auf der die Zahlungsgrößen ermittelt werden, in *direkte bzw. originäre* (unmittelbar auf Zahlungen beruhend) und *indirekte bzw. derivative* (Zahlungen werden über das Rechnungswesen abgeleitet) Liquiditätsrechnungen,[474]
- ihrem Umfang an zeitlicher Vorausschau (Planungshorizont) und dem damit verbundenen Spielraum für Reaktionen in *kurz-, mittel- und langfristige* (strategische) Liquiditätsrechnungen,[475]

---

[470] Grundsätzlich jedoch bedeutet der Verzicht eine Abweichung vom geforderten Grundsatz der Vollständigkeit.

[471] Vgl. hierzu auch die Darstellung im Rahmen des Finanzplans unter Gliederungspunkt III. 4. b) cc) (1).

[472] Vgl. zur „gleitenden" Finanzplanung auch: *Eilenberger* (Fn. 7), S. 351. Vgl. auch den Aufbau des Finanzplans in Gliederungspunkt III. 4. b) cc) (1).

[473] Vgl. auch *von Wysocki* (Fn. 373), Sp. 1254 f.

[474] Vgl. *Coenenberg/Alvarez/Meyer* (Fn. 25), Sp. 482 f.; *Spremann* (Fn. 8), S. 111. Z. T. wird auch von zahlungsbezogenen und bilanzbezogenen Kapitalbedarfsrechnungen gesprochen, vgl. *Kloock*, in: Gerke/Steiner (Hrsg.), Handwörterbuch des Bank- und Finanzwesens, 3. Aufl. 2001, Sp. 1238, 1240.

[475] Z. T. werden Finanzplanungen mit einem Horizont bis zu einem Jahr als Liquiditätsplanung bezeichnet und solche über ein Jahr als Kapitalbindungsplanung, vgl. *Matschke/Hering/Klingelhöfer* (Fn. 314), S. 95. Vgl. zu Planungsformen nach ihrem „Bezugszeitraum" *Schweitzer* (Fn. 319), S. 33 f.

III. Finanzplanung

– den Informationsempfängern in *interne und externe* Liquiditätsrechnungen (Veröffentlichung z. T. freiwillig, z. T. verpflichtend).

Eine mögliche Integration dieser Formen bietet Abbildung 46.

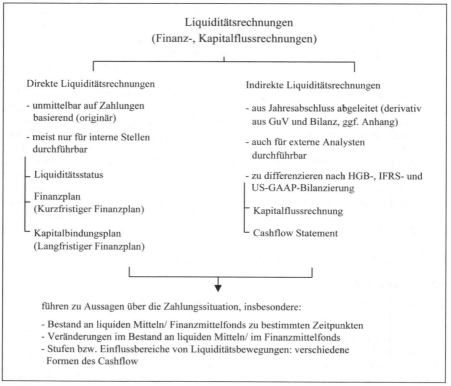

Abbildung 46: Formen von Liquiditätsrechnungen

Die Liquiditätsplanung kann idealerweise unmittelbar an Ein- und Auszahlungen ansetzen.[476] Dies setzt eine entsprechende Zahlungsrechnung bzw. ein Cashflow-Informationswesen voraus. Aus der generellen Sicht des Rechnungswesens ist aber zu bedenken, dass hiermit ein zusätzlicher Datenaufwand entsteht. Zudem sollte die Liquiditätsplanung auch mit der Darstellungsform weiterer Datenbereiche, insbesondere mit Bilanz und GuV, kompatibel sein. Dies empfiehlt sich vor allem in den Fällen, in denen von Unternehmen spezielle Liquiditätsrechnungen als Teil des Jahresabschlusses gefordert werden.[477] Es kann deshalb sinnvoll sein, die benötigten Daten nicht in originärer Form zu erheben, sondern aus den bereits verfügbaren Größen des Rechnungswesens abzuleiten.

---

476 Vgl. *Kloock* (Fn. 474), Sp. 1243. In der Realität ist aber eine umfassende Zahlungsrechnung oft nicht gegeben, vgl. *Scheffler* (Fn. 387), 295.

477 Dies ergibt sich im Zusammenhang mit der Konzernrechnungslegung, vgl. Gliederungspunkt III. 4. c) cc).

4. Instrumente zur Ermittlung und Gestaltung des Finanzierungsbedarfs

Im Folgenden werden zunächst *direkte bzw. originäre Liquiditätsrechnungen* betrachtet.[478] Ihre Darstellung erfolgt jeweils im Hinblick auf die Merkmale
- *Zielsetzung* (Zweck der Planung),
- *zeitliche Struktur* (Planungshorizont, -perioden, -intervalle),
- *inhaltliche Struktur* (Formen und Untergliederung der Rechengrößen).

Die originären Liquiditätsrechnungen sind nach dem Zeitraum, auf den sich die Planung bezieht, in den *Liquiditätsstatus*, (kurzfristigen) *Finanzplan* und den *Kapitalbindungsplan* unterteilt. Dabei ist es wichtig sich zu vergegenwärtigen, dass diese *nicht isoliert oder alternativ* zu sehen sind. Sie *ergänzen* sich vielmehr wie folgt: Der *Kapitalbindungsplan* schafft durch eine langfristige Vorausschau sowie durch die „Mit-" Planung fundamentaler Maßnahmen die Basis für die zukünftige Liquiditätssituation eines Unternehmens.[479] Er muss dabei gewährleisten, dass über einen gesamten Investitionszyklus hinweg die anfallenden Ein- und Auszahlungen ausgeglichen sind. Es handelt sich allerdings um noch relativ grobe Rahmenvorgaben (*strukturelle Liquidität*), die mit der generellen Unternehmensplanung abgestimmt sind und die operative Maßnahmen zudem (vorbeugend) beeinflussen können.

Mit der Verabschiedung des Kapitalbindungsplans werden sowohl produkt- wie auch finanzbezogene Rahmenbedingungen geschaffen. Dabei bleibt aber weitgehend offen, wie sich die Liquiditätssalden während einzelner Perioden oder Tage innerhalb des Investitionszyklus verhalten. Dieser grobe Datenkranz ist nun durch den kürzerfristig ausgerichteten (kurzfristigen) *Finanzplan* auszufüllen. Auf seiner Basis können aber nur rein finanzwirtschaftliche Maßnahmen ergriffen werden (*Feinsteuerung, dispositive Liquidität*). Schließlich hat der *Liquiditätsstatus* die Aufgabe, die Liquidität des Unternehmens an einem einzelnen Tag zu dokumentieren. Der Liquiditätsstatus stellt dabei die *aktuelle Liquidität* des Unternehmens fest. Maßnahmen zur Korrektur der festgestellten Liquidität sind auf seiner Basis aber kaum mehr durchzuführen (*situative Liquidität*). Diese können sich zudem nur sehr begrenzt im Rahmen einer „*Feinststeuerung*" in dem von Kapitalbindungsplan und Finanzplan vorgezeichneten Rahmen bewegen (Abbildung 47).

bb) Bestimmung der gegenwärtigen Liquidität

(1) Liquiditätsstatus

(a) Zielsetzung

Der Liquiditätsstatus soll es ermöglichen, die *gegenwärtige* bzw. *aktuelle Liquidität* festzustellen.[480] Hierbei ist unter „aktueller Liquidität" die Liquidität des Unternehmens *am heutigen Planungstag* zu verstehen. Der Liquiditätsstatus soll die voraussicht-

---

[478] Indirekte bzw. derivative Rechnungen sind in Gliederungspunkt III. 4. c) behandelt.
[479] Aus finanzplanerischer Sicht sollte bspw. das Produktprogramm so gestaltet sein, dass bereits auf dem Markt etablierte Produkte die Zahlungsüberschüsse schaffen, mit denen neue Produktlinien finanziert werden können. Vgl. zu einer solchen „Mischung" auf Basis des Lebenszykluskonzepts *Ordelheide/Leuz* (Fn. 366), 182 f. Es wird auch darauf verwiesen, dass neben der Mitplanung leistungswirtschaftlicher Maßnahmen vor allem deren vorteilhafte Abwicklung aus Zahlungsperspektive erfolgen muss, vgl. *Bitz/Terstege* (Fn. 313), S. 301 f.
[480] Vgl. grundsätzlich *Lachnit* (Fn. 13), Sp. 889, 893; *Matschke/Hering/Klingelhöfer* (Fn. 314), S. 144–147; *Steiner* (Fn. 318), Sp. 473–476.

III. Finanzplanung

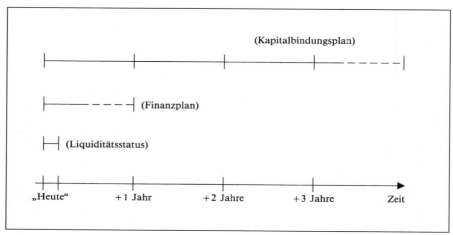

Abbildung 47: Zeitlicher Bezug der Liquiditätsrechnungen

liche Über- oder Unterdeckung an liquiden Mitteln angeben, die sich für das Unternehmen „heute" ergibt, wenn es fällige Auszahlungen sowie die aus weiteren Gründen geplanten Auszahlungen tätigt.

Im Fall eines *erwarteten Defizits* an liquiden Mitteln soll der Liquiditätsstatus Entscheidungen über Maßnahmen erleichtern, die zur Vermeidung des tatsächlichen Eintritts des Defizits am (heutigen) Planungstag ggf. noch getroffen werden können.[481] Er sichert dadurch die *situative Liquidität* des Unternehmens. Für solche Maßnahmen muss die Zeit ausreichend sein, die ab dem Zeitpunkt der Feststellung der Unterdeckung bis zum Ende des Geschäftstags noch verbleibt. In dieser kurzen Frist ist es allerdings meist schwierig oder sogar unmöglich, liquide Mittel über die Inanspruchnahme von Finanzierungsreserven oder die Veräußerung von Near Money Assets[482] zu beschaffen. Möglich ist aber i. d. R. das *Aufschieben von nicht zwingend fälligen Auszahlungen*. Solche Dispositionen werden deshalb auch als „Notmaßnahmen"[483] bezeichnet.

Der Liquiditätsstatus hat zudem die Aufgabe einer *Feinsteuerung*. Er soll Möglichkeiten aufzeigen, wie die relevanten Auszahlungen (sowie in Ausnahmefällen auch die geplanten Einzahlungen) konkret gesteuert werden können: Soweit bspw. ein Unternehmen bei mehreren Kreditinstituten Konten unterhält, genügt es nicht, global für die Einhaltung der Liquidität zu sorgen. Vielmehr muss speziell angegeben werden, bei welchem Institut ein Defizit auszugleichen ist (oder bei welchem Institut liquide Mittel zur Verwendung verfügbar sind). Auch muss bezeichnet werden, *welche* bzw. *in welcher Höhe Auszahlungen* aufgeschoben werden sollen. Dies kann jedoch nur solche Auszah-

---
481 Grundsätzlich ist umstritten, ob der Liquiditätsstatus überhaupt Maßnahmen ermöglichen soll oder nur zur reinen Feststellung der Liquidität dient. Im vorliegenden Lehrbuch wird der Liquiditätsstatus als „Finanzdispositionsrechnung" verstanden: Auf seiner Basis sollen Maßnahmen am Planungstag eingeleitet werden, vgl. *Hauschildt/Sachs/Witte* (Fn. 30), S. 77–79. Vgl. auch *Mandéry* (Fn. 344), S. 21.
482 Vgl. zu deren Bestandteilen die Ausführungen unter Gliederungspunkt III. 3. a) cc) (4).
483 *Größl* (Fn. 315), S. 50.

lungen betreffen, die das Unternehmen nicht zwingend zu leisten hat: Z. B. fällt darunter der Aufschub von geplanten Zahlungen an Lieferanten, obwohl hierdurch Skonti verfallen. Handelt es sich dagegen um *definitiv fällige Auszahlungen*, so kann das Unternehmen diese nicht aufschieben, ohne dass es hierdurch illiquide wird.

Soweit der Liquiditätsstatus Aufschluss über einen erwarteten *Überschuss* an liquiden Mitteln gibt, sind Maßnahmen zu deren Verwendung zu treffen. Soweit das Unternehmen diese Beträge z. B. zinsbringend anlegen möchte, ist der Zinsgewinn umso höher, je früher die Mittelanlage erfolgt. Im Idealfall sollte die Verwendung der Mittel noch am Planungstag selbst erfolgen, bspw. als Tagesgeld oder täglich fälliges Geld.

(b) Zeitliche Struktur

Seiner Zielsetzung entsprechend umfasst der Liquiditätsstatus liquide Mittel und Zahlungsbewegungen ausschließlich des gegenwärtigen (heutigen) Tags. Aus der Aufgabenstellung des Liquiditätsstatus ergibt sich außerdem, dass dieser *Tag für Tag* erneut aufzustellen ist. Der Liquiditätsstatus ist also „eine tagesbezogene und damit extrem kurzfristige Liquiditätsrechnung, in der alle finanzwirtschaftlichen Tatbestände, die für die heutige Liquidität ausschlaggebend sind, zusammengestellt werden"[484]. Bereits über die Zahlungsfähigkeit des folgenden Tages kann der Liquiditätsstatus keine Aussage mehr machen.

(c) Inhaltliche Struktur

Für die Berechnung des gegenwärtigen (momentanen) Liquiditätssaldos sind folgende *Positionen* maßgebend (Tabelle 4):

Tatsächlicher Anfangsbestand an liquiden Mitteln am Planungstag (bzw. festgestellter Endbestand am Vortag)
+ die am Planungstag bereits eingegangenen Einzahlungen
− die am Planungstag bereits geleisteten Auszahlungen
+ die am Planungstag erwarteten weiteren Einzahlungen (fällige Zahlungsansprüche und sonstige erwartete Einzahlungen)
− die am Planungstag geplanten weiteren Auszahlungen (fällige Zahlungsverpflichtungen und sonstige geplante Auszahlungen).

Der Liquiditätsstatus wird im *Verlauf eines Geschäftstags* durchgeführt. Seit Beginn des Geschäftstags bis zur Durchführung des Liquiditätsstatus sind üblicherweise bereits Ein- und Auszahlungen angefallen.[485] Diese Zahlungsbewegungen können sowohl in Bar- als auch in Buchgeld erfolgt sein, sie haben ggf. den Kassenbestand im Unternehmen oder das Giroguthaben bei Kreditinstituten verändert.

Die genannten Zahlungsbewegungen können eventuell nur schwierig für die Zwecke des Liquiditätsstatus erfasst werden. Soweit sie sich in einer Veränderung des Kassenbestands im Unternehmen niederschlagen, muss für die Durchführung des Liquiditätsstatus eine Art *„Kassenzwischenstand"* ermittelt und an den Finanzplaner gemeldet werden. Bei Ein- und Auszahlungen auf das Konto des Unternehmens bei Kreditinstituten ist als Problem zu sehen, dass Informationen hierüber für das Unternehmen eventuell nicht unmittelbar erhältlich sind. Bspw. ist eine Auszahlung durch das Unternehmen

---

[484] *Witte* (Fn. 30), S. 38.
[485] Vgl. *Mandéry* (Fn. 344), S. 20.

III. Finanzplanung

Tabelle 4: Grundstruktur des Liquiditätsstatus

	A. Kassenstand			B. Giroguthaben				C. Freie Kreditlinien			Σ
	Zentrale	Filiale ...	Σ	Bank A	Bank ...	Post	Σ	Bank A	Bank ...	Σ	A+B +C
1. Stand zu Beginn des Planungstags											
2. Bereits erfolgte Einzahlungen am Planungstag											
3. Bereits erfolgte Auszahlungen am Planungstag											
4. Aktueller Stand (1+2–3) (Alternativ: ggf. direkt über Cash Management)											
5. Weiter erwartete „sichere" Einzahlungen											
6. Weiter zu leistende zwingende Auszahlungen											
7. Erwarteter (vorläufiger) Endstand am Planungstag (4+5–6 = Liquiditätssaldo I)											
8. Ausgleichsmaßnahmen bei negativem Liquiditätssaldo I – Umbuchung von Girobeständen – Einreichung von Schecks – Bareinzahlungen (– geplante, nicht zwingende Auszahlungen vermeiden)											
9. Ausgleichsmaßnahmen bei positivem Liquiditätssaldo I – weitere nicht zwingende Auszahlungen möglich – Mittelanlage											
10. Korrigierter erwarteter Endstand (7+8 bzw. 7–9)											

bereits per Überweisung verfügt worden, oder ein Scheck wurde zum Einzug vorgelegt, aber diese Geschäftsvorfälle konnten durch das Kreditinstitut noch nicht auf dem Unternehmenskonto belastet oder gutgeschrieben werden. Wenn z. B. ein Kreditinstitut generell Zahlungen, die nach einer bestimmten Uhrzeit (z. B. 12.00 Uhr) eingehen, erst am folgenden Geschäftstag verbucht, hat das Unternehmen einen *„Buchungsschnitt"* zu

4. Instrumente zur Ermittlung und Gestaltung des Finanzierungsbedarfs

beachten.[486] I.d.R. ist auch davon auszugehen, dass Kontoauszüge nur für das Ende oder den Beginn eines Geschäftstags erhältlich sind.

Mit zunehmender *Automatisierung des Zahlungsverkehrs* und der Verbreitung von *Online-Lösungen* bzw. der *Real Time-Datenübertragung* im Zahlungsverkehr werden die genannten Schwierigkeiten jedoch vermindert. Insbesondere bieten neue Dienstleistungen auf dem Gebiet des *Electronic Banking*, wie etwa die Informationsmöglichkeiten per Internet, den Unternehmen bessere Möglichkeiten zur aktuellen Abfrage von Kontoständen.[487] Wie nachfolgend noch darzustellen ist, bieten Cash Management-Systeme nicht nur aktuelle Informations-, sondern auch sofortige Reaktionsmöglichkeiten.

Zweckmäßigerweise wird der *Bestand an liquiden Mitteln* nicht nur in einem Betrag ausgewiesen, sondern so untergliedert, dass die Höhe des Kassenbestands, die Höhe der bei den verschiedenen Geldinstituten unterhaltenen Sichtguthaben und die Höhe der nicht in Anspruch genommenen Kredite ersichtlich sind.[488] Wenn die Zusammensetzung der liquiden Mittel offen ausgewiesen wird, erleichtert dies die Auswahl des Geldinstituts, bei dem empfangene Schecks zum Einzug oder zur Gutschrift einzureichen sind, sowie die Entscheidung, über welche Konten per Scheck, per Überweisung oder bar verfügt wird.

Außerdem sollte bei den einzelnen Auszahlungsarten unterschieden werden zwischen *fälligen Zahlungsverpflichtungen*, aus *wirtschaftlichen Gründen nicht aufschiebbaren Zahlungen* und *Zahlungen, die weder aus juristischen noch aus wirtschaftlichen Gründen zwingend* zu erfüllen sind.[489] „Das ist besonders für die Begleichung von Lieferantenverbindlichkeiten unter Ausnutzung von Skonto wichtig. Erst wenn sich herausstellt, dass die Zahlungskraft hierzu nicht ausreicht, werden diese Zahlungsvorhaben verschoben"[490]. Die Untergliederung der Planauszahlungen unter diesem Gesichtspunkt ist vor allem für den Fall der *Unterdeckung* von erheblicher Bedeutung, da die Unternehmensleitung dann schnell entscheiden muss, welche Zahlungen an diesem Tage zu leisten sind und welche verschoben werden können. Bei den *Planeinzahlungen* erweist sich die Bildung von Teilmengen besonders im Hinblick auf die *Sicherheit, mit der die Einzahlungen erwartet werden*, als zweckmäßig.

(2) Cash Management-Systeme als Weiterentwicklung des Liquiditätsstatus in der Praxis

(a) Motive für die Entwicklung von Cash Management-Systemen

Bei der Ermittlung der aktuellen Liquidität ergibt sich als Problem, dass benötigte Informationen über Kassenbestände, eingegangene und ausgegangene Zahlungen sowie über am Planungstag weiter erwartete Zahlungsströme relativ kurzfristig eingeholt werden müssen. Soweit – in Abhängigkeit vom Resultat der Liquiditätsrechnung – Dispositionen über Zahlungsmittel zu erfolgen haben, sind diese ohne größere Zeitverzögerung

---

486 Vgl. *Hauschildt/Sachs/Witte* (Fn. 30), S. 78.
487 Vgl. zu Aspekten des Electronic Banking *Epple*, Die Kundenselbstbedienung im Marketing der Kreditinstitute, 1987, insbes. S. 50–63.
488 In den Liquiditätsstatus sind nur verbindlich zugesagte, nicht ausgenutzte Kreditlinien aufzunehmen, nicht aber lediglich vermutete Kreditlinien. Zum Problem latenter Kreditspielräume vgl. *Harms* (Fn. 362), S. 31 f.
489 Zur Unterscheidung dieser Planzahlungen vgl. *Witte* (Fn. 30), S. 39.
490 *Witte* (Fn. 351), S. 141.

III. Finanzplanung

durchzuführen. Diese Anforderung, *unmittelbar auf relevante Informationen zugreifen und Korrekturmaßnahmen sofort durchführen* zu können, wird insbesondere für solche Unternehmen zum Problem, die über unterschiedliche, regional verstreut liegende Unternehmensbereiche verfügen.

Gerade bei Unternehmen mit differenzierter Organisationsstruktur und internationalen Niederlassungen ist aber auch die Notwendigkeit, Zahlungsgrößen zentral zu verwalten, besonders ausgeprägt: Die einzelnen Unternehmensbereiche verfügen i.d.R. über geschäftspolitische und damit auch finanzielle Autonomie. Zahlungsbewegungen werden von den Organisationseinheiten jeweils unabhängig voneinander vorgenommen. Diese Zahlungsdispositionen werden dabei so gestaltet, dass sie den Erfordernissen des jeweiligen Unternehmensbereiches adäquat sind. Dadurch werden *Partialoptima* angestrebt, die sich auf der Ebene des Gesamtunternehmens aber nicht notwendigerweise zu einem *Totaloptimum* ergänzen müssen:

Beispiel:

Unternehmensteil A verfügt über einen Überschuss an Zahlungsmitteln und legt diesen zu einem Zinssatz von 5% an. Dagegen steht Unternehmensteil B vor dem Problem, ein Zahlungsmitteldefizit nur durch Inanspruchnahme eines Kredits zu einem Zinssatz von 6% decken zu können. Sofern die beiden Zahlungsmittelungleichgewichte untereinander ausgeglichen werden, lassen sich Zinskosten einsparen.

Ähnliche Probleme einer unzureichenden oder nicht schnell genug herstellbaren Übersicht über die relevanten liquiden Mittel können auch dann bestehen, wenn ein Unternehmen zwar einheitlich organisiert ist, jedoch eine Vielzahl von Konten bei Kreditinstituten sowie vielfältige finanzielle Verflechtungen mit Lieferanten und Abnehmern unterhält.

(b) Leistungsmerkmale von Cash Management-Systemen

Cash Management-Systeme[491] stellen Instrumente zur Bewältigung der aufgezeigten Handlungserfordernisse dar. Als Cash Management-System ist ein *rechner- und kommunikationsgestütztes Finanzinformations- und Finanztransaktionsinstrument* zu verstehen.[492] Der Leistungsumfang solcher Systeme, die üblicherweise von Kreditinstituten angeboten werden, beinhaltet neben der Schaffung einer Informationsbasis für die Finanzplanung auch Elemente der Finanzdisposition und -kontrolle. Im Einzelnen bieten sich dem Nutzer

– Informationsbeschaffungsmöglichkeiten,
– Informationsverarbeitungsmöglichkeiten sowie
– Transaktionsmöglichkeiten

---

491 Vgl. grundsätzlich *Boettger* (Fn. 367); *Glaum*, bank und markt 1987, 14–19; *Jetter* (Fn. 367); *Krcmar/Schwabe*, Die Bank 1991, 341–344; *Matschke/Hering/Klingelhöfer* (Fn. 314), S. 157–171; *Sperber/Sprink* (Fn. 307), S. 164–178; *Steiner* (Fn. 318), Sp. 465–479. Zur finanzpolitischen Bedeutung von Cash Management vgl. *Hagemann*, gi 1992, 14; *May*, Bankkaufmann 1992, 29–35; *Pausenberger/Glaum/Johansson* (Fn. 372), 1365–1385.
492 Cash Management an sich meint die Steuerung der kurzfristigen Liquidität, vgl. *Steiner* (Fn. 318), Sp. 465 f.

4. Instrumente zur Ermittlung und Gestaltung des Finanzierungsbedarfs

im Zusammenhang mit weltweiten Zahlungsmittelbeständen und -strömen.[493]

Die *Informationsbeschaffungsfunktion* eines Cash Management-Systems besteht insbesondere darin,

- über Kassen- und Kontenstände („*Balance Reporting*") sowie über bestimmte Zahlungsmittelansprüche und -verbindlichkeiten der Unternehmensteile weltweit Auskunft zu geben,
- Vorschläge und Konditionen zur Deckung von Defiziten an liquiden Mitteln oder zur Anlage überschüssiger Gelder zu liefern,
- auf Zinsänderungs- und Währungsrisiken hinzuweisen.

Im Rahmen der durch das Cash Management-System bewirkten *Informationsverarbeitung* ergeben sich folgende Leistungen:

- *Sorting*: Die Angaben über Konten- oder Liquiditätssalden können u. a. nach Währungen und Umsätzen geordnet werden.
- *Translation*: Fremdwährungspositionen lassen sich in Inlandswährung umrechnen; zusätzlich lassen sich *Simulationsrechnungen* für alternative Wechselkursentwicklungen durchführen.
- *Pooling*: Die jeweiligen, eventuell in unterschiedlicher Währung geführten Einzelkonten der an das Cash Management-System angeschlossenen Unternehmensteile werden zusammengefasst und auf einem zentralen Clearing-Konto verdichtet (Cash Concentration).
- *Netting*: Soweit zwischen den einzelnen Unternehmensteilen Zahlungsansprüche oder -verbindlichkeiten bestehen, werden diese unternehmensintern aufgerechnet (Clearing). Ebenfalls findet ein Ausgleich von Zahlungsansprüchen und -verpflichtungen der Unternehmensteile gegenüber dem gleichen Schuldner oder Gläubiger statt.[494]

Beispiel:

Die Forderung (1) von Unternehmensteil A gegenüber Kunde 1 kann mit der Verbindlichkeit (2) von Unternehmensteil B gegenüber demselben Kunden 1 aufgerechnet („genettet") werden (*Netting I*). Dadurch entsteht im Innenverhältnis eine Forderung von A gegenüber B (Forderung (3). Falls nun B wiederum eine Forderung (4) gegenüber A besitzt, kann ein weiterer Ausgleich erfolgen (*Netting II*). In diesem Fall wäre keine Zahlungstransaktion notwendig. Soweit eine solche Forderung von B gegenüber A nicht existiert, besteht der Vorteil des Cash Management-Systems darin, die notwendigen Zahlungsmittelbewegungen von zwei (Kunde an A, B an Kunde) auf eine (B an A) reduziert zu haben (Abbildung 48).

---

493 *Glaum* (Fn. 491), 15–17, unterscheidet als weitere Leistung noch Zusatzfunktionen, die dadurch ermöglicht werden, dass das Unternehmen unternehmensinterne Software in das Cash Management-System einbringt. Vgl. ebenfalls zu Leistungsmerkmalen *Jetter* (Fn. 367), S. 35–46.

494 Vgl. auch das Beispiel zur Verrechnung in mehreren Schritten bei *Matschke/Hering/Klingelhöfer* (Fn. 314), S. 161. Netting wird z. T. in Matching (Zusammenfassung der zwischen zwei Stellen bestehenden Ein- und Auszahlungsströme) und Clearing (Anweisung über den Ausgleich der verbleibenden Zahlungsdifferenz) aufgeteilt, vgl. *Sperber/Sprink* (Fn. 307), S. 167–171.

III. Finanzplanung

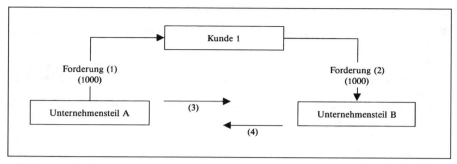

Abbildung 48: Netting als Leistungsbestandteil von Cash Management-Systemen

Schließlich ermöglicht es das Cash Management-System dem Benutzer i. S. e. *Transaktionsleistung*, konkrete Zahlungsbewegungen durchzuführen („*Money Transfer*").[495] Möglich sind z. B. die Begleichung von Lieferantenrechnungen, die Anweisung von Zins- und Tilgungszahlungen, der Ausgleich unternehmensinterner Konten sowie die Anlage überschüssiger Mittel gemäß den vom System vorgeschlagenen Alternativen.

(c) Struktur von Cash Management-Systemen

Das Angebot von Cash Management-Systemen wurde aufgrund der weit reichenden Entwicklungen in der Datenverarbeitungs- und Datenübertragungstechnik möglich. Der technische Aufbau des Systems lässt sich dabei wie folgt skizzieren (Abbildung 49):

1. Die zentrale Finanzabteilung als Benutzer des Cash Management-Systems ist über ein *Terminal* an ein Kommunikations- und Rechnernetz angeschlossen.[496]
2. In dieses Netz werden von den *Systembeteiligten* aktuelle Zahlungsmittelbestände und -bewegungen eingegeben. Diese Eingabe erfolgt einmal durch die ebenfalls an das Netz angeschlossenen *Unternehmensteile* (bspw. über die selbst unterhaltenen Kassenbestände). Weiter erhält der zentrale Rechner auch Daten von solchen *Kreditinstituten*, bei denen das Unternehmen oder die Unternehmensteile Konten unterhalten und die *zugleich ebenfalls Teilnehmer* an diesem Kommunikations- und Rechenverbund sind.
3. Eingegebene Informationen werden über ein Datenübertragungsnetz (z. B. Mark III, Datex P) weitergeleitet. Die interkontinentale Übertragung erfolgt z. T. über Satellit.
4. Mithilfe der dem System zugrunde liegenden Software können nun die eingegebenen *Daten verarbeitet* werden (Pooling, Netting, ...).
5. Der *Finanzmanager* kommuniziert über seinen Anschluss mit dem System und
   – ruft Informationen ab,
   – nimmt – soweit erforderlich – Transaktionen vor.

---

[495] Vgl. *Carstensen*, in: Obst/Hintner (Hrsg.), Geld-, Bank- und Börsenwesen, 40. Aufl. 2000, S. 608 f.

[496] Es kann sich hierbei um ein bankeigenes Netz oder um ein Netz handeln, in das die Kreditinstitute sich einmieten. Vgl. auch *Dambon*, Finanzplanung und Electronic Banking mit Excel, 1994, S. 45–47.

4. Instrumente zur Ermittlung und Gestaltung des Finanzierungsbedarfs

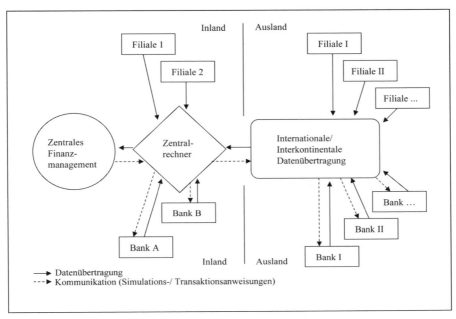

Abbildung 49: Struktur von Cash Management-Systemen

(d) Kritische Beurteilung

Der Nutzen von Cash Management-Systemen ist insbesondere darin zu sehen, die finanziellen Verflechtungen innerhalb von Unternehmen mit mehreren selbstständigen Unternehmensteilen sowie einer Vielzahl von Kunden- oder Bankverbindungen *transparent* zu machen. Das zentrale Finanzmanagement erhält taggenaue, aktuelle Informationen zu unterschiedlichen entscheidungsrelevanten Sachverhalten. Hierzu lassen sich z. B. das Geflecht der zwischen den Unternehmensteilen bestehenden Zahlungsansprüche und -verbindlichkeiten sowie die finanziellen Beziehungen der Unternehmensteile zu gemeinsamen Kunden anführen.

Über die gesamtheitliche Erfassung der Zahlungsmittelbestände können die *Kosten der Kassenhaltung* gesenkt werden:[497] Ein Überschuss an liquiden Mitteln wird unmittelbar ersichtlich und kann ebenfalls unmittelbar angelegt werden. Umgekehrt können Kosten einer Illiquidität durch frühzeitige Dispositionen vermieden werden. Die durch das Cash Management-System verbesserte Informationslage ermöglicht es generell, den Umfang des als Zahlungskraftreserve gehaltenen MBLM zu senken.

Besonders hervorzuheben ist, dass durch das Netting unter den Unternehmensteilen einerseits bzw. zwischen den Unternehmensteilen und ihren Abnehmern oder Lieferanten andererseits *Zahlungsbewegungen* verringert werden können oder nur ein Ausgleich von Spitzenbeträgen stattfindet.[498] In der Praxis kann eine Reduzierung von Zahlungs-

---

497 Vgl. *Sperber/Sprink* (Fn. 307), S. 164.
498 Vgl. *Carstensen* (Fn. 495), S. 604.

III. Finanzplanung

vorgängen von 50% und mehr erzielt werden.[499] Daraus resultiert eine Senkung der Kosten des Zahlungsverkehrs. Dies gilt auch im Hinblick auf den so genannten *Float*: Einzahlungen bzw. Zahlungen zugunsten eines Unternehmens werden oft nicht taggenau, d. h. am Tage der Anweisung, gutgeschrieben. Die zinsrechnerische Gutschrift (Wertstellung) erfolgt vielmehr einen oder mehrere Tage später, so dass das Konto des Unternehmens verspätet entlastet bzw. die Einzahlung verspätet gutgeschrieben wird. Hieraus resultieren Zinsverluste oder, im Fall einer durch die verspätete Gutschrift eingetretenen Kontoüberziehung, erhöhte Zinsaufwendungen.[500] Dagegen ermöglicht die Disposition über das Cash Management-System eine augenblickliche, d. h. „*Real Time*"-Verbuchung.

Die Nutzung von Cash Management-Systemen ist dagegen auch mit einem nicht unerheblichen Aufwand verbunden. Der Finanzmanager muss über ein entsprechendes *Terminal* und *Anschlussleitungen* zum Datennetz oder Rechner verfügen. Pro Monat ergeben sich fixe *Bereitstellungsgebühren* sowie weitere, i. d. R. nutzungszeit- oder transaktionsmengenbezogene *variable Kosten*.[501] Ebenso sind entsprechende Hardware-Ausstattungen bei den einzelnen Unternehmensteilen notwendig.

Die z. T. interkontinentale Übertragung von Daten innerhalb des Cash Management-Netzes sowie die Datenverarbeitung durch das systeminhärente Softwarepaket basieren auf hohen technischen Standards. Daraus resultiert zugleich eine erhebliche *Anfälligkeit* gegenüber Störungen der Übertragungskanäle sowie des Rechners. Spezielle *Passwörter* sollen den Zugang zum System bzw. zu bestimmten Datensegmenten schützen und so die Datensicherheit gewährleisten. Denkbar ist, dass Unternehmensexterne in das Datennetz eindringen und unbewusst oder vorsätzlich Fehlbuchungen verursachen.

Die *Effizienz* der Cash Management-Systeme (vgl. Abbildung 50) hängt davon ab, von wie vielen relevanten Stellen Meldungen an das System fließen. Dies betrifft insbesondere die Kreditinstitute, mit denen die Unternehmensteile Kontoverbindungen unterhalten. Aus Wettbewerbs-[502] und z. T. auch aus Sicherheitsgründen sind jedoch viele Kreditinstitute nicht bereit, entsprechende Angaben in die Datennetze einzugeben, die von einem anderen Institut angeboten werden.[503]

---

499 Vgl. *Hagemann* (Fn. 491), 14; *Pausenberger/Glaum/Johansson* (Fn. 372), 1374. Vgl. grundsätzlich zur Wirtschaftlichkeitsanalyse von Cash Management *Dambon* (Fn. 496), S. 115–121.

500 Dies gilt insbes. dann, wenn die Überweisungsaufträge per Post ausgeführt werden und so von den Postlaufzeiten abhängen, vgl. *Jetter* (Fn. 367), S. 245–247. Vgl. analog zur Beschleunigung von Zahlungen (Leading) *Sperber/Sprink* (Fn. 307), S. 165.

501 *Glaum* schätzt die notwendigen Anfangsinvestitionen auf etwa 80 000–100 000 DM (40 000–50 000 Euro); als Grundgebühr pro Monat gibt er 800–1500 DM an (400–750 Euro), vgl. *Glaum* (Fn. 491), 18 f. *Dambon* gibt eine Spanne zwischen 1000 und 100 000 DM (500 und 50 000 Euro) für die Investition in Cash Management an, vgl. *Dambon* (Fn. 496), S. 47.

502 Die Kreditinstitute würden ansonsten das Cash Management-Angebot des Konkurrenzinstituts noch effizienter machen. Tendenzen gehen allerdings dahin, ein vereinheitlichtes, von mehreren Banken gespeistes System (Multi Cash) anzubieten, vgl. *Krcmar/Schwabe* (Fn. 491), 341.

503 Deshalb reagieren viele Unternehmen in der Form, dass sie ihre Bankverbindungen reduzieren und damit ihre „Quellen" für Finanzinformationen konzentrieren, vgl. *Steiner* (Fn. 318), Sp. 467.

I. Generelles Eignungsprofil (Bedarfsanalyse)
- Hoher Umfang an Bank-/Kontenverbindungen?
- Ausgeprägte Filialisierung bzw. internationale/interkontinentale Unternehmensstruktur?
- Hohe Anzahl täglicher Zahlungsbewegungen?
- Gegebene Notwendigkeit einer einheitlichen Unternehmensführung (Produktprogramm, Beziehungsgeflecht, ...)?
(Cash Management ist umso vorteilhafter, je mehr diese Kriterien zutreffen)

II. Leistungsangebot (Angebotsanalyse)
- Dateneinspeisung aus Niederlassungs-Ländern?
- Meldungen von verbundenen Banken?
- Verarbeitungskapazität des Systems?
- Technische Anforderungen der Implementierung?
(Das betreffende System muss dem Anforderungsprofil des Unternehmens entsprechen.)

III. Quantitative Aspekte (Ertrags-/Kosten-Analyse)
+ Geschätzte Reduzierung der Zahlungsvorgänge * ⌀ Buchungsgebühr/Vorgang
+ Zahl der über das System abgewickelten Transaktionen * ⌀ eingesparte Buchungsgebühr
+ Float-Gewinn: schnellere Verfügbarkeit über Gelder (in Tagen) * ⌀ Anlagezins/360
+ Verbesserter Anlageertrag durch unternehmensinterne Verwendung bzw. durch Bündelung freier Gelder
+ Verminderung Finanzierungskosten durch unternehmensinternen Ausgleich
+ Verminderung der Kosten der Kassenhaltung (MBLM)
- Kosten der Hardware und des Leistungsanschlusses
- Personal: Höhere Qualifikation, Einsparung
- Nutzungskosten des Systems
- Leitungskosten
- Wartungskosten

Abbildung 50: Eignungs-Checkliste für Cash Management-Systeme

cc) Bestimmung der kurzfristigen Liquidität
(1) (Kurzfristiger) Finanzplan
(a) Zielsetzung

Die *Grenzen des Liquiditätsstatus* bestehen darin, dass er die (aktuelle) Liquidität des Unternehmens zwar ermitteln kann, aber dem Finanzmanagement kaum Zeit belässt, festgestellte Ungleichgewichte zu beheben. Notwendige Maßnahmen müssen zwangsläufig noch während des laufenden Geschäftstags getroffen werden. Dies betrifft vorrangig die Vermeidung von geplanten, aber nicht zwingend fälligen Auszahlungen. So-

III. Finanzplanung

weit ein Defizit an liquiden Mitteln festgestellt wird und dieses auch durch Maßnahmen der Mittelbeschaffung behoben werden soll, ist weitere Voraussetzung, dass die potenziellen Mittelgeber (Banken, andere Unternehmen, ...) bereit sind, diese Mittel auch unverzüglich zur Verfügung zu stellen.

Nur ausnahmsweise lässt sich eine Aufstockung des Kreditrahmens durch einen einfachen Anruf bei der Hausbank regeln. Auch ist die Möglichkeit, über die eigene Teilnahme am Geldmarkt kurzfristige Gelder aufnehmen zu können, nur wenigen großen Unternehmen gegeben. I. d. R. kann es sich dabei nur um relativ kurzfristige und begrenzte Geldaufnahmen handeln. Soweit jedoch Mittel in großem Umfang und für größere Zeiträume beschafft werden sollen, bedarf ihre Einräumung einer längeren *Vorbereitungszeit*.[504] Der Liquiditätsstatus vermag darüber hinaus nicht anzugeben, für *wie lange* die eventuell zu beschaffenden liquiden *Mittel benötigt werden* oder wie lange überschüssige *Mittel zur Anlage frei* sind. Er konstatiert lediglich, dass sie (mindestens) am Planungstag fehlen oder als Überschuss vorliegen.

Zur *Ergänzung des Liquiditätsstatus* ist daher eine *Planungsrechnung* erforderlich, die sich über den gegenwärtigen Planungstag hinaus erstreckt und einen weiteren (zukünftigen) Horizont erfasst. Bei der Konzeptionierung einer solchen Liquiditätsrechnung muss jedoch zugleich beachtet werden, dass der Planungshorizont sich nicht zu weit in die Zukunft hinein erstreckt, da ansonsten ein Vorteil kurzfristiger Rechnungen – die relativ sichere Angabe einfließender Größen – zunehmend verloren geht. Der zu treffende Kompromiss liegt also darin, zwar über den aktuellen Geschäftstag hinaus zu planen, den Planungszeitraum jedoch andererseits auch überschaubar und noch relativ exakt einsehbar zu halten.

Ein solcher Kompromiss kann mithilfe des *(kurzfristigen) Finanzplans* erreicht werden.[505] Der Betrachtungszeitraum innerhalb eines Finanzplans ist üblicherweise nicht länger als ein Jahr.[506] Dies erlaubt den relativ vollständigen Einbezug zukünftiger Ein- und Auszahlungen „mit weitgehend präzisen Angaben über die Zahlungszeitpunkte"[507] und über die Zahlungsvolumina.

Für die Vorbereitung und Durchführung entsprechender Ausgleichsmaßnahmen verbleibt dem Finanzmanagement jetzt ein zeitlicher Spielraum. Dieser Spielraum soll speziell gewährleisten, dass das Finanzmanagement aufgrund eigenständig durchführbarer, d. h. finanzwirtschaftlicher Maßnahmen den gewünschten Liquiditätssaldo erreicht. Wenn also z. B. zunächst ein negativer Liquiditätssaldo prognostiziert wird, führt dies dazu, dass geeignete Finanzierungsreserven (z. B. Aufnahme eines Darlehens)

---

504 Z. B. müssen die Kapitalgeber ihrerseits die benötigten Mittel mobilisieren; sie werden zudem nur dann zur Mittelvergabe bereit sein, wenn eine Kreditwürdigkeitsprüfung zu einem positiven Ergebnis führt. Für diese Dispositionen muss aber den Mittelgebern eine entsprechende Zeit zur Verfügung stehen.

505 Im Folgenden wird nur noch die Bezeichnung „Finanzplan" verwandt, gemeint ist damit aber jeweils der kurzfristige Finanzplan. Vgl. grundsätzlich *Matschke/Hering/Klingelhöfer* (Fn. 314), S. 148 f.

506 Vgl. *Wöhe/Döring* (Fn. 1), S. 672, 674. Eine Studie zum Cash Management belegt, dass zwei Drittel der befragten Unternehmen den Horizont kurzfristiger Finanzplanung mit bis zu einem Jahr veranschlagen, ein Drittel sogar darüber hinaus, vgl. *Pausenberger/Glaum/Johansson* (Fn. 372), 1371.

507 *Witte* (Fn. 30), S. 41.

oder Near Money Assets (z. B. Diskontierung von Wechseln) in Anspruch genommen werden. Die Durchführung derartiger kurz- bis mittelfristiger Ausgleichsmaßnahmen, die dadurch charakterisiert sind, dass sie sich *ohne grundlegende Eingriffe in das leistungswirtschaftliche Unternehmensgeschehen* vollziehen lassen, wird als *dispositive Liquiditätssicherung* bezeichnet.[508]

Neben der Angabe, in welchem Umfang, ab welchem Zeitpunkt und für welchen Zeitraum in der Zukunft liquide Mittel benötigt werden, soll der Finanzplan für den Fall eines festgestellten Überschusses an liquiden Mitteln analog bestimmen, *in welchem Umfang, ab wann und für wie lange* Mittel zur *Anlage* durch das Unternehmen frei werden. Schließlich soll der Finanzplan einen Einblick in die *Struktur zukünftiger Ein- und Auszahlungen* erlauben. Er soll insbesondere die Unterscheidung ermöglichen zwischen solchen Zahlungen, die aus Entscheidungen im Leistungsbereich des Unternehmens resultieren, und solchen Zahlungen, die allein die Finanzsphäre betreffen.

Zusammenfassend kann die Bedeutung des Finanzplans darin gesehen werden, als Instrument der *Liquiditätsfeinsteuerung* für das Unternehmen zu dienen. Unter der Voraussetzung, dass die fundamentalen, insbesondere durch den Leistungsbereich geprägten, Ein- und Auszahlungsströme sich im Wesentlichen entsprechen und insofern von einem grundsätzlichen Gleichgewicht von Ein- und Auszahlungen (*strukturelle Liquidität*) ausgegangen werden kann, erlaubt der Finanzplan solche Maßnahmen, die kurzfristig auftretende, in ihrem Umfang begrenzte Ungleichgewichte zwischen verfügbaren und benötigten liquiden Mitteln ausgleichen.

(b) Zeitliche Struktur

Um die unter (a) erwähnten Aufgaben erfüllen zu können, muss der Finanzplan einen *Mindestplanungshorizont* aufweisen, der eine noch ausreichende Reaktionszeit des Finanzmanagements ermöglicht. Als Mindestanforderung an die durch einen Finanzplan ermöglichte Vorschau gilt hierbei eine Periode von vier Monaten.[509] Die Erklärung für diesen Zeitraum ergibt sich wie folgt: Bei der in der Praxis recht üblichen monatlichen Revision (vgl. hierzu die Ausführungen im Folgenden) des Finanzplans beträgt die *Restvorausschau* mindestens drei Monate (nämlich am letzten Tag vor der Revision). Aufgrund dieses Planungshorizonts ist es gewährleistet, dass Zahlungsbewegungen, die durch *Besitz- und Schuldwechsel* ausgelöst werden, stets erkennbar sind. Die Laufzeit dieser Wechsel beträgt nämlich üblicherweise drei Monate.

Der Finanzplan sollte es idealerweise ermöglichen, den Liquiditätssaldo für jeden einzelnen Tag der Planungsperiode festzustellen. Mit zunehmendem Planungshorizont wird die Prognose von Momentanliquiditäten jedoch schwieriger. In diesem Fall geht man dazu über, nicht mehr den Saldo pro Planungstag (d. h. *Momentanliquiditäten*) zu ermitteln, sondern den Saldo pro Woche bzw. pro Monat (d. h. *Periodenliquiditäten*) zu

---

[508] Im Gegensatz hierzu stehen Maßnahmen der *strukturellen* Liquiditätssicherung: Zur Sicherung der strukturellen Liquidität sind lediglich kurzfristig wirkende Maßnahmen nicht ausreichend, sondern fundamentale, strategisch ausgerichtete Eingriffe erforderlich. Diese betreffen stets auch den Leistungsprozess.

[509] Vgl. *Witte* (Fn. 30), S. 56. *Kirstges* schlägt drei Monate vor und gibt zugleich den Hinweis, den Planungshorizont an die Dauer einer Saison oder eines Geschäftszyklus anzupassen, vgl. *Kirstges*, WiSt 1994, 161.

III. Finanzplanung

berechnen. Folgende Unterteilung des Gesamtplanungshorizonts kann dabei als (unverbindlicher) Anhaltspunkt dienen:

- Für die Wochen 1–4 ist ein *taggenauer* Ausweis des Liquiditätssaldos anzustreben (Ermittlung von Momentanliquiditäten).[510]
- Für die Wochen 5–20 (2.–4. Monat) ist die Periodenliquidität für *einzelne Wochen* festzustellen.
- Schließlich genügt es, für die Wochen 21–52 (5.–12. Monat) einen Ausweis der Periodenliquidität *pro Monat* anzustreben.

Die im Rahmen des Finanzplans zugrunde gelegte Planungsperiode von z. B. einem Jahr hat nicht zur Konsequenz, dass ein neuer Finanzplan erst wieder nach einem Jahr aufgestellt wird. Vielmehr ist der Finanzplan in kürzeren Zeitabständen erneut zu erstellen.[511] Im betrachteten Fall ist z. B. daran zu denken, nach Ablauf der ersten vier Wochen den Finanzplan zu erneuern. Dieser neue „*Finanzplan II*" kann dabei z. T. auf den Daten des alten „Finanzplans I" aufbauen: Die ersten elf Monate, die er umfasst, bildeten die Monate 2–12 des ersten Plans. Der Finanzplan II führt den *ursprünglichen Planungshorizont um einen Monat weiter* (dieser Monat stellt dann den Monat 12 im zweiten Plan dar; Abbildung 51).

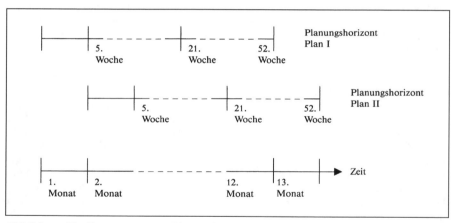

Abbildung 51: Erneuerung von Finanzplänen

Das eben erörterte Prinzip, den Finanzplan nach Ablauf eines Monats zu erneuern, d. h. den „Restplanungshorizont" von elf Monaten auf zwölf Monate zu verlängern (rollierende Planung), hat allerdings als Konsequenz, dass nach Ablauf von vier Wochen zwar

---

510 *Kirstges* schlägt eine tagesgenaue Planung für eine Woche vor. Er verweist auch darauf, dass bei kleinen und mittleren Unternehmen wegen des Planungsaufwands z. T. auf eine tagesgenaue Planung verzichtet wird, vgl. *Kirstges* (Fn. 509), 160–162. Andererseits ergibt eine empirische Untersuchung, dass die Hälfte der einbezogenen (großen) Unternehmen eine tagesgenaue Planung für eine Woche anstrebt, etwa ein Viertel bis zu einem Monat und ein Viertel über einen Monat hinaus taggenau plant, vgl. *Pausenberger/Glaum/Johansson* (Fn. 372), 1371 f.

511 Vgl. hierzu auch die Ausführungen zum Prinzip der gleitenden Planung unter Gliederungspunkt III. 4. a) bb).

noch eine Vorausschau von elf Monaten besteht, in dieser Vorausschau dann aber *kein taggenauer Ausweis* (Momentanliquidität) vorhanden ist: Momentanliquiditäten wurden annahmegemäß ja nur für die ersten vier Wochen ermittelt. In der Praxis ist deshalb folgende Konstellation anzutreffen: Man revidiert bzw. „*rolliert" zweifach*. Z. B. wird die Planung nach Ablauf einer Woche in der Form erneuert, dass für die ursprünglich fünfte Woche – die nur als Periodenliquidität im Ausgangsplan enthalten war – jetzt taggenaue Ausweise geplant werden. Dies gilt entsprechend für die zweite und dritte Woche. Dagegen wird der Gesamtplanungshorizont noch nicht verlängert. Dieser wird erst mit Ablauf der vierten Woche um einen Monat nach vorn getragen.

Für den Finanzplaner besteht im Rahmen der Erstellung des Finanzplans II weiter die Notwendigkeit, die im Finanzplan I gemachten Angaben über geplante Ein- und Auszahlungen zu *kontrollieren* und zu *aktualisieren*. Die im Laufe des ersten Monats angefallenen Informationen sind einzubeziehen, soweit sie den Bestand an liquiden Mitteln zu Beginn des zweiten Monats und die Zahlungen in den darauf folgenden elf Monaten betreffen. Der neue Anfangsbestand an liquiden Mitteln zu Beginn des zweiten Monats (d. h. zu Beginn der Planungsperiode von Plan II) ergibt sich aus den tatsächlichen Zahlungsbewegungen im abgelaufenen Monat. Er ist definitiv feststellbar.

Die künftigen Zahlungen werden auch durch Entscheidungen beeinflusst, die im abgelaufenen ersten Monat neu getroffen wurden. Ebenfalls haben veränderte Umweltbedingungen Einfluss auf die einzubeziehenden Größen. Solche veränderten Umweltbedingungen kommen z. B. in einer Revision der Absatzprognose, die den im Finanzplan bisher ausgewiesenen Verkaufserlösen zugrunde lag, zum Ausdruck.

Das regelmäßige Aufstellen und Revidieren von Finanzplänen erleichtert das Erkennen von Planungsfehlern. Dieser Aspekt ist für die Genauigkeit der Finanzplanung von erheblicher Bedeutung. Neben der regelmäßigen Neuplanung ist vorzusehen, dass beim Eintreten bestimmter Ereignisse (z. B. dem Konkurs eines wichtigen Kunden) und beim Eintreten bestimmter Abweichungen von den Planansätzen zusätzlich eine *außerordentliche Planrevision* stattfindet.

(c) Inhaltliche Struktur

Wie jede Form der Liquiditätsrechnung enthält auch der Finanzplan Angaben zu folgenden Positionen:

(I)   (Plan-)Anfangsbestand an liquiden Mitteln,
(II) Planeinzahlungen,
(III) Planauszahlungen und
(IV) Planendbestand an liquiden Mitteln.

Tabelle 5 zeigt einen *Finanzplan in Form einer Matrix*, deren Vorspalte die Grundpositionen und deren Kopfzeile die einzelnen Teilperioden (Tage, Wochen, Monate) des Planungszeitraums aufnehmen.[512] Da der vom Finanzplan erfasste Zeitraum in Teilperioden unterteilt wird, sind die einzelnen Grundpositionen jeweils für die einzelnen Teilperioden zu ermitteln. Im Beispiel sind dies zu Beginn der Planperiode einzelne Tage und danach Wochen. Der prognostizierte Endbestand an liquiden Mitteln für die

---

[512] Vgl. alternativ auch *Drukarczyk* (Fn. 27), S. 93; *Matschke/Hering/Klingelhöfer* (Fn. 314), S. 125.

III. Finanzplanung

Tabelle 5: Inhaltliche und zeitliche Grundstruktur des Finanzplans

Grundpositionen	Planintervalle (Tage, Wochen, …)					
	1. Tag	2. Tag	…	20. Tag	5. Woche	6. Woche …
I. Anfangsbestand an liquiden Mitteln	+120	+ 20	…	– 80	–130	– 50 …
II. Planeinzahlungen	+200	+150	…	+150	+950	+920 …
III. Planauszahlungen	–300	–250	…	–200	–870	–830 …
IV. Planendbestand an liquiden Mitteln	+ 20	– 80	…	–130	– 50	+ 40 …

einzelne Teilperiode gibt die Überdeckung (positives Vorzeichen) oder die Unterdeckung (negatives Vorzeichen) betragsgenau an.

Soweit der ermittelte Liquiditätssaldo (Position IV) ausgeglichen werden soll, enthält der Finanzplan weiter die Information über geplante Ausgleichsmaßnahmen und deren Konsequenzen für den geplanten Bestand an liquiden Mitteln (z. B. Neukreditaufnahme in Höhe von …, Unterlassung von Auszahlungen in Höhe von …):

(V) Eventuelle Ausgleichsmaßnahmen,
(VI) Korrigierter geplanter Endbestand an liquiden Mitteln.

Nach welchem *Kriterium* und wie tief die Positionen (I) bis (IV) weiter *untergliedert werden*, lässt sich nicht allgemein bestimmen.[513] Dies hängt u. a. von der konkreten Geschäftstätigkeit des jeweiligen Unternehmens ab (z. B. kann es für ein Handelsunternehmen interessant sein, Einzahlungen aus Verkäufen nach Abnehmern zu klassifizieren, während ein Produktionsunternehmen die Erlöse nach Produkten differenziert), von der gewünschten Detailliertheit der Rechnung sowie letztlich auch von den Informationsverarbeitungs- oder Rechnerkapazitäten des Unternehmens. Unabhängig davon, ob die Liquiditätsplanung „per Hand" oder auf EDV-Basis durchgeführt wird, sollte ein festes Schema bzw. Formblatt zugrunde liegen. Ein Beispiel für den möglichen Aufbau eines Finanzplans ist in Tabelle 6 gegeben (vgl. auch die Anwendung im folgenden Gliederungspunkt).

(2) Anwendungsbeispiel

Die Durchführung einer Liquiditätsrechnung mithilfe des Finanzplans ist im Weiteren an einem Beispiel veranschaulicht. Der Finanzplan weist folgende *Prämissen* auf:

---

[513] Z. T. wird unterschieden in ordentliche/außerordentliche oder auch erfolgswirksame/erfolgsunwirksame Größen, vgl. *Sprink* (Fn. 377), S. 45.

Tabelle 6: Kurzfristiger Finanzplan – beispielhafter Aufbau

	Taggenauer Ausweis 1.–4. Woche (1. Monat)	**Wochengenauer Ausweis** 5.–20. Woche (2.–4. Monat)	**Monatsgenauer Ausweis** 21.–52. Woche (5.–12. Monat)
I. Geplanter Anfangsbestand an liquiden Mitteln 1. Kasse 2. Bankgiroguthaben 3. Postgiroguthaben 4. Freie Kreditlinien			
Gesamtbestand			

II. Planeinzahlungen
 1. Leistungsbereich
   1.1 Produktverkauf
   1.2 Anlagenverkauf
   1.3 Lizenzen, Mieten
   1.4 Weitere
 2. Finanzbereich
   2.1 Eigenkapitalerhöhung
   2.2 Fremdkapitalaufnahme
   2.3 Erträge aus Finanzaktiva
   2.4 Rückfluss/Verkauf Finanzaktiva
   2.5 Weitere			

Gesamtbetrag Einzahlungen			

III. Planauszahlungen
 1. Leistungsbereich
   1.1 Betriebsmittel
   1.2 Werkstoffe
   1.3 Löhne, Gehälter
   1.4 Weitere
 2. Finanzbereich
   2.1 Rückzahlung von Fremd- und Eigenkapital
   2.2 Zinszahlungen
   2.3 Ausschüttungen
   2.4 Finanzinvestitionen
   2.5 Steuern
   2.6 Weitere			

Gesamtbetrag Auszahlungen			
IV. Geplanter Endbestand an liquiden Mitteln (I + II – III)			
V. Eventuelle Ausgleichsmaßnahmen			
VI. Korrigierter geplanter Endbestand an liquiden Mitteln			

III. Finanzplanung

- Der Finanzplan erfasst einen Planungszeitraum von vier Monaten.
- Die Planung für die ersten vier Wochen erfolgt tagesgenau, für die 5.–20. Woche wochengenau.
- Das betrachtete Unternehmen revidiert den Finanzplan wöchentlich (im Hinblick auf den Ausweis von Momentanliquiditäten in der jeweils vierten Woche) und monatlich (Verlängerung des Planungshorizonts um einen Monat).
- Der Finanzplaner verfügt bereits über die Informationen, welche relevanten Größen in diesem Zeitraum zu erwarten sind. Diese Informationen wurden ihm von den betroffenen Abteilungen (Beschaffungs-, Produktions-, Absatzbereich) im Unternehmen zur Verfügung gestellt.

Die zuletzt genannte Prämisse bestimmt im Wesentlichen den Erfolg der Finanzplanung und bedarf insofern einer kritischen Betrachtung: Selbst wenn Übertragungs- und Rechenfehler vollkommen ausgeschlossen werden, kann das Ergebnis der Liquiditätsfeststellung letztlich nur so vollständig und exakt sein wie die *Eingangsinformationen* über die geplanten Ein- und Auszahlungen. Im betrachteten Fall heißt dies: Wenn das Finanzmanagement darauf vertrauen kann, von den betroffenen weiteren Stellen im Unternehmen *vollständig* und mit größtmöglicher *Sorgfalt* über zahlungsrelevante Vorgänge informiert worden zu sein, so kann das Finanzmanagement auch weitgehend sicher sein, dass der errechnete Liquiditätssaldo im Wesentlichen eintritt.[514] Soweit Ausgleichsmaßnahmen zu treffen sind, können diese detailliert vorbereitet werden.

Das hier zugrunde gelegte Beispiel klammert also ein grundsätzliches Problem der Finanzplanung aus: das Problem der *Datenbeschaffung*. Es wird davon ausgegangen,

- dass das Finanzmanagement Meldungen von allen Stellen erhält, die mit der Durchführung von Ein- oder Auszahlungen befasst sind,
- dass die meldepflichtigen Stellen im Unternehmen von der Bedeutung der Finanzplanung wissen und zahlungsrelevante Vorgänge vollständig und rechtzeitig melden,
- dass entsprechende Prognosetechniken bewusst verwandt werden und somit die geplanten Zahlungen hinsichtlich Höhe und Entstehungszeitpunkt präzise vorhergesehen werden.

Dem Finanzmanagement verbleiben im vorliegenden Fall also „nur" noch folgende Aufgaben:[515]

- Die Aufgabe der *Datenauswahl*: Sind tatsächlich alle gemeldeten Daten planungswirksam? Zu überprüfen ist, ob die Daten aufgrund des *Datums* ihres Anfalls in den betrachteten Planungszeitraum aufzunehmen sind. Ebenfalls muss gefragt werden, ob es sich jeweils um *liquiditätswirksame* Geschäftsvorfälle handelt. Soweit buchmäßige Daten vorliegen, ist es erforderlich, diese Daten in zahlungswirksame Vorgänge zu transformieren: Sind z. B. *Umsatzerlöse* gemeldet, so kann das Finanzmanagement aufgrund von Erfahrungswerten (etwa: Zahlungsmoral, Ausnutzung gewährter Skonti durch die Abnehmer)[516] sowie statistischen Auswertungen der Infor-

---

514 Es verbleibt grundsätzlich jedoch die Unsicherheit der geplanten Zahlungen; d. h. die Anfälligkeit der Planwerte gegenüber zukünftigen Ereignissen, die als solche nicht voraussehbar sind.
515 Vgl. zum gesamten Tätigkeitsspektrum *Gramlich* (Fn. 423), Studienblatt.
516 Vgl. *Mandéry* (Fn. 344), S. 8.

4. Instrumente zur Ermittlung und Gestaltung des Finanzierungsbedarfs

mationen über Umsätze darauf schließen, in welchem Umfang und zu welchem Zeitpunkt hieraus *Einzahlungen* resultieren.[517]

– Die Aufgabe der *Datenverarbeitung*: Hierunter ist zu verstehen, dass die einzelnen Zahlungsgrößen betragsmäßig und zeitlich korrekt in den Finanzplan[518] übertragen und dort an der richtigen Stelle verbucht werden. Dies erfolgt im Wesentlichen noch manuell, während für die anschließende Verrechnung der Daten (Addition jeweils von Ein- und Auszahlungen; Saldierung) i. d. R. EDV-Unterstützung zur Verfügung steht.[519]

– Die Aufgabe der *Dateninterpretation und Reaktionsplanung*: Welche Reaktion soll auf einen festgestellten negativen oder positiven Liquiditätssaldo erfolgen? Soweit ein Liquiditätsbedarf festgestellt wird, wie kann dieser gedeckt oder vermieden werden? Welche Finanzierungsinstrumente sind zu wählen? Welche Auszahlungen sind zu verschieben oder zu vermeiden? Für welchen Zeitraum müssen liquide Mittel beschafft werden?

Die genannten Aufgaben der Datenauswahl, Datenverarbeitung und Datenauswertung sollen im *Beispiel* verdeutlicht werden. Dem Finanzmanagement liegen folgende Informationen vor (soweit nicht anders bezeichnet, erfolgen die Angaben jeweils in Euro):

a) Kassenbestand am Abend des 31. 8.: 10 000,
b) Giroguthaben bei Kreditinstituten am Abend des 31. 8.: 200 000,
c) am 20. 8. geleistete Anzahlung für den Bezug an Rohstoffen, deren Lieferung am 2. 9. erfolgt: 20 000,
d) prognostizierte Einzahlungen aus Umsatzerlösen
    vom 1. 9.–30. 9.:   täglich 20 000,
    vom 1. 10.–31. 10.:   täglich 25 000,
    vom 1. 11.–31. 12.:   täglich 30 000,
    ab 1. 1.:   täglich 20 000,
e) Schuldwechsel, fällig am 3. 9.: 50 000,
f) Löhne und Gehälter, fällig zum Monatsersten: 300 000, am 15. 8. wurde ein Lohnvorschuss auf die Septemberlöhne überwiesen von: 50 000,
g) außerordentlicher Aufwand aus der Neubewertung der US-$-Guthaben: 40 000,
h) Körperschaftsteuervorauszahlung am 15. 10., 15. 1., 15. 4. und 15. 7. von jeweils: 30 000,
i) Bezug von Rohstoffen am 3. 9.; Zahlungsziel bis 10. 9. mit 2 % Skonto: 30 000,
j) Erwerb von 100 Aktien aus der Neuemission der J-AG am 4. 9. zum Emissionskurs von: 1 000 am 4. 9.

Datenauswahl

a) Der Kassenbestand am Abend des 31. 8. bildet zugleich den Anfangsbestand am 1. 9. und ist somit einzubeziehen.
b) Ebenfalls zählt das Giroguthaben zum Anfangsbestand an liquiden Mitteln am 1. 9.

---

517 Vgl. zur Frage der hiermit angesprochenen „Verweilzeit" von Zahlungen *Eilenberger* (Fn. 7), S. 352–354.
518 Dessen Struktur ist ebenfalls von der Finanzplanung festzulegen.
519 Vgl. zur Liquiditätsplanung mit dem PC etwa *Brüna*, Liquiditätsplanung, 1986; *Dambon* (Fn. 496); *Kleinebeckel* (Fn. 381), S. 285–314. Vgl. auch die Dateien „Kurzfristige Finanzplanung" und „Fallstudie Finanzplanung" auf der beigefügten CD.

III. Finanzplanung

c) Diese Anzahlung war bereits liquiditätswirksam und ist deshalb im laufenden Finanzplan nicht zu berücksichtigen (sie ist eigentlich „indirekt" bereits enthalten, denn ohne diese Zahlung wäre der Bestand an liquiden Mitteln am Abend des 31. 8. um 20 000 höher).
d) Die prognostizierten Einzahlungen aus Umsatzerlösen sind grundsätzlich einzubeziehen. Da der Finanzplan sich über einen Zeitraum von vier Monaten erstreckt, sind die Erlöse bis zum 31. 12. maßgeblich. Sie werden
   – bis zum 30. 9. jeweils täglich in Höhe von 20 000 aufgenommen,
   – vom 1. 10. bis 31. 10. mit dem Erlös pro Woche von 125 000 und
   – vom 1. 11. bis 31. 12. mit dem Erlös pro Woche von 150 000 in den Finanzplan eingetragen.
e) Der Schuldwechsel ist einzulösen und führt zu einer Auszahlung am 3. 9. in Höhe von 50 000.
f) Zum 1. 9. sind Lohnauszahlungen mit einem Betrag von 250 000 zu tätigen (Vorschuss war bereits am 15. 8. liquiditätswirksam), zum 1. 10., 1. 11. und 1. 12. jeweils Auszahlungen von 300 000.
g) Hier handelt es sich um einen rein bilanz- bzw. aufwandswirksamen Sachverhalt. Die buchmäßige Neubewertung der US-\$-Guthaben führt nicht zu einer Auszahlung. Die Konsequenz des veränderten US-\$-Kurses, dass nämlich das US-\$-Guthaben bei einem Umtausch in Euro (zu einem unbekannten Zeitpunkt in der Zukunft) 40 000 Euro weniger an Einzahlungen bringen wird, ist in einem späteren Finanzplan zu berücksichtigen.
h) Für den betrachteten Planungshorizont ist die Vorauszahlung zum 15. 10. in Höhe von 30 000 relevant.
i) Das Unternehmen schiebt die Rechnungserfüllung bis zum letzten Tag hinaus, an dem noch Skonto geltend gemacht werden kann: Auszahlung am 10. 9. in Höhe von 29 400 (30 000 – 600).
j) Sofern eine Zuteilung der gewünschten Aktien erfolgt, führt dies am 4. 9. zu einer Auszahlung von 100 000. Da das Unternehmen mit der Zuteilung rechnet, plant es die Auszahlung fest ein.

Datenverarbeitung

Die gemeldeten und auf ihre Liquiditätswirksamkeit hin überprüften Sachverhalte sind jetzt in den Finanzplan *einzutragen* und miteinander zu *verrechnen*. Sofern eine Finanzplanungs-Software benutzt wird, erfolgt durch das Programm im Anschluss an die Dateneingabe die Addition von geplanten Einzahlungen einerseits und geplanten Auszahlungen andererseits. Ebenfalls findet die *Saldierung* von Anfangsbeständen und Veränderungen an liquiden Mitteln für die jeweilige Zeiteinheit (Tag, Woche) statt. Der sich ergebende geplante Endbestand an liquiden Mitteln für den betrachteten Planungstag (bzw. die betrachtete Planungswoche) wird dann jeweils als geplanter Anfangsbestand für den folgenden Tag (bzw. die folgende Woche) übertragen.

Im betrachteten Fall sollen diese Schritte exemplarisch nur für die erste Woche im Planungszeitraum, die Woche vom 1. 9. – 5. 9., nachvollzogen werden. Tabelle 7 gibt dabei zunächst die Ergebnisse der reinen Prognose, d. h. vor Eingriffen, an:[520]

---

[520] Vgl. zu den Stufen der Finanzplanung Gliederungspunkt III. 3. b) dd). Vgl. zur Simulation der Daten auch die Dateien „Kurzfristige Finanzplanung" und „Fallstudie Finanzplanung" auf der beigefügten CD.

4. Instrumente zur Ermittlung und Gestaltung des Finanzierungsbedarfs

Tabelle 7: Finanzplan – Planungsstufe I

	1. 9.	2. 9.	3. 9.	4. 9.	5. 9.
I. Geplanter Anfangsbestand an liquiden Mitteln	a) 10 000 b) 200 000 = 210 000	–20 000	0	–30 000	–110 000
II. Geplante Einzahlungen	d) 20 000	d) 20 000	d) 20 000	d) 20 000	d) 20 000
III. Geplante Auszahlungen	f) 250 000		e) 50 000	j) 100 000	
IV. Geplanter Endbestand	–20 000	0	–30 000	–110 000	–90 000
V. Geplante Ausgleichsmaßnahmen	?	?	?	?	?
VI. Korrigierter geplanter Endbestand	?	?	?	?	?

Datenauswertung

Aufgrund der reinen Verrechnung der in den Finanzplan einfließenden Daten kann der unter Nr. IV. ausgewiesene (vorläufige) Endbestand an liquiden Mitteln geplant werden (Planungsstufe I bzw. Liquiditätssaldo I). Dem Finanzmanagement fällt nun die Aufgabe zu, darüber zu entscheiden, ob die für die Tage 1. 9.–5. 9. geplante Momentanliquidität als solche auch realisiert werden soll oder ob (finanzwirtschaftliche) *Ausgleichsmaßnahmen* zu planen und durchzuführen sind (Planungsstufe II). Z.B. kann im Fall eines prognostizierten Überschusses überlegt werden, ob kleinere prognostizierte positive Liquiditätssalden ausreichend sind oder im Hinblick auf das Risiko von Planungsfehlern vorsorglich aufgestockt werden sollen. Der Finanzplan weist im Beispiel für einzelne Tage sowie auch für die Periodenliquidität am Ende der betrachteten Woche jedoch ein Defizit an liquiden Mitteln aus.

Im betrachteten Fall wird das Finanzmanagement versuchen, das prognostizierte Defizit zu vermeiden. Die möglichen Maßnahmen lassen sich in die folgenden vier Kategorien einteilen (Abbildung 52):

Das Finanzmanagement bezieht alle Möglichkeiten ein. Es prüft deshalb auch, ob der unter j) beschriebene Erwerb von Aktien notwendig ist. Da mit dem vorgesehenen Erwerb der Aktien keine unternehmenspolitisch wichtige Beteiligungsabsicht verbunden war, sondern lediglich ein Spekulationsinteresse bestand, wird vom Finanzmanagement entschieden, den geplanten Erwerb nicht durchzuführen.

Allein durch den Verzicht auf den Aktienerwerb könnte sich am Ende der ersten Woche ein prognostizierter Überschuss in Höhe von 10 000 einstellen. Wäre dies nicht der Fall und würde sich auch nach dem Verzicht auf den Aktienerwerb noch ein Defizit ergeben, so müsste – wie unter Gliederungspunkt III. 3. b) dd) beschrieben –, um die Dauer der Unterdeckung festzustellen, der Planungshorizont verlängert werden. Dies kann ggf.

III. Finanzplanung

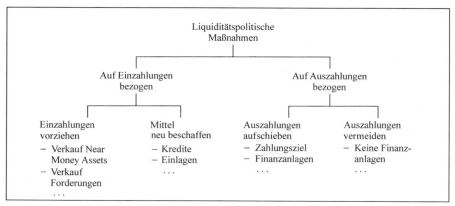

Abbildung 52: Maßnahmen zur Sicherung der Liquidität

auch das Ergebnis erbringen, dass das geplante Defizit nur vorübergehend vorliegt: Die für die weiteren Tage zu erwartenden Einzahlungen aus Verkäufen tragen im Folgenden zu einer Verbesserung der Liquiditätslage bei.

Im betrachteten Fall kommt das Finanzmanagement deshalb zu folgenden Ergebnissen:

- Unter Berücksichtigung des Wegfalls der Auszahlung j) ist für die Woche vom 1. 9.–5. 9. ein maximales Defizit von etwa 30 000 zu erwarten. Dieses soll vermieden werden.
- Das Defizit stellt lediglich einen kurzfristigen Liquiditätsengpass dar, insofern ist nur eine kurzfristige Finanzierung erforderlich.
- Unter möglichen Alternativen[521] werden die Erhöhung eines Kontokorrentkredits[522] und die Diskontierung mehrerer Besitzwechsel (Einzahlungen hieraus: 30 000) gewählt.
- Um ein gewisses Reservoir an liquiden Mitteln zu besitzen, wird eine Erhöhung der Kreditlinie im Umfang von 20 000 beantragt.
- Die Erhöhung der Kontokorrentkreditlinie wird für den 1. 9.–5. 9. geplant.

Die Ausführungen zeigen, dass das Finanzmanagement zu unterschiedlichen Überlegungen hinsichtlich der Behandlung der ausgewiesenen Liquiditätssalden kommen kann. Bspw. zählt dazu die Frage, ob drohende Defizite nur durch die Gestaltung von Auszahlungen oder nur durch die Beschaffung neuer Gelder vermieden werden sollen. Der Umfang des durch die Korrekturmaßnahmen anzustrebenden Mindestbestands an liquiden Mitteln ist festzulegen. Es kann sich daher als vorteilhaft erweisen, im Voraus „*Grundsätze für die Liquiditätsplanung*" zu formulieren, die als Anhaltspunkte für die Auswahl von Maßnahmen dienen. Die zu formulierenden Kriterien sollten bereits an

---

521 Vgl. zu Alternativen der kurzfristigen Finanzierung *Däumler* (Fn. 26), S. 190–229; *Süchting* (Fn. 26), S. 184–206.
522 Der Kontokorrentkredit ist dadurch gekennzeichnet, dass der vereinbarte Kreditbetrag (bzw. die Kreditlinie) variabel in Anspruch genommen werden kann: Das Unternehmen kann (innerhalb der vereinbarten Kreditlinie und Laufzeit) betrags- und zeitpunktmäßig frei die zugesagten Mittel abrufen. Vgl. im Einzelnen *Grill/Perczynski* (Fn. 331), S. 382–391; *Süchting* (Fn. 26), S. 187 f.

4. Instrumente zur Ermittlung und Gestaltung des Finanzierungsbedarfs

Tabelle 8: Finanzplan – Planungsstufe II

	1. 9.	2. 9.	3. 9.	4. 9.	5. 9.
I. Geplanter Anfangsbestand an liquiden Mitteln	a) 10 000 b) 200 000 = 210 000	30 000	50 000	20 000	40 000
II. Geplante Einzahlungen	d) 20 000	d) 20 000	d) 20 000	d) 20 000	d) 20 000
III. Geplante Auszahlungen	f) 250 000		e) 50 000	j) 100 000	
IV. Geplanter Endbestand	−20 000	50 000	20 000	−60 000	60 000
V. Geplante Ausgleichsmaßnahmen	Kontokorrentkredit (20 000) Wechseldiskont (30 000)	–	–	Aktien werden nicht erworben	Rückführung des aufgenommenen Kredits (20 000)
VI. Korrigierter geplanter Endbestand	30 000	50 000	20 000	40 000	40 000

den Grundfragen des Finanzmanagements ansetzen (z. B. Umfang liquider Mittel im Verhältnis zum Umsatz; anzustrebender Anteil von Near Money Assets an der Bilanzsumme; Akzeptanz offener Währungspositionen, ...). In ihrer Gesamtheit bilden diese Grundsätze eine Art Philosophie des Finanzmanagements.

Die getroffenen Entscheidungen führen im betrachteten Beispiel zum in Tabelle 8 dargestellten (korrigierten) Finanzplan.

dd) Ermittlung der mittel- und langfristigen Liquidität

(1) Kapitalbindungsplan

(a) Zielsetzung

Ein Kapitalbindungsplan spiegelt die monetären Konsequenzen der *strategischen Unternehmenspolitik* wider.[523] Seine Aufgabe besteht generell darin, die langfristigen unternehmenspolitischen Entscheidungen in ihren finanziellen Folgen sichtbar zu machen. Dabei ragt die Bedeutung des Kapitalbindungsplans über eine reine Abbildung der Unternehmensstrategie hinaus: Durch das Aufzeigen von Zahlungsabflüssen und -zuflüssen wird nicht nur ein *Dateninput für die Investitionsrechnung* geliefert, sondern es werden auch die Grenzen für Investitionsmaßnahmen aus zahlungsbezogener Perspektive aufgezeigt. Dadurch ist gewährleistet, dass nur solche Investitionen durchgeführt werden, die auch finanzierbar sind und bei denen die *Mittelrückflüsse den Mitteleinsatz kompensieren*.

---

523 Vgl. grundsätzlich *Kloock* (Fn. 474), Sp. 1231–1246; *Matschke/Hering/Klinghöfer* (Fn. 314), S. 128–143.

III. Finanzplanung

Das Erfordernis, die Liquiditätslage der Unternehmung längerfristig vorherzusehen, ist dadurch begründet, dass sich *unternehmenspolitische Entscheidungen* in ihren eigentlichen Konsequenzen für die Ebene der Zahlungsmittel *erst über größere Zeiträume* hinweg vollständig *erkennen lassen.*[524] Z. B. führt die Inbetriebnahme einer neuen Produktionsanlage in der ersten Periode zu Anlaufauszahlungen, während Einzahlungen aus dem Verkauf der durch diese Anlage erstellten Produkte erst in späteren Perioden anfallen. Oder es fallen am Ende der Nutzungsdauer eines Gebäudes Auszahlungen für den Abriss an. Die von der Unternehmensleitung umgesetzten Maßnahmen haben also *langfristige Konsequenzen im Leistungsbereich*, die auch in ihren Wirkungen auf der *Ebene der Zahlungsmittel langfristig* abzubilden sind. Dies lässt sich auch dahin gehend formulieren, dass aus den Konsequenzen von Investitionsprojekten für den Finanzbereich wiederum *Rückschlüsse auf den Erfolg* dieser Investitionsprojekte gezogen werden sollen. Der Kapitalbindungsplan hat insofern auch die Aufgabe aufzuzeigen, ob das Unternehmen *mittel- und langfristig erfolgreich* arbeitet. Z. T. wird hierzu bemerkt, dass im Mittelpunkt der langfristigen Finanzplanung nicht mehr allein die „Liquiditätsgarantie" steht, sondern auch der „Gewinn"[525].

Ein Unternehmen kann Investitionsvorhaben projektieren, die mit umfangreichen Auszahlungserfordernissen verknüpft sind (Kauf Unternehmen, Beteiligung an Partner, Gründung Filiale, Aufbau neue Produktlinie). Idealerweise werden diese Vorhaben aus den Zahlungsüberschüssen der bereits am Markt eingeführten Produkte finanziert. Der Kapitalbindungsplan nimmt dann Einfluss auf das Verhältnis bzw. die Abfolge von Investitionsprojekten.[526] Es mag aber auch sein, dass die mit diesen Vorhaben einhergehenden *Auszahlungsverpflichtungen* die für das Unternehmen kurzfristig verfügbaren oder beschaffbaren Mittel übersteigen. Es ist u. a. davon auszugehen, dass die Mobilisierung der benötigten Mittel längere Zeit in Anspruch nimmt. Dies hat die Konsequenz, dass auch der Bedarf an diesen Geldern längerfristig vorhergesehen werden muss. Umgekehrt ist denkbar, dass der Kapitalbindungsplan auf *längerfristig verfügbare Bestände an liquiden Mitteln* hinweist, für die eine rentable Anlagemöglichkeit gefunden werden soll.

Grundsätzlich ist aus dem geschilderten Sachverhalt auch erkennbar, dass der Kapitalbindungsplan auf einen *Handlungsbedarf von größerem Ausmaß* aufmerksam machen soll. Notwendige Korrekturmaßnahmen können zum einen den *leistungswirtschaftlichen Be*reich, zum anderen *fundamentale Finanzierungsentscheidungen* betreffen: Es handelt sich um „strukturelle" Maßnahmen.[527] Die Probleme, die durch den Kapitalbindungsplan festgestellt werden sollen, lassen sich nicht mit rein kurzfristig realisierbaren, wenig umfangreichen („dispositiven") Maßnahmen, wie z. B. dem Verkauf von Near Money Assets, bewältigen. Dies unterscheidet den Kapitalbindungsplan wesentlich vom Finanzplan, auf dessen Basis solche dispositiven Maßnahmen getroffen werden sollen.

---

524 Vgl. ähnlich *Chmielewicz* (Fn. 315), S. 64.
525 Vgl. *Mandéry* (Fn. 344), S. 17.
526 Vgl. zur Abstimmung von Investitionen nach dem Konzept des Lebenszyklus *Ordelheide/ Leuz* (Fn. 366), 182 f. Es wird aber auch darauf verwiesen, dass die Beeinflussung leistungswirtschaftlicher Parameter „nicht in das primäre Kompetenzfeld des Finanzmanagements" fällt, *Bitz/Terstege* (Fn. 313), S. 301.
527 Vgl. auch die Darstellung bei *Gramlich/Walz* (Fn. 323), 433.

4. Instrumente zur Ermittlung und Gestaltung des Finanzierungsbedarfs

Die durch den Finanzplan ermöglichte Vorschau von bis zu einem Jahr ist deshalb vor dem skizzierten Hintergrund i. d. R. zu knapp. Das Management benötigt vielmehr ein Planungsinstrument, das einen *weitergehenden Planungshorizont* umfasst.[528]

- Die in den Kapitalbindungsplan einfließenden Größen liegen teilweise bis zu mehreren Jahren vom Planungszeitpunkt entfernt. Ihre exakte und vollständige Angabe ist so kaum möglich. Konsequenz für die Gestaltung des Kapitalbindungsplans ist deshalb, die weniger bedeutenden, geringen Zahlungsströme durch pauschale Schätzungen zusammenzufassen. Im Mittelpunkt stehen vielmehr die *„fundamentalen"*, d. h. das Unternehmen nachhaltig beeinflussenden, *Zahlungsbewegungen*. Diese sind vor allem durch die durchgeführten Einzelinvestitionsprojekte des Unternehmens sowie durch Mittelaufnahmen und -rückzahlungen größeren Umfangs geprägt.
- Spezielle Zielsetzung des Kapitalbindungsplans ist es außerdem zu erkennen, ob die bezeichneten fundamentalen Ein- und Auszahlungsströme sich *als solche* im Gleichgewicht befinden. Konkret wird damit aber gefragt, ob die pro geplante Periode sich *neu* ergebenden Ein- und Auszahlungen einander die Waage halten. Dies ist gleichbedeutend damit, dass der Anfangsbestand an liquiden Mitteln zu Beginn der betrachteten Periode nicht bzw. nur im Ausnahmefall (siehe unten) in den Kapitalbindungsplan einbezogen wird. Analysiert wird folglich, wie der Liquiditätssaldo einer Periode sich „netto", d. h. nur aufgrund der Betrachtung der Zahlungsmittelströme und folglich *ohne Berücksichtigung des Anfangsbestands* an liquiden Mitteln, gestaltet. Ergebnis dieser Liquiditätsrechnung ist deshalb auch nicht ein Periodenendbestand an liquiden Mitteln, sondern die Differenz zwischen Einzahlungen und Auszahlungen in dieser Periode.

Würde man die Anfangsbestände an liquiden Mitteln ebenfalls einbeziehen, so ergäbe sich folgendes Problem: Ein Prognosefehler zu Beginn der Planung würde sich über alle weiteren Perioden des Planungshorizonts fortsetzen (*Dominoeffekt*). Stellt man dagegen nur auf die jeweiligen Ein- und Auszahlungen einer Periode ab, betrifft ein Prognosefehler auch immer nur diese Periode.

Nicht zuletzt ist festzustellen, dass dem Anfangsbestand an liquiden Mitteln im Rahmen eines Kapitalbindungsplans auch nur relativ geringes Gewicht zukommt: Ihm stehen die gesamten Ein- und Auszahlungen einer Periode (i. d. R. ein Jahr) gegenüber. Im Rahmen des Finanzplans dagegen stehen dem Anfangsbestand nur die Ein-/Auszahlungen eines Tages, einer Woche oder eines Monats gegenüber.

Neben der Ermittlung des Ein- oder Auszahlungsüberschusses soll es der Kapitalbindungsplan auch ermöglichen, die *Struktur der zukünftigen Ein- und Auszahlungen* zu erkennen.[529] Die in den Kapitalbindungsplan eingehenden Größen sind deshalb zweckmäßigerweise nach den Ursachen von Auszahlungen und den Quellen von Einzahlungen zu unterteilen. Von besonderem Interesse ist es in diesem Zusammenhang festzustellen, ob das bisherige Geschäftsvolumen auch in der Zukunft beibehalten werden kann, ohne dass hierzu neues Eigen- oder Fremdkapital erforderlich ist. Der Kapitalbindungsplan muss somit insbesondere darüber Aufschluss geben, ob während der einzel-

---

528 Vgl. zum „Hintereinanderschalten" von Kapitalbindungsplänen im Folgenden die Ausführungen unter Gliederungspunkt III. 4. b) dd) (1) (b).
529 Dies stellte *Chmielewicz* als grundsätzliche Anforderung an Liquiditätsrechnungen heraus, vgl. *Chmielewicz* (Fn. 315), S. 79.

III. Finanzplanung

nen Perioden die Einzahlungen aus den Produktverkäufen ausreichend sind, um die notwendigen Ersatzinvestitionen, Tilgungen fälliger Kredite, Zinszahlungen, Ausschüttungen und Steuerzahlungen leisten zu können.

Die Tatsache, dass die geplanten Auszahlungen der Periode durch die Planeinzahlungen gedeckt sind, wird auch als Einhaltung des *strukturellen Gleichgewichts* bezeichnet. Zu beachten ist jedoch, dass dieses Gleichgewicht nur in Bezug auf die Periodenliquidität definiert ist: Die Momentanliquidität innerhalb der Periode kann ggf. nicht erfüllt sein. In diesem Fall ist die Liquidität jedoch nicht langfristig, sondern nur kurzfristig durch Spitzenbelastungen bedroht. Die Beseitigung solcher Spitzen ist dann Aufgabe des kurzfristigen Finanzplans.

Liegt dagegen als Ergebnis des Kapitalbindungsplans ein *Auszahlungsüberschuss* vor, so muss dieser mit dem geplanten Anfangsbestand an liquiden Mitteln in der betrachteten Periode verglichen werden. Dieser (positive) Anfangsbestand reduziert den festgestellten Auszahlungsüberschuss. Soweit sich hieraus ein positiver Endbestand ergibt, ist wiederum die Periodenliquidität gewahrt.[530] Falls nach Einrechnung des Anfangsbestands noch ein Defizit verbleibt, so muss nun überlegt werden, welche Finanzierungsmaßnahmen geeignet sind[531] und/oder ob das geplante Investitionsprogramm in der vorgesehenen Weise durchführbar ist.

(b) Zeitliche Struktur

Die einzelne Periode, die durch einen Kapitalbindungsplan erfasst wird, beträgt i. d. R. ein Jahr.[532] Innerhalb dieses Zeitraums findet keine weitere Unterteilung statt. Die *Mittel- bis Langfristigkeit* der Kapitalbindungsplanung ergibt sich daraus, dass mehrere Perioden – in der Praxis bis zu zwölf Perioden[533] – hintereinandergeschaltet sind.[534] Einzelne Arten von Ein- und Auszahlungen, wie z. B. Einzahlungen aus Produktverkäufen oder Auszahlungen aufgrund von Kreditrückführungen, werden also jeweils in einem Betrag für die gesamte Periode ausgewiesen.

Würde man als Planungsperiode insgesamt nur ein Jahr wählen[535] und erst am Ende dieser Periode einen erneuten Kapitalbindungsplan erstellen, so wäre u. a. die gewünschte Langfristigkeit der Vorausschau nicht gegeben.[536] Am Ende der Periode hätte der Kapitalbindungsplan kaum noch einen Informationswert. Soweit das Unternehmen einen Finanzplan unterhält, würde dieser dann weiter in die Zukunft reichen als der Kapitalbindungsplan. Deshalb ist zu fordern, *mindestens über zwei zukünftige Perioden* hinweg zu planen.

Beispiel:
Ein Unternehmen setzt sich zum Ziel, für die auf das jeweilige Geschäftsjahr folgenden zwei Perioden einzelne Kapitalbindungspläne zu erstellen. Im laufenden Jahr (Jahr 1) wird also für die Jahre 2 und 3 je ein Kapitalbindungsplan erarbeitet. Nach

---

530 Alternativ kann auch gefordert werden, dass sich nach Einrechnung des Anfangsbestands ein „Mindestbestand an liquiden Mitteln" ergeben muss, damit die Liquidität gesichert erscheint.
531 Vgl. *Witte* (Fn. 30), S. 41.
532 Vgl. etwa das Beispiel bei *Eilenberger* (Fn. 7), S. 354–356. Vgl. auch *Witte* (Fn. 30), S. 41.
533 Vgl. *Witte* (Fn. 30), S. 41.
534 Vgl. *Eilenberger* (Fn. 7), S. 353.
535 Dies ist gleichbedeutend damit, dass nur ein einziger Kapitalbindungsplan erstellt wird.
536 Vgl. *Mandéry* (Fn. 344), S. 17.

4. Instrumente zur Ermittlung und Gestaltung des Finanzierungsbedarfs

Ende des laufenden Geschäftsjahres, d. h. im neuen Jahr 2, erfolgt dann die Revision des Plans von Jahr 3 und zugleich eine Neuaufstellung für Jahr 4. Es wird also das Prinzip der *rollierenden Planung* angewandt.[537]

Sofern das Unternehmen bereits einen Finanzplan erstellt, werden – bei unterstelltem Planungshorizont von einem Jahr – die auf den Planungszeitpunkt folgenden zwölf Monate bereits durch den Finanzplan erfasst. Für diesen Zeitraum ist also ein Kapitalbindungsplan überflüssig, zumal auch der Finanzplan durch die Unterteilung dieser Planperiode in Tage, Wochen und Monate detailliertere Angaben liefern kann. Zweckmäßigerweise setzt in diesem Fall die Kapitalbindungsplanung erst für das zweite auf den gegebenen Planungszeitpunkt folgende Jahr ein.

Beispiel:
Am 1. 7. Jahr 1 wird der *Finanzplan* für die Periode 1. 7. Jahr 1 – 30. 6. Jahr 2 erstellt. Zugleich erfolgt für die Periode 1. 7. Jahr 2 – 30. 6. Jahr 3 die Vorausschau in einem *Kapitalbindungsplan (I)* sowie für die Periode 1. 7. Jahr 3 – 30. 6. Jahr 4 im *Kapitalbindungsplan (II)*.
Der Finanzplan wird im Folgenden am Ersten eines Monats erneuert. Dagegen bleiben die Kapitalbindungspläne (I) und (II) zunächst unverändert.
Am 1. 7. Jahr 2 erfasst der Finanzplan die Periode 1. 7. Jahr 2 – 30. 6. Jahr 3. Der bisherige Kapitalbindungsplan (I) ist jetzt hinfällig. Es erfolgt nun die Korrektur des Kapitalbindungsplans (II) und die Erstellung eines neuen *Kapitalbindungsplans (III)* für die Periode 1. 7. Jahr 4 – 30. 6. Jahr 5.

(c) Inhaltliche Struktur

Zur formalen Abbildung der einbezogenen Planzahlungen wird die Kontoform herangezogen[538] (vgl. Tabelle 9). In der Grundstruktur des Kapitalbindungsplans (vgl. Tabellen 9 und 10) sind unter Nr. 1 Investitionen als *kapitalbindende Auszahlungen* aufgeführt. *Investitionen im Leistungsbereich* können zum einen darauf ausgerichtet sein, die im Rahmen der Produktion abgenutzten Betriebsmittel (z. B. Maschinen, Anlagen, aber auch Gebäude) zu ersetzen. Es handelt sich dann um Maßnahmen zur Ersatzbeschaffung (Ersatzinvestitionen). Dagegen ermöglichen es Erweiterungsinvestitionen, die bisherige Produktionskapazität zu erhöhen. Eine weitergehende Untergliederung der geplanten Auszahlungen kann an den einzelnen neu geplanten Investitionsprojekten ansetzen. Der getrennte Ausweis von Auszahlungen für ganze Investitionsprojekte ist zweckmäßig, weil bei längerfristigen Planungen nicht einzelne Auszahlungen, sondern ganze Projekte zur Disposition stehen. Bei *Investitionen im Finanzbereich* können z. B. geplante Auszahlungen für den Erwerb von Beteiligungen, für den Kauf von Anleihen und für eigene Darlehensgewährungen unterschieden werden.

Die *Definanzierung* oder *kapitalentziehende Auszahlung* (Nr. 2 der Grundstruktur) betrifft insbesondere den Finanzbereich. Sie führt zu einem Abfluss von Geldern, der nicht mit dem Erwerb eines Gutes einhergeht. Zu unterscheiden sind Auszahlungen für geplante Fremdkapitaltilgungen, Eigenkapitalrückführungen, Ausschüttungen sowie

---

537 Vgl. zu diesem Prinzip die Ausführungen unter Gliederungspunkt III. 4. a) bb). Bei *Chmielewicz* (Fn. 315), S. 63, findet sich hierfür auch der Begriff „Gleitende Mehrperiodenplanung".
538 Vgl. auch *Schäfer* (Fn. 350), S. 14; *Witte* (Fn. 30), S. 40. *Witte* differenziert nach „Kapitalverwendung" und „Kapitalherkunft". Diese Bezeichnungen sind durch „Planeinzahlungen" sowie „Planauszahlungen" in obigem Konto ersetzt.

III. Finanzplanung

Tabelle 9: Kapitalbindungsplan – Grundstruktur

Planauszahlungen (Kapitalverwendung)	Planeinzahlungen (Kapitalherkunft)
1. Für Investitionen (kapitalbindende Auszahlungen)	3. Aus der Innenfinanzierung (kapitalfreisetzende und ggf. -zuführende Einzahlungen)
2. Zur Definanzierung (kapitalentziehende Auszahlungen)	4. Aus der Außenfinanzierung (kapitalzuführende Einzahlungen)
Ggf. Saldo (Einzahlungsüberschuss)	Ggf. Saldo (Auszahlungsüberschuss)

für die zu erwartenden Gewinn- und Vermögensteuern.[539] Innerhalb dieser Gruppe besitzen i. d. R. Kreditrückzahlungen ein besonderes Gewicht. Daher kann es aufschlussreich sein, diese Rückzahlungen nach den einzelnen zurückgezahlten Krediten aufzuteilen.

Die im Rahmen der *Innenfinanzierung* (Nr. 3 der Grundstruktur) erzielten Einzahlungen resultieren aus dem Geschäftsverlauf als Folge von Entscheidungen des Managements.[540] Es handelt sich um *Zahlungsströme*, die *auf unternehmensinterne* Dispositionen *zurückzuführen* sind. Sie betreffen sowohl den Leistungsbereich als auch den Finanzbereich. Betrachtet man zunächst die Einzahlungen im *Finanzbereich*, so sind hier die Zuflüsse an Zahlungsmitteln aus dem erwarteten Rückfluss eigener Ausleihungen, aus dem geplanten Verkauf von Beteiligungen und Wertpapieren sowie aus den erwarteten Finanzierungserträgen enthalten.

Größeres Gewicht als den genannten Einzahlungen aus dem Finanzbereich kommt im Rahmen der Innenfinanzierung von Unternehmen den Einzahlungen aus dem *Leistungsbereich* zu. Hierin enthalten sind in erster Linie die erwarteten Einzahlungen aus dem Absatz betrieblicher Leistungen.[541] In zweiter Linie fließen Einzahlungen aus der geplanten Veräußerung von Betriebsmitteln und Werkstoffen ein. Die Herstellung der abgesetzten Produkte war zuvor mit Auszahlungen z. B. für Material und Personal verbunden. Dies gilt entsprechend für die Auszahlungen bei der Beschaffung von Betriebsmitteln und Werkstoffen. Der Absatz dieser Aktiva am Markt ermöglicht es, die in ihnen gebundenen Gelder durch Verkaufseinzahlungen wiederzugewinnen: Es liegt eine Desinvestition vor. Übersteigen die Einzahlungen aus dem Verkauf die in den Aktiva gebundenen Gelder, d. h., es kann ein Veräußerungsgewinn erzielt werden, so findet in diesem Umfang eine Kapitalzuführung statt.

---

539 Vgl. *Schäfer* (Fn. 350), S. 14.
540 Der Teil der Verkaufseinzahlungen, der die Produktions- bzw. Beschaffungsauszahlungen für die Produkte deckt, entspricht dem Umfang der Desinvestition. Dies gilt analog für die weiteren veräußerten Aktiva. In dem Umfang, in dem die Verkaufseinzahlungen die Produktions- bzw. Beschaffungsauszahlungen übersteigen (Gewinn), findet eine Kapitalzuführung statt.
541 Darunter sind die verkauften Waren oder Produkte sowie auch erbrachte Dienstleistungen zu verstehen.

Tabelle 10: Kapitalbindungsplan – erweiterte inhaltliche Struktur

Planauszahlungen (Mittelabfluss)	Planeinzahlungen (Mittelzufluss)

1. Investitionen (Kapitalbindung)
1.1 Leistungssphäre
   (1) für Ersatzinvestitionen
   – Anlage 1
   – Anlage 2
   …
	3. Innenfinanzierung (Kapitalfreisetzung/-erhöhung)
	3.1 Leistungssphäre
	   (1) Einzahlungsüberschuss aus dem Absatz betrieblicher Leistungen

(2) für Erweiterungsinvestitionen
   – Lagerinvestition
   – Projekt 1
   …
1.2 Finanzsphäre
   (1) für Beteiligungen
   (2) für Wertpapieranlagen
   (3) für Kreditvergabe
	(2) Veräußerung von Betriebsmitteln
	(3) Veräußerung von Werkstoffen
	
	3.2 Finanzsphäre
	   (1) Anlageerträge
	   (2) Anlagerückflüsse
	   (3) Verkauf Finanzaktiva

2. Definanzierung (Kapitalentzug)
2.1 Eigenkapitalrückzahlung
2.2 Fremdkapitaltilgung
   (1) Kredit 1
   (2) Wertpapier 1
   …
2.3 Steuern
 	
2.4 Gewinnausschüttung
	4. Außenfinanzierung (Kapitalzuführung)
	4.1 Beteiligungsfinanzierung
	4.2 Kreditfinanzierung
	   (1) Kredit A
	   (2) Wertpapier A
	   …
	4.3 Mischfinanzierung
	   (1) Genussschein A
	   …
	4.4 Weitere
	   (1) Subventionen
	   …

Σ Planauszahlungen	Σ Planeinzahlungen
Saldo (Σ Planeinzahlungen – Σ Planauszahlungen) = Geplante Veränderung der liquiden Mittel	

Im *Unterschied* zu allen anderen Positionen des Kapitalbindungsplans werden die *Verkaufseinzahlungen* aus dem Absatz betrieblicher Leistungen *nicht brutto* ausgewiesen. Vielmehr werden sie mit bestimmten (laufenden) Auszahlungen verrechnet, die mit der Herstellung der betrieblichen Leistungen verbunden sind. Hierzu gehören die Mittelabflüsse für die geplante Ersatzbeschaffung *verbrauchter Werkstoffe* (Materialauszahlungen), die geplanten Auszahlungen für die Beschaffung von *Arbeits- und Dienstleistungen* sowie geplante *Zinszahlungen* (diese Zahlungen sind insofern im Kapitalbindungsplan nicht getrennt ausgewiesen). Der Saldo, der sich durch die Verrechnung der ge-

III. Finanzplanung

nannten Auszahlungen für die Produktion mit den beim Absatz der Produkte erzielten Einzahlungen ergibt, stellt den Überschuss oder den Fehlbetrag an Zahlungsmitteln aus der laufenden Produktion dar. Man bezeichnet ihn als *Einzahlungs- bzw. Auszahlungsüberschuss aus betrieblichen Leistungen*.

Dieser Überschuss stellt als Saldo eine *Ausnahme vom ansonsten geforderten Bruttoprinzip* bei der Durchführung von Liquiditätsrechnungen dar. Die Saldierung lässt sich dadurch rechtfertigen, dass diese Zahlungen im Rahmen des „kurzfristigen Zahlungskreislaufs" eines Unternehmens einen logischen Zusammenhang aufweisen: Die Einzahlungen aus dem Verkauf von Fertigprodukten müssen speziell die Auszahlungen für Werkstoffe und Arbeitsleistungen ausgleichen, die bei der Herstellung angefallen sind. Der Saldo liefert damit einen wichtigen Hinweis zur Vorteilhaftigkeit der Produktion.

Im Regelfall liegt der Zahlungssaldo aus betrieblichen Leistungen als *Einzahlungsüberschuss* vor. Dies ist eine erste, wenn auch noch nicht hinreichende Voraussetzung für die Vorteilhaftigkeit des Produktionsprogramms. Der Überschuss ist nun mit weiteren aus dem Produktionsbetrieb resultierenden Auszahlungen zu vergleichen. Dazu zählen zunächst die geplanten Auszahlungen für die *Ersatzbeschaffung von Betriebsmitteln*. Der Saldo soll ausreichend sein, um die in der betreffenden Periode geplanten Ersatzinvestitionen abdecken zu können. Dahinter verbirgt sich die Idee, dass die in einer Periode geplanten Ersatzinvestitionen auch dem tatsächlichen Werteverzehr von Betriebsmitteln durch die Produktion der Periode entsprechen. Der sich nach Einbezug der Ersatzinvestitionen neu ergebende Saldo ist in Tabelle 10 durch eine unterbrochene Linie gekennzeichnet.

Weiterhin ist der durch die Auszahlungen für Ersatzinvestitionen geminderte Saldo aus betrieblichen Leistungen mit den zu erwartenden *Steuern* und *Ausschüttungen* als ebenfalls leistungsbezogenen laufenden Zahlungen zu vergleichen. Liegt auch nach dieser Verrechnung noch ein Überschuss vor, so wird dieser zur Tilgung fälliger Kredite herangezogen. Sollte danach noch ein finanzieller Spielraum bestehen, so kann das Unternehmen diesen zur Tilgung weiterer, noch nicht fälliger Kredite oder für die Finanzierung von Erweiterungsinvestitionen nutzen.

Anders ist dagegen der Sachverhalt zu beurteilen, wenn der Saldo aus betrieblichen Leistungen als solcher oder nach Verrechnung mit den Ersatzinvestitionen, Steuern und Dividenden *negativ* ist. In diesem Fall liegt ein *leistungswirtschaftliches Einzahlungsdefizit* (bzw. ein Auszahlungsüberschuss) vor. Eventuell ist hieraus zu folgern, dass die gegebene bzw. die geplante Produktionsstruktur unwirtschaftlich ist. Es sind Korrekturen im Leistungsbereich erforderlich. Jedoch kann dieser Zustand kurzfristig eventuell als Folge einer Umstellung des Leistungsprogramms oder aus konjunkturellen Ursachen heraus erklärt werden.[542] Soll vor diesem Hintergrund das festgestellte Defizit – für eine kurze Frist – gedeckt werden, so bieten sich folgende Möglichkeiten an:

– Die aus Anlagen im Finanzbereich (soweit gegeben) resultierenden Ertragszahlungen und Mittelrückflüsse können zum Ausgleich des leistungswirtschaftlichen Einzahlungsdefizits herangezogen werden.

---

[542] Denkbar ist auch, dass Auszahlungen für eine große Investition den in dieser Periode zugeflossenen Teil der Abschreibungsgegenwerte übersteigen. Das entstehende Defizit kann aber durch den gewöhnlichen Zahlungsüberschuss im Folgejahr abgetragen werden.

4. Instrumente zur Ermittlung und Gestaltung des Finanzierungsbedarfs

- Vermögensgegenstände des Finanzbereichs (insbesondere Near Money Assets, aber auch weitere Wertpapiere und Beteiligungen) und/oder des Leistungsbereichs (z. B. Vorräte, Anlagen) sind ggf. zu veräußern.
- Kapitalzuführende Einzahlungen, wie z. B. die Aufnahme neuer Kredite oder eine Eigenkapitalerhöhung, sind zu erwägen.
- Der bisher im Kapitalbindungsplan noch nicht einbezogene Anfangsbestand an liquiden Mitteln wird berücksichtigt. Dieser (positive) Bestand mindert das Ausmaß des Einzahlungsdefizits.

Tritt *wiederholt* oder *über eine längere Frist* der genannte Fall ein, dass zur Deckung eines Auszahlungsüberschusses aus betrieblichen Leistungen und/oder für die Ersatzinvestition von Betriebsmitteln, für Gewinnausschüttungen und für Steuerzahlungen *zusätzliche Gelder beschafft werden müssen*, dann reduzieren sich nach und nach die Zahlungskraft-, Liquiditäts- und Finanzierungsreserven des Unternehmens. Eine solche Situation kann u. a. – wie erwähnt – kurzfristig bei der Anpassung an geänderte Marktkonstellationen bzw. bei der Neuorientierung der Produktionspalette gegeben sein. Sie darf sich jedoch nicht über eine längere Zeit hinweg fortsetzen, da sie letztlich als eine *unwirtschaftliche Leistungserstellung* zu interpretieren ist. Gelingt es dem Management nicht, die zugrunde liegenden Mängel zu beheben, so führen die überzogenen Auszahlungen bzw. der anhaltende Verlust an Zahlungskraft-, Liquiditäts- und Finanzierungsreserven letztlich zur Illiquidität.[543]

Die Grundstruktur des Kapitalbindungsplans enthält schließlich als Nr. 4 Einzahlungen aus der *Außenfinanzierung*.[544] Die daraus zufließenden Mittel weisen als Besonderheit auf, dass sie dem Unternehmen durch außerhalb des Unternehmens stehende Personen zur Verfügung gestellt werden. Es handelt sich um *kapitalzuführende Einzahlungen*, die speziell den Finanzbereich betreffen.

Im Rahmen der Außenfinanzierung zu unterscheiden sind Einzahlungen aus einer geplanten *Beteiligungsfinanzierung*, aus geplanten *Kreditfinanzierungen* und u. a. aus erwarteten staatlichen *Subventionen* im untersuchten Zeitraum.[545] Diese Positionen lassen sich in geeigneter Weise weiter untergliedern. Z. B. kann die Beteiligungsfinanzierung danach unterteilt werden, ob bestehende Gesellschafter ihre Einlagen erhöhen oder ob neue Einlagen durch die Aufnahme weiterer Gesellschafter erreicht werden sollen. Neue Kreditaufnahmen lassen sich u. a. nach dem kreditgewährenden Institut differenzieren.

(2) Kapitalbindungsplan im Rahmen der Gesamtunternehmensplanung: ein Beispiel

Bei mittleren und größeren Unternehmen ist es selbstverständlich, eine mehrjährige Finanzplanung auf Basis eines Kapitalbindungsplans vorzunehmen und diese jährlich fortzuschreiben. Die Finanzplanung ist hierbei eingebettet in die gesamte mittel- bis langfristige Planung des Unternehmens.[546] Neben der *gleichzeitig vorgenommenen Be-*

---

543 Vgl. ähnlich *Biegert* (Fn. 433), 65.
544 Vgl. zur Außenfinanzierung *Sprink* (Fn. 377), S. 72–110; *Wöhe/Bilstein* (Fn. 26), S. 13–18, 35–332.
545 Vgl. *Schäfer* (Fn. 350), S. 12.
546 Vgl. zur Integration von Finanz-, Bilanz- und Erfolgsrechnung *Chmielewicz* (Fn. 315), S. 84–109; *Kleinebeckel* (Fn. 381).

III. Finanzplanung

schaffungs-, Produktions- und Absatzplanung zählt hierzu insbesondere auch die Erstellung von *Planbilanzen und Planergebnisrechnungen* für den betrachteten Zeithorizont.[547]

Bei kleineren Unternehmen wird demgegenüber z.T. auf eine integrierte, umfassende Bilanz-, Erfolgs- und Finanzplanung verzichtet. Diese Unternehmen bewerten den mit einer solchen Gesamtplanung verbundenen Aufwand höher als dessen Nutzen. Sie behelfen sich mit einfachen Schätzungen der zukünftigen Finanzlage. Die Notwendigkeit einer systematisch-methodischen, bewussten Planung wird für sie i.d.R. erst dann ersichtlich, wenn externe Kapitalgeber, z.B. Kreditinstitute, ihre Bereitschaft zur Mittelvergabe an die Vorlage solcher Planungsrechnungen knüpfen.[548] Die Kapitalgeber verfolgen damit die Zielsetzung, die Unternehmensplanung aus dem Bereich der Intuition des Unternehmers zu lösen und auf eine verlässlichere Grundlage zu stellen.

Das gewählte Beispiel bezieht sich auf die Situation der „Anlagenbau-Export GmbH". Nach Jahren einer konstanten, zufrieden stellenden Ertragsentwicklung muss dieses Unternehmen im Jahr 1 erkennen, dass aufgrund der Zahlungsunfähigkeit von Abnehmern in Osteuropa und in Lateinamerika mit mehreren schwer wiegenden Forderungsausfällen zu rechnen ist. Zudem ist zu erwarten, dass das Geschäft mit diesen Abnehmern sich zurückbildet. Die Unternehmensleitung rechnet daher mit einem Rückgang der Umsatzerlöse von 1,5 Mrd. Euro auf 1,1 Mrd. Euro jährlich.

Planergebnisrechnung Jahr 2 – Jahr 6

(in Mio. Euro)	Jahr 2	Jahr 3	Jahr 4	Jahr 5	Jahr 6
Umsatzerlöse	1117,7	1112,6	1168,2	1258,5	1286,7
Bestandsänderung fertige und unfertige Erzeugnisse	− 39,4	− 15,3	+ 2,3	+ 16,7	+ 3,3
aktivierte Eigenleistung	+ 56,5	+ 63,7	+ 67,0	+ 70,3	+ 71,0
Betriebsleistung	*1134,8*	*1161,0*	*1237,5*	*1345,5*	*1361,0*
Variable Materialkosten	−286,7	−295,8	−322,5	−353,5	−357,0
Sonstige variable Kosten	−437,8	−471,0	−500,0	−540,5	−543,0
Deckungsbeitrag	*410,3*	*394,2*	*415,0*	*451,5*	*461,0*
Fixe Kosten	−463,6	−472,6	−464,5	−467,0	−465,0
Kostenrechnerische Korrekturen	+ 22,7	+ 35,9	+ 34,0	+ 32,5	+ 34,0
Netto-Betriebsergebnis	*− 30,6*	*− 42,5*	*− 15,5*	*+ 17,0*	*+ 30,0*
+ Neutraler Ertrag	+ 55,0	+ 26,0	+ 8,0	+ 9,5	+ 12,0
./. Neutraler Aufwand	− 23,4	− 14,5	− 15,0	− 15,0	− 9,0
./. Steuern	− 1,0	− 0,5	− 0,5	− 2,0	− 3,0
Jahresüberschuss/-verlust	*−,−*	*− 31,5*	*− 23,0*	*− 9,5*	*+ 30,0*

---

547 Vgl. *Biegert* (Fn. 433), S. 66; *Schmidt*, in: Kistner/Schmidt (Hrsg.), Unternehmensdynamik, 1991, S. 93.
548 Wie bereits in den Ausführungen unter Gliederungspunkt I. 1. erörtert, ist diese Anforderung aufgrund der veränderten bankenaufsichtsrechtlichen Bestimmungen für das Kreditgeschäft (Basel II) gestiegen.

4. Instrumente zur Ermittlung und Gestaltung des Finanzierungsbedarfs

Planbilanzen Jahr 2 – Jahr 6

Aktiva (in Mio. Euro)	31.12.01	Jahr 2	Jahr 3	Jahr 4	Jahr 5	Jahr 6
Sachanlagen	180,5	135,5	132,0	132,0	132,0	132,0
Finanzanlagen	12,0	12,0	12,0	12,0	12,0	12,0
Summe Anlagevermögen	*192,5*	*147,5*	*144,0*	*144,0*	*144,0*	*144,0*
Vorräte, fertige u. unfertige Ereugnisse	342,0	277,0	285,0	286,0	320,0	340,0
Forderungen a. L. u. L.	425,0	393,0	405,0	428,0	445,5	465,5
Flüssige Mittel	1,0	1,5	2,0	2,0	2,5	2,5
Near Money Assets	9,5	7,5	–	2,0	2,0	2,0
Sonstiges Umlaufvermögen	28,0	28,0	28,0	28,0	28,0	28,0
Summe Umlaufvermögen	*805,5*	*707,0*	*720,0*	*746,0*	*798,0*	*838,0*
Bilanzsumme	*998,0*	*854,5*	*864,0*	*890,0*	*942,0*	*982,0*

Sachanlagenänderung (in Mio. Euro)		Jahr 2	Jahr 3	Jahr 4	Jahr 5	Jahr 6
Sachanlagenzugang		42,5	52,5	40	40	50
Sachanlagenabgang		34,0	4,0	–	–	–
Abschreibungen		53,5	52,0	40	40	50
Saldo		–45,0	–3,5	–	–	–

Passiva (in Mio. Euro)	31.12.01	Jahr 2	Jahr 3	Jahr 4	Jahr 5	Jahr 6
Stammkapital	90,0	90,0	90,0	90,0	90,0	90,0
offene Rücklagen	73,5	73,5	73,5	73,5	73,5	73,5
Sonderposten mit Rücklageanteil	12,5	10,0	–	–	–	–
Bilanzverlust	–	–	–31,5	–54,5	–45,0	–15,0
Eigenkapital	*176,0*	*173,5*	*132,0*	*109,0*	*118,5*	*148,5*
Wertberichtigungen	7,5	5,5	5,5	7,5	8,0	8,5
Pensionsrückstellungen	48,5	48,5	49,5	49,5	49,5	49,5
Andere Rückstellungen	79,0	74,0	69,5	73,5	81,0	85,0
Wertberichtigungen und Rückstellungen	*135,0*	*128,0*	*124,5*	*130,5*	*138,5*	*143,0*
Refinanz. Exportkredite	82,5	59,0	95,5	92,5	98,0	103,0
Hypothekendarlehen	84,0	56,5	50,5	46,5	42,5	38,5
Sonstige	21,5	25,0	21,0	23,0	24,0	25,0
Langfristige Verbindlichkeiten	*188,0*	*140,5*	*167,0*	*162,0*	*164,5*	*166,5*
Lieferantenverbindlichkeiten	56,0	54,0	40,0	57,5	62,5	65,0
Schuldwechsel	54,5	39,5	35,0	40,0	47,5	50,0
Refinanz. Exportforderungen	109,5	111,0	78,5	82,5	93,5	90,0
Sonstige Bankverbindlichkeiten	69,5	46,0	137,5	143,5	144,5	146,5
Erhaltene Anzahlungen	69,0	42,5	35,0	45,0	50,0	50,0
Sonstige Verbindlichkeiten	140,5	119,5	114,5	120,0	122,5	122,5
Kurz- und mittelfristige Verbindlichkeiten	*499,0*	*412,5*	*440,5*	*488,5*	*520,5*	*524,0*
Bilanzsumme	*998,0*	*854,5*	*864,0*	*890,0*	*942,0*	*982,0*

III. Finanzplanung

In Anbetracht der zu erwartenden Entwicklung erachtet die Geschäftsführung der „Anlagenbau-Export GmbH" eine Planungskonferenz als notwendig. Die Planungsrunde setzt sich sinnvollerweise aus den Verantwortlichen aller zentralen Unternehmensbereiche zusammen. Hierzu zählen neben der Geschäftsführung u. a. – soweit diese die jeweiligen Funktionen nicht selbst übernommen hat – die Verantwortlichen für Beschaffung, Produktion und Absatz, die Leitung des Rechnungswesens, der Personalchef und das Finanzmanagement. Die Aufgabe des Finanzmanagers ist es dabei, den Planungsprozess aktiv zu unterstützen. Dies erfolgt bspw. durch die Beurteilung der Finanzierbarkeit erwogener Maßnahmen, der Einschätzung dieser Maßnahmen in Bezug auf ihr Aus-/Einzahlungsprofil oder deren Konsequenzen für das Zinsänderungs- und Währungsrisiko des Unternehmens.

Das „Round Table"-Planungstreffen führt zu konkreten Beschlüssen, mit denen dem erwarteten Umsatzrückgang entgegenzuwirken ist. Die aufgrund dieser Maßnahmen sowie der generellen Unternehmenssituation zu erwartenden Erfolgs- und Vermögensdaten sind in den Übersichten zu Planergebnissen und Planbilanzen ersichtlich. Es handelt sich im Einzelnen um folgende Beschlüsse:

a) Auf den Nachfragerückgang ist mit einem teilweisen Abbau der Kapazität, d. h. mit einem Verkauf von Anlagen, zu antworten.
b) Aufgrund der verringerten Produktion kann auch der Vorrat an Werkstoffen abgebaut werden.
c) Die Entlassung von Personal soll vermieden werden.
d) Mit dem Kapazitätsabbau sind Reorganisationsmaßnahmen im Unternehmen und damit ein erhöhter Aufwand verbunden. Dieser kann z. T. durch außerordentliche Erträge beim Verkauf der Anlagen ausgeglichen werden (25 Mio. in Jahr 2). Zum anderen ist vorgesehen, den Sonderposten mit Rücklageanteil und Teile der Rückstellungen erfolgswirksam aufzulösen.
e) Für die Jahre 3 und 4 ist mit einem Verlust zu rechnen. In den Folgejahren führen die ergriffenen Maßnahmen jedoch zu einem Gewinn (bzw. zu einer Minderung des Verlustvortrags in der Bilanz).

Die unter a) bis e) aufgeführten Beschlüsse stellen die Eckpunkte für die Erstellung des Kapitalbindungsplans dar. Dieser darf jedoch nicht nur als bloße Konsequenz der Vorgaben anderer Unternehmensbereiche verstanden werden. Bereits innerhalb der Planungsrunde hat das Finanzmanagement *eigene Anregungen* und Bewertungen eingebracht. Der Kapitalbindungsplan hat jedoch die Aufgabe, die beschlossenen Maßnahmen zusammenfassend in ihren Zahlungswirkungen darzustellen. Hierbei sind folgende Aspekte zu beachten:

– Durch den Rückgang oder Ausfall von Produktverkäufen (und vor dem Hintergrund konstanter Lohnzahlungen) reduziert sich in den ersten Planungsjahren der *Einzahlungsüberschuss aus betrieblichen Leistungen*.
– Der Einzahlungsüberschuss aus betrieblichen Leistungen ist in den Jahren 2 und 3 nicht ausreichend, um notwendige *Ersatzinvestitionen* zu finanzieren. Die gegebene Finanzierungslücke wird weiter dadurch vergrößert, dass in diesen Jahren Kredite in größerem Umfang zu tilgen sind.
– Mit dem prognostizierten Rückgang des Umsatzes gehen auch künftige *Anzahlungen* zurück. Die Finanzierungsmöglichkeiten über Wechsel und Lieferantenkredite nehmen aus diesem Grund ebenfalls ab. Der zu erwartende Verlustausweis kann be-

4. Instrumente zur Ermittlung und Gestaltung des Finanzierungsbedarfs

wirken, dass die Lieferanten nicht mehr in gewohntem Umfang Zahlungsziele gewähren.
- Das zu erwartende Finanzierungsdefizit kann im Jahr 2 teilweise durch Einzahlungen aus dem *Verkauf von Anlagen* sowie aus dem Verkauf von nicht (in diesem Umfang) benötigten *Vorräten* an Roh-, Hilfs- und Betriebsstoffen ausgeglichen werden. Aus dem Verkauf ausstehender *Forderungen* (z. B. über Forfaitierung) sind weitere Einzahlungen zu erwarten. Dagegen stehen *Near Money Assets* nur in sehr begrenztem Umfang zur Verfügung. (Dies verdeutlicht wiederum, dass die eigentliche Bedeutung der Near Money Assets im kurzfristigen Liquiditätsmanagement liegt; strukturelle Ungleichgewichte müssen dagegen ursachenorientiert auf anderem Weg bewältigt werden.) Die unter d) aufgeführte Auflösung des Sonderpostens sowie von Teilen der *Rückstellungen* sind rein buchtechnische Maßnahmen und bewirken keine Einzahlungen.
- Im Jahr 3 muss das Finanzmanagement zur Deckung der Finanzierungslücke auf neue Kredite bzw. auf *Anschlusskredite* in größerem Umfang zurückgreifen.
- Die Anpassungsmaßnahmen bewirken, dass sich der *Einzahlungsüberschuss aus betrieblichen Leistungen* in den Restjahren der Planung stabilisiert. Aus den Überschüssen der Jahre 5 und 6 lassen sich wiederum die Ersatzinvestitionen und Steuern vollständig finanzieren. Ein danach weiter verbleibender Überschuss kann zur Tilgung fälliger Kredite oder für die Durchführung von Erweiterungsinvestitionen verwandt werden. Eventuell ist an das Auffüllen der Near Money Assets zu denken.

Die genannten Sachverhalte sind in ihren Wirkungen für die Zahlungssphäre in der Kapitalbindungsplanung für die Jahre 2–6 aufgezeigt. Das vorliegende Beispiel zur mittel- bis langfristigen Finanzplanung der Anlagen-Export GmbH vermag auch aufzuzeigen, wie wichtig eine gegenseitige Abstimmung der einzelnen Teilpläne eines Unternehmens ist. Im betrachteten Fall ergibt sich z. B. im Jahr 3 ein außergewöhnlich *hoher Bedarf* an langfristigen Bank- und Exportkrediten. Die Deckung dieses neuen Kreditbedarfs – der die Höhe des Stammkapitals übersteigt – lässt schwierige Gespräche mit den Kreditgebern erwarten. Deshalb ist ein *ausreichender zeitlicher Spielraum* für die Sicherung der Liquidität unerlässlich. Wie erwähnt, soll der Kapitalbindungsplan diese Handlungsfrist ermöglichen. Zudem kann aufgrund der Ergebnisse der Planung, insbesondere des geplanten Überschusses in den Jahren 5 und 6, potenziellen Kreditgebern überzeugender dargelegt werden, dass eine Mittelüberlassung an das Unternehmen von Vorteil ist. Insofern ermöglicht der Kapitalbindungsplan nicht nur ausreichenden zeitlichen Spielraum, sondern stellt eine Argumentationshilfe gegenüber den Kreditgebern dar.

III. Finanzplanung

Kapitalbindungsplan Jahr 2 – Jahr 6

Planauszahlungen (in Mio. Euro)	Jahr 2	Jahr 3	Jahr 4	Jahr 5	Jahr 6
1. Kapitalbindende Auszahlungen (Investitionen)					
1.1 Leistungsbereich					
1.1.1 Ersatzinvestitionen	42,5	52,5	40,0	40,0	50,0
1.1.2 Erweiterungsinvestitionen (Lager, Anlagen)	–	8,0	1,0	34,0	20,0
1.2 Finanzbereich					
1.2.1 Erhöhung d. Forderung aus Liefg. u. Leistg.	–	12,0	23,0	17,5	20,0
1.2.2 Erwerb Near Money Assets	–	–	2,0	–	–
2. Kapitalentziehende Auszahlungen (Definanzierung)					
2.1 Tilgung langfristiges Fremdkapital					
2.1.1 Exportkredite	23,5	–	3,0	–	–
2.1.2 Hypothekendarlehen	26,5	6,0	4,0	4,0	4,0
2.1.3 Sonstige Verbindlichkeiten	–	4,0	–	–	–
2.2 Tilgung kurz-/mittelfristiges Fremdkapital					
2.2.1 Lieferantenkredite	2,0	14,0	–	–	–
2.2.2 Wechselkredite	15,0	4,5	–	–	–
2.2.3 Exportkredite	–	32,5	–	–	–
2.2.4 Sonst. Bankkredite	23,5	–	10,0	10,0	3,5
2.2.5 Erhaltene Anzahlungen	26,5	7,5	–	–	–
2.2.6 Sonstige Verbindlichkeiten	21,0	5,0	–	–	–
2.3 Steuerzahlungen	1,0	0,5	0,5	2,0	3,0
2.4 Gewinnausschüttungen	–	–	–	–	–
Planauszahlungen insgesamt:	*181,5*	*146,5*	*83,5*	*107,5*	*100,5*

Planeinzahlungen (in Mio. Euro)	Jahr 2	Jahr 3	Jahr 4	Jahr 5	Jahr 6
3. Innenfinanzierung					
3.1 Leistungsbereich					
3.1.1 Einzahlungsüberschuss betriebliche Leistungen	19,0	7,5	33,5	69,5	87,5
3.1.2 Veräußerung Betriebsmittel	59,0	4,0	–	–	–
3.1.3 Abbau Vorräte	65,0	–	–	–	–
3.2 Finanzbereich					
3.2.1 Abbau Forderungen	32,0	–	–	–	–

3.2.2 Verkauf Near Money Assets	2,0	7,5	–	–	–
4. Außenfinanzierung					
4.1 Erhöhung langfristige Kredite					
4.1.1 Exportkredite	3,5	36,5	2,0	6,5	6,0
4.1.2 Bankkredite	–	81,5	–	–	–
4.2 Erhöhung kurz-/mittelfristige Kredite					
4.2.1 Lieferantenkredite	–	–	17,5	5,0	2,5
4.2.2 Wechselkredite	–	–	5,0	7,5	2,5
4.2.3 Exportkredite	1,5	–	4,0	11,0	–
4.2.4 Sonstige Bankkredite	–	10,0	6,0	1,0	2,0
4.2.5 Erhaltene Anzahlungen	–	–	10,0	5,0	–
4.2.6 Sonstige	–	–	5,5	2,5	–
Planeinzahlungen insgesamt	*182,0*	*147,0*	*83,5*	*108,0*	*100,5*
Saldo Ein-./. Auszahlungen = Veränderung liquide Mittel	*+0,5*	*+0,5*	*–*	*+0,5*	*–*

ee) Vergleichende Gegenüberstellung der Liquiditätsrechnungen

Als Ergebnis der vorstehenden Analyse lässt sich zunächst festhalten, dass die einzelnen Formen von Liquiditätsrechnungen *nicht als alternative*, sich gegenseitig ersetzende Instrumente zu verstehen sind. Soweit z. B. ein Unternehmen seine mittel- bis langfristige Liquiditätsplanung unter Verwendung des Kapitalbindungsplans durchführt, ersetzt dies nicht eine gesonderte, spezielle Planung der kurzfristigen oder aktuellen Liquidität mithilfe des Finanzplans oder des Liquiditätsstatus.[549]

Liquiditätsstatus, Finanzplan und Kapitalbindungsplan stellen sich als ergänzende, im Idealfall gleichzeitig einzusetzende Instrumente dar.

Der Kapitalbindungsplan bildet in gewissem Sinn das „*Fundament*" der unternehmerischen Liquiditätsplanung und -disposition. Seine Aufgabe ist es, diejenigen Zahlungsströme offen zu legen, die mittel- und langfristig entscheidenden Einfluss auf die betriebliche Liquiditätslage ausüben. Aufgrund seiner längerfristigen Orientierung sowie aufgrund der Tatsache, dass nur solche Zahlungsströme einbezogen werden, die für die Liquidität von wesentlicher Bedeutung sind, ermittelt der Kapitalbindungsplan die grundsätzliche *Struktur* zukünftiger Planein- und -auszahlungen. Die in den Kapitalbindungsplan einfließenden Werte stellen relativ grobe Größen dar (*Grobplanung*). Dagegen beziehen Finanzplan und Liquiditätsstatus sämtliche die Liquiditätslage der Unternehmung beeinflussenden Zahlungsgrößen ein, soweit diese für den Finanzplaner ersichtlich sind. Aufgrund des weniger weit in die Zukunft reichenden Planungshorizonts sind die durch diese Instrumente festgestellten Liquiditätssalden auch relativ exakter

---

549 Vgl. ähnlich *Wöhe/Bilstein* (Fn. 26), S. 404. Der parallele Einsatz kurz- und mittelfristiger Finanzpläne wird z. T. durch eine empirische Studie belegt, vgl. *Pausenberger/Glaum/Johansson* (Fn. 372), 1371.

angegeben. Es kann so mit vergleichsweise größerer Sicherheit angenommen werden, dass die geplanten Salden auch tatsächlich eintreten.

Liquiditätsstatus, Finanzplan und Kapitalbindungsplan unterscheiden sich hinsichtlich der Detailliertheit, Vollständigkeit und Sicherheit der Planungsergebnisse.

Der (negativen) Kritik am Kapitalbindungsplan steht gegenüber, dass das Finanzmanagement durch ihn gravierende Ungleichgewichte bereits *frühzeitig* erkennen kann. Er ermöglicht insbesondere auch Rückschlüsse auf den Leistungsbereich von Unternehmen. Dem Finanzmanagement verbleibt damit auch ein entsprechender Zeitraum, um Maßnahmen zur Beseitigung dieser strukturellen Ungleichgewichte vorbereiten und durchführen zu können. Idealerweise ist die Kapitalbindungsplanung von Beginn an in die Gesamtunternehmensplanung eingebunden. Dadurch lassen sich leistungswirtschaftliche Projekte bereits in ihrer Entstehung auch an finanzwirtschaftlichen Vorgaben ausrichten. Soweit damit auf Basis des Kapitalbindungsplans größere Liquiditätssalden vermieden werden können, kommt dem Finanzplan sowie dem Liquiditätsstatus die Aufgabe einer *Feinplanung* bzw. Feinsteuerung zu: Noch verbleibende Ungleichgewichte in geringerem Ausmaß können durch sie erkannt und mit relativ wenig Zeitaufwand behoben werden.

Liquiditätsstatus, Finanzplan und Kapitalbindungsplan unterscheiden sich hinsichtlich des von ihnen erfassten Planungshorizonts und damit hinsichtlich der Reaktionszeit, die sie dem Finanzplaner zur Vermeidung festgestellter Ungleichgewichte ermöglichen.

Die für die Finanzplanung erforderlichen Eingabedaten brauchen in Bezug auf die einzelnen Formen von Liquiditätsrechnungen nicht jeweils neu beschafft zu werden. Vielmehr fließen viele Größen zugleich z. B. sowohl in den Finanzplan als auch in den Kapitalbindungsplan ein (etwa: Kreditrückzahlung in acht Monaten), oder es bildet der festgestellte Anfangsbestand an liquiden Mitteln sowohl Ausgangspunkt für den Liquiditätsstatus als auch für den Finanzplan. Insofern sind *komplementäre Effekte* bei der Datenbeschaffung für die einzelnen Planungsinstrumente feststellbar. In der Praxis jedoch wird der Aufwand, der mit der gleichzeitigen Anwendung aller drei Formen von Liquiditätsrechnungen verbunden ist, oft als zu hoch empfunden. Viele Unternehmen entscheiden sich deshalb dafür, nur eines der drei Instrumente anzuwenden. Die Tabelle 11 stellt eine Zusammenfassung der wesentlichen Merkmale von Liquiditätsstatus, Finanzplan und Kapitalbindungsplan dar und kann insofern als Entscheidungshilfe bei der Auswahl eines konkreten Instrumentes dienen.

c) Jahresabschluss als Basis einer (indirekten) Liquiditätsplanung

aa) Eignung des Rechnungswesens für die Liquiditätsplanung

Der mit der Finanzplanung verbundene Aufwand ist reduziert, wenn das Finanzmanagement auf bereits vorliegende Informationen zurückgreifen kann. Zu denken ist insbesondere an die Daten, die für das externe Rechnungswesen bzw. die Erstellung des Jahresabschlusses[550] in der Buchführung von Unternehmen verarbeitet werden. Der Jahresabschluss von Einzelunternehmen dokumentiert sich insbesondere in Bilanz so-

---

550 Vgl. zum Jahresabschluss *Oestreicher* (Fn. 362); *Eisele* (Fn. 384), S. 432–435.

4. Instrumente zur Ermittlung und Gestaltung des Finanzierungsbedarfs

Tabelle 11: Gegenüberstellung der Instrumente der Finanzplanung

Kriterium	Liquiditätsstatus	Finanzplan	Kapitalbindungsplan
Zielsetzung	Feststellen der aktuellen Liquidität, d. h. der Liquidität am Planungstag. Eventuelle Basis für Reaktionen am Planungstag (situative Liquidität).	Feststellen der Liquidität in der nahen Zukunft. Ausweis von Momentan- und Periodenliquiditäten. Basis für Finanzierungs- und Anlagemaßnahmen mit kurzer Vorbereitungszeit (dispositive Liquidität).	Feststellen der mittel- bis langfristig bedeutsamen Zahlungsströme (strukturelles Gleichgewicht). Erkennen des mittel- bis langfristigen Handlungsbedarfs – ggf. auch für den Leistungsbereich (strukturelle Liquidität).
Zeitliche Struktur – **Planungshorizont** – **Planwiederholung** – **Unterteilung des Planungshorizonts**	1 Tag. Täglich. Keine.	Ca. vier Monate bis 1 Jahr. In der Regel monatlich. Zu Beginn taggenauer Ausweis (erste 30 Tage), danach Wochen-/Monatsausweis.	Mindestens zwei Jahre durch Hintereinanderschaltung. Jährlich. In der Regel jährlicher Ausweis des Liquiditätssaldos.
Inhaltliche Struktur	Tatsächlicher Anfangsbestand an liquiden Mitteln + am Planungstag bereits realisierte sowie weiter geplante Einzahlungen – am Planungstag bereits realisierte sowie weiter geplante Auszahlungen = Planendbestand an liquiden Mittel	Tatsächlicher (am 1. Tag) bzw. geplanter Anfangsbestand an liquiden Mitteln + Planeinzahlungen – Planauszahlungen = Planendbestand an liquiden Mitteln	+ Planeinzahlungen aus der Außenfinanzierung und der Innenfinanzierung – Planauszahlungen für Investitionen und für Definanzierungen = Struktureller Liquiditätssaldo
Anwendungsprobleme	Ausgleichsmaßnahmen aus zeitlichen Gründen eventuell nicht mehr durchführbar. Meist nur noch Auszahlungen aufschiebbar.	Prognoseproblem wird bedeutsam. Meldungen über zahlungsbezogene Vorgänge an den Finanzplaner sind zu organisieren. Zum Teil nur Ausweis von Periodenliquidität.	Prognoseproblem ausgeprägt. Nicht alle, nur fundamentale Zahlungsströme einbezogen. Anfangsbestände ausgeklammert. Nur Periodenliquidität erkennbar.

III. Finanzplanung

wie Gewinn- und Verlustrechnung (GuV), die jeweils durch den Anhang erläutert werden.[551] Bilanz sowie GuV sind auch deshalb bedeutsam, weil sie von unternehmensexternen Stellen, wie z. B. Bilanzanalysten oder Anlageberatern, dazu verwandt werden, mithilfe von „*Liquiditätskennziffern*" oder „*Cashflow-Kennziffern*" die Liquidität eines Unternehmens zu beurteilen (*externe Finanzanalyse*).[552]

Erstellen miteinander verflochtene Unternehmen einen Konzern-Jahresabschluss,[553] so sind sie ggf. verpflichtet, neben Bilanz, GuV und Anhang eine eigenständige Liquiditätsrechnung als weiteres Element des Jahresabschlusses vorzulegen. Eine solche Liquiditätsrechnung ist nach deutschem Konzernbilanzrecht (als „*Kapitalflussrechnung*") vorzulegen, wenn das Mutterunternehmen börsengehandelt ist.[554] Auch nach den *International Financial Reporting Standards* (IFRS)[555] ergibt sich diese Verpflichtung (als „*Cashflow Statement*").[556] Hierbei kann üblicherweise von einer indirekten Liquiditätsrechnung ausgegangen werden,[557] d. h. von einer Liquiditätsrechnung, die aus jeweiliger Bilanz und GuV abgeleitet und mit diesen kompatibel ist. Die zwingende Ergänzung um eine Liquiditätsrechnung erklärt sich auch daraus, dass Konzerne meist internationale Stakeholder aufweisen, die stark an einer Darstellung der Zahlungssituation als Teil der *Corporate Governance* orientiert sind.

Die Beurteilung des Rechnungswesens bzw. des Jahresabschlusses als Basis einer Liquiditätsplanung ist zu *differenzieren*. Als Datengrundlage kommt zum einen die für *vergangene* Perioden erstellte, zumeist bereits geprüfte und publizierte Rechnungslegung in Betracht.[558] Neben ihrer erwähnten Bedeutung für unternehmensexterne Stellen kann diese Datengrundlage dem Finanzplaner u. a. dazu dienen, einen Ausgangsbestand an liquiden Mitteln festzustellen, deren vergangene Entwicklung zu kontrollieren oder anhand von Bilanzbeständen auf zukünftige Ein- und Auszahlungen zu schließen. Bei der Verwendung von vergangenheitsbezogenen Daten des Rechnungswesens ergibt sich jedoch eine Reihe von Problemaspekten. An diese knüpft die im Folgenden geäußerte Kritik zunächst an. Danach wird berücksichtigt, dass das Rechnungswesen auch *zukunftsorientierte*, prognostizierte Größen bereitstellen kann. Es handelt sich dann z. B. um *Planbilanzen* und *Plan-GuV*, für die die Kritik entsprechend zu modifizieren ist.[559]

---

551 Der den Jahresabschluss ergänzende Lagebericht wird hier nicht berücksichtigt. Vgl. *Eisele* (Fn. 384), S. 581 f.; *Meffle/Heyd/Weber* (Fn. 194), S. 501 f.
552 Vgl. *Perridon/Steiner* (Fn. 26), S. 541 f.; *Spremann* (Fn. 8), S. 111.
553 Vgl. *Heyd*, Internationale Rechnungslegung 2003, S. 489–528; *Schildbach*, Der Konzernabschluss nach HGB, IAS und US-GAAP, 6. Aufl. 2002. Vgl. auch *Ebeling*, BB 2001, 1399–1402.
554 Vgl. § 297 Abs. 1 S. 2 HGB.
555 Die in den IFRS zusammengefassten Bilanzierungsnormen haben das Ziel, eine international vereinheitlichte Bilanzierungspraxis zu ermöglichen. Vgl. zu ihrer Entstehung und Verbreitung *Heyd* (Fn. 553), S. 13–26.
556 Vgl. IAS 7.
557 Dies hebt auf die in der Praxis verbreitete Form ab, vgl. *Behringer* (Fn. 25), S. 64.
558 Diese werden auch als „Ist-Rechnungen" bezeichnet, *von Wysocki* (Fn. 373), Sp. 1255.
559 Grundsätzlich muss jedoch beachtet werden, dass der Jahresabschluss für andere Zwecke konzipiert ist und Aussagen zur Liquiditätssituation deshalb nur Näherungswerte liefern können, vgl. *Kloock* (Fn. 474), Sp. 1242.

4. Instrumente zur Ermittlung und Gestaltung des Finanzierungsbedarfs

— Als grundlegende Schwierigkeit erweist sich der *Vergangenheitsbezug*: In der Buchhaltung werden nur die *bereits realisierten Geschäftsvorfälle* erfasst. Für die Finanzplanung ist jedoch die Prognose *zukünftiger Größen* von zentraler Bedeutung. Ggf. kann davon ausgegangen werden, dass die strategische Ausrichtung von Unternehmen weitgehend konstant ist, und deshalb Daten der Vergangenheit auch in die Zukunft übertragen werden können. Diese Annahme ist dann aber nicht mehr haltbar, wenn Unternehmen sich in einem dynamischen Umfeld bewegen und/oder als sehr innovativ bekannt sind.
Andererseits sind dem *Jahresabschluss* durchaus *Informationen über zukünftige Zahlungen zu entnehmen*. So weisen die Bestände an Forderungen und Verbindlichkeiten auf Ein- und Auszahlungen (bei Eingang oder Tilgung) in der Zukunft hin. Ebenso kann der Lagerbestand an Fertig- und Halbfertigerzeugnissen als Indiz für zukünftige Einzahlungen (bei Verkäufen) gesehen werden. Für die übrigen Bilanzpositionen lassen sich ähnliche Überlegungen anstellen, so dass die Bilanz bei dieser Interpretation letztlich doch einen Vorrat an Informationen über künftige Zahlungsbewegungen enthält.

— Die *Beträge*, zu denen insbesondere die Vermögensgegenstände in der Bilanz ausgewiesen sind, stimmen i. d. R. nicht mit den Einzahlungen überein, die aus ihnen zu erwarten sind. Z.B. können sich Forderungen als uneinbringlich erweisen, für die am Bilanzstichtag noch kein Abschreibungsbedarf ersichtlich war. Andererseits kann die Veräußerung von Aktienbeständen zum Kurswert zu Einzahlungen führen, die den Bilanzwert dieser Papiere um ein Vielfaches übersteigen.[560] Unterstellt man einen „normalen" Geschäftsverlauf, so werden aus der Veräußerung von Fertigprodukten Einzahlungen resultieren, die über dem Buchwert liegen.

— Durch *bilanzpolitische Maßnahmen* sind die in der Bilanz ausgewiesenen Werte eventuell verändert: Maßnahmen vor dem Bilanzstichtag sowie die Ausübung von Bilanzierungswahlrechten tragen insbesondere dazu bei, einen entsprechenden Liquiditätsausweis zu erreichen.[561] Die Bilanzwerte stellen z. T. also „geschönte" Werte dar.

— Die Buchführung vermag darüber hinaus nur *einen Teil* der relevanten Sachverhalte anzugeben, die in späteren Perioden zu Zahlungsbewegungen führen. Zum einen werden solche Vorgänge nicht erfasst, die am Stichtag bereits rechtlich fixiert, aber z. B. aufgrund des Realisationsprinzips[562] noch nicht gebucht sind. Dazu zählen z. B. die aufgrund bestehender Arbeitsverträge sich ergebenden zukünftigen Lohn- und Gehaltszahlungen sowie Miet-, Pacht-, Leasing- und Versicherungszahlungen. Die Buchführung gibt zum anderen zu solchen Tatbeständen keine Auskunft, die *zu einem späteren Zeitpunkt als dem Bilanzstichtag* geplant und realisiert werden und dabei zu Zahlungsbewegungen führen. Hierzu zählen z. B. die Einführung neuer Produkte, die Wahrnehmung einer sich unmittelbar neu ergebenden Beteiligungschance an einem anderen Unternehmen oder Umsatzeffekte durch neue Wettbewerber.

---

[560] Diese Abweichungen sind für die IAS-Bilanzierung aufgrund des Fair Value-Prinzips i. d. R. geringer als für die HGB-Bilanzierung. Vgl. zur Fair Value-Bilanzierung, die primär auf Marktwerte abhebt, auch *Baetge/Zülch*, BFuP 2001, 543–562; *International Accounting Standards Board*, Project Summary, 2003.
[561] Zu nennen sind etwa Miete statt Kauf, Sale-and-lease-back oder Forderungsverkauf, vgl. *Helbling*, ST 2000, 870.
[562] Vgl. *Oestreicher* (Fn. 362), S. 67–69, 171–173.

III. Finanzplanung

– Zudem ist zu beachten, dass zwischen Bilanzstichtag und Tag der Bilanzerstellung bzw. des Vorliegens der Bilanz einige Zeit vergeht. Die in der Bilanz enthaltenen Informationen sind damit aber im Moment der Verfügbarkeit über die Bilanz *nicht mehr aktuell*.

Die bisher geäußerte Kritik betraf Daten des Rechnungswesens über bereits realisierte Vorgänge. Anders ist dagegen der Sachverhalt zu beurteilen, wenn *Plandaten* zur Verfügung stehen: Es handelt sich speziell um *Planbilanzen* und *Plan-GuV*.[563] Für unternehmensexterne Stellen sind solche Plandaten meist nicht zugänglich. I. d. R. dienen sie jedoch als Unterlage in Kreditverhandlungen mit Banken. Ihre eigentliche Bedeutung ist darin zu sehen, dass sie das Ergebnis der Planungstätigkeit des Managements darstellen und die strategische Ausrichtung des Unternehmens definieren. Der Finanzplaner befasst sich auf zweifache Weise mit ihnen: Zum einen bringt er in die Bilanz- und GuV-Planung die Vorstellungen des Finanzmanagements mit ein. Zum anderen vermag er aus diesen Unterlagen eine Liquiditätsplanung abzuleiten *(derivative Liquiditätsrechnung)*. Er muss hierbei Folgendes beachten:

– Es entsteht generell das *Prognoseproblem*.
– Die Positionen in einer Plan-Bilanz oder Plan-GuV geben keine oder nur sehr pauschale Angaben über den *Zeitpunkt* der einzelnen Zahlungen.[564] Wann es zu einem Verkauf der gelagerten Fertigprodukte und – daraus abgeleitet – zu Zahlungen kommt,[565] bleibt unsichtbar. Auch lassen Angaben über die Restlaufzeiten von Forderungen und Verbindlichkeiten nicht ausreichend exakt erkennen, *zu welchem Zeitpunkt* die entsprechende Leistung zu erbringen ist, und ob es auch tatsächlich an diesem Termin zu einer Zahlung kommt. Meist sind unter der gleichen Bilanzposition mehrere Sachverhalte mit unterschiedlichen Realisationszeitpunkten zusammengefasst.[566]
– Planbilanzen und Plan-GuV werden meist von mehreren Planungsteilnehmern aus wichtigen Unternehmensbereichen konzipiert. Deren „*Planungsdenken*" ist üblicherweise von den Kategorien des Rechnungswesens geprägt: Zugrunde liegen Erträge, Aufwendungen, Gewinne bzw. Umsatzerlöse, Abschreibungen, Herstellungskosten usw. Für den Finanzmanager bedeutet dies zum einen, das Planungsdenken in diesen Größen ebenfalls zu beherrschen. Zum anderen muss er die Daten des Rechnungswesens in Zahlungsgrößen transformieren bzw. „*übersetzen*": Werden z. B. Umsatzerlöse dadurch erzielt, dass Zahlungsziele gewährt werden, so gehen damit keine Einzahlungen einher. Ist dagegen das Planergebnis der GuV durch Abschreibungen gemindert, so führte dies nicht zu Auszahlungen.

Die vorstehenden Ausführungen grenzen die Verwendbarkeit der Buchführung für die Zwecke der Finanzplanung ein. Die geäußerte Kritik gilt generell für alle Versuche, aus der Analyse des Jahresabschlusses Rückschlüsse auf die Liquidität eines Unternehmens zu ziehen. Soweit einzelne auf Basis des Jahresabschlusses gebildete Kennzahlen zu-

---

563 Vgl. dazu auch das Beispiel zum Kapitalbindungsplan unter Gliederungspunkt III. 4. b) dd).
564 Die Planungsperiode der Liquiditätsplanung resultiert aus der Referenzperiode der Rechnungslegung, *von Wysocki* (Fn. 373), Sp. 1255.
565 Vgl. *Witte* (Fn. 30), S. 19 f.
566 Vgl. ähnlich *Kloock* (Fn. 474), Sp. 1242, der aufgrund dieser Ungenauigkeiten auf die Bedeutung der bilanziell ausgewiesenen Geldbestände als Risikoreserve verweist.

bb) Ermittlung von Cashflow und Netto-Liquidität auf Basis des Jahresabschlusses

(1) Wesen und Intention des Cashflow

Der Begriff *Cashflow* wurde bisher in allgemeiner Form mit „Zahlung" oder „Zahlungssaldo" gleichgesetzt. Grundsätzlich aber existieren ganz unterschiedliche Definitionsansätze für den Cashflow.[567] Von diesen sind im Folgenden nur die liquiditätsorientierten, nicht aber die ertragsorientierten Ansätze einbezogen.[568] Allerdings besteht auch aus rein liquiditätsbezogener Perspektive bereits ein sehr weites und wenig einheitliches Spektrum an Inhalten für den Cashflow. Zu den wesentlichsten Begriffsverwendungen zählen dabei:

- *generelle Zahlungsgröße:* Als Cashflow wird jede Form von *Zahlungen* bezeichnet.
- *generelles Zahlungsaggregat:* Der Cashflow ist hier eine *Zusammenfassung bestimmter Ein- und Auszahlungen zu einem Zahlungssaldo.* Es bestehen mehrere Formen der Zusammenfassung und entsprechend unterschiedliche Formen des Cashflow.
- *spezielles Zahlungsaggregat:* Hierbei ist der Cashflow als *derjenige Zahlungssaldo* verstanden, *der sich aus der gewöhnlichen Geschäftstätigkeit eines Unternehmens während einer Periode ergibt.*[569]

Mit dem Fokus auf Cashflows bzw. Cashflow-Aggregate soll das *Informationspotenzial der Zahlungssphäre* für unterschiedliche Zwecke genutzt werden. Es geht grundsätzlich darum zu erkennen, in welchem Umfang und auf welche Weise das Unternehmen Zahlungsüberschüsse oder -defizite geschaffen hat.[570] Abhängig vom zugrunde gelegten Cashflow-Aggregat lassen sich unterschiedliche Fragen beantworten:

- Wie ist die Zahlungsfähigkeit des Unternehmens generell zu beurteilen?
- Wie entwickelten sich die liquiden Mittel im Zeitablauf?
- Welchen Spielraum besitzt das Unternehmen für weitere zahlungsrelevante Investitionsmaßnahmen?
- Welches Potenzial verbleibt für Ausschüttungen und Rückzahlungen?
- Welcher Gesamtwert ist dem Unternehmen auf Basis diskontierter Cashflows[571] beizumessen?

---

[567] Vgl. grundsätzlich *Behringer* (Fn. 25); *Bitz/Terstege* (Fn. 24), 3; *Coenenberg/Alvarez/Meyer* (Fn. 25), Sp. 479–496; *Spremann* (Fn. 8), S. 108–111; *Spremann* (Fn. 65), S. 220 f. Vgl. einzelne Ansätze bei *Gerke/Philipp* (Fn. 27), S. 139 f.; *Wöhe/Bilstein* (Fn. 26), S. 25–27.

[568] Vgl. zum Cashflow aus ertragsbezogener Perspektive *Coenenberg/Alvarez/Meyer* (Fn. 25), Sp. 487–492; *Matschke/Hering/Klingelhöfer* (Fn. 314), S. 63 f.; *Perridon/Steiner* (Fn. 26), S. 563 f.

[569] Vgl. zu dieser impliziten Interpretation auch *Coenenberg/Alvarez/Meyer* (Fn. 25), Sp. 480.

[570] Vgl. *Bitz/Terstege* (Fn. 24), 3.

[571] Vgl. zu Discounted Cashflow-Ansätzen auch *Baetge/Niemeyer/Kümmel*, in: Peemöller (Hrsg.), Praxishandbuch der Unternehmensbewertung, 2. Aufl. 2002, S. 263–360; *Hachmeister* (Fn. 228), insbes. S. 91–130.

III. Finanzplanung

(2) Zahlungsaggregate als Spielarten des Cashflow

Die unterschiedlichen Zielsetzungen, die mit Informationen über die Zahlungssphäre verbunden sein können, beeinflussen die Zusammenfassung bzw. Aggregation einzelner Zahlungen zu alternativen Formen des Cashflow.[572] So müssen bspw., um eine Aussage über die Quellen der Zahlungssituation zu erhalten, die einzelnen *Zahlungen nach ihren Entstehungsbereichen* gruppiert werden. Soll aus den Cashflows dagegen auf den Unternehmenswert rückgeschlossen werden, so müssen die Zahlungssalden danach geordnet werden, *welchem Kapitalgeber sie zur Verfügung stehen*.[573] Abbildung 53 verdeutlicht beispielhaft die unterschiedlichen Formen von Cashflows, die sich ergeben, wenn Zahlungssalden alternativ nach den Kriterien „Umfang der Aggregation", „Verwendung von Zahlungen" und „Entstehung von Zahlungen" gebildet werden.

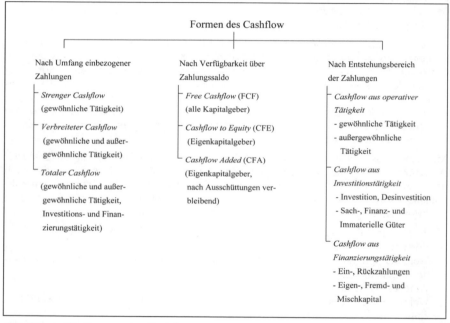

Abbildung 53: Formen des Cashflow

Zwischen diesen Formen bestehen Gemeinsamkeiten und damit Möglichkeiten einer Überführung. Probleme bei der Überführung wie auch bereits beim Nachvollzug einzelner Formen des Cashflow ergeben sich aber insbesondere dadurch, dass

– Cashflows z. T. direkt, z. T. indirekt oder aus einer Kombination beider Wege ermittelt werden,

---

572 Der Cashflow wird hier zunächst i. S. eines „generellen Zahlungsaggregats" verstanden.
573 Vgl. näher dazu die Ausführungen unter Gliederungspunkt III. 4. c) bb) (3).

- (bei der indirekten Ermittlung) Informationen für die Gruppierung von Zahlungen benötigt werden, die aus dem Rechnungswesen nicht oder nur unter hohem Aufwand ermittelbar sind,[574]
- grundsätzlich mit dem Übergang zwischen verschiedenen Formen des Cashflow vielfältige Modifikationen notwendig sind, und damit eine Komplexität entsteht.

Im Weiteren sollen deshalb die bestehenden Formen und Ermittlungswege des Cashflow nicht in ihrer möglichen Vielfalt aufgezeigt werden. Im Mittelpunkt stehen vielmehr ausgewählte, zentrale Formen des Cashflow sowie die Grundstruktur zu deren Ermittlung.

(3) Operativer und totaler Cashflow
(a) Cashflow und Geschäftstätigkeit

Bei der indirekten Ableitung von Zahlungsüberschüssen sind grundsätzliche Korrekturschritte erforderlich.[575] Diese betreffen die

- *„Normalisierung"* des Zahlungsüberschusses auf den Überschuss eines gewöhnlichen Geschäftsjahrs,
- *„Gewinnung"* und *„Periodisierung"* von Zahlungen aus dem Jahresabschluss, d.h. die Korrektur von Unterschieden bei Erträgen/Einzahlungen und Aufwendungen/Auszahlungen,
- *„Ergänzung"* um Zahlungen aus dem nicht erfolgswirksamen Bereich.

So ist für das Finanzmanagement und für externe Finanzanalysten zunächst von besonderer Bedeutung zu erkennen, *welcher Zahlungssaldo aus der durch die Geschäftsführung verantworteten Tätigkeit* einer Periode resultiert. Daraus kann zum einen gefolgert werden, *ob die Geschäftstätigkeit aus zahlungsbezogener Perspektive erfolgreich ist*. Zum anderen informiert der Zahlungssaldo über den *finanziellen Spielraum, den ein Unternehmen aus eigener Kraft* geschaffen hat. Dieser stellt dann ein Maß für die *Innenfinanzierungskraft* eines Unternehmens dar.[576] Ist der Saldo positiv, so bedeutet dies, dass dem Unternehmen nach Erfüllung der mit dem aktuellen Geschäftsbetrieb verbundenen Auszahlungserfordernisse (wie z.B. Material-, Lohn-, Miet-, Zinszahlungen) noch weitere liquide Mittel für zusätzliche Maßnahmen wie z.B. neue Investitionen, Ausschüttungen oder Tilgungen zur Verfügung stehen.[577]

Der Zahlungssaldo, den ein Unternehmen aufgrund seiner eigenen Tätigkeit erwirtschaftet, kann durch das Management allerdings auf unterschiedliche Weise beeinflusst werden. Er kann aus dem gewöhnlichen, typischen Geschäft der Periode resultieren und stellt hierbei den im „Normalfall" erzielten Liquiditätssaldo dar. Dieser wird im Weite-

---
574 Dazu zählt z.B., welche Steuern auf den Erfolg des gewöhnlichen und den des außergewöhnlichen Geschäfts entfallen. Aus der Veränderung der Sachanlagen kann nicht erkannt werden, ob Teile davon während der Periode als „Notmaßnahme" verkauft wurden und später wieder aufgestockt wurden, oder ob diese als Folge einer Modernisierung ausgeschieden sind, und das Unternehmen später in neuere Anlagen reinvestierte.
575 Vgl. zu Korrekturformen *Bitz/Terstege* (Fn. 24), 4; *Bitz/Terstege* (Fn. 313), S. 296f.
576 Vgl. *Chmielewicz* (Fn. 315), S. 199.
577 Vgl. *Ordelheide/Leuz* (Fn. 366), 182. Vgl. auch den Kapitalbindungsplan unter Gliederungspunkt III. 4. b) dd) (1).

III. Finanzplanung

ren als *Cashflow im strengen Sinn* oder *Cashflow aus der gewöhnlichen Tätigkeit* bezeichnet.[578] Dieser Überschuss ist gekennzeichnet durch

- die Entstehung im laufenden, periodisch wiederkehrenden Geschäft. Außerordentliche Ein- und Auszahlungen wie z. B. aus dem Verkauf von Betriebsmitteln sind nicht einbezogen;
- die Entstehung im *gewöhnlichen* Geschäft sowohl des Leistungsbereichs (insbesondere über Umsatzeinzahlungen) wie auch des Finanzbereichs (etwa: Zinszahlungen).[579]

Das Management kann aber auch durch *außergewöhnliche Maßnahmen* die Liquiditätslage beeinflussen. Zu diesen zählen z. B. die Veräußerung von Betriebsmitteln oder ganzer Betriebsteile, d. h. solcher Aktiva, die nicht für den gewöhnlichen Umsatzprozess vorgesehen sind. Das Management generiert hierdurch außergewöhnliche Einzahlungen, mit denen – aus Sicht des Jahresabschlusses – meist auch außerordentliche Erträge verbunden sind.

In den Jahresüberschuss als Basis für die indirekte Ermittlung des Cashflow fließen sowohl Erfolge aus der gewöhnlichen wie auch aus der außergewöhnlichen Tätigkeit ein. Verwendet man deshalb den Jahresüberschuss insgesamt als Basis für die Berechnung des Cashflow, so ergibt sich – nach den im Folgenden dargestellten Korrekturen – ein Zahlungssaldo aus dem gewöhnlichen *und* außergewöhnlichen Geschäft. Dieser entspricht – obwohl nicht dem eigentlich angestrebten strengen Cashflow adäquat – dem üblicherweise veröffentlichten Cashflow von Unternehmen. Er wird deshalb nachfolgend als *Cashflow in verbreiteter Fassung* bzw. als *Cashflow in vereinfachter Fassung* bezeichnet.[580]

(b) Top Down- und Bottom Up-Vorgehen

Die indirekte Cashflow-Berechnung geht primär von den Daten der GuV aus, die auf ihre Zahlungswirksamkeit hin überprüft werden. Um das Vorgehen zu verdeutlichen, erscheint es sinnvoll, kurz auf den Aufbau der GuV an sich einzugehen. Diese legt die Quellen und den Umfang des Periodenerfolgs wie folgt offen (vereinfachte Darstellung auf Basis des Gesamtkostenverfahrens, vgl. Abbildung 54):

Eine Vorgehensweise zur Ableitung eines Zahlungsüberschusses aus der GuV besteht darin, von den Umsatzerlösen nur den Aufwand abzuziehen, der auch mit einer Auszahlung einhergeht. Der dann verbleibende Rest der Umsatzerlöse – soweit diese als Zahlungen eingingen – muss den Bestand an liquiden Mitteln im Unternehmen erhöht haben. Diese Vorgehensweise kann auch als *Top Down-Ansatz* bezeichnet werden.

---

578 Dieser strengen Auffassung folgt u. a. auch die Konvention der Deutschen Vereinigung für Finanzanalyse/Schmalenbach-Gesellschaft (DVFA/SG). Sie korrigiert den Cashflow insbes. um außerordentliche zahlungswirksame Erträge und Aufwendungen, vgl. *DVFA/SG*, WPg 1993, 599–602. Vgl. auch *Behringer* (Fn. 25), S. 68–73; *Matschke/Hering/Klingelhöfer* (Fn. 314), S. 65.

579 Z. T. dürfte es schwierig sein, Zahlungen direkt dem „gewöhnlichen" Geschäft zuzuordnen. Es ist dann ggf. hilfreich, diese dadurch „negativ" abzugrenzen, dass sie nicht dem Investitions- oder Finanzierungsbereich angehören, *von Wysocki* (Fn. 373), Sp. 1259.

580 Vgl. *Schäfer* (Fn. 350), S. 41. Diesem wird z. T. aber bereits eine gute Aussagequalität beigemessen, *Coenenberg/Alvarez/Meyer* (Fn. 25), Sp. 483.

4. Instrumente zur Ermittlung und Gestaltung des Finanzierungsbedarfs

Ertrag aus dem gewöhnlichen Geschäft
- Umsatzerlöse
- Bestandserhöhung
- Aktivierte Eigenleistung

./. Aufwand aus dem gewöhnlichen Geschäft wie z. B.
- Löhne
- Material
- Abschreibungen
- Zinsen
- Zuführung Rückstellungen
- Bestandsminderung

= **Ergebnis der gewöhnlichen Geschäftstätigkeit**
+ außerordentlicher Ertrag
./. außerordentlicher Aufwand
./. Steuern
= **Jahresüberschuss/-fehlbetrag**

Abbildung 54: Grundstruktur der GuV-Rechnung

Jedoch wird in der Praxis meist ein *umgekehrtes Vorgehen*, nämlich der *Bottom Up-Ansatz*, gewählt: Hier dient als Ausgangspunkt der in der GuV ausgewiesene Jahresüberschuss. Dieser würde dann dem Zahlungsüberschuss entsprechen, wenn alle Rechengrößen auch zahlungswirksam wären. Da aber Unterschiede bestehen, muss der Jahresüberschuss „rückwirkend" um diejenigen Größen korrigiert werden, die *nicht zahlungswirksam* waren.

Bei der Ermittlung des Jahresüberschusses wirken Aufwendungen erfolgsmindernd. Allerdings führen nicht alle erfolgsmindernden Aufwendungen auch zu Auszahlungen, womit auch der Bestand an liquiden Mitteln nicht verringert wird. Dies trifft insbesondere für die verrechneten *Abschreibungen* sowie auf die *Zuführungen zu Rückstellungen* zu. Deshalb sind dem Jahresüberschuss all die Aufwendungen wieder hinzurechnen, die nicht mit einer Auszahlung einhergehen. Es ist umgekehrt auch zu berücksichtigen, dass bestimmte Erträge des Unternehmens nicht zu Einzahlungen führen. Dies betrifft speziell die ausgewiesenen Bestandserhöhungen sowie selbst erstellte Anlagen: Durch die Produktion auf Lager fließen keine liquiden Mittel zu.[581] Der Jahresüberschuss ist in

Jahresüberschuss
+ Aufwand, der nicht Auszahlung darstellt (Abschreibung, Zuführung Rückstellung, Bestandsminderung, ...)
- Ertrag, der nicht Einzahlung darstellt (Bestandserhöhung, periodenübersteigende Zielverkäufe, aktivierte Eigenleistung, Auflösung Rückstellungen, ...)

= Cashflow (in verbreiteter Fassung)

Abbildung 55: Grundschema der indirekten Cashflow-Ermittlung (Bottom Up)

---

581 Vgl. ähnlich *Kleinebeckel* (Fn. 381), S. 28.

III. Finanzplanung

diesem Umfang zu kürzen, wenn aus ihm die Veränderung der liquiden Mittel ersichtlich sein soll. Die Cashflow-Ermittlung erfolgt vor diesem Hintergrund nach dem (vereinfachten) Schema in Abbildung 55.[582]

(c) Differenzierung der indirekten Cashflow-Ermittlung

Das vorgestellte, vereinfachte Schema muss jedoch mehrfach modifiziert werden:

- Im Jahresüberschuss sind – wie erwähnt – neben den Erträgen und Aufwendungen aus dem gewöhnlichen Geschäft auch die Erträge und Aufwendungen aus dem *außerordentlichen* Geschäft enthalten.
- Der Jahresüberschuss ist maßgeblich durch die Umsatzerlöse beeinflusst. Diese gehen oft mit der Gewährung von Zahlungszielen einher.[583] Liegen aber die *Zahlungstermine nach dem Bilanzstichtag*, so stehen die Mittel dem Unternehmen am Periodenende nicht zur Verfügung.[584] In der GuV sind sie gleichwohl als Ertrag verbucht. Umgekehrt führt der Eingang von Zahlungen, die aus Verkäufen früherer Perioden noch offen standen, in der aktuellen Periode zu Einzahlungen, jedoch nicht zu Erträgen in der GuV.
- Erträge aus der *Zuschreibung* oder Wertaufholung bei Vermögensgegenständen[585] sowie Erträge aus der *Auflösung von Rückstellungen* führen ebenfalls nicht zu Einzahlungen.
- Wurde der Einsatz von Roh-, Hilfs- und Betriebsstoffen (RHB) aus den bereits bestehenden Vorräten an RHB entnommen, so entstehen keine Auszahlungen, wohl aber ein *Materialaufwand* in der GuV. Analog entsteht ein Materialaufwand, aber keine Auszahlung, wenn die verbrauchten RHB auf Ziel beschafft wurden.[586] Dies führt aktuell lediglich zu einer Erhöhung der Passivposition „Verbindlichkeiten gegenüber Lieferanten".
- Soweit der Gewinn tatsächlich mit einem Zufluss an liquiden Mitteln einherging, bedeutet dies nicht notwendigerweise, dass diese Mittel sich auch noch *im Unternehmen selbst* befinden. Wenn das Unternehmen z.B. diese Mittel (erfolgsneutral und deshalb nicht in der GuV ersichtlich) dazu verwandt hat, Kredite zu tilgen oder neue Investitionen zu tätigen, sind die Mittel bereits wieder abgeflossen.[587]

Berücksichtigt man diese Überlegungen weitgehend, so gelangt man zu dem in Abbildung 56 dargestellten *erweiterten Schema* für die Cashflow-Berechnung. Zusätzlich zu den GuV-bezogenen Korrekturen sind diejenigen Zahlungseffekte einbezogen, die sich aus den Veränderungen bei Vorräten, Forderungen aus Lieferungen und Leistungen sowie Verbindlichkeiten gegenüber Lieferanten ergeben. Diese Korrekturen erfolgen auf Basis der jeweiligen Bilanzwerte zu Beginn und Ende der Referenzperiode (Veränderungen des so genannten „Working Capital"[588]). In Abbildung 56 drückt der Saldo unter

---

582 Vgl. *Wöhe/Bilstein* (Fn. 26), S. 26.
583 Vgl. detailliert *Chmielewicz* (Fn. 315), S. 199–208.
584 Vgl. ähnlich *Ordelheide/Leuz* (Fn. 366), 177; *Perridon/Steiner* (Fn. 26), S. 564.
585 Vgl. zur Wertaufholung *Oestreicher* (Fn. 362), S. 120–122, 243.
586 Vgl. *Ordelheide/Leuz* (Fn. 366), 177.
587 Vgl. *Witte* (Fn. 30), S. 20; *Wöhe/Bilstein* (Fn. 26), S. 26.
588 Das Working Capital bezieht sich hier vereinfacht auf die genannten, mit dem operativen Geschäft unmittelbar verbundenen Bilanzaktiva und -passiva. Vgl. näher zu dessen Ermittlung und Effekten auf den Cashflow Gliederungspunkt III. 4. c) dd).

	1.	**Ergebnis der gewöhnlichen Geschäftstätigkeit**
+	2.	Aufwand aus der gewöhnlichen Geschäftstätigkeit, der nicht mit einer Auszahlung einhergeht, insbesondere: – Abschreibung – Zuführung zu den Rückstellungen – Bestandsminderung
./.	3.	Ertrag aus der gewöhnlichen Geschäftstätigkeit, der nicht mit einer Einzahlung einhergeht, insbesondere: – Verkäufe mit Zahlungsziel über das Periodenende hinaus – Bestandserhöhung – Aktivierte Eigenleistung – Auflösung von Rückstellungen
./.	4.	Steuern auf das gewöhnliche Betriebsergebnis
=	5.	**Cashflow aus gewöhnlicher Geschäftstätigkeit (Cashflow im strengen Sinn)***
+	6.	Einzahlungen aus der Monetisierung von Aktiva in Höhe des Buchwertes (Desinvestition wie z. B. Verkauf Betriebsmittel, Eingang von Forderungen)
+	7.	Außerordentlicher Ertrag, der mit einer Einzahlung einhergeht (z. B. Veräußerungserlös eines Aktivums über den Buchwert hinaus)
./.	8.	Außerordentlicher Aufwand, der mit einer Auszahlung einhergeht
./.	9.	Steuern auf das außerordentliche Betriebsergebnis
=	10.	**Cashflow aus gewöhnlicher und außergewöhnlicher Geschäftstätigkeit (Cashflow in verbreiteter Fassung)***
+	11.	Zuführung neuen Eigen- und Fremdkapitals
./.	12.	Rückzahlung von Eigen- und Fremdkapital
./.	13.	Auszahlungen für den Erwerb von Aktiva (Investition wie z. B. Kauf Betriebsmittel, Wertpapier)
=	14.	**Veränderung der Netto-Liquidität (auch: „totaler Cashflow")***

* jeweils verwendbar für: (weitere) Sachinvestitionen, (weitere) Finanzanlagen, (weitere) Tilgungen, Ausschüttungen

Abbildung 56: Ermittlungsstufen des Cashflow

Nr. 5 den Cashflow aus, wie er der zu Beginn vorgestellten strengen Definition entspricht. Es ist der Überschuss an liquiden Mitteln aus dem gewöhnlichen Geschäft.

Dagegen entspricht der Saldo unter Nr. 10 eher der in der Praxis verbreiteten Fassung des Cashflow (auch Cashflow in vereinfachter Fassung): Er umfasst den Mittelüberschuss aus dem gewöhnlichen und außergewöhnlichen Geschäft. Die Verbreitung in der Praxis mag darin begründet liegen, dass es z. T. Probleme bereitet, Positionen des gewöhnlichen und des außergewöhnlichen Geschäfts zu trennen. Dies gilt etwa für die Aufteilung der Steuerzahlungen (Nrn. 4, 9), die in der GuV nicht getrennt ausgewiesen

III. Finanzplanung

werden. Oft sind in Kurzfassungen zu Bilanz und GuV nur wenige Erfolgskomponenten angegeben und erlauben so keine detaillierte Analyse. Letztlich mag es bedeutender erscheinen, den finanziellen Spielraum des Unternehmens als solchen in seinem Volumen zu kennen als in seinen Quellen.

Als Besonderheit ist jedoch anzumerken, dass in Abbildung 56 der *Cashflow in verbreiteter Fassung* (Nr. 10) hier eine *konzeptionelle Eigenart* aufweist: Zu den Cashinflows aus außerordentlichen Maßnahmen zählen nicht nur die Einzahlungen, die dem (außerordentlichen) Erfolg bzw. Veräußerungsgewinn gegenüberstehen. Die Veräußerung entsprechender Aktiva führt auch zu einer Monetisierung in Höhe der Buchwerte. Diese sind deshalb analog an dieser Stelle (Nr. 6) zu integrieren. Daraus resultiert ein Unterschied zu den nachfolgend vorgestellten Kapitalflussrechnungen, bei denen der Buchwert der Einzahlungen erst bei den Desinvestitionen einbezogen wird.

In Abbildung 56 ging die Berechnung des Cashflow im strengen Sinn (Nr. 5) vom *Ergebnis der gewöhnlichen Geschäftstätigkeit* aus, das entsprechend korrigiert wurde. Er lässt sich auch auf eine direktere – in der Praxis primär angewandte – Weise errechnen. Ausgangspunkt ist dabei der in der GuV ausgewiesene *Jahresüberschuss insgesamt*. Dieser enthält allerdings das Ergebnis aus dem gewöhnlichen und außergewöhnlichen Geschäft und muss daher – neben den Zahlungskorrekturen – noch um den Erfolg des außergewöhnlichen Geschäfts bereinigt werden (vgl. dazu auch die Übersicht zur GuV in Abbildung 54):

	Jahresüberschuss
+	Aufwand, der nicht Auszahlung darstellt
–	Ertrag, der nicht Einzahlung darstellt
+	außergewöhnlicher Aufwand
–	außergewöhnlicher Ertrag
+/–	Steuern auf außerordentlichen Erfolg[589]
=	Cashflow aus gewöhnlicher Geschäftstätigkeit

Abbildung 57: Ermittlung des Cashflow aus gewöhnlicher Geschäftstätigkeit

Der Cashflow aus gewöhnlicher und außergewöhnlicher Geschäftstätigkeit ist durch autonome Entscheidungen der Unternehmensleitung beeinflusst und besitzt damit den Charakter eines *eigenständig* sowie im *Rahmen von Umsatzprozessen* erzielten Liquiditätssaldos (er ist insofern Maß für die Innenfinanzierung). Dies trifft für die weiteren zahlungsrelevanten Vorgänge unter Nr. 11 und Nr. 12 nicht mehr zu. Hier ist beachtet, dass das Unternehmen unter Nutzung externer Finanzierungsquellen noch weitere Mittel beschaffen kann und damit seinen finanziellen Spielraum außerhalb des Umsatzprozesses erweitert. Es sind folglich die Veränderungen an liquiden Mitteln einzubeziehen, die durch die Neuaufnahme, aber auch die Rückzahlung von *Fremd- und Eigenkapital*, entstehen.

---

[589] Auf diese Korrektur wird z. T. verzichtet.

Die Zahlungssalden aus dem Umsatzprozess und die Zahlungsströme der *Außenfinanzierung* können vom Management während der betrachteten Periode bereits wieder neu verwendet sein. So kann das Management im Rahmen von Investitionsmaßnahmen neue Betriebsmittel erworben haben.[590] Ggf. sind Überschüsse an liquiden Mitteln als Termingeld bei Banken oder für den Kauf von Anleihen, d.h. als Finanzinvestitionen, eingesetzt worden. Berücksichtigt man diese Auszahlungen für den Erwerb investiver Sach- und Finanzaktiva, so ergibt sich die gesamte Veränderung der liquiden Mittel eines Unternehmens in einer Periode. Sie ist als *„totaler Cashflow"* oder *„Veränderung der Netto-Liquidität"* bezeichnet.

Die zuletzt genannten Zahlungsbewegungen sind dadurch gekennzeichnet, dass sie *erfolgsneutralen* Charakter haben. Die GuV kann zu diesen Zahlungsbewegungen keinen Hinweis liefern. So findet z.B. beim Kauf oder Verkauf von Betriebsmitteln (z.B. Erwerb Gebäude) sowie beim Erwerb oder der Monetisierung von Finanzaktiva (z.B. Eingang von Forderungen) ein Aktivtausch statt (Sachanlagen gegen Kasse bzw. Finanzanlagen gegen Kasse). Um diese Bewegungen erkennen zu können, sind die entsprechenden Bilanzpositionen auf Veränderungen zu überprüfen. Wertvolle Hilfestellung bietet hierbei der im Jahresabschluss von Kapitalgesellschaften ausgewiesene Anlagespiegel.[591] Alternativ hierzu können die aktuelle Bilanz und die Bilanz des Vorjahrs herangezogen und miteinander verglichen werden.

(d) Free Cashflow, Cashflow to Equity, Cashflow Added

Die bisher behandelten Formen des Cashflow leiten sich danach ab, aus welchen Bereichen der unternehmerischen Tätigkeit die Zahlungssalden resultieren.[592] Von besonderer Bedeutung ist aber auch, die Salden danach zu unterteilen, wem diese zustehen bzw. wer über sie verfügen kann. Dies berührt insbesondere die Interessen der Fremd- und Eigenkapitalgeber, die aus den Zahlungssalden Zins- und Dividendenzahlungen sowie Kapitalrückführungen beanspruchen. Aus der Diskontierung entsprechender Cashflows mit dem jeweils adäquaten Kalkulationszins können Unternehmenswerte gewonnen werden (Tabelle 12).

---

590 Auszahlungen für den Erwerb neuer RHB sind definitionsgemäß bereits im Cashflow aus der gewöhnlichen Geschäftstätigkeit enthalten.
591 Vgl. zum Umfang des Anlagespiegels bzw. des Anlagegitters *Oestreicher* (Fn. 362), S. 129–133.
592 Vgl. hierzu auch Abbildung 53.

III. Finanzplanung

Tabelle 12: Cashflow-Größe, Diskontierung und Unternehmenswert

Cashflow-Größe	Diskontierungsfaktor	Unternehmenswert (nach Diskontierung)
Free Cashflow (FCF)	– Durchschnittszins aus Eigen- und Fremdkapitalkosten* – Weighted Average Cost of Capital (WACC)	– Wert des Gesamtkapitals (Bruttowert) Gesamtkapitalwert – Buchwert Fremdkapital = Marktwert Eigenkapital
Cashflow to Equity (CFE)	– Eigenkapitalzins*⁾	– Marktwert des Eigenkapitals (Nettowert)
Cashflow Added (CFA)	– Eigenkapitalzins*⁾ – (Fremdkapitalzins)	– Überwert Überwert des Unternehmens + Buchwert Eigenkapital = Marktwert Eigenkapital
* Eigenkapitalzins über individuelle Risikopräferenz oder das Kapitalmarktmodell		

Die nach ihrem Bezug zu den Kapitalgebern differenzierten Cashflows sind:[593]

– *Free Cashflow* (FCF) als der Zahlungssaldo, aus dem der Kapitaldienst für alle Kapitalgeber geleistet wird (Zinsen, Dividenden, Kapitalrückführung).
– *Cashflow to Equity* (CFE) als Saldo, der den Eigenkapitalgebern für Ausschüttungen (und Rückführung von Eigenkapital) zur Verfügung steht. Verglichen mit dem FCF sind insbesondere die Fremdkapitalzinsen in Abzug gebracht.[594]
– *Cashflow Added* (CFA) als eine Art „Über-Cashflow", der dann entsteht, wenn der CFE um (effektive oder kalkulierte) Ausschüttungen gemindert wird. Dieser kommt den Eigenkapitalgebern über die eigentlich verlangten Ausschüttungen hinaus zu.[595]

Aus der speziellen Intention von FCF, CFE und CFA resultieren Besonderheiten bei ihrer Ermittlung:

– Mit Blick auf die Nutzung des Cashflow für die Unternehmensbewertung interessiert der nachhaltig zu erzielende Zahlungssaldo. Aperiodische, ungewöhnliche Zahlungen sind zu korrigieren bzw. zu *normalisieren*.
– Geht man von einer Unternehmenstätigkeit aus, die sich über mehrere Perioden hinweg erstreckt (*Going Concern-Fall*), so muss das Unternehmen die in dieser Zeit abgenutzten Betriebsmittel ersetzen. Dieser Betrag steht den Kapitalgebern nicht zur Verfügung. Um nun einmalige Zahlungssalden, die sich zu den jeweiligen Reinvestitionsterminen ergeben würden, zu vermeiden, ist meist folgende Annahme ge-

---

593 Vgl. auch *Baetge/Niemeyer/Kümmel* (Fn. 571), S. 267–275, *Beinert*, in: Reichling (Hrsg.), Risikomanagement und Rating, 2003, S. 185–188.
594 Vgl. *Beck/Lingnau*, krp 2000, 7 f. Im Unterschied hierzu wird gelegentlich auch nicht um Zinsen korrigiert: Vgl. *Helbling* (Fn. 561), 870.
595 Z. T. ist der CFA dadurch ermittelt, dass vom „Brutto Cashflow" das Produkt von (Durchschnittszins × Bruttoinvestitionsbasis) in Abzug gebracht wird. Der Durchschnittszins enthält die Kosten für Fremd- und Eigenkapital, vgl. *Eidel* (Fn. 196), S. 74 f.

wählt: Der in einer Periode verbrauchte Wert, gemessen an der Abschreibung, sei in der gleichen Periode wieder reinvestiert. Ein Betrag in Höhe der Abschreibung ist deshalb als Auszahlung für die Wiederbeschaffung angesetzt.[596]
— Bei der Behandlung von Zinsen ist berücksichtigt, dass aus der Einrechnung/Nichteinrechnung auch steuerliche Effekte resultieren. Es ist deshalb eine Korrektur der auf die Zinsen entfallenden Steuer in Höhe von s × z × FK (Steuersatz × Zinssatz × Fremdkapital) erforderlich.[597]

Berücksichtigt man diese Überlegungen und nutzt zugleich den bereits abgeleiteten strengen Cashflow (Cashflow aus gewöhnlicher Tätigkeit) als Ausgangsbasis, so ergeben sich folgende Zusammenhänge:

```
  Cashflow aus gewöhnlicher Tätigkeit
+ Zinsaufwand
- Steuern auf Zinsen (s × z × FK)
+ Desinvestitionen Anlagevermögen
- Investitionen Anlagevermögen (vereinfacht in Höhe der
  Abschreibungen eingerechnet)
```
= *Free Cashflow*

```
  Cashflow aus gewöhnlicher Tätigkeit
+ Desinvestitionen Anlagevermögen
- Investitionen Anlagevermögen (vereinfacht in Höhe der
  Abschreibungen eingerechnet)
+ Zunahme Fremdkapital
- Abnahme Fremdkapital
```
= *Cashflow to Equity*

```
  Cashflow to Equity
- Ausschüttungen
+ Zuführung Eigenkapital
- Rückführung Eigenkapital
```
= *Cashflow Added*

(e) Beispiel zur Ermittlung des Cashflow

Gegeben seien im Folgenden die GuV eines Unternehmens für das beendete Geschäftsjahr 1 sowie dessen Bilanzen zu Beginn und Ende des Geschäftsjahrs. Aus diesen Infor-

---

596 Ggf. sind hier Ersatz- und Erweiterungsinvestitionen zu differenzieren. *Copeland et al.* reduzieren den Zahlungsmittelbestand um alle Investitionen, vgl. *Copeland/Koller/Murrin* (Fn. 8), S. 168.

597 Die hier vorgenommene Korrektur führt dazu, die Steuerminderung durch die Abzugsfähigkeit von Fremdkapitalzinsen wieder rückgängig zu machen. Der FCF kann deshalb als Zahlungssaldo unter der Annahme einer Eigenfinanzierung verstanden werden, vgl. *Baetge/Niemeyer/Kümmel* (Fn. 571), S. 270. Wird der Tax Shield wiederum hinzugerechnet, so führt dies zum Total Cashflow, vgl. *Beinert* (Fn. 593), S. 186.

III. Finanzplanung

mationen, die aus dem Jahresabschluss auch für externe Analysten erkenntlich sind, soll eine indirekte Liquiditätsrechnung abgeleitet werden.

Bilanz zu Beginn Jahr 1

Grundstücke	140	100	Grundkapital
Maschinen	120		
Vorräte	70	20	Rückstellungen
Forderungen	50		
Wertpapiere	50	350	Verbindlichkeiten
Liquide Mittel	40		

GuV für das Jahr 1

Erlöse aus Produktverkauf	300
Bestandserhöhung Produkte	10
Personalaufwand	80
Materialaufwand	100
Abschreibungen	40
Zuführung Rückstellung	30
Zinsaufwand	20
Außerordentlicher Ertrag	20
Steuern	30
Jahresüberschuss	30
Zuführung zu den Rücklagen	15
Bilanzgewinn	15

Bilanz zum Ende Jahr 1

Grundstücke	120	100	Grundkapital
Maschinen	160	15	Gewinnrücklage
Vorräte	80	15	Bilanzgewinn
Forderungen	20		
Wertpapiere	?	50	Rückstellungen
Liquide Mittel	?	280	Verbindlichkeiten

Der außerordentliche Ertrag entstand in Zusammenhang mit dem Verkauf eines Grundstücks (Buchwert: 20) Zusätzlich ist bekannt, dass das Unternehmen am Ende des Jahrs 1 eine neue Produktionsanlage im Wert von 80 erstand (Barkauf).

Aus diesen Informationen lassen sich die Formen des Cashflow – nach Entstehungsbereich – wie folgt ermitteln:

4. Instrumente zur Ermittlung und Gestaltung des Finanzierungsbedarfs

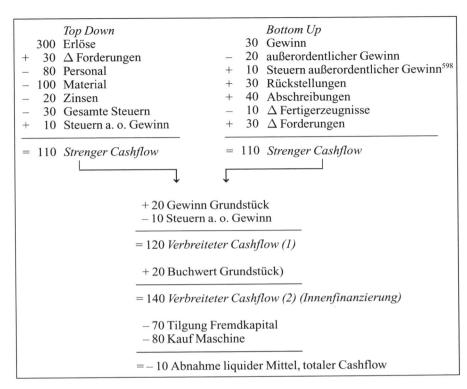

In der Bilanz zum Ende des Geschäftsjahrs sind aufgrund der Abnahme der liquiden Mittel nun die Kassenbestände um 10 auf 30 zu kürzen (Wertpapiere bleiben konstant bei 50). Alternativ könnte das Unternehmen den Abfluss an liquiden Mitteln dadurch kompensieren, dass aus der Position Wertpapiere Teile der Near Money Assets in Höhe von 10 monetarisiert werden (Bilanzwert bei Wertpapieren und Kasse dann jeweils 40).

Die Formen des Cashflow – nach Verwendungsbereich – ergeben sich unter folgenden Prämissen: Ausgangspunkt der Ermittlung bildet der strenge Cashflow bzw. der Cashflow aus gewöhnlicher Geschäftstätigkeit. Der Verkauf des Grundstücks wird als aperiodischer Vorgang gesehen, der für eine Beurteilung der *nachhaltigen Zahlungskraft* für die Zukunft ohne Bedeutung ist. Ebenso bleibt die Rückzahlung von Fremdkapital ohne Betracht, wenn angenommen wird, dass das Unternehmen bei konstanter Geschäftstätigkeit die fällig werdenden Gelder durch eine *Anschlussfinanzierung* ersetzen muss. Der Saldo Abnahme/Zunahme Fremdkapital ist dann null.

---

[598] Aus der GuV kann ein Steuersatz von 50 % abgeleitet werden. Es wird angenommen, dass dieser für ordentliche und außerordentliche Gewinne identisch ist. Vgl. zu diesem Beispiel und zur Simulation der Beispielsdaten auch die Datei „Cashflow und Kennziffern" auf der beigefügten CD.

III. Finanzplanung

```
     110 Strenger Cashflow (Cashflow aus gewöhnlicher Tätigkeit)
   +  20 Zinsen
   −  10 Steuern auf Zinsen
   −  40 Abschreibung (Reinvestierter Verbrauch von Anlagen)
   ─────────────────────────────────────────────────────────────
   =  80 Free Cashflow
   −  20 Zinsen
   +  10 Steuern auf Zinsen
   ─────────────────────────────────────────────────────────────
   =  70 Cashflow to Equity
   −  15 Ausschüttung auf das Eigenkapital[599]
   ─────────────────────────────────────────────────────────────
   =  55 Cashflow Added
```

cc) Kapitalflussrechnung und Cashflow Statement

(1) Bedeutung externer Liquiditätsrechnungen

Kapitalflussrechnung und Cashflow Statement lassen sich allgemein als Formen von Liquiditätsrechnungen begreifen.[600] Ihre Bedeutung im Rahmen der Rechnungslegung, speziell der Informationsversorgung der Kapitalmärkte, legen es dagegen nahe, sie wie folgt zu spezifizieren: Kapitalflussrechnung und Cashflow Statement[601] sind solche Liquiditätsrechnungen, die aufgrund unternehmensexterner Vorgaben zu erstellen und üblicherweise auch zu publizieren sind.

Die Bedeutung einer standardisierten, formal vorgegebenen Liquiditätsrechnung entsteht neben den allgemeinen Informationsanforderungen einer Corporate Governance aus dem Wunsch der Kapitalgeber, eine Bewertung von Investitionen und ganzen Unternehmen auf Basis von Zahlungsgrößen durchzuführen (*Barwertansätze, Discounted Cashflow*).[602] Dies betrifft speziell solche Unternehmen, die auf organisierten Kapitalmärkten gehandelt werden und dabei internationale Anleger und Analysten überzeugen möchten. Erforderlich ist deshalb auch eine Vergleichbarkeit von Liquiditätsrechnungen über den nationalen Kontext hinaus.

Die Vorgaben für eine standardisierte Liquiditätsrechnung sind für die Rechnungslegung nach deutschem Bilanzrecht im *Deutschen Rechnungslegungs Standard* 2 (DRS 2) niedergelegt, im *International Accounting Standard* 7 (IAS 7) für den Bereich der

---

599 Bei einer angenommenen Verzinsung von 15 % auf das bilanzielle Eigenkapital. Vgl. zur Bestimmung von Eigenkapitalkosten *Hachmeister* (Fn. 228), S. 153–232.

600 Vgl. grundsätzlich *Coenenberg*, ST 2001, 311–320; *Heyd* (Fn. 553), S. 548–559; *Ordelheide/Leuz* (Fn. 366), 176–183; *Schmidt*, Der Vergleich der Kapitalflussrechnungen nach IAS 7, SFAS 95 und DRS 2 als Instrument zur externen Analyse der Finanzlage, 2003, S. 61–157; *Stahn*, DB 2000, 233–238; *von Wysocki* (Fn. 373), Sp. 1253–1266.

601 Beide Begriffe lassen sich zum einen als Übersetzungsanalogien begreifen, vgl. *von Wysocki* (Fn. 373), Sp. 1256. Zum anderen impliziert Kapitalflussrechnung die konkrete Ausgestaltung der externen Liquiditätsrechnung nach deutschem Verständnis, Cashflow Statement die Ausgestaltung nach IFRS.

602 Vgl. *Helbling* (Fn. 561), 869 f.

4. Instrumente zur Ermittlung und Gestaltung des Finanzierungsbedarfs

internationalen Bilanzierungsnormen (International Financial Reporting Standards, IFRS) und im *Statement of Financial Accounting Standards* 95 (SFAS 95) für die US-amerikanische Rechnungslegung.[603] Alle drei Bilanzierungssysteme fordern, dass der Konzernabschluss kapitalmarktorientierter Unternehmen neben Bilanz sowie GuV auch eine Darstellung der Liquiditätslage beinhaltet.[604] Die Art der Darstellung wird in den genannten Standards vorgegeben, wobei diese einander sehr ähnlich sind.[605] Für deutsche Unternehmen wird sich IAS 7 als zentraler Standard für die Kapitalflussrechnung bzw. das Cashflow Statement entwickeln. Bereits gegenwärtig kann der Konzernabschluss befreiend nach IFRS erstellt werden,[606] womit auch eine Liquiditätsrechnung nach IAS 7 verpflichtend ist. Mit Blick auf die Integration der EU-Kapitalmärkte wird es für börsennotierte Unternehmen in den EU-Ländern Pflicht sein, nach IFRS zu bilanzieren.[607] Aufgrund der Bedeutung von IAS 7 sowie der weitgehenden Ähnlichkeit[608] von IAS 7 und DRS 2 orientieren sich die folgenden Ausführungen primär am Cashflow Statement nach IAS 7, stellvertretend für alle externen Liquiditätsrechnungen.[609]

(2) Grundlegende Struktur externer Liquiditätsrechnungen

Kapitalflussrechung bzw. Cashflow Statement ergänzen den Jahresabschluss um die Dimension Liquiditätsergebnis.[610] Mit Blick auf die Interessen externer Informationsadressaten zeigen sie auf, welchen Zahlungssaldo ein Unternehmen geschaffen hat und aus welchen Quellen dieser gespeist wird. Der Begriff „Zahlungssaldo" ist hierbei zu präzisieren. Er umfasst nicht nur Veränderungen der Zahlungsmittel bzw. der liquiden Mittel (*Cash*). Vielmehr ist mit Bezug auf den Periodencharakter der Kapitalflussrechnung – die zumeist indirekt aus einer viertel-, halb- oder ganzjährigen Bilanzierung abgeleitet wird – zu bedenken, dass auch diejenigen Aktiva als Teil der Zahlungskraft zu sehen sind, die innerhalb kurzer Frist monetisiert werden können (*Cash Equivalents*). Diese umfassen speziell die bereits erörterten Near Money Assets,[611] die mit den Zah-

---

[603] Die Cashflow Statements nach IFRS und US-GAAP sind dann auch für deutsche Unternehmen maßgeblich, wenn diese ihren Konzernabschluss nach IFRS oder US-GAAP (befreiend) aufstellen, vgl. *Heyd* (Fn. 553), S. 550. Vgl. grundsätzlich zu internationaler Rechnungslegung und Kapitalbeschaffung *Pellens*, Internationale Rechnungslegung, 4. Aufl. 2001, S. 14–19.

[604] Die Pflicht zur Integration einer Kapitalflussrechnung in den Konzernabschluss nach HGB ergibt sich nach § 297 Abs. 1, S. 2 HGB.

[605] Vgl. *Helbling* (Fn. 561), 873; *von Wysocki* (Fn. 373), Sp. 1257. Vgl. aber auch den differenzierten Vergleich der externen Liquiditätsrechnungen bei *Schmidt* (Fn. 600), insbes. S. 155–157, sowie die Synopse bei *Heyd* (Fn. 553), S. 555 f.

[606] Diese Möglichkeit nach § 292a HGB wird vor allem von international operierenden deutschen Unternehmen genutzt, vgl. *Stahn* (Fn. 600), 233.

[607] Die EG-Verordnung Nr. 1606/2002 verpflichtet alle „kapitalmarktorientierten" Unternehmen ab 2005 zu einem Konzernabschluss nach IAS/IFRS. Vgl. EG-Verordnung zur Anwendung von IAS, S. 1–4.

[608] Vgl. *von Wysocki* (Fn. 373), Sp. 1257.

[609] Vgl. zu DRS 2 auch *Behringer* (Fn. 25), S. 81–85; *Coenenberg* (Fn. 600), insbes. 313–320; *Heyd* (Fn. 553), S. 550–553; *Scheffler* (Fn. 387), 295–300.

[610] Vgl. *Coenenberg* (Fn. 600), 313; *Ordelheide/Leuz* (Fn. 366), 176.

[611] Vgl. zum Umfang von Near Money Assets wie auch zur Definition der liquiden Mittel die Ausführungen unter Gliederungspunkt III. 4.

III. Finanzplanung

lungsmitteln zum *„Finanzmittelfonds"* zusammengeführt werden. Da zudem auf den Bestand des Fonds am Ende der betrachteten Periode abgestellt wird, ergibt sich folgender grundsätzlicher Aufbau von Kapitalflussrechnung bzw. Cashflow Statement:

$$\begin{aligned}&\text{Veränderungen Finanzmittelfonds während der Periode}\\&\underline{+ \text{ Bestand Finanzmittelfonds zu Beginn der Periode}}\\&= \text{ Bestand Finanzmittelfonds zum Ende der Periode.}\end{aligned}$$

Veränderungen des Finanzmittelfonds lassen sich auf die drei prinzipiellen Einflussbereiche *„betriebliche Geschäftstätigkeit"*, *„Investitionstätigkeit"* und *„ Finanzierungstätigkeit"* zurückführen.[612] Im Mittelpunkt der Veränderungen stehen die aus der gewöhnlichen betrieblichen Tätigkeit resultierenden Effekte auf die Zahlungskraft. Diese entstehen aus der Kerntätigkeit des Unternehmens und erlauben Rückschlüsse auf die nachhaltige Finanzkraft des Unternehmens. Es geht vor allem darum zu erkennen, *welchen Beitrag das operative Geschäft* über die Deckung der laufenden Auszahlungen bzw. Minderungen des Finanzmittelfonds hinaus erwirtschaftet. Solche Beiträge helfen dann dabei, die ursprünglich bereitgestellten Gelder wieder zurückzuzahlen oder neue Projekte zu finanzieren, ohne auf neue Mittel von außen angewiesen zu sein.[613] Im Rahmen der Cashflow Statements werden diese als „Cashflow aus betrieblicher Tätigkeit" bezeichnet.

Weitere Einflüsse auf den Finanzmittelfonds sind zum einen mit der *Investitionspolitik* des Unternehmens verbunden: Der Erwerb von Betriebsmitteln oder Beteiligungen – diese sind aperiodisch und zählen nicht zur laufenden Geschäftstätigkeit – mindern den Fonds. Desinvestitionen durch den Verkauf oder die Rückzahlung von Aktiva erhöhen ihn. Zum anderen übt die *Finanzierungstätigkeit* Einflüsse auf den Bestand an Finanzmitteln aus: Der Finanzmittelfonds wird durch neue Gelder aus Beteiligungs- und Fremdfinanzierung erhöht, durch entsprechende Rückzahlungen vermindert. Veränderungen des Finanzmittelfonds lassen sich damit insgesamt nach folgendem Schema ermitteln (vgl. Abbildung 58) :

1.		Cashflow aus betrieblicher Tätigkeit
2.	+	Cashinflow aus Desinvestitionen
	–	Cashoutflow aus Investitionen
3.	+	Cashinflow aus Beteiligungs- und Fremdfinanzierung
	–	Cashoutflow aus Rückführung von Beteiligungs- und Fremdkapital sowie Ausschüttungen
4.	=	Veränderungen Finanzmittelfonds

Abbildung 58: Cashflow-Formen und Veränderungen des Finanzmittelfonds

---

612 Vgl. IAS 7, Tz. 10; vgl. auch *Coenenberg* (Fn. 600), 314; *Scheffler* (Fn. 387), 297.
613 Vgl. IAS 7, Tz. 13.

4. Instrumente zur Ermittlung und Gestaltung des Finanzierungsbedarfs

(3) Cashflow Statement nach IAS 7

Das Cashflow Statement nach IAS 7 folgt dem in den bisherigen Schritten grundsätzlich aufgezeigten Aufbau.[614] Folgende Besonderheiten sind bei seiner Anwendung zu beachten:

- Der *Finanzmittelfonds* enthält neben „Cash" (Bargeld und Buchgeld) auch „Cash Equivalents". Diese sind grundsätzlich dadurch definiert, dass sie nur kurzfristig gebunden sind (< drei Monate), leicht monetisierbar sind und nur geringen Wertänderungsrisiken unterliegen.[615] Zu ihnen zählen u. a. Termineinlagen bei Banken, Geldmarktfondsanteile und Geldmarktpapiere.[616]
- Der *Cashflow aus betrieblicher Tätigkeit* spiegelt primär den Saldo des gewöhnlichen periodischen Geschäfts wider. Wird dieser Saldo auf indirektem Weg (Bottom-Up) aus dem Jahresüberschuss abgeleitet, so müssen Zahlungseinflüsse mit außerordentlichem Charakter eliminiert werden. Wie bereits im Zusammenhang mit dem generellen Schema zur Ermittlung des Cashflows aufgezeigt,[617] sind auch die mit dem laufenden Geschäft zusammenhängenden Veränderungen bei Forderungen aus Lieferungen und Leistungen, Vorräten und Verbindlichkeiten gegenüber Lieferanten (d. h. Veränderungen des Working Capital[618]) entsprechend ihren Liquiditätseffekten zu korrigieren.
- Der *Cashflow aus Finanzierungstätigkeit* umschließt Veränderungen des Fonds an finanziellen Mitteln im Zusammenhang mit der Geldbeschaffung von außen und der Geldrückzahlung. Er umfasst Einzahlungen aus der Emission von Aktien und Anleihen sowie aus der Einräumung neuer Kredite. Tilgungen fließen entsprechend als Cashoutflows ein. Als Besonderheit zählt, dass gezahlte Zinsen für Fremdkapital üblicherweise als Finanzierungskosten der Produktion gelten und in den Cashflow aus Geschäftstätigkeit eingehen.[619] Ausschüttungen auf das Eigenkapital (Dividenden) sind dagegen Teil des Cashflow aus Finanzierung.
- Der *Cashflow aus Investitionstätigkeit* beinhaltet Zahlungen in Verbindung mit Sachanlagen (Grundstücke, Betriebsmittel) und Finanzanlagen (Aktien, Anleihen, Zertifikate, Bankeinlagen). Diese Anlagen sind dabei nicht durch die laufende Geschäftstätigkeit bedingt[620] und zählen auch nicht zu den Cash Equivalents des Finanzmittelfonds.[621] Es fließen sowohl Cashoutflows aus dem Erwerb solcher Aktiva wie auch Cashinflows aus deren Desinvestition bzw. Rückzahlung ein.[622]

---

614 Vgl. zu IAS 7 etwa *Behringer* (Fn. 25), S. 90–93; *Ordelheide/Leuz* (Fn. 366), 180 f.; *Pellens* (Fn. 603), S. 500–506.
615 Vgl. IAS 7. 6. Vgl. auch *Schmidt* (Fn. 600), S. 81.
616 Vgl. *Ordelheide/Leuz* (Fn. 366), 176.
617 Vgl. hierzu die Abbildung 56 unter Gliederungspunkt III. 4. c) bb) (3).
618 Vgl. zu den Korrekturen auf Basis des Working Capital die nachfolgenden Ausführungen unter Gliederungspunkt III. 4. c) dd) (3).
619 Grundsätzlich lässt IAS 7, Tz. 33, allerdings offen, ob Zinsen der betrieblichen Tätigkeit oder der Investitions- bzw. Finanzierungstätigkeit zugeordnet werden.
620 Sie enthalten deshalb etwa „Investitionen" in Forderungen aus Lieferungen und Leistungen nicht, da diese schon Teil des operativen Cashflow sind.
621 Vgl. *Schmidt* (Fn. 600), S. 90 f., 102 f.
622 Vgl. IAS 7, Tz. 16, Nr. (b), (d), (f).

III. Finanzplanung

Eine Gesamtdarstellung der Struktur des Cashflow Statement nach IAS 7 bietet Abbildung 59.[623]

	1.1.		Jahresüberschuss/Jahresfehlbetrag aus der gewöhnlichen Tätigkeit
	1.2.	+	Abschreibungen
		–	Zuschreibungen
	1.3.	+	Zunahme der Rückstellungen
		–	Abnahme der Rückstellungen
	1.4.	+	Abnahme der Forderungen aus Lieferungen und Leistungen
		–	Zunahme der Forderungen aus Lieferungen und Leistungen
	1.5.	+	Abnahme der Vorräte
		–	Zunahme der Vorräte
	1.6.	+	Zunahme der Verbindlichkeiten aus Lieferungen
		–	Abnahme der Verbindlichkeiten aus Lieferungen
	1.7.	+	Außerordentliche Einzahlung, soweit operativer Charakter*
		–	Außerordentliche Auszahlung, soweit operativer Charakter*
1.		=	*Cashflow aus operativer Geschäftstätigkeit*
			Einzahlungen aus Desinvestitionen*
		–	Auszahlungen für Investitionen
2.		=	*Cashflow aus Investitionstätigkeit*
			Mittelzufluss aus der Finanzierungstätigkeit
		–	Mittelabfluss aus der Finanzierungstätigkeit
3.		=	*Cashflow aus Finanzierungstätigkeit*
4.		=	*Finanzmittelbestand am Anfang der Periode*
5.		=	1. + 2. + 3. + 4. = *Finanzmittelbestand am Ende der Periode*

* Außerordentliche Ein- und Auszahlungen werden jeweils direkt den zutreffenden Cashflow-Formen zugeordnet

Abbildung 59: Cashflow Statement nach IAS 7 – Indirekte Methode

Als Ergebnis des Cashflow Statement liegt der gesamte Finanzmittelbestand am Ende einer Periode vor. Damit weist das Statement Ähnlichkeit mit der oben angeführten „*Veränderung der Netto-Liquidität*" bzw. dem „*totalen Cashflow*" auf. Im Unterschied zu diesen ist allerdings auf einen Stichtagswert, nicht auf einen Veränderungswert abgestellt. Der Begriff der Finanzmittel ist über die liquiden Mittel hinaus gefasst, und außerordentliche Zahlungen sind fallspezifisch eingeordnet.

dd) Liquiditätskennziffern auf Basis des Jahresabschlusses
(1) Intention

Die Idee der Liquiditätskennziffern besteht darin, auf Basis bestimmter Verhältniszahlen aus dem Jahresabschluss indirekt auf die Zahlungssituation eines Unternehmens rückzuschließen. Sie tragen insbesondere zur Beurteilung von Unternehmen durch *ex-*

---

[623] Vgl. IAS 7. Vgl. auch *Helbling* (Fn. 561), 872.

4. Instrumente zur Ermittlung und Gestaltung des Finanzierungsbedarfs

terne Analysten bei.[624] Zugleich muss das Finanzmanagement solche Kennziffern *vorbeugend* beachten, um eventuelle negative Außenwirkungen zu vermeiden. Aus interner Perspektive können die Kennziffern ggf. unterstützend bei der direkten Finanzplanung wirken. Insbesondere aus verschiedenen Positionen der Bilanz werden *Hinweise auf zukünftige Ein- und Auszahlungen* gewonnen und diese in geeigneter Weise einander gegenübergestellt. Um die Liquiditätskennziffern sachgerecht zu interpretieren, erscheint es sinnvoll, vorab eine Kurzdarstellung der verfügbaren Bilanzdaten zu geben (vgl. Abbildung 60):

Anlagevermögen	*Eigenkapital*
1. Immaterielle Vermögensgegenstände	1. Gezeichnetes Kapital
2. Sachanlagevermögen	2. Kapitalrücklage
3. Finanzanlagevermögen	3. Gewinnrücklage
	4. Gewinn-/Verlustvortrag
	5. Jahresüberschuss/-fehlbetrag
	Rückstellungen
Umlaufvermögen	*Verbindlichkeiten*
1. Vorräte	1. aus Anleihen
2. Forderungen	2. gegenüber Kreditinstituten
3. Wertpapiere	3. aus Lieferungen und Leistungen
4. Kasse, Giroguthaben	4. ...

Abbildung 60: Grundstruktur der Bilanz

Neben den direkt aus der Bilanz ersichtlichen Daten sind für die Ermittlung der Kennziffern insbesondere die im *Anhang* des Jahresabschlusses zu treffenden Erläuterungen von Wichtigkeit. Bei Kapitalgesellschaften enthält dieser u.a. die nach §§ 268, 285 HGB erforderliche Unterteilung der Verbindlichkeiten nach *Restlaufzeiten* bis zu einem Jahr und über fünf Jahre. Zu den Pflichtangaben für Kapitalgesellschaften zählt weiter der Ausweis von Forderungen mit einer Restlaufzeit > ein Jahr.

In der Literatur findet sich ein weites Spektrum entsprechender Kennziffern.[625] Diese lassen sich u.a. danach einteilen, ob sie eher Aussagen zur kurz- oder zur langfristigen Zahlungssituation treffen oder – mit Blick auf die Berechnung aus der Bilanz – ob es sich um horizontale oder vertikale Kennziffern handelt. Horizontale Relationen verbinden Positionen der Aktiv- und Passivseite. Dazu zählt z.B. die

$$\text{Anlagedeckung} = \frac{\text{Langfristig verfügbares Kapital}}{\text{Langfristig gebundenes Vermögen}}.$$

Nach der *Goldenen Bilanzregel*[626] soll langfristig gebundenes Vermögen auch durch langfristig verfügbares Kapital finanziert sein (Fristenkongruenz), d.h. die Anlagede-

---

624 Vgl. *Busse von Colbe* (Fn. 330), Sp. 715.
625 Vgl. grundsätzlich *Busse von Colbe* (Fn. 330), Sp. 717–724; *Coenenberg* (Fn. 600), 316–319; *Drukarczyk* (Fn. 27), S. 57–63; *Gerke/Philipp* (Fn. 27), S. 137 f.; *Perridon/Steiner* (Fn. 26), S. 550–555.
626 Vgl. *Matschke/Hering/Klingelhöfer* (Fn. 314), S. 48–50; *Wöhe/Bilstein* (Fn. 26), S. 408 f.

III. Finanzplanung

ckung > 1.[627] Dagegen stellen die im Weiteren dargelegten Liquiditätsgrade auf kurzfristige Liquiditätszusammenhänge ab.

(2) Liquiditätsgrade

Liquiditätsgrade als *bilanzorientierte Kennziffern zur kurzfristigen Zahlungssituation*[628] stellen den kurzfristigen Zahlungsverpflichtungen solche Aktiva gegenüber, die schnell monetisierbar sind bzw. bereits als liquide Mittel vorliegen. Kurzfristige Zahlungsverpflichtungen können sich aus unterschiedlichen in der Bilanz ausgewiesenen Verbindlichkeiten ergeben.[629] Dazu zählen etwa Verbindlichkeiten gegenüber Kreditinstituten, aus Lieferungen und Leistungen oder aus ausgegebenen eigenen Wechseln. Mit Blick auf den Bezug zum operativen Geschäft werden oft nur die Verbindlichkeiten aus Lieferungen und Leistungen als maßgeblich angesehen. Je nach Umfang der einbezogenen Aktiva unterscheidet man die Liquiditätsgrade 1–3:

$$\text{Liquidität 1. Grades (Cash Ratio)} = \frac{\text{Zahlungsmittel}^{630}}{\text{Kurzfristige Verbindlichkeiten}}$$

$$\text{Liquidität 2. Grades (Quick Ratio, Acid Ratio)} = \frac{\text{Zahlungsmittel} + \text{Wertpapiere} + \text{Forderungen}}{\text{Kurzfristige Verbindlichkeiten}}$$

$$\text{Liquidität 3. Grades (Current Ratio)} = \frac{\text{Umlaufvermögen}}{\text{Kurzfristige Verbindlichkeiten}}.$$

Für diese Grade werden in der Literatur unterschiedliche Anforderungen formuliert.[631] Von gewisser Relevanz ist die Vorgabe, dass die Liquidität 2. Grades (Quick oder Acid Ratio) etwa 1 betragen sollte.[632] Hier sind den finanziellen Verpflichtungen die finanziellen Vermögenswerte des Umlaufvermögens gegenübergestellt. Nimmt man an, dass der Zeitraum der Monetisierung von Near Money Assets und von Forderungen auch dem Zeitraum entspricht, in dem die kurzfristigen Verbindlichkeiten fällig werden (*Fristenkongruenz*), so ist die Zahlungsfähigkeit des Unternehmens auf Basis rein monetärer Gegebenheiten gewährleistet.

Anwendung und Interpretation der Kennzahlen werfen demgegenüber die folgenden *Probleme* auf:

– Innerhalb der kurzfristigen Forderungen und speziell der kurzfristigen Verbindlichkeiten mit Restlaufzeiten ≤ 1 Jahr sind *Positionen mit unterschiedlicher Fälligkeit*

---

627 Vgl. *Busse von Colbe* (Fn. 330), Sp. 720; *Eichholz* (Fn. 18), S. 71 f. Dabei wird zum langfristigen Kapital meist Eigenkapital und langfristiges Fremdkapital gezählt, auf der Seite des langfristigen Vermögens steht z. T. neben dem Anlagevermögen auch das langfristig vorhandene Umlaufvermögen („*eiserner Bestand*").
628 Vgl. *Busse von Colbe* (Fn. 330), Sp. 720 f.; *Däumler* (Fn. 26), S. 36 f.; *Helbling* (Fn. 561), 875 f.; *Matschke/Hering/Klingelhöfer* (Fn. 314), S. 51 f.; *Perridon/Steiner* (Fn. 26), S. 553 f.
629 Vgl. hierzu auch die Gliederung der Verbindlichkeiten nach dem Bilanzschema in § 266 Abs. 3 Tz. C HGB.
630 Der Zähler wird z. T. noch um die kurzfristigen Forderungen ergänzt.
631 Vgl. *Eichholz* (Fn. 18), S. 54, 72; *Helbling* (Fn. 561), 875; *Perridon/Steiner* (Fn. 26), S. 553.
632 Vgl. *Matschke/Hering/Klingelhöfer* (Fn. 314), S. 52.

4. Instrumente zur Ermittlung und Gestaltung des Finanzierungsbedarfs

zusammengefasst.[633] Die Kennzahl vermag so nur einen Hinweis zur Periodenliquidität, nicht aber zu Momentanliquiditäten zu geben.[634] Für den Rückschluss auf die Zahlungsfähigkeit kann aber die Betrachtung einer Zeitspanne von einem Jahr nicht ausreichend sein.
- *Nicht alle* zukünftigen *Auszahlungsverpflichtungen* und *Einzahlungsansprüche* eines Unternehmens sind – wie erwähnt – *in der Bilanz erfasst*.[635] Soweit z.B. zu Beginn eines Geschäftsjahrs Mietraten fällig werden, erhöhen diese den Umfang der Verbindlichkeiten, die tatsächlich in die Kennziffer einzubeziehen wären. Zugleich kann der in der Bilanz angegebene Mittelbestand auch für andere Zwecke als zur Erfüllung von Verbindlichkeiten verwandt werden. Freie Kreditlinien sind nicht beachtet.[636]
- Der Übernahme der Bilanzwerte in die Kennziffern liegt die Annahme zugrunde, dass sich die entsprechenden *Werte* auch tatsächlich *realisieren lassen*. Es muss jedoch auch berücksichtigt werden, dass es zu Ausfällen bei Forderungen, zu einem Kursverfall bei Wertpapieren oder zu einer Mindereinnahme bei Fremdwährungspositionen kommen kann.

Nicht zuletzt ist an die einleitend unter Gliederungspunkt III. 4. a) aa) aufgeführte grundsätzliche Kritik an Daten des Jahresabschlusses zu erinnern, die sich insbesondere an deren Vergangenheitsbezug und eventueller Manipuliertheit entzündet.

(3) Working Capital

Das Working Capital (WC) bezeichnet den Teil des Umlaufvermögens, der durch langfristige Gelder finanziert ist.[637] Aus der Bilanz kann es auf unterschiedliche Weise ermittelt werden: Es ergibt sich aus der (positiven) Differenz von Umlaufvermögen (UV) und kurzfristigen Verbindlichkeiten (kVE)[638] als:

$$WC = UV - kVE.$$

Es kann alternativ als der Betrag ermittelt werden, um den langfristige Finanzierungsmittel, d.h. das Eigenkapital (EK) und langfristige Verbindlichkeiten (lVE), das Anlagevermögen (AV) übersteigen:

$$WC = EK + lVE - AV.$$

Im Rahmen einer Liquiditätsbetrachtung von Unternehmen kann das Working Capital zweifach interpretiert werden. Es ist zum einen Ausdruck eines gewissen *Liquiditätsspielraums*, da das Unternehmen jeweils neues Umlaufvermögen durch längerfristig ver-

---

633 Vgl. § 268 Abs. 5 S. 1 HGB.
634 Vgl. *Wöhe/Bilstein* (Fn. 26), S. 24.
635 Vgl. *Schäfer* (Fn. 350), S. 40; *Wöhe/Bilstein* (Fn. 26), S. 25. Die Betrachtung ist deshalb „statisch", *Busse von Colbe* (Fn. 330), Sp. 721.
636 Vgl. *Busse von Colbe* (Fn. 330), Sp. 721; *Kloock* (Fn. 474), Sp. 1242.
637 Vgl. grundsätzlich *Damodaran* (Fn. 11), S. 389–417; *Drukarczyk* (Fn. 27), S. 61, 79 f.; *Perridon/Steiner* (Fn. 26), S. 554 f. Vgl. auch *Scheffler* (Fn. 387), 297.
638 Z.T. werden nur die aus dem operativen Geschäft direkt stammenden Verbindlichkeiten aus Lieferungen und Leistungen einbezogen. Kurzfristige Bankkredite sind dann nicht beachtet, vgl. *Copeland/Koller/Murrin* (Fn. 8), S. 255; *Damodaran* (Fn. 11), S. 391. Vgl. alternativ *Helbling* (Fn. 561), 876.

III. Finanzplanung

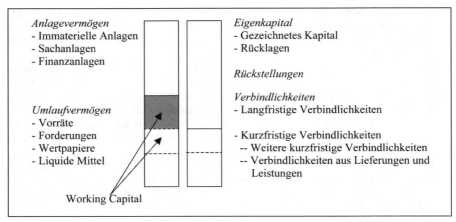

Abbildung 61: Working Capital im Aktiv-/Passivzusammenhang

fügbares Kapital flexibel decken kann.[639] Dies lässt sich auch so formulieren, dass das Unternehmen noch Freiraum für die Finanzierung langfristiger Investitionen besitzt.[640]

Veränderungen im Working Capital lassen sich zum anderen heranziehen, um *liquiditätswirksame Effekte* im Zusammenhang mit bestimmten Bilanzpositionen zu erkennen. Das Working Capital ergänzt somit die Aussagen zum Cashflow, wenn der Cashflow rein über die GuV ermittelt wird. So wächst z. B. das Working Capital, wenn sich die Forderungen erhöhen. Dies ist im Wesentlichen auf Zielverkäufe zurückzuführen, d. h. auf in der GuV ausgewiesene Erträge, denen aber keine Einzahlungen gegenüberstehen.

Das Working Capital erhöht sich auch dann, wenn Halb- und Fertigerzeugnisse nicht verkauft, sondern auf Vorrat produziert werden. Hier steht Erträgen in der GuV wiederum keine Einzahlung entgegen. Analog vermindert sich das Working Capital, wenn das Unternehmen höhere Verbindlichkeiten aus Lieferungen und Leistungen aufweist. Diese entstehen durch die Materialbeschaffung auf Kredit. Sind diese Materialien bereits verbraucht, so führte dies in der GuV zu Aufwand, mit dem aber keine Auszahlung korrespondierte.

Veränderungen im Working Capital sind deshalb im Rahmen indirekter Liquiditätsrechnungen zu korrigieren.[641] Mit Blick auf die Cashflow-Ermittlung kann dies wie folgt geschehen:[642]

---

639 Vor dem Hintergrund einer normalen Zinsstruktur verursacht die langfristige Finanzierung allerdings höhere Kosten und beeinträchtigt so die Rentabilität.
640 Vgl. *Perridon/Steiner* (Fn. 26), S. 554.
641 Es ist aber zu beachten, dass die Veränderungen des Working Capital eher von einmaligem, aperiodischem Charakter sind. Dagegen beinhaltet der rein aus der GuV gewonnene Cashflow stärker eine nachhaltige Zahlungskraft, vgl. *Coenenberg* (Fn. 600), 315 f. Das Working Capital kann sich aber auch aus solchen Motiven verändern, die nicht rein finanzwirtschaftlich sind, sondern von den Anforderungen der Kunden und der Absatzpolitik abhängen, vgl. *Damodaran* (Fn. 11), S. 397 f.
642 Vgl. analog *Baetge/Niemeyer/Kümmel* (Fn. 571), S. 281; *Copeland/Koller/Murrin* (Fn. 8), S. 134.

4. Instrumente zur Ermittlung und Gestaltung des Finanzierungsbedarfs

	Ergebnis der (gewöhnlichen bzw. außergewöhnlichen) Geschäftstätigkeit
+	Verminderung Working Capital (etwa durch eingegangene Forderungen, höhere Lieferantenkredite)
–	Erhöhung Working Capital (etwa durch höhere Zielverkäufe, Produktion auf Lager)
+/–	sonstige Korrekturen (Abschreibungen, Rückstellungen)
=	Cashflow

Wird auf diese Weise vorgegangen, so *ersetzen* die Korrekturen via das Working Capital die vorstehend in Abbildung 56 dargestellten speziellen Korrekturen bei Vorratsbeständen an Halb-/Fertigprodukten sowie Forderungen/Verbindlichkeiten aus Lieferungen und Leistungen.

(4) Cashflow-Kennziffern

Analog den vielfältigen Rentabilitätskennziffern, bei denen der Gewinn einer Periode alternativen Größen gegenübergestellt wird,[643] lassen sich auch Verhältnisgrößen auf Basis des Cashflow ermitteln.[644] Diese haben primär eine liquiditätsbezogene Aussagekraft, lassen sich aber auch im Sinne einer Investitions- bzw. Ertragskraft interpretieren. Im Zentrum steht der *Cashflow – Return on Investment* (CFROI),[645] der sich allgemein definieren lässt als:

$$\text{CFROI} = \frac{\text{Cashflow} - \text{Größe}}{\text{Kapitalgröße}}.$$

Häufig ist hier der Cashflow als Free Cashflow definiert (enthält noch Zahlungsansprüche der Fremdkapitalgeber), dem entsprechend der gesamte Kapitaleinsatz von Eigen- und Fremdkapitalgebern gegenübergestellt wird.[646] Das Verhältnis von Zahlungssaldo und Gesamt-Finanzierungsbasis[647] entspricht dann einer „liquiditätsorientierten Gesamtkapital-Rentabilität". Der Kehrwert des CFROI drückt aus, wie oft der Cashflow erzielt werden muss, um gleich dem eingesetzten Kapital zu sein. Dies entspricht der Amortisationsdauer des Unternehmens, d.h. der Anzahl von Perioden, nach denen das eingesetzte Gesamtkapital wiedergewonnen wird. Analog drückt das Maß

– Verbindlichkeiten/Cashflow aus betrieblicher Tätigkeit

---

643 Vgl. *Busse von Colbe* (Fn. 330), Sp. 725–727; *Eichholz* (Fn. 18), S. 62–67; *Meffle/Heyd/Weber* (Fn. 194), S. 546–553.
644 Vgl. grundsätzlich *Coenenberg* (Fn. 600), 316–320; *Helbling* (Fn. 561), 870; *Peemöller* (Fn. 9), S. 175–177.
645 Vgl. *Beck/Lingnau* (Fn. 594), 9–11; *Copeland/Koller/Murrin* (Fn. 8), S. 182 f.; *Damodaran* (Fn. 11), S. 453–455, 822–827; *Deimel*, wisu 2002, 507 f.; *Eidel* (Fn. 196), S. 55–68, 319–343; *Lachnit/Müller* (Fn. 15), 2553 f.
646 Vgl. *Damodaran* (Fn. 11), S. 453 f., 822; *Deimel* (Fn. 645), S. 507.
647 Diese ist als Bruttoinvestitionsbasis (BIB) interpretiert bzw. berechnet. Dabei bestehen allerdings unterschiedliche Konzepte, vgl. *Lachnit/Müller* (Fn. 15), 2554. Vgl. auch *Peemöller* (Fn. 9), S. 175 f.

III. Finanzplanung

die Zeitdauer aus, die zur Rückzahlung der Schulden aus operativen Überschüssen benötigt wird.[648] Mit dem Quotienten

– Operativer Cashflow/Anlageinvestitionen

kann die Innenfinanzierungskapazität eines Unternehmens ausgedrückt werden.[649]

Abschließend sei eine Kenngröße einbezogen, die nicht als Verhältnisziffer auf Basis des Cashflow dient, sondern als vereinfachter Ausdruck für den Cashflow selbst. Die Kennziffer *Earnings before Interest, Taxes, Depreciation and Amortization* (EBITDA) beschreibt den Jahresüberschuss vor Zinsen, Steuern und Abschreibungen.[650] Der EBITDA kommt dabei dem Free Cashflow nahe, stellt aber etwa mit Blick auf die fehlenden Korrekturen beim Working Capital und bei der Zuführung zu Rückstellungen nur einen pauschalisierten Cashflow dar.[651] Dieser Nachteil wird aber durch seine relativ einfache Berechenbarkeit aufgewogen. Diese basiert hier auf dem Jahresüberschuss nach Steuern mit dem Zwischenschritt *Earnings before Interest and Taxes* (EBIT) und den Korrekturen[652] in Tabelle 13.

Generell kann der EBITDA als Ausdruck des vielfältigen Spektrums von Cashflow-Kennziffern gesehen werden. Dieses Spektrum weist auf die zunehmende Bedeutung des Cashflow-Paradigmas hin, aber auch auf die Notwendigkeit weiterer Arbeiten zur Systematisierung und Homogenisierung der Cashflow-Größen.

Tabelle 13: Retrograde Ermittlung des EBITDA aus dem Jahresüberschuss nach Steuern

	Jahresüberschuss nach Steuern
+	Steuern
=	Jahresüberschuss vor Steuern
–	außerordentlicher Ertrag
+	außerordentlicher Aufwand
=	Jahresüberschuss aus dem gewöhnlichen Geschäft vor Steuern
+	Zinsaufwand
=	*EBIT*
+	Abschreibungen
–	Zuschreibungen
=	*EBITDA*

---

[648] Dies wird auch als dynamischer Verschuldungsgrad bezeichnet, vgl. *Coenenberg* (Fn. 600), 317 f.
[649] Vgl. *Busse von Colbe* (Fn. 330), Sp. 723.
[650] Vgl. *Behringer* (Fn. 23), S. 84; *Copeland/Koller/Murrin* (Fn. 8), S. 164.
[651] Vgl. *Stahn* (Fn. 600), 236 f.
[652] Vgl. *Coenenberg/Alvarez/Meyer* (Fn. 25), Sp. 485.

IV. Übungsaufgaben

1. Aufgabenteil

Aufgabe 1: Monetäre und nicht monetäre Ziele

Bitte erläutern Sie, warum sich einerseits die Verfahren der Investitionsrechnung auf finanzielle Ziel- oder Ersatzzielgrößen konzentrieren, jedoch andererseits die Berücksichtigung nichtmonetärer Ziele in Investitionsentscheidungen zwingend erforderlich ist. Wie wird dieses Dilemma in der vorbildlichen Praxis gelöst?

Lösung siehe S. 293.

Aufgabe 2: Interdependenzen

Bitte grenzen Sie denkbare Erscheinungsformen von Interdependenzen zwischen Investitionsprojekten gegeneinander ab, und nennen Sie Beispiele.

Lösung siehe S. 293.

Aufgabe 3: Entscheidungsmodelle

Bitte erklären Sie, was man unter einem Entscheidungsmodell versteht. Was grenzt ein Entscheidungsmodell von anderen Modellen ab?

Lösung siehe S. 294.

Aufgabe 4: Verständnis der Kapitalwertkurvenverläufe

Bitte erläutern Sie, warum ein Investitionsprojekt einen mit steigendem Kalkulationszins fallenden Kapitalwert und ein Finanzierungsprojekt einen mit steigendem Kalkulationszinssatz wachsenden Kapitalwert aufweist. Begründen Sie den obigen Zusammenhang sowohl mathematisch als auch ökonomisch.

Lösung siehe S. 295.

Aufgabe 5: Anwendungsfall Kapitalwertrechnung bei einer Finanzierung

Ein Finanzierungsprojekt besitzt folgende Zahlungsreihe

t_0	t_1	t_2	t_3	t_4
+90	−30	−30	−30	−30

a) Bestimmen Sie die Kapitalwerte für i = 0 %, i = 10 % sowie i → ∞.

b) Bewerten Sie die Vorteilhaftigkeit des Projekts bei einem Kapitalmarktzins von 10 % und interpretieren Sie den Kapitalwert. Begründen Sie, warum die Kapitalwertfunktion mit wachsendem i ansteigt.

c) Bitte fertigen Sie eine einfache Skizze der Kapitalwertkurve des obigen Finanzierungsprojekts an, und erläutern Sie knapp den Verlauf.

Lösung siehe S. 295.

IV. Übungsaufgaben

Aufgabe 6: Nullalternative

Erläutern Sie den Begriff „Nullalternative".

Lösung siehe S. 296.

Aufgabe 7: Anwendungsfall Kapitalwertmethode bei einer Investition

Gegeben sei ein Investitionsprojekt, für das folgende Zahlungsreihe prognostiziert wurde:

t_0	t_1	t_2	t_3
−450	+200	+200	+200

Errechnen Sie den Kapitalwert bei i = 10% und zeigen Sie anhand einer periodenweisen Abrechnung, dass sich das Projekt auch dann noch trägt, wenn man den Kapitalwert bereits zum Planungszeitpunkt entnimmt.

Lösung siehe S. 296.

Aufgabe 8: Interpretation des Kapitalwerts als Ersatzzielgröße

Der Kapitalwert wird als „Ersatzzielgröße" für das Einkommen des Investors bezeichnet. Bitte erläutern Sie, unter welchen Umständen der Kapitalwert eines Projekts exakt mit dem Einkommenszuwachs des Investors übereinstimmt und durch welche Einflussgrößen eine Differenz zwischen Kapitalwert und entnahmefähigem Einkommen des Investors entsteht.

Lösung siehe S. 296.

Aufgabe 9: Gegenüberstellung von Kapitalwerten und Annuitäten

Kann es bei korrekter Rechentechnik vorkommen, dass die Kapitalwertmethode und die Annuitätenmethode zu unterschiedlichen Vorteilhaftigkeitsempfehlungen führen?

Lösung siehe S. 296.

Aufgabe 10: Interpretation von Kapitaldienst und Überschussannuität

Weshalb kann es sinnvoll sein, die Überschussannuität durch Gegenüberstellung von Kapitaldienst und Periodenüberschussannuität zu ermitteln, obwohl es einfacher wäre, sie durch Verrentung des Kapitalwerts zu ermitteln?

Lösung siehe S. 297.

Aufgabe 11: Herleitung und Verständnis des Wiedergewinnungsfaktors

Sie benötigen zur Lösung eines finanzmathematischen Problems den Wiedergewinnungsfaktor, haben jedoch lediglich eine Tabelle mit Aufzinsungsfaktoren zur Verfügung. Wie können Sie aus den Aufzinsungsfaktoren die entsprechenden Wiedergewinnungsfaktoren ermitteln?

Lösung siehe S. 297.

Aufgabe 12: Anwendung der Annuitätenmethode

Ein netter Mensch will Ihnen helfen, Ihr Studium zu finanzieren und bietet Ihnen folgende Unterstützung an:

Entweder er zahlt Ihnen ab übernächstem Jahr drei Jahre lang nachschüssig 4000 Euro, oder er gibt Ihnen bereits am Ende diesen Jahres 10 000 Euro.

Welche Alternative ist Ihnen – bei Zugrundelegung des Einkommensmaximierungsziels – lieber, wenn Sie mit einem Kalkulationszinsfuß von a) 5 % bzw. b) 10 % rechnen?

Lösung siehe S. 297.

Aufgabe 13: Hintergrundüberlegungen zur Internen Rendite

a) Aus welchem Grund besitzt die Interne Rendite einen geringeren Bezug zum Einkommensziel als die Kapitalwertmethode?

b) Worin besteht der Vorteil der Internen-Zinsfuß-Methode gegenüber der Kapitalwertmethode in einer Situation stark schwankender Zinssätze?

Lösung siehe S. 297.

Aufgabe 14: „reine Projekte" und „reine Zahlungsreihen"

Was versteht man unter dem Begriff „reines Projekt" oder „reine Zahlungsreihe"? Bitte grenzen Sie „reine Projekte" von gemischten Projekten ab, und erläutern Sie die möglichen Probleme, die beim Vorliegen gemischter Projekte auftreten können.

Lösung siehe S. 298.

Aufgabe 15: Relative Vorteilhaftigkeitsentscheidungen auf Basis der Interne-Zinsfuß-Methode

Folgende Investitionsprojekte sollen im Rahmen eines relativen Vorteilhaftigkeitsvergleichs gegenübergestellt werden:

	t_0	t_1	t_2	t_3	t_4
A:	−500	+100	+100	+100	+600
B:	−250	+25	+25	+25	+275

Fällen Sie eine relative Vorteilhaftigkeitsentscheidung. Führen Sie hierzu – falls erforderlich – eine Differenzinvestition durch.

Lösung siehe S. 298.

Aufgabe 16: Schätzfehler bei Ermittlung der Internen Rendite

Kommt es bei der Ermittlung der Renditen von Investitonsprojekten auf Basis der Strahlensatzmethode bzw. des Newtonschen Verfahrens zu einer Unterschätzung oder Überschätzung der Renditen?

Begründen sie Ihr Ergebnis und zeigen Sie, wie man den Umfang des Schätzfehlers sichtbar machen kann.

IV. Übungsaufgaben

Erläutern Sie zudem, wie die gleiche Problematik zu sehen ist, wenn es sich nicht um Investitions-, sondern Finanzierungsprojekte handelt.

Lösung siehe S. 298.

Aufgabe 17: Problematik der Verwendung des Internen Rendite als Ersatzzielgröße

Warum führt die Entscheidung für das Projekt mit der größten Rendite nicht unbedingt immer zur Auswahl der einkommensmaximalen Alternative?

Lösung siehe S. 298.

Aufgabe 18: Dynamische Amortisationsrechnung

Erläutern Sie die Grundüberlegung, die zur Berechnung von Amortisationsdauern führt.

Lösung siehe S. 299.

Aufgabe 19: Interpretation von Amortisationsdauern

Weshalb kann man die Pay-off-Zeit als „kritischen Wert" interpretieren?

Lösung siehe S. 299.

Aufgabe 20: Grenzen der Amortisationsdauer als Entscheidungskriterium

a) Weshalb ist die Wiedergewinnungszeit als alleiniges Entscheidungskriterium für den Investor nicht geeignet?

b) Warum können absolute und relative Pay-off-Zeit zu unterschiedlichen Vorteilhaftigkeitsentscheidungen bei der Gegenüberstellung mehrerer Investitionsprojekte (= relativer Vorteilhaftigkeitsvergleich) führen?

Lösung siehe S. 299.

Aufgabe 21: Methodenkritik an der Amortisationsrechnung

Weshalb wird gerade bei der dynamischen Amortisationsrechnung Kritik daran geübt, dass von sicher gegebenen Zahlungsreihen ausgegangen wird, obwohl doch alle dynamischen Verfahren der Investitionsrechnung auf sicheren Zahlungsreihen aufbauen?

Lösung siehe S. 299.

Aufgabe 22: Anwendung der Amortisationsrechnung

Bitte ermitteln Sie auf der Basis eines Kalkulationszinssatzes von 12 % die absoluten und relativen Pay-off-Zeiträume für die durch folgende Zahlungsreihen gekennzeichneten Projekte und interpretieren Sie die Ergebnisse. Stellen Sie die Resultate denen eines Kapitalwertvergleichs gegenüber.

	t_0	t_1	t_2	t_3	t_4	t_5	t_6
A:	−50 000	+20 000	+15 000	+10 000	+15 000	+10 000	+8 000

	t_0	t_1	t_2	t_3	t_4
B:	−57 000	+25 000	+25 000	+20 000	+20 000

Lösung siehe S. 300.

Aufgabe 23: Interpretation der Duration und Abgrenzung zur Amortisationsdauer

a) Warum kann man aufgrund der Duration bzw. der Zinselastizität allein keine Vorteilhaftigkeitsentscheidung im Hinblick auf das Einkommensziel des Investors treffen?

b) Ist es richtig, dass die Duration aufgrund der Ermittlung der durchschnittlichen Selbstliquidationsdauer eine Auskunft über den Pay-off des Projekts gibt?

Lösung siehe S. 300.

Aufgabe 24: Hintergrundwissen zur Zinselastizität

Weshalb darf die Zinselastizität lediglich zur Bestimmung der Ertragswertschwankungen bei kleinen Zinsänderungen angewandt werden?

Lösung siehe S. 301.

Aufgabe 25: Anwendungsfall zur Duration und Zinselastizität

Sachverhalt: Ein Anleger möchte 2000 Euro in festverzinslichen börsenfähigen Wertpapieren anlegen. Der heutige Kapitalmarktzins beträgt 7 %, dem entspricht auch etwa die Rendite der zur Diskussion stehenden Wertpapieranlagen. Der Anleger rechnet damit, dass er bereits nach einjähriger Anlagedauer auf das Kapital zugreifen muss. In diesem Fall würde er die Wertpapiere an der Börse zum Tageskurs verkaufen. Der zu erlösende Verkaufspreis entspricht dem Ertragswert des jeweiligen Wertpapiers unter Zugrundelegung des im Verkaufszeitpunkt gültigen Kapitalmarktzinsniveaus. Der Kundenberater bietet zwei konkrete Wertpapiere mit den unten aufgeführten Zahlungsreihen an.

Aufgabenstellung: Sprechen Sie für den Kunden eine Anlageempfehlung aus, wenn dieser sein Zinsänderungsrisiko minimieren will. Ermitteln Sie hierfür die Duration, die Zinselastizität und den ungefähren Wertverlust bei einer angenommenen Zinssteigerung von 0,25 Prozentpunkten bei einem Verkauf nach einjähriger Anlagedauer.

Zahlungsreihen der Finanzanlagen:

	t_0	t_1	t_2	t_3	t_4	t_5	t_6
I:	−2000	−	−	−	−	−	+3000
II:	−2000	+140	+140	+140	+140	+2140	

Lösung siehe S. 301.

IV. Übungsaufgaben

Aufgabe 26: Abgrenzung zwischen statischen und dynamischen Partialmodellen der Investitionsrechnung

a) In welchen zentralen Merkmalen unterscheiden sich statische Verfahren der Investitionsrechnung von den dynamischen Verfahren?

b) Inwiefern können durch die gewählten Rechenelemente der statischen Verfahren Ungenauigkeiten oder Fehler verursacht werden?

c) Weshalb ist der Anwendungsbereich bei der Gewinnvergleichsrechnung größer als bei der Kostenvergleichsrechnung?

d) Wie ist die statisch errechnete Wiedergewinnungszeit von drei Jahren zu interpretieren, wenn in einem Fall mit kalkulatorischen Gewinnen und im anderen Fall mit pagatorischen Gewinnen gerechnet wurde?

Lösung siehe S. 302.

Aufgabe 27: Hintergrundwissen zur Ermittlung der durchschnittlichen Kapitalbindung

Bitte erläutern und interpretieren Sie den Aufbau der Formel zur Ermittlung der durchschnittlichen Kapitalbindung.

Lösung siehe S. 302.

Aufgabe 28: Zins und Zinseszins bei den statischen Verfahren

a) Ist es richtig, dass die statischen Verfahren der Investitionsrechnung die Zinskosten unberücksichtigt lassen, da sie eine einperiodige Durchschnittsrechnung darstellen?

b) Wie kann man erklären, dass die statischen Investitionsrechenverfahren dazu führen, dass Projekte in der Regel etwas zu positiv bewertet werden?

Lösung siehe S. 303.

Aufgabe 29: Nutzungsdauer und Reinvestitionsentscheidung

a) Welche Daten müssen prognostiziert werden, wenn man eine Entscheidung darüber treffen will, ob man die Nutzungsdauer einer Anlage um eine weitere Periode verlängert oder nicht?

b) Weshalb ist es problematisch, eine technische Nutzungsdauer für eine Sachinvestition anzugeben?

c) Warum liegt die optimale Nutzungsdauer bei Annahme einer einmaligen Investition nie unter der optimalen Nutzungsdauer bei Annahme einer identischen Reinvestition?

Lösung siehe S. 303.

Aufgabe 30: Hintergrundwissen zum Phänomen der Sunk Costs

a) Warum ist der Grundsatz der Vollständigkeit bei der Betrachtung von Investitionskosten in vielen Fällen gerade falsch? Erläutern Sie in diesem Zusammenhang den Begriff der „Entscheidungsrelevanz".

b) Erläutern Sie die psychologische Komponente von Sunk Costs.

c) Grenzen Sie die Phänomene „Eskalationsfalle" und „De-Eskalationsfalle" gegeneinander ab.

d) Suchen Sie mindestens drei Beispiele, in denen das Vorliegen von Sunk Costs die Machtsituation des Entscheidungsträgers in geschäftlichen Situationen beeinträchtigt.

e) Suchen Sie mindestens drei Beispiele für das Auftreten von Sunk Costs in privaten Lebenssituationen, die Entscheidung des Betroffenen beeinflussen.

Lösung siehe S. 303.

Aufgabe 31: Anwendungsfall zu Sunk Costs: Entwicklung eines Medikaments

Ein Unternehmen der Pharmabranche fasst im Jahr t_0 den Entschluss, die Entwicklung eines bestimmten Medikaments zu betreiben, für dessen erfolgreiche Vermarktung ein Ertragswert der Nettoumsatzerlöse (Umsatzerlöse minus zugehöriger laufender Kosten) erwartet wird, der – bezogen auf das Jahr t_6 – einem Ertragswert von 125 Mio. Euro entspricht. Die erwarteten Kosten bis zur Zulassung und Marktreife des Medikaments werden auf einen Barwert von 45 Mio. Euro geschätzt. Auf Basis dieser Erwartungen wird die Entscheidung getroffen, zunächst die Machbarkeit des Projekts durch eine Studie abzusichern, da das Projekt verspricht, im Falle der Machbarkeit die unternehmensüblich geforderte Mindestverzinsung von 12 % weit zu übertreffen.

Im Jahr t_1 werden für eine Machbarkeitsstudie drei Mio. Euro ausgegeben. Das Ergebnis ist ermutigend. Folglich werden weitere Mittel bewilligt.

Im Jahr t_2 wird in spezifische Labortechnik etc. 18 Mio. Euro investiert. Der Wiederverkaufserlös dieser Technik liegt erwartungsgemäß bei knapp 20 %, also rund 2 Mio. Euro. Zusätzlich fallen Löhne und Gehälter sowie sonstige variable Kosten in Höhe von 8 Mio. Euro an, die ausschließlich spezifischen Charakter haben. Der Fortschritt des Entwicklungsprojekts ist ermutigend. Das Projekt wird also fortgeführt.

Im Jahr t_3 wird ein weitergehender Ausbau der Laboranlagen für zusätzliche 15 Mio. Euro unumgänglich. Die Erlösquote für den Wiederverkauf dieser Anlagen beträgt erneut 20 %. Parallel fallen in diesem Jahr laufende spezifische Kosten von 12 Mio. Euro an. Die Erlösprognose für das Medikament sinkt wegen der zwischenzeitlich in Kraft getretenen Gesundheitsreform von 125 Mio. Euro auf nur noch 110 Mio. Euro (wiederum bezogen auf das Jahr t_6). Gleichwohl wird die Entscheidung getroffen, das Projekt fortzuführen.

Im Jahr t_4 werden erneut spezifische laufende Forschungskosten von 16 Mio. Euro erforderlich. Der Fortschritt ist etwas zäh aber weiterhin ermutigend. Die Erlösprognose für das Medikament sinkt wegen des Preisverfalls bei dieser Medikamentenklasse von 110 Mio. Euro auf nur noch 100 Mio. Euro (jeweils bezogen auf das Jahr t_6). Das Projekt wird fortgeführt.

Im Jahr t_5 erfordert die Klinische Phase Kosten von 11 Mio. Euro. Die im gleichen Jahr erfolgte Zulassung des Medikaments kostet nochmals 2 Mio. Euro. Die Erlösprognose für das Medikament sinkt erneut und zwar von 100 Mio. Euro auf nur noch 85 Mio. Euro (jeweils bezogen auf das Jahr t_6). In diesem Fall ist das Auftreten unerwarteter, wirkungsidentischer Wettbewerbsmedikamente schuld. Jedoch wird auch in diesem Jahr die Fortführung des Projekts bestätigt.

IV. Übungsaufgaben

Im Jahr t_6 ist das Medikament endlich reif für den Markt. Jedoch ist zwischenzeitlich das Preisniveau für das Medikament noch weiter abgesunken. Auch die zu erwartenden Verkaufsmengen mussten nach unten korrigiert werden, so dass die Nettobarwerte der Erlöse (also Umsatzerlöse minus laufende Kosten) lediglich noch 70 Mio. Euro betragen.

a) Bitte erstellen Sie eine Zahlungsreihe mit der Entwicklung der tatsächlichen Ist-Daten über die sechsjährige Zeit bis zur Markteinführung.

b) Hätten Sie der Entwicklung des Medikaments zugestimmt, wenn Sie die Entwicklung der Daten über die Zeit bereits vorab gekannt bzw. erahnt hätten? Bitte fundieren Sie Ihre Entscheidung durch Anwendung der Kapitalwertmethode auf Basis des in der Unternehmung üblichen Kapitalkostensatzes von 12 % sowie durch Ermittlung der Internen Rendite.

c) Hat das Management der Pharmafirma sich während der Entwicklungszeit von Jahr zu richtig entschieden, wenn es jeweils die Fortsetzung des Projekts bestätigte?

Lösung siehe S. 305.

Aufgabe 32: Anwendungsfall zum *Dean*-Modell

Ein Entscheidungsträger beabsichtigt, ein Investitionsprojekt im Volumen von 1 Mio. Euro zu erstellen. Gemäß der Planung werden folgende Finanzierungsbausteine verwendet:

- Eigenkapital: 300 000 Euro,
- staatlich subventionierter Sonderkredit: 250 000 Euro,
- Darlehen einer Geschäftsbank: 450 000 Euro.

a) Ermitteln Sie, welche Rendite die Investition – ausgehend von der oben angegebenen Finanzierungsstruktur – mindestens erbringen muss, bzw. welche Basis für den situationsadäquaten Kalkulationszinsfuß zu wählen ist, wenn das Eigenkapital bislang zu 6,5 % angelegt war, der Sonderkredit mit 4 % verzinst wird und das Darlehen der Geschäftsbank einen Effektivzins von 8,5 % besitzt.

b) Welche Problematik entsteht durch die Tilgung der Darlehen im Laufe der Jahre?

Lösung siehe S. 305.

Aufgabe 33: Interpretation des *Dean*-Modells

Weshalb hat der endogen ermittelte Zinsfuß im Modell von *Dean* lediglich informativen Charakter, obwohl mit Kenntnis dieser Größe auch die Vorteilhaftigkeitsentscheidung über alle Elemente des Investitions- und Finanzierungsprogramms auf Basis der Kapitalwertmethode oder der Internen-Zinsfuß-Methode möglich wäre?

Lösung siehe S. 305.

Aufgabe 34: Struktur der Finanzplanung

a) Welche Konsequenzen können beim Verzicht auf eine Finanzplanung eintreten?

b) In welche Phasen lassen sich Finanzentscheidungen einteilen, und wie können diese voneinander unterschieden werden?

c) Betrachtet sei die Finanzierung eines Bürogebäudes. Wie lassen sich an diesem Beispiel die Aufgaben illustrieren, die in den einzelnen Phasen der Finanzentscheidung zu bewältigen sind?

d) Welche Zielsetzungen im Rahmen von Finanzentscheidungen lassen sich erkennen, und inwiefern können dadurch entscheidungsrelevante Elemente abgegrenzt werden?

e) Welche speziellen Aufgaben hat die Liquiditätsplanung zu erfüllen?
Lösung siehe S. 306.

Aufgabe 35: Liquidität und Liquiditätsbegriffe

a) Welche möglichen Verwendungen des Begriffs „Liquidität" lassen sich unterscheiden?

b) In welcher Hinsicht und für wen ist die „Einhaltung der betrieblichen Zahlungsfähigkeit" von Relevanz?

c) Welche Argumente sprechen gegebenenfalls für die Überlegung, das Postulat „Liquiditätssicherung" auf Teilbereiche von Unternehmen zu beziehen?

d) Worin liegt die besondere Bedeutung der Anforderung, zukünftige Liquiditätslagen möglichst frühzeitig zu erkennen?

e) In welchem Verhältnis stehen
- „Momentanliquidität" und „gegenwärtige Liquidität",
- „Momentanliquidität" und „Periodenliquidität"

zueinander?
Lösung siehe S. 308.

Aufgabe 36: Liquide Mittel und Liquiditätsmanagement

a) Welche Bestandteile zählen zu den liquiden Mitteln?

b) Durch welche zentrale Eigenschaft sind liquide Mittel gekennzeichnet?

c) Warum zählen geldnahe Aktiva nicht zu den liquiden Mitteln?

d) Wodurch lässt sich die Forderung begründen, einen „Mindestbestand an liquiden Mitteln" gewährleisten zu müssen?

f) Aus welchen Überlegungen heraus werden Near Money Assets gehalten?
Lösung siehe S. 308.

Aufgabe 37: Arten von Liquiditätsrechnungen und Anforderungen an Liquiditätsrechnungen

a) Nach welchen Kriterien können Liquiditätsrechnungen grundsätzlich ausgestaltet sein?

b) In welchen logischen Schritten vollzieht sich grundsätzlich der Ablauf einer Liquiditätsrechnung?

c) Welche Anforderungen an Liquiditätsrechnungen sind als besonders problematisch zu beurteilen?
Lösung siehe S. 309.

IV. Übungsaufgaben

Aufgabe 38: Liquiditätsstatus und Cash-Management-Systeme

a) Inwiefern kann der Liquiditätsstatus Maßnahmen zum Ausgleich des Liquiditätssaldos ermöglichen?

b) Welche Vorteile bietet ein Cash-Management-System für Unternehmen?

Lösung siehe S. 310.

Aufgabe 39: Finanzplan

a) Woraus erklärt sich die Unterteilung des Finanzplans in unterschiedliche Planungsintervalle?

b) In welcher Form kann sich eine „rollierende" Planung im Rahmen des Finanzplans vollziehen?

Lösung siehe S. 310.

Aufgabe 40: Aufgaben des Kapitalbindungsplans

a) Welche grundsätzlichen Zielsetzungen werden durch den Kapitalbindungsplan verfolgt?

b) Welche Folgerungen sind aus der Tatsache zu schließen, dass ein „leistungswirtschaftlicher Auszahlungsüberschuss" im Rahmen des Kapitalbindungsplans ermittelt wird?

Lösung siehe S. 310.

Aufgabe 41: Transferübung zum Kapitalbindungsplan

In den Kapitalbindungsplan fließen folgende Daten ein (in Mio. Euro):

- Verkaufseinzahlungen 100,
- Lohn- und Materialzahlungen 60,
- Zinszahlungen 5,
- Auszahlungen für Ersatzinvestitionen 20,
- Steuern 6,
- Ausschüttungen 4,
- fällige Kredite 20.

Welche Folgerungen hinsichtlich der Liquiditätslage des Unternehmens und die Aufgabe des Kapitalbindungsplans können hiermit verbunden werden?

Lösung siehe S. 311.

Aufgabe 42: Eignung des Jahresabschlusses für die Finanzplanung

a) Inwiefern sind die Angaben im Jahresabschluss zukunftsgerichtet?

b) Welche Prinzipien für die Ausgestaltung von Liquiditätsrechnungen verletzen die Angaben im Jahresabschluss?

c) Welche speziellen Probleme ergeben sich daraus, dass die Bilanzdaten sich auf einen vergangenen Zeitpunkt beziehen?

Lösung siehe S. 311.

2. Lösungsteil

Lösung Aufgabe 1: Monetäre und nicht monetäre Ziele

Die Konzentration auf finanzielle Ziele oder Ersatzzielgrößen hat den Grund, dass sich nur für diese eine objektivierbare und wertneutrale Optimierung anstellen lässt. Es handelt sich also alleine um eine Praktikabilitätsüberlegung. Der Einbezug nicht monetärer Ziele in das Optimierungskalkül ist jedoch aus zwei Gründen zwingend erforderlich: Erstens wägen die Eigentümer/Investoren zwischen finanziellen und qualitativen Zielen (z. B. Machtstreben, Marktanteilsüberlegungen, Imagewirkung, Langfriststrategie) ab. Zweitens ist den Zielen anderer Anspruchsgruppen (= Stakeholder) ebenfalls Rechnung zu tragen.

Das scheinbare Dilemma wird in der vorbildlichen Praxis so gelöst, dass in einem ersten Schritt zunächst ein Optimierungsergebnis unter ausschliesslicher Konzentration auf die monetären Zielgrößen erfolgt. Auf dieser Basis können Alternativen bewertet und die (monetären) Abstände in ihrer Zielerfüllung gemessen werden. In einem zweiten Schritt werden dann die qualitativen Ziele einbezogen und eine Gesamtbewertung durchgeführt. Hierbei ist dann eine Abwägung (trade-off) zwischen monetären und nicht monetären Zielerfüllungen möglich.

Lösung Aufgabe 2: Interdependenzen

Interdependenzen sind Wechselbeziehungen, die zwischen verschiedenen Projekten auftreten können. *Mögliche Erscheinungsformen* sind:

		Güterwirtschaftliche Interdependenzen	Finanzwirtschaftliche Interdependenzen	Risikointerdependenzen
Behinderung	symmetrisch	Fall 1	Fall 2	Fall 3
	asymmetrisch	Fall 4	Fall 5	Fall 6
Förderung/ Begünstigung	symmetrisch	Fall 7	Fall 8	Fall 9
	asymmetrisch	Fall 10	Fall 11	Fall 12
Neutralität	stets symmetrisch	Fall 13	Fall 14	Fall 15

Beispiele hierzu:

Fall 1: Zwei Produktvarianten eines Herstellers rivalisieren um die gleiche Zielgruppe, da der Kunde ausschließlich entweder Variante 1 oder Variante 2 kauft.

Fall 2: Zwei Investitionsprojekte behindern sich gegenseitig in ihrer Finanzierbarkeit, da sie beide gleichermaßen hochgradig risikobehaftet sind und somit die Bonität des Investors „verbrauchen".

Fall 3: Zwei Projekte eines Chemieunternehmens sind beide erdölbasiert und leiden gleichermaßen unter einer Verteuerung des Rohöls.

IV. Übungsaufgaben

Fall 4: Der Vertrieb eines Produkts A behindert den Vertriebskanal eines anderen Produkts B wegen eines auftretenden Engpasses weil Produkt A sehr erklärungsbedürftig ist. Umgekehrt ist dies nicht der Fall, da Produkt B nicht erklärungsbedürftig ist.

Fall 5: Die finanzwirtschaftliche Beeinträchtigung zwischen zwei Vorhaben X und Y ist asymmetrisch, da Projekt X einen hohen Bonitätsverbrauch verursacht, jedoch Projekt Y nur einen geringen Bonitätsverbrauch beinhaltet und zudem über weitestgehend über eine Projektfinanzierung außerhalb der Bilanz der Unternehmung abgewickelt werden kann.

Fall 6: Vorhaben E behindert aufgrund seiner hohen Risiken die gleichzeitige Durchführung von Vorhaben F. Umgekehrt gehen von F keine negativen Auswirkungen aus, da die Risiken hier geringer sind oder aber durch ursachen- oder wirkungsbezogene Techniken besser gemanagt werden können.

Fall 7: Das gleichzeitige Verkauf von Kartoffelchips und Bier an einer Tankstelle steigert gegenseitig die Umsätze.

Fall 8: Die gleichzeitige Finanzierung mehrerer Projekte führt zu der Überschreitung eines kritischen Mindestvolumens, das den Einsatz anderer Finanzierungsinstrumente (z. B. Verbriefung von Krediten, Gang an die Börse) ermöglicht. Hierdurch ergeben sich für alle Projekte Vorteile.

Fall 9: Von zwei Projekten hat eines ein aktivisches und das andere ein passivisches Währungsriskiko (vgl. hierzu Abbildung 6).

Fall 10: Die Ansiedlung eines Ärztehauses ist von großem Vorteil für die benachbarte Apotheke. Die Ansiedlung einer Apotheke ist jedoch nur von geringem Vorteil für das Ärztehaus. Die Ursache liegt darin begründet, dass das Ärztehaus ein Frequenzbringer, die Apotheke jedoch ein Frequenznutzer ist.

Fall 11: Ein öffentlichkeitswirksames Prestigeprojekt zieht Mittelgeber an und erleichtert „Huckepack" die Mitfinanzierung eines weiteren Projekts. Dieses profitiert also einseitig von der Situation.

Fall 12: Logisches Gegenbeispiel von Fall 6 (gerade aus Sicht des anderen Projekts gesehen).

Fall 13: Zwischen zwei Investitionsprojekten treten güterwirtschaftlichen Wechselwirkungen auf, da die Produktionskapazitäten ohnehin nicht ausgelastet sind, die Vertriebswege gegenseitig nicht genutzt werden können und es sich bei den Absatzmärkten um räumlich oder sachlich weit auseinander liegende Teilmärkte handelt.

Fall 14: Die Unternehmung verfügt über – im Verhältnis zur Größe der beiden Projekte – so große Finanzierungspolster, dass eine Rivalität um Liquidität nicht eintritt.

Fall 15: Beide Projekte weisen vernachlässigbare Risiken auf bzw. können diese an Dritte weitergeben.

Lösung Aufgabe 3: Entscheidungsmodelle

Entscheidungsmodelle erlauben es dem Anwender, nach Vereinfachung einer realen komplexen Entscheidungssituation einen Problemlösungsalgorithmus anzuwenden. Aus den so gewonnen Erkenntnissen (z. B. zusammengefassten Ergebnisdaten) ist somit eine Empfehlung für eine bestimmte Entscheidung ableitbar. Hierfür ist der Rückschluss von der gewonnen Modelllösung auf die reale Faktenlage erforderlich. Die Eigenschaft, konkrete Entscheidungen unterstützen zu können grenzt Entscheidungsmodelle von anderen betriebswirtschaftlichen Modellen (Erklärungsmodellen, Prognosemodellen, Heuristischen Modelle) ab.

Lösung Aufgabe 4: Verständnis der Kapitalwertkurvenverläufe

Der Kapitalwert stellt definitionsgemäß den Saldo zwischen der Zahlungsgröße in t_0 einerseits und dem Barwert aller künftigen Ein- und Auszahlungen andererseits dar.

Während die Zahlungsgröße in t_0 von der Höhe des Kalkulationszinssatzes unabhängig ist, sinkt der Barwert der künftigen Ein- und Auszahlungen betragsmäßig mit steigendem Zinssatz. Mathematisch lässt sich dies damit erklären, dass beim Abzinsungsvorgang durch den Faktor $(1 + i)^n$ geteilt wird, wodurch sich mit wachsendem i ein sinkendes Ergebnis einstellt.

Ökonomisch lässt sich der Zusammenhang mit dem Opportunitätskostenprinzip erklären.

– Erklärung für die Investition: Je höher die Renditemöglichkeiten alternativer Geldanlagen, desto kritischer ist das konkrete Investitionsvorhaben zu bewerten, bzw. desto schwieriger wird es, über die höheren Opportunitätskosten hinaus noch ein Zusatzeinkommen (= einen Kapitalwert) zu verdienen.
– Erklärung für die Finanzierung: Je teurer alternative Finanzierungsmöglichkeiten sind, desto vergleichsweise attraktiver erscheint die konkrete Finanzierung mit gegebenen Zinssätzen.

Lösung Aufgabe 5: Anwendungsfall Kapitalwertrechnung bei einer Finanzierung

a) C_0 für i = 0 % = 90–30–30–30–30 = –30
C_0 für i = 10 % = 90 + (–30 × 0,90909) + (–30 × 0,82645) + (–30 × 0,75131)
$\qquad\qquad\qquad$ + (–30 × 0,68301) = +90,00
$\qquad\qquad\qquad\qquad\qquad\qquad\qquad\qquad$ –27,27
$\qquad\qquad\qquad\qquad\qquad\qquad\qquad\qquad$ –24,79
$\qquad\qquad\qquad\qquad\qquad\qquad\qquad\qquad$ –22,54
$\qquad\qquad\qquad\qquad\qquad\qquad\qquad\qquad$ –20,49
$\qquad\qquad\qquad\qquad\qquad\qquad\qquad\qquad$ –5,09 = C_0

C_0 für i → ∞ = C_0 geht gegen +90, da der Barwert der nach t_0 anfallenden Auszahlungen gegen Null geht.

b) Das Projekt ist absolut unvorteilhaft, da der C_0 negativ ist. Der Investor würde Zinsauszahlungen mit einem Barwert von 5,09 Geldeinheiten ersparen, wenn er anstelle dieser Finanzierung eine Kreditaufnahme am Restkapitalmarkt durchführen würde.

c) Die Kapitalwertfunktion eines Finanzierungsprojekts steigt mit wachsendem Zinssatz am Restkapitalmarkt an, da die Zinsauszahlungen, die bei Finanzierung über den vollkommenen Restkapitalmarkt anfallen würden, mit steigendem i anwachsen. Das durch die obige Zahlungsreihe explizit dargestellte Projekt ist also umso günstiger zu bewerten, je teurer die Alternative „Finanzierung am Restkapitalmarkt" ist. Genau dieser Zusammenhang kommt auch im Kapitalwertkurvenverlauf zum Ausdruck.

IV. Übungsaufgaben

Lösung Aufgabe 6: Nullalternative

Hierunter versteht man eine Pauschalannahme über alternative Anlagen oder Kredite am Vollkommenen Restkapitalmarkt. Mit Hilfe dieser Annahme ist es möglich, auch bei einer isolierten Vorteilhaftigkeitsanalyse zu einer eindeutigen Entscheidung zu gelangen, da der Einkommensvor- oder -nachteil gegenüber der Restkapitalmarkttransaktion ermittelt werden kann. Die Bezeichnung „Nullalternative" rührt von der Tatsache her, dass Anlagen und Finanzierungen am Restkapitalmarkt einen Kapitalwert von Null erzielen.

Lösung Aufgabe 7: Anwendungsfall Kapitalwertmethode bei einer Investition

C_0 für i = 10 % = –450 + (200 × 0,90909) + (200 × 0,82645) + (200 × 0,75131) =
$$\begin{array}{r} -450,00 \\ +181,82 \\ +165,29 \\ +150,26 \\ \hline = +47,37 \end{array}$$

Periode	ZR	KB	Zins	KB	Rest-KB
t_0	–497,37*	–497,37	–	–	–497,37
t_1	+200,00	–497,37	–49,74	150,26	–347,11
t_2	+200,00	–347,11	–34,71	165,29	–181,82
t_3	+200,00	–181,82	–18,18	181,82	– 0,00

* Dieser Betrag ist wie folgt zu interpretieren: Neben dem Kapitalbedarf für das Investitionsprojekt finanziert der Investor auch den Kapitalwert am vollkommenen Kapitalmarkt.

Lösung Aufgabe 8: Interpretation des Kapitalwerts als Ersatzzielgröße

Bei vollständiger Fremdfinanzierung entspricht der Kapitalwert eines Projekts exakt dem auf t_0 bezogenen Einkommenszuwachs des Investors aus diesem Projekt. Entnimmt der Investor das Einkommen ganz oder teilweise zu einem späteren Zeitpunkt, so wächst dieses aufgrund des Zins- und Zinseszinseffekts entsprechend an.

Verwendet der Investor ganz oder teilweise Eigenkapital zur Finanzierung, so ist sein Einkommen – bezogen auf t_0 – um den Barwert der ersparten Zinszahlungen größer als der Kapitalwert.

Lösung Aufgabe 9: Gegenüberstellung von Kapitalwerten und Annuitäten

Nein, das ist ausgeschlossen, da beide Methoden auf Vorteilhaftigkeitskriterien aufbauen, die über einen konstanten Faktor (nämlich den Wiedergewinnungs- bzw. Rentenbarwertfaktor) gegenseitig ineinander überführt werden können.

Lösung Aufgabe 10: Interpretation von Kapitaldienst und Überschussannuität

Die rechentechnisch etwas kompliziertere Vorgehensweise hat den Vorteil, dass der Entscheidungsträger aufgrund der geringeren Aggregation der Daten einen Vergleich zwischen der absoluten Höhe des Kapitaldiensts und der Überschussannuität vornehmen kann. Diese Information kann unter Risikoüberlegungen relevant sein, da eine Saldierung das Gesamtvolumen des Projekts nicht mehr erkennen lässt.

Lösung Aufgabe 11: Herleitung und Verständnis des Wiedergewinnungsfaktors

Ausgehend von den Aufzinsungsfaktoren, die für den situationsadäquaten Zinssatz vorliegen, werden zunächst die Abzinsungsfaktoren durch Kehrwertbildung ermittelt. Die Abzinsungsfaktoren werden anschließend für die Jahre 1 bis n aufsummiert. Die Summe stellt den Rentenbarwertfaktor für i% und n Jahre dar. Der gesuchte Wiedergewinnungsfaktor ergibt sich als Kehrwert des entsprechenden Rentenbarwertfaktors.

Lösung Aufgabe 12: Anwendung der Annuitätenmethode

Zahlungsreihen der Alternativen:

	t_0	t_1	t_2	t_3	t_4
A	–	–	+4000	+4000	+4000
B	+10 000				

Berechnung des Barwerts der Alternative A bei 5% bzw. 10%.

Hierzu wird zunächst die Annuität mit dem Rentenbarwertfaktor in einem Rechengang auf t_1 bezogen.

bei 5%: $4000{,}- \times 2{,}7232 = +10\,892{,}80$
bei 10%: $4000{,}- \times 2{,}4868 = +9947{,}20$

Diese Ergebnisse sind als ökonomischer Wert der Zahlungsreihe bezogen auf t_1 zu verstehen.

Durch einfaches Abzinsen auf t_0 kann nun der Gegenwartswert ermittelt werden.

bei 5%: $+10\,892{,}80 \times 0{,}95238 = 10\,374{,}09$
bei 10%: $+9947{,}20 \times 0{,}90909 = 9042{,}90$

Während es also ökonomisch rational wäre, bei einem Zinsniveau von 10% die einmalige Zahlung in t_0 zu wählen, sollte bei einem Zinsniveau von nur 5% lieber die Rente gewählt werden.

Lösung Aufgabe 13: Hintergrundüberlegungen zur Internen Rendite

a) Die interne Rendite stellt eine Verhältniszahl dar, welche die Einkommensleistung eines Projekts in Relation zu der (in jedem Jahr unterschiedlich großen) Kapitalbindung angibt. Folglich ist es zu einer vollständigen Interpretation der Rendite erforderlich, stets auch den Nenner der Verhältniszahl, nämlich die Kapitalbindung des betrachteten Projekts, zu berücksichtigen (Nenner-Effekt, Denominator-Effekt).

b) Während es bei der Kapitalwertmethode erforderlich ist, das Projekt entsprechend der aktuellen Zinssituation neu durchzurechnen, um den adäquaten Kapitalwert zu ermitteln, genügt für die Neubewertung mit Hilfe der Interne-Zinsfuß-Methode die Gegenüberstellung der einmal ermittelten Rendite mit dem geänderten Kalkulationszinssatz. Insofern bietet die Interne-Zinsfuß-Methode gegenüber der Kapitalwertrechnung in der Situation stark variierender Zinssätze einen gewissen Handhabungsvorteil.

Lösung Aufgabe 14: „reine Projekte" und „reine Zahlungsreihen"

Als „reine Projekte" bezeichnet man Investitionen und Finanzierungen, deren Zahlungsreihe nur *einen* Vorzeichenwechsel besitzt. Da die Interne Verzinsung eines Projekts die Nullstelle der Kapitalwertkurve darstellt und jeder Vorzeichenwechsel zu einer Nullstelle führen kann, ist ein eindeutiges Ergebnis nur bei reinen Projekten gewährleistet.

Lösung Aufgabe 15: Relative Vorteilhaftigkeitsentscheidungen auf Basis der Interne-Zinsfuß-Methode

Für Projekt A ergibt sich mit Hilfe der Strahlensatzmethode eine interne Rendite von 20 %.

Bei Projekt B kann man die interne Rendite bereits anhand der Zahlungsreihe erkennen. Sie beträgt 10 %.

Beurteilung: Projekt A ist relativ vorteilhafter, da $r_A > r_B$. Diese Entscheidung kann eindeutig gefällt werden, da neben der Rendite auch die Kapitalbindung von Projekt A höher ist als von Projekt B.

Daraus folgt, dass es keinen Schnittpunkt im ökonomisch relevanten Bereich der Kapitalwertfunktionen geben kann, d. h., das Projekt mit der größeren Rendite erzielt auch stets das höhere Einkommen.

Lösung Aufgabe 16: Schätzfehler bei Ermittlung der Internen Rendite

Die Kapitalwertkurven von Investitionen und Finanzierungen verlaufen nicht linear. Sie weisen vielmehr einen konvexen Verlauf bei Investitionen und einen konkaven Verlauf bei Finanzierungen auf. Die Anwendung des Strahlensatzes bedeutet das Legen einer Sekante durch den Kurvenverlauf. Folglich muss der Schnittpunkt zwischen Abszisse und Sekante stets rechts vom Schnittpunkt der Kapitalwertfunktion mit der Abszisse liegen. Dies gilt gleichermaßen für eine Investition als auch für eine Finanzierung. Es kommt somit immer zu einer Überschätzung der Rendite. Dieser Sachverhalt kann durch Abzinsung der jeweiligen Zahlungsreihe mit dem ermittelten Renditeergebnis nachgewiesen werden.

Lösung Aufgabe 17: Problematik der Verwendung des Internen Rendite als Ersatzzielgröße

Weil es sich bei der Rendite lediglich um eine Verhältniszahl handelt. Somit kann eine hohe Rendite auf eine kleine Kapitalbindung durchaus ein geringeres Einkommen erzeugen als eine geringere Rendite auf eine vergleichsweise höhere Kapitalbindung. Dies wird auch als Nennereffekt, Basiseffekt oder Denominatoreffekt bezeichnet.

Lösung Aufgabe 18: Dynamische Amortisationsrechnung

Der Ermittlung von Amortisationsdauern liegt die Annahme zugrunde, dass ein Investitionsvorhaben um so stärker durch Risiken gefährdet ist, um so mehr Zeit das hierin gebundene Kapital bis zum Rückfluss beim Investor benötigt. Folglich will man über die Auswahl von Projekten mit möglichst schneller Rückgewinnung des Kapitals eine Risikobegrenzung erreichen.

Lösung Aufgabe 19: Interpretation von Amortisationsdauern

Alle Einzahlungsüberschüsse, die bis zum „Pay-off" anfallen, werden zur Verzinsung des gebundenen beziehungsweise zur Tilgung des eingesetzten Kapitals benötigt. Die nach diesem Zeitpunkt zufließenden Einzahlungsüberschüsse verbleiben hingegen einkommens-/vermögenswirksam beim Investor. Insofern gibt der Pay-off-Zeitpunkt den kritischen Punkt an, ab welchem ein Projekt lohnend wird und kann als Break-even-Punkt verstanden werden.

Lösung Aufgabe 20: Grenzen der Amortisationsdauer als Entscheidungskriterium

a) Neben der gesamten konzeptionellen Kritik an der Amortisationsdauerrechnung ergibt sich die fehlende Eignung der Pay-off-Methode zur alleinigen Vorteilhaftigkeitsanalyse von Projekten aus der Tatsache, dass lediglich Risikoziele, nicht aber Einkommensziele verfolgt werden. Folglich ist es durchaus möglich, dass die Einkommensziele der Entscheidungsträger aufgrund der Empfehlungen der Pay-off-Methode verletzt werden. In Wirklichkeit sind Investoren jedoch durchaus bereit, höhere Risiken in Kauf zu nehmen, wenn sie hierfür zusätzliches Einkommen erzielen können. Es wäre folglich notwendig, Einkommens- und Risikoziele der Entscheidungsträger simultan zu beachten, um eine Abwägung zu ermöglichen.

b) Dies ist aufgrund unterschiedlicher technischer Lebensdauer der Aggregate möglich. Eine Anlage mit einer recht kurzen Kapitalrückgewinnungsdauer kann bei nur geringer technischer Lebenserwartung eine ungünstigere relative Amortisationsdauer aufweisen als ein Vergleichsaggregat mit höherem absolutem Pay-off aber gleichzeitig erheblich längerer technischer Nutzungsdauer.

Lösung Aufgabe 21: Methodenkritik an der Amortisationsrechnung

Die Kritik ergibt sich aus der Zielsetzung der dynamischen Amortisationsrechnung. Mit diesem Verfahren sollen ja gerade Risikoabwägungen ermöglicht werden, während die anderen vorgestellten Verfahren auf die Einkommenswirkungen von Investitionsprojekten eingehen. Während die Ermittlung der Einkommenswirkungen von Investitionsprojekten unter Annahme sicherer Erwartungen sinnvoll ist, erscheint es widersinnig, die Risikowirkungen von Investitionsprojekten unter der Annahme sicherer Erwartungen hinsichtlich des Eintretens von Zahlungen zu analysieren.

IV. Übungsaufgaben

Lösung Aufgabe 22: Anwendung der Amortisationsrechnung

Absolute Pay-off-Dauer:

Projekt A:

t	Zahlungen	Faktor	Barwerte	Barwertsummen
0	−50 000,00	1,0	−50 000,00	
1	+20 000,00	0,89286	+17 857,20	17 857,20 < a_0
2	+15 000,00	0,79719	+11 957,85	29 815,05 < a_0
3	+10 000,00	0,71178	+ 7 117,80	36 932,85 < a_0
4	+15 000,00	0,63552	+ 9 532,80	46 465,65 < a_0
5	+10 000,00	0,56743	+ 5 674,30	52 139,95 > a_0

Die absolute Pay-off-Periode beträgt fünf Jahre.

Projekt B:

t	Zahlungen	Faktor	Barwerte	Barwertsummen
0	−57 000,00	1,0	−57 000,00	
1	+25 000,00	0,89286	+22 321,50 n = 1	22 321,50 < a_0
2	+25 000,00	0,79719	+19 929,75 n = 2	42 251,25 < a_0
3	+20 000,00	0,71178	+14 235,60 n = 3	56 486,85 < a_0
4	+20 000,00	0,63552	+12 710,40 n = 4	69 197,25 > a_0

Die absolute Pay-off-Periode beträgt vier Jahre.

Bei Vergleich der absoluten Pay-off-Dauer erhält Projekt B den Vorzug.

Relative Pay-off-Dauer:

$$A = \frac{5 \times 100}{6} = 83,33\%, \qquad B = \frac{4 \times 100}{4} = 100\%.$$

Bei Vergleich der relativen Pay-off-Dauer erhält Projekt A den Vorzug.

Gegenüberstellung zum Kapitalwertvergleich:

Projekt A: C_0 = + 6 192,99

Projekt B: C_0 = +12 197,25

Bei Vergleich der Kapitalwerte erhält Projekt B den Vorzug.

Lösung Aufgabe 23: Interpretation der Duration und Abgrenzung zur Amortisationsdauer

a) Die Duration sowie die auf sie aufbauende Zinselastizität gibt lediglich eine Information über die durch Änderungen des Zinsniveaus verursachten relativen Ertragswertänderungen eines Projekts. Über die absolute Höhe des Ertragswerts wird hingegen nicht informiert. Folglich kann es durchaus vorkommen, dass ein Projekt trotz großer Zinsempfindlichkeit aufgrund des höheren Ertrags- bzw. Kapitalwerts für den Investor relativ vorteilhafter ist, als eine zinsstabilere, aber weniger einkommensstarke Alternative.

b) Nein, diese – häufig verwendete – Interpretation der durchschnittlichen Kapitalbindungsdauer ist falsch. Die Duration sagt lediglich, wie lange der Investor im gewogenen Durchschnitt unter Berücksichtigung des Zins- und Zinseszinseffekts auf das aus der Zahlungsreihe zufließende Geld warten muss. Hieraus kann man jedoch lediglich auf das Zinsänderungsrisiko eines Projektes, nicht jedoch auf tatsächliche Rückgewinnungszeiträume schließen.

Lösung Aufgabe 24: Hintergrundwissen zur Zinselastizität

Die Zinselastizität gibt das Steigungsmaß der Ertragswertkurve in einem bestimmten Punkt wieder. Da die Ertragswertkurve jedoch keine konstante Elastizität aufweist, hängt die Elastizität von der Höhe des Zinsniveaus ab, d. h., bei unterschiedlichen Zinssätzen liegen auch unterschiedliche Elastizitäten vor. Die Elastizität gibt Ertragswertschwankungen somit nur für infinitesimal kleine Zinsänderungen korrekt an. Daher steigt die Ungenauigkeit von Ertragswertänderungen, die mit Hilfe einer Elastizität ermittelt wurden, um so mehr an, je größer der Betrag der auslösenden Zinsvariation ist.

Lösung Aufgabe 25: Anwendungsfall zur Duration und Zinselastizität

Nach einjähriger Anlagedauer, d. h. im Zeitpunkt des eventuell erforderlichen Verkaufs, ergibt sich folgende Restzahlungsreihe für die beiden Wertpapieralternativen:

	t_2	t_3	t_4	t_5
Wertpapier I:	–	–	–	+3000
Wertpapier II:	+140	+140	+140	+2140

Die Duration beträgt bei Wertpapier I 5 Jahre und bei Wertpapier II 3,62 Jahre; die entsprechenden Zinselastizitäten lauten für die Anlage I auf 0,327 und die Anlage II auf 0,237.

Um die Gefahr von Verlusten bei befürchteten Zinssteigerungen zu minimieren, sollte der Entscheidungsträger also das Wertpapier II wählen.

Die näherungsweise Bestimmung des zu erwartenden Kursverlusts für den Fall einer Marktzinssteigerung von 0,25 Prozentpunkten, d. h. von jetzt 7 % auf 7,25 % nach einjähriger Anlagedauer ergibt sich wie folgt:

Rechnerischer Kursverlust von Wertpapier I:

BW = (2000 Euro × 0,25 % × 0,327)/7 % = 23,36 Euro

$$\text{Herleitung}: E = \frac{\Delta BW \times i}{\Delta i \times BW} \Rightarrow \Delta BW = \frac{E \times \Delta i \times BW}{i}$$

Kursverlust von Wertpapier II:

Δ BW = (2000 Euro × 0,25 % × 0,237)/7 % = 16,93 Euro

Herleitung wie bei Wertpapier I.

Hiermit wird die obige Entscheidung bestätigt und betragsmäßig konkretisiert.

IV. Übungsaufgaben

Lösung Aufgabe 26: Abgrenzung zwischen statischen und dynamischen Partialmodellen der Investitionsrechnung

a) Hinsichtlich folgender Merkmale bestehen grundlegende Unterschiede:
- Verwendete Rechenelemente,
- Art der Datenerfassung und -verarbeitung,
- Berücksichtigung des Zinseszinseffekts,
- Bezug der Ersatzzielgrößen zum Einkommensziel.

b) Ungenauigkeiten oder Fehler können dadurch entstehen, dass mit Größen der Erfolgs- oder Kostenrechnung gearbeitet wird, obwohl der Investor seine Konsumziele nur mit Einkommen (Zahlungsmitteln) erreichen kann. Weichen Erträge/Erlöse von den Einzahlungen und Aufwendungen/Kosten von den Auszahlungen ab, so ergeben sich hieraus Genauigkeitsverluste. Darüber hinaus können dadurch Fehler bewirkt werden, dass die Daten nicht gemäß ihrem tatsächlichen zeitlichen Anfall – und damit mit dem exakten Barwert – berücksichtigt werden, sondern lediglich in eine Durchschnittsrechnung eingehen. Dies führt besonders bei stark unregelmäßigem Verlauf der Daten zu unbefriedigenden Ergebnissen. Schließlich wird duch die Konstruktion statischer Verfahren als Einperiodenmodelle auch der Zinseszinseffekt vernachlässigt, wodurch Projekte tendenziell zu gut bewertet werden.

c) Aufgrund der Einbeziehung der Erlöskomponente können auch Projekte, bei denen der Output qualitativ unterschiedlich ist, verglichen werden. Außerdem ist auch eine Entscheidung über die absolute Vorteilhaftigkeit von Projekten möglich.

d) Vordergründig betrachtet ist die dreijährige Wiedergewinnungszeit dann als besser zu interpretieren, wenn sie aufgrund kalkulatorischer und nicht auf Basis pagatorischer Gewinne ermittelt wurde. Jedoch ist die statische Amortisationsrechnung bereits aufgrund zahlreicher konzeptioneller Mängel grundsätzlich sehr kritisch zu betrachten. Der Unterschied bei Rechnung mit kalkulatorischen und pagatorischen Gewinnen liegt in der Berücksichtigung der Eigenkapitalzinsen des Entscheidungsträgers. Die entgangenen Zinsen auf das vom Investor eingebrachte Kapital finden lediglich Berücksichtigung, wenn mit kalkulatorischen Gewinnen gearbeitet wird. Hingegen liegt beim mit pagatorischen Gewinnen ermittelten Pay-off lediglich eine nominelle Kapitalerhaltung für den Investor vor. Im Ergebnis ist es also einfacher, eine bestimmte Wiedergewinnungszeit zu erreichen, wenn man mit pagatorischen anstatt kalkulatorischen Gewinnen rechnet. Es ist jedoch nicht einzusehen, warum der Entscheidungsträger auf die Verzinsung des von ihm eingebrachten Kapitals verzichten sollte.

Lösung Aufgabe 27: Hintergrundwissen zur Ermittlung der durchschnittlichen Kapitalbindung

Die durchschnittliche Kapitalbindung wird als einfaches arithmetisches Mittel aus der Anfangskapitalbindung und der Restkapitalbindung zu Beginn der letzten Periode eines Projekts gebildet. Während die Anfangskapitalbindung durch die Höhe der Anschaffungsauszahlung a_0 angegeben werden kann, ergibt sich die Restkapitalbindung der letzten Periode als Summe aus dem Restverkaufserlös sowie der Höhe einer Abschreibung.

Lösung Aufgabe 28: Zins und Zinseszins bei den statischen Verfahren

a) Nein, vernachlässigt wird lediglich der Zinseszinseffekt. Zinsen werden – wenn auch in vereinfachter Form – in Höhe des erwarteten Kapitalkostensatzes auf die durchschnittliche Kapitalbindung des Projekts in Rechnung gestellt.

b) Die Ursache hierfür liegt in der Vernachlässigung des Zinseszinseffekts durch die statischen Verfahren. Als Folge werden die tatsächlich auftretenden Zinskosten tendenziell etwas unterschätzt und die Projekte zu gut bewertet. Dieser Effekt ist um so stärker, je größer die Laufzeit der Projekte und je höher der Zinssatz ist.

Lösung Aufgabe 29: Nutzungsdauer und Reinvestitionsentscheidung

a) Folgende Informationen müssten im Idealfall vorliegen:

– Entwicklung des Restverkaufserlös,
– erzielbare Einzahlungsüberschüsse im Verlängerungszeitraum.

Letztere könnten absinken, wegen Unmodernwerdens, nachlassender Qualität etc. Außerdem ist eine Prognose der Auszahlungserfordernisse für die Verlängerung des Betriebs erforderlich. Hierbei sind gleichermaßen ordentliche Auszahlungen für den Betrieb (RHB-Verbrauch, übliche Wartung) wie auch außerordentliche Auszahlungserfordernisse (Großreparaturen, nutzungsbedingter Ausfall von Teilelementen etc.) zu berücksichtigen.

b) Erstens ist eine eindeutige Nutzungsdauer oft deshalb nicht anzugeben, weil sich die Qualitätsverschlechterung der Leistungsabgabe eines Aggregats nur schleichend einstellt. Außerdem kann die technische Lebenserwartung durch Instandhaltungsmaßnahmen oftmals nahezu beliebig ausgedehnt werden. Schließlich fällt es schwer zu unterscheiden, wann noch eine Reparatur und wann bereits ein Neuaggregat unter Verwendung von Altteilen vorliegt.

c) Bei einmaliger Investition erfolgt der Abbruch des Projekts aus wirtschaftlichen Gründen erst dann, wenn die bei Verlängerung der Nutzungszeit erzielbare Rentabilität unter die Höhe des Kalkulationszinssatz gefallen ist. Unterstellt man hingegen die Möglichkeit einer identischen Reinvestition, so ist der Abbruch bereits dann sinnvoll, wenn die bei Verlängerung der Nutzungsdauer zusätzlich zu erwartende Rendite unter den Wert sinkt, der sich für die Reinvestitionsalternative ergibt. Da die identische Reinvestition – wie das Ursprungsprojekt auch – nur dann realisiert wird, wenn eine mindestens dem Kalkulationszins entsprechende Rentabilität erzielbar ist, kann also die optimale Nutzungsdauer im Reinvestitionsfalle nie über der entsprechenden Nutzungsdauer bei Einmalinvestition liegen.

Lösung Aufgabe 30: Hintergrundwissen zum Phänomen der Sunk Costs

a) Der Grundsatz der Vollständigkeit kann falsch sein, wenn ein Teil der Kosten „versunken", d. h. nicht mehr entscheidungsrelevant ist. Sunk Costs dürfen nicht mehr in die Entscheidung einbezogen werden, da sie ohnehin nicht mehr gestaltbar sind oder rückgängig gemacht werden können. Nur die übrigen Kosten dürfen in die Entscheidung einbezogen werden. Diese Kosten werden als „entscheidungsrelevante Kosten" bezeichnet.

IV. Übungsaufgaben

b) Die psychologische Komponente von Sunk Costs besteht darin, dass Entscheidungsträger umso eher gewillt sind, eine Entscheidung aufrecht zu erhalten, je höher die bereits eingetretenen oder wahrgenommenen Sunk Costs sind. Man kann auch sagen: Sunk Costs machen „gefügig" oder „erpressbar".

c) Die Eskalationsfalle liegt vor, wenn ein Entscheidungsträger immer mehr Geld nachinvestiert, um das bereits gebundene oder sogar verlorene Kapital doch noch zurück zu gewinnen.

Die De-Eskalationsfalle liegt vor, wenn ein Investor ein Projekt kurz vor dem Erfolg oder Durchbruch aufgibt. Dies kann passieren, weil er sich ein Maximalbudget gesetzt hat – z. B. um der Gefahr der Eskalationsfalle zu entgehen.

Sowohl die Eskalationsfalle als auch die De-Eskalationsfalle sind also als negativ zu bewerten. Zwischen ihnen besteht eine paradoxe Beziehung, d. h. die Vermeidung der Eskalationsfalls begünstigt den Eintritt der De-Eskalationsfalle und umgekehrt.

d) Beispiel 1: Ein Unternehmen des Anlagebaus nimmt einen Großauftrag zum Dumping-Preis an, weil es für die mehrjährige und sehr aufwendige Angebotsphase bereits mehrere Mio. Euro ausgegeben hat, die ansonsten vergeblich gewesen wären.

Beispiel 2: Viele Fluglinien hatten nach den Terroranschlägen vom 11. 9. 2001 enorme Überkapazitäten. Da erhebliche Teile ihrer Kosten den Charakter von Sunk Costs hatten (z. B. die überflüssigen Flugzeuge nur mit enormen Verlusten wieder veräußerbar gewesen wären), blieb ihnen nichts anderes übrig, als unter Verzicht auf die Deckung ihrer Sunk Costs zu Dumping-Preisen ihre Leistungen anzubieten.

Beispiel 3: Während ein Unternehmer A seine Produktionsanlagen mit einem kurzfristig kündbaren Vertrag gemietet hat, entschied sich Unternehmer B zum Kauf der Produktionsanlagen. Zwischenzeitlich hat auf dem Markt für das Endprodukt ein harter Preiskampf eingesetzt. Während Unternehmer A sich flexibel aus dem Markt zurückziehen kann und die Produktionskapazität einfach abmietet, leidet Unternehmer B unter dem Phänomen der Sunk Costs, da er die Produktionsanlagen nur zum Schrottpreis wieder veräußern kann. Wegen dem Vorliegen der Sunk Costs wird er wahrscheinlich notgedrungen bereit sein, auch zu sehr niedrigen Preisen anzubieten.

e) Beispiel 1: Ein Gast verspeist in einem Feinschmeckerlokal ein verdorbenes Mahl bis zum „bitteren Ende", weil es sehr teuer war.

Beispiel 2: Eine Frau heiratet ihren Verlobten, obwohl sie mit ziemlich unzufrieden und unglücklich ist, da sie mit ihm nun schon sieben Jahren zusammen wohnt, viele Gegenstände gemeinsam angeschafft hat und nicht noch einmal „von vorne anfangen" will.

Beispiel 3: Ein Autofahrer investiert 3000 Euro in einen Austauschmotor eines sehr betagten Autos mit Restwert von 1200 Euro, weil der vor zwei Monaten einen neuen Auspuff für 800 Euro, vor drei Monaten eine neue Lichtmaschine für 700 Euro und vor vier Monaten eine neue Benzinpumpe für 900 Euro einbauen lies.

Lösung Aufgabe 31: Anwendungsfall zu Sunk Costs: Entwicklung eines Medikaments

a)

t_0	t_1	t_2	t_3	t_4	t_5	t_6
	−3,0 Mio.	−18 Mio.	−15 Mio.	−16 Mio.	−11 Mio.	+70 Mio.
		− 8 Mio.	−12 Mio.		− 2 Mio.	
Salden	−3,0 Mio.	−26 Mio.	−27 Mio.	−16 Mio.	−13 Mio.	+70 Mio.

b) Hätte man die sich tatsächlich ergebende Ein- und Auszahlungsreihe (vgl. Teil a) von Anfang an korrekt antizipiert, so hätte man das Medikament nicht entwickelt, da die – oben dokumentierte – Zahlungsreihe nicht ausreicht, um die Kapitalkosten in Höhe von 12 % zu erwirtschaften. Dies wird am negativen Kapitalwert in Höhe von ca. − 3,336 Mio. Euro sowie an der Internen Rendite von ca. 8,3 % erkennbar.

c) Ja! Auf Basis der reinen Zahlen und unter Berücksichtigung der jeweils bereits aufgetretenen Sunk Costs war die Entscheidung für die Fortsetzung des Projekts von Jahr zu Jahr sicher korrekt. Selbst wenn man rückwirkend das erzielte Ergebnis mit dem Szenario eines Abbruchs nach t_1, t_2, t_3, t_4, oder t_5 vergleicht, erweist sich die Durchführung als vertretbar. Lediglich bei einem Abbruch nach t_1 wäre der Verlust mit ca. 3 Mio. Euro marginal geringer gewesen. Jedoch stimmt die Verschlechterung der Erlösprognose von Jahr zu Jahr bedenklich. Rückblickend wird die Unternehmensleitung „lernen", die ursprüngliche Investitionsentscheidung bei künftigen ähnlichen Projekten noch kritischer zu prüfen. Denn es ist ja prinzipiell vorhersehbar, dass der Ausstieg aus dem Projekt aufgrund der Sunk Costs im Zeitablauf immer schwieriger wird.

Lösung Aufgabe 32: Anwendungsfall zum *Dean*-Modell

a) Der adäquate Kalkulationszins wird als gewogenes Mittel der Finanzierungskosten errechnet.

Eigenkapital = 300 000 zu 6,50 % × 0,3 = 1,95 %
Sonderkredit = 250 000 zu 4,00 % × 0,25 = 1,0 %
Darlehen = 450 000 zu 8,50 % × 0,45 = 3,825 %
_____
6,775 %

Die Basis für den situationsadäquaten Kalkulationszinsfuß beträgt 6,78 %.

b) Durch eine ungleichmäßige Tilgung der Darlehen im Zeitablauf ergeben sich Schwankungen in den relativen Gewichten der Teilfinanzierungen und somit eine Änderung von i. Der Kalkulationszinsfuß hat also strenggenommen lediglich für das erste Jahr Gültigkeit. Etwas anderes gilt nur, wenn die Finanzierungsstruktur für die gesamte Laufzeit des Projekts konstant gehalten wird.

Lösung Aufgabe 33: Interpretation des *Dean*-Modells

Die Information über die „richtige" Kalkulationsbasis, also den endogenen Zinsfuß, liegt erst nach Bestimmung des optimalen Investitions- und Finanzierungsbudgets vor, und damit zu einem Zeitpunkt, in dem die Anwendung von IZM oder C_0-Methode nicht mehr relevant ist, da die Auswahl von vorteilhaften und unvorteilhaften Projekten bereits erfolgt ist.

Lösung Aufgabe 34: Struktur der Finanzplanung

a) Primär liquiditätsbezogene Konsequenzen:
- Dringend fällige Auszahlungen können nicht mehr geleistet werden. Das Unternehmen wird zahlungsunfähig.
- Unter bestimmten Umständen kann die Zahlungsunfähigkeit des Unternehmens zum Konkurs führen.

Primär rentabilitätsbezogene Konsequenzen:
- Es entsteht ggf. ein hoher Bestand an liquiden Mitteln, der nicht rentabel verwandt werden kann.
- Sofern zum Ausgleich eines nicht vorhergesehenen Zahlungsdefizits Gelder kurzfristig zu beschaffen sind, kann dies nur zu relativ ungünstigen Konditionen geschehen.
- Aufgrund eines zu geringen Bestands an liquiden Mitteln können eventuell sich neu ergebende Investitionschancen nicht genutzt werden.

Weitere Konsequenzen:
- Die Finanzlage des Unternehmens wird von externer Seite unter Umständen als unvorteilhaft beurteilt.
- Aufgrund nicht koordinierter Gestaltung von Laufzeiten, Zinscharakteristika, Währungen entstehen Finanzstrukturrisiken.

b) – Finanzplanung: Alle Vorgänge, die zukünftige Finanzmaßnahmen gedanklich vorwegnehmen. Einbezogen sind auch solche Überlegungen, die sich auf die spätere Umsetzung und Kontrolle von Finanzmaßnahmen beziehen. Diese Maßnahmen selbst zählen jedoch nicht mehr zur Planung.
– Finanzdisposition: Maßnahmen, die der praktischen Durchführung (Realisation) von Finanzmaßnahmen zuzurechnen sind. Sie bewirken Veränderungen in der Realität.
– Finanzkontrolle: Maßnahmen zur Feststellung und zur Analyse der Wirkungen von Finanzmaßnahmen. Sie umfasst einen Vergleich der durch Finanzentscheidungen bezweckten und tatsächlich bewirkten Ergebnisse (Vergleich von Soll- und Istwerten). Die Ursachen gegebener Abweichungen werden analysiert.

c) Entscheidungsplanung:
- Konkretisierung des Planungszwecks: Suche nach einer Möglichkeit zur Baufinanzierung zu günstigen Konditionen,
- Ermittlung der Höhe des Finanzbedarfs (Kostenvoranschlag Architekt, Angebote Baufirmen, Kosten ähnlicher Gebäude),
- Bestimmung des Zeitpunkts, zu dem der Bedarf auftritt, sowie der Länge des Bedarfszeitraums (Baubeginn, -abschnitte, -ende; Bezug; erste Einzahlungen aus Vermietung),
- Ermittlung verschiedener Alternativen zur Deckung des Finanzbedarfs (z. B. Darlehen, Dispositionskredit, . . .; Kreditaufnahme bei Kreditinstitut 1, 2, . . .; Leasing),

- Bewertung der Alternativen im Hinblick auf die verfolgte Zielsetzung (z. B. Prüfung, ob die Bereitschaft der Kreditgeber zur Immobilienfinanzierung vorhanden ist; ob die Mittel rechtzeitig und in ausreichendem Umfang beschafft werden können; ob geforderte Sicherheiten stellbar sind; ...),
- Vergleich der Alternativen im Hinblick auf die Erreichung der verfolgten Zielsetzungen (z. B. Prüfung, ob Kontokorrentkredit geeigneter als Darlehen ist; ob Kreditinstitut 2 billiger als Kreditinstitut 3 ist, ...),
- Auswahl der geeignetsten Alternative (z. B. Hypothekendarlehen bei Kreditinstitut 2 mit festem Zins).

Entscheidungsdurchführung:
- Eventuell Durchführung einer Kreditwürdigkeitsprüfung,
- Vertragsverhandlungen und -abschluss (Volumen, Konditionen, ...),
- Einigung über und Bestellung von Sicherheiten (Hypothek, Grundschuld, Zession, Mietforderungen, ...),
- Vertragsabschluss,
- Inanspruchnahme des Darlehens je nach Bauphase,
- Parallel ggf. Erwerb Grundstück, Verträge mit Baufirmen.

Entscheidungskontrolle:
- Mittel rechtzeitig verfügbar (Einräumung erfolgte rechtzeitig? Bedarf entstand früher als erwartet? ...),
- Mittel ausreichend verfügbar (Mittel wie vereinbart angewiesen? Bedarf erweist sich größer als geplant? ...),
- Kredit in welchem Umfang ausgenutzt? Welche Reserven bestehen noch? Sind diese ausreichend?
- Vorzeitige Rückzahlung möglich? Sollen Mieterlöse bis zur Tilgung angelegt werden?

d) – Liquiditätsziel: Gewährleistung eines gewünschten Liquiditätssaldos; insbesondere Erhalt der betrieblichen Zahlungsfähigkeit. Zentrale Elemente der Liquiditätsplanung sind die Bestände an liquiden Mitteln und Veränderungen dieser Bestände durch Ein- und Auszahlungen.
 – Rentabilitätsziel: Gewinnoptimale Gestaltung der Finanzsphäre. Dies lässt sich insbesondere durch die möglichst günstige Beschaffung finanzieller Mittel, die Anlage überschüssiger Mittel zu optimalen Konditionen sowie die Vermeidung von Risikokosten erreichen. Relevant sind die Finanzgüter insgesamt.
 – Sicherheitsziel: Vermeidung von Risiken, die durch unkontrolliertes Eingehen insbesondere von Währungs- und Zinspositionen entstehen.

e) – Generelle Aufgabe ist die Gewährleistung der gegenwärtigen und zukünftigen Liquidität.
 – Dies gelingt weitgehend durch die systematische, vollständige und korrekte Prognose zukünftiger Zahlungsmittelbestände und -bewegungen sowie der Planung von Maßnahmen zur Mittelbeschaffung und Mittelanlage.

Lösung Aufgabe 35: Liquidität und Liquiditätsbegriffe

a) Der Begriff Liquidität wird verwandt, um
- auf einen Bestand an liquiden Mitteln hinzuweisen,
- die leichte Veräußerbarkeit (Monetisierbarkeit) von Vermögensgegenständen auszudrücken,
- die Zahlungsfähigkeit eines Unternehmens auszudrücken.

b) Die Zahlungsfähigkeit soll
- an jedem Tag und
- für das gesamte Unternehmen gegeben sein.

Neben dem Unternehmen sind von einer Zahlungsunfähigkeit direkt auch die Lieferanten, Fremdkapital- und Eigenkapitalgeber sowie die Arbeitnehmer betroffen. Sofern die Illiquidität zum Konkurs führt, fällt das Unternehmen für die Nachfrager als Anbieter von Waren und Dienstleistungen auf dem Markt aus.

c) – Der Sachverhalt, dass den Unternehmensbereichen weitgehende geschäftspolitische Autonomie zugewiesen ist, die auch finanzielle Selbstständigkeit beinhalten sollte.
– Organisatorische Schwierigkeiten bei der Abstimmung von Teilbereichen.
– Besonderheiten der Finanzsphären der Teilbereiche wie z.B. unterschiedliche Währungen, Einbindung in nationale Finanzmärkte.

d) Das frühzeitige Erkennen von Ungleichgewichten in der Zahlungsmittelsphäre ermöglicht eine zeitlich ausreichende Vorbereitung und Durchführung von Reaktionen. Dies trägt insbesondere dazu bei, das prognostizierte Ungleichgewicht zu vermeiden. Zudem können die Kosten der Liquiditätssicherung sowie die Erträge aus der Mittelverwendung optimiert werden.

e) Die gegenwärtige Liquidität (Liquidität am Planungstag) ist immer eine Momentanliquidität. Momentanliquiditäten (tagesgenaue Liquiditätssalden) lassen sich aber auch für vergangene und zukünftige Zeitpunkte feststellen.
Eine Planungsperiode besteht in der Regel aus mehreren Tagen. Hierbei gilt folgendes:
– Ist die Momentanliquidität an jedem Tag der Planungsperiode gegeben, so ist auch die Periodenliquidität gegeben.
– Ist die Periodenliquidität gegeben, so ist auch die Momentanliquidität am letzten Tag der Planungsperiode gegeben.
– Ist die Periodenliquidität gegeben, so kann jedoch nicht darauf geschlossen werden, dass die Momentanliquidität auch an jedem Tag der Planungsperiode gegeben ist.

Lösung Aufgabe 36: Liquide Mittel und Liquiditätsmanagement

a) Zu den liquiden Mitteln zählen die Bestände an Bargeld (Kasse), an Buchgeld (insbesondere täglich fällige Gelder auf Girokonten bei Kreditinstituten) sowie die freien Kreditlinien.

b) Liquide Mittel stellen Zahlungsmittel dar, über die direkt verfügt werden kann beziehungsweise Zahlungsmittel, die unmittelbar und ohne Verluste beschafft werden können. Diese Zahlungsmittel lassen sich wiederum uneingeschränkt zur Erfüllung von Zahlungsverpflichtungen verwenden.

c) Geldnahe Aktiva sind als solche nicht unmittelbar Zahlungsmittel. Zur Umwandlung ist eine gewisse Zeitspanne einzurechnen. Gläubiger müssen geldnahe Aktiva (z. B. Wechsel) nicht zwingend zur Erfüllung von Verbindlichkeiten akzeptieren.

d) – Aus Liquiditäts-/Sicherheitsperspektive: Ein Mindestbestand soll eventuellen Planungsfehlern sowie unerwarteten Auszahlungen begegnen.
 – Aus Rentabilitätsperspektive: Eine Reaktion auf unerwartete Investitionschancen soll möglich sein (sofern die Mittel hierfür nicht auch durch die Veräußerung von Near Money Assets beschaffbar sind).

f) – Near Money Assets sind solche Aktiva, die möglichst kurzfristig und möglichst problemlos zu Geld umgewandelt werden können (geldnahe Aktiva).
 – Sie ermöglichen, auf ein prognostiziertes Defizit in kurzer Zeit zu reagieren, sofern dieses entsprechend frühzeitig erkannt wurde. (I. d. R. kann eine Vorausschau von etwa zwei Tagen genügend sein, um z. B. börsengehandelte Wertpapiere zu veräußern.)
 – Sie können herangezogen werden, um kurzfristig sich ergebende Investitionschancen nutzen zu können. (Eine solche Investitionschance kann z. B. auch der Erwerb einer Beteiligung an einem anderen Unternehmen sein.)

Lösung Aufgabe 37: Arten von Liquiditätsrechnungen und Anforderungen an Liquiditätsrechnungen

a) Inhaltlich zu differenzieren nach:

– Planungshorizont,
– Umfang der einbezogenen Elemente (z. B. Anfangsbestand enthalten oder nicht),
– Unterteilung in Teil-Planperioden beziehungsweise Ausweis von Momentan- und Periodenliquiditäten,
– Zeitpunkt der Erneuerung/Wiederholung der Planung.

Formal aufzubauen in:

– Konten- oder Staffelform.

b) Schritt 1: Vorbereitung: Festlegung der Charakteristika beziehungsweise Elemente der Liquiditätsrechnung.

Schritt 2: Planungsstufe I: Prognose der zukünftigen Ein- und Auszahlungen beziehungsweise der zukünftigen Bestände an liquiden Mitteln, ohne dass diese durch spezielle finanzwirtschaftliche (Korrektur-)Maßnahmen beeinflusst sind. Feststellung eines Handlungsbedarfs.

Schritt 3: Planungsstufe II: Analyse notwendiger Ausgleichsmaßnahmen. Ergänzung der zuerst prognostizierten Werte um die Wirkungen der Ausgleichsmaßnahmen.

c) – Genauigkeit und Sicherheit der Betragsangaben,
 – Genauigkeit und Sicherheit der Zeitpunktangaben,
 – Vollständigkeit der Angaben,
 – möglichst langfristige Vorausschau.

IV. Übungsaufgaben

Lösung Aufgabe 38: Liquiditätsstatus und Cash Management-Systeme

a) – Aufschub von nicht zwingend fälligen Auszahlungen,
  – Strukturierung von Ein- und Auszahlungen (z. B. Angabe der Konten oder Institute, die für die Ausführung oder den Empfang von Zahlungen herangezogen werden),
  – Eventuell Beschaffung liquider Mittel noch am Planungstag möglich (z. B. Aufnahme eines neuen Kredits).

b) – Ausweis aktueller, tagesgleicher Informationen zur Liquiditätslage,
  – weltweite Kontenübersicht,
  – Zusammenfassung von Einzelkonten (Pooling),
  – Aufrechnung von Forderungen und Verbindlichkeiten unternehmensintern und gegenüber bestimmten externen Stellen (Netting),
  – Simulationen der Wirkungen alternativer Wechselkurse und Zinssätze,
  – Information über Anlage- und Sicherungsmöglichkeiten,
  – Möglichkeiten zur Durchführung finanzieller Transaktionen weltweit.

Lösung Aufgabe 39: Finanzplan

a) Dies ist im Wesentlichen durch Probleme bei der tagesgenauen Prognose zukünftiger Zahlungen bedingt. Die Unterteilung ist gleichbedeutend mit dem Übergang von Momentanliquiditäten auf Periodenliquiditäten.

b) Das Rollieren kann prinzipiell mehrfach erfolgen. Es kann z. B.
– von Woche zu Woche der tagesgenaue Ausweis zukünftiger Liquiditätssalden ebenfalls um eine Woche vorgetragen werden,
– nach Ablauf eines Monats zusätzlich zum „Wochenvortrag" auch der Gesamtplanungshorizont um einen Monat nach vorne getragen werden.

Zusätzlich zum jeweiligen Vortrag sind die bisherigen Angaben im Finanzplan zu aktualisieren und eventuell zu korrigieren.

Lösung Aufgabe 40: Aufgaben des Kapitalbindungsplans

a) Generell sollen „strukturelle Ungleichgewichte" erkannt werden. Diese treten auf in Form
– eines fundamentalen Mittelbedarfs,
– eines unvorteilhaften Leistungsprogramms (darauf kann über die finanziellen Konsequenzen des Leistungsprogramms rückgeschlossen werden).

Die Zielsetzungen berühren neben der Liquiditäts- auch die Rentabilitätssphäre. Es können sich auch Konsequenzen für den Leistungsbereich ergeben.

b) Ein leistungswirtschaftlicher Auszahlungsüberschuss ist gleichbedeutend damit, dass die Auszahlungen für Arbeitskräfte und die Ersatzbeschaffung von Roh-, Hilfs- und Betriebsstoffen die Einzahlungen aus dem Umsatzprozess übersteigen.

Er lässt den Schluss zu, dass die betriebliche Leistungserstellung sich nicht selbst trägt und somit unvorteilhaft ist: Durch die Umsatzeinzahlungen lassen sich nicht einmal die kurzfristigen Auszahlungserfordernisse abdecken.

Der Auszahlungsüberschuss wird zum Teil aber auch durch Umstrukturierungsmaßnahmen bedingt oder liegt im Produkt-Lebenszyklus begründet. Sofern ein Ausgleich des

Auszahlungsüberschusses erforderlich ist, kann dies über eine Erhöhung der Außenfinanzierung, Desinvestitionsmaßnahmen oder den Verzicht auf geplante Investitionen geschehen. Längerfristig sind allerdings leistungswirtschaftliche Maßnahmen erforderlich.

Lösung Aufgabe 41: Transferübung zum Kapitalbindungsplan

Der Einzahlungsüberschuss aus betrieblichen Leistungen beträgt im betrachteten Beispiel 35 (100–60–5). Hieraus können die Ersatzinvestitionen vollständig finanziert werden und mit dem verbleibenden Saldo von 15 (35–20) auch Steuer- und Ausschüttungszahlungen bestritten werden. Der Restsaldo von 5 (15–6–4) reicht nur teilweise aus, um die fälligen Kredite in Höhe von 20 ablösen zu können. Der restliche Tilgungsbetrag von 15 kann eventuell durch Einzahlungen aus dem Finanzbereich abgedeckt werden. Ansonsten ist an die Aufnahme eines Anschlusskredits zu denken.

Korrekturmaßnahmen des Managements müssen prinzipiell danach ausgerichtet sein, den Einzahlungsüberschuss aus betrieblichen Leistungen so zu gestalten, dass daraus die Auszahlungen für Ersatzinvestitionen, Steuern, Ausschüttungen sowie für weitere Auszahlungen gedeckt werden. Der Kapitalbindungsplan dient in diesem Zusammenhang als Controlling-Instrument, das leistungswirtschaftliche Probleme aufzeigen soll.

Lösung Aufgabe 42: Eignung des Jahresabschlusses für die Finanzplanung

a) Indizien für zukünftige Zahlungen lassen sich insbesondere gewinnen aus am Bilanzstichtag bestehenden

– Forderungen,
– Verbindlichkeiten,
– Beständen an Halb- und Fertigprodukten.

Diese sind jedoch mit mehreren Problemen behaftet:

– Der genaue Zahlungszeitpunkt ist nicht ersichtlich (Wann vereinbart? Wann tatsächlich geleistet?).
– Einzelne Tatbestände sind in den Bilanzangaben zusammengefasst.
– Die Höhe der Bilanzpositionen entspricht nicht zwingend deren Zahlungswirksamkeit.

b) – Zukunftsbezug: Auf Stichtag in der Vergangenheit bezogen,
   – Aktualität: Bilanzstichtag und Zeitpunkt der Verfügbarkeit über die Bilanz differieren zum Teil erheblich,
   – Zahlungsmittelbezug: Elemente des externen Rechnungswesens,
   – Bruttoprinzip: Zusammenfassung in Gruppen,
   – Vollständigkeit: Neu geplante Zahlungen nicht enthalten.

c) – Seit dem Bilanzstichtag bis zum Moment der Bilanzverfügbarkeit haben sich neue, in der Bilanz nicht berücksichtigte Entwicklungen ergeben. Dazu zählt insbesondere, dass die eventuell aus der Bilanz erkenntlichen liquiden Mittel bereits wieder abgeflossen sind.
   – In der Zukunft neu geplante Ein- und Auszahlungen sind nicht erfasst.

Finanzmathematische Faktoren und finanzmathematisches Tabellenwerk

Kurzanleitung zur Verwendung der finanzmathematischen Faktoren

Problem	Bezeichnung des geeigneten Faktors	Formel	Anwendungsbeispiele
Der Wert einer *einzelnen Zahlung* soll auf einen späteren Zeitpunkt bezogen werden	Aufzinsungsfaktor	$(1+i)^n$	– Ermittlung des Endbetrages eines gegebenen Vermögens (oder einer gegebenen Schuld) mit Zins und Zinseszins bei konstantem Zinsfuß in einer bestimmten Anzahl von Jahren – Ermittlung der Entwicklung eines Indices (z. B. für die Kaufkraftentwicklung bei Annahme konstanter Wachstumsraten und einer bestimmten Anzahl von Jahren)
Der Wert einer *einzelnen Zahlung* soll auf einen früheren Zeitpunkt bezogen werden	Abzinsungsfaktor	$\dfrac{1}{(1+i)^n}$	– Feststellung des gegenwärtigen Vermögens (oder der gegenwärtigen Schuld) aus dem in einer künftigen Periode gegebenen Betrag – Deflationierung von Zahlungsausprägungen auf ihre Basisperiode
Der Wert einer *regelmäßigen Reihe von Zahlungen*, die im Jahr nach dem Entscheidungszeitpunkt beginnt ($= t_1$) soll auf den Entscheidungszeitpunkt t_0 bezogen werden	Diskontsummenfaktor Rentenbarwertfaktor	$\dfrac{(1+i)^n - 1}{i \times (1+i)^n}$	– Gegenwartsbezogener, absoluter oder relativer Vorteilhaftigkeitsvergleich von Bauspar-, Ratenspar- oder kapitalbildenden Lebensversicherungsverträgen mit regelmäßigen Kapitaleinzahlungen – Gegenwartsbezogene Vorteilhaftigkeitsanalyse von Miet-, Pacht- sowie Leasinggeschäften im Vergleich zueinander oder im Vergleich zum Kauf der Aktivposten in der Gegenwart

Finanzmathematische Faktoren und Tabellen

Problem	Bezeichnung des geeigneten Faktors	Formel	Anwendungsbeispiele
Der Wert einer *regelmäßigen Reihe von Zahlungen*, die im Jahr nach dem Entscheidungszeitpunkt beginnt (= Rente), soll auf das letzte Jahr der Rente bezogen werden	Endwertfaktor	$\dfrac{(1+i)^n - 1}{i}$	– Absoluter oder relativer Vorteilhaftigkeitsvergleich von Bauspar-, Ratensparoder kapitalbildenden Lebensversicherungsverträgen mit regelmäßigen Kapitaleinzahlungen, bezogen auf den Ablaufzeitpunkt
Aus einem *in der Zukunft liegenden Betrag* (= Endwert) soll eine gleichmäßige Reihe von jährlichen Zahlungen abgeleitet werden, die erstmals im Jahr nach dem Entscheidungszeitpunkt (= t_1) beginnt und in dem Jahr endet, in dem auch der Endwert anfiel	Restwertverteilungsfaktor	$\dfrac{i}{(1+i)^n - 1}$	– Vorteilhaftigkeitsvergleich von Ratenspar- bzw. kapitalbildenden Lebensversicherungsverträgen durch Transformation des Endkapitals (der Ablaufleistung) auf die Perioden der Sparleistung (Beitragsleistung) – Sichtbarmachung der Auswirkungen von Restwertschwankungen auf das jährliche Ergebnis bzw. die jährlichen Überschüsse
Aus einem *im Entscheidungszeitpunkt t_0 liegenden Betrag* (= Barwert) soll eine gleichmäßige Reihe von jährlichen Zahlungen abgeleitet werden, die erstmals im Jahr nach dem Entscheidungszeitpunkt (= t_1) beginnt	Annuitätenfaktor Wiedergewinnungsfaktor	$\dfrac{i \times (1+i)^n}{(1+i)^n - 1}$	– Darstellung des Kapitaldienstes einer Darlehensschuld, ausgehend von fester Darlehenshöhe, gegebenem Zinsniveau und gegebener Rückführungszeit – Ermittlung des entnahmefähigen jährlichen Einkommens aus einem gegebenen Kapitalwert oder einer zur Verfügung stehenden Vermögensmasse – Vorteilhaftigkeitsvergleich zwischen Miete/Leasing einerseits und fremdfinanziertem Kauf andererseits auf Basis der laufenden Belastungen

Zeichenerklärung: i = Marktzinssatz in Dezimalschreibweise
n = Anzahl der Jahre/Rechenperioden

Finanzmathematische Faktoren und Tabellen

Aufzinsungsfaktor: Bezieht eine Zahlung auf einen späteren Zeitpunkt

Zinssatz	0,50%	1,00%	1,50%	2,00%	2,50%	3,00%	3,50%	4,00%	4,50%	5,00%
Jahre										
1	1,00500	1,01000	1,01500	1,02000	1,02500	1,03000	1,03500	1,04000	1,04500	1,05000
2	1,01003	1,02010	1,03023	1,04040	1,05063	1,06090	1,07123	1,08160	1,09203	1,10250
3	1,01508	1,03030	1,04568	1,06121	1,07689	1,09273	1,10872	1,12486	1,14117	1,15763
4	1,02015	1,04060	1,06136	1,08243	1,10381	1,12551	1,14752	1,16986	1,19252	1,21551
5	1,02525	1,05101	1,07728	1,10408	1,13141	1,15927	1,18769	1,21665	1,24618	1,27628
6	1,03038	1,06152	1,09344	1,12616	1,15969	1,19405	1,22926	1,26532	1,30226	1,34010
7	1,03553	1,07214	1,10984	1,14869	1,18869	1,22987	1,27228	1,31593	1,36086	1,40710
8	1,04071	1,08286	1,12649	1,17166	1,21840	1,26677	1,31681	1,36857	1,42210	1,47746
9	1,04591	1,09369	1,14339	1,19509	1,24886	1,30477	1,36290	1,42331	1,48610	1,55133
10	1,05114	1,10462	1,16054	1,21899	1,28008	1,34392	1,41060	1,48024	1,55297	1,62889
11	1,05640	1,11567	1,17795	1,24337	1,31209	1,38423	1,45997	1,53945	1,62285	1,71034
12	1,06168	1,12683	1,19562	1,26824	1,34489	1,42576	1,51107	1,60103	1,69588	1,79586
13	1,06699	1,13809	1,21355	1,29361	1,37851	1,46853	1,56396	1,66507	1,77220	1,88565
14	1,07232	1,14947	1,23176	1,31948	1,41297	1,51259	1,61869	1,73168	1,85194	1,97993
15	1,07768	1,16097	1,25023	1,34587	1,44830	1,55797	1,67535	1,80094	1,93528	2,07893
16	1,08307	1,17258	1,26899	1,37279	1,48451	1,60471	1,73399	1,87298	2,02237	2,18287
17	1,08849	1,18430	1,28802	1,40024	1,52162	1,65285	1,79468	1,94790	2,11338	2,29202
18	1,09393	1,19615	1,30734	1,42825	1,55966	1,70243	1,85749	2,02582	2,20848	2,40662
19	1,09940	1,20811	1,32695	1,45681	1,59865	1,75351	1,92250	2,10685	2,30786	2,52695
20	1,10490	1,22019	1,34686	1,48595	1,63862	1,80611	1,98979	2,19112	2,41171	2,65330

Finanzmathematische Faktoren und Tabellen

Aufzinsungsfaktor: Bezieht eine einzelne Zahlung auf einen späteren Zeitpunkt

Zinssatz	5,50%	6,00%	6,50%	7,00%	7,50%	8,00%	8,50%	9,00%	9,50%	10,00%
Jahre										
1	1,05500	1,06000	1,06500	1,07000	1,07500	1,08000	1,08500	1,09000	1,09500	1,10000
2	1,11303	1,12360	1,13423	1,14490	1,15563	1,16640	1,17723	1,18810	1,19903	1,21000
3	1,17424	1,19102	1,20795	1,22504	1,24230	1,25971	1,27729	1,29503	1,31293	1,33100
4	1,23882	1,26248	1,28647	1,31080	1,33547	1,36049	1,38586	1,41158	1,43766	1,46410
5	1,30696	1,33823	1,37009	1,40255	1,43563	1,46933	1,50366	1,53862	1,57424	1,61051
6	1,37884	1,41852	1,45914	1,50073	1,54330	1,58687	1,63147	1,67710	1,72379	1,77156
7	1,45468	1,50363	1,55399	1,60578	1,65905	1,71382	1,77014	1,82804	1,88755	1,94872
8	1,53469	1,59385	1,65500	1,71819	1,78348	1,85093	1,92060	1,99256	2,06687	2,14359
9	1,61909	1,68948	1,76257	1,83846	1,91724	1,99900	2,08386	2,17189	2,26322	2,35795
10	1,70814	1,79085	1,87714	1,96715	2,06103	2,15892	2,26098	2,36736	2,47823	2,59374
11	1,80209	1,89830	1,99915	2,10485	2,21561	2,33164	2,45317	2,58043	2,71366	2,85312
12	1,90121	2,01220	2,12910	2,25219	2,38178	2,51817	2,66169	2,81266	2,97146	3,13843
13	2,00577	2,13293	2,26749	2,40985	2,56041	2,71962	2,88793	3,06580	3,25375	3,45227
14	2,11609	2,26090	2,41487	2,57853	2,75244	2,93719	3,13340	3,34173	3,56285	3,79750
15	2,23248	2,39656	2,57184	2,75903	2,95888	3,17217	3,39974	3,64248	3,90132	4,17725
16	2,35526	2,54035	2,73901	2,95216	3,18079	3,42594	3,68872	3,97031	4,27195	4,59497
17	2,48480	2,69277	2,91705	3,15882	3,41935	3,70002	4,00226	4,32763	4,67778	5,05447
18	2,62147	2,85434	3,10665	3,37993	3,67580	3,99602	4,34245	4,71712	5,12217	5,55992
19	2,76565	3,02560	3,30859	3,61653	3,95149	4,31570	4,71156	5,14166	5,60878	6,11591
20	2,91776	3,20714	3,52365	3,86968	4,24785	4,66096	5,11205	5,60441	6,14161	6,72750

Finanzmathematische Faktoren und Tabellen

Abzinsungsfaktor: Bezieht eine einzelne Zahlung auf einen früheren Zeitpunkt

Zinssatz	0,50%	1,00%	1,50%	2,00%	2,50%	3,00%	3,50%	4,00%	4,50%	5,00%
Jahre										
1	0,99502	0,99010	0,98522	0,98039	0,97561	0,97087	0,96618	0,96154	0,95694	0,95238
2	0,99007	0,98030	0,97066	0,96117	0,95181	0,94260	0,93351	0,92456	0,91573	0,90703
3	0,98515	0,97059	0,95632	0,94232	0,92860	0,91514	0,90194	0,88900	0,87630	0,86384
4	0,98025	0,96098	0,94218	0,92385	0,90595	0,88849	0,87144	0,85480	0,83856	0,82270
5	0,97537	0,95147	0,92826	0,90573	0,88385	0,86261	0,84197	0,82193	0,80245	0,78353
6	0,97052	0,94205	0,91454	0,88797	0,86230	0,83748	0,81350	0,79031	0,76790	0,74622
7	0,96569	0,93272	0,90103	0,87056	0,84127	0,81309	0,78599	0,75992	0,73483	0,71068
8	0,96089	0,92348	0,88771	0,85349	0,82075	0,78941	0,75941	0,73069	0,70319	0,67684
9	0,95610	0,91434	0,87459	0,83676	0,80073	0,76642	0,73373	0,70259	0,67290	0,64461
10	0,95135	0,90529	0,86167	0,82035	0,78120	0,74409	0,70892	0,67556	0,64393	0,61391
11	0,94661	0,89632	0,84893	0,80426	0,76214	0,72242	0,68495	0,64958	0,61620	0,58468
12	0,94191	0,88745	0,83639	0,78849	0,74356	0,70138	0,66178	0,62460	0,58966	0,55684
13	0,93722	0,87866	0,82403	0,77303	0,72542	0,68095	0,63940	0,60057	0,56427	0,53032
14	0,93256	0,86996	0,81185	0,75788	0,70773	0,66112	0,61778	0,57748	0,53997	0,50507
15	0,92792	0,86135	0,79985	0,74301	0,69047	0,64186	0,59689	0,55526	0,51672	0,48102
16	0,92330	0,85282	0,78803	0,72845	0,67362	0,62317	0,57671	0,53391	0,49447	0,45811
17	0,91871	0,84438	0,77639	0,71416	0,65720	0,60502	0,55720	0,51337	0,47318	0,43630
18	0,91414	0,83602	0,76491	0,70016	0,64117	0,58739	0,53836	0,49363	0,45280	0,41552
19	0,90959	0,82774	0,75361	0,68643	0,62553	0,57029	0,52016	0,47464	0,43330	0,39573
20	0,90506	0,81954	0,74247	0,67297	0,61027	0,55368	0,50257	0,45639	0,41464	0,37689

Finanzmathematische Faktoren und Tabellen

Abzinsungsfaktor: Bezieht eine einzelne Zahlung auf einen früheren Zeitpunkt

Zinssatz	5,50%	6,00%	6,50%	7,00%	7,50%	8,00%	8,50%	9,00%	9,50%	10,00%
Jahre										
1	0,94787	0,94340	0,93897	0,93458	0,93023	0,92593	0,92166	0,91743	0,91324	0,90909
2	0,89845	0,89000	0,88166	0,87344	0,86533	0,85734	0,84946	0,84168	0,83401	0,82645
3	0,85161	0,83962	0,82785	0,81630	0,80496	0,79383	0,78291	0,77218	0,76165	0,75131
4	0,80722	0,79209	0,77732	0,76290	0,74880	0,73503	0,72157	0,70843	0,69557	0,68301
5	0,76513	0,74726	0,72988	0,71299	0,69656	0,68058	0,66505	0,64993	0,63523	0,62092
6	0,72525	0,70496	0,68533	0,66634	0,64796	0,63017	0,61295	0,59627	0,58012	0,56447
7	0,68744	0,66506	0,64351	0,62275	0,60275	0,58349	0,56493	0,54703	0,52979	0,51316
8	0,65160	0,62741	0,60423	0,58201	0,56070	0,54027	0,52067	0,50187	0,48382	0,46651
9	0,61763	0,59190	0,56735	0,54393	0,52158	0,50025	0,47988	0,46043	0,44185	0,42410
10	0,58543	0,55839	0,53273	0,50835	0,48519	0,46319	0,44229	0,42241	0,40351	0,38554
11	0,55491	0,52679	0,50021	0,47509	0,45134	0,42888	0,40764	0,38753	0,36851	0,35049
12	0,52598	0,49697	0,46968	0,44401	0,41985	0,39711	0,37570	0,35553	0,33654	0,31863
13	0,49856	0,46884	0,44102	0,41496	0,39056	0,36770	0,34627	0,32618	0,30734	0,28966
14	0,47257	0,44230	0,41410	0,38782	0,36331	0,34046	0,31914	0,29925	0,28067	0,26333
15	0,44793	0,41727	0,38883	0,36245	0,33797	0,31524	0,29414	0,27454	0,25632	0,23939
16	0,42458	0,39365	0,36510	0,33873	0,31439	0,29189	0,27110	0,25187	0,23409	0,21763
17	0,40245	0,37136	0,34281	0,31657	0,29245	0,27027	0,24986	0,23107	0,21378	0,19784
18	0,38147	0,35034	0,32189	0,29586	0,27205	0,25025	0,23028	0,21199	0,19523	0,17986
19	0,36158	0,33051	0,30224	0,27651	0,25307	0,23171	0,21224	0,19449	0,17829	0,16351
20	0,34273	0,31180	0,28380	0,25842	0,23541	0,21455	0,19562	0,17843	0,16282	0,14864

Rentenbarwertfaktor (= Diskontsummenfaktor): Bildet den Gegenwartswert einer Rente

Zinssatz Jahre	0,50%	1,00%	1,50%	2,00%	2,50%	3,00%	3,50%	4,00%	4,50%	5,00%
1	0,99502	0,99010	0,98522	0,98039	0,97561	0,97087	0,96618	0,96154	0,95694	0,95238
2	1,98510	1,97040	1,95588	1,94156	1,92742	1,91347	1,89969	1,88609	1,87267	1,85941
3	2,97025	2,94099	2,91220	2,88388	2,85602	2,82861	2,80164	2,77509	2,74896	2,72325
4	3,95050	3,90197	3,85438	3,80773	3,76197	3,71710	3,67308	3,62990	3,58753	3,54595
5	4,92587	4,85343	4,78264	4,71346	4,64583	4,57971	4,51505	4,45182	4,38998	4,32948
6	5,89638	5,79548	5,69719	5,60143	5,50813	5,41719	5,32855	5,24214	5,15787	5,07569
7	6,86207	6,72819	6,59821	6,47199	6,34939	6,23028	6,11454	6,00205	5,89270	5,78637
8	7,82296	7,65168	7,48593	7,32548	7,17014	7,01969	6,87396	6,73274	6,59589	6,46321
9	8,77906	8,56602	8,36052	8,16224	7,97087	7,78611	7,60769	7,43533	7,26879	7,10782
10	9,73041	9,47130	9,22218	8,98259	8,75206	8,53020	8,31661	8,11090	7,91272	7,72173
11	10,67703	10,36763	10,07112	9,78685	9,51421	9,25262	9,00155	8,76048	8,52892	8,30641
12	11,61893	11,25508	10,90751	10,57534	10,25776	9,95400	9,66333	9,38507	9,11858	8,86325
13	12,55615	12,13374	11,73153	11,34837	10,98318	10,63496	10,30274	9,98565	9,68285	9,39357
14	13,48871	13,00370	12,54338	12,10625	11,69091	11,29607	10,92052	10,56312	10,22283	9,89864
15	14,41662	13,86505	13,34323	12,84926	12,38138	11,93794	11,51741	11,11839	10,73955	10,37966
16	15,33993	14,71787	14,13126	13,57771	13,05500	12,56110	12,09412	11,65230	11,23402	10,83777
17	16,25863	15,56225	14,90765	14,29187	13,71220	13,16612	12,65132	12,16567	11,70719	11,27407
18	17,17277	16,39827	15,67256	14,99203	14,35336	13,75351	13,18968	12,65930	12,15999	11,68959
19	18,08236	17,22601	16,42617	15,67846	14,97889	14,32380	13,70984	13,13394	12,59329	12,08532
20	18,98742	18,04555	17,16864	16,35143	15,58916	14,87747	14,21240	13,59033	13,00794	12,46221

Finanzmathematische Faktoren und Tabellen

Rentenbarwertfaktor (= Diskontsummenfaktor): Bildet den Gegenwartswert einer Rente

Zinssatz	5,50%	6,00%	6,50%	7,00%	7,50%	8,00%	8,50%	9,00%	9,50%	10,00%
Jahre										
1	0,94787	0,94340	0,93897	0,93458	0,93023	0,92593	0,92166	0,91743	0,91324	0,90909
2	1,84632	1,83339	1,82063	1,80802	1,79557	1,78326	1,77111	1,75911	1,74725	1,73554
3	2,69793	2,67301	2,64848	2,62432	2,60053	2,57710	2,55402	2,53129	2,50891	2,48685
4	3,50515	3,46511	3,42580	3,38721	3,34933	3,31213	3,27560	3,23972	3,20448	3,16987
5	4,27028	4,21236	4,15568	4,10020	4,04588	3,99271	3,94064	3,88965	3,83971	3,79079
6	4,99553	4,91732	4,84101	4,76654	4,69385	4,62288	4,55359	4,48592	4,41983	4,35526
7	5,68297	5,58238	5,48452	5,38929	5,29660	5,20637	5,11851	5,03295	4,94961	4,86842
8	6,33457	6,20979	6,08875	5,97130	5,85730	5,74664	5,63918	5,53482	5,43344	5,33493
9	6,95220	6,80169	6,65610	6,51523	6,37889	6,24689	6,11906	5,99525	5,87528	5,75902
10	7,53763	7,36009	7,18883	7,02358	6,86408	6,71008	6,56135	6,41766	6,27880	6,14457
11	8,09254	7,88687	7,68904	7,49867	7,31542	7,13896	6,96898	6,80519	6,64730	6,49506
12	8,61852	8,38384	8,15873	7,94269	7,73528	7,53608	7,34469	7,16073	6,98384	6,81369
13	9,11708	8,85268	8,59974	8,35765	8,12584	7,90378	7,69095	7,48690	7,29118	7,10336
14	9,58965	9,29498	9,01384	8,74547	8,48915	8,24424	8,01010	7,78615	7,57185	7,36669
15	10,03758	9,71225	9,40267	9,10791	8,82712	8,55948	8,30424	8,06069	7,82818	7,60608
16	10,46216	10,10590	9,76776	9,44665	9,14151	8,85137	8,57533	8,31256	8,06226	7,82371
17	10,86461	10,47726	10,11058	9,76322	9,43396	9,12164	8,82519	8,54363	8,27604	8,02155
18	11,24607	10,82760	10,43247	10,05909	9,70601	9,37189	9,05548	8,75563	8,47127	8,20141
19	11,60765	11,15812	10,73471	10,33560	9,95908	9,60360	9,26772	8,95011	8,64956	8,36492
20	11,95038	11,46992	11,01851	10,59401	10,19449	9,81815	9,46334	9,12855	8,81238	8,51356

Finanzmathematische Faktoren und Tabellen

Annuitätenfaktor: Formt einen Barwert in eine Rente um

Zinssatz Jahre	0,50%	1,00%	1,50%	2,00%	2,50%	3,00%	3,50%	4,00%	4,50%	5,00%
1	1,00500	1,01000	1,01500	1,02000	1,02500	1,03000	1,03500	1,04000	1,04500	1,05000
2	0,50375	0,50751	0,51128	0,51505	0,51883	0,52261	0,52640	0,53020	0,53400	0,53780
3	0,33667	0,34002	0,34338	0,34675	0,35014	0,35353	0,35693	0,36035	0,36377	0,36721
4	0,25313	0,25628	0,25944	0,26262	0,26582	0,26903	0,27225	0,27549	0,27874	0,28201
5	0,20301	0,20604	0,20909	0,21216	0,21525	0,21835	0,22148	0,22463	0,22779	0,23097
6	0,16960	0,17255	0,17553	0,17853	0,18155	0,18460	0,18767	0,19076	0,19388	0,19702
7	0,14573	0,14863	0,15156	0,15451	0,15750	0,16051	0,16354	0,16661	0,16970	0,17282
8	0,12783	0,13069	0,13358	0,13651	0,13947	0,14246	0,14548	0,14853	0,15161	0,15472
9	0,11391	0,11674	0,11961	0,12252	0,12546	0,12843	0,13145	0,13449	0,13757	0,14069
10	0,10277	0,10558	0,10843	0,11133	0,11426	0,11723	0,12024	0,12329	0,12638	0,12950
11	0,09366	0,09645	0,09929	0,10218	0,10511	0,10808	0,11109	0,11415	0,11725	0,12039
12	0,08607	0,08885	0,09168	0,09456	0,09749	0,10046	0,10348	0,10655	0,10967	0,11283
13	0,07964	0,08241	0,08524	0,08812	0,09105	0,09403	0,09706	0,10014	0,10328	0,10646
14	0,07414	0,07690	0,07972	0,08260	0,08554	0,08853	0,09157	0,09467	0,09782	0,10102
15	0,06936	0,07212	0,07494	0,07783	0,08077	0,08377	0,08683	0,08994	0,09311	0,09634
16	0,06519	0,06794	0,07077	0,07365	0,07660	0,07961	0,08268	0,08582	0,08902	0,09227
17	0,06151	0,06426	0,06708	0,06997	0,07293	0,07595	0,07904	0,08220	0,08542	0,08870
18	0,05823	0,06098	0,06381	0,06670	0,06967	0,07271	0,07582	0,07899	0,08224	0,08555
19	0,05530	0,05805	0,06088	0,06378	0,06676	0,06981	0,07294	0,07614	0,07941	0,08275
20	0,05267	0,05542	0,05825	0,06116	0,06415	0,06722	0,07036	0,07358	0,07688	0,08024

Annuitätenfaktor: Formt einen Barwert in eine Rente um

Zinssatz	5,50%	6,00%	6,50%	7,00%	7,50%	8,00%	8,50%	9,00%	9,50%	10,00%
Jahre										
1	1,05500	1,06000	1,06500	1,07000	1,07500	1,08000	1,08500	1,09000	1,09500	1,10000
2	0,54162	0,54544	0,54926	0,55309	0,55693	0,56077	0,56462	0,56847	0,57233	0,57619
3	0,37065	0,37411	0,37758	0,38105	0,38454	0,38803	0,39154	0,39505	0,39858	0,40211
4	0,28529	0,28859	0,29190	0,29523	0,29857	0,30192	0,30529	0,30867	0,31206	0,31547
5	0,23418	0,23740	0,24063	0,24389	0,24716	0,25046	0,25377	0,25709	0,26044	0,26380
6	0,20018	0,20336	0,20657	0,20980	0,21304	0,21632	0,21961	0,22292	0,22625	0,22961
7	0,17596	0,17914	0,18233	0,18555	0,18880	0,19207	0,19537	0,19869	0,20204	0,20541
8	0,15786	0,16104	0,16424	0,16747	0,17073	0,17401	0,17733	0,18067	0,18405	0,18744
9	0,14384	0,14702	0,15024	0,15349	0,15677	0,16008	0,16342	0,16680	0,17020	0,17364
10	0,13267	0,13587	0,13910	0,14238	0,14569	0,14903	0,15241	0,15582	0,15927	0,16275
11	0,12357	0,12679	0,13006	0,13336	0,13670	0,14008	0,14349	0,14695	0,15044	0,15396
12	0,11603	0,11928	0,12257	0,12590	0,12928	0,13270	0,13615	0,13965	0,14319	0,14676
13	0,10968	0,11296	0,11628	0,11965	0,12306	0,12652	0,13002	0,13357	0,13715	0,14078
14	0,10428	0,10758	0,11094	0,11434	0,11780	0,12130	0,12484	0,12843	0,13207	0,13575
15	0,09963	0,10296	0,10635	0,10979	0,11329	0,11683	0,12042	0,12406	0,12774	0,13147
16	0,09558	0,09895	0,10238	0,10586	0,10939	0,11298	0,11661	0,12030	0,12403	0,12782
17	0,09204	0,09544	0,09891	0,10243	0,10600	0,10963	0,11331	0,11705	0,12083	0,12466
18	0,08892	0,09236	0,09585	0,09941	0,10303	0,10670	0,11043	0,11421	0,11805	0,12193
19	0,08615	0,08962	0,09316	0,09675	0,10041	0,10413	0,10790	0,11173	0,11561	0,11955
20	0,08368	0,08718	0,09076	0,09439	0,09809	0,10185	0,10567	0,10955	0,11348	0,11746

Finanzmathematische Faktoren und Tabellen

Endwertfaktor: Ermittelt den Endwert einer Rente

Zinssatz	0,50%	1,00%	1,50%	2,00%	2,50%	3,00%	3,50%	4,00%	4,50%	5,00%
Jahre										
1	1,00000	1,00000	1,00000	1,00000	1,00000	1,00000	1,00000	1,00000	1,00000	1,00000
2	2,00500	2,01000	2,01500	2,02000	2,02500	2,03000	2,03500	2,04000	2,04500	2,05000
3	3,01502	3,03010	3,04522	3,06040	3,07563	3,09090	3,10622	3,12160	3,13703	3,15250
4	4,03010	4,06040	4,09090	4,12161	4,15252	4,18363	4,21494	4,24646	4,27819	4,31013
5	5,05025	5,10101	5,15227	5,20404	5,25633	5,30914	5,36247	5,41632	5,47071	5,52563
6	6,07550	6,15202	6,22955	6,30812	6,38774	6,46841	6,55015	6,63298	6,71689	6,80191
7	7,10588	7,21354	7,32299	7,43428	7,54743	7,66246	7,77941	7,89829	8,01915	8,14201
8	8,14141	8,28567	8,43284	8,58297	8,73612	8,89234	9,05169	9,21423	9,38001	9,54911
9	9,18212	9,36853	9,55933	9,75463	9,95452	10,15911	10,36850	10,58280	10,80211	11,02656
10	10,22803	10,46221	10,70272	10,94972	11,20338	11,46388	11,73139	12,00611	12,28821	12,57789
11	11,27917	11,56683	11,86326	12,16872	12,48347	12,80780	13,14199	13,48635	13,84118	14,20679
12	12,33556	12,68250	13,04121	13,41209	13,79555	14,19203	14,60196	15,02581	15,46403	15,91713
13	13,39724	13,80933	14,23683	14,68033	15,14044	15,61779	16,11303	16,62684	17,15991	17,71298
14	14,46423	14,94742	15,45038	15,97394	16,51895	17,08632	17,67699	18,29191	18,93211	19,59863
15	15,53655	16,09690	16,68214	17,29342	17,93193	18,59891	19,29568	20,02359	20,78405	21,57856
16	16,61423	17,25786	17,93237	18,63929	19,38022	20,15688	20,97103	21,82453	22,71934	23,65749
17	17,69730	18,43044	19,20136	20,01207	20,86473	21,76159	22,70502	23,69751	24,74171	25,84037
18	18,78579	19,61475	20,48938	21,41231	22,38635	23,41444	24,49969	25,64541	26,85508	28,13238
19	19,87972	20,81090	21,79672	22,84056	23,94601	25,11687	26,35718	27,67123	29,06356	30,53900
20	20,97912	22,01900	23,12367	24,29737	25,54466	26,87037	28,27968	29,77808	31,37142	33,06595

Endwertfaktor: Ermittelt den Endwert einer Rente

Zinssatz	5,50%	6,00%	6,50%	7,00%	7,50%	8,00%	8,50%	9,00%	9,50%	10,00%
Jahre										
1	1,00000	1,00000	1,00000	1,00000	1,00000	1,00000	1,00000	1,00000	1,00000	1,00000
2	2,05500	2,06000	2,06500	2,07000	2,07500	2,08000	2,08500	2,09000	2,09500	2,10000
3	3,16803	3,18360	3,19923	3,21490	3,23063	3,24640	3,26223	3,27810	3,29403	3,31000
4	4,34227	4,37462	4,40717	4,43994	4,47292	4,50611	4,53951	4,57313	4,60696	4,64100
5	5,58109	5,63709	5,69364	5,75074	5,80839	5,86660	5,92537	5,98471	6,04462	6,10510
6	6,88805	6,97532	7,06373	7,15329	7,24402	7,33593	7,42903	7,52333	7,61886	7,71561
7	8,26689	8,39384	8,52287	8,65402	8,78732	8,92280	9,06050	9,20043	9,34265	9,48717
8	9,72157	9,89747	10,07686	10,25980	10,44637	10,63663	10,83064	11,02847	11,23020	11,43589
9	11,25626	11,49132	11,73185	11,97799	12,22985	12,48756	12,75124	13,02104	13,29707	13,57948
10	12,87535	13,18079	13,49442	13,81645	14,14709	14,48656	14,83510	15,19293	15,56029	15,93742
11	14,58350	14,97164	15,37156	15,78360	16,20812	16,64549	17,09608	17,56029	18,03852	18,53117
12	16,38559	16,86994	17,37071	17,88845	18,42373	18,97713	19,54925	20,14072	20,75218	21,38428
13	18,28680	18,88214	19,49981	20,14064	20,80551	21,49530	22,21094	22,95338	23,72363	24,52271
14	20,29257	21,01507	21,76730	22,55049	23,36592	24,21492	25,09887	26,01919	26,97738	27,97498
15	22,40866	23,27597	24,18217	25,12902	26,11836	27,15211	28,23227	29,36092	30,54023	31,77248
16	24,64114	25,67253	26,75401	27,88805	29,07724	30,32428	31,63201	33,00340	34,44155	35,94973
17	26,99640	28,21288	29,49302	30,84022	32,25804	33,75023	35,32073	36,97370	38,71350	40,54470
18	29,48120	30,90565	32,41007	33,99903	35,67739	37,45024	39,32300	41,30134	43,39128	45,59917
19	32,10267	33,75999	35,51672	37,37896	39,35319	41,44626	43,66545	46,01846	48,51345	51,15909
20	34,86832	36,78559	38,82531	40,99549	43,30468	45,76196	48,37701	51,16012	54,12223	57,27500

Restwertverteilungsfaktor: Formt einen Endwert in eine Rente um

Zinssatz	0,50%	1,00%	1,50%	2,00%	2,50%	3,00%	3,50%	4,00%	4,50%	5,00%
Jahre										
1	1,00000	1,00000	1,00000	1,00000	1,00000	1,00000	1,00000	1,00000	1,00000	1,00000
2	0,49875	0,49751	0,49628	0,49505	0,49383	0,49261	0,49140	0,49020	0,48900	0,48780
3	0,33167	0,33002	0,32838	0,32675	0,32514	0,32353	0,32193	0,32035	0,31877	0,31721
4	0,24813	0,24628	0,24444	0,24262	0,24082	0,23903	0,23725	0,23549	0,23374	0,23201
5	0,19801	0,19604	0,19409	0,19216	0,19025	0,18835	0,18648	0,18463	0,18279	0,18097
6	0,16460	0,16255	0,16053	0,15853	0,15655	0,15460	0,15267	0,15076	0,14888	0,14702
7	0,14073	0,13863	0,13656	0,13451	0,13250	0,13051	0,12854	0,12661	0,12470	0,12282
8	0,12283	0,12069	0,11858	0,11651	0,11447	0,11246	0,11048	0,10853	0,10661	0,10472
9	0,10891	0,10674	0,10461	0,10252	0,10046	0,09843	0,09645	0,09449	0,09257	0,09069
10	0,09777	0,09558	0,09343	0,09133	0,08926	0,08723	0,08524	0,08329	0,08138	0,07950
11	0,08866	0,08645	0,08429	0,08218	0,08011	0,07808	0,07609	0,07415	0,07225	0,07039
12	0,08107	0,07885	0,07668	0,07456	0,07249	0,07046	0,06848	0,06655	0,06467	0,06283
13	0,07464	0,07241	0,07024	0,06812	0,06605	0,06403	0,06206	0,06014	0,05828	0,05646
14	0,06914	0,06690	0,06472	0,06260	0,06054	0,05853	0,05657	0,05467	0,05282	0,05102
15	0,06436	0,06212	0,05994	0,05783	0,05577	0,05377	0,05183	0,04994	0,04811	0,04634
16	0,06019	0,05794	0,05577	0,05365	0,05160	0,04961	0,04768	0,04582	0,04402	0,04227
17	0,05651	0,05426	0,05208	0,04997	0,04793	0,04595	0,04404	0,04220	0,04042	0,03870
18	0,05323	0,05098	0,04881	0,04670	0,04467	0,04271	0,04082	0,03899	0,03724	0,03555
19	0,05030	0,04805	0,04588	0,04378	0,04176	0,03981	0,03794	0,03614	0,03441	0,03275
20	0,04767	0,04542	0,04325	0,04116	0,03915	0,03722	0,03536	0,03358	0,03188	0,03024

Finanzmathematische Faktoren und Tabellen

Restwertverteilungsfaktor: Formt einen Endwert in eine Rente um

Zinssatz	5,50%	6,00%	6,50%	7,00%	7,50%	8,00%	8,50%	9,00%	9,50%	10,00%
Jahre										
1	1,00000	1,00000	1,00000	1,00000	1,00000	1,00000	1,00000	1,00000	1,00000	1,00000
2	0,48662	0,48544	0,48426	0,48309	0,48193	0,48077	0,47962	0,47847	0,47733	0,47619
3	0,31565	0,31411	0,31258	0,31105	0,30954	0,30803	0,30654	0,30505	0,30358	0,30211
4	0,23029	0,22859	0,22690	0,22523	0,22357	0,22192	0,22029	0,21867	0,21706	0,21547
5	0,17918	0,17740	0,17563	0,17389	0,17216	0,17046	0,16877	0,16709	0,16544	0,16380
6	0,14518	0,14336	0,14157	0,13980	0,13804	0,13632	0,13461	0,13292	0,13125	0,12961
7	0,12096	0,11914	0,11733	0,11555	0,11380	0,11207	0,11037	0,10869	0,10704	0,10541
8	0,10286	0,10104	0,09924	0,09747	0,09573	0,09401	0,09233	0,09067	0,08905	0,08744
9	0,08884	0,08702	0,08524	0,08349	0,08177	0,08008	0,07842	0,07680	0,07520	0,07364
10	0,07767	0,07587	0,07410	0,07238	0,07069	0,06903	0,06741	0,06582	0,06427	0,06275
11	0,06857	0,06679	0,06506	0,06336	0,06170	0,06008	0,05849	0,05695	0,05544	0,05396
12	0,06103	0,05928	0,05757	0,05590	0,05428	0,05270	0,05115	0,04965	0,04819	0,04676
13	0,05468	0,05296	0,05128	0,04965	0,04806	0,04652	0,04502	0,04357	0,04215	0,04078
14	0,04928	0,04758	0,04594	0,04434	0,04280	0,04130	0,03984	0,03843	0,03707	0,03575
15	0,04463	0,04296	0,04135	0,03979	0,03829	0,03683	0,03542	0,03406	0,03274	0,03147
16	0,04058	0,03895	0,03738	0,03586	0,03439	0,03298	0,03161	0,03030	0,02903	0,02782
17	0,03704	0,03544	0,03391	0,03243	0,03100	0,02963	0,02831	0,02705	0,02583	0,02466
18	0,03392	0,03236	0,03085	0,02941	0,02803	0,02670	0,02543	0,02421	0,02305	0,02193
19	0,03115	0,02962	0,02816	0,02675	0,02541	0,02413	0,02290	0,02173	0,02061	0,01955
20	0,02868	0,02718	0,02576	0,02439	0,02309	0,02185	0,02067	0,01955	0,01848	0,01746

Literaturverzeichnis

Adam, Dietrich — Investitionscontrolling, München/Wien, 3. Aufl. 2000

Adelberger, Otto/ Günther, Horst — Fall- und Projektstudien zur Investitionsrechnung, München, 1982

Altrogge, Günter — Investition, 4. Aufl., München, 1996

Arkes, Hal/ Blumer, Catherine — The Psychology of Sunk Cost, in: Organizational Behavior and Human Decision Processes, 35. Jg. (1985), S. 124–140

Arndt, Andreas — Die Besteuerung internationaler Geschäftstätigkeit deutscher Banken, Baden-Baden, 1986

Baetge, Jörg/ Niemeyer, Kai/ Kümmel, Jens — Darstellung der Discounted-Cashflow-Verfahren (DCF-Verfahren) mit Beispiel, in: Volker Peemöller (Hrsg.), Praxishandbuch der Unternehmensbewertung, 2. Aufl., Herne/Berlin, 2002, S. 263–360

Baetge, Jörg/ Zülch, Henning — Fair Value-Accounting, in: BFuP, 53. Jg. (2001), S. 543–562

Bäuerle, Paul — Finanzielle Planung mit Hilfe heuristischer Kalküle, Frankfurt a. M. et al., 1987

Bea, Franz Xaver/ Schweitzer, Marcell — Einleitung: Leistungsprozess, in: Franz Xaver Bea/Erwin Dichtl/Marcell Schweitzer (Hrsg.), Allgemeine Betriebswirtschaftslehre, Bd. 3, 8. Aufl., Stuttgart, 2002, S. 1–7

Beck, Carsten/ Lingnau, Volker — Marktwertorientierte Kennzahlen für das Beteiligungscontrolling – Ermittlung und Eignung, in: krp, 44. Jg. (2000), Heft 1, S. 7–14

Behringer, Stefan — Cash-flow und Unternehmensbeurteilung, 8. Aufl., Berlin, 2003

Beinert, Claudia — Unternehmensbewertung, in: Peter Reichling (Hrsg.), Risikomanagement und Rating, Wiesbaden, 2003, S. 173–196

Benner, Wolfgang — Asset Backed Securities – eine Finanzinnovation mit Wachstumschancen?, in: BFuP, 40. Jg. (1988), S. 403–417

Bestmann, Uwe et al. — Übungsaufgaben zu Investition und Finanzierung, 3. Aufl., Aachen, 1987

Betge, Peter — Investitionsplanung – Methoden – Modelle – Anwendungen, 4. Aufl., Wiesbaden, 2000

Betsch, Oskar/ Groh, Alexander/ Lohmann, Lutz — Corporate Finance, 2. Aufl., München, 2000

Biegert, Wolfgang — Liquiditätsplanung in mittelständischen Unternehmen, in: BI, 22. Jg. (1995), S. 64–68

Bierwag, G[…] — Immunization, Duration, and the Term Structure of Interest Rates, in: JFQA, 12. Jg. (1977), S. 725–742

Literaturverzeichnis

Bierwag, G[...]/ Kaufmann, G[...]/ Toevs, A[...]	Duration: Its Development and Use in Bond Portfolio Management, in: Financial Analysts Journal, 39. Jg. (1983), S. 15–35
Bischoff, Sonja	Investitionsmanagement, München, 1980
Bitz, Michael/ Terstege, Udo	Grundlagen des Cashflow-Managements, in: Dieter Krimphove/Dagmar Tytko (Hrsg.), Praktiker-Handbuch Unternehmensfinanzierung, Stuttgart, 2002, S. 287–330
Bitz, Michael/ Terstege, Udo	Cash-Flow-Analyse und Cash-Flow-Management, in: WiSt, 32. Jg. (2003), S. 2–7
Bleymüller, Josef/ Gehlert, Günther/ Gülicher, Herbert	Statistik für Wirtschaftswissenschaftler, 13. Aufl., München, 2002
Blohm, Hans/ Lüder, Klaus	Investition, 8. Aufl., München, 2001 (unveränd. Nachdruck d. Aufl. v. 1995)
Boettger, Ulrich	Cash-Management internationaler Konzerne, Wiesbaden, 1995
Braunschweig, Christian	Investitionsrechnung mit Unternehmensbewertung, München/Wien, 1998
Brealey, Richard/ Myers, Steward	Principles of Corporate Finance, 7. Aufl., New York, 2003
Bröker, Frank	Quantifizierung von Kreditportfoliorisiken, Frankfurt a. M., 2000
Brüna, Manfred	Liquiditätsplanung, München/Wien, 1986
Bühler, Wolfgang	Anlagestrategien zur Begrenzung des Zinsänderungsrisikos von Portefeuilles aus festverzinslichen Titeln, in: ZfbF, Sonderheft 16 (1983), S. 82–137
Bühler, Wolfgang/ Gehring, Hermann/ Glaser, Horst	Kurzfristige Finanzplanung unter Sicherheit, Risiko und Kapitalfluss, Wiesbaden, 1979
Burger, Anton/ Buchhart, Anton	Zur Berücksichtigung von Risiko in der strategischen Unternehmensführung, in: DB, 55. Jg. (2002), S. 593–599
Busch, Rainer	Integriertes Marketing, 3. Aufl., Wiesbaden, 2001
Büschgen, Hans	Finanzinnovationen, in: ZfB, 56. Jg. (1986), S. 299–336
Büschgen, Hans	Internationales Finanzmanagement, 3. Aufl., Frankfurt a. M., 1997
Busse, Franz-Joseph	Grundlagen der betrieblichen Finanzwirtschaft, 5. Aufl., München/Wien, 2003
Busse von Colbe, Walther	Finanzanalyse, in: Wolfgang Gerke/Manfred Steiner (Hrsg.), Handwörterbuch des Bank- und Finanzwesens, 3. Aufl., Stuttgart, 2001, Sp. 715–729
Bußmann, Johannes	Tests verschiedener Zinsänderungsmaße mit Daten des deutschen Rentenmarktes, in: ZfbF, 59. Jg. (1989), S. 747–765

Literaturverzeichnis

Carstensen, Meinhard	Cash Management, in: Georg Obst/Otto Hintner, Geld-, Bank- und Börsenwesen, hrsg. von Norbert Kloten/Johann von Stein, 40. Aufl., Stuttgart, 2000, S. 603–612
Chmielewicz, Klaus	Betriebliche Finanzwirtschaft I, Berlin/New York, 1976
Coenenberg, Adolf	Kapitalflussrechnung als Instrument der Bilanzanalyse, in: ST, 75. Jg. (2001), S. 311–321
Coenenberg, Adolf/ Alvarez, Manuel/ Meyer, Martin	Cashflow, in: Wolfgang Gerke/Manfred Steiner (Hrsg.), Handwörterbuch des Bank- und Finanzwesens, 3. Aufl., Stuttgart, 2001, Sp. 479–496
Coenenberg, Adolf/ Schultze, Wolfgang	Unternehmensbewertung: Konzeptionen und Perspektiven, in: DBW, 62. Jg. (2002), S. 597–621
Coenenberg, Adolf/ Mattner, Gerhard/ Schultze, Wolfgang	Wertorientierte Steuerung: Anforderungen, Konzepte, Anwendungsprobleme, in: Andreas Rathgeber/Hermann-Josef Tebroke/Martin Wallmeier (Hrsg.), Finanzwirtschaft, Kapitalmarkt und Banken, Stuttgart, 2003, S. 1–24
Copeland, Tom	Real Options – A Practitioner's Guide, New York et al., 2001
Copeland, Tom/ Koller, Tim/ Murrin, Jack	Valuation – Measuring and Managing the Value of Companies, 3. Aufl., New York et al., 2000
Dambon, Dieter	Finanzplanung und Electronic Banking mit Excel, Vaterstetten, 1994
Damodaran, Aswath	Corporate Finance – Theory and Practice, 2nd ed., New York et al., 2001
Däumler, Klaus-Dieter	Sonderprobleme der Investitions- und Wirtschaftlichkeitsrechnung, Berlin, 1981
Däumler, Klaus-Dieter	Praxis der Investitions- und Wirtschaftlichkeitsrechnung, 3. Aufl., Berlin, 1991
Däumler, Klaus-Dieter	Betriebliche Finanzwirtschaft, 8. Aufl., Herne/Berlin, 2002
Däumler, Klaus-Dieter	Grundlagen der Investitions- und Wirtschaftlichkeitsrechnung, 11. Aufl., Berlin, 2003
Dean, Joel	Capital Budgeting, Top-Management Policy on Plant Equipment and Product Development, 9th ed., New York, 1978
Deimel, Klaus	Shareholder Value-Kennzahlen und wertorientierte Unternehmenssteuerung, in: wisu, 31. Jg. (2002), S. 506–510
Deutsche Bundesbank	Die neue Baseler Eigenkapitalvereinbarung (Basel II), in: Deutsche Bundesbank (Hrsg.), Monatsbericht, 53. Jg. (2001), Nr. 4, S. 15–44
Deutsche Bundesbank	Neue Mindestanforderungen an das Kreditgeschäft: MaK und Basel II, in: Deutsche Bundesbank (Hrsg.), Monatsbericht, 55. Jg. (2003), Nr. 1, S. 45–58
Deutsche Bundesbank	Validierungsansätze für interne Ratingsysteme, in: Deutsche Bundesbank (Hrsg.), Monatsbericht, 55. Jg. (2003), Nr. 9, S. 61–74

Literaturverzeichnis

Deutsche Vereinigung für Finanzanalyse und Anlageberatung/Schmalenbach-Gesellschaft (DVFA/SG)	Gemeinsame Empfehlung der Kommission für Methodik der Finanzanalyse, in: WPg, 46. Jg. (1993), S. 599–602
Dietz, Jürgen/ Füser, Karsten/ Schmidtmeier, Susanne	Neuronale Netze – Quo Vadis?, in: DB, 49. Jg. (1996), S. 1296–1299
Diller, Klaus-Dieter	Opportunitätskosten, in: wisu, 17. Jg. (1988), S. 261
Dombret, Andreas	Die Verbriefung als innovative Finanzierungstechnik, Frankfurt a. M., 1987
Dorow, Wolfgang	Unternehmenspolitik, Stuttgart et al., 1982
Drukarczyk, Jochen	Theorie und Politik der Finanzierung, 2. Aufl., München, 1993
Drukarczyk, Jochen	Finanzierung, in: Franz Xaver Bea/Erwin Dichtl/Marcell Schweitzer (Hrsg.), Allgemeine Betriebswirtschaftslehre, Bd. 3: Leistungsprozess, 8. Aufl., Stuttgart, 2002, S. 351–465
Drukarczyk, Jochen	Finanzierung, 9. Aufl., Stuttgart, 2003
Ebeling, Ralf	Konzernabschlusserstellung mit Differenzenbuchführung und Differenzenbilanz – eine Fallstudie, in: BB, 56. Jg. (2001), S. 2259–2266
Eichholz, Rüdiger	Finanzwirtschaft, 5. Aufl., München, 2004
Eidel, Ulrike	Moderne Verfahren der Unternehmensbewertung und Performance-Messung, 2. Aufl., Herne/Berlin, 2000
Eigermann, Judith	Bankinterne Ratingverfahren für das mittelständische Firmenkundengeschäft in der praktischen Anwendung, in: Dieter Krimphove/Dagmar Tytko (Hrsg.), Praktiker-Handbuch Unternehmensfinanzierung, Stuttgart, 2002, S. 743–762
Eilenberger, Guido	Betriebliche Finanzwirtschaft, 7. Aufl., München/Wien, 2003
Eisele, Wolfgang	Die Amortisationsdauer als Entscheidungskriterium für Investitionsmaßnahmen, in: WiSt, 14. Jg. (1985), S. 373–381
Eisele, Wolfgang	Rechnungswesen als Informationssystem, Bilanzen, in: Franz Xaver Bea/Erwin Dichtl/Marcell Schweitzer (Hrsg.), Allgemeine Betriebswirtschaftslehre, Bd. 2: Führung, 8. Aufl., Stuttgart, 2001, S. 429–624
Eller, Roland, et al.	Modernes Bondmanagement, 2. Aufl., Wiesbaden, 2001
Eller, Roland/ Deutsch, Hans-Peter	Derivate und Interne Modelle, Stuttgart, 1998
Engelhard, Johann/ Eckert, Stefan	Finanzierung internationaler Unternehmen, in: Wolfgang Gerke/Manfred Steiner (Hrsg.), Handwörterbuch des Bank- und Finanzwesens, 3. Aufl., Stuttgart, 2001, Sp. 752–764

Epple, Manfred	Die Kundenselbstbedienung im Marketing der Kreditinstitute, Frankfurt a. M. et al., 1987
Everding, Dominik	Zinsänderungswirkungen in Modellen der Investitionsrechnung, Wiesbaden, 1994
Fama, Eugene	Agency problems and the theory of the firm, in: JoPE, Vol. 88 (1980), S. 288–307
Faulhaber, Peter/ Landwehr, Norbert	Illiquidität: Lösungen, in: Kreditpraxis, 23. Jg. (1997), Nr. 6, S. 8–11
Fischer, Lorenz/ Kutsch, Thomas/ Stephan, Ekkehard	Finanzpsychologie, München/Wien, 1999
Franke, Günther/ Hax, Herbert	Finanzwirtschaft des Unternehmens und Kapitalmarkt, 5. Aufl., Heidelberg, 2004
Füser, Karsten	Neuronale Netze in der Finanzwirtschaft, Wiesbaden, 1996
Gallati, Reto	Verzinsliche Wertpapiere – Bewertung und Strategien, 2. Aufl., Wiesbaden, 2004
Garland, Howard	Throwing good money after bad: The effect of sunk costs on the decision to escalate commitment to an ongoing project, in: Journal of Applied Psychology, 75. Jg. (1990), S. 728–731
Gerke, Wolfgang/ Bank, Matthias	Finanzierung, 2. Aufl., Stuttgart et al., 2003
Gerke, Wolfgang/ Philipp, Fritz	Finanzierung, Stuttgart/Berlin/Köln, 1985
Glaser, Horst	Liquiditätsreserven und Zielfunktionen in der kurzfristigen Finanzplanung (lineare Ansätze zur Finanzplanung), Wiesbaden, 1982
Glaum, Martin	Internationale Cash-Management-Systeme von Banken, in: bum, 16. Jg. (1987), S. 14–19
Glaum, Martin/ Förschle, Gerhard	Rechnungslegung für Finanzinstrumente und Risikomanagement: Ergebnisse einer empirischen Untersuchung, in: DB, 53. Jg. (2000), S. 1525–1534
Glogowski, Erhard/ Münch, Manfred	Neue Finanzdienstleistungen, 2. Aufl., Wiesbaden, 1990
Goetze, Uwe/ Bloech, Jürgen	Investitionsrechnung – Modelle und Analysen zur Beurteilung von Investitionsvorhaben, 4. Aufl., Berlin/Heidelberg/New York, 2003
Goldberg, Joachim/ v. Nitzsch, Rüdiger	Behavioral Finance, 2. Aufl., München, 2000
Gondring, Hanspeter/ Hermann, Albrecht	Zins- und Währungsswaps in bankbetrieblicher Sicht, in: ÖBA, 34. Jg. (1986), S. 327–339
Gosh, D[…]	Throwing good money after bad, in: Management Accounting, 77. Jg. (1995), S. 51–54

Literaturverzeichnis

Götzinger, Manfred/ Michael, Horst	Kosten- und Leistungsrechnung, 6. Aufl., Heidelberg, 1993
Gramlich, Dieter	Phasen der Finanzplanung, in: wisu, 23. Jg. (1994), Nr. 1, Studienblatt
Gramlich, Dieter	Neuere Ansätze des betrieblichen Finanzmanagements, in: DB, 51. Jg. (1998), S. 377–381
Gramlich, Dieter	Vergleichbarkeit von Ratings, in: Kredit&Rating, 30. Jg. (2004), Nr. 2, S. 19–22
Gramlich, Dieter/ Walz, Hartmut	Duration und Zinselastizität als Instrumente des Zinsrisiko-Managements, in: WiSt, 20. Jg. (1991), S. 327–332, 378–380
Gramlich, Dieter/ Walz, Hartmut	Finanzplanung als Phasenmodell, Teile I und II, in: wisu, 23. Jg. (1994), S. 321–326, 433–436
Grill, Wolfgang/ Perczynski, Hans	Wirtschaftslehre des Kreditwesens, 38. Aufl., Troisdorf, 2004
Grob, Heinz Lothar	Einführung in die Investitionsrechnung, 4. Aufl., München, 2001
Größl, Lothar	Betriebliche Finanzwirtschaft, Stuttgart, 1988
Gutenberg, Erich	Einführung in die Betriebswirtschaftslehre, Wiesbaden, 1990 (unveränderter Nachdruck der 1. Auflage von 1958)
Hachmeister, Dirk	Der Discounted Cash Flow als Maß der Unternehmenswertsteigerung, 4. Aufl., Frankfurt a. M. et al., 2000
Hagemann, H[…]	Von der Finanzabteilung zur „Corporate Bank" in: gi, o. Jg. (1992), Nr. 1/2, S. 14
Hahn, Dietger	Integrierte ergebnis- und liquiditätsorientierte Planungs- und Kontrollrechnung als Instrument der Unternehmensführung, in: Hans Ulrich (Hrsg.), Unternehmensplanung, Wiesbaden, 1975, S. 49–81
Hahn, Oswald	Finanzwirtschaft, 2. Aufl., Landsberg, 1983
Harms, Jens	Die Steuerung der Auszahlungen in der betrieblichen Finanzplanung, Wiesbaden, 1973
Haumer, Heinrich	Sequentielle stochastische Investitionsplanung, Wiesbaden, 1983
Hauptfachausschuß – HFA des IDW	Stellungnahme HFA 1/1995: Die Kapitalflussrechnung als Ergänzung des Jahres- und Konzernabschlusses, in: ZfbF, 47. Jg. (1995), S. 476–482
Hauschildt, Jürgen	Entscheidungsziele, Tübingen, 1977
Hauschildt, Jürgen/ Heldt, Philipp	Finanzorganisation, in: Wolfgang Gerke/Manfred Steiner (Hrsg.), Handwörterbuch des Bank- und Finanzwesens, 3. Aufl., Stuttgart, 2001, Sp. 872–887
Hauschildt, Jürgen/ Sachs, Gerd/ Witte, Eberhard	Finanzplanung und Finanzkontrolle, München, 1981

Hax, Herbert	Investitionstheorie, 5. Aufl., Würzburg/Wien, 1993 (Nachdruck der Aufl. von 1985)
Heinen, Edmund	Grundfragen der entscheidungsorientierten Betriebswirtschaftslehre, München, 1976
Heinen, Edmund	Grundlagen betriebswirtschaftlicher Entscheidungen, 3. Aufl., München, 1976
Heinen, Edmund	Einführung in die Betriebswirtschaftslehre, 9. Aufl., Wiesbaden, 1992 (Nachdruck von 1985)
Heinhold, Michael	Investitionsrechnung, 8. Aufl., München/Wien, 1999
Helbling, Carl	Cash Flow und Finanzplanung, in: ST, 74. Jg. (2000), S. 869–880
Heldt, Philipp	Organisation der finanziellen Führung, Berlin, 2002
Helfert, Erich	Techniques of Financial Analysis: A Guide to Value Creation, 11th ed., Boston et al., 2003
Herget, Volker	Einsatzmöglichkeiten der Duration, in: Der langfristige Kredit, 43. Jg. (1992), S. 305–310
Hering, Thomas	Investitionstheorie, 2. Aufl., Wiesbaden, 2003
Heyd, Reinhard	Internationale Rechnungslegung, Stuttgart, 2003
Hoffmeister, Wolfgang	Wirtschaftsmathematik, 2. Aufl., Stuttgart/Berlin/Köln, 2004
Hofmann, Diether	Planung und Durchführung von Investitionen, Wiesbaden, 1993
Ingersoll, Jonathan/ Skelton, Jeffrey/ Weil, Roman	Duration Forty Years Later, in: JFQA, 13. Jg. (1978), S. 627–652
Jacob, Adolf-Friedrich/ Klein, Sebastian/ Nick, Andreas	Basiswissen Investition und Finanzierung, Wiesbaden, 1994
Jahrmann, Fritz-Ulrich	Finanzierung, 5. Aufl., Berlin, 2003
Jarchow, Hans-Joachim	Theorie und Politik des Geldes, Bd. I: Geldtheorie, 9. Aufl., Göttingen, 1993
Jarchow, Hans-Joachim	Theorie und Politik des Geldes, Bd. II: Geldmarkt und geldpolitische Instrumente, 6. Aufl., Göttingen, 1992
Jaspersen, Thomas	Investition, München et al., 1997
Jensen, Michael/ Meckling, Michael	Theory of the Firm. Managerial Behavior, Agency Costs and Ownership Structure, in: JoFE, Vol. 3 (1976), S. 305–360
Jetter, Thomas	Cash-Management-Systeme, Wiesbaden, 1987
Kern, Werner	Grundzüge der Investitionsrechnung, Stuttgart, 1976
Kilger, Wolfgang/ Scheer, August-Wilhelm	Investitions- und Finanzplanung, Wiesbaden/Würzburg/Wien, 1981
Kirmße, Stefan	Die Mobilisierung von Kreditgeschäften als Instrument bankpolitischer Entscheidungen, Frankfurt, 2002

Literaturverzeichnis

Kirstges, Torsten	Cash-Management in der Tourismusbranche, in: WiSt, 23. Jg. (1994), S. 160–164
Kleinebeckel, Herbert	Finanz- und Liquiditätssteuerung, Freiburg, 1998
Kloock, Josef	Kapitalbedarfsplanung und -rechnung, in: Wolfgang Gerke/ Manfred Steiner (Hrsg.), Handwörterbuch des Bank- und Finanzwesens, 3. Aufl., Stuttgart, 2001, Sp. 1231–1246
Kobelt, Helmut/ Schulte, Peter	Finanzmathematik, 7. Aufl., Herne/Berlin, 1999
Köglmayr, Hans-Georg/ Lingenfelder, Michael/ Müller, Stefan	Die Unternehmenskrise als führungspolitische Herausforderung, in: ZfbF, 40. Jg. (1988), S. 49–70
Krahnen, Jan	Sunk Costs und Unternehmensfinanzierungen, Wiesbaden, 1991
Krcmar, Helmut/ Schwabe, Gerhard	Trends bei Cash-Management-Systemen, in: Die Bank, 31. Jg. (1991), S. 341–344
Krüger, Wilfried	Grundlagen der Organisationsplanung, Gießen, 1983
Krümmel, Hans-Joachim	Grundsätze der Finanzplanung, in: Josef Fuchs (Hrsg.), Unbewältigte Probleme der Planungsrechnung, 8. Plankostentagung, Wiesbaden, 1964, S. 56–71
Kruschwitz, Lutz	Dynamische Investitionsrechenverfahren, in: Wolfgang Gerke/Manfred Steiner (Hrsg.), Handwörterbuch des Bank- und Finanzwesens, 3. Aufl., Stuttgart, 2001, Sp. 1117–1126
Kruschwitz, Lutz	Finanzierung und Investition, 3. Aufl., München/Wien, 2002
Kruschwitz, Lutz	Investitionsrechnung, 9. Aufl., Berlin, 2003
Kruschwitz, Lutz/ Schöbel, Rainer	Duration – Grundlagen und Anwendungen eines einfachen Risikomaßes zur Beurteilung festverzinslicher Wertpapiere, in: wisu, 15. Jg. (1986) Teil I: S. 550–554, Teil II: S. 603–608
Kugler, Albert	Konzeptionelle Ansätze zur Analyse und Gestaltung von Zinsänderungsrisiken in Kreditinstituten, Frankfurt a. M./ Bern/New York, 1985
Kusterer, Frank	Investitionsmanagement, München, 2001
Lachhammer, Johann	Investitionsrechnung und Investitionsentscheidungsprozeß I, München, 1977
Lachnit, Laurenz	Finanzplanung, in: Wolfgang Gerke/Manfred Steiner (Hrsg.), Handwörterbuch des Bank- und Finanzwesens, 3. Aufl., Stuttgart, 2001, Sp. 887–900
Lachnit, Laurenz/ Müller, Stefan	Probleme bei der wertorientierten Performancedarstellung von Unternehmen, in: DB, 55. Jg. (2002), S. 2553–2559
Langguth, Heike	Unternehmenswert- und Emissionspreisermittlung mit der Discounted Cash Flow-Methode, in: wisu, 31. Jg. (2002), S. 1266–1270
Langguth, Heike/ Marks, Imke	Der Economic Value Added – ein Praxisbeispiel, in: FB, 5. Jg. (2003), S. 615–624

Literaturverzeichnis

Lerbinger, Paul	Swap-Transaktionen als Finanzinstrumente, in: Die Bank, o. Jg. (1985), S. 245–249
Lerbinger, Paul	Zins- und Währungsswaps, Wiesbaden, 1988
Leutiger, Ingo	Entscheidungsorientiertes Cash-Flow-Management, München, 1979
Lücke, Wolfgang	Investitionsrechnungen auf der Grundlage von Ausgaben oder Kosten?, in: ZfhF, 7. Jg. (1955), S. 310–324
Lücke, Wolfgang	Finanzplanung und Finanzkontrolle, Wiesbaden, 1962
Lücke, Wolfgang	Investitionslexikon, 2. Aufl., München, 1991
Lüder, Klaus	Investitionsplanung, München, 1977
Lüdicke, Oliver	Ratingverfahren und -agenturen, in: Peter Reichling (Hrsg.), Risikomanagement und Rating, Wiesbaden, 2003, S. 63–87
Luenberger, David G.	Investment Science, New York/Oxford, 1998
Macaulay, Frederick	Some Theoretical Problems Suggested by the Movements of Interest Rates, Bond Yields, and Stock Prices in the United States since 1856, New York, 1938
Madura, Jeff	International Financial Management, 7th ed., Mason, 2003
Mandéry, Willy	Finanzplanung, in: agplan-Handbuch zur Unternehmensplanung, hrsg. von: Hans-Günter Grünewald/Wolfgang Kilger/Wolfgang Seiff, 3. Bd. Loseblattsammlung Stand: 1983, Abschnitt 4312, S. 1–25
Mandl, Gerwald/ Rabel, Klaus	Unternehmensbewertung, Wien, 1997
Matschke, Manfred	Investitionsplanung und Investitionskontrolle, Berlin, 1993
Matschke, Manfred	Investitionsrechenverfahren, statische, in: Wolfgang Gerke/ Manfred Steiner (Hrsg.), Handwörterbuch des Bank- und Finanzwesens, 3. Aufl., Stuttgart, 2001, Sp. 1126–1140
Matschke, Manfred/ Hering, Thomas/ Klingelhöfer, Heinz	Finanzanalyse und Finanzplanung, München/Wien, 2002
May, Friedrich	Konzerne: Volle Kassen auch ohne Banken, in: Bankkaufmann, o. Jg. (1992), S. 29–35
Mayer, Matija	Währungsrisikopolitische Konsequenzen spekulativ deformierter Zins- und Swapsätze, in: FB, 5. Jg. (2003), S. 292–297
Meffle, Günter/ Heyd, Reinhard/ Weber, Peter	Das Rechnungswesen der Unternehmung als Entscheidungsinstrument, Bd. 1, 4. Aufl., Köln/Wien/Aarau, 2003
Mellwig, Winfried	Investition und Besteuerung – Ein Lehrbuch zum Einfluss der Steuern auf die Investitionsentscheidung, Wiesbaden, 1985
Mondello, Enzo/ Odermatt, Pascal	Die gebräuchlichen Investitionsrechnungen im Vergleich, in: ST, 75. Jg. (2001), S. 615–620

Literaturverzeichnis

Möser, Heinz-Dieter	Finanz- und Investitionswirtschaft in der Unternehmung, 2. Aufl., Landsberg am Lech, 1993
Möser, Heinz-Dieter	Praktisches Lehrbuch der betrieblichen Finanz- und Investitionspolitik, München, 1988
Müller-Hedrich, Bernd	Betriebliche Investitionswirtschaft, 7. Aufl., Renningen-Malmsheim, 1996
Niederöcker, Bettina	Finanzierungsalternativen in kleinen und mittleren Unternehmen, Wiesbaden, 2002
Nieschlag, Robert et al.	Marketing, 19. Aufl., Berlin, 2002
Niethen, Susanne	Korrelationskonzepte zur Quantifizierung von Kreditausfallrisiken, Bad Soden, 2001
Oehler, Andreas/Unser, Matthias	Finanzwirtschaftliches Risikomanagement, 2. Aufl., Berlin/Heidelberg/New York et al., 2002
Oestreicher, Andreas	Handels- und Steuerbilanzen, 6. Aufl., Heidelberg, 2003
Olfert, Klaus	Investition, 9. Aufl., Ludwigshafen, 2003
Ordelheide, Dieter/ Leuz, Christian	Die Kapitalflussrechnung, in: WiSt, 27. Jg. (1998), S. 176–183
Orth, Ludwig	Die kurzfristige Finanzplanung industrieller Unternehmungen, Köln/Opladen, 1961
Ottersbach, Jörg/ Behringer, Stefan	Modelle zur simultanen Planung von Investition und Finanzierung, in: wisu, 29. Jg. (2000), S. 928–931
Paul, Stephan	Bankenintermediation und Verbriefung, Wiesbaden, 1994
Pausenberger, Ehrenfried/Glaum, Martin/ Johansson, Axel	Das Cash Management internationaler Unternehmungen in Deutschland, in: ZfB, 65. Jg. (1995), S. 1365–1385
Peemöller, Volker	Controlling, 4. Aufl., Herne/Berlin, 2002
Pellens, Bernhard	Internationale Rechnungslegung, 4. Aufl., Stuttgart, 2001
Peppmeier, Kai/ Graw, Henning	„Stille" Liquidation – Alternative zum Sanierungskredit, in: Kredit&Rating Praxis, 29. Jg. (2003), Nr. 6, S. 13–18
Perridon, Louis/ Steiner, Manfred	Finanzwirtschaft der Unternehmung, 12. Aufl., München, 2003
Pfaff, Dieter	Finanzcontrolling, in: Wolfgang Gerke/Manfred Steiner (Hrsg.), Handwörterbuch des Bank- und Finanzwesens, 3. Aufl., Stuttgart, 2001, Sp. 729–742
Pflaumer, Peter	Investitionsrechnung, 5. Aufl., München/Wien, 2003
Philipp, Fritz	Modelle der Finanzierung, in: Handwörterbuch des Rechnungswesens, Stuttgart, 1970, Sp. 1145–1160
Prätsch, Joachim	Langfristige Finanzplanung und Simulationsmodelle – Methodologische Grundlegung sowie Beurteilung der Eignung der Simulation für die langfristige Finanzplanungspraxis, Frankfurt a. M., 1986

Raffée, Hans	Grundprobleme der Betriebswirtschaftslehre, 9. Aufl., Göttingen, 1995 (unveränderter Nachdruck der Aufl. von 1974)
Renger, Klaus	Finanzmathematik mit Excel, Wiesbaden, 2003
Reuter, Arnold/ Schleppegrell, Jürgen	Die Portfolio-Analyse für das Firmenkundengeschäft, in: Die Sparkasse, 106. Jg. (1989), S. 317–323
Rifkin, Jeremy	Access – Das Verschwinden des Eigentums, Frankfurt a. M./ New York, 2002
Rolfes, Bernd	Risikosteuerung mit Zinselastizitäten, in: ZfgK, 42. Jg. (1989), S. 196–201
Rolfes, Bernd	Statische Verfahren der Wirtschaftlichkeitsrechnung, in: wisu, 15. Jg. (1986), S. 411–417
Rolfes, Bernd	Moderne Investitionsrechnung, München/Wien, 1992
Rommelfanger, Heinrich/ Eickemeier, Susanne	Entscheidungstheorie, Klassische Konzepte und Fuzzy-Erweiterungen, Berlin/Heidelberg/New York, 2002
Rosenberg, Joel	The Joys of Duration, in: The Bankers Magazine, 1986, S. 62–67
Rudolph, Bernd	Duration: Eine Kennzahl zur Beurteilung der Zinsempfindlichkeit von Vermögensanlagen, in: ZfgK, 34. Jg. (1981), S. 137–140
Runzheimer, Bodo	Investitionsentscheidungen in der Praxis, Wiesbaden, 1998
Salzberger, Wolfgang/ Theisen, Manuel	Konzerneigene Finanzierungsgesellschaften, in: WiSt, 28. Jg. (1999), S. 406–411
Schaefer, Sigrid	Datenverarbeitungsunterstütztes Investitions-Controlling, München, 1993
Schäfer, Henry	Unternehmensinvestitionen – Grundzüge in Theorie und Management, Heidelberg, 1999
Schäfer, Henry	Unternehmensfinanzen, 2. Aufl., Heidelberg, 2002
Schanz, Günther	Wissenschaftsprogramme der Betriebswirtschaftslehre, in: Franz Xaver Bea/Erwin Dichtl/Marcell Schweitzer (Hrsg.), Allgemeine Betriebswirtschaftslehre, Bd. 1: Grundfragen, 8. Aufl., Stuttgart, 2000, S. 80–158
Scheffler, Eberhard	Kapitalflussrechnung – Stiefkind in der deutschen Rechnungslegung, in: BB, 57. Jg. (2002), S. 295–300
Scherrer, Gerhard	Kostenrechnung, in: Franz Xaver Bea/Erwin Dichtl/Marcell Schweitzer (Hrsg.), Allgemeine Betriebswirtschaftslehre, Bd. 2: Führung, 8. Aufl., Stuttgart, 2001, S. 625–714
Schildbach, Thomas	Der Konzernabschluss nach HGB, IAS und US-GAAP, 6. Aufl., München/Wien, 2002
Schmidt, Anke	Der Vergleich der Kapitalflussrechnungen nach IAS 7, SFAS 95 und DRS 2 als Instrument zur externen Analyse der Finanzlage, Leipzig, 2003

Literaturverzeichnis

Schmidt, Reinhart	Investitions- und Finanzierungsprozesse im Rahmen von Unternehmensmodellen, in: Klaus-Peter Kistner/Reinhart Schmidt (Hrsg.), Unternehmensdynamik, Wiesbaden, 1991, S. 89–109
Schmidt, Reinhart	Investitionstheorie, in: Waldemar Wittmann u. a. (Hrsg.), Handwörterbuch der Betriebswirtschaft, 5. Aufl., Stuttgart, 1993, Sp. 2033–2044
Schmidt, Reinhart	Wandel der Prospektpublizität und der Zulassungspraxis am Neuen Markt, in: Bernd Wirtz/Eva Salzer (Hrsg.), IPO-Management, Wiesbaden, 2001, S. 173–198
Schmidt, Reinhart	International Comparison of Corporate Governance Codes, Principles, and Recommendations by Using Content Analysis, in: Ralph Berndt et al. (Hrsg.), Leadership in turbulenten Zeiten, Berlin et al., 2003, S. 71–83
Schmidt, Reinhard H./ Terberger, Eva	Grundzüge der Investitions- und Finanzierungstheorie, 4. Aufl., Wiesbaden, 1997
Schmidt, Stefan/ Kutschker, Michael	Zentrale Grundbegriffe des Strategischen Managements, in: wisu, 31. Jg. (2002), S. 1238–1244
Schmidt, Uwe	Das Anspruchsgruppen-Konzept, in: wisu, 26. Jg. (1997), S. 633–635
Schmidt-Mohr, Udo	Agency-Theorie, in: Gabler Wirtschaftslexikon, 15. Aufl., Wiesbaden, 2000 (Nachdr. 2001), S. 65–68
Schneider, Dieter	Investition, Finanzierung und Besteuerung, 7. Aufl., Wiesbaden, 1992
Schneider, Thomas/ Droste, Marcus	Asset-Backed-Securitisation (ABS), in: Dieter Krimphove/ Dagmar Tytko (Hrsg.), Praktiker-Handbuch Unternehmensfinanzierung, Stuttgart, 2002, S. 383–408
Schulde, Karl-Werner	Optimale Nutzungsdauer und optimaler Ersatzzeitpunkt bei Entnahmemaximierung, Meisenheim am Glan, 1975
Schulte, Michael/ Horsch, Andreas	Wertorientierte Banksteuerung II: Risikomanagement, 3. Aufl., Frankfurt a. M., 2004
Schütt, Hartmut	Finanzierung und Finanzplanung deutscher Industrieunternehmungen – eine empirische Untersuchung, Darmstadt, 1979
Schweitzer, Marcell	Gegenstand und Methoden der Betriebswirtschaftslehre, in: Franz Xaver Bea/Erwin Dichtl/Marcell Schweitzer (Hrsg.), Allgemeine Betriebswirtschaftslehre, Bd. 1: Grundfragen, 8. Aufl., Stuttgart, 2000, S. 23–79
Schweitzer, Marcell	Planung und Steuerung, in: Franz Xaver Bea/Erwin Dichtl/ Marcell Schweitzer (Hrsg.), Allgemeine Betriebswirtschaftslehre, Bd. 2: Führung, 8. Aufl., Stuttgart, 2001, S. 16–126
Schwellnuss, Axel Georg	Investitionscontrolling, München, 1991
Seiler, Armin	Financial Management, 3. Aufl., Zürich, 2003

Shapiro, Alan C.	Multinational Financial Management, 7th ed., New York, 2003
Sievi, Christian	Grundlagen zur Beurteilung von Geldgeschäften, Bretten, 1996
Spellmann, Frank	Gesamtrisiko-Messung von Banken und Unternehmen, Wiesbaden, 2002
Sperber, Herbert/ Sprink, Joachim	Finanzmanagement internationaler Unternehmen, Stuttgart/ Berlin/Köln, 1999
Spremann, Klaus	Wirtschaft, Investition und Finanzierung, 5. Aufl., München/ Wien, 1996
Spremann, Klaus	Finanzanalyse und Unternehmensbewertung, München/ Wien, 2002
Sprink, Joachim	Finanzierung, Stuttgart/Berlin/Köln, 2000
Stahn, Frank	Der Deutsche Rechnungslegungsstandard Nr. 2 (DRS 2) zur Kapitalflussrechnung aus praktischer und analytischer Sicht, in: DB, 53. Jg. (2000), S. 233–238
Stein, Johann von/ Kirschner Manfred	Kreditleistungen, in: Georg Obst/Otto Hintner, Geld-, Bank- und Börsenwesen, hrsg. von Norbert Kloten/Johann von Stein, 40. Aufl., Stuttgart, 2000, S. 304–442
Steiner, Manfred	Cash Management, in: Wolfgang Gerke/Manfred Steiner (Hrsg.), Handwörterbuch des Bank- und Finanzwesens, 3. Aufl., Stuttgart, 2001, Sp. 465–479
Steiner, Manfred Bruns, Christoph	Wertpapiermanagement, 8. Aufl., Stuttgart, 2002
Steiner, Manfred/ Kölsch, Karsten	Finanzplanungsrechnungen und -modelle, in: DBW, 47. Jg. (1987), S. 749–763
Steiner, Peter/ Uhlir, Helmut	Wertpapieranalyse, 4. Aufl., Heidelberg, 2001
Steward, G[...]	The Quest for Value, New York, 1991
Stobbe, Alfred	Volkswirtschaftliches Rechnungswesen, 8. Aufl., Berlin/ Heidelberg/New York, 1994
Stocker, Klaus	Internationales Finanzrisikomanagement, Wiesbaden, 1997
Süchting, Joachim	Finanzmanagement, 6. Aufl., Wiesbaden, 1995
Swoboda, Peter	Betriebliche Finanzierung, 3. Aufl., Heidelberg, 1994
Tobin, James	Liquidity Preference as Behavior Towards Risk, in: RoES, Vol. 26 (1958), S. 65–86
Trigeorgis, Lenos	Real Options: Managerial Flexibility and Strategy in Re- source Allocation, 5th ed., Hong Kong, 2000
Troßmann, Ernst	Pay-off-Methode, in: wisu, 16. Jg. (1987), S. 13–15
Uhlir, Helmut/ Steiner, Peter	Analyse wertpapierspezifischer Risiken, in: ZfB, 53. Jg. (1983), S. 632–657

Literaturverzeichnis

Ulrich, Hans	Unternehmensplanung – Einleitende Bemerkungen zum Planungsthema, in: Hans Ulrich (Hrsg.), Unternehmensplanung, Wiesbaden, 1975, S. 13–27
Ulrich, Peter/ Fluri, Edgar	Management, 7. Aufl., Bern/Stuttgart, 1995
Vieweg, Rolf	Finanzplanung und Finanzdisposition, Gütersloh/Berlin, 1971
Vollrath, Robert	Die Berücksichtigung von Handlungsflexibilität bei Investitionsentscheidungen – Eine empirische Untersuchung, in: Ulrich Hommel/Martin Scholich/Robert Vollrath (Hrsg.), Realoptionen in der Unternehmenspraxis – Wert schaffen durch Flexibilität, Berlin, 2001, S. 45–77
Vorsteher, Hans-Jürgen	Risk Management und Früherkennungssysteme – Möglichkeiten und Grenzen, in: Kredit&Rating, 29. Jg. (2003), Nr. 5, S. 12–16
Walz, Hartmut/ Gramlich, Dieter	Duration und Zinselastizität im Rentenmanagement, in: Die Bank, 31. Jg. (1991), S. 208–213
Walz, Hartmut/ Gramlich, Dieter	Zinsrisiko-Management von Rentenportefeuilles, in: Anlagepraxis, o. Jg. (1991), Nr. 3, S. 28–31, Nr. 4, S. 22–26
Wiefels, Josef	Bürgerliches Recht, Recht der Schuldverhältnisse, 1. Teil: Allgemeines Schuldrecht, Düsseldorf, 1967
Wiese, Harald	Entscheidungs- und Spieltheorie, Berlin/Heidelberg/New York, 2002
Witte, Eberhard	Die Liquiditätspolitik der Unternehmung, Tübingen, 1963
Witte, Eberhard	Finanzplanung der Unternehmung, Prognose und Disposition, 3. Aufl., Opladen, 1983
Wöhe, Günter/ Bilstein, Jürgen	Grundzüge der Unternehmensfinanzierung, 9. Aufl., München, 2002
Wöhe, Günter/ Döring, Ulrich	Einführung in die Betriebswirtschaftslehre, 21. Aufl., München, 2002
Wysocki, Klaus von	Angleichung von Kapitalflußrechnungen an Internationale Standards, in: ZfbF, 47. Jg. (1995), S. 466–475
Wysocki, Klaus von	Kapitalflussrechnung, in: Wolfgang Gerke/Manfred Steiner (Hrsg.), Handwörterbuch des Bank- und Finanzwesens, 3. Aufl., Stuttgart, 2001, Sp. 1253–1266
Zimmermann, Gebhard	Investitionsrechnung, 2. Aufl., München, 2003
Zunk, Dieter	Die Finanzplanung als Frühwarnsystem für Unternehmen, in: FB, 2. Jg. (2000), S. 557–562
Zunk, Dieter	Währungsmanagement als Teil des Risikomanagements in der Treasury von Unternehmen, in: FB, 4. Jg. (2002), S. 90–97

Quellenverzeichnis

EG-Verordnung zur Anwendung von IAS	Verordnung (EG) Nr. 1606/2002 des Europäischen Parlaments und des Rates vom 19. 7. 2002 betreffend die Anwendung internationaler Rechnungslegungsstandards, Amtsblatt Nr. L 243 vom 11. 9. 2002, S. 1–4
Handelsgesetzbuch (HGB)	Gesetz vom 10. 5. 1897, RGBl. 219, zuletzt geändert durch Art. 3 Abs. 3 Gesetz vom 6. 4. 2004, BGBl. III/ FNA 4100-1
Insolvenzordnung (InsO)	Gesetz vom 5. 10. 1994, BGBl. I 1994, 2866, zuletzt geändert durch Gesetz zur Neuregelung des internationalen Insolvenzrechts vom 14. 3. 2003, BGBl. I 2003, 345
International Accounting Standards Board	Project Summary „Amendments to IAS 32 and IAS 39", abrufbar unter: http://www.iasb.org.uk (5/2003)
Kreditwesengesetz (KWG)	Gesetz über das Kreditwesen in der Fassung der Bekanntmachung vom 9. 9. 1998, BGBl. I 1998, 2276, zuletzt geändert durch Art. 3 Gesetz vom 22. 8. 2002, BGBl. I 2002, 3387

Sachregister

Abzinsungsfaktor 39
Acid Ratio 278
Agency-Theorie 89
Amortisation
– Dauer 83, 130
– Rechnung, dynamische 83 ff., 106
– Rechnung, statische 130 ff., 139
Analyst, externer 277
Annuität
– Methode 54 ff., 105
– Faktor 55 ff.
– äquivalente 57 f.
– Überschuss 57 f.
Anspruchsgruppe 10 f., 14, 209
Asset Backed Securities (ABS) 177, 189
Aufwand 187
Aufzinsungsfaktor 38
Ausgabe 187
Außenfinanzierung 204, 247
Auswahlproblem 25
Auszahlung 172
– kapitalbindend 243
– kapitalentziehend 243
– Überschuss 246

Balance Reporting 223
Bargeld 185
Barwert 44, 91
– Ansatz 272
– Sensitivität 90 f.
Basiseffekt 73
Behavioral Economics 18
Behavioral Finance 18
Bilanzregel, Goldene 277 f.
Bottom Up 121, 262 f.
Bruttoprinzip 211, 246
Buchgeld 185
Buchungsschnitt 220

Carry-over-Effekt 19
Cash 184, 273, 275
– Concentration 223
– Equivalent 273, 275
– Inflow 3, 185
– Management-System 221 ff.
– Management-Netz 226
– Outflow 3, 185
– Ratio 278
Cashflow 259
– Added (CFA) 7, 267
– Aggregat 259
– aus betrieblicher Tätigkeit 274 f.
– aus Finanzierungstätigkeit 275
– aus gewöhnlicher Tätigkeit 262, 269
– aus Investitionstätigkeit 275
– Controlling 7
– Discounted 272
– Free (FCF) 268 f.
– im strengen Sinn 262, 265
– in verbreiteter Fassung 262, 266
– in vereinfachter Form 262, 265
– Kennziffer 256, 281 f.
– Management 7
– operativer 261
– Return on Investment (CFROI) 7, 281
– Statement 256, 272, 275 f.
– to Equity (CFE) 268
– totaler 267, 276
Certificate of Deposit (CD) 188
Clearing 223
Commercial Paper 188
Conversion 112, 118
Corporate Governance 210, 256, 272
Current Ratio 278

De-Eskalationseffekt 150
Definanzierung 186, 243
Desinvestition 186, 244
Deutscher Rechnungslegungs Standard 2 (DRS 2) 272
Divisionsrechnung 132
Dominoeffekt 241
Duration 89 ff.
– Effective 103
– Formel 94 f.
– Macaulay 93, 103
– Modified 104
Durchschnittskosten 135
Dynamische Verfahren 35 ff.

EBIT 121, 282
EBITDA 282
Economic Value Added (EVA) 119
Effektivzinssatz 63

Sachregister

Eigenkapital
– Rendite   123
– Zins, kalkulatorischer 121
Einkommenszahlung   12
Einnahme   187
Einzahlung   172
– Defizit   246
– Überschuss   246
Einzahlung
– kapitalfreisetzende   244
– kapitalzuführende   244
Einzelprojekt   24 f.
Electronic Banking   221
Endwert   38 f.
Entscheidung
– Ablauf   168
– Alternative   17
– Auswahl   25
– Einzelprojekt   24 f.
– Ersatz   25 f., 112
– Expansion   128
– Modell   27 ff.
– Programm   24 f.
– Regel   31, 39
– Situation   17, 24
– Substitution   128
– Ansatz, theoretischer   17
Erlös   118
Ersatz
– Problem   25 f.
– Zeitpunkt   140, 156 f.
Ertrag   187
Ertragswert   42
Eskalationseffekt 150
Extrapolation   174 f.

Factoring   177, 204
Feinsteuerung   217 f.
Finanzanalyse   172, 256
Finanzbereich   3
Finanzcontrolling   5
Finanzderivat   171
Finanzdisposition   8, 168, 170
Finanzinvestition   140
Finanzkontrolle   8, 168 f., 170
Finanzlenkung   167
Finanzmarkt   164
Finanzmittelfonds   210, 216, 273 f.
Finanzorganisation   5
Finanzplan   31, 217

Finanzrealisation   168, 170
Finanzstrukturrisiken   171
Finanzumwelt   184
Finanzierung   186
– Außen   176 f.
– Eigen   177
– Entscheidung   168
– Fremd 177
– Innen   176 f.
– Instrument   176
– Misch   177
– Projekt   23
– Reserve   197, 200
– Tätigkeit   274
Finanzierungstheorie, neo-institutionalistische   89
Finanzplan
– kurzfristiger   227 ff.
– vollständiger   31
Finanzplanung   9, 167 ff.
– Aufgaben   170
– rollierende, revolvierende   215, 230 f.
– Zielsetzung   172
Finanzwirtschaft
– formale   7
– institutionelle   7
– instrumentelle   8
Float   26
Forfaitierung   177, 204
Fremdwährungsposition   176
Frühwarnsystem   206

Gegenwartswert   91
Geldmarktfonds   188
Geldnahe Aktiva   187 f.
Gewinn
– bilanzieller   120, 129
– durchschnittlicher   118
– Formen 120
– Kapital   121
– kalkulatorischer   119
– pagatorischer   120
– Periode   118
– Total   13
– Über   119
– Vergleichsrechnung   118 ff., 138 f.
– Ziel   9
Gleichgewicht
– strukturelles   242
– finanzielles   169 f.

346

Going Concern-Fall 268
Grundsätze der Liquiditätsplanung 238 f.

Handlungsflexibilität 148, 193
Hurdle Rate 4, 125 f.

Illiquidität 194, 203
Innenfinanzierungskraft 261
Insolvenz
– Ordnung 180
– Verfahren 180, 208
Interdependenzen 19 ff., 28, 162
International Accounting Standard 7 (IAS 7) 272
International Financial Reporting Standards (IFRS) 256, 272 f.
Interner Zinsfuß 63
Interne-Zinsfuß-Methode 63 ff., 105
Interpolation 66
Investition 186
– Ausgleich 75
– Differenz 76, 79 ff., 128
– Ersatz 140
– Finanz 140
– Kette 154 f.
– Komplement 53, 76 ff.
– Projekt 17 f., 23
– Rechnung, dynamische 36 f.
– Rechnung, statische 111 ff.
– Tätigkeit 274
– Sach 140
Investitionsplanung 8 f.
– Zielsetzung 8 f.
Isomorphie 28 f.

Jahresabschluss 254, 262

Kalkulationszinssatz 34, 38, 141, 157 ff.
Kapital
– Bindung 73 ff., 115, 122
– Bindungsplan 217
– Bindungsdauer, durchschnittliche 94
– Dienst 58, 60 f.
– Flussrechnung 256, 272 f.
– Gewinn 121
– Kosten 41, 121
– Markt, vollkommener 24, 34, 164
– Strukturrisiko 171

Kapitalwert
– Funktion 45 ff.
– Kriterium 44 f.
– Kurve 65
– Methode 41 ff., 104 f.
– Rechnung 42
Kassenzwischenstand 219
Kontoform 214
Kosten 114, 187
– entscheidungsrelevante 146
– Opportunität 46
– Vergleichsrechnung 112 ff., 138
Kreditlinie, freie 185
Kumulationsrechnung 131

Laufzeit, ökonomische 94
Leistungswirtschaftlicher Bereich 1 f., 205
Leverage-Effekt 128 ff.
Leverage Risk
– Financial 129
– Operate 129
Liquide Mittel 184 ff.
– Mindestbestand 193
– Sicherheitspolster 195
Liquidierbarkeit 182
Liquidierung
– Betrag 182
– Dauer 182
– Disagio 182
Liquidität 179 ff.
– aktuelle 217
– dispositive 217
– Engpass 201 f.
– Feinsteuerung 217
– gefährdete 198, 205 f.
– gegenwärtige 191 ff.
– Grad 278 f.
– Kennziffer 208, 256, 276
– Momentan 189 f., 200, 229 f.
– Netto 267
– optimale 194
– Perioden 189 f., 200, 213, 229 f.
– Präferenz 13
– Präferenztheorie 166
– Rechnung 210, 215 f., 272
– Reserve 188, 196 f.
– Saldo 193, 199, 219
– Sicherung 7, 229
– situative 217 f.

347

Sachregister

- Status 217 ff.
- strukturelle 217, 229
- Über 194
- ungefährdete 198, 200 f.
- Unter 194
- vergangene 191 ff.
- Zielsetzung 4
- zukünftige 191 ff.
Liquiditätsplanung 178
- derivativ 215, 258
- direkt 215
- indirekt 215, 256
- originär 215, 217
Lücke-Theorem 13

Mezzanine 177
Mindestbestand an liquiden Mitteln 193
Mischfinanzierung 177
Mischverzinsung 126
Mittlere Restbindungsdauer 94
Modell
- Dean 157 ff.
- Entscheidung 27 ff.
- finanzwirtschaftliches 27 ff.
- Problem 28
- Total 25, 31 f., 141, 157
- Übersicht 30
Monetisierbarkeit 182
Money Transfer 224

Near Money Assets 187 ff., 196, 200
Netting 223 f.
Neuronale Netze 175
Nominalgut 3
Normalisierung 261
Nullalternative 50
Nullstelle 64, 67
Nutzungsdauer 59
- optimale 140, 151 ff.
- technische 151
- wirtschaftliche 152

Organisation
- Ablauf 5
- Aufbau 5

Partialmodell 32 ff.
- dynamisches 35 f.
- klassisches 34 f.
- kombinatorisches 32 ff.
- statisches 35 f.

Pay-back, Pay-off 130
- Dauer 130
- Methode 83, 130 ff.
- Periode 84
Periodisierung 261
Plan
- Bilanz 248, 256, 258
- GuV 256, 258
- Horizont, Planungshorizont 193
Planung
- Grob 193, 253
- Fein 193
- finanzwirtschaftliche 8
- revolvierende, rollierende 215, 230 f.
- Stufe 198
Pooling 223 f.
Principal-Agent-Ansatz 11
Profit
- Accounting 120
- Center 184
- Operating 120
- Residual 119
Prognose
- Planungselemente 173
- Verfahren 173
- statistisch-formale 173 f.
- subjektiv-pragmatische 173 f.
- Status-quo 199
Projekt
- gemischtes 69
- Kette 27, 62, 154 f.
- reines 69
Punktelastizität 98

Quick Ratio 278

Rating 6
Realoption 148
Rendite
- Eigenkapital 123
- Gesamtkapital 123, 125 f.
- interne 69
- Über 123, 125
- Vergleichsrechnung
- Verwässerung
Rentabilität
- Zielsetzung 3 f., 6, 194
- Kennziffer 123
- Vergleichsrechnung 122 ff.
Rente 54
Rentenbarwertfaktor 55 f.

348

Reserve 197
Restverkaufserlös 115
Return
– on-Equity (ROE) 123
– on-Investment (ROI) 123, 126
Risiko
– Finanzstruktur 171
– Investitions 86f., 142
– Kurs 21
– Nutzenfunktion 8
– Präferenz 5
– Prämie 165, 206
– Wertänderung 91

Sale and Lease Back 204
Selbstliquidationsperiode, durchschnittliche 94
Shareholder Value 11, 89
Sicherheit
– Präferenz 195
– Zielsetzung 5
Solvabilität 4 f.
Sorting 223
Special Purpose Vehicle (SPV) 189
Spill-over-Effekt 19
Staffelform 214
Stakeholder 12
Statement of Financial Accounting Standards 95 (SFAS 95) 273
Status-quo-Prognose 198
Sunk Costs 142 ff.
Synchronisierung 171

Top Down 262
Trade-off 87
Transferable Loan Instrument 189
Translation 223

Unterjährige Verzinsung 40 f.
Unsicherheit 22 f.
Unternehmenswert 6, 13

Verbriefung 177
Verschuldungsgrad 129
Verzinsung, nachschüssige 38
Vollkommener Kapitalmarkt 24
Vollkommener Restkapitalmarkt 50, 53, 72, 141
Vorteilhaftigkeit
– absolute 25, 47, 50, 73, 118
– relative 25, 73, 112

Währungsstruktur 171
Weighted Average Cost of Capital (WACC) 126, 268
Wiederanlageprämisse 26
Wiedergewinnung
– Faktor 57
– Rechnung 83
– Zeitraum 87, 130 f., 133
Window dressing 208
With-and-without-principle 21
Working Capital 264, 275, 279 ff.

Zahlung
– Aggregat 260
– Bereich 3
– Fähigkeit 180 f.
– Kraftreserve 195, 197
– Unfähigkeit 208
Zahlungsmittel 185
Zahlungsstrom
– derivativer 1
– originärer 1
Zeitpräferenz 13
Zerobond 96
Ziel 9 ff.
– Aushandlungsprozess 11
– Begriff 9
– Ersatz 48 f.
– Hierarchie 9
– Konflikt 28
– monetäre 11 f.
– nichtmonetäre 11, 14
– Wirtschaftlichkeit 14
Zins
– Charakteristika 141
– Elastizität 90
– Empfindlichkeit 82, 92
– kalkulatorischer 119
– kritischer 47, 76, 82
– Kosten, durchschnittliche 115
– Struktur 43, 166
Zinsänderungsrisiko 82, 89, 96
– absolutes 90
– barwertbezogenes 89, 91
– endwertbezogenes 91
– relatives 90
Zinseszinseffekt 135
Zinsfuß, endogen 162
Zuordnungsregel 157

Duale Hochschule BW Heidenheim Ausgeschieden

00002976

Autorenprofile

Professor Dr. Hartmut Walz

Professor für Betriebswirtschaftslehre, insbesondere Bankbetriebswirtschaftslehre und Finanzierung, an der Hochschule für Wirtschaft – University of Applied Sciences in Ludwigshafen. Zuvor war er nach Banklehre und Tätigkeit in einer deutschen Geschäftsbank, Studium der Betriebswirtschaftslehre und Wirtschaftspädagogik an der Universität Mannheim sowie Promotion im Fach Bankbetriebslehre als Trainer und Unternehmensberater bei einer Vielzahl von Unternehmen und öffentlichen Institutionen beratend tätig. Zu seinen heutigen Schwerpunkten gehören neben der Analyse und Bewertung von Finanzierungsinstrumenten und Finanzinnovationen die Bereiche Investitionsplanung und -bewertung sowie Instrumente der Geschäftsplanung im Rahmen des Business Development.

Professor Dr. Dieter Gramlich

Leiter des Studiengangs Bank an der Studienakademie Baden-Württemberg – Berufsakademie Heidenheim und Lehrbeauftragter an der Martin-Luther-Universität Halle-Wittenberg. Seine Arbeitsschwerpunkte betreffen die Gebiete Finanzielles Chancen-/ Risikenmanagement, Gesamtbanksteuerung, Portfoliomanagement. Er studierte Betriebswirtschaftslehre an den Universitäten Mannheim und Paris Dauphine, promovierte über das internationale Bankgeschäft und habilitierte sich mit einer Arbeit zum Risikoverbund bei Kreditinstituten. Zu seinen Forschungsschwerpunkten zählen insbesondere die Gesamtbanksteuerung und das finanzielle Chancen- und Risikomanagement. Zu diesen Bereichen hat er auch mehrfach publiziert.

Nutzungshinweise zur beiliegenden CD-ROM mit finanzwirtschaftlichen EXCEL-Programmierungen

Sehr geehrte Leserin, sehr geehrter Leser,

auf der dritten Umschlagseite finden Sie eine CD-ROM mit verschiedenen Programmierungen in EXCEL.

Der Gesamtordner „Rechnungen für Investitionen und Finanzierungen" enthält zunächst die umfangreiche Mappe „Investitionsrechnungen". Diese beinhaltet verschiedene Programmierungen inklusive Diagrammen zu häufig auftretenden Fragestellungen bei der Bewertung von Investitionsprojekten sowie der Vorteilhaftigkeitsanalyse von Finanzierungen. Die Datei mit dem Namen „Maske Investitionsrechnungen" benötigt zum Öffnen das **Kennwort „Walz/GramlichIR"** (bitte die Groß- und Kleinschreibung beachten!).

Im Ordner „Finanzplanungen und Kennziffern" finden Sie drei EXCEL-Dateien mit folgenden Namen und Kennwörtern:

1) Datei „CashflowundKennziffern" öffnet mit dem **Kennwort „Walz/GramlichCA"**,

2) Datei „FallstudieFinanzplanungbeiderArtisanat-GmbH" hat das **Kennwort „Walz/GramlichFA"**,

3) Datei „KurzfristigeFinanzplanung_Liquiditätsstatus" wird durch das **Kennwort „Walz/GramlichKU"** geschützt.
Bitte auch hier in allen Fällen wieder die Groß- und Kleinschreibung strikt beachten.

Wir haben große Sorgfalt darauf verwandt, die Tabellen selbsterklärend aufzubauen. Zusätzlich haben wir an etlichen Stellen erläuternde Kommentare angebracht, die beim Überfahren der entsprechenden Zellen mit dem Mauszeiger sichtbar werden.

Die Komplexität der Sachverhalte lässt es gleichwohl meist als sinnvoll erscheinen, zur Interpretation der errechneten Kenngrößen und Ergebnisse auf die entsprechenden Kapitel im Buch zurückzugreifen.

Für die technische Unterstützung bei der Erstellung der umfangreichen Programmierungen sei den Herren Diplom-Betriebswirten *Ingo Nehren*, *Benjamin Kolb* und *Frank Grüner* recht herzlich gedankt.

Da es dem wenig geübten Anwender regelmäßig sehr schnell passieren kann, dass er versehentlich Formeln überschreibt, haben wir alle nicht zur Eingabe von veränderlichen Bewegungsdaten vorgesehenen Zellen mit einem Schreibschutz versehen.

Wir wünschen Ihnen bei der Arbeit mit diesen Rechenhilfen viel Erfolg und auch Spaß!

Hartmut Walz
Dieter Gramlich